DURANT · KULTURGESCHICHTE DER MENSCHHEIT
BAND 17

Will und Ariel Durant

KULTURGESCHICHTE
DER
MENSCHHEIT

SÜDWEST VERLAG · MÜNCHEN

Will und Ariel Durant

DIE FRANZÖSISCHE REVOLUTION UND DER AUFSTIEG NAPOLEONS

SÜDWEST VERLAG · MÜNCHEN

Titel der Originalausgabe:
THE STORY OF CIVILIZATION
XI. THE AGE OF NAPOLEON I–II
(Kap. 1–14)
Simon and Schuster, New York
Copyright 1975 by Will and Ariel Durant
Übersetzung ins Deutsche:
H. Roland Floerke

Redaktion: Hans Dollinger

Alle Rechte der deutschsprachigen Ausgabe bei
Südwest Verlag GmbH & Co. KG, München
Erste Auflage 1979
ISBN 3 517 00571 1
Gesamtherstellung: Mohndruck, Gütersloh

Vorwort

Jules Michelet begann seine berühmte «Geschichte der Revolution» mit dem Satz: «Die Revolution nenne ich die Ankunft des Gesetzes, die Auferstehung des Rechtes, die Reaktion der Gerechtigkeit.» Selbst heute noch, nachdem fast zwei weitere Jahrhunderte mit ihren bürgerlichen und proletarischen Revolutionen und deren Folgen für uns Geschichte geworden sind, muß festgestellt werden, daß die Bedeutung der Französischen Revolution für unsere heutige Welt, in der gerade die Menschenrechte noch nie so eindringlich betont, gleichzeitig aber noch nie so brutal mit Füßen getreten wurden, nicht hoch genug einzuschätzen ist. Es sind nicht allein die vordergründigen politischen und ökonomischen Fortschritte, die Frankreichs große Revolution einbrachte (z. B. das Ende der Feudalherrschaft, die Befreiung des Bauernstandes, Rede-, Presse- und Versammlungsfreiheit, die Trennung von Kirche und Staat) und einem Napoleon den Weg gebahnt haben, vergessen sind auch nicht die Schrecken und der Blutzoll, die diese Revolution begleitet und gefordert haben. Ihre Bedeutung liegt vor allem darin, daß sie längst fällige Zeichen für ein Ende der jahrhundertelangen Praxis von Unrecht, Ungerechtigkeit und Unfreiheit für die Mehrheit der Völker auf diesem Planeten setzte, daß mit ihr eine Durchdringung des öffentlichen Geistes bis tief in die niedersten Volksschichten hinein mit jener Sehnsucht nach Freiheit und Gerechtigkeit der öffentlichen Zustände erfolgte, die eben gerade die Geschichte Frankreichs in den Jahren von 1789 bis 1794 ein für alle Mal in das Bewußtsein der europäischen und später auch der gesamten Menschheit eingegraben hat. Diese Sehnsucht wurde schließlich zum Losungswort der innerpolitischen Geschichte Europas im neunzehnten Jahrhundert, und wo sie noch nicht vernommen wurde, haben selbst die napoleonischen Heere später das ihre dazu getan, um sie in den Massen in Europa zu verbreiten – auch wenn das äußere Bild der politischen Entwicklung keineswegs den Erwartungen entsprach, die der Sturz des alten, despotischen Regimes in Frankreich bei den Zeitgenossen geweckt hatte. Schließlich folgte ja auf die Republik der «Freiheit, Gleichheit und Brüderlichkeit» mit der Herrschaft Napoleons der Despotismus des ersten Kaiserreiches, danach die Restauration und der dumpfe Druck der Reaktion in ganz Europa. Der ideelle Gehalt der großen Revolution aber wurde auf lange Zeit dennoch zum festen inneren Besitz des vorwärtsstrebenden Teils der Völker, zuerst des Bürgertums und dann auch der breiten Massen.

Will und Ariel Durant ist im ersten Teil dieses Bandes eine Darstellung der Französischen Revolution gelungen, wie sie nirgendwo bisher zu finden war. Das Prinzip der Durants von der Einheit einer Geschichtsdarstellung, in die alle kulturellen

Aspekte des menschlichen Lebens miteinbezogen werden, kommt gerade diesem Teil sehr zugute. Der Leser wird hier nicht nur mit dem politischen und militärischen Ablauf der Revolutionsdaten abgespeist, wie dies in anderen Büchern zum Thema üblich ist, er wird auch konfrontiert mit dem soziologischen und kulturellen Hintergrund, der alle Ereignisse ab dem 4. Mai 1789, dem Tag des Zusammentretens der Generalstände, verständlich macht. Und die Durants runden ihre historische Vorstellung auch mit einem Kapitel über das Leben in Frankreich während der Revolution ab; hier wird dem Leser erstmals eindrucksvoll vor Augen geführt, welche Umwälzungen die politischen Ereignisse mit sich gebracht haben im Bereich von Sitte und Moral, auf dem Gebiet der Künste, der Literatur und der Wissenschaft.

Der zweite Teil dieses Bandes ist der Zeit des Aufstiegs jenes Mannes bis zum Jahre 1811 gewidmet, den die Durants den größten aller Romanen und den größten Romantiker nennen. Von sich selbst sagte Napoleon, er habe der Revolution ein Ende gemacht, nicht nur ihrem Chaos und ihrer Gewalttätigkeit, sondern auch ihrer Scheindemokratie. Der «Sohn der Revolution», wie ihn anfangs seine Gegner nannten, war er nur deshalb, weil er die Bauernbefreiung, das freie Unternehmertum, die Gleichheit vor dem Gesetz, Aufstiegschancen für Talentierte und den Willen zur Verteidigung der natürlichen Grenzen aufrechterhielt. Er hörte aber dann auf, dieser «Sohn der Revolution» zu sein, als er sich selbst zum Konsul auf Lebenszeit, zum Kaiser machte, als er die Freiheit von Rede und Presse beendete, die katholische Kirche zum Partner der Regierung machte, neue Bastillen errichtete und die alte wie die neue Aristokratie favorisierte. Genauso gespalten war sein Auftreten und Wirken in den von ihm eroberten Ländern: er setzte dort zwar dem Feudalismus, der Inquisition und der Kontrolle des Lebens durch die Priesterschaft ein Ende, er brachte dorthin seinen *Code Civil* und auch einen Hauch von Aufklärung, jedoch setzte er diesen Staaten dann wiederum einen König an die Spitze ihrer Führung.

Die Autoren haben sicher recht, wenn sie unterstreichen, daß Napoleon eher Italiener als Franzose war. Schon Stendhal und Taine nannten ihn ja einen *condottiere* der italienischen Renaissance. Will und Ariel Durant fügen hinzu: «Er war ein Italiener, der durch Voltaire skeptisch, durch die Tricks zum Überleben der Revolution gerissen und durch die täglichen Duelle französischer Intelligenzen scharfsinnig geworden war.» Sein größter Fehler aber war seine Unmäßigkeit im Denken und Handeln. Er war so groß wie ein Mann ohne Moralität und so weise, wie ein Mann ohne Mäßigung (Tocqueville). In einem aber hat er wohl recht behalten, nämlich mit seiner Voraussage, daß die Welt viele Jahrhunderte lang nicht seinesgleichen sehen würde.

München, im Winter 1978/1979   *Hans Dollinger*

Inhaltsverzeichnis

ERSTES BUCH
DIE FRANZÖSISCHE REVOLUTION
[1784–1789]

ZWEITES BUCH
NAPOLEONS AUFSTIEG
[1799–1811]

Erstes Buch

DIE FRANZÖSISCHE REVOLUTION

[1789—1799]

ERSTES KAPITEL

Der Hintergrund der Revolution

[1774–1789]

I. DAS FRANZÖSISCHE VOLK

FRANKREICH war die bevölkerungsstärkste und wohlhabendste Nation Europas. Im Jahre 1780 zählte Rußland 24 Millionen Einwohner, Italien 17 Millionen, Spanien 10 Millionen, Großbritannien 9 Millionen, Preußen 8,6 Millionen, Österreich 7,9 Millionen, Irland 4 Millionen, Belgien 2,2 Millionen, Portugal 2,1 Millionen, Schweden 2 Millionen, Holland 1,9 Millionen, die Schweiz 1,4 Millionen, Dänemark 800 000, Norwegen 700 000 – Frankreich jedoch 25 Millionen.[1] Paris war die größte Stadt Europas, mit etwa 650 000 Einwohnern, den gebildetsten und reizbarsten Menschen in Europa. Das französische Volk gliederte sich in drei Stände oder Klassen *(états)*: den geistlichen Stand mit ungefähr 130 000[2] Seelen, den Adel mit etwa 400 000 und den Dritten Stand *(tiers état)*, dem alle übrigen angehörten. Die Revolution entstand aus dem Bemühen dieses wirtschaftlich aufsteigenden, politisch aber benachteiligten Dritten Standes, eine seinem wachsenden Wohlstand angemessene politische Macht und gesellschaftliche Anerkennung zu erreichen. Jeder Stand war in Untergruppen oder Schichten gegliedert, so daß es nahezu für jedermann Leute gab, die unter ihm standen. Die reichste Klasse bildete die kirchliche Hierarchie – Kardinäle, Erzbischöfe, Bischöfe und Äbte; zur ärmsten zählten die Pfarrer und Hilfsgeistlichen auf dem Lande. Hier überschnitt sich der wirtschaftliche Faktor mit den Richtlinien der Lehre, und in der Revolution machte der niedere Klerus gemeinsame Sache mit dem Volk gegen seine eigenen Oberen. Das Klosterleben hatte seinen Reiz verloren. Die Benediktiner, die im Frankreich von 1770 noch 6434 Köpfe gezählt hatten, verminderten sich bis 1790 auf 4300. Bis 1780 waren neun Mönchsorden aufgelöst worden, und 1773 wurde die Gesellschaft Jesu (der Jesuitenorden) verboten. In den französischen Städten hatte die Religion ganz allgemein an Bedeutung verloren. Vielerorts waren die Kirchen zur Hälfte leer, und unter der Landbevölkerung wetteiferten heidnische Sitten und altüberlieferter Aberglaube mit den Lehren und Zeremonien der Kirche.[3] Nur die Nonnen widmeten sich noch weiterhin dem Unterricht und der Krankenpflege und wurden dafür von reich und arm gleichermaßen geehrt. Und doch gab es selbst in jener skeptischen und praktisch denkenden Zeit Tausende von Frauen, Kindern und Männern, die die Schläge des Lebens mit Frömmigkeit ertrugen, ihre Einbildungskraft an Heiligenlegenden ergötzten, die Aufeinanderfolge mühseliger Werktage durch Gottesdienst und Ruhezeit unterbrachen und in ihrem Glauben Zuflucht vor Verwirrung und Verzweiflung fanden.

Der Staat stärkte die Kirche, weil Staatsmänner allgemein der Ansicht waren, daß die Unterstützung des Klerus zur Aufrechterhaltung der sozialen Ordnung unentbehrlich sei. Aus ihrer Sicht machte die Verschiedenheit der menschlichen Veranlagung eine ungleiche Verteilung des Reichtums unausweichlich. Es war daher für die Sicherheit der besitzenden Klassen wichtig, eine Körperschaft von Klerikern zu unterhalten, welche die Armen mit guten Ratschlägen für friedfertige Unterwürfigkeit und der Hoffnung auf eine Vergeltung im Paradies trösteten. Es war von großer Bedeutung für Frankreich, daß die Familie auf dem Fundament der Religion durch alle Wechselfälle staatlicher Entwicklung hindurch die Grundlage der nationalen Stabilität blieb. Der Glaube an die göttlichen Rechte der Könige – an den göttlichen Ursprung ihrer Berufung und Macht – förderte die Unterordnung. Die Geistlichkeit nährte diesen Glauben, und die Könige sahen in diesem Mythos eine wertvolle Garantie ihrer persönlichen Sicherheit wie ihrer geordneten Herrschaft. So überließen sie der katholischen Geistlichkeit nahezu alle Formen öffentlicher Erziehung. Als das Aufkommen eines erstarkenden Protestantismus die Autorität und die Nützlichkeit der Nationalkirche in Frankreich zu schwächen drohte, wurden die Hugenotten rücksichtslos vertrieben.

Dankbar für die geleisteten Dienste gestattete der Staat der Kirche, von jeder Pfarrei den Zehnten und andere Abgaben zu erheben sowie auch die Abfassung von Testamenten zu dirigieren. Sterbende Sünder erwarben im Austausch gegen irdische Besitztümer von der Kirche Schuldverschreibungen, zahlbar im Himmel. Die Regierung gewährte dem Klerus Steuerfreiheit und begnügte sich damit, von Zeit zu Zeit einen beträchtlichen *don gratuit*, ein freiwilliges Geschenk von der Kirche zu erhalten. Derart mit den verschiedensten Privilegien ausgestattet, brachte die französische Kirche gewaltige Ländereien zusammen, von manchen auf ein Fünftel der gesamten Bodenfläche geschätzt[4], die sie als Feudalbesitz verwaltete und auf denen sie feudale Steuern erhob. Die Abgaben der Gläubigen münzte sie um in silberne und goldene Kirchengeräte, die, wie die Kronjuwelen, einen geweihten und unzerstörbaren Schutzwall gegen eine Inflation bilden sollten, mit der immer gerechnet werden mußte.

Viele Landgeistliche, durch den Zehnten in ihrem Pfarreinkommen geschmälert, versahen ihr Amt in frommer Armut, viele Bischöfe residierten in erlesener Pracht, während fürstliche Erzbischöfe, fern ihren Amtssitzen, dem königlichen Hof Glanz verliehen. Als Frankreichs Regierung dem Bankrott nahe war, während die französische Kirche sich (nach einer Schätzung Talleyrands) eines jährlichen Einkommens von 150 Millionen Livres* erfreute, fragte sich der Dritte Stand, warum die Kirche nicht gezwungen werden sollte, ihren Reichtum mit dem Staat zu teilen. Mit der wachsenden Verbreitung skeptischer Schriften wandten sich Tausende von Angehöri-

---

* 1 Livre oder 1 Franc von 1789 entsprach annähernd 1.25 Dollar in den USA von 1970

gen der Mittelklasse und Hunderte von Aristokraten vom christlichen Glauben ab und waren bereit, die Angriffe der Revolution auf den geheiligten Hort mit philosophischer Ruhe zu betrachten.

Der Adel war sich undeutlich bewußt, daß er manche der Aufgaben, die Grundlage seiner Existenzberechtigung waren, überlebt hatte. Seine stolzeste Gruppe, der Schwertadel (noblesse d'épée) hatte als militärischer Schutz, wirtschaftlicher Leiter und richterliches Haupt der ländlichen Gemeinschaften Dienste geleistet. Viele dieser Funktionen aber waren durch die Zentralisation von Macht und Verwaltung unter Richelieu und Ludwig XIV. überflüssig geworden. Viele der Feudalherren lebten nun am Hofe und vernachlässigten ihre Domänen. So erschienen ihre reiche Kleidung, ihre feinen Manieren und ihr höfliches Auftreten[5] 1789 nur eine unzureichende Begründung dafür, daß sie ein Viertel des Bodens besaßen und feudale Abgaben erhoben.

Die älteren Familien unter ihnen bezeichneten sich als *la noblesse de la race*, da sie ihren Ursprung auf die germanischen Franken zurückführten, die Gallien im fünften Jahrhundert erobert und umbenannt hatten. 1789 sollte Camille Desmoulins diese Prahlerei gegen sie selbst als fremde Invasoren wenden, als er nach der Revolution als einer längst fälligen rassischen Vergeltung rief. In Wirklichkeit waren rund fünfundneunzig Prozent des französischen Adels in zunehmendem Maße verbürgerlicht und Gallier (romanisierte Kelten), seit sie ihre Ländereien und Titel mit dem neuen Reichtum und dem wachen Verstand der Mittelklasse verbunden hatten.

Ein wachsender Teil der Aristokratie – die *noblesse de robe*, der Adel der Robe – setzte sich aus etwa viertausend Familien zusammen, deren Oberhäupter richterliche oder Verwaltungsposten bekleideten, die automatisch mit der Erhebung in den Adelsstand verbunden waren. Da die meisten dieser Stellen vom König oder seinen Ministern verkauft worden waren, um die Einkünfte des Staates zu verbessern, fühlten sich viele der Erwerber berechtigt, ihre Auslagen durch offene Empfänglichkeit für Bestechungsgelder[6] wieder hereinzuholen. «Bestechlichkeit im Amt» war «in Frankreich ungewöhnlich weit verbreitet»[7] und einer von hundert Vorwürfen gegen das sterbende Regime. Eine Anzahl dieser Amts- und Adelstitel waren erblich, und als ihre Inhaber sich vermehrten, insbesondere in den *parlements* oder Gerichtshöfen der verschiedenen Distrikte, steigerten sich ihr Hochmut und ihre Macht derart, daß 1787 das Parlament von Paris das Recht beanspruchte, gegen Dekrete des Königs sein Veto einzulegen. Die Revolution begann also, so gesehen, an der Spitze.

In *«Qu'est-ce que le Tiers état?»*, einer im Januar 1789 publizierten Flugschrift, stellte und beantwortete der Abbé Emmanuel-Joseph Sieyès drei Fragen: Was ist der Dritte Stand? Alles. Was ist er bis heute gewesen? Nichts. Was wünscht er zu werden? Etwas[8], oder, in Chamforts Berichtigung, *tout* – alles. Er war nahezu alles. Er umfaßte die Bourgeoisie oder Mittelklasse mit ihren 100 000 Familien[9] und ihren vielerlei Schichten – Bankiers, Maklern, Fabrikanten, Kaufleuten, Geschäftsleitern, Advokaten, Ärzten, Wissenschaftlern, Lehrern, Künstlern, Schriftstellern, Journalisten, der Presse (dem vierten «Stand» oder der vierten Macht); ebenso das *menu peuple*, die kleinen Leute (gelegentlich «das Volk» genannt), das aus dem Proletariat und den Händlern der Städte, den Transportarbeitern zu Lande und Wasser und aus der bäuerlichen Bevölkerung bestand.

Die oberen Mittelklassen besaßen und dirigierten ein sich ständig vermehrendes Machtmittel: Die Macht des flüssigen Geldes und anderen Kapitals in aggressivem wie expansivem Wettbewerb mit der statischen Macht des Landbesitzes oder des verfallenden Glaubens. Sie spekulierten an den Börsen von Paris, London und Amsterdam und kontrollierten, nach Neckers Ausspruch, das Geld von halb Europa[10]. Sie finanzierten die französische Regierung mit Anleihen und drohten, sie zu stürzen, wenn ihre Darlehen und Zinsen nicht bezahlt würden. Sie waren Besitzer oder Leiter der sich rasch entwickelnden Bergbau- und Hüttenindustrie in Nordfrankreich, der Textilindustrie von Lyon, Troyes, Abbeville, Lille und Rouen, der Eisen- und Kaligruben in Lothringen, der Seifenfabriken in Marseille, der Färbereien in Paris. Sie beherrschten die kapitalistische Industrie, die an die Stelle der Handwerksbetriebe und Zünfte der Vergangenheit getreten war. Sie begrüßten die Lehre der Physiokraten[11], daß der freie Wettbewerb anregender und produktiver sein würde als die herkömmliche Reglementierung von Produktion und Handel durch den Staat. Sie finanzierten und organisierten die Veredelung von Rohstoffen zu Fertigwaren, transportierten diese vom Hersteller zum Verbraucher und machten dabei auf allen Stufen ihre Profite. Sie waren Nutznießer von dreißigtausend Meilen der besten Straßen in Europa, aber sie kritisierten die hemmenden Binnenzölle, die auf den Straßen und Kanälen Frankreichs erhoben wurden, und die verschiedenartigen Maße und Gewichte, an denen in den einzelnen Provinzen eifersüchtig festgehalten wurde. Sie kontrollierten den Handel, der Bordeaux, Marseille und Nantes reich machte. Sie gründeten große Aktiengesellschaften wie die Compagnie des Indes und die Compagnie des Eaux. Sie dehnten den Handel von der Stadt auf die ganze Welt aus und erschlossen so für Frankreich ein überseeisches Imperium, das hinter dem englischen an zweiter Stelle stand. Sie waren sich bewußt, daß sie und nicht der Adel die Schöpfer des wachsenden Wohlstandes Frankreichs waren, und sie nahmen sich vor, in gleicher Weise wie Adel und Geistlichkeit an Privilegien und Regierungsämtern teilzuhaben. Sie verlangten Gleichstellung vor dem Gesetz und vor den königlichen Gerichtshöfen wie auch Teilnahme an allen Vergünstigungen, die die französische Gesellschaft genoß. Als Madame J. M. Roland, kultiviert und gebildet, aber eine Bürgerliche, bei einer Dame von Stand zu Besuch geladen, aufgefordert wurde, mit der Dienerschaft zu essen, anstatt mit den adeligen Gästen zu Tisch zu sitzen, ließ sie einen Protestschrei erschallen, der dem Bürgertum mitten ins Herz drang.[12] So mischten sich in ihren Gedanken Haß und wilde Wünsche, wenn sie in den revolutionären Wahlspruch einstimmten: «Freiheit, Gleichheit, Brüderlichkeit». Sie bezogen diesen Ruf weder auf die Unteren, noch auf die Oberen, doch er erfüllte seinen Zweck, bis es Zeit war, ihn zu revidieren. In der Zwischenzeit entwickelte sich die Bourgeoisie zur stärksten der Kräfte, die der Revolution zustrebten.

Sie waren es, die die Theater füllten und Beaumarchais' Satiren auf die Aristokratie applaudierten. Sie waren es, mehr noch als der Adel, die den Freimaurerlogen beitraten, um für die Freiheit des Lebens und des Gedankens zu arbeiten. Sie lasen Voltaire und fanden Geschmack an seinem ätzenden Witz, und sie stimmten Gibbon zu, daß alle Religionen für den Philosophen gleichermaßen falsch wie für den Staatsmann nützlich seien. Sie bewunderten heimlich den Materialismus eines d'Holbach und eines Helvétius; er mochte den Geheimnissen des Lebens und der Seele nicht ganz gerecht werden, doch war er eine handliche Waffe gegen eine Kirche, welche die meisten Seelen und die Hälfte von Frankreichs Reichtum kontrollierte. Sie pflichteten Diderot bei, daß am gegenwärtigen Regime nahezu alles absurd sei, wenn sie auch seine Sehnsucht nach Tahiti belächelten. Sie hielten nicht zu Rousseau, der nach Sozialismus roch, aber sie trugen mehr als irgendeine andere Schicht der französischen Gesellschaft zur Verbreitung von Literatur und Philosophie bei.

Die *philosophes* waren im großen und ganzen politisch gemäßigt. Sie akzeptierten die Monarchie und stießen sich nicht an königlichen Zuwendungen. Sie betrachteten «aufgeklärte Despoten» wie Friedrich II. von Preußen, Joseph II. von Österreich oder selbst Katharina II. von Rußland sehr viel eher als Baumeister der Reform, als die ungebildeten und so leicht erregbaren Massen. Sie setzten ihr Vertrauen ganz auf die Vernunft, im Bewußtsein ihrer Grenzen wie ihrer Anpassungsfähigkeit. Sie brachen die von Kirche und Staat ausgeübte Zensur des Denkens, öffneten und erweiterten den Gesichtskreis unzähliger Geister. Sie bereiteten den Triumph der Wissenschaft im neunzehnten Jahrhundert vor, selbst – mit Lavoisier, Laplace und Lamarck – mitten im Tumult von Revolution und zahlreichen Kriegen.

Rousseau rückte von den *philosophes* ab. Er achtete die Vernunft, maß aber Gefühlen und einem erleuchtenden tröstenden Glauben große Bedeutung bei. Sein «Glaubensbekenntnis eines savoyardischen Landpfarrers» gab Robespierre einen religiösen Ausgangspunkt, und sein Bestehen auf einem einheitlichen nationalen Glaubensbekenntnis ermöglichte es dem Wohlfahrtsausschuß, politische Häresie – zumindest in Kriegszeiten – zum Kapitalverbrechen zu stempeln. Die Jakobiner der Revolutionszeit bekannten sich zur Lehre des Gesellschaftsvertrages: Der Mensch ist von Natur gut und wird schlecht durch die Unterwerfung unter korrupte Einrichtungen und ungerechte Gesetze. Die Menschen sind frei geboren und werden in einer künstlichen Zivilisation zu Sklaven. An die Macht gelangt, machten sich die Führer der Revolution Rousseaus Idee zu eigen, daß der Bürger, der den Schutz des Staates genießt, diesem unbedingten Gehorsam schuldet. Mallet du Pan schrieb: «1788 hörte ich Marat den Gesellschaftsvertrag unter dem Beifall eines begeisterten Auditoriums auf öffentlichen Straßen vorlesen und kommentieren.»[13] Rousseaus Herrschaft über das Volk wurde in der Revolution zur Herrschaft des Staates, dann des Wohlfahrtsausschusses, schließlich eines einzelnen Mannes.

«Das Volk» bedeutete in der Terminologie der Revolution die Bauern und die Arbeiterbevölkerung der Städte. Aber auch in den Städten bildeten die Fabrikarbeiter nur eine Minderheit der Bevölkerung, vielmehr drängte sich dort ein brodelndes Gemisch von Metzgern, Bäckern, Brauern, Gemischtwarenhändlern, Köchen, Hausierern, Barbieren, Ladenbesitzern, Schankwirten, Weinhändlern, Zimmerleuten, Maurern, Anstreichern, Glasern, Stukkateuren, Dachdeckern, Schustern, Schneidern, Reinigern, Färbern, Schlossern, Dienstboten, Möbeltischlern, Sattlern, Stellmachern, Goldschmieden, Messerschmieden, Webern, Gerbern, Druckern, Buchhändlern, Prostituierten und Dieben. Diese Leute trugen knöchellange Hosen anstelle der Kniehosen *(culottes)* und Strümpfe der oberen Klassen. Sie wurden daher «*sansculottes*» genannt und spielten in der Revolution eine dramatische Rolle. Der Zustrom von Gold und Silber aus der Neuen Welt und die wiederholte Ausgabe von Papiergeld ließen die Preise überall in Europa steigen. In Frankreich betrug die Preissteigerung zwischen 1741 und 1789 fünfundsechzig Prozent, während die Löhne nur um zweiundzwanzig Prozent stiegen.[14] In Lyon lebten 1787 30 000 Personen von Fürsorgeunterstützung; in Paris waren 1791 100 000 Familien als bedürftig registriert. Arbeiterverbände zur Verbesserung der sozialen Verhältnisse waren verboten, ebenso Streiks, die aber häufig vorkamen. Je reifer die Zeit für die Revolution wurde, umso verzweifelter und aufsässiger wurde die Stimmung der Arbeitermassen. Sie brauchten nur Gewehre und einen Führer, dann würden sie die Bastille erobern, die Tuilerien stürmen und den König absetzen. Die französischen Bauern waren 1789 wahrscheinlich besser daran als ein Jahrhundert vorher, als La Bruyère sie in Überspitzung seines Themas als Tiere bezeichnet hatte.[15] Sie waren besser daran als die übrigen Bauern auf dem europäischen Kontinent, mit Ausnahme vielleicht der norditalienischen. Etwa ein Drittel des bebauten Landes befand sich in der Hand bäuerlicher Besitzer, ein weiteres Drittel war von adeligen, kirchlichen oder bürgerlichen Besitzern an Pächter vergeben. Der Rest wurde unter Aufsicht des Besitzers oder seines Verwalters von Tagelöhnern bestellt. Mehr und mehr aber gingen die Landbesitzer – selbst bedrängt durch steigende Kosten und schärfere Konkurrenz – dazu über, Allmendeland als Felder oder Viehweide einzuzäunen, auf dem die Bauern vorher frei ihr Vieh grasen lassen oder Holz sammeln konnten.

Mit Ausnahme von ein paar «Allodial»-(Frei)Bauern waren alle bäuerlichen Pächter feudalen Rechtstiteln unterworfen. Ihr Pachtvertrag verpflichtete sie, für den Grundherrn jährlich ein paar Tage unbezahlter Arbeit (die *corvée*) zu leisten, um bei der Bestellung seines Bodens oder der Instandhaltung seiner Wege zu helfen. Für jede Benützung dieser Wege hatten sie Zoll zu zahlen. Sie schuldeten ihm einen mäßigen Pachtzins, der jährlich in Naturalien oder Geld zu entrichten war. Wenn sie ihr Pachtland verkauften, beanspruchte der Grundherr zehn bis fünfzehn Prozent des Kaufpreises.[16] Sie bezahlten, wenn sie in seinen Gewässern fischten oder ihr Vieh auf seinen Wiesen weideten. Sie bezahlten Gebühren für die Benützung seiner Mühle, seines Backofens, seiner Weinkelter oder Ölpresse. Da diese Gebühren urkundlich festgelegt waren und durch die Inflation ständig an Wert verloren, fühlten sich die Grundeigner berechtigt, sie mit wachsender Härte einzutreiben, je mehr die Preise stiegen.[17]

Zum Unterhalt der Kirche, die seine Felder segnete, seine Kinder zu Gehorsam und Glauben erzog und mit ihren Sakramenten sein Leben verschönte, trug der Bauer mit einem jährlichen Zehnt – in der Regel weniger als ein Zehntel – seiner Produktion bei. Schwerer noch als Zehnt und Feudalabgaben aber drückten die Steuern, die der Staat ihm auferlegte. Eine Kopfsteuer *(capitation)*, die *vingtième* oder den Zwanzigsten seines jährlichen Einkommens, eine Kaufsteuer *(aide)* auf jeden Erwerb von Gold- oder Silberwaren, Metallwaren, Alkohol, Papier und Stärke. Außerdem die *gabelle*, die ihn zwang, jedes Jahr eine vorgeschriebene Menge Salz vom Staat zu festgesetzten Preisen zu kaufen. Adel und Geistlichkeit fanden legale oder illegale Wege, sich den meisten dieser Steuern zu entziehen. Bei den Aushebungen in Kriegszeiten konnten wohlhabende junge Männer sich Stellvertreter kaufen, die an ihrer Statt in den Tod gingen. Die Hauptlast der Erhaltung von Staat und Kirche in Krieg und Frieden ruhte immer auf dem Bauernstand.

Diese Steuern, Zehnten und Feudalabgaben waren bei guten Ernten zu ertragen, doch sie führten ins Elend, wenn durch Kriegsschäden oder die Launen des Wetters die Ernten schlecht ausfielen und die mühselige Plackerei eines ganzen Jahres umsonst gewesen war. Dann waren viele bäuerliche Besitzer gezwungen, ihr Land oder ihre Arbeitskraft, oder beides an vom Glück Begünstigtere zu verkaufen.

Das Jahr 1788 war durch grausame Naturereignisse gekennzeichnet. Eine furchtbare Dürre zerstörte die Ernten. Ein Hagelsturm, der von der Normandie bis in die Champagne tobte, verwüstete 180 Meilen fruchtbaren Landes. Der Winter (1788–89) war der schwerste seit achtzig Jahren, die Obstbäume erfroren zu Tausenden. Der Frühling 1789 brachte verheerende Überschwemmungen, der Sommer Hungersnot in fast allen Provinzen. Staat, Kirche und private Wohltätigkeit bemühten sich, Nahrung für die Hungernden zu beschaffen. Hungers starben nur wenige, aber Millionen standen vor dem Ende ihrer Hilfsquellen. In Caen, Rouen, Orleans, Nancy und Lyon kämpften rivalisierende Gruppen wie Tiere um etwas Getreide. 8000 ausgehungerte Menschen belagerten die Tore von Marseille und drohten, in die Stadt einzudringen und sie zu plündern. Das Arbeiterviertel St. Antoine in Paris hatte 30 000 Almosenempfänger zu versorgen.[18] Inzwischen führte ein Zollvertrag mit Großbritannien zur Überschwemmung Frankreichs mit Industrieprodukten, die die Preise einheimischer Erzeugnisse drückten und tausende französischer Arbeiter um ihre Arbeitsplätze brachten – 25 000 in Lyon, 46 000 in Amiens, 80 000 in Paris.[19] Im März 1789 weigerten sich Bauern, Steuern zu zahlen und vermehrten damit die Angst vor dem Staatsbankrott. Arthur Young, der im Juli 1789 die französische Provinz bereiste, unterhielt sich mit einer Bäuerin, die sich über die Steuern und Feudalabgaben beklagte, die sie zwangen, stets am Rande der bittersten Armut zu leben. Jedoch, so fügte sie hinzu, sie hätte gehört, «daß von ein paar Großen für die Armen etwas getan werden solle ..., denn Steuern und Abgaben bringen uns um.»²⁰ Die Leute hatten gehört, Ludwig XVI. sei ein guter Mann, ehrlich bemüht, Mißstände zu reformieren und die Armen zu beschützen. Sie blickten voll Hoffnung nach Versailles und beteten, daß dem König ein langes Leben beschieden sei.

II. DIE REGIERUNG

Er war ein guter Mann, doch kaum ein guter König. Er hatte nicht erwartet, zur Herrschaft zu gelangen, doch der frühe Tod seines Vaters (1765) machte ihn zum Dauphin, und der späte Tod seines Großvaters Ludwig XV. (1774) machte ihn im Alter von zwanzig Jahren zum Herrscher Frankreichs. Er hatte kein Verlangen, über Menschen zu herrschen. Er wußte geschickt mit Werkzeug umzugehen und war ein ausgezeichneter Schlosser. Er zog die Jagd dem Regieren vor. Einen Tag, an dem er keinen Hirsch geschossen hatte, hielt er für verloren. 1274 Stück erlegte er zwischen 1774 und 1789. Insgesamt betrug seine Jagdbeute 189 251 Stück Wildbret. Andererseits unterschrieb er nur widerwillig ein Todesurteil. Vielleicht verlor er seinen Thron, weil er seiner Schweizergarde am 10. August 1792 verbot zu schießen. Von seinen Jagden heimgekehrt, speiste er entsprechend seinem ständig zunehmenden Appetit. Er wurde dick, war aber stark, er besaß die sanfte Stärke eines Giganten, der fürchtet, seine Umarmung könnte erdrücken. Marie Antoinette beurteilte ihren Gemahl richtig: «Der König ist nicht feige, er besitzt passiven Mut im Überfluß, aber eine schreckliche Schüchternheit und sein Mangel an Selbstvertrauen überwältigen ihn ... er traut sich nicht zu befehlen ... er lebte bis zu seinem einundzwanzigsten Jahr unter den Augen Ludwigs XV. wie ein verängstigtes Kind. Dieser Zwang verstärkte seine Schüchternheit.»²¹

Seine Liebe zu seiner Königin war eine der Ursachen seines Verderbens. Sie war schön und hoheitsvoll, eine Zierde seines Hofes mit ihrem Charme und ihrer Fröhlichkeit, und sie verzieh seine Säumigkeit, ihre Ehe zu vollziehen. Eine Verengung seiner Vorhaut machte den Koitus zu einer unerträglichen Qual für ihn. Er versuchte es wieder und wieder, sieben Jahre lang, und konnte sich nicht zu der einfachen Operation entschließen, die sein Problem gelöst hätte. Schließlich überredete ihn 1777 der Bruder der Königin, Joseph II. von Österreich, sich unter das Messer zu begeben, und in Kürze war alles in Ordnung. Vielleicht war es ein Schuldgefühl, seine Frau so oft in Erregung versetzt und dann enttäuscht zu haben, das ihn zu nachsichtig machte gegenüber ihrer Leidenschaft für das Kartenspiel, ihrer extravaganten Kleidung, ihren häufigen Besuchen der Pariser Oper, die ihn langweilte und ihrer platonischen oder sapphischen Freundschaft zu dem Grafen von Fersen oder der Prinzessin von Lamballe. Er amüsierte seine Höflinge und machte seinen Ahnen Schande durch seine sichtbar zur Schau getragene Ergebenheit gegenüber seiner Gemahlin. Er beschenkte sie mit kostbaren Juwelen, doch sie und Frankreich wünschten sich ein Kind. Als Kinder kamen, erwies sie sich als gute

Mutter, nahm Anteil an ihren Unpäßlichkeiten und mäßigte nahezu alle ihre Untugenden mit Ausnahme ihres Stolzes (sie war niemals etwas anderes gewesen als Mitglied der königlichen Familie) und ihrer ständigen Einmischung in die Staatsgeschäfte. Auf diesem Gebiet konnte man sie zuweilen entschuldigen, denn Ludwig konnte sich nur selten entschließen, einen bestimmten Kurs einzuschlagen oder beizubehalten und wartete oft genug auf die Ansicht der Königin, um sich zu entscheiden. Manche Hofleute wünschten, er besäße ihr rasches Urteilsvermögen und ihre Bereitschaft zu befehlen.

Der König tat, was er konnte, um die Schwierigkeiten zu meistern, mit denen er sich konfrontiert sah angesichts der Wetterkatastrophen, der Not, der Hungertumulte, der Revolten gegen die Steuern, der Forderungen des Adels und des Parlaments, der Kosten des Hofes und des wachsenden Defizits in der Staatskasse. Zwei Jahre lang (1774–76) ermächtigte er Turgot, nach der physiokratischen Theorie zu verfahren, wonach freies Unternehmertum und freier Wettbewerb sowie die uneingeschränkte Diktatur des Marktes – von Angebot und Nachfrage – über Arbeitslöhne und Preise der Güter die französische Wirtschaft beleben und dem Staat erhöhte Einnahmen bringen würden. Das Volk von Paris, daran gewöhnt, in der Regierung seinen einzigen Schutz gegen habgierige Manipulatoren des Marktes zu sehen, widersetzte sich Turgots Maßnahmen, empörte sich und frohlockte über seinen Sturz.

Nach einigen Monaten des Zögerns und des allgemeinen Durcheinanders berief der König den protestantischen Schweizer Bankier Jacques Necker, der in Paris lebte, zum Finanzminister (1777–81). Unter dieser ausländischen Leitung eines «Ketzers» begann Ludwig ein mutiges Programm kleinerer Reformen. Er gestattete die Bildung gewählter lokaler und provinzieller Körperschaften, die als Stimme ihrer Wähler die Kluft zwischen Volk und Regierung überbrücken sollten. Den Adel empörte er durch Abschaffung der *corvée* und die öffentliche Erklärung (1780), «die Steuern des ärmsten Teiles unserer Untertanen haben sich im Verhältnis viel stärker erhöht, als alle übrigen,» und er äußerte die «Hoffnung, daß reiche Leute nicht meinen werden, es geschähe ihnen Unrecht, wenn sie die Steuern zu zahlen haben, die sie schon längst, wie alle anderen, hätten zahlen müssen».[22] Er schenkte den letzten Leibeigenen auf seinen eigenen Ländereien die Freiheit, widerstand aber Neckers Drängen, ein Gleiches von Adel und Klerus zu fordern. Er richtete Leihhäuser ein, wo die Armen Geld zu drei Prozent Zinsen leihen konnten. Er verbot den Gebrauch der Folter bei der Vernehmung von Zeugen oder Verbrechern. Er nahm sich vor, die Kerker von Vincennes abzuschaffen und die Bastille zu schleifen als Teil eines Programms der Gefängnisreform. Ungeachtet seiner Frömmigkeit und Strenggläubigkeit gestattete er Protestanten und Juden einen beträchtlichen Grad religiöser Freiheit. Er lehnte es ab, Gedankenfreiheit zu bestrafen und erlaubte den skrupellosen Pamphletisten von Paris, ihn als Hahnrei, seine Frau als Hure und seine Kinder als Bastarde zu beschimpfen. Er verbot seiner Regierung, die Privatkorrespondenz der Bürger zu bespitzeln.

Unter der begeisterten Zustimmung Beaumarchais' und der *philosophes* und trotz Neckers Einwände (der prophezeite, daß ein solches Wagnis den Bankrott Frankreichs besiegeln würde) unterstützte Ludwig die amerikanischen Kolonien mit Material und Geld im Gesamtbetrag von 240 000 000 $ in ihrem Unabhängigkeitskrieg. Es waren eine französische Flotte und die Bataillone Lafayettes und Rochambeaus, die Washington halfen, Cornwallis in Yorktown einzuschließen, zur Übergabe zu zwingen und so den Krieg zu beenden. Jedoch über den Atlantik gelangten demokratische Ideen nach Frankreich, die Staatsfinanzen wankten unter einem Berg neuer Schulden, Necker wurde entlassen (1781), und die Eigner von Staatspapieren aus dem bürgerlichen Lager verlangten lautstark eine Finanzkontrolle über die Regierung.

Unterdessen verstärkte das Parlament von Paris seine Forderung, die Monarchie durch ein Vetorecht über die königlichen Dekrete zu kontrollieren. Louis-Philippe-Joseph, Herzog von Orleans, durch direkte Abkunft von einem jüngeren Bruder Ludwig XIV. Vetter des Königs, plante nahezu öffentlich, sich des Thrones zu bemächtigen. Durch den Schriftsteller Choderlos de Laclos und gedungene Agenten streute er Geld und Versprechungen unter Politikern, Pamphletisten, Rednern und Prostituierten aus. Er öffnete seinen Anhängern die Anlagen, Höfe und Gärten seines Palais Royal. Cafés, Weinschenken, Buchläden und Spielklubs schossen aus dem Boden, um die Menge zu versorgen, die sich bei Tag und Nacht dort versammelte. Die Neuigkeiten aus Versailles wurden durch besondere Kuriere auf das schnellste dorthin gemeldet. Stündlich wurden neue Schmähschriften verfaßt, Reden erschallten von Tribünen, von Tischen und Stühlen herab, man schmiedete Komplotte für die Absetzung des Königs.

Gequält bis zur Verzweiflung berief Ludwig Necker wieder in das Finanzministerium (1788). Auf Neckers Drängen und als letzten Ausweg, der seinen Thron retten oder auch stürzen konnte, erließ er am 8. August 1788 einen Aufruf an die Gemeinden Frankreichs, ihre führenden Edelleute, Geistlichen und Gemeinen zu wählen und nach Versailles zu entsenden, um (was zum letzten Mal 1614 geschehen war) Generalstände zu bilden, die ihm mit Rat und Hilfe bei der Meisterung der Probleme des Königreichs zur Seite stehen sollten.

Dieser historische Appel an das Land, ausgehend von einer Regierung, die während nahezu zwei Jahrhunderten im Volk nicht mehr gesehen hatte als Nahrungsmittellieferanten, Steuerzahler oder – von Zeit zu Zeit – Kanonenfutter, zeigt einige bemerkenswerte Aspekte. Zunächst ließ der König, wiederum auf Neckers Betreiben und entgegen den Vorstellungen des Adels, bekanntmachen, daß der Dritte Stand in der bevorstehenden Versammlung ebensoviele Abgeordnete und Stimmen haben sollte, wie die beiden anderen Stände zusammen. Zweitens sollte die Wahl die engste bisher in Frankreich praktizierte Annäherung an ein allgemeines Stimmrecht bringen: Jeder männliche Erwachsene vom 27. Lebensjahr an, der im vorangegangenen Jahr irgendeine, wenn auch geringe staatliche Steuer bezahlt hatte, war in die lokalen Körperschaften wählbar, welche die Abgeordneten nominieren sollten, die die Region in Paris zu vertreten hätten. Drittens fügte der König seinem Aufruf an alle Wahlmännergremien die Aufforderung bei, ihm *cahiers* oder Memoranden zu unterbreiten. Darin sollten die Bedürfnisse und Probleme jeder Klasse in jedem Distrikt dargestellt sein, zusammen mit Empfehlungen für Verbesserungen und Reformen. Niemals vorher, soweit sich Franzosen erinnern konnten, hatte irgendeiner ihrer Könige den Rat seines Volkes eingeholt.

Von den 615 *cahiers*, die dem König von den Delegierten vorgelegt wurden, sind 545 erhalten. Nahezu in allen wird die Loyalität gegen ihn betont und vielfach sogar die Liebe zu ihm als einem Mann offensichtlich guten Willens. Jedoch empfehlen auch fast alle, er möge seine Probleme und Machtbefugnisse mit einer gewählten Versammlung teilen, die mit ihm zusammen die Regierung einer konstitutionellen Monarchie bilden werde. Nirgends wurden die göttlichen Rechte der Könige erwähnt. Alle verlangten Rechtsprechung durch Geschworenengerichte, Wahrung des Postgeheimnisses, Ermäßigung der Steuern und Gesetzesreformen. Die *cahiers* des Adels stipulierten, daß in der künftigen Ständeversammlung jeder Stand gesondert von den anderen sitzen und abstimmen müsse und daß keine Maßnahme Gesetzeskraft erlangen könne, wenn ihr nicht alle drei Stände zugestimmt hätten. Die *cahiers* des Klerus verlangten das Ende der religiösen Toleranz, sowie volle und ausschließliche Kontrolle der Erziehung durch die Kirche. Die *cahiers* des Dritten Standes spiegelten, mit unterschiedlichem Nachdruck, die Wünsche der Landbevölkerung wider nach Verringerung der Steuern, Abschaffung von Leibeigenschaft und Feudalabgaben, Freiheit der Erziehung für jedermann, Schutz der Bauerngüter vor Verwüstung durch Jagden und Weidevieh der Grundherren. Weiterhin verstärkten sie die Hoffnungen der Mittelklasse, dem Talent möge berufliches Fortkommen ohne Rücksicht auf die Geburt ermöglicht werden, und sie forderten die Abschaffung der Binnenzölle, die Ausdehnung der Besteuerung auf Adel und Klerus. Einzelne schlugen vor, der König möge das Defizit der Staatsfinanzen durch Konfiskation und Verkauf kirchlichen Besitzes ausgleichen. Die ersten Stadien der Revolution zeichneten sich so bereits in diesen *cahiers* ab.

In diesem demütigen Aufruf eines Königs an seine Untertanen zeigt sich eine bemerkenswerte Abweichung von der Gleichberechtigung aller. Während außerhalb von Paris jeder Mann, der Steuern bezahlt hatte, stimmberechtigt war, waren es in Paris nur diejenigen, die eine Kopfsteuer von sechs Livres oder mehr bezahlt hatten. Wahrscheinlich zögerten der König und seine Berater, den 500 000 Sansculotten die Auswahl der Männer zu überlassen, die in den Generalständen die führende Intelligenz der Hauptstadt repräsentieren sollten. Das demokratische Problem Qualität kontra Quantität, Gehirne finden, indem man Köpfe zählt, scheint hier am Vorabend der Revolution für eine qualifizierte Demokratie entschieden. So wurden die Sansculotten von dem legitimen Drama ausgeschlossen und kamen zu der Überzeugung, daß sie den ihnen zukommenden Anteil am allgemeinen Willen nur mit der gewalttätigen Kraft ihrer Masse anmelden könnten.

ZWEITES KAPITEL

Die Nationalversammlung

3. Mai 1789 bis 30. September 1791

I. DIE GENERALSTÄNDE

A m 4. Mai zogen die 621 Abgeordneten des Dritten Standes, gekleidet in bürgerliches Schwarz, zu ihrem ausersehenen Tagungsort, dem Hôtel des Menus Plaisirs (Palais der kleinen Vergnügungen), nicht weit vom königlichen Schloß in Versailles. Ihnen folgten 285 Edelleute mit Federhüten, gekleidet in Goldbrokat und Spitzen, dann 308 Angehörige des Klerus – die Prälaten in samtenen Talaren – dann die Minister des Königs und seine Familie, schließlich Ludwig XVI. und Marie Antoinette. Truppen mit ihren Fahnen und Musikkapellen begleiteten den Zug. Eine stolze und frohe Menge säumte die Straße. Manche weinten vor Freude und Hoffnung[1], sahen sie doch in der augenscheinlichen Union der rivalisierenden Stände ein Versprechen für Harmonie und Gerechtigkeit unter einem gütigen König.

Ludwig gestand in seiner Eröffnungsrede an die vereinigten Abgeordneten ein, daß der Staat kurz vor dem Bankrott stehe, was er auf einen «kostspieligen, aber ehrenhaften Krieg» zurückführte; er forderte sie auf, neue Wege zur Steigerung der Staatseinnahmen ausfindig zu mache. Necker folgte mit einer dreistündigen Verlesung von Statistiken, die jede Revolution langweilig machen. Am nächsten Tag war die Einigkeit dahin. Die Geistlichkeit versammelte sich in einem anschließenden kleineren Saal, der Adel in einem anderen. Sie meinten, jeder Stand solle für sich beraten und abstimmen, wie bei der letzten Ständeversammlung vor 175 Jahren. Außerdem solle kein Antrag Gesetzeskraft erlangen ohne Zustimmung aller drei Stände sowie der des Königs. Die zu treffenden Entscheidungen dem persönlichen Votum der versammelten Deputierten zu überlassen, würde eine Kapitulation vor dem Dritten Stand bedeuten, denn es war bereits gewiß, daß viele der niederen Kleriker es mit den Gemeinen halten würden. Auch einzelne Adelige wie Lafayette, Philippe d'Orleans oder der Herzog von La Rochefoucauld-Liancourt, hegten gefährlich liberale Gefühle.

Ein langdauernder Nervenkrieg begann. Der Dritte Stand hatte keine Eile, denn neue Steuern erforderten seine Genehmigung, um öffentliche Billigung zu finden, und der König wartete begierig auf diese Steuern. Jugend, Vitalität, Beredsamkeit und Entschlossenheit waren auf Seiten der Gemeinen. Honoré Gabriel Victor de Riqueti, Graf von Mirabeau, lieh ihnen seine Erfahrung und seinen Mut, die Gewalt seines Geistes und seiner Stimme. Pierre Samuel du Pont de Nemours steuerte seine Kenntnis der physiokratischen Wirtschaftslehre bei, Jean Joseph Mounier und Antoine Barnave halfen mit Rechtskenntnis und Taktik, Jean Bailly, bereits berühmt als Astronom, besänftigte mit seinem kühlen Urteil ihre leidenschaftlichen Beratungen. Maximilien Robespierre sprach mit der hartnäckigen Leidenschaft eines Mannes, der nicht schweigen wird, bis er seinen Willen hat.

Im Jahre 1758 in Arras geboren, hatte Robespierre damals nur noch fünf Jahre zu leben, von denen er die meiste Zeit im oder nahe dem Zentrum der Ereignisse stehen sollte. Seine Mutter starb, als er sieben war, sein Vater verschwand nach Deutschland, die vier Waisen wurden von Verwandten aufgezogen. Als ernster und lernbegieriger Schüler gewann Maximilien ein Stipendium am Collège Louis le Grand in Paris, erlangte einen akademischen Grad, praktizierte in Arras und erwarb sich einen solchen Ruf durch sein Eintreten für Reformen, daß er zu denen gehörte, die von der Provinz Artois zu den Generalständen entsandt wurden.

Er besaß keinerlei äußere Vorzüge, um seine eindrucksvolle Beredsamkeit zu unterstützen. Er war nur 1,60 Meter groß. Sein pockennarbiges Gesicht war breit und flach. Seine schwachen, bebrillten Augen waren von einem grünlichen Blau, was Carlyle entschuldigen mag, der ihn den «seegrünen Robespierre» nannte. Er sprach für die Demokratie und verteidigte das allgemeine Stimmrecht für Männer, trotz der Einwände, dies würde den letzten Gemeinen zum Maßstab für alles machen. Er lebte einfach wie ein Sansculotte, aber er ahmte ihre Kleidung nicht nach. Er trug meist einen dunkelblauen Schoßrock, Kniehosen und Seidenstrümpfe, und er verließ seine Wohnung stets mit frisiertem und gepudertem Haar. Er wohnte bei dem Zimmermann Maurice Duplay in der Rue St.-Honoré, aß am Familientisch und kam mit seinen Abgeordnetendiäten von 18 Francs pro Tag aus. Von diesem Quartier aus sollte er bald Paris in Bewegung bringen, später fast ganz Frankreich. Er redete sehr häufig von Tugend und praktizierte sie auch. Unbeugsam und hart in der Öffentlichkeit, war er in seinen privaten Beziehungen «großzügig, mitfühlend und stets zu einer Gefälligkeit bereit», wie Filippo Buonarroti berichtet, der ihn gut kannte.[2] Für weibliche Reize schien er völlig unempfänglich zu sein. Seine Zuneigung galt einzig seinem jüngeren Bruder und Saint-Just; doch niemand hat jemals seine Sexualmoral in Zweifel gezogen. Keine Geldzuwendung konnte ihn bestechen. Als ein Künstler im Salon 1791 ein Bild von ihm ausstellte, das nur die Unterschrift trug «Der Unbestechliche»[3], scheint niemand an dieser Benennung Anstoß genommen zu haben. Er trat für Rechtschaffenheit im Sinne Montesquieus ein, als die unverzichtbare Basis einer florierenden Republik. Ohne nicht käufliche Wähler und Beamte müßte die Demokratie ein Trugbild bleiben. Er glaubte mit Rousseau, daß alle Menschen von Natur gut sind, daß der «Gemeinwille» Grundgesetz des Staates sein sollte und daß jeder hartnäckige Gegner des Gemeinwillens ohne Bedenken zum Tode zu verurteilen sei. Er stimmte mit Rousseau darin überein, daß irgendeine Form religiösen Glaubens unerläßlich sei sowohl für den Frieden der Seele, als auch für die Sozialordnung, die Sicherheit und den Bestand des Staates.

Erst kurz vor seinem Ende schienen ihm Zweifel zu kommen, ob seine Meinung mit dem Volkswillen wirklich völlig übereinstimme. Sein Geist war schwächer als sein Wille; sein Wissen war meist angelesen, seine Ideen kamen oft aus dem Schlagwortdunst des damaligen Zeitgeistes. Er starb zu jung, um ausreichende Lebenserfahrung oder historisches Wissen sammeln zu können, die ihn instand gesetzt hätte, seine persönlichen Vorstellungen in Geduld und Unparteilichkeit zu überprüfen. Er ließ sich gern von seiner eigenen Person blenden. Allein schon die Leidenschaft seines Vortrags überzeugte ihn selbst, er wurde gefährlich sicher und gleichzeitig eingebildet. «Dieser Mann», sagte Mirabeau, «wird weit gehen; er glaubt alles, was er sagt».[4] Sein Weg endete unter der Guillotine.

In der Nationalversammlung hielt Robespierre während der zweieinhalb Jahre ihres Bestehens über fünfhundert Reden[5], in der Regel zu lang, um zu überzeugen und zu polemisch, um eingängig zu sein; doch die Massen von Paris, die sich seine Gedankengänge zu eigen machten, liebten ihn trotzdem. Er wandte sich gegen rassische oder religiöse Diskriminierung, befürwortete die Gleichstellung der Schwarzen[6] und war bis zu seinen letzten Lebensmonaten ein echter Tribun und Verteidiger des Volkes. Er bekannte sich zum Privateigentum, propagierte jedoch die allgemeine Verbreitung von Kleinbesitz als wirtschaftlicher Grundlage für eine widerstandsfähige Demokratie. Die ungleichmäßige Verteilung des Wohlstandes war ihm «ein notwendiges und unausrottbares Übel»[7], verwurzelt in der natürlichen Ungleichkeit menschlicher Fähigkeiten. In dieser Periode unterstützte er die Beibehaltung der Monarchie in vernünftigen Grenzen. Er meinte, ein Versuch, Ludwig XVI. zu stürzen, würde zu solchem Chaos und Blutvergießen führen, daß am Ende nur eine Diktatur stehen könne, tyrannischer als die eines Königs.[8]

Fast alle Deputierten hörten dem jungen Redner mit Ungeduld zu, mit Ausnahme von Mirabeau, den die sorgfältige Vorbereitung und Darlegung der Argumente Robespierre beeindruckte. Mirabeau[9] hatte eine qualvolle Kindheit unter der Fuchtel eines brillanten aber brutalen Vaters verbracht und war deshalb begierig darauf, das Leben in vollen Zügen zu genießen, auch in Abenteuer und Sünde, als Zeuge menschlicher Schwäche, Ungerechtigkeit, Armut und Leiden in einem Dutzend Städten, vom König auf Verlangen seines Vaters eingekerkert, seine Feinde in Schmähschriften oder leidenschaftlichen Appellen provozierend. Und endlich erlebte er einen vollen, sogar einen doppelten Triumph. Vom Dritten Stand sowohl in Marseille als auch in Aix en Provence in die Generalstände gewählt, kam er nach Paris als einer der berühmtesten, farbigsten und am stärksten beargwöhnten Männer in einem Land, wo die Krise Genies hervorbrachte wie selten vorher in der Geschichte. Das gesamte literarische Paris hieß ihn willkommen, Köpfe erschienen an den Fenstern, um seine Kutsche vorbeifahren zu sehen, Frauen gerieten in Aufregung über die Gerüchte von seinen Liebschaften und waren gleichermaßen fasziniert und abgestoßen von den Narben und Entstellungen seines Gesichts. Die Deputierten lauschten seinen Reden wie gebannt, obwohl sie seiner Abstammung, seiner Moral, auch seinen Absichten mißtrauten. Sie hatten gehört, daß er über seine Verhältnisse lebe, dem Trunk ergeben sei und sich nicht scheue, seine Beredsamkeit zu verkaufen, um seine Schulden zu verringern. Sie wußten aber auch, daß er gegen seinen eigenen Stand in Verteidigung der Gemeinen vom Leder zog, sie bewunderten seinen Mut und zweifelten, daß sie jemals wieder solch einem Vulkan von Energie begegnen würden.

Es gab in jenen hektischen Tagen mehr Rhetorik und politische Intrigen, als das Hôtel des Menus Plaisirs fassen konnte, und so ergossen sie sich in Journalen, Pamphleten, Plakaten und Klubs. Einige Abgeordnete der Bretagne gründeten den Club Breton, der bald seine Mitgliedschaft auch anderen Abgeordneten und anderen Meistern der Zunge oder Feder gewährte. Sieyès, Robespierre und Mirabeau machten ihn zum Resonanzboden und zur Probebühne für ihre Ideen und Vorschläge, er war die Frühform der mächtigen Organisation, aus der später die Jakobiner hervorgehen sollten. Auch Freimaurerlogen waren aktiv, in der Regel auf Seiten der konstitutionellen Monarchie, es gibt aber keinerlei Beweis für eine geheime Freimaurerverschwörung.[10]

Vielleicht war es im Club Breton, wo Sieyès und andere die Taktik planten, die Adel und Geistlichkeit zur gemeinsamen Aktion mit dem Dritten Stand zwingen sollte. Sieyès erinnerte die Gemeinen daran, daß 24 Millionen von den 25 Millionen Seelen Frankreichs zu ihnen gehörten. Warum also sollten sie länger zögern, für Frankreich zu sprechen? Am 16. Juni schlug er den Deputierten im Hôtel des Menus Plaisirs vor, eine letzte Einladung an die anderen Stände zu richten, sich mit ihnen zu vereinigen. Im Falle einer Ablehnung sollten die Abgeordneten des Dritten Standes sich selbst zu Repräsentanten der französischen Nation erklären und mit der Gesetzgebungsarbeit beginnen. Mirabeau wandte ein, die Generalstände seien vom König einberufen, ihm nach dem Gesetz unterworfen und könnten rechtlich von ihm entlassen werden; es war das erste Mal, daß er niedergeschrien wurde. Nach einer Nacht der Debatten und handgreiflichen Auseinandersetzungen wurde die Frage zur Abstimmung gestellt: «Soll diese Versammlung sich selbst zur Nationalversammlung erklären?» Die Zählung ergab 490 Ja- und 90 Neinstimmen. Die Delegierten hatten sich einer konstitutionellen Regierung verpflichtet. Politisch hatte bereits am 17. Juni 1789 die Revolution begonnen.

Zwei Tage später stimmte der Klerus in einer separaten Versammlung mit 149 zu 137 Stimmen für eine Verschmelzung mit dem Dritten Stand; die niedere Geistlichkeit verband ihr Schicksal mit dem des Volkes, das sie kannte und dem sie diente. Bestürzt über diese Desertion verband sich die Hierarchie mit dem Adel in einem gemeinsamen Appell an den König, die Vereinigung der Stände zu verhindern, nötigenfalls durch Auflösung der Ständeversammlung. Ludwig antwortete am Abend des 19. Juni mit der Order, das Hôtel des Menus Plaisirs unverzüglich zu schließen, um es für eine Sitzung der drei Stände bei einer «königlichen Session» am 22. Juni vorzubereiten. Als die Deputierten des Dritten Standes am zwanzigsten erschienen, standen sie vor verschlossenen Türen. In der Meinung, der König beabsichtige, sie zu entlassen, versammelten sie sich im nahegelegenen Ballhaus (Salle du Jeu de Paume). Mounier schlug vor, die 577 dort versammelten Deputierten sollten einen Eid leisten, «sich niemals zu trennen und zusammenzukommen wo auch immer es die Umstände erforderten, bis eine Verfassung verabschiedet sei». Bis auf einen leisteten alle Delegierten diesen Schwur. Es war eine geschichtliche Szene, die Jacques Louis David bald in einem der bedeutendsten Gemälde dieser Zeit verewigte. Von da an war die Nationalversammlung gleichzeitig die Gesetzgebende Versammlung.

Die «königliche Session» begann mit einem Tag Verspätung am 23. Juni. In Anwesenheit des Königs verlas ein Adjutant vor der Versammlung eine Erklärung, worin der Monarch seiner Überzeugung Ausdruck gab, daß er ohne die Unterstützung von Adel und Kirche zu politischer Bedeutungslosigkeit herabgewürdigt werde. Den Anspruch des Dritten Standes, die Nation allein zu vertreten, wies er als illegal zurück. Er erklärte sich bereit, die *corvée*, *lettres de cachet* (Kerkerbefehle), Binnenzölle und alle Überbleibsel der Leibeigenschaft in Frankreich zu beseitigen, lehnte jedoch jeden Vorschlag ab, der geeignet sei, «die althergebrachten und gesetzmäßigen Rechte ... des Eigentums, oder die Privilegien der ersten beiden Stände zu beeinträchtigen». Er versprach Steuergleichheit, falls die beiden oberen Stände zustimmten. Angelegenheiten, die Religion oder Kirche beträfen, müßten die Zustimmung der Geistlichkeit finden. Er endete mit einem erneuten Anspruch auf die absolute Monarchie:

> «Wenn Sie, auf Grund eines Verhängnisses, an das ich nicht glauben möchte, mich bei dieser großen Unternehmung im Stich lassen sollten, werde ich allein für das Wohl meiner Völker Sorge tragen. Ich allein werde mich als ihr wahrer Vertreter betrachten ... Bedenken Sie, meine Herren, daß ohne meine besondere Genehmigung keines Ihrer Vorhaben Gesetzeskraft erlangen kann ... Ich befehle Ihnen, meine Herren, sofort auseinander zu gehen und morgen früh jeder in dem für seinen Stand bestimmten Raum zu erscheinen.»[11]

Der König, die Mehrheit der Edelleute und ein geringer Teil des Klerus verließen den Saal. Der Zeremonienmeister Marquis de Brézé verkündete den Befehl des Königs, den Saal zu räumen. Bailly, der Präsident der Versammlung antwortete, die versammelte Nation könne sich einem solchen Befehl nicht unterwerfen und Mirabeau donnerte Brézé an, «gehen Sie und sagen Sie denen, die Sie schicken, daß wir hier sind nach dem Willen des Volkes. Wir werden unsere Plätze nur verlassen, wenn man uns mit Waffengewalt zwingt»[12]. Das war nicht ganz richtig, denn sie waren auf Einladung des Königs gekommen, doch die Delegierten äußerten ihre Meinung mit dem Ruf: «Dies ist der Wille der Versammlung.» Als Truppen der Versailler Garde du Corps versuchten, in den Saal einzudringen, versperrte eine Gruppe liberaler Edelleute, unter ihnen Lafayette, den Eingang mit gezogenem Degen. Der König, gefragt, was zu tun sei, antwortete resigniert: «Laßt sie bleiben».

Am 25. Juni stießen siebenundvierzig Edelleute, an ihrer Spitze der Herzog von Orleans, zu der Versammlung. Sie wurden in einem wahren Freudentaumel empfangen, der in und um das Palais Royal ein begeistertes Echo fand. Soldaten der Garde Française verbrüderten sich mit den revolutionären Massen. Am selben Tage hatte die Hauptstadt ihre eigene friedliche Revolution. Die 407 Männer, die von den Pariser Quartieren bestimmt worden waren, um die Abgeordneten für Paris zu wählen, traten im Rathaus zusammen und ernannten einen neuen Magistrat. Der vom König eingesetzte Rat dankte, da ohne militärischen Schutz, friedlich ab. Am 27. Juni gab der König Necker und den Verhältnissen nach und bat die oberen Stände, sich mit der triumphierenden Versammlung zu vereinigen. Die Adligen folgten dieser Bitte, weigerten sich aber, an den Abstimmungen teilzunehmen. Bald darauf kehrten viele von ihnen auf ihre Güter zurück.

Am 1. Juli rief Ludwig zehn Regimenter, in der Hauptsache Deutsche oder Schweizer, zu seiner Hilfe herbei. Bis zum 10. Juli hatten sechstausend Mann unter dem Befehl des Marschalls de Broglie Versailles besetzt. Weitere zehntausend unter dem Baron de Bezenval hatten rund um Paris Stellung bezogen. Inmitten von Tumult und Schrecken fuhr die Nationalversammlung fort, den am 9. Juli vorgelegten Entwurf einer neuen Verfassung zu beraten. Mirabeau bat die Deputierten, den König als Bollwerk gegen öffentliche Unordnung und Pöbelherrschaft zu behalten. Er schilderte Ludwig XVI. als einen Mann von gutem Herzen und großzügigen Absichten, der gelegentlich durch kurzsichtige Berater verwirrt werde und stellte die prophetische Frage:

«Haben diese Männer in der Geschichte eines beliebigen Volkes studiert, wie Revolutionen beginnen und wie sie durchgeführt werden? Haben sie beobachtet, durch welch fatale Verkettung von Umständen die weisesten Menschen weit über die Grenzen der Mäßigung hinausgetragen werden und durch welch schreckliche Antriebe sich eine erregte Volksmenge in Exzesse stürzt, an die allein zu denken sie schon hätte schaudern lassen müssen?»[13]

Die Delegierten folgten seinem Rat, denn auch sie waren sich gefährlicher Unterströmungen in den Gassen von Paris bewußt. Anstatt jedoch eine eingeschränkte Loyalität mit substantiellen Konzessionen an den Dritten Stand zu beantworten, empörte Ludwig Radikale wie Liberale gleichermaßen durch eine zweite Entlassung Neckers (11. Juli), der durch den unbeugsamen Freund der Königin, Baron de Breteuil, ersetzt wurde und (12. Juli) durch Ernennung des Haudegens Marschall de Broglie zum Kriegsminister. Damit waren die Würfel gefallen.

II. DIE BASTILLE

Am 12. Juli sprang Camille Desmoulins, ein Jesuitenzögling, auf einen Tisch vor dem Café de Foy in der Nähe des Palais Royal und kündigte die Entlassung Neckers und den Anmarsch ausländischer Truppen an. «Die Deutschen werden heute Nacht in Paris eindringen und die Einwohner abschlachten», schrie er und forderte seine Zuhörer auf, sich zu bewaffnen. Dies geschah, denn der neue Magistrat leistete kaum Widerstand, als sie ins Rathaus eindrangen und sich der dort gelagerten Waffen bemächtigten. Dann zogen die bewaffneten Rebellen durch die Straßen, wobei sie Bilder von Necker und dem Herzog von Orleans im Zuge mit sich führten und ihre Hüte mit grünen Kokarden schmückten. Als es sich herumsprach, daß Grün auch die Farbe der Livree der Bedienten des verhaßten Grafen von Artois (eines jüngeren Bruders des Königs) wie auch der Uniform seiner Leibgarde war, wurde die grüne Kokarde durch eine in den Nationalfarben rot-weiß-blau ersetzt. Aus Furcht vor blinder Gewalt, Zerstörung von Eigentum und finanzieller Panik schlossen die Bankiers die Börse. Die Mittelklassen begannen mit der Aufstellung einer eigenen Miliz, die zum Kern der Nationalgarde unter Lafayettes Befehl wurde. Trotzdem trugen Vertrauensleute der Bourgeoisie dazu bei, zum Schutz der jetzt ganz mittelständischen Versammlung den Widerstand der Öffentlichkeit gegen eine absolute Monarchie zu finanzieren und die royalistische Einstellung der Garde Française in eine demokratische zu wandeln.[14] Am 13. Juli rottete sich die Menge wieder zusammen. Verstärkt durch Kräfte aus der Unterwelt und den Slums überfielen sie das Hôtel des Invalides und bemächtigten sich der dort gelagerten 28 000 Musketen, sowie einiger Kanonen. Bezenval, der daran zweifelte, daß seine Truppen auf das Volk schießen würden, ließ sie müßig in den Vorstädten biwakieren. Nun beherrschte der bewaffnete Mob die Hauptstadt.

Was sollte er mit seiner Macht anfangen? Viele riefen zu einem Angriff auf die Bastille auf. Diese alte Festung im Osten von Paris war in den Jahren nach 1370 erbaut worden, um wichtige Opfer königlicher Ungnade einzukerkern, die in der Regel auf Grund von *lettres de cachet*, Geheimordern des Königs, in Gewahrsam genommen wurden. Unter Ludwig XVI. waren sehr wenige Gefangene dort. Nur sieben waren übriggeblieben. Ludwig selbst hatte nur selten einen solchen Kerkerbefehl erlassen, und schon 1784 hatte er einen Architekten beauftragt, Pläne für einen Abbruch der düsteren Bastion auszuarbeiten.[15] Doch davon wußte das Volk nichts. Man hielt die Bastille für einen Kerker, in dem die Opfer eines brutalen Despotismus schmachteten.

Offensichtlich hatten die Rebellen nicht im Sinn, die Festung zu zerstören, als sie am Morgen des 14. Juli zusammenkamen, der zum französischen Nationalfeiertag werden sollte. Ihre Absicht war, den Gouverneur des Gefängnisses zu bitten, sie einzulassen und ihnen das Schießpulver und die Feuerwaffen auszuhändigen, die angeblich hinter diesen Mauern gestapelt sein sollten. Sie hatten bereits ein wenig Pulver gefunden, brauchten aber mehr, sonst wären ihre vielen Musketen und wenigen Kanonen nutzlos gewesen, sollte Bezenval seine Truppen gegen sie einsetzen. Immerhin, diese Mauern, dreißig Fuß dick, hundert Fuß hoch, mit artilleriebestückten Türmen und von einem achtzig Fuß breiten Graben umgeben, mahnten zur Vorsicht. Mitglieder des neuen Magistrats, die sich der Menge angeschlossen hatten, erboten sich, ein friedliches Übereinkommen mit dem Gouverneur der Festung zu treffen. Dies war Bernard René Jordan, Marquis de Launay, ein Mann, wie uns versichert wird, von vornehmer Erziehung und liebenswürdigem Wesen.[16] Er empfing die Abordnung freundlich. Diese bot an, sich für das friedliche Verhalten der Rebellen zu verbürgen, wenn er die Kanonen aus ihren Feuerstellungen entfernen lassen und seinen 114 Soldaten befehlen würde, nicht zu schießen. Er stimmte zu und lud seine Besucher zum Essen ein. Ein anderes Komitee erhielt die gleiche Zusage, aber die Belagerer schrien, sie verlangten Munition, keine Worte.

Während beide Seite verhandelten, erkletterten ein paar flinke Arbeiter die Bedienungsgestänge und ließen zwei Zugbrücken herab. Über diese strömten die ungeduldigen Angreifer in den Burghof. De Launay befahl ihnen, sich zurückzuziehen. Sie weigerten sich, worauf seine Soldaten das Feuer eröffneten. Die Eindringlinge gerieten in große Bedrängnis, bis die Garde Française fünf Kanonen in Stellung brachte und begann, die Mauern zu beschießen. Unter diesem Feuerschutz drang die Menge in das Gefängnis ein, und ein Kampf Mann gegen Mann begann. Achtundneunzig der Angreifer wurden getötet und einer der Verteidiger, doch die Menge nahm ständig an

Die Erstürmung der Bastille am 14. Juli 1789 (kolorierter Stich).

DÉCLARATION DES DROITS DE L'HOMME ET DU CITOYEN,

Décretées par l'Assemblée Nationale dans les séances des 20, 21, 23, 24 et 26 août 1789, acceptées par le Roi.

PRÉAMBULE

Les représentans du peuple François, constitués en assemblée nationale, considérant que l'ignorance, l'oubli ou le mepris des droits de l'homme sont les seules causes des malheurs publics et de la corruption des gouvernemens, ont résolu d'exposer, dans une déclaration solemnelle, les droits naturels, inalienables et sacrés de l'homme, afin que cette déclaration constamment présente à tous les membres du corps social, leur rappelle sans cesse leurs droits et leurs pouvoirs, afin que les actes du pouvoir legislatif et ceux du pouvoir executif, pouvant être à chaque instant comparés avec le but de toute institution politique, en soient plus respectés, afin que les réclamations des citoyens, fondées desormais sur des principes simples et incontestables, tournent toujours au maintien de la constitution et du bonheur de tous.

En consequence l'assemblée nationale reconnoit et déclare, en presence et sous les auspices de l'Etre suprême, les droits suivans de l'homme et du citoyen.

ARTICLE PREMIER.

Les hommes naissent et demeurent libres et égaux en droits, les distinctions sociales ne peuvent être fondées que sur l'utilité commune.

II.

Le but de toute association politique est la conservation des droits naturels et imprescriptibles de l'homme; ces droits sont la liberté, la propriété, la sureté, et la résistance à l'oppression.

III.

Le principe de toute souveraineté réside essentiellement dans la nation, nul corps, nul individu ne peut exercer d'autorité qui n'en émane expressement.

IV.

La liberté consiste à pouvoir faire tout ce qui ne nuit pas à autrui. Ainsi, l'exercice des droits naturels de chaque homme, n'a de bornes que celles qui assurent aux autres membres de la société la jouissance de ces mêmes droits; ces bornes ne peuvent être déterminées que par la loi.

V.

La loi n'a le droit de défendre que les actions nuisibles à la société, tout ce qui n'est pas défendu par la loi ne peut être empeché, et nul ne peut être contraint à faire ce qu'elle n'ordonne pas.

VI.

La loi est l'expression de la volonté générale, tous les citoyens ont droit de concourir personnellement, ou par leurs représentans, à sa formation; elle doit être la même pour tous, soit qu'elle protege, soit qu'elle punisse. Tous les citoyens étant égaux à ses yeux, sont également admissibles à toutes dignités, places et emplois publics, selon leur capacité, et sans autres distinctions que celles de leurs vertus et de leurs talens.

VII.

Nul homme ne peut être accusé, arrêté ni détenu que dans les cas determinés par la loi, et selon les formes qu'elle a prescrites. Ceux qui sollicitent, expedient, executent ou font executer des ordres arbitraires, doivent être punis; mais tout citoyen appelé ou saisi en vertu de la loi, doit obéir à l'instant, il se rend coupable par la resistance.

VIII.

La loi ne doit établir que des peines strictement et évidemment necessaires, et nul ne peut être puni qu'en vertu d'une loi établie et promulguée antérieurement au délit, et legalement appliquée.

IX.

Tout homme étant presumé innocent jusqu'à ce qu'il ait été déclaré coupable, s'il est jugé indispensable de l'arrêter, toute rigueur qui ne seroit pas necessaire pour s'assurer de sa personne doit être severement reprimée par la loi.

X.

Nul ne doit être inquieté pour ses opinions, mêmes religieuses, pourvu que leur manifestation ne trouble pas l'ordre public établi par la loi.

XI.

La libre communication des pensées et des opinions est un des droits les plus precieux de l'homme; tout citoyen peut donc parler, écrire, imprimer librement; sauf à répondre de l'abus de cette liberté dans les cas determinés par la loi.

XII.

La garantie des droits de l'homme et du citoyen necessite une force publique; cette force est donc instituée pour l'avantage de tous, et non pour l'utilité particuliere de ceux à qui elle est confiée.

XIII.

Pour l'entretien de la force publique, et pour les dépenses d'administration, une contribution commune est indispensable; elle doit être également répartie entre tous les citoyens, en raison de leurs facultés.

XIV.

Les citoyens ont le droit de constater par eux-mêmes ou par leurs représentans, la necessité de la contribution publique, de la consentir librement, d'en suivre l'emploi, et d'en determiner la quotité, l'assiette, le recouvrement et la durée.

XV.

La société a le droit de demander compte à tout agent public de son administration.

XVI.

Toute société, dans laquelle la garantie des droits n'est pas assurée, ni la séparation des pouvoirs determinée, n'a point de constitution.

XVII.

Les propriétés étant un droit inviolable et sacré, nul ne peut en être privé, si ce n'est lorsque la necessité publique, legalement constatée, l'exige évidemment, et sous la condition d'une juste et prealable indemnité.

Zahl und Raserei zu. De Launay bot die Übergabe an, wenn ihm und seinen Männern freier Abzug mit ihren Waffen gestattet würde. Die Führer der Menge lehnten ab. Er gab nach. Die Sieger brachten noch sechs Soldaten um, befreiten die sieben Gefangenen, beluden sich mit Munition und Waffen, machten de Launay zum Gefangenen und marschierten mit ihm im Triumph zum Rathaus. Unterwegs aber wurde der Aristokrat von der Menge, die noch wütend war über die erlittenen Verluste, zu Tode geprügelt. Man schnitt ihm den Kopf ab und steckte ihn auf eine Pike. Auch Jacques de Flesselles, der Vorsteher der Kaufmannschaft, der die Wahlmänner falsch über die Waffenlager unterrichtet hatte, wurde auf der Place de Grève niedergemetzelt und sein abgeschnittener Kopf im Zuge mitgeführt.

Am 15. Juli wählten die Wahlmänner der Stadtteilversammlungen Bailly zum Bürgermeister und Lafayette zum Oberbefehlshaber der neuen Nationalgarde. Die glücklichen Sansculotten begannen, die Bastille Stein für Stein abzutragen. Der erschütterte und eingeschüchterte König begab sich zur Nationalversammlung und kündigte an, daß er die Truppen, die Versailles und Paris eingeschlossen hatten, zurückbeordert habe. Am 16. Juli riet ihm ein Ausschuß des Adels, unter dem Schutz der abziehenden Regimenter abzureisen und Asyl in einer Provinzhauptstadt oder an einem ausländischen Hof zu suchen. Marie Antoinette unterstützte diesen Vorschlag auf das wärmste und begann, ihre Juwelen und beweglichen Kostbarkeiten für die Reise zu packen.[17] Statt dessen rief Ludwig am siebzehnten Necker zurück, zur Genugtuung sowohl der Finanzwelt, als auch der Bevölkerung. Am achtzehnten fuhr der König nach Paris, besuchte das Rathaus und bekundete seine Anerkennung für den neuen Magistrat, indem er die rot-weiß-blaue Kokarde der Revolution an seinem Hut befestigte. Nach Versailles zurückgekehrt, umarmte er seine Frau, seine Schwester und seine Kinder und sagte zu ihnen: «Glücklicherweise ist kein Blut (mehr) vergossen worden und ich schwöre, daß niemals ein Tropfen französischen Blutes auf meinen Befehl vergossen werden soll».[18] Sein jüngerer Bruder, der Graf von Artois, führte jedoch zur gleichen Zeit mit seiner Frau und seiner Mätresse[19], die erste Gruppe von adeligen Emigranten aus Frankreich hinaus.

III. MARAT TRITT AUF: 1789

Die Erstürmung der Bastille war nicht nur ein symbolischer Vorgang und ein Schlag gegen den Absolutismus. Sie bewahrte die Nationalversammlung vor der Unterwerfung unter die Armee des Königs in Versailles und ersparte dem neuen Magistrat von Paris Willkürakte der um die Stadt zusammengezogenen Truppen. Ohne daß dies beabsichtigt gewesen wäre, stärkte sie außerdem die bürgerliche Revolution. Sie versorgte das Volk der Hauptstadt mit Waffen und Munition und ermöglichte so eine weitere Ausbreitung der Macht des Volkes. Sie gab den Journalen, die weiterhin die Pariser aufputschten, neuen Auftrieb und brachte ihnen neue Leser. Die *Gazette de France*, der *Mercure de France* und das *Journal de Paris* waren alteingeführte Blätter, die eine feste

◀ *Präambel und Artikel der Erklärung der Menschen- und Bürgerrechte, die am 26. August 1789 von der Nationalversammlung in Frankreich verkündet wurden.*

Richtung vertraten. Jetzt erschienen Loustalots *Les Révolutions de Paris* (17. Juli 1789), Brissots *Le Patriote français* (28. Juli), Marats *L'Ami du peuple* (12. September), Desmoulins' *Révolutions de France* (28. November) ... Dazu kam jeden Tag ein Dutzend Broschüren, die unter Ausnützung der Pressefreiheit neue Idole erhoben und alte Namen zertrümmerten. Von ihrem Inhalt können wir uns eine Vorstellung machen, wenn wir uns erinnern, daß das Wort Libell (gleich Pamphlet = Schmähschrift) sich vom Namen dieser Schriften – *libelles* = Büchlein – ableitet.

Jean Paul Marat war der radikalste, unbarmherzigste, rücksichtsloseste und mächtigste der neuen Journalisten. Am 24. Mai 1743 in Neuchâtel, Schweiz, als Sohn einer Schweizer Mutter und eines sardischen Vaters geboren, verehrte er Zeit seines Lebens einen Landsmann, der ebenfalls seine Heimat verlassen hatte – Rousseau. Er studierte in Bordeaux und Paris Medizin und praktizierte mit mäßigem Erfolg in London. Später verbreitete Geschichten über dort von ihm begangene Verbrechen und Abgeschmacktheiten waren wahrscheinlich von seinen Feinden ausgeheckt, die sich die journalistische Zügellosigkeit der Zeit zunutze machten.[20] Er empfing von der St. Andrews-Universität einen akademischen Grad ehrenhalber, der aber, wie Johnson sich ausdrückt, «nach und nach immer höher wurde.»[21] Marat schrieb Englisch und veröffentlichte in London (1774) *The Chains of Slavery* (Die Ketten der Sklaverei), eine leidenschaftliche Verdammung der Regierungen Europas als Verschwörungen von Königen, Adel und Klerus, die die Völker hintergehen und sie in Unterwerfung halten. 1777 kehrte er nach Frankreich zurück, fand eine Anstellung als Tierarzt in den Ställen des Grafen von Artois und avancierte zum Arzt der Leibgarde des Grafen. Als Lungen- und Augenspezialist erwarb er sich einigen Ruf. Er veröffentlichte Abhandlungen über Elektrizität, Licht, Optik und Feuer, von denen einige ins Deutsche übersetzt wurden. Marat dachte, dies gäbe ihm einen Anspruch auf die Mitgliedschaft der Akademie der Wissenschaften, doch sein Angriff auf Newton machte ihn den Akademikern verdächtig.

Er war ein Mann von ausgeprägtem Selbstgefühl, geplagt von unaufhörlichen Beschwerden, die ihn bis zum Äußersten reizten. Er litt an einer unheilbaren Dermatitis (Hautentzündung), von der er nur zeitweise Linderung fand, indem er sich in ein warmes Bad setzte und dort schrieb.[22] Sein Kopf war zu massig für seine Körpergröße von nur 1,50 Meter, eines seiner Augen stand höher als das andere; verständlicherweise suchte er das Alleinsein. Die Ärzte ließen ihn häufig zur Ader, um seine Schmerzen zu lindern; in ruhigeren Zeiten tat er mit anderen dasselbe. Er arbeitete mit der Intensität des verzehrenden Ehrgeizes. «Ich habe von vierundzwanzig Stunden nur zwei für den Schlaf übrig ... Ich habe in drei Jahren noch keine Viertelstunde Muße gehabt»[23]. 1793 erkrankte er, vielleicht durch Mangel an Bewegung, an einem Lungenleiden und fühlte – was Charlotte Corday nicht wissen konnte –, daß er nicht mehr lange zu leben hatte.

Seine Krankheit veränderte seinen Charakter. Seine Eitelkeit, seine Wutausbrüche, sein Größenwahn, die wilden Verdächtigungen gegen Necker, Lafayette und Lavoisier, seine wahnwitzigen Rufe nach Gewalttaten des Volkes überlagerten fast ganz seinen persönlichen Mut, und den Fleiß und die Hingabe, mit denen er arbeitete. Der Erfolg seines Blattes beruhte nicht allein auf den aufpeitschenden Übertreibungen seines Stils, sondern mehr noch auf seiner glühenden, unablässigen, unbestechlichen Unterstützung des nicht stimmberechtigten einfachen Volkes von Paris.

Trotzdem überschätzte er die Intelligenz des Volkes nicht. Er sah, wie sich das Chaos ausbreitete und trug das Seine dazu bei. Er forderte sogar, zumindest für den damaligen Zeitabschnitt, anstatt einer Demokratie eine Diktatur, die jederzeit durch Abruf, Revolte oder Mord beendet werden konnte, so wie in den Tagen des republikanischen Rom. Sich selbst empfahl er als geeigneten Diktator.[24] Zeitweise vertrat er die Ansicht, die Regierung solle von Männern der besitzenden Schicht geführt werden, da diese das größte Interesse am öffentlichen Wohl hätten.[25] Die Konzentration von Reichtum betrachtete er als naturgegeben, doch suchte er einen Ausgleich, indem er die Unmoral des Luxus und das göttliche Recht auf Hunger und Not predigte. «Nichts Überflüssiges kann uns legitimer Besitz sein, so lange andere Notwendiges entbehren müssen ... Die Masse kirchlichen Reichtums sollte an die Armen verteilt werden und überall sollte man kostenlose öffentliche Schulen einrichten».[26] «Die Gesellschaft schuldet ihren Mitgliedern, die besitzlos sind und deren Arbeit kaum für ihren Unterhalt ausreicht, eine gesicherte Unterstüzung, die nötigen Mittel für Essen, Wohnen und ausreichende Kleidung sowie Fürsorge in Krankheit und Alter und Beistand für die Erziehung der Kinder. Die im Geld wühlen, müssen für die Wünsche derer aufkommen, denen die Notwendigkeiten des Lebens fehlen». Andernfalls haben die Armen das Recht, mit Gewalt zu nehmen, was sie brauchen.[27]

Die meisten Mitglieder der aufeinanderfolgenden Versammlungen mißtrauten Marat und fürchteten ihn, doch die Sansculotten, in deren Mitte er lebte, vergaben ihm seine Fehler um seiner Weltanschauung willen und brachten sich selbst in Gefahr, indem sie ihn verbargen, wenn er von der Polizei gesucht wurde. Er muß einige liebenswerte Eigenschaften gehabt haben, denn seine Frau, mit der er ohne Trauung zusammenlebte, blieb ihm ergeben bis zu seinem Ende.

IV. DIE VERZICHTERKLÄRUNG DES ADELS: 4. BIS 5. AUGUST 1789

«Dieses Land», schrieb Gouverneur Morris am 31. Juli 1789 über Frankreich, «ist zur Zeit der Anarchie so nahe, wie sich eine Gesellschaft diesem Zustand nähern kann, ohne sich aufzulösen.»[28] Marktbeherrschende Kaufleute schlugen Profit aus der Getreideknappheit, indem sie die Preise erhöhten. Lastkähne, die Nahrungsmittel in die Städte brachten, wurden unterwegs angegriffen und ausgeraubt. Unordnung und Unsicherheit ruinierten das Transportsystem. In Paris löste ein vielfach von kriminellen Elementen angezettelter Tumult den anderen ab. Die Provinz war derart verseucht mit marodierenden Räuberbanden, daß sich in manchen Distrikten die Bauern in ihrer «Großen Furcht» vor den gesetzlosen Horden selbst bewaffneten. In sechs Monaten wurden von den erschreckten Einwohnern 400 000 Gewehre eingekauft. Als sich die

«Große Furcht» legte, beschlossen die Bauern, ihre Waffen gegen Steuereinnehmer, Monopolisten und Feudalherren zu gebrauchen. Bewaffnet mit Musketen, Mistgabeln und Sensen zogen sie vor die Schlösser und verlangten die Urkunden und Rechtstitel zu sehen, die angeblich die herrschaftlichen Rechte und Ansprüche bestätigten. Tat man ihnen den Willen, so verbrannten sie die Papiere, weigerte man sich, so zündeten sie das Schloß an. In mehreren Fällen wurde der Besitzer auf der Stelle getötet. Diese Art der Selbsthilfe breitete sich von ihrem Beginn im Juli 1789 aus, bis ganz Frankreich davon erfaßt war. In verschiedenen Gegenden führten die Aufständischen Plakate des Inhalts mit sich, der König habe ihnen die volle Gewalt in ihren Bezirken übertragen.[29] Oftmals wütete nur blinde Zerstörungswut. Die Bauern auf den Ländereien der Abtei Murbach verbrannten die Klosterbibliothek, raubten Geschirr und Wäsche, öffneten die Weinfässer, tranken, soviel sie konnten und ließen den Rest auf die Erde rinnen. In acht Gemeinden besetzten die Bewohner Klöster, raubten die Urkunden und erklärten den Mönchen, der Klerus sei nun vom Volke abhängig. «In Franche-Comté», sagte ein Bericht an die Nationalversammlung, «sind nahezu vierzig Schlösser und Herrenhäuser ausgeplündert oder verbrannt worden, in Langres drei von fünf, in der Dauphiné siebenundzwanzig. Im Distrikt Vienne sämtliche Klöster ... Zahllose Morde an Adeligen oder reichen Bürgern».[30] Städtische Beamte, die versuchten, diesen «Jacqueries» Einhalt zu tun, wurden abgesetzt, einige wurden geköpft. Aristokraten verließen ihre Häuser und suchten sich anderswo in Sicherheit zu bringen, doch fast überall trafen sie auf dieselbe «spontane Anarchie». Eine zweite Emigrationswelle begann.

Am Abend des 4. August 1789 berichtete ein Deputierter der Nationalversammlung in Versailles: «Briefe aus sämtlichen Provinzen zeigen, daß Eigentum jeder Art zur Beute verbrecherischer Gewalttaten geworden ist. Wo man auch hinsieht, werden Schlösser verbrannt, Klöster zerstört und Landgüter geplündert. Steuern und feudale Besitztitel existieren nicht mehr, die Gesetze sind wirkungslos und die Behörden ohne Autorität».[31] Die in der Versammlung verbliebenen Edelleute sahen ein, daß die Revolution, die sie auf Paris zu begrenzen und mit geringeren Zugeständnissen zu dämpfen gehofft hatten, nun die ganze Nation erfaßt hatte und daß feudale Rechte nicht länger aufrechterhalten werden konnten. Der Vicomte de Noailles brachte den Antrag ein, daß «alle feudalen Rechtstitel ablösbar seien ... durch Rückkauf in bar oder Teilzahlung nach einer gerechten Schätzung ... Herrschaftliche *corvées*, Leibeigenschaft und andere Arten persönlicher Dienstbarkeit sollen entschädigungslos abgeschafft werden», und weiterhin die Beendigung der klassenbedingten Steuerbefreiungen: «Jeder Einwohner des Königsreichs hat je nach seinem Einkommen Steuern zu zahlen».

Noailles war arm und konnte durch die vorgeschlagenen Maßnahmen nicht viel verlieren, doch der Herzog von Aiguillon, einer der reichsten unter den Standesherren, unterstützte den Antrag mit einem alarmierenden Eingeständnis: «Das Volk versucht endlich ein Joch abzuschütteln, das viele Jahrhunderte lang auf ihm gelastet hat. Wir müssen zugeben, daß dieser Aufruhr, den wir verurteilen müssen, manche Entschuldigung in der Unterdrückung findet, deren Opfer das Volk gewesen ist».[32] Diese

Erklärung fand bei den liberalen Edelleuten enthusiastische Unterstützung. Sie drängten sich förmlich, ihre fragwürdig gewordenen Privilegien preiszugeben. Nach Stunden begeisterter Verzichterklärungen, am 5. August um zwei Uhr morgens, verkündete die Versammlung die Befreiung der Bauernschaft. Später wurden einige vorsichtige Klauseln eingeführt, welche den Bauern die ratenweise Zahlung von Gebühren als Abgleichung gewisser Pflichtleistungen auferlegten. Widerstand gegen diese Zahlungen machte ihre Eintreibung jedoch unmöglich und bewirkte das tatsächliche Ende des Feudalsystems. Der König wurde zur Unterschrift unter die «Große Verzichterklärung» durch Artikel XVI aufgefordert, der ihn zum «Wiederhersteller der Freiheit Frankreichs» proklamierte.

Die Woge humanitärer Gefühle währte lange genug, um ein anderes historisches Dokument hervorzubringen – die Erklärung der Menschen- und Bürgerrechte (27. August 1789). Sie ging auf einen Vorschlag Lafayettes zurück, der noch tief beeindruckt war von der Unabhängigkeitserklärung und den Grundgesetzen, die von einigen amerikanischen Staaten proklamiert worden waren. Die jüngeren Edelleute in der Versammlung konnten den Gleichheitsbegriff unterstützen, da sie unter den erblichen Privilegien des ältesten Sohnes zu leiden hatten und einige, darunter Mirabeau, hatten sogar willkürliche Einkerkerung erlitten. Die bürgerlichen Delegierten stießen sich an der gesellschaftlichen Exklusivität des Adels und dem Adelsmonopol auf gehobene Posten im zivilen wie militärischen Bereich. Fast alle Deputierten hatten bei Rousseau über den allgemeinen Willen gelesen und sich die Lehre des Philosophen zu eigen gemacht, daß Grundrechte jedem menschlichen Wesen durch Naturgesetz zukämen. So erhob sich kaum Widerstand gegen die Absicht, der neuen Verfassung eine Erklärung vorauszuschicken, welche die Revolution zu vollenden schien. Einzelne Artikel aus der «Deklaration» seien hier mit Absicht wiederholt:

Artikel 1: Die Menschen sind und bleiben von Geburt frei und gleich an Rechten ...
Artikel 2: Das Ziel jeder politischen Vereinigung ist die Erhaltung der natürlichen und unveräußerlichen Menschenrechte. Diese Rechte sind Freiheit, Eigentum, Sicherheit und Widerstand gegen Unterdrückung ...
Artikel 4: Die Freiheit besteht darin, alles tun zu können, was einem anderen nicht schadet. Also hat die Ausübung der natürlichen Rechte eines jeden Menschen nur die Grenzen, die den anderen Gliedern der Gesellschaft den Genuß der gleichen Rechte sichern. Diese Grenzen können nur durch das Gesetz festgelegt werden.
Artikel 6: Das Gesetz ist der Ausdruck des allgemeinen Willens. Alle Bürger haben das Recht, zur Festlegung desselben persönlich oder durch ihre Repräsentanten mitzuwirken ... Da alle Bürger in seinen Augen gleich sind, sind sie gleicherweise zu allen Würden, Stellungen und Beamtungen zuzulassen auf Grund ihrer Fähigkeiten ...
Artikel 7: Kein Mensch kann angeklagt, in Haft genommen oder gefangen gehalten werden, außer in den durch das Gesetz bestimmten Fällen und in den gesetzlich vorgeschriebenen Formen ...
Artikel 9: Da jeder Mensch solange für unschuldig gehalten wird, bis er für schuldig erklärt ist, soll, wenn seine Verhaftung für unumgänglich erachtet wird, jede Härte, die nicht notwendig ist, um sich seiner Person zu versichern, durch das Gesetz streng unterbunden werden.
Artikel 10: Niemand soll wegen seiner Meinungen, auch nicht religiöser Art, behelligt

werden, sofern ihre Äußerungen nicht die durch das Gesetz festgelegte öffentliche Ordnung stören.

Artikel 11: Die freie Mitteilung der Gedanken und Meinungen ist eines der kostbarsten Menschenrechte. Jeder Bürger kann also frei reden, schreiben, drucken, mit Vorbehalt der Verantwortlichkeit für den Mißbrauch dieser Freiheit in den durch das Gesetz bestimmten Fällen ...

Artikel 17: Da das Eigentum ein unverletzliches und heiliges Recht ist, so kann es niemandem genommen werden, falls es nicht die gesetzlich festgelegte öffentliche Notwendigkeit klar erfordert und dann nur unter der Bedingung einer gerechten und vorherigen Entschädigung.[34]

Selbst diese Bekräftigung demokratischer Ideale wies noch einzelne Mängel auf. Die Sklaverei durfte in den karibischen Kolonien Frankreichs fortbestehen, bis der Konvent sie 1794 aufhob. Die neue Verfassung beschränkte Wahlrecht und Wählbarkeit für öffentliche Ämter auf Steuerzahler. Die Bürgerrechte wurden Schauspielern, Protestanten und und Juden noch vorenthalten. Ludwig XVI. versagte der Deklaration seine Zustimmung mit der Begründung, sie würde weitere Unruhe und Unordnung bewirken. Dem Volk von Paris blieb es vorbehalten, seine Zustimmung zu erzwingen.

V. VERSAILLES: 5. OKTOBER 1789

Während des ganzen August und September gab es Tumulte in Paris. Hausfrauen schlugen sich vor den Bäckerläden um das wieder knapp gewordene Brot. Bei einem dieser Krawalle wurden ein Bäcker und ein städtischer Beamter vom aufgebrachten Mob erschlagen. Marat rief zu einem Marsch auf die Nationalversammlung und das königliche Palais in Versailles auf:

«Wenn die öffentliche Sicherheit in Gefahr ist, muß das Volk die Macht aus den Händen derer nehmen, denen sie anvertraut ist ... Werft das österreichische Weib (die Königin) und ihren Schwager (Artois) ins Gefängnis ... Ergreift die Minister und ihre Beamten und legt sie in Eisen ... Versichert euch des Bürgermeisters (armer freundlicher sternguckender Baily) und seiner Adjutanten; habt ein Auge auf den General (Lafayette) und nehmt seinen Stab fest ... Der Thronerbe hat kein Recht auf eine Mahlzeit, solange ihr nicht einmal Brot habt. Stellt bewaffnete Gruppen auf. Marschiert zur Nationalversammlung und verlangt die sofortige Verteilung von Nahrungsmitteln ... Fordert, daß die Armen der Nation eine gesicherte Zukunft aus den nationalen Abgaben erhalten. Weist man euch zurück, so vereinigt auch mit der Armee, nehmt euch das Land, ebenso wie das Gold, das die Schurken vergraben haben, die euch durch Hunger in die Knie zwingen wollen, und verteilt es unter euch. Herunter mit den Köpfen der Minister und ihrer Handlanger. Die Zeit ist reif!»[35]

Eingeschüchtert durch das Toben der Presse und den Aufruhr in Paris wie durch Massendemonstrationen in Versailles kam Ludwig auf den Ratschlag seiner Minister zurück: Soldaten, die bislang noch unberührt von revolutionären Ideen waren, zu seinem, seiner Familie und des Hofes Schutz herbeizuordern. Ende September berief er das flandrische Regiment aus Douai. Es kam, und am 1. Oktober bewillkommnete die Garde du Corps des Königs es mit einem Bankett im Opernhaus des Palastes. Als Ludwig und Marie Antoinette erschienen, brachen die Offiziere, zur Hälfte betrunken und im Angesicht der Majestät, in frenetischen Beifall aus. Bald vertauschten sie die nationalen dreifarbigen Embleme auf ihren Uniformen mit Kokarden in den Farben der Königin – weiß und schwarz. Ein Bericht besagt, die abgelegten, der Revolution teuren Farben seien dann beim Tanz mit den Füßen getreten worden.[36] (Mme. Campan, erste Hofdame der Königin und Augenzeugin, bestritt dieses Detail.[37])

Auf dem Wege nach Paris wurde dieser Bericht weiter ausgeschmückt und gewann noch an Gewicht durch die Nachricht, bei Metz werde eine Armee zusammengezogen, die nach Versailles marschieren und die Nationalversammlung auflösen sollte. Mirabeau und andere Deputierte wandten sich öffentlich gegen diese neue militärische Drohung. Marat, Loustalot und andere Journalisten forderten, das Volk solle die königliche Familie wie auch die Versammlung zwingen, nach Paris umzuziehen, wo sie unter den wachsamen Augen der Bevölkerung seien. Am 5. Oktober ergriffen die Marktweiber der Hauptstadt, die die Lebensmittelknappheit aus erster Hand kannten, die Initiative und formierten sich zum Marsch nach dem zehn Meilen entfernten Versailles. Unterwegs riefen sie Männer und Frauen auf, sich ihnen anzuschließen. Tausende reihten sich in den Zug ein. Es war keine tragische oder düstere Prozession, derber französischer Witz würzte sie. «Wir holen den Bäcker und sein Weib», schrien sie, «und wir werden das Vergnügen haben, Mirabeau zu hören».[38]

Bei ihrer Ankunft in Versailles goß es in Strömen. Sie versammelten sich, achttausend Köpfe stark, in wirren Haufen vor den hohen Toren und Eisengittern des königlichen Palastes und verlangten, den König zu sehen. Eine Abordnung begab sich zur Nationalversammlung und bestand darauf, daß die Deputierten Brot für die Menge beschaffen müßten. Der amtierende Präsident Mounier ging mit einem Mitglied der Abordnung, der hübschen Louison Chabry, um König Ludwig aufzusuchen. Als sie vor ihm stand, wurde sie so von ihren Gefühlen überwältigt, daß sie nur noch rufen konnte «*pain*» – und dann in Ohnmacht fiel. Als sie wieder zu sich kam, versprach Ludwig ihr, Brot für die durchnäßte und hungrige Menge zu beschaffen. Beim Abschied versuchte sie, seine Hand zu küssen, doch er umarmte sie wie ein Vater. Unterdessen machte sich eine Anzahl attraktiver Pariserinnen an die flämischen Soldaten heran und überzeugten sie, daß Kavaliere nicht auf unbewaffnete Frauen schießen dürften. Einzelne Soldaten nahmen die ausgehungerten Sirenen mit in ihre Quartiere und gaben ihnen Nahrung und Wärme. Um elf Uhr nachts erschien Lafayette an der Spitze von fünfzehn tausend Mann Nationalgarde. Er wurde vom König empfangen, dem er Schutz gelobte. Er schloß sich aber Neckers Rat an, König und Königin sollten dem Wunsch des Volkes nachkommen und nach Paris übersiedeln. Dann zog er sich erschöpft in das Hôtel de Noailles zurück.

Am frühen Morgen des 6. Oktober drängte sich die ermüdete mißmutige Menge durch ein zufällig geöffnetes Tor in den Palasthof, und einige bewaffnete Männer erzwangen sich ihren Weg die Treppen hinauf zu den Räumen, wo die Königin schlief. Im Unterrock, den Dauphin auf dem Arm, floh sie zum Gemach des Königs. Palastwachen stellten sich den Eindringlingen in den Weg, drei von ihnen wurden getötet. Lafayette, verspätet aber hilfreich, beschwichtigte den Tumult mit der Versicherung, es werde alles in Ordnung kommen. Der König zeigte sich auf dem Balkon und versprach, nach Paris zu übersiedeln. Die Menge brüllte «Vive le Roi!» verlangte aber, daß die Königin sich zeige. Dies geschah auch und sie blieb sogar, als ein Mann in der Menge seine Muskete auf sie anlegte. Die Umstehenden schlugen ihm den Lauf herunter. Lafayette näherte sich Marie Antoinette und küßte ihre Hand als Zeichen der Loyalität. Die besänftigten Rebellen gelobten der Königin ihre Liebe, wenn sie mitkommen und in der Hauptstadt leben würde. Gegen Mittag formierte sich ein Zug, der in der Geschichte ohne Beispiel ist. An der Spitze die Nationalgarde und die königliche Garde du Corps. Es folgte eine Kutsche mit dem König, seiner Schwester Madame Elisabeth, der Königin und ihren zwei Kindern. Dann kam eine lange Reihe mit Mehlsäcken beladener Karren. Dahinter marschierten die triumphierenden Pariser; einige Weiber saßen rittlings auf Kanonen, einige Männer trugen die auf Piken gespießten Köpfe ermordeter Palastwachen. In Sèvres hielten sie an, um diese Köpfe frisieren und pudern zu lassen.[39] Die Königin glaubte nicht, daß sie Paris lebend erreichen würde, doch in der folgenden Nacht schliefen sie und der Rest der königlichen Familie in hastig aufgeschlagenen Betten in den Tuilerien, wo französische Könige schon immer geschlafen hatten, bis der Aufstand der Fronde dem «Sonnenkönig» Ludwig XIV. die Hauptstadt verhaßt machte. Ein paar Tage später folgte die Nationalversammlung und wurde im Theater desselben Palastes untergebracht.

Wieder einmal hatte das Volk von Paris das Steuer der Revolution in die Hand genommen, indem es dem König seinen Willen aufzwang. Nun, abhängig von seinen Untertanen, akzeptierte er die Erklärung der Menschen- und Bürgerrechte als *fait accompli*. Eine dritte Emigrationswelle begann.

VI. DIE REVOLUTIONÄRE VERFASSUNG: 1790

Vom Widerstand des Königs befreit, jedoch im unbehaglichen Bewußtsein, ständig überwacht zu werden, schritt die Versammlung zur Ausarbeitung der Verfassung, die die Errungenschaften der Revolution im einzelnen bestimmen und legalisieren sollte.

Zunächst: Sollte sie das Königtum beibehalten? Es geschah so, und die Versammlung bestätigte sogar seine Erblichkeit. Man dachte offensichtlich, die Aura des Königtums sei für die Aufrechterhaltung der öffentlichen Ordnung solange notwendig, bis die Gefühle der Legitimität und Loyalität von einem Monarchen auf die Nation übergehen könnten. Das Recht der Übertragung würde Sicherheit gegen Erbfolgekriege bieten, wie auch gegen Anschläge, wie sie derzeit im Palais Royal ausgebrütet wurden. Die Machtbefugnisse des Königs sollten streng begrenzt werden. Die Nationalversammlung würde ihm alljährlich eine Zivilliste für seine Ausgaben bewilligen. Jede weitere Aufwendung würde ein Gesuch an die Legislative erfordern. Verließ er das Land ohne Genehmigung der Versammlung, konnte er abgesetzt werden – wie sich später zeigen sollte. Er konnte seine Minister ernennen und entlassen. Jeder Minister hatte allmonatlich einen Rechenschaftsbericht über die Verwendung der ihm anvertrauten

Fonds vorzulegen und konnte zu jeder Zeit vor einen Staatsgerichtshof zitiert werden. Dem König blieb der Oberbefehl über Armee und Flotte, doch konnte er ohne vorherige Zustimmung der gesetzgebenden Körperschaft weder Krieg erklären noch einen Vertrag unterzeichnen. Er konnte sein Veto gegen jedes ihm vorgelegte Gesetz einlegen, wurde die Vorlage jedoch in drei aufeinanderfolgenden Legislaturperioden verabschiedet, so mußte sie Gesetz werden.

Sollte die Legislative als oberste Instanz auch zwei Kammern haben, wie in England und Amerika? Ein Oberhaus konnte ein Hindernis für übereilte Beschlüsse sein, doch konnte es ebensogut ein Hort für die Aristokratie oder für Greise hohen Alters werden. Die Versammlung verwarf den Vorschlag und erklärte als weitere Sicherung sämtliche erblichen Privilegien und Titel mit Ausnahme der des Königs für aufgehoben. Wahlberechtigt für die gesetzgebende Körperschaft waren ausschließlich «aktive Bürger», erwachsene männliche Besitzbürger, die an direkten Steuern einen dem Arbeitslohn für drei Tage entsprechenden Betrag entrichteten. Diese Regelung schloß wohlhabende Bauern ein, während Lohnarbeiter, Schauspieler und Proletarier ausgeschlossen waren. Diese wurden als «passive Bürger» klassifiziert, denn sie waren leicht von ihren Dienstherren oder von Journalisten zu manipulieren und als Werkzeuge der Reaktion oder Gewalt zu benützen. Durch diese Regelung kamen im Frankreich von 1791 4 298 360 Männer (aus einer Gesamtbevölkerung von 25 Millionen Menschen) in den Besitz des Stimmrechts. 3 Millionen erwachsene Männer erhielten kein Stimmrecht. Die bürgerliche Versammlung sicherte in ihrer Furcht vor dem Stadtvolk die bürgerliche Revolution.

Für Wahl- und administrative Zwecke unterteilte die Verfassung Frankreich in dreiundachtzig *départements* und diese wieder in Kommunen (43 360). Zum ersten Mal sollte Frankreich eine geeinte Nation werden ohne privilegierte Provinzen und ohne Binnenzölle, mit einem einheitlichen Maßsystem und allgemein gültigen Gesetzen. Strafen wurden gesetzlich festgelegt und nicht mehr in das Ermessen eines Richters gestellt. Tortur, Pranger und Brandmarken wurden abgeschafft, doch die Todesstrafe wurde beibehalten, was Robespierre zunächst verdroß, ihm aber später gelegen kam. Personen, die eines Verbrechens bezichtigt wurden, konnten sich von einer durch das Los bestimmten Jury aus «aktiven Bürgern» aburteilen lassen; ein Minderheitsvotum von drei Stimmen aus zwölf genügte für einen Freispruch. Zivilstreitigkeiten wurden von Richtern entschieden. Die alten *parlements*, die eine zweite Aristokratie hervorgebracht hatten, wurden durch eine neue, von den Wählerversammlungen ernannte Richterschaft ersetzt. Ein oberster Gerichtshof wurde gebildet aus durch das Los bestimmten Richtern unterer Instanzen, aus jedem *département* zwei. Es blieben schließlich noch zwei gewaltige und miteinander verknüpfte Probleme zu lösen: Wie war der Staatsbankrott zu vermeiden und wie waren die Beziehungen zwischen Kirche und Staat zu regeln? Die Steuereinnahmen reichten nicht aus, um die Verwaltung zu finanzieren, andererseits besaß die Kirche beneidenswerten Reichtum, ohne ihn zu versteuern. Dem kürzlich ernannten Bischof von Autun, Charles Maurice de Talleyrand-Périgord blieb es vorbehalten, die Lösung vorzuschlagen (11. Oktober 1789): Nehmt den Besitz der Kirche, um die Staatsschuld zu bezahlen!

Talleyrand ist eine der in zweifacher Hinsicht faszinierenden Gestalten der Geschichte. Er entstammte einer alten, durch ihre militärischen Verdienste ausgezeichneten Familie und würde wahrscheinlich eine ähnliche Laufbahn eingeschlagen haben, hätte er sich nicht duch einen Unfall als Vierjähriger einen Fuß für immer verrenkt. Er mußte seinen Weg durchs Leben hinkend zurücklegen, doch es gelang ihm, jedes Hindernis zu überwinden. Seine Eltern bestimmten ihn für die Kirche. Im Seminar las er Voltaire und Montesqieu und hielt in der Nähe eine Geliebte aus. Offenbar wurde er ausgeschlossen (1775), doch im selben Jahr (seinem einundzwanzigsten) verlieh ihm Ludwig XVI. die Abtei St. Denis in Reims. 1779 wurde er zum Priester geweiht und am nächsten Tage zum Generalvikar seines Onkels, des Erzbischofs von Reims, ernannt. Und er fuhr fort, hochgeborene Damen zu beglücken. Eine schenkte ihm einen Sohn, der unter Napoleon Offizier wurde. 1788 wurde Talleyrand trotz der Proteste seiner frommen Mutter, die wußte, daß es mit seiner Gläubigkeit nicht weit her war, zum Bischof von Autun ernannt. Trotzdem entwarf er ein Reformprogramm zur Vorlage bei den Generalständen, das seinen Klerus so beeindruckte, daß man ihn zum Abgeordneten wählte.[40]

Entgegen dem verzweifelten Widerstand ihrer geistlichen Mitglieder stimmte die Nationalversammlung am 2. November 1789 mit 508 zu 346 Stimmen für die Nationalisierung des kirchlichen Besitzes, damals auf 3 Milliarden Francs geschätzt.[41] Sie verpflichtete die Regierung, «in angemessener Weise für die Kosten der öffentlichen Gottesdienste Sorge zu tragen sowie für den Unterhalt der Geistlichen und die Unterstützung der Armen». Am 19. Dezember ermächtigte sie eine Caisse de l'Extraordinaire, «Assignaten» im Wert von 400 Millionen Francs zu verkaufen, Noten, die dem Inhaber einen Anspruch auf einen bestimmten Betrag kirchlichen Eigentums garantierten. Sie wurden mit fünf Prozent verzinst, bis ein Verkauf ins Werk gesetzt werden konnte. Mit den Erlösen aus diesen Assignaten bezahlte die Regierung ihre dringendsten Schulden, um so dem neuen Regime die Unterstützung der Steuerzahler zu sichern. Die Käufer von Assignaten allerding fanden es schwierig, befriedigende Erwerbungen zu tätigen, sie gebrauchten sie daher als Zahlungsmittel. Als dann der Staat mehr und mehr davon in Umlauf brachte und die Inflation fortschritt, verloren sie an Wert, außer beim Zahlen von Steuern. Das Schatzamt mußte sie zum Nominalwert in Zahlung nehmen. So sah sich die Finanzbehörde erneut Jahr um Jahr Verlusten gegenüber, die ihre Einnahmen überstiegen.

Nachdem der Rubikon überschritten war, hob die Versammlung am 13. Februar 1790 die Klöster auf und gewährte den enteigneten Mönchen Pensionen.[42] Nonnen wurden nicht behelligt, da sie wertvolle Dienste in Erziehung und Karitas leisteten. Am 12. Juli wurde ein «Staatsgesetz über die Geistlichkeit» verkündet, welches die Stellung der Priester als bezahlter Staatsbeamter regelte und den Katholizismus als Nationalreligion anerkannte. Protestanten und Juden waren in ihren privaten Konventikeln frei in der Andachtsübung, erhielten jedoch keine Unterstützung von Seiten des Staates. Die Wahl katholischer Bischöfe sollte durch die Wählerversammlungen der Departements erfolgen. Die Teilnahme an solchen Wahlen war auch nichtkatholischen

Wählern, ob Protestanten, Juden oder Agnostikern, freigestellt.[43] Ehe ein Priester Gehalt vom Staat beziehen konnte, hatte er der neuen Verfassung volle Anerkennung zu geloben. Von den 134 Bischöfen in Frankreich lehnten es 130 ab, diesen Eid zu leisten, von den 70 000 Pfarrern weigerten sich 46 000.[44] Eine große Mehrheit der Bevölkerung nahm die Partei der Eidesverweigerer und boykottierte die Gottesdienste der Priester, die geschworen hatten. Der sich ausbreitende Konflikt zwischen der konvervativen Kirche, der Bevölkerung und den vorwiegend agnostischen Versammlungen, die von der oberen Mittelklasse unterstützt wurden, entwickelte sich zu einer Hauptursache für das Abflauen der Revolution. Hauptsächlich dieser unpopulären Gesetzgebung wegen weigerte sich der König lange, die neue Verfassung zu unterzeichnen.

Auch andere hatten Gründe für ihre Ablehnung. Robespierre als Führer einer starken Minderheit wandte ein, daß die Beschränkung des Wahlrechts auf Besitzende die Deklaration der Menschenrechte verletze und eine beleidigende Provokation des Volkes von Paris darstelle, das zu wiederholten Malen die Versammlung vor den Armeen des Königs beschützt hatte. Die Landbevölkerung nahm wie das Volk in den Städten die Preisgabe der Regierungsverordnungen übel, die in gewissem Umfang Erzeuger und Verbraucher vor einem vom Zwischenhandel manipulierten «freien Markt» geschützt hatten.

Dessenungeachtet war die Nationalversammlung mit einigem Recht der Meinung, daß die Verfassung ein bemerkenswertes Dokument sei, das der triumphierenden Revolution legale und definitive Gestalt verleihe. Die Abgeordneten der Mittelklasse, jetzt an der Spitze, waren der Ansicht, daß das Volk – das in der Mehrheit aus Analphabeten bestand – noch nicht reif sei, in einem seiner Zahl entsprechenden Verhältnis an den Beratungen und Entscheidungen der Regierung teilzunehmen. Außerdem: War nicht jetzt, da der Adel geflohen war, die Reihe am Bürgertum, den Staat zu dirigieren, der in zunehmendem Maße von einer klug geleiteten und sich kräftig ausbreitenden Wirtschaft abhängig war? So erklärte die Nationalversammlung ohne Rücksicht auf die Bedenken des Königs Frankreich zur konstitutionellen Monarchie. Außerdem lud sie am 5. Juni 1790 die dreiundachtzig Departements ein, ihre vereinigten Nationalgarden nach Paris zu entsenden, um sich mit der Bevölkerung und der Regierung Frankreichs auf dem Marsfeld zur Feier der Vollendung der Revolution – am ersten Jahrestag der Erstürmung der Bastille – zu vereinigen. Als die Einladung bekannt wurde und die Begeisterung wuchs, suchten dreißig Ausländer unter der Führung eines reichen Holländers, der als «Anacharsis Cloots»* in die Geschichte eingegangen ist, am 19. Juni die Versammlung auf und baten um die Ehre der französischen Staatsbürgerschaft sowie um Zulassung zum Föderationsfest als «Gesandtschaft des Menschengeschlechts». Ihrem Wunsche wurde stattgegeben.

Das hügelige Marsfeld mußte jedoch für das Ereignis planiert werden. Eine Fläche von 900 zu 300 Metern war einzuebnen und zu terrassieren, um 300 000 Männer,

---

* Baron Jean-Baptiste du Val-de-Grâce erhielt seinen Spitznamen von einem Charakter einer damals populären Romanze des Abbé Barthélemy.

Frauen und Kinder aufzunehmen. Im Zentrum war ein Hügel aufzuschütten, auf dem ein Altar errichtet werden sollte. Ihn würden König, Prinzen, Prälaten und Abgeordnete ersteigen, um der nun legal wiedergeborenen Nation Loyalität zu schwören. Nur fünfzehn Tage blieben für diese Arbeiten. Wer kann heute mit den vierzehn Seiten wetteifern[45], in welchen Carlyle beschreibt, wie das Volk von Paris, Männer und Frauen, jung und alt, mit Hacken, Spaten und Schubkarren und dem Gesang «Ça ira!» (Es wird gehen) anrückte, das weite Feld neu gestaltete und diese Terrassen und den Altar des Vaterlandes errichtete? Wer kann es heute wagen, derartige Fanfarenstöße an Rhetorik und prophetischer Ekstase niederzuschreiben – besonders, wenn fast das halbe Manuskript von einer voreiligen Magd verbrannt worden und Carlyle genötigt war, seine Edelsteine erneut zusammenzusuchen und aufzupolieren? Welches Feuer muß in diesem harten Schotten geglüht haben, um ein solches Brandopfer zu überleben?

So marschierten also in der Woche vor dem neuen Feiertag Soldaten aus ganz Frankreich nach Paris, und einige Male zog ihnen die Pariser Nationalgarde viele Kilometer entgegen, um sie einzuholen. Am 14. Juli 1790 marschierten sie alle in stolzem Zuge auf das Marsfeld, fünfzigtausend Mann stark[46], mit fliegenden Fahnen und klingendem Spiel, die Kehlen heiser von fröhlichen Liedern, und 300 000 begeisterte Pariser zogen mit ihnen. Bischof Talleyrand-Périgord, damals noch nicht exkommuniziert, las die Messe. Zweihundert Prälaten und Priester stiegen hinauf zum Altar und leisteten den Eid. Der König selbst verpflichtete sich, die neuen Gesetze nach bestem Vermögen zu achten, und die ganze Versammlung schrie «Vive le Roi!» Als die Kanonen Salut schossen, erhoben Tausende von Parisern, die nicht hatten teilnehmen können, eine Hand in Richtung des Marsfeldes und leisteten ihren Schwur. Fast in jeder Stadt wurden ähnliche Feiern abgehalten mit gemeinsamem Essen und Trinken. Katholische und protestantische Seelenhirten umarmten einander, als ob sie Brüder wären. Welcher Franzose konnte zweifeln, daß ein ruhmreiches neues Zeitalter angebrochen war?

VII. MIRABEAU BEZAHLT SEINE SCHULDEN: 2. APRIL 1791

Ein Mann und eine Frau konnten im Zweifel sein. Für Ludwig und seine Königin schienen die Tuilerien ein Glashaus zu sein, in dem jede ihrer Bewegungen Gegenstand stillschweigender Zustimmung oder anhaltender Mißbilligung von Seiten der Bevölkerung war. Am 31. August 1790 meuterte ein Schweizer Regiment im Dienste des Königs in Nancy wegen verspäteter Soldzahlung und Offizierstyrannei. Einige der Meuterer wurden von der Nationalgarde erschossen, ein paar wurden auf die Galeeren geschickt, mehrere gehängt. Als dies bekannt wurde, rottete sich eine drohende Menge von vierzigtausend Parisern vor dem königlichen Palast zusammen, klagte Lafayette an, machte den König für das «Nancy massacre» verantwortlich und verlangte den Rücktritt seiner Minister. Am 18. September 1790 reiste Necker in aller Stille ab und ließ sich mit seiner Familie in Coppet am Genfer See nieder. Lafayette riet dem König, durch Annahme der Verfassung Paris zu beruhigen.[47] Die Königin jedoch, die argwöhnte, daß der General sie als Macht hinter dem Thron zu ersetzen trachte, trug ihre Abneigung so unverhohlen zur Schau, daß er den Hof verließ. Mirabeau blieb die Aufgabe, die Monarchie zu retten.[48] Mirabeau war bereit. Er brauchte Geld, um seinen verschwenderischen Lebensstil beibehalten zu können. Er glaubte, daß eine Koalition von König und Nationalversammlung die einzige Alternative zu einer Volksherrschaft sei, und er sah keinen Widerspruch darin, diese Politik zu verfolgen und gleichzeitig seine Vermögenslage aufzubessern. Noch am 28. September hatte er an seinen Freund La Marck* geschrieben: «Alles ist verloren. Der König und die Königin werden hinweggefegt werden und Sie werden sehen, wie der Mob über ihre hilflosen Leiber triumphiert».[49] Und am 7. Oktober an denselben Freund: «Wenn Sie auch nur den geringsten Einfluß auf den König und die Königin besitzen, so überzeugen sie sie, daß sie und Frankreich verloren sind, wenn die königliche Familie Paris nicht verläßt. Ich arbeite an einem Plan sie fortzubringen».[50] Ludwig verwarf den Plan, stimmte aber zu, Mirabeaus Verteidigung der Monarchie zu finanzieren. Anfang Mai 1790 erklärte er sich bereit, die Schulden des großen Abenteurers zu bezahlen, ihm ein monatliches Gehalt von 1250 Francs auszusetzen und eine Belohnung von 240 000 Francs, wenn es ihm gelänge, die Versammlung mit dem König auszusöhnen.[51] Im August gewährte ihm die Königin eine Privataudienz in ihren Gärten in St.-Cloud. So stark war die Aura der Majestät, daß der Bannerträger der Rebellion vor Ergebenheit zitterte, als er ihre Hand küßte. Zu seinen Vertrauten sprach er in ekstatischen Tönen von ihr: «Sie kennen die Königin nicht. Sie ist von wunderbarer Geistesstärke und ein Mann an Mut».[52]

Er betrachtete sich selbst als «bezahlt, aber nicht gekauft». La Marck sagt: «Er ließ sich bezahlen, um bei seiner Meinung zu bleiben».[53] Er hatte nicht die Absicht, den Absolutismus zu verteidigen. Im Gegenteil, der Bericht, den er am 23. Dezember 1790 den Ministern des Königs vorlegte, war ein Programm für die Versöhnung der Freiheit des Volkes mit der königlichen Autorität. «Die Revolution anzugreifen, würde bedeuten, über das Ziel hinauszuschießen, denn eine Bewegung, die ein großes Volk dazu bestimmt, sich selbst bessere Gesetze zu geben, verdient Unterstützung ... Sowohl der Geist der Revolution wie auch viele Einzelheiten ihrer Verfassung müssen akzeptiert werden ... Ich betrachte alle Errungenschaften der Revolution ... als so unwiderrufliche Eroberungen, daß keine Umwälzung, es sei denn die Zerstückelung des Reiches, sie wieder zunichte machen könnte».[54]

Er arbeitete mit Hingebung und Bestechungen, um die Überreste der königlichen Autorität zu retten. Die Nationalversammlung argwöhnte, er sei käuflich, respektierte aber sein Genie. Am 4. Januar 1791 wählte sie ihn zu ihrem Präsidenten für die übliche Zeit von zwei Wochen. Er setzte jedermann in Erstaunen durch die Korrektheit seiner Führung und die Unparteilichkeit seiner Entscheidungen. Er arbeitete den ganzen Tag, aß und trank den ganzen Abend und erschöpfte dazu noch seine Kräfte mit Frauen. Am

---

* Graf Auguste de La Marck (1753–1833), nicht der Biologe Jean-Baptiste de Monet, Chevalier de Lamarck (1744–1829).

25. März hatte er zwei Tänzerinnen von der Oper zu Gast. Am nächsten Morgen litt er
unter einer heftigen Kolik der Eingeweide. Er wohnte der Versammlung am sieben-
undzwanzigsten bei, kehrte dann jedoch elend und zitternd nach Hause zurück. Die
Nachricht von seiner Erkrankung verbreitete sich in Paris. Theater schlossen aus
Respekt vor seiner Person, sein Haus war belagert von Leuten, die sich nach seinem
Befinden erkundigen wollten. Ein junger Mann bot sein Blut für eine Transfusion an.[55]
Talleyrand sagte zu ihm: «Es ist nicht leicht, Sie zu erreichen, halb Paris steht ständig
vor Ihrer Türe».[56] Mirabeau starb nach schwerem Leiden am 2. April 1791.

Am 3. April ersuchte eine Abordnung der Wähler von Paris die Nationalversammlung, die Kirche St.-Geneviève in eine Weihestätte und ein Mausoleum für französische
Helden umzugestalten. Dieses Panthéon (allen Göttern geweiht), wie es bald heißen
würde, sollte an seiner Fassade die Inschrift tragen «Aux grands hommes la Patrie
reconnaissante» (Seinen großen Söhnen das dankbare Vaterland). So geschah es, und am
4. April wurde Mirabeau dort beigesetzt nach – in Michelets Beschreibung – «dem
ausgedehntesten und populärsten Leichenbegängnis, das die Welt jemals gesehen
hatte».[57] Der Historiker schätzte die Menge der Teilnehmer auf drei- bis vierhundert-
tausend – in den Straßen und auf Bäumen, an den Fenstern oder auf den Dächern. Die
ganze Nationalversammlung mit Ausnahme von Pétion (der geheime Beweise besaß,
daß Mirabeau Geld vom König empfangen hatte) war unterwegs; der ganze Jakobinerklub und zwanzigtausend Mann Nationalgarde. «Man hätte glauben können, sie überführten die Gebeine Voltaires – eines dieser Menschen, die niemals sterben».[58] Am
10. August 1792 fand man unter des gestürzten Königs Papieren Beweise für die
Zahlungen an Mirabeau. Am 22. September 1794 befahl der Konvent, die Überreste
des befleckten Heroen aus dem Pantheon zu entfernen.

VIII. VARENNES: 20. JUNI 1791

Dem König widerstrebte es, Adel, Geistlichkeit und die Monarchie ihrer althergebrachten Autorität so völlig entkleiden zu lassen. Er war außerdem überzeugt davon,
daß ein so individualistisches und hitziges Volk wie das französische keiner Regel
gehorchen und keine Beschränkungen dulden würde, die nicht vom Herkommen
sanktioniert und tief verwurzelt waren. Aus diesen Überlegungen heraus klammerte
er sich hoffnungsvoll an die ihm noch verbliebenen Reste der Macht. Er widersetzte sich
dem täglichen Drängen seiner Edelleute wie auch der Königin, Paris, besser vielleicht
noch Frankreich, zu verlassen und mit einer Armee zurückzukehren – sei sie französisch
oder ausländisch –, die stark genug wäre, ihn wieder auf einen neugefestigten Thron zu
setzen. Am 21. Januar 1791 unterzeichnete er das Staatsgesetz über die Geistlichkeit,
doch fühlte er, daß er den Glauben verriet, der die kostbare Zuflucht vor den Ent-
täuschungen seines Lebens gewesen war. Er war aufs tiefste verletzt durch die Entscheidung der Nationalversammlung (30. Mai 1791), die sterblichen Überreste Voltaires in das Pantheon zu überführen. Es erschien ihm unerträglich, daß der «Erz-

ketzer» des Jahrhunderts im Triumph zu einem Ehrengrab an einen Ort geleitet werden sollte, der gestern noch eine geweihte Kirche gewesen war. Erst jetzt gab er der Königin seine lange zurückgehaltene Zustimmung zur Vorbereitung einer Flucht über die Grenze. Ihr ergebener Freund, Graf Axel von Fersen, brachte das Geld für die Flucht auf und regelte die Einzelheiten. Der König, ohne Frage ein vornehmer Mann und wahrscheinlich doch kein Hahnrei, dankte ihm überschwenglich.[59]

Die Vorgänge sind allgemein bekannt. König und Königin, getarnt als M. und Mme. Korff verließen mit ihren Kindern und Begleitern in der Nacht vom 20. zum 21. Juni 1791 heimlich die Tuilerien und fuhren den ganzen nächsten Tag in Freude und Angst die 150 Meilen nach Varennes, nahe der Grenze des heutigen Belgien (damals die österreichischen Niederlande). Dort wurden sie von mit Mistgabeln und Knüppeln bewaffneten Bauern unter Führung von Jean-Baptiste Drouet, dem Postmeister von St.-Menehould, angehalten und festgenommen. Dieser schickte einen Boten um Instruktionen an die Nationalversammlung. Bald kamen Barnave und Pétion mit der Antwort: Bringt die Gefangenen unversehrt zurück nach Paris! Diesmal dauerte die Reise drei Tage, gemächlich eskortiert von sechzigtausend Mann Nationalgarde. Unterwegs saß Barnave in der königlichen Kutsche der Königin gegenüber. Er war in der Galanterie des Alten Regimes aufgewachsen, fühlte den Glanz königlicher Schönheit im Unglück und sann darüber nach, was wohl ihr und ihrer Kinder Schicksal sein würde. Als sie schließlich Paris erreichten, war er zu ihrem Sklaven geworden.

Seinen Bemühungen und anderen vorsichtigen Überlegungen war es zu danken, daß die Versammlung nicht auf das Geschrei der Sansculotten nach sofortiger Absetzung hörte. Wer konnte voraussehen, welche Anarchie folgen würde? Würden nicht die Versammlung und alle Besitzenden der Gnade der bürgerrechtlosen Pariser ausgeliefert sein? So wurde ausgestreut, der König sei nicht geflohen, sondern entführt worden. Man mußte ihm erlauben, seinen Kopf zu behalten, zumindest noch für einige Zeit und soviel von seiner Krone, wie die neuen Gesetze übrig gelassen hatten. Die radikalen Führer protestierten. Klubs und Zeitungen riefen das Volk auf, sich auf dem Marsfeld zu versammeln. Am 17. Juli 1791 kamen fünfzigtausend zusammen, von denen sechstausend eine Forderung nach Abdankung des Königs unterschrieben.[60] Die Versammlung entsandte Lafayette und die Nationalgarde, um die Rebellen auseinanderzujagen. Diese weigerten sich und einige bewarfen die Garde mit Steinen. Die erbosten Soldaten eröffneten das Feuer und töteten fünfzig Männer und Frauen. So endete die allgemeine Verbrüderung, die auf diesem Platz ein Jahr zuvor beschworen worden war. Marat, geächtet und von der Polizei gejagt, verbarg sich in dunklen Kellern und rief nach einer neuen Revolution. Lafayette, am Ende seiner Popularität, reiste an die Front zurück, wo er ungeduldig auf eine Chance wartete, dem sich in Frankreich ausbreitenden Chaos entfliehen zu können.

Der König, dankbar für eine Atempause, begab sich am 13. September 1791 in die Nationalversammlung, um als Gedemütigter seine Zustimmung zur neuen Verfassung zu erteilen. In seinen verlassenen Palast und zu seiner Königin zurückgekehrt, brach er zusammen und weinte. Dann bat er sie um Vergebung, daß er sie von ihrem glücklichen

Leben in Wien in die Schande dieser Niederlage und den zunehmenden Schrecken ihrer Gefangenschaft gebracht habe.

Als der Monat zu Ende ging, bereitete sich die Versammlung auf den Abschluß ihrer Arbeiten vor. Vielleicht waren die Abgeordneten ermüdet und glaubten, daß sie für ein Leben genug getan hätten. Von ihren Standpunkt aus betrachtet, hatten sie viel geleistet. Unter ihrer Führung hatte sich der Zusammenbruch des Feudalsystems vollzogen. Sie hatten erbliche Privilegien abgeschafft, sie hatten das Volk vom Absolutismus der Monarchie und einer unnützen, arroganten Aristokratie befreit, sie hatten die Gleichheit vor dem Gesetz hergestellt und der Einkerkerung ohne Gerichtsurteil ein Ende gesetzt. Sie hatten die lokale und provinzielle Verwaltung reorganisiert. Sie hatten die vorher unabhängige Kirche gereinigt, ihren Reichtum konfisziert und Freiheit von Kult und Glauben verkündet. Sie hatten Jean Calas und Voltaire gerächt. Sie hatten mit Genugtuung der Emigration des reaktionären Adels zugesehen und der oberen Mittelklasse die Kontrolle des Staates gesichert. Außerdem hatten sie diese Veränderungen in einer Verfassung verankert, für welche sie die Zustimmung des Königs, wie auch der großen Mehrheit der Bevölkerung gewonnen hatten, als Versprechen der nationalen Einheit und des Friedens.

Die konstituierende Nationalversammlung vervollständigte ihre Arbeit durch die Vorbereitung der Wahl einer Gesetzgebenden Versammlung, die die nötigen Einzelgesetze aus der Verfassung ableiten und mit Bedachtsamkeit die Probleme der Zukunft anpacken sollte. Robespierre, der hoffte, eine neue Wahl würde repräsentativere Leute an die Macht bringen, überredete seine Mitdeputierten, sich selbst von der Wahl zur neuen Legislative auszuschließen. Schließlich erklärte sich am 30. September 1791 «die denkwürdigste aller politischen Versammlungen»[61] für aufgelöst.

DRITTES KAPITEL

Die Gesetzgebende Versammlung

1. Oktober 1791 bis 20. September 1792

I. DIE PERSONEN DES DRAMAS

DIE Wahlen für den zweiten Revolutionskongreß wurden von den Journalisten ebenso eifrig beobachtet wie von den Klubs genauestens überwacht. Es gab kaum mehr eine Pressezensur, und so hatten die Journalisten neuen Einfluß auf die öffentlichen Angelegenheiten erlangt. Brissot, Loustalot, Marat, Desmoulins, Fréron, Laclos – jeder von ihnen hatte eine eigene Zeitung als Sprachrohr. 1790 gab es allein in Paris 133 Tageszeitungen, in den Provinzen weitere hunderte. Fast alle verfolgten einen radikalen Kurs. Mirabeau hatte dem König geraten, er müsse einige bekannte Journalisten kaufen, wenn er seinen Thron und seinen Kopf behalten wolle. «Die alte Nobilität», hat Napoleon einmal gesagt, «hätte überlebt, wenn sie es verstanden hätte, sich die Publizistik dienstbar zu machen ... Die Erfindung der Artillerie war der Tod des feudalen Systems, Tinte wird das moderne vernichten.»[1]

Die Wirksamkeit der Klubs stand der der Zeitungen kaum nach. Der Bretonische Klub, der König und Konstituierender Versammlung nach Paris gefolgt war, änderte seinen Namen in «Gesellschaft der Verfassungsfreunde» und mietete für seine Zusammenkünfte das Refektorium eines früheren Jakobiner-(oder Dominikaner-, A. d. Ü.)klosters in der Nähe der Tuilerien; später nahm man noch die Bibliothek und sogar die Kapelle hinzu.[2] Die Jakobiner, wie sie die Geschichte nennt, waren ursprünglich ausschließlich Deputierte, doch sie erweiterten den Kreis ihrer Mitglieder durch die Aufnahme bekannter Persönlichkeiten aus Wissenschaft, Literatur, Politik oder Geschäftsleben. Hier fanden frühere Abgeordnete wie Robespierre, die sich selbst von der Mitgliedschaft in der neuen Versammlung ausgeschlossen hatten, wieder einen Angelpunkt der Macht. Die Mitgliedsbeiträge waren hoch. Bis 1793 entstammte die Mehrzahl der Mitglieder der Mittelklasse.[3]

Der Einfluß der Jakobiner vervielfachte sich durch die Organisation von Tochterklubs in vielen Kommunen Frankreichs, die allgemein die Führung des Mutterklubs in Bezug auf Lehre und Taktik anerkannten. 1794 gab es über 6800 Jakobinerklubs mit zusammen einer halben Million Mitgliedern.[4] Sie bildeten eine organisierte Minderheit inmitten einer desorganisierten Masse. Wenn die Presse ihre Politik unterstützte, stand ihr Einfluß lediglich dem der Kommunen nach, die durch ihre Ratsversammlungen und Wahlmännergremien die örtlichen Abteilungen der Nationalgarde kontrollierten. Wenn sich alle diese Kräfte im Einklang befanden, hatte die Gesetzgebende Versammlung ihren Wünschen Gehör zu schenken, oder sie sah sich einem aufsässigen Publikum, wenn nicht sogar bewaffnetem Aufstand, gegenüber.

Ein Engländer berichtete 1791 aus Paris, daß «alle Straßen von Klubs wimmeln.»[5] Es gab literarische Vereinigungen, Sportgesellschaften, Freimaurerlogen, Frauenvereine. Da ihnen die Jakobiner zu teuer und zu bürgerlich waren, gründeten ein paar radikale Führer 1790 die «Gesellschaft der Freunde der Menschen- und Bürgerrechte», von den Parisern bald Cordeliers-Klub genannt, weil sie sich im früheren Kloster der Cordelier-(Franziskaner-) Brüder traf. Er wurde zum Podium für Marat, Hébert, Desmoulins und Danton. Da ihnen ihrerseits die Jakobiner zu radikal waren, bildeten Lafayette, Bailly, Talleyrand, Lavoisier, André und Marie-Joseph de Chénier und Du Pont de Nemours die «Gesellschaft von 1789», die seit 1790 regelmäßige Zusammenkünfte im Palais Royal abhielt, um die wankende Monarchie zu stützen. Eine andere monarchistische Gruppe unter Führung von Antoine Barnave und Alexandre de Lameth bildete den der Geschichte als Feuillants bekannten Klub, so genannt nach ihren Zusammenkünften im Zisterzienserkonvent gleichen Namens. Es war bezeichnend für die rapide Verweltlichung des Pariser Lebens, daß eine Reihe verlassener Klöster nun zu Zentren politischer Agitation wurde.

Der unterschiedliche Charakter der Klubs zeigte sich während der Wahlen, die nach und nach, von Juni bis September 1791, die Voten für die neue Versammlung erbrachten. Die Loyalisten, durch Erziehung und Bequemlichkeit zur Toleranz neigend, verließen sich auf Überredung und Bestechung, um Stimmen zu sammeln. Jakobiner und Cordeliers, durch Marktplatz und Straße abgehärtet, würzten Bestechung mit Gewalt. In buchstabentreuer Auslegung des Gesetzes hielten sie jeden von der Urne fern, der sich weigerte, den Treueeid auf die neue Verfassung zu leisten. Auf diese Weise wurde die große Mehrheit praktizierender Katholiken automatisch ausgeschlossen. Das Volk von der Straße wurde organisiert, um loyalistische Versammlungen zu sprengen, wie etwa in Grenoble. In einzelnen Städten, wie in Bordeaux, verboten die städtischen Behörden alle Versammlungen mit Ausnahme der jakobinischen. In einer Stadt verbrannten die Jakobiner und ihre Anhänger eine Wahlurne, da sie vermuteten, sie enthalte eine konservative Mehrheit.[6]

Ungeachtet solcher «demokratischer» Korrekturen erbrachte die Wahl zur Gesetzgebenden Versammlung eine substantielle Minderheit für die Aufrechterhaltung der Monarchie. Diese 264 «Feuillants» belegten die Plätze auf der rechten Seite der Versammlungshalle und gaben damit allen Konservativen wo auch immer ihren Namen. Die 136 Deputierten, die sich zu den Jakobinern oder Cordeliers bekannten, saßen auf der linken Seite auf einer erhöhten Estrade, der Berg genannt. Nach kurzer Zeit hießen sie Montagnards. Im Zentrum hatten 355 Delegierte ihre Sitze, die es ablehnten, sich etikettieren zu lassen. Diese Gemäßigten erhielten die Bezeichnung La Plaine. Von den insgesamt 755 Abgeordneten waren 400 Juristen, wie es sich für eine gesetzgebende Körperschaft auch ziemt. Jetzt traten die Juristen die Nachfolge des Klerus in der Herrschaft über die Nation an. Fast alle Deputierten gehörten zur Mittelklasse: Noch war die Revolution eine Veranstaltung des Bürgertums.

Bis zum 20. Juni 1792 war die tatkräftigste Gruppe innerhalb der Legislative diejenige, die später nach dem Department Gironde benannt wurde. Sie waren keine organisierte Partei (was auch die Montagnards nicht waren), doch sie stammten fast alle aus Regionen industrieller oder kommerzieller Aktivität: aus Caen, Nantes, Lyon, Limoges, Marseille, Bordeaux. Die Bewohner dieser blühenden Zentren waren an ein beträchtliches Maß von Selbstverwaltung gewöhnt. In ihren Händen lag ein großer Teil des Kapitals, des Handels und der Ausfuhr des Landes. Bordeaux, die Hauptstadt der Gironde, rühmte sich stolz ihrer Söhne Montaigne und Montesquieu. Fast alle führenden Girondisten waren Mitglieder des Jakobinerklubs und stimmten mit den meisten anderen Jakobinern in der Ablehnung von Monarchie und Kirche überein. Sie waren jedoch dagegen, ganz Frankreich durch Paris und sein Volk regieren zu lassen und plädierten statt dessen für einen Bundesstaat aus weitgehend autonomen Provinzen.

Condorcet war ihr Theoretiker, Ideologe, Spezialist für Erziehung, Finanzen und Zukunftsträume (s. Band 16, Seite 475 ff.). Ihr bedeutendster Redner war Pierre Vergniaud. Geboren in Limoges als Sohn eines Geschäftsmannes, verließ er ein Seminar, um Jura zu studieren, praktizierte in Bordeaux und wurde von dort in die Gesetzgebende Versammlung entsandt, die ihn wiederholt zu ihrem Präsidenten machte. Noch einflußreicher war Jacques-Pierre Brissot aus Chartres, eigentlich ein Abenteurer, der sich in Europa und Amerika umgesehen hatte, kurze Zeit in der Bastille eingekerkert war (1784), die Société des Noirs Amis (1788) gründete und als kompromißloser Vorkämpfer der Sklavenbefreiung galt. Als Abgeordneter von Paris in die Versammlung entsandt, übernahm er die Außenpolitik und führte Frankreich auf den Weg zum Krieg. Condorcet führte ihn und Vergniaud bei Madame de Staël ein. Sie wurden zur treuen Besuchern ihres Salons und verhalfen ihrem Liebhaber, dem Grafen de Narbonne-Lara, zu seiner Ernennung zum Kriegsminister durch Ludwig XVI.[7] Die Girondisten wurden auch lange Zeit Brissotins genannt.

Besser bekannt ist Jean-Marie Roland de la Platière, hauptsächlich, weil er eine hochbegabte Frau heiratete, die ihn mit hochfliegenden Gedanken ebenso wie mit eleganter Lebensart bereicherte, ihn betrog, das Gedächtnis an seinen Namen aber lebendig erhielt und schließlich beim Besteigen der Guillotine einen berühmten, aber wahrscheinlich legendären Satz sprach. Als Jeanne Marie Phlipon in ihrem fünfundzwanzigsten Lebensjahr 1779 Jean-Marie in Rouen begegnete, war er fünfundvierzig Jahre alt, sein Haar begann sich zu lichten und er war schon etwas verbraucht von geschäftlichen Sorgen und philosophischen Grübeleien. Er hatte ein liebenswürdiges väterliches Lächeln und predigte einen noblen Stoizismus, der Jeanne Marie bezauberte. Sie war bereits vertraut mit den Klassikern und Helden der Alten. Sie hatte mit acht Jahren Plutarch gelesen, den sie in der Kirche gelegentlich dem Gebetbuch unterschob («Plutarch machte mich zur Republikanerin»[8]).

Sie war ein stolzes Kind. «Ein oder zwei Mal, wenn mein Vater mich übers Knie legte, biß ich ihn in den Oberschenkel.»[9] Ihren Biß verlor sie nie. Ebenso aber las sie die Leben der Heiligen und sehnte sich ahnungsvoll nach dem Martyrium. Sie hatte viel Sinn für die Schönheit und bewegende Feierlichkeit des katholischen Rituals und bewahrte ihren Respekt für die Religion, wie auch vereinzelte Spuren christlichen

Glaubens, selbst nachdem sie Geschmack an Voltaire, Diderot, d'Holbach und d'Alembert gefunden hatte. Mit Rousseau beschäftigte sie sich nicht sehr eingehend, sie war für seine Rührseligkeit nicht weich genug. Stattdessen verlor sie ihr Herz an Brutus, den älteren und jüngeren Cato und an die Gracchen. Von diesen bezogen sie und die Girondisten ihre politischen Ideale. Außerdem las sie die Briefe der Madame de Sévigné, da sie Wert darauf legte, vollendete Prosa zu schreiben.

Sie hatte Verehrer, doch war sie sich ihrer Bildung zu sehr bewußt, um irgendeinem gewöhnlichen Liebhaber eine Annäherung zu gestatten. Vielleicht dachte sie mit fünf-undzwanzig, ein Kompromiß sei das beste. Sie fand in Roland «einen starken Geist, unbestechliche Ehrenhaftigkeit, Kenntnisse und Geschmack ... seine Ernsthaftigkeit ließ mich ihn gewissermaßen ohne Erotik betrachten.»[10] Nach ihrer Hochzeit (1780) lebten sie in Lyon, das sie beschreibt als «eine Stadt, wunderbar gebaut und gelegen, blühend in Handel wie Industrie, ... berühmt für Reichtümer, um die sie selbst der Kaiser Joseph beneidete.»[11] Im Februar 1791 wurde Roland nach Paris entsandt, um die geschäftlichen Interessen Lyons vor den Ausschüssen der Konstituierenden Versamm-lung zu vertreten. Er nahm an Versammlungen des Jakobinerklubs teil, schloß enge Freundschaft mit Brissot. 1791 überredete er seine Frau, mit ihm nach Paris umzuziehen.

Dort avancierte sie von seiner Sekretärin zu seiner Beraterin. Nicht nur, daß sie seine Berichte mit Eleganz und sicherer Hand redigierte, die ihren Geist sichtbar werden ließ, sie scheint auch seine politische Tätigkeit gesteuert zu haben. Am 10. März 1792 wurde er durch Brissots Einfluß vom König zum Minister des Inneren ernannt. Madame Roland eröffnete inzwischen ihren Salon, wo Brissot, Pétion, Condorcet, Buzot und andere Girondisten regelmäßig zusammentrafen, um ihre Pläne zu besprechen.[12] Sie versorgte sie mit Nahrung und Ratschlägen, Buzot schenkte sie heimlich ihre Liebe; und sie folgte ihnen in den Tod bzw. sie ging ihnen tapfer voraus.

II. KRIEG: 1792

Für die Revolution hatte eine kritische Phase begonnen. Die *émigrés* hatten um 1791 ein Kontingent von 20 000 Mann bei Koblenz zusammengebracht und machten mit ihren Bemühungen um Hilfe Fortschritte. Friedrich Wilhelm II. von Preußen lieh ihnen sein Ohr, da er dachte, er könnte diese Gelegenheit benützen, um sein Reich längs des Rheins zu erweitern. Joseph II., Kaiser des Heiligen Römischen Reiches, wäre wohl seiner Schwester zu Hilfe gekommen, doch sein Volk befand sich ebenfalls im Auf-stand, er war selbst eine Art Revolutionär, und er lag im Sterben. Sein Bruder Leo-pold II., der ihm 1790 auf dem Thron folgte, wollte keinen Krieg, doch erließ er zu-sammen mit dem König von Preußen die vorsichtig abgefaßte «Pillnitzer Deklaration» (27. August 1791), mit welcher andere Herrscher eingeladen wurden, sie in ihrem Bemühen zu unterstützen, in Frankreich eine «den Rechten des Souveräns und den Interessen der Nation gleichmäßig angemessene monarchische Regierung» wieder aufzurichten.

So seltsam es klingt, sowohl die Monarchisten wie die Republikaner drängten zum Krieg. Die Königin hatte ihre kaiserlichen Brüder wiederholt dringend gebeten und der König hatte sich mit der ausdrücklichen Bitte an die Herrscher von Preußen, Rußland, Spanien, Schweden und Österreich-Ungarn gewandt, genügend Streitkräfte zu sammeln, um die königliche Macht in Frankreich wiederherzustellen.[13] Am 7. Februar 1792 unterzeichneten Österreich und Preußen ein Militärbündnis gegen Frankreich. Österreich hatte Appetit auf Flandern, Preußen auf das Elsaß. Am 1. März starb Leopold II. Ihm folgte sein Sohn Franz II., der nach Schlachtenlärm und Kriegsruhm dürstete. Lafayette propagierte den Krieg in der Hoffnung, zum Oberkommandierenden ernannt zu werden und auf Grund dieser Stellung sowohl der Versammlung wie auch dem König diktieren zu können. General Dumouriez, der Minister des Auswärtigen, drängte zum Krieg in der Erwartung, die Niederlande würden ihn als Befreier vom österreichischen Joch willkommen heißen und ihn mit einer kleinen Krone belohnen. Da vorläufig noch keine Rede von Konskriptionen war, fanden sich Arbeiter und Landbevölkerung mit einem Krieg als notwendigem Übel ab, da die ungehinderte Rückkehr der Emigranten die Ungerechtigkeiten des Ancien Régime wiederherstellen und vielleicht rachsüchtig verschärfen würde. Die Girondisten waren für den Krieg, da sie erwarteten, Österreich und Preußen würden Frankreich angreifen, und somit war ein Gegenangriff die beste Verteidigung. Nur Robespierre widersetzte sich dem Krieg mit der Begründung, das Volk würde sein Blut vergießen müssen, während die Mittelklassen etwaige Gewinne einstecken würden. Aber Brissot redete ihn in Grund und Boden. «Die Zeit ist da», schrie er, «für einen neuen Kreuzzug, einen Kreuzzug für die universelle Freiheit.»[14] Am 20. April 1792 erklärte die Gesetzgebende Versammlung bei nur sieben Gegenstimmen den Krieg an Österreich allein in der Hoffnung, die Alliierten zu trennen. So begannen die dreiundzwanzig Jahre der Revolutions- und Napoleonischen Kriege. Am 26. April komponierte Rouget de Lisle in Straßburg «Die Marseillaise».

Die Girondisten hatten allerdings nicht mit dem Zustand der französischen Armee gerechnet. An der Ostfront betrug die Truppenstärke 100 000 Mann, denen nur 45 000 Österreicher gegenüberstanden, doch sie wurden von Offizieren befehligt, die unter dem alten Regime ausgebildet worden waren. Als General Dumouriez diesen Offizieren befahl, ihre Soldaten in den Kampf zu führen, antworteten sie, daß ihre unerfahrenen Freiwilligen weder mit der Waffe noch disziplinär genügend ausgebildet seien, um gegen erfahrene Truppen eingesetzt zu werden. Als der Angriffsbefehl trotzdem wiederholt wurde, legten eine Anzahl Offiziere ihr Kommando nieder und drei Kavallerieabteilungen liefen zum Feind über. Lafayette übermittelte dem österreichischen Gouverneur in Brüssel das Angebot, seine Nationalgarde nach Paris zu führen und die Autorität des Königs wiederherzustellen, wenn Österreich sich verpflichte, französischen Boden nicht zu betreten. Der Vorschlag blieb ohne Echo. Einziges Ergebnis war die spätere Anklageerhebung (20. August 1792) gegen Lafayette und seine Flucht zum Feind.

Die Lage spitzte sich zu, als die Gesetzgebende Versammlung dem vorwiegend girondistischen Kabinett Verfügungen zur Unterschrift durch den König zuleitete, die die Errichtung militärischer Abwehrstellungen rund um Paris sowie die Einstellung staatlicher Zahlungen an eidverweigernde Priester und Nonnen betrafen. Der König weigerte sich in einer plötzlichen Anwandlung von trotziger Energie nicht nur zu unterschreiben, sondern entließ sämtliche Minister mit Ausnahme von Dumouriez, der aber bald darauf zurücktrat, um das Kommando an der belgischen Front zu übernehmen. Als die Nachricht von diesen Vetos sich in Paris verbreitete, wurde sie als Zeichen dafür interpretiert, daß Ludwig eine französische oder ausländische Armee erwarte, die in Kürze vor Paris stehen und der Revolution ein Ende bereiten würde. Phantastische Pläne wurden gemacht, die Hauptstadt zu evakuieren und eine neue Revolutionsarmee südlich der Loire aufzustellen. Die girondistischen Führer verbreiteten in den Sektionen einen Aufruf zu einer Massendemonstration vor den Tuilerien.

So erzwang sich am 20. Juni 1792 eine erregte Menge von Männern und Frauen – Patrioten, Kriminelle, Abenteurer, glühende Anhänger Robespierres, Brissots oder Marats – den Weg in den Hof der Tuilerien, brüllte Forderungen und Schmähungen und bestand darauf, «*Monsieur et Madame Veto*» zu sehen. Der König befahl seinen Wachen, eine Anzahl von ihnen hereinzulassen. Ein halbes Hundert drängte herein und schwang drohend die verschiedensten Waffen. Ludwig bezog hinter einem Tisch Stellung und hörte sich ihre Forderung an, seine Vetos zurückzunehmen. Er antwortete, dies seien kaum die Umstände und der geeignete Platz, um so schwierige Angelegenheiten zu erwägen. Drei Stunden lang hörte er Argumente, Einwände und Drohungen. Ein Aufständischer schrie: «Ich verlange die Unterzeichnung des Dekrets gegen die Priester;... entweder Sie unterzeichnen oder Sie werden sterben!» Ein anderer zielte mit seinem Säbel auf Ludwig, der keine Bewegung erkennen ließ. Einer bot ihm eine rote Mütze an, die er unbekümmert aufsetzte. Die Eindringlinge schrien «*Vive la Nation! Vive la Liberté!*» und schließlich «*Vive le Roi!*» Die Bittsteller entfernten sich und berichteten, sie hätten dem König einen schönen Schrecken eingejagt. Die Menge, zwar enttäuscht, aber müde, schlich sich in die Stadt zurück. Das Dekret gegen die eidverweigernden Priester wurde trotz des Vetos in Kraft gesetzt, aber die Versammlung, im Bestreben sich vom einfachen Volk zu distanzieren, bereitete dem König einen enthusiastischen Empfang, als er auf ihre Einladung hin kam, um die Versicherung ungetrübter Loyalität entgegenzunehmen.[15]

Den Radikalen behagte diese feierliche Wiederversöhnung der Bourgeoisie mit der Monarchie gar nicht. Sie bezweifelten die Aufrichtigkeit des Königs und stießen sich an der Bereitwilligkeit der Versammlung, die Revolution jetzt zu beenden, nachdem die Mittelklasse ihre ökonomischen und politischen Gewinne konsolidiert hatte. Robespierre und Marat dirigierten nach und nach den Jakobinerklub aus seiner bürgerlichen Ausrichtung zu einer mehr dem einfachen Volk zugewandten Einstellung. Die untersten Stände der Industriestädte wünschten Kooperation mit der Arbeiterschaft von Paris. Als die Gesetzgebende Versammlung alle Departements aufforderte, eine

Abordnung der Vereinigung der Nationalgarden zur Teilnahme an den Feiern zum dritten Jahrestag der Erstürmung der Bastille zu entsenden, wurden diese «*Fédérés*» hauptsächlich von den Kommunen der Städte ausgewählt und waren durchweg radikal eingestellt. Eine besonders rebellische Truppe von 516 Mann marschierte am 5. Juli von Marseille mit dem Schwur ab, den König abzusetzen. Auf ihrem Marsch durch Frankreich sangen sie das neue Lied, das Rouget de Lisle komponiert hatte. Von ihnen erhielt es den Namen «Die Marseillaise». *

Die Marseiller und verschiedene andere Delegationen von *Fédérés* erreichten Paris erst nach dem 14. Juli. Sie wurden von der Kommune von Paris gebeten, ihre Heimkehr noch zu verschieben; man könnte sie nötig haben. Die Kommune – das Zentralbüro der Abgeordneten aus den achtundvierzig «Sektionen» der Stadt – wurde von radikalen Führern geleitet und war dabei, von seinen Diensträumen im Rathaus aus die städtischen Beamten mehr und mehr aus der Verwaltung der Hauptstadt zu verdrängen. Am 28. Juli verbreitete sich erneut Furcht und Empörung in der Stadt, als das Manifest bekannt wurde, das der Herzog von Braunschweig von Koblenz aus erlassen hatte:

Da Ihre Römisch-Kaiserliche und Königlich Preußische Majestäten mir das Kommando Ihrer an den Grenzen von Frankreich versammelten vereinigten Armeen übertragen haben, so habe ich geglaubt, den Einwohnern dieses Königreichs sowohl die Beweggründe der von beiden Fürsten bestimmten Maßregeln, als auch die Absichten, welche Höchstdieselben dabei verfolgen, bekannt machen zu müssen. Nachdem diejenigen, welche die Regierung in Frankreich auf die ungerechteste und gewalttätigste Weise an sich gerissen haben, die Rechte und Besitzungen der Fürsten Deutschlands im Elsaß und in Lothringen aufs willkürlichste beeinträchtigen, nachdem sie im Innern des Königreichs die gute Ordnung und die rechtmäßige Regierung gestürzt und gegen die geheiligte Person des Königs und seiner erlauchten Familie Gewalttätigkeiten begangen haben und diese noch täglich wiederholen, gingen sie endlich so weit, um das Maß ihres Frevels voll zu machen, Sr. Majestät dem Kaiser einen ungerechten Krieg zu erklären und in seine niederländischen Provinzen einzufallen ...

Zu diesem großen Endziel gesellt sich aber die nicht minder wichtige und beiden Fürsten am Herzen liegende Absicht, nämlich die, der im Innern Frankreichs wütenden Anarchie ein Ende zu machen, die Angriffe auf Thron und Altar aufzuhalten, die gesetzliche Gewalt wiederaufzurichten; dem König seine Sicherheit und Freiheit, deren man ihn beraubt hat, sowie die unbeschränkte Ausübung der ihm rechtmäßig gebührenden Gewalt wiederzugeben.

Überzeugt, daß der vernünftige und größte Teil des französischen Volkes die Ausschweifungen einer herrschenden Partei verabscheut, weil sie ihr Vaterland unterjocht, und daß dieses Volk ungeduldig den Augenblick auswärtiger Hilfe erwartet, um sich öffentlich gegen die verhaßten Unterdrücker erklären zu können, fordern Ihre Majestäten dieselben auf und laden sie ein, ohne Verzug zur Vernunft, zur Gerechtigkeit, zur Ordnung und zum Frieden zurückzukehren. Um diese heilsame Veränderung zu erreichen, erklärt der Unterzeichnete, Oberbefehlshaber der verbündeten Heere, folgendes:

---

* Die Marseillaise wurde am 14. Juni 1795 vom Konvent zur Nationalhymne erklärt. Sie wurde von Napoleon und Ludwig XVIII. verworfen, 1840 wieder eingeführt, durch Napoleon III. verboten und 1879 endgültig wieder eingeführt.

1. Daß beide durch die zwingenden Zeitumstände zum Kriege genötigten Höfe dabei nichts anderes als das Heil Frankreichs im Auge haben, ohne sich auf seine Kosten durch Eroberungen bereichern zu wollen ...

7. Alle Einwohner von Städten, Marktflecken oder Dörfern, die es wagen sollten, sich gegen die Truppen Ihrer Majestäten zur Wehr zu setzen, auf offenem Felde, aus den Fenstern, Türen oder anderen Öffnungen ihrer Häuser auf sie zu schießen, sollen auf der Stelle nach der ganzen Strenge des Kriegsrechts bestraft und ihre Häuser in Brand gesetzt oder dem Erdboden gleichgemacht werden ...

8. Endlich soll die Stadt Paris und alle ihre Bewohner ohne Unterschied sich sogleich und ohne Zögern dem König unterwerfen, ihn in volle Freiheit setzen und ihm, so wie allen Mitgliedern seiner königlichen Familie, die Unverletzlichkeit und Achtung, wozu das Natur- und Völkerrecht die Untertanen gegen ihren Landesherrn verpflichtet, wieder zu versichern. Demnach machen Ihre Majestäten alle Mitglieder der Nationalversammlung, der Departements, der Bezirke, der Gemeinderäte und der Nationalgarden, alle Friedensrichter von Paris und alle und jede, die es angeht, wegen aller Ereignisse mit ihrem Leben verantwortlich, um dafür nach Kriegsrecht ohne Hoffnung auf Begnadigung verurteilt zu werden. Ihre Majestäten erklären ferner auf Ihr kaiserliches und königliches Ehrenwort, daß, wenn das Schloß der Tuilerien gestürmt oder beschädigt, wenn die geringste Beleidigung dem König, der Königin und der ganzen königlichen Familie zugefügt werden sollte, nicht unmittelbar für Ihre Sicherheit, ihr Leben und ihre Freiheit Sorge getragen würde, sie eine exemplarische und für alle Zeiten denkwürdige Rache nehmen und die Stadt Paris einer militärischen Exekution und einer gänzlichen Zerstörung preisgeben, die Verbrecher selbst aber dem verdienten Tode überliefern werden ...

Aus diesen Gründen fordere ich alle Bewohner des Königreichs auf und vermahne sie aufs dringendste und nachdrücklichste, sich dem Marsch meines Heeres nicht zu widersetzen, sondern ihm überall freien Durchzug zu gestatten, ihm allen guten Willen zu bezeugen und ihm, wo es die Umstände erfordern könnten, Hilfe und Beistand zu leisten.

Gegeben im Hauptquartier zu Koblenz am 25. Juli 1792.

Unterzeichnet: KARL WILHELM FERDINAND

HERZOG VON BRAUNSCHWEIG-LÜNEBURG[16]

Dieser düstere Absatz acht (dem leutseligen Herzog vielleicht von rachsüchtigen Emigranten aufgedrängt[17]) war eine Aufforderung an die Gesetzgebende Versammlung, die Kommune und das Volk von Paris, entweder die Revolution preiszugeben oder den Angreifern mit welchen Mitteln und um welchen Preis auch immer Widerstand zu leisten. Am 29. Juli verlangte Robespierre in einer Rede vor dem Jakobinerklub, als Herausforderung an Braunschweig sofort die Monarchie abzuschaffen und eine Republik mit Stimmrecht für alle erwachsenen Männer zu errichten. Am 30. Juli folgten die Marseiller *Fédérés* dem Beispiel anderer Provinzabordnungen und verpflichteten sich, bei der Absetzung des Königs zu helfen. Am 4. August und den folgenden Tagen teilte eine Sektion der Stadt nach der anderen der Versammlung mit, daß sie nicht länger einen König anerkennen wolle. Am 6. August wurde den Deputierten ein Antrag vorgelegt, Ludwig abzusetzen, aber die Versammlung reagierte nicht. Am 9. August veröffentlichte Marat einen Aufruf an die Bevölkerung, die Tuilerien zu stürmen, den König, seine Familie und alle monarchistischen Beamten als «Verräter, die die Nation ... zuerst dem öffentlichen Wohl opfern müsse»[18] gefangenzunehmen. In dieser Nacht läuteten die Kommune und die Sektionen die Sturmglocken, die zur Massenversammlung vor den Tuilerien am nächsten Morgen aufriefen. Die ersten kamen schon gegen drei Uhr morgens. Bis sieben Uhr hatten fünfundzwanzig Sektionen ihre Kontingente mit Musketen, Piken und Säbel bewaffneter Männer geschickt; einige hatten Kanonen dabei. Achthundert *Fédérés* schlossen sich an. Nach kurzer Zeit zählte die Menge neuntausend Köpfe. Der Palast wurde von neunhundert Schweizer- und zweihundert anderen Garden verteidigt. In der Hoffnung, Gewalttaten verhindern zu können, führte Ludwig seine Familie aus den königlichen Gemächern in das Palasttheater, wo die Versammlung in einer chaotischen Session tagte. «Ich komme hierher,» sagte er, «um ein großes Verbrechen zu verhindern.»[19] Den Aufständischen wurde gestattet, den Schloßhof zu betreten. Am Fuß der Treppen, die zum Schlafgemach des Königs führten, verboten die Schweizer weiteres Vordringen. Die Menge drängte gegen den Kordon, die Schweizer eröffneten das Feuer und töteten über hundert Männer und Frauen. Der König befahl der Schweizergarde, das Feuer einzustellen und sich zurückzuziehen. Sie gehorchte, doch die Menge, unter Führung der Marseiller, überwältigte sie. Die meisten wurden erschlagen, viele gefangen genommen. Fünfzig wurden ins Rathaus gebracht, wo sie hingerichtet wurden.[20] Die Dienerschaft einschließlich des Küchenpersonals wurde in einer schauerlichen Blutorgie abgeschlachtet. Die Marseiller sangen die Marseillaise, begleitet vom Spinett der Königin. Eine müde Straßendirne legte sich auf das königliche Bett. Das Mobiliar wurde verbrannt, die Weinkeller geplündert. In den nahegelegenen Straßen des Carrousel setzte die tollgewordene Menge neunhundert Gebäude in Brand und schoß auf Feuerwehrleute, die zum Löschen kamen.[21] Einige der Sieger paradierten mit Fahnen, die aus den roten Uniformen der toten Schweizergarden gemacht waren. Dies war der erste bekannte Fall der Verwendung einer roten Flagge als Revolutionssymbol.[22]

Die Versammlung versuchte noch, die königliche Familie zu retten, aber die Ermordung einiger Deputierter durch die vordringende Menge veranlaßte die übrigen, die königlichen Flüchtlinge der Kommune zu übergeben. Sie wurden unter scharfer Bewachung im Temple eingesperrt, einem alten befestigten Kloster der Tempelritter. Ludwig fügte sich ohne Widerstand, voller Gram über seine inzwischen weißgewordene Frau und seinen kränklichen Sohn. Er wartete geduldig auf das Ende.

III. DANTON

Während dieser fiebrigen Wochen hatten die Abgeordneten der Rechten sich nahezu alle aus der Gesetzgebenden Versammlung zurückgezogen. Nach dem 10. August verblieben von den ursprünglich 745 Mitgliedern nur noch 285. Diese Rumpflegislative beschloß nun, den König und seine Berater durch einen provisorischen Exekutivrat zu ersetzen. Mit überwältigender Mehrheit wurde Georges Danton zum Justizminister und Vorsitzenden des Rates gewählt, Roland wurde das Innenministerium, Joseph Servan das Kriegsministerium übertragen. Dantons Wahl war zugleich ein Versuch, die Pariser zu besänftigen, bei denen er äußerst populär war. Außerdem war er zu dieser Zeit der fähigste und stärkste Charakter in der revolutionären Bewegung.

Er war erst dreiunddreißig Jahre alt und sollte schon mit fünfunddreißig sterben. Revolution ist ein Vorrecht der Jugend. In Arcis sur Aube in der Champagne geboren, widmete er sich wie sein Vater der Rechtswissenschaft. Danach war er in Paris als Anwalt erfolgreich. Er lebte dort in demselben Gebäude wie sein Freund Camille Desmoulins, in dem Arbeiterviertel, wo sich der Cordeliers-Klub befand, zu dessen prominenten Mitgliedern sie bald zählten. Als Folge eines Unfalls in der Kindheit waren seine Lippen und seine Nase entstellt, seine Haut war von Pockennarben gezeichnet. Dies fiel aber nur wenigen auf, wenn sie seine hochgewachsene Gestalt mit dem massigen Schädel betrachteten, seinen scharfen Verstand erkannten oder seine gewaltigen – oft gotteslästerlichen – Reden hörten, die wie Donner über eine revolutionäre Versammlung, einen Jakobinerklub oder eine Volksmenge hinwegrollten.

Sein Charakter war nicht so brutal und tyrannisch, wie sein Gesicht oder seine Stimme vermuten ließ. Er konnte zwar grob und in der Betonung seiner Ansichten oft auch gefühllos sein – wie etwa bei der Billigung der Septembermorde –, doch er besaß eine gewisse verborgene Weichheit und war nie gehässig. Er war schnell bereit zu geben und rasch im Vergeben. Häufig überraschte er seine Mitarbeiter, wenn er seine eigenen drakonischen Befehle widerrief oder Opfer seiner strengen Anordnungen in Schutz nahm. Er sollte bald sein Leben verlieren, weil er es wagte, zu erklären, der Terror sei zu weit gegangen und die Zeit für Erbarmen wäre gekommen. Darin dem nüchternen Robespierre entgegengesetzt, fand er auch Gefallen an rabelaisischem Humor, an weltlichen Vergnügungen, am Spiel und an schönen Frauen. Er raffte Geld zusammen, wo er konnte und lieh sich auchnoch welches. Er kaufte ein schönes Haus in Arcis und große Parzellen aus Kirchenbesitz. Man wunderte sich, wie er zu den dafür nötigen Geldsummen gekommen war, viele verdächtigten ihn, für den Schutz des Königs Bestechungsgelder genommen zu haben. Die Beweise gegen ihn waren erdrückend.[23] Dennoch identifizierte er sich mit den extremsten Zwangsmaßnahmen der Revolution und scheint niemals gegen ihre vitalen Interessen gehandelt zu haben. Er nahm des Königs Geld und arbeitete für das Volk. Allerdings wußte er, daß eine «Diktatur des Proletariats» ein Widerspruch in sich selbst ist und im Ablauf des politischen Geschehens immer nur einen Augenblick lang gültig sein kann.

Er war zu gebildet, um ein Utopist zu sein. Seine Bibliothek (zu der er bald zurückzukehren hoffte) enthielt fünfhunderteinundsiebzig Bände in französischer, zweiundsiebzig in englischer und zweiundfünfzig in italienischer Sprache. Er konnte gut englisch und italienisch lesen. Er besaß einundneunzig Bände Voltaire, sechzehn Rousseau, die gesamte Enzyklopädie Diderots.[24] Er war Atheist, doch hatte er Verständnis für die Bedeutung, welche die Religion für die Armen besaß. Hören wir ihn 1790, ähnlich wie Musset eine Generation später[25]:

«Für mein Teil räume ich ein, daß ich nur einen Gott gekannt habe – den Gott, der die Welt ist und die Gerechtigkeit … Der einfache Mann auf dem Lande bestärkt diese Auffassung ... weil er in seiner Jugend, als Erwachsener wie als Greis seine wenigen glücklichen Augenblicke dem Priester verdankt ... Laßt ihm seine Illusionen. Belehrt ihn, wenn ihr wollt ... doch laßt die Armen nicht davor zittern, sie könnten das einzige verlieren, das sie an das Leben bindet.»[26]

Als Führer opferte er alles dem Ziel, die Revolution vor Angriffen auswärtiger Mächte ebenso wie vor dem inneren Chaos zu bewahren. Für diesen Zweck war er bereit, mit jedem zusammenzuarbeiten, mit Robespierre, Marat, dem König und den Girondisten. Robespierre beneidete ihn, Marat stellte ihn in der Öffentlichkeit bloß, die Girondisten waren entsetzt über sein Gesicht und seine Stimme, zitterten aber unter seinem Hohn. Keiner wurde klug aus ihm. Er organisierte den Krieg und arbeitete für den Frieden. Er brüllte wie ein Löwe und sprach von Erbarmen. Er kämpfte für die Revolution und half einzelnen Royalisten, aus Frankreich zu entkommen.[27]

Als Justizminister bemühte er sich, alle revolutionären Schichten zu einigen, um die Angreifer zurückzuschlagen. Er übernahm die Verantwortung für den Volksaufstand vom 10. August. Nach seiner Meinung brauchte der Krieg die Entfesselung solch wilder Leidenschaften, weil sie die Soldaten begeistere. Andererseits jedoch lehnte er die verfrühten Versuche ab, revolutionäre Umtriebe gegen ausländische Herrscher zu unterstützen. Ein solches Vorgehen würde alle Monarchen in Feindschaft gegen Frankreich vereinigen. Er bekämpfte den Vorschlag der Girondisten, Regierung und Gesetzgebende Versammlung hinter die Loire in Sicherheit zu bringen, weil ein solcher Rückzug nur die Moral des Volkes brechen würde. Die Zeit des Redens war vorüber, die Zeit der Tat gekommen. Neue Truppen mußten aufgestellt und mit Begeisterung und Vertrauen erfüllt werden. Am 2. September 1792 sagte er in einer leidenschaftlichen Rede einen Satz, der Frankreich aufrüttelte und durch ein unruhiges Jahrhundert fortklang. Die preußisch-österreichischen Streitkräfte waren in Frankreich eingedrungen und erfochten Sieg auf Sieg. Paris schwankte zwischen entschiedener Aktion und demoralisierender Angst. Danton als Sprecher des Exekutivrates wandte sich an die Gesetzgebende Versammlung, um sie und die Nation zu Mut und Tat mitzureißen:

«Es ist eine Genugtuung für den Minister eines freien Staates, den Bürgern zu verkünden, ihr Land sei gerettet. Alle sind bewegt, alle enthusiastisch, alle brennen darauf, zu kämpfen ... Ein Teil unseres Volkes ist auf dem Weg zu den Grenzen, ein anderer ist dabei, Schanzgräben auszuheben, der dritte wird, mit Piken bewaffnet, das Innere unserer Städte verteidigen ... Wir fordern, daß jeder, der sich weigert, persönlich Kriegsdienst zu leisten oder seine Waffen für den Krieg abzuliefern, mit dem Tode bestraft wird ...

Die Sturmglocke, die wir läuten werden, ist kein Alarmsignal, sie ruft zum Generalangriff auf die Feinde des Vaterlandes. Um sie zu besiegen, brauchen wir Mut, meine Herren, Mut und immer wieder Mut – dann ist Frankreich gerettet! (De l'audace, encore de l'audace, toujours l'audace – et la France est sauvée!)

Es war eine großartige Rede von historischem Rang, aber am selben Tage begann auch die tragischste Episode der Revolution.

IV. DIE SEPTEMBERMORDE: 2. BIS 6. SEPTEMBER 1792

Die fiebrige Erregung, die am 2. September ihren Höhepunkt erreichte, war zu einem nicht geringen Teil durch den wachsenden Konflikt zwischen Religion und Staat und die Versuche, aus der Staatsvergötzung ein Religionssurrogat zu machen, angeheizt worden. Die Konstituierende Versammlung hatte den Katholizismus als Staatsreligion anerkannt und sich bereit erklärt, die Priester als staatliche Angestellte zu besolden. Die in der Pariser Kommune tonangebenden Radikalen aber wollten nicht einsehen, daß der Staat die Verbreitung einer Lehre finanzieren solle, in der sie nur einen orientalischen Mythos sahen, der noch dazu lange Zeit mit Feudalismus und Monarchie in enger Allianz verbunden gewesen war. Dieser Gesichtspunkt fand Eingang in die Klubs und schließlich auch in die Gesetzgebende Versammlung. Das Resultat war eine Reihe von Maßnahmen, welche die Feindschaft zwischen Kirche und Staat zu einer ständig aufs neue aufflackernden Bedrohung für die Revolution werden ließen.

Ein paar Stunden nach der Absetzung des Königs übersandte die Kommune den Sektionen eine Namensliste von Priestern, die konterrevolutionärer Gesinnung verdächtigt wurden. Alle, deren man habhaft werden konnte, wurden verhaftet und auf verschiedene Gefängnisse verteilt, wo sie bald als erste den Morden zum Opfer fallen sollten. Am 11. August hob die Versammlung jegliche Kontrolle der Kirche über das Erziehungswesen auf. Am 12. August verbot die Kommune das Tragen geistlicher Kleidung in der Öffentlichkeit. Am 18. August erneuerte die Versammlung ein für das ganze Land gültiges Dekret desselben Inhalts und hob alle noch vorhandenen religiösen Orden auf. Am 28. August verfügte sie die Deportation aller Priester, die dem Staatsgesetz über die Geistlichkeit nicht Gehorsam geschworen hatten; es wurde ihnen eine Frist von vierzehn Tagen zum Verlassen Frankreichs gestellt. Mehr als 25 000 Priester flüchteten in andere Länder und verstärkten dort die Propaganda der Emigranten. Da bisher der Klerus die Pfarregister über Geburten, Eheschließungen und Todesfälle geführt hatte, mußte die Versammlung diese Aufgabe nun weltlichen Behörden übertragen. Da aber der Großteil der Bevölkerung darauf bestand, derartige Ereignisse mit den Sakaramenten zu besiegeln, vertieften die Versuche, die alten Zeremonien ad acta zu legen, die Kluft zwischen der Frömmigkeit des Volkes und dem Säkularismus des Staates.[28] Kommune, Jakobiner, Girondisten und Montagnards, alle wetteiferten in der Hoffnung, aus der Aufopferung für die junge Republik eine Volksreligion machen zu können. Freiheit, Gleichheit und Brüderlichkeit sollten Vater, Sohn und Heiligen Geist ersetzen und die Förderung der neuen Trinität zum hauptsächlichen Ziel der neuen Sozialordnung wie auch zum Prüfstein sittlicher Gesinnung gemacht werden.

Die offizielle Gründung der neuen Republik wurde auf den 22. September verschoben, den ersten Tag des neuen Jahres. Inzwischen richteten einige eifrige Futuristen eine Petition an die Versammlung, es solle, als Geste in Richtung der von ihnen erträumten Universaldemokratie, «die französische Staatsbürgerschaft allen ausländischen Philosophen verliehen werden, die mutig die Sache der Freiheit hochgehalten und sich um die Menschheit verdient gemacht haben.» Daraufhin verlieh die Versammlung am 26. August die französische Staatsbürgerschaft an Joseph Priestley, Jeremy Bentham, William Wilberforce, Anacharsis Cloots, Johann Pestalozzi, Thaddeus Kosciusko, Friedrich Schiller, George Washington, Thomas Paine, James Madison und Alexander Hamilton.[29] Alexander von Humboldt kam nach Frankreich, um, wie er sagte, «die Luft der Freiheit zu atmen und bei der Brandmarkung des Despotismus mitzuwirken.»[30] So schien die neue Religion ihre Zweige bereits auszubreiten, kaum daß sie Wurzeln geschlagen hatte.

Am 2. September putzte sich diese Religion sonntäglich heraus, um ihre Andacht auf die verschiedensten Arten zu demonstrieren. Junge Männer und solche mittleren Alters versammelten sich in den Rekrutierungsbüros, um sich freiwillig zum Dienst in der Armee zu melden. Frauen nähten warme Kleidung für sie und bereiteten Verbandstoffe für zu erwartende Wunden vor. Männer, Frauen und Kinder eilten zu ihren Sektionsbüros, um Waffen, Schmuck und Geld für den Krieg zu spenden. Mütter adoptierten Kinder von Soldaten und Krankenschwestern, die zur Front aufbrachen. Einige Männer gingen in die Gefängnisse, um Priester und andere Feinde des neuen Glaubens zu töten.

Seitdem der Herzog von Braunschweig sein Manifest (25. Juli 1792) erlassen hatte, handelten die revolutionären Führer so, wie Männer zu handeln pflegen, die ihr Leben bedroht sehen. Am 11. August schickten die Volkskommissare aus dem Rathaus eine sonderbare Note an Antoine Santerre, der damals das militärische Kommando über die Sektionen innehatte: «Es wird uns berichtet, daß ein Plan in Vorbereitung ist, aus allen Pariser Gefängnissen die Gefangenen herauszuholen, um ihre sofortige Aburteilung ins Werk zu setzen. Wir bitten Sie, ihre Überwachung auf das Chatelet, die Conciergerie und La Force auszudehnen» – drei der wichtigsten Gefängnisse von Paris.[31] Wir wissen nicht, wie Santerre diese Botschaft auslegte. Am 14. August setzte die Versammlung ein «Sondergericht» ein, um alle Feinde der Revolution abzuurteilen, doch die dort gefällten Urteile reichten bei weitem nicht aus, um Marat zufriedenzustellen. In seinem *Ami du peuple* vom 19. August teilte er seinen Lesern mit: «Der klügste und beste Weg ist, sich bewaffnet zur Abbaye (ein weiteres Gefängnis) zu begeben, die Verräter herauszuschleppen, insbesondere die Schweizer Offiziere (der königlichen Garde) und ihre Komplizen, und sie niederzumachen. Was für ein Unsinn, ihnen den Prozeß zu machen!»[32] Beeindruckt von dieser Begeisterung, ernannte die Kommune Marat zu ihrem Pressechef, wies ihm einen Platz in ihrem Versammlungsraum an und gab ihm einen Sitz in ihrem Sicherheitskomitee.[33]

Daß das Volk auf Marat hörte und ihm weitgehend auch gehorchte, kam daher, daß jedermann vor Haß und Angst halb wahnsinnig war. Am 19. August hatten die preußischen Truppen unter Führung König Friedrich Wilhelm II. und des Herzogs von Braunschweig die Grenze überschritten, begleitet von einer kleinen Streitmacht von Emigranten, die allen Revolutionären Rache geschworen hatten. Am 23. August nahmen die Angreifer die Festung Longwy ein, angeblich infolge Begünstigung durch deren aristokratische Offiziere. Am 2. September hatten sie Verdun erreicht. Am Morgen dieses Tages gelangte eine verfrühte Meldung nach Paris, diese für uneinnehmbar gehaltene Festung sei gefallen (sie fiel am gleichen Nachmittag). Nun lag der Weg nach Paris offen vor dem Feind, denn keine französische Armee stand dort, um ihn aufzuhalten. Die Hauptstadt schien ihm auf Gnade und Ungnade ausgeliefert; der Herzog von Braunschweig erwartete, bald in Paris zu dinieren.[34]

Inzwischen waren in weit von einander entfernten Regionen Frankreichs Aufstände gegen die Revolution ausgebrochen, in der Vendée und der Dauphiné. Außerdem lebten in Paris Tausende von Personen, die mit dem entthronten König sympathisierten. Seit dem 1. September zirkulierte eine Flugblatt, worin vor einem Komplott gewarnt wurde, das die Befreiung der Gefangenen erreichen und diese zu einem Massaker an sämtlichen Revolutionären führen sollte. Die Gesetzgebende Versammlung und die Kommune riefen alle dienstfähigen Männer auf, sich den Truppen anzuschließen, die ausmarschieren sollten, um den herannahenden Feind zu stellen. Wie konnten aber diese Männer ihre Frauen und Kinder der Willkür eines Haufens von Royalisten, Priestern und Kriminellen aus den Pariser Gefängnissen überlassen? Einige Sektionen beschlossen eine Resolution, wonach alle Priester und sonstigen verdächtigen Personen vor dem Abmarsch der Freiwilligen hingerichtet werden sollten.[36]

Am Sonntag, den 2. September, gegen 2 Uhr mittags, fuhren sechs Wagen mit eidverweigernden Priestern am Abbaye-Gefängnis vor. Eine johlende Menge empfing sie dort. Ein Mann sprang auf das Trittbrett eines Wagens, worauf ein Priester mit seinem Stock nach ihm schlug. Die rasch anwachsende Menge stieß Verwünschungen aus und warf sich auf die Gefangenen, als sie am Gefängnistor die Wagen verließen. Die Wachen beteiligten sich am Angriff und alle dreißig wurden erschlagen. Erregt durch den Anblick des Blutes und den Taumel gefahrlosen anonymen Tötens strömte der Haufe hinüber zum Karmeliterkloster und brachte die Geistlichen um, die dort gefangen gehalten wurden. Am Abend, nach einer Ruhepause, kehrte die Menge, durch Kriminelle und sonstiges Gesindel sowie durch Abteilungen der *Fédérés* aus Marseille, Avignon und der Bretagne verstärkt, zur Abbaye zurück und holte gewaltsam alle Gefangenen heraus. Ein rasch rekrutiertes Standgericht überlieferte den größten Teil von ihnen – einschließlich sämtlicher Schweizer, Geistlicher, Monarchisten und ehemaliger Dienerschaft des Königs oder der Königin – einem Exekutionskommando, das sie mit Säbeln, Messern, Piken oder Knüppeln niedermachte.

Zu Beginn benahmen sich die Henker korrekt, es kamen keine Diebereien vor. Die den Opfern abgenommenen Wertsachen wurden den städtischen Behörden übergeben. Später behielten die von der blutigen Arbeit Ermüdeten solche Trophäen als ihnen zustehenden Lohn. Jeder von ihnen hatte Anspruch auf täglich sechs Francs, drei Mahlzeiten und soviel Wein, wie er wollte. Einige ließen Zeichen von Rührung erkennen, beglückwünschten die Freigesprochenen und begleiteten die Angesehenen unter diesen zu ihren Häusern.[37] Andere wieder zeigten sich als Bestien in Menschengestalt. Sie verlängerten die Leiden der Verurteilten, um das Vergnügen der Zuschauer zu erhöhen. Ein Fanatiker, der General Laleu seinen Säbel in die Brust gestoßen hatte, zog die Waffe wieder heraus, fuhr mit seiner Hand in die Wunde, riß dem Opfer das Herz heraus und führte es an seinen Mund, als ob er es essen wolle[38] – eine in primitiven Zeiten verbreitete Sitte. Ermüdete einer der Mörder, so ruhte er sich aus, trank, nahm aber bald seine Tätigkeit wieder auf, bis alle Gefangenen der Abbaye das «Volksjustiztribunal» auf dem Wege zur Freiheit oder Tod passiert hatten.

Am 3. September zogen Richter und Henker zu den anderen Gefängnissen, La Force und Conciergerie. Dort ging dann die Schlächterei mit frischen Mördern und frischen Opfern weiter. Hier war eine berühmte Dame eingekerkert, die Prinzessin von Lamballe, früher einmal sehr reich und sehr schön, eine intime Freundin Marie Antoinettes. Sie war an den Plänen zur Rettung der königlichen Familie beteiligt gewesen. Jetzt, in ihrem dreiundvierzigsten Lebensjahr, wurde sie geköpft und verstümmelt. Auch ihr wurde das Herz aus dem Leib gerissen und dann von einem fanatischen Republikaner aufgefressen.[39] Ihr Kopf wurde auf eine Pike gespießt und unter dem Fenster der Zelle, in der die Königin im Temple eingesperrt war, spazierengetragen.[40]

Am 4. September begann das Schlachten in den Gefängnissen Tour St. Bernard, St. Firmin, Chatelet und Salpêtrière. Dort ersetzte, soweit junge Frauen die Opfer waren, Vergewaltigung den Mord. Unter den Insassen von Bicêtre, einer Irrenanstalt, waren dreiundvierzig Jugendliche zwischen siebzehn und neunzehn; die meisten von ihnen waren dort von ihren Eltern zur Behandlung untergebracht. Alle wurden ermordet.[41]

Noch zwei weitere Tage dauerten die Massaker in Paris. Die Zahl der Opfer betrug schließlich zwischen 1247[42] und 1368[43]. Die Meinung der Bevölkerung über die Ereignisse war geteilt. Katholiken und Royalisten waren entsetzt, doch die Revolutionäre argumentierten, die heftige Reaktion sei durch die Drohungen des Braunschweigers und die Erfordernisse des Krieges gerechtfertigt. Pétion, der neue Bürgermeister von Paris, empfing die Henker als schwerarbeitende Patrioten und ließ ihnen Getränke servieren.[44] Die Gesetzgebende Versammlung entsandte einige Mitglieder zum Schauplatz der Abbaye, um korrekte Prozeßführung zu empfehlen. Sie kehrten zurück, um zu berichten, es sei unmöglich, die Metzelei zu beenden. Schließlich waren sich die Führer der Versammlung, Girondisten ebenso wie Montagnards, einig, die sicherste Haltung sei die der Zustimmung.[45] Die Kommune entsandte Vertreter, um sich an der Arbeit der «Tribunal»-Richter zu beteiligen. Billaud-Varenne, bevollmächtigter Anwalt der Kommune, begab sich zur Abbaye und beglückwünschte die Mörder: «Mitbürger, ihr schlachtet eure Feinde; ihr tut nur eure Pflicht.»[46] Marat beanspruchte stolz das Verdienst an der ganzen Aktion für sich. Als dann ein Jahr später Charlotte Corday während ihres Prozesses gefragt wurde, warum sie Marat getötet habe, antwortete sie: «Weil er es war, der die Schuld an den Septembermorden trägt.» Aufgefordert, ihre Behauptung auch zu beweisen, sagte sie: «Beweise kann ich Ihnen nicht liefern, ganz Frankreich denkt so.»[47]

Als Danton gebeten wurde, die Metzelei zu beenden, zuckte er die Achseln. «Es wäre unmöglich», sagte er. «Warum sollte ich mich über diese Royalisten und Priester aufregen, die nur auf die Ankunft fremder Truppen gewartet haben, um uns zu massakrieren?... Wir müssen unseren Feinden Schrecken einjagen.»[48] In aller Stille holte er mehr als einen seiner Freunde aus den Gefängnissen heraus und sogar einzelne seiner persönlichen Feinde.[49] Als ein Mitglied des Exekutivrates gegen die Morde protestierte, sagte Danton zu ihm: «Bleiben Sie sitzen, es war notwendig.»[50] Einem jungen Mann, der ihn fragte: «Finden Sie das Ganze nicht entsetzlich?» antwortete er: «Sie sind zu jung, um diese Dinge zu begreifen ... Ein Strom von Blut mußte zwischen den Parisern und den Emigranten fließen.»[51] Die Pariser, so dachte er, wären jetzt der Revolution verschworen. Und diese Freiwilligen, die auszogen, um sich den Eindringlingen entgegenzustellen, wußten, daß sie nicht auf Pardon rechnen konnten, wenn sie sich ergaben. Sie würden im wahrsten Sinne des Wortes für ihr Leben fechten.

Die Gesetzgebende Versammlung mußte jedoch feststellen, daß der Gang der Ereignisse die Verfassung, zu deren Erfüllung sie gewählt worden war, zerfetzt hatte. Sie beschloß daher, ebenfalls am 2. September, allgemeine Wahlen zu einem Nationalkonvent auszuschreiben, der eine neue Verfassung ausarbeiten sollte, die dem veränderten Zustand Frankreichs wie auch den steigenden Anforderungen des Krieges angemessen wäre. Da aber Bauern, Arbeiter und Bürger gleichermaßen aufgerufen waren, ein Land zu verteidigen, das sie das ihre nannten, erschien es unmöglich, irgend jemand, sei er Steuerzahler oder nicht, von der Wahlurne fernzuhalten. So erfocht Robespierre seinen ersten großen Sieg. Der Konvent, in welchem er eine Hauptperson sein sollte, wurde durch Abstimmung der gesamten männlichen Bevölkerung gewählt.

Am 20. September beendete die Gesetzgebende Versammlung ihre letzte Sitzung ohne erfahren zu haben, daß an eben diesem Tag bei dem Dorf Valmy zwischen Verdun und Paris eine französische Armee unter Dumouriez und François Christophe Kellermann auf preußische und österreichische Linientruppen unter dem Kommando des Herzogs von Braunschweig getroffen war. Das Treffen endete unentschieden, wurde aber zum französischen Sieg, da nach der Schlacht der König von Preußen die Aufgabe von Verdun und Longwy und den Rückzug seiner angeschlagenen Regimenter von französischem Territorium befahl. Friedrich Wilhelm II. konnte es sich nicht leisten, seine Truppen im entfernten Frankreich stehen zu haben, während er mit seinen Nachbarn Rußland und Österreich bei der Teilung Polens um die dicksten Brocken raufte. Überdies litten seine Soldaten auf das schwerste unter Diarrhöen, die sie den Trauben der Champagne verdankten.[52]

Nach dieser Schlacht machte Goethe, der im Stabe des Herzogs von Sachsen-Weimar am Feldzug teilnahm, eine berühmte Bemerkung (wie uns berichtet wird): «Heute und an diesem Ort beginnt ein neuer Abschnitt der Weltgeschichte.»[53]

Die Hinrichtung Foulons, dem Schwiegervater des für die Versorgung von Paris zuständigen Intendanten Berthier, auf dem Place de Greve am 23. Juli 1789 (zeitgenössischer Kupferstich).

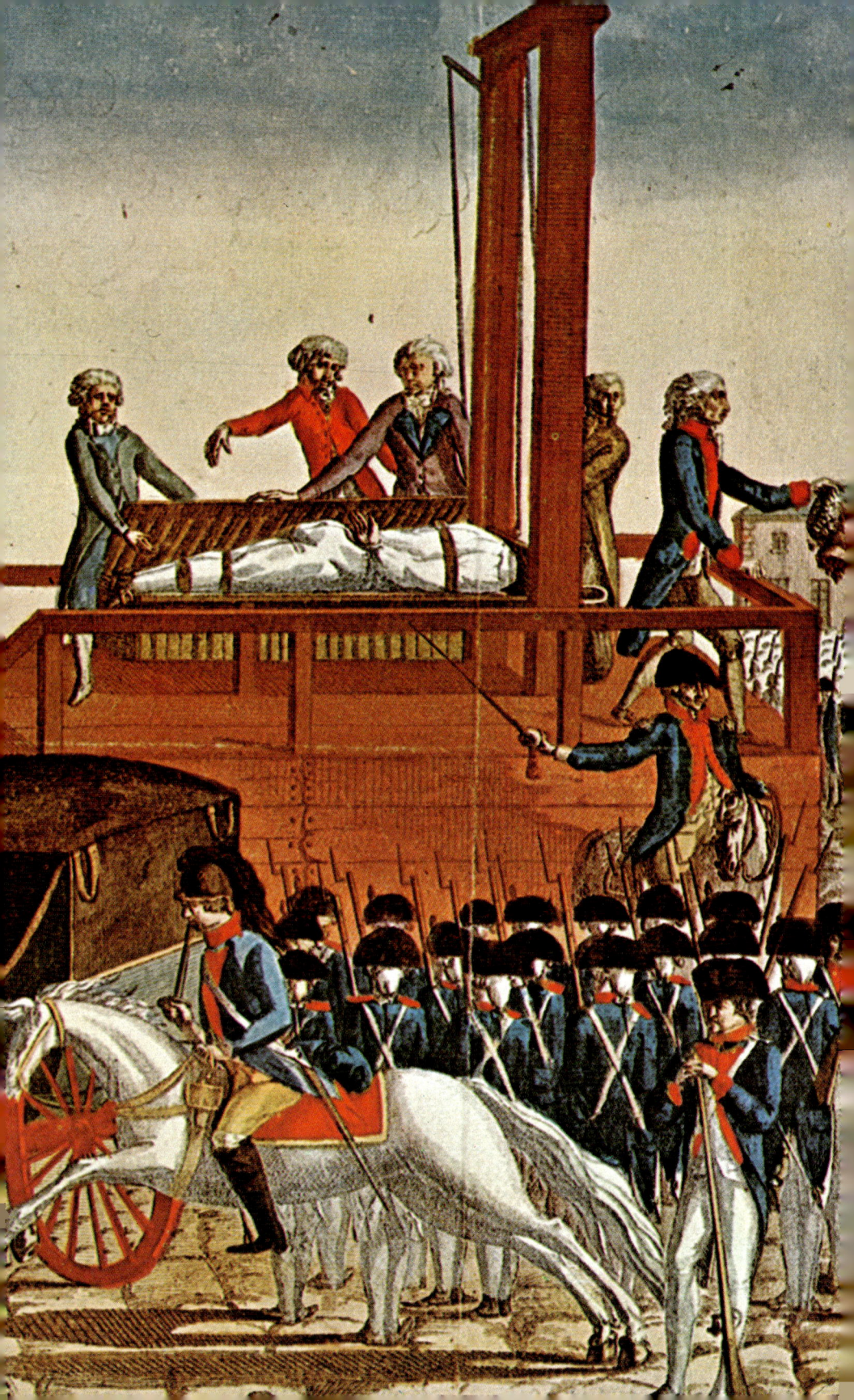

VIERTES KAPITEL

Der Nationalkonvent

21. September 1792 bis 26. Oktober 1795

I. DIE NEUE REPUBLIK

DIE Wahlen zu dieser dritten Versammlung, die Zeugin sowohl des Höhepunktes als auch des Niedergangs der Revolution werden sollte, wurden von den Jakobinern noch sorgfältiger organisiert als die von 1791. Der Ablauf der indirekten Wahl wurde genauestens ausgeklügelt. Die Stimmberechtigten wählten Wahlmänner, die in Gremien zusammentraten und die Abgeordneten wählten, die ihren Stimmbezirk im Nationalkonvent vertreten sollten. Beide Wahlen erfolgten durch mündliche Stimmabgabe in der Öffentlichkeit. Auf beiden Stufen riskierte der Wähler Schwierigkeiten, wenn er die örtlichen Führer überging.[1] In den Städten lehnten es Konservative ab, von ihrem Stimmrecht Gebrauch zu machen; «die Zahl der Stimmenthaltungen war enorm.»[2] Von 7 Millionen Stimmberechtigten enthielten sich 6,3 Millionen der Stimme.[3] In Paris begann die Wahl am 2. September und dauerte mehrere Tage, während die Massenschlächtereien vor den Gefängnistoren jedermann klarmachten, wie man zu wählen habe, um zu überleben. In manchen Stimmbezirken blieben fromme Katholiken der Abstimmung fern, daher wählte die stark royalistisch gesinnte Vendée neun Abgeordnete, von denen sechs für die Hinrichtung des Königs stimmen sollten.[4] In Paris versammelte sich das Wahlmännergremium im Jakobinerklub mit dem Ergebnis, daß alle vierundzwanzig als Vertreter der Hauptstadt gewählten Abgeordneten überzeugte Republikaner und Anhänger der Kommune waren: Danton, Robespierre, Marat, Desmoulins, Billaud-Varenne, Collot d'Herbois, Freron, David (der Maler) ... In den Provinzen gelangen den Girondisten einige Wahlschiebungen. So verdienten sich Brissot, Roland, Condorcet, Pétion, Gaudet, Barbaroux und Buzot das Recht, zu dienen und zu sterben. Unter den zu Deputierten gewählten Ausländern waren Priestley, Cloots und Paine. Der Herzog von Orleans, umbenannt in Bürger Philippe Égalité, wurde als Vertreter einer radikalen Sektion von Paris gewählt.

Als der Nationalkonvent am 21. September 1792 in den Tuilerien zusammentrat, zählte er 750 Mitglieder. Mit Ausnahme von zweien gehörten alle der Mittelklasse an. Die beiden Ausnahmen waren Handwerker, fast alle anderen waren Juristen. Die 180 Girondisten, organisiert, gebildet und redegewandt, übernahmen die Führung auf dem Gebiet der Gesetzgebung. Auf Grund des Umstandes, daß gegenwärtig keine Gefahr einer Invasion bestand, setzten sie eine Lockerung der

◀ *Die Enthauptung Ludwigs XVI. von Frankreich am 21. Januar 1793 (kolorierter Stich).*

Gesetze gegen Verdächtige, Emigranten und Priester wie auch der für Kriegszeiten erlassenen Wirtschaftskontrollen durch. Das freie Unternehmertum wurde wieder zugelassen, was nach kurzer Zeit Beschwerden über Profitmacherei und Preismanipulationen zur Folge hatte. Schon am ersten Sitzungstag des Nationalkonvents brachte die Gironde ein Gesetz über die Unverletztlichkeit des Privateigentums durch, um die sich unter den Radikalen ausbreitende Bewegung für die Konfiskation des Großgrundbesitzes und seine Verteilung unter die Bevölkerung zu unterbinden. Durch diesen Erfolg zufriedengestellt, kam die Gironde mit Montagnards und Zentrum überein, am 22. September 1792 die Erste Französische Republik auszurufen.

Am gleichen Tag dekretierte der Konvent, daß nach einem Jahr der Anpassung der christliche Kalender in Frankreich und seinen Besitzungen durch eine revolutionäre Zeitrechnung ersetzt werden solle, beginnend mit dem Jahre I (vom 22. September 1792 bis 21. September 1793), dann II, III ... Die Monate sollten nach für sie typischen Merkmalen benannt werden: Vendémiaire (Weinlese), Brumaire (Nebel) und Frimaire (Frost) für den Herbst; Nivôse (Schnee), Pluviose (Regen) und Ventose (Wind) für den Winter; Germinal (Sprossen), Floréal (Blühen) und Prairial (Wiesen) für den Frühling; Messidor (Ernte), Thermidor (Wärme) und Fructidor (Frucht) für den Sommer. Jeder Monat zerfiel in drei Dekaden von je zehn Tagen. Jede *décade* endete mit einem *décadi*, der den Sonntag als Ruhetag ersetzte. Die fünf verbleibenden Tage, genannt *sans-culottides*, waren Nationalfeiertage. Der Konvent erwartete, dieser Kalender würde die Franzosen nicht an Heilige und religiöse Feste erinnern, sondern an die Erde und die zu ihrer Fruchtbarmachung nötigen Arbeiten. Die Natur sollte Gott ersetzen. Der neue Kalender galt vom 24. November 1793 an und wurde gegen Ende des Jahres 1805 außer Kraft gesetzt. Gironde und Bergpartei (Montagne) befanden sich in Übereinstimmung, was das Privateigentum, die Republik und den Kampf gegen das Christentum betraf, doch in verschiedenen anderen Fragen befehdeten sie sich bis aufs Messer. Die Girondisten stießen sich am vom geographischen Standpunkt aus unangemessen großen Einfluß von Paris – seiner Abgeordneten wie seiner Bevölkerung – auf Gesetze, die ganz Frankreich betrafen. Die Montagnards wiederum waren erbittert über den Einfluß, den Kaufleute und Millionäre auf die Girondisten nahmen. Danton (dessen Sektion ihn mit 638 von 700 Stimmen gewählt hatte) trat als Justizminister zurück, um sich der Aufgabe zu widmen, die Gironde und die Bergpartei auf eine gemeinsame Friedenspolitik gegenüber Preußen und Österreich zu einigen. Die Girondisten mißtrauten ihm jedoch als dem Idol des radikalen Paris und verlangten von ihm einen Rechenschaftsbericht über seine Aufwendungen als Minister. Er konnte weder zu ihrer Zufriedenheit Rechnung über die ausgegebenen Beträge legen (er hielt viel von Bestechung), noch konnte er erklären, wo er das Geld herbekommen hatte, um drei Häuser in oder bei Paris sowie ein großes Gut im Departement Aube zu kaufen. Außerdem hatte er zweifellos auf großem Fuß gelebt. Er warf den Fragestellern Undankbarkeit vor, gab seine Bemühungen um die innere und äußere Befriedung auf und machte gemeinsame Sache mit Robespierre.

Obwohl an Popularität bei den Sektionen nur von Danton übertroffen, hatte Robespierre unter den Deputierten bislang eine Nebenrolle gespielt. Bei der Wahl des Konventspräsidenten erhielt er sechs Stimmen, Roland zweihundertfünfunddreißig. Für die Mehrzahl der Abgeordneten war er ein von Gemeinplätzen und moralisierenden Platitüden überfließender Dogmatiker, ein vorsichtiger Opportunist, der geduldig auf seine Chance wartete. Die unbeirrbare Folgerichtigkeit seiner Vorschläge hatte ihm langsam zu steigendem Einfluß verholfen. Er hatte eine direkte Beteiligung am Sturm auf die Tuilerien oder an den Septembermorden vermieden, sie aber gutgeheißen, da sie die bürgerlichen Politiker die Furcht vor dem Volk lehrten. Von Anfang an hatte er sich für das Wahlrecht für alle erwachsenen Männer eingesetzt, obwohl er in der Praxis beide Augen zudrückte, als Royalisten und Katholiken von den Urnen ferngehalten wurden. Er hatte die Einrichtung des Privateigentums verteidigt und den Appell einiger verarmter Leute, den Landbesitz zu konfiszieren und neu zu verteilen, abgewürgt. Andererseits hatte er Erbschafts- und andere Steuern vorgeschlagen, die «durch sanfte, aber wirksame Maßnahmen die extremen Ungleichheiten in der Besitzverteilung ausgleichen würden.»[5] Inzwischen wartete er auf seine Stunde und ließ seine Rivalen sich in Leidenschaften und Übertreibungen erschöpfen. Er schien fest überzeugt, daß er eines Tages an die Macht gelangen – und sagte voraus, daß er eines Tages getötet werden würde.[6] «Er wußte, wie alle diese Männer, daß er fast von Stunde zu Stunde sein Leben in seiner Hand trug.»[7]

Es war weder Robespierre noch Danton, sondern Marat, der kompromißlos die Sache des Proletariats vertrat. Am 25 September änderte er zu Ehren der neuen Republik den Namen seiner Zeitung in *Journal de la République française.* Er war jetzt neunundvierzig Jahre alt (Robespierre war vierunddreißig, Danton dreiunddreißig). Nicht einmal ein Jahr hatte er noch zu leben, doch er füllte es mit einer erbitterten Kampagne gegen die Girondisten als Volksfeinde und Agenten jener aufsteigenden Kommerzbourgeoisie aus, die entschlossen schien, die Revolution zum politischen Arm einer Wirtschaft des «freien Unternehmertums» zu machen. Seine heftigen Ausfälle widerhallten in ganz Paris, stachelten die Sektionen zur Rebellion auf und erzeugten im Konvent eine nahezu allgemeine Feindseligkeit. Die Girondisten prangerten das von ihnen so genannte «Triumvirat» von Danton, Robespierre und Marat an, doch Danton wollte nichts mit ihm zu tun haben und Robespierre wich ihm aus. Er saß bei der Bergpartei, doch meist allein und ohne Freunde. Am 25. September verlasen Vergniaud und andere Dokumente vor dem Konvent, aus denen hervorging, daß Marat nach einer Diktatur gerufen und die Septembermorde heraufbeschworen habe. Als der leidende «Volkstribun» aufstand, um sich zu verteidigen, hagelte es Zurufe «Hinsetzen!». «Es scheint,» sagte er, «daß ich eine große Zahl persönlicher Feinde in dieser Versammlung habe.» «Uns alle», brüllten die Girondisten. Marat wiederholte seine Forderung nach einer begrenzten Diktatur römischer Art und gab seine Aufrufe zu Gewalttaten zu, doch er entlastete Danton und Robespierre von jeglicher Verbindung mit seinen Plänen. Ein Abgeordneter beantragte, ihn zu verhaften und wegen Verrat abzuurteilen; der Antrag wurde abgelehnt. Marat zog eine Pistole aus der Tasche, hielt sie an seinen Kopf und erklärte, «wenn die Anklageerhebung gegen mich beschlossen worden wäre, hätte ich mir am Fuß der Tribüne den Kopf zerschmettert.»[8] Die Girondisten – die Frankreich in den Krieg geführt hatten – wurden in diesen Monaten durch Siege französischer Truppen und die Ausbreitung französischer Macht wie revolutionärer Ideen gestärkt. Am 21. September 1792 führte General Anne-Pierre de Montesqiou-Fezensac seine Truppen zur leichten Eroberung Savoyens (damals ein Teil des Königreichs Sardinien). «Der Vormarsch meiner Armee», berichtete er dem Nationalkonvent, «gleicht einem Triumphzug. In Stadt und Land strömen die Leute herbei, um uns zu begrüßen. Jedermann trägt die dreifarbige Kokarde».[9] Am 27. September marschierte eine andere französische Division in Nizza ein, ohne auf Widerstand zu stoßen; am 29. September nahm sie Villefranche ein. Am 27. November wurde Savoyen auf Ansuchen lokaler politischer Führer Frankreich einverleibt. Die Eroberung des Rheinlandes gestaltete sich schwieriger. Am 25. September nahm General Adam Philippe de Custine mit seinen Freiwilligen Speyer ein und machte dreitausend Gefangene. Am 5. Oktober besetzte er Worms, am 19. Oktober Mainz, am 21. Oktober Frankfurt am Main. Um Belgien (einen Vasallenstaat Österreichs) für die Revolution zu gewinnen, mußte Dumouriez bei Jemappes (am 6. November) eine der größten Schlachten dieses Krieges schlagen. Die Österreicher traten nach langem Widerstand den Rückzug an und ließen viertausend Tote auf dem Schlachtfeld zurück. Brüssel fiel am 14., Lüttich am 24., Antwerpen am 30. November; in diesen Städten wurden die Franzosen als Befreier begrüßt. Anstatt den Befehlen des Konvents zu gehorchen, nach Süden zu marschieren und seine Truppen mit denen Custines zu vereinigen, vergeudete Dumouriez seine Zeit in Belgien und bereicherte sich an Geschäften mit Armeelieferanten. Dafür gerügt, drohte er mit Rücktritt. Danton wurde geschickt, um ihn zu besänftigen. Er hatte Erfolg, fühlte sich aber mitschuldig, als (am 5. April) Dumouriez zum Feinde überlief.

Berauscht von diesen Siegen, entschlossen sich die Führer des Konvents zu einer doppelten, sich ergänzenden Politik. Frankreich sollte sich bis zu seinen «natürlichen Grenzen» – Rhein, Alpen, Pyrenäen und dem Meer – ausdehnen, und die Bevölkerung der Grenzgebiete sollte durch die Zusicherung militärischer Hilfe bei ihrer wirtschaftlichen und politischen Befreiung gewonnen werden. Daher das anmaßende Konventsdekret vom 15. Dezember 1792:

In dieser Stunde verkündet die französische Nation die Souveränität des Volkes (in allen angeschlossenen Regionen), die Abschaffung aller zivilen und militärischen Behörden, die Euch bislang regiert haben, sowie jedweder Art und Form von Steuern, die Euch auferlegt sind. Ferner die Abschaffung des Zehnten, der widerruflichen und unwiderruflichen Feudalrechte, der dinglichen und persönlichen Leibeigenschaft ... Weiterhin verkündet sie die Abschaffung sämtlicher adeliger und kirchlicher Gesellschaften und aller Vorrechte und Privilegien, da sie im Widerspruch zur Gleichheit stehen. Ihr seid von jetzt an Brüder und Freunde, alle sind Bürger gleichen Rechts und gleichermaßen aufgerufen zu regieren, zu dienen und Euer Land zu verteidigen ...[10]

Dieses «Edikt der Brüderlichkeit» bescherte der jungen Republik eine Menge Schwierigkeiten. Als die eroberten («befreiten») Gebiete besteuert wurden, um die Besatzungskosten zu decken, beschwerten sich die Einwohner, sie hätten nur einen Herrn und seine Steuern mit einem anderen vertauscht. Als die kirchliche Hierarchie in Belgien, Lüttich und dem Rheinland – seit langem daran gewöhnt, die Herrschaft auszuüben oder wenigstens daran teilzuhaben – sich in der Ausübung von Lehre wie politischer Macht bedroht sah, reichte sie sich über Grenzen und Glaubensunterschiede hinweg die Hand, um die französische Revolution zurückzuschlagen und, wenn möglich, auszutilgen. Als am 16. November 1792 der Konvent die Öffnung der Schelde für die gesamte Schiffahrt dekretierte, um die Antwerpener Kaufleute für die französische Sache zu gewinnen, da der Westfälische Friede (1648) das Befahren des Flusses allein den Holländern vorbehalten hatte, bereitete sich Holland auf den Widerstand vor. Die Monarchen Europas faßten das Edikt des Konvents als Kriegserklärung an alle Könige und regierenden Fürsten Europas auf. Die erste Koalition gegen Frankreich begann Gestalt anzunehmen.

Der Nationalkonvent beschloß, alle Brücken hinter sich abzubrechen und Ludwig XVI. wegen Verrat den Prozeß zu machen. Seit dem 10. August war der Temple für die meisten der königlichen Familie ein unwürdiger Kerker gewesen: Der König, achtunddreißig Jahre alt, die Königin siebenunddreißig, seine Schwester, «Madame Elisabeth», achtundzwanzig, seine Tochter Marie Thérèse («Madame Royale») vierzehn, sein Sohn, der Dauphin Louis Charles, sieben. Die Girondisten taten, was in ihrer Macht stand, um den Prozeß zu verzögern. Sie wußten, daß das Beweismaterial zum Schuldspruch und zur Hinrichtung führen müsse und daß dadurch der Angriff der Mächte auf Frankreich neuen Auftrieb bekäme. Danton stimmte ihnen zu, doch eine neue Gestalt auf der Szene, Louis Antoine Saint-Just, fünfundzwanzig Jahre alt, erregte die Aufmerksamkeit des Konvents durch seinen leidenschaftlichen Aufruf zum Königsmord: «Ludwig hat das Volk bekämpft und ist besiegt worden. Er ist ein Barbar, ein ausländischer Kriegsgefangener, Sie kennen seine perfiden Pläne ... Er ist der Mörder der Bastille, von Nancy, vom Marsfeld, ... von den Tuilerien. Welcher Feind, welcher Ausländer hat Ihnen mehr Schaden getan?»[11] Dieser Angriff hätte die Vernünftigen zur Überlegung bringen können, doch am 20. November überbrachte Roland dem Konvent eine eiserne Truhe, die man in einer Mauer der königlichen Gemächer in den Tuilerien entdeckt hatte, deren Inhalt die Anklage auf Verrat aufs stärkste untermauerte. Sie enthielt 625 Geheimdokumente, welche die Verbindungen des Königs mit Lafayette, Mirabeau, Talleyrand, Barnave, verschiedenen Emigranten und konservativen Journalisten aufdeckten. Es war klar, daß Ludwig trotz seiner Loyalitätsversicherungen gegenüber der Verfassung den Sturz der Revolution geplant hatte. Der Konvent befahl, die Büste Mirabeaus zu verhüllen, die Jakobiner zertrümmerten eine Statue, die zum Andenken an Mirabeau in ihrem Klub aufgestellt war. Barnave wurde in Grenoble verhaftet, Lafayette floh zu seiner Armee, Talleyrand entkam wie immer. Am 2. Dezember erschienen Abgesandte der Sektionen vor dem Konvent und verlangten, daß die Verhandlung gegen den König unverzüglich stattfinde. Kurz darauf schickte die Pariser Kommune energische Empfehlungen mit demselben Ziel. Am 3. Dezember schloß sich Robespierre den Forderungen an. Marat stellte den Antrag, sämtliche Abstimmungen während der Verhandlung müßten mündlich und öffentlich sein, was die zögernden Girondisten der Gnade der Sansculotten im Zuschauerraum und auf der Straße auslieferte.

Der Prozeß begann am 11. Dezember 1792 vor dem vollbesetzten Konvent. Wie Sébastien Mercier, einer der Abgeordneten, berichtet, waren «an der Rückwand des Sitzungssaales Boxen abgeteilt, wie in einem Theater, in welchen Damen in den elegantesten Roben Eis und Orangen aßen und Likör schlürften ... Man konnte Gerichtsdiener sehen, die die Gemahlin des Herzogs von Orleans zu ihrem Platz geleiteten.»[12] Dem König wurden einige der Dokumente aus der Truhe vorgelegt. Er bestritt die Echtheit seiner Unterschrift und leugnete jede Kenntnis vom Vorhandensein der Truhe. Gegenüber Fragen berief er sich auf Gedächtnislücken oder schob die Verantwortung auf seine Minister. Er ersuchte um eine Verschiebung des Prozeßbeginns um vier Tage, um seine Anwälte bestellen zu können. Chrétien de Malesherbes, der die *philosophes* und die *Encyclopédie* unter Ludwig XV. in Schutz genommen hatte, bot sich an, den König zu verteidigen. Ludwig stimmte traurig zu und sagte, «Ihr Opfer ist umso größer, da Sie Ihr eigenes Leben aufs Spiel setzen, ohne das meine retten zu können.»[13] (Malesherbes wurde im April 1794 guillotiniert.) Inzwischen boten Agenten auswärtiger Mächte an, Stimmen für den König zu kaufen. Danton erklärte sich bereit, als Vermittler zu fungieren, doch es zeigte sich, daß dazu mehr Geld nötig war, als ihre Majestäten zu investieren bereit waren.[14]

Am 26. Dezember hielt Romain de Sèze das Plädoyer der Verteidigung. Er erklärte, die Verfassung gäbe den Deputierten keine Legitimation, über den König zu Gericht zu sitzen. Im Kampf für sein Leben habe er seine Rechte als Mensch nicht verletzt. Er war eine der gütigsten und humansten Männer und einer der liberalsten Herrscher, die je auf dem Throne Frankreichs saßen. Hatten die Deputierten seine vielen Reformen vergessen? Hatte nicht er die Revolution eingeleitet, indem er die Generalstände einberief und alle Franzosen aufforderte, ihm ihre Schwierigkeiten und Wünsche vorzutragen? Die Ankläger erwiderten, der König habe mit ausländischen Mächten über die Niederschlagung der Revolution verhandelt. Warum sollte man eine Ausnahme machen, weil der des Verrats Schuldige den Thron ererbt habe? Solange er am Leben blieb, würden immer wieder Komplotte geschmiedet werden, um ihm seine frühere Macht zurückzugeben. Es wäre gut, ein Exempel zu statuieren, das allen Monarchen zu denken gäbe, ehe sie die Hoffnungen ihrer Völker enttäuschten.

Die Abstimmung über die Schuld des Königs begann am 15. Januar 1793. Von 749 Mitgliedern plädierten 683, einschließlich seines Vetters Philippe d'Orleans, für schuldig.[15] Einem Antrag, diesen Schuldspruch zur Bestätigung oder Aufhebung durch das französische Volk den Wahlmännergremien vorzulegen, widersetzten sich Robespierre, Marat und Saint-Just. Der Antrag wurde mit 424 zu 287 Stimmen abgelehnt. «Ein Appel an das Volk», sagte Saint-Just, «würde das nicht den Rückruf der Monarchie bedeuten?» Robespierre war lange Zeit für Demokratie und allgemeines Männerstimmrecht eingetreten, jetzt aber zögerte er, ihm zu vertrauen. «Tugend», sagte er (und meinte damit republikanische Leidenschaft), «war auf Erden stets in der Minderheit».[16]

Als am 16. Januar die Schlußfrage gestellt wurde – «Welches Urteil hat Ludwig, König der Franzosen, verdient?» – gerieten beide Parteien in den Straßen leidenschaftlich aneinander. Dort und im Zuschauerraum des Tribunals brüllte die Menge nach der Todesstrafe und bedrohte jeden mit dem Tode, der für eine geringere Strafe stimmen würde. Abgeordnete, die noch am Abend zuvor gelobt hatten, niemals die Hinrichtung des Königs zu verlangen, stimmten jetzt aus Angst um ihr Leben für die Todesstrafe. Danton gab auf, Paine blieb fest. Philippe d'Orleans, bereit die Nachfolge seines Vetters anzutreten, stimmte für seine Beseitigung. Marat stimmte für «Tod innerhalb vierundzwanzig Stunden»; Robespierre, der immer gegen die Todesstrafe gewesen war, argumentierte nun, ein lebender König würde eine Gefahr für die Republik bedeuten.[17] Condorcet trat für die sofortige und dauernde Abschaffung der Todesstrafe ein. Brissot sprach die Warnung aus, ein Todesurteil würde alle Monarchen Europas in einem Kreuzzug gegen Frankreich vereinigen. Einige Abgeordnete kommentierten ihre Stimmabgabe: Paganel sagte: «Tod! Nur ein toter König ist etwas wert»; Millaud sagte, «Wenn es keinen Tod gäbe, hätte er heute erfunden werden müssen», indem er Voltaires Sentenz über Gott abwandelte. Duchâtel, der im Sterben lag, ließ sich vor das Tribunal tragen, stimmte gegen Ludwigs Tod und starb.[18] Das Endergebnis waren 361 Stimmen für die Todesstrafe, 334 für Begnadigung.

Am 20. Januar tötete ein ehemaliger Angehöriger der königlichen Garde du Corps Louis Michel Lepeletier de Saint-Fargeau, der für die Todesstrafe gestimmt hatte. Am 21. Januar brachte eine von einer bewaffneten Eskorte umgebene Kutsche Ludwig XVI. durch von der Nationalgarde gesäumte Straßen zur Place de la Révolution (heute Place de la Concorde). Im Angesicht der Guillotine versuchte er zu der Menge zu sprechen: «Franzosen, ich sterbe unschuldig. Vom Schaffot und dem Erscheinen vor Gott nahe spreche ich zu Euch. Ich vergebe meinen Feinden. Ich hoffe, daß Frankreich – » doch in diesem Augenblick rief Santerre, Kommandant der Pariser Nationalgarde, «Tambours!» und der Rest ging im Dröhnen der Trommeln unter. Der Pöbel verharrte in düsterem Schweigen, als das schwere Messer herabfiel. «An jenem Tag», erinnerte sich später ein Zuschauer, «ging jedermann langsamen Schrittes, und wir wagten kaum einander anzusehen».[19]

II. DIE ZWEITE REVOLUTION: 1793

Die Hinrichtung des Königs war ein Sieg für die Bergpartei, die Kommune und die Kriegspolitik. Sie verband die «Königsmörder» in unheilvoller Weise mit der Revolution, denn sie würden bevorzugte Opfer einer bourbonischen Restauration sein. Sie hinterließ die Girondisten zerrissen und verzweifelt. Sie hatten sich in der Abstimmung gespalten, jetzt bewegten sie sich in Paris in ständiger Todesangst und sehnten sich nach dem relativen Frieden und der Ordnung in den Provinzen. Roland, krank und enttäuscht, trat am Tage nach der Hinrichtung des Königs aus dem Exekutivrat aus. Der Friede, der dank der Inanspruchnahme Österreichs und Preußens durch die Teilung Polens nahe gewesen war, erschien nun durch den Zorn der Monarchen Europas über die Enthauptung eines aus ihrer Bruderschaft wieder in weite Ferne gerückt.

In England fand Premierminister William Pitt, der einen Krieg gegen Frankreich geplant hatte, nahezu jeden Widerstand gegen diese Politik geschwunden. Parlament wie Volk waren schockiert von der Nachricht, daß das Königtum in Person unter die Guillotine gelegt worden sei, als ob sie selbst, besser gesagt, ihre Vorfahren, niemals Karl I. zum Richtblock geschleppt hätten. Pitts wirklicher Grund war natürlich, daß Antwerpen unter französischer Herrschaft Britanniens altem Widersacher den Schlüssel zum Rhein geben würde, der Hauptstraße des britischen Handels mit Europa. Diese Gefahr gewann schärfere Umrisse, als am 15. Dezember 1792 der Konvent die Annexion Belgiens durch Frankreich dekretierte. Dadurch war ja der Weg offen für eine französische Kontrolle Hollands und des Rheinlands. Alle diese reichen und dichtbevölkerten Landstriche konnten einem Britannien verschlossen werden, das vor allem vom Export der Erzeugnisse seiner expandierenden Industrie lebte. Am 24. Januar 1793 ließ Pitt dem französischen Botschafter die Pässe zustellen. Am 1. Februar erklärte der Konvent sowohl England wie Holland den Krieg. Am 7. März schloß sich Spanien diesen beiden an, und die erste Koalition – Preußen, Österreich, Sardinien, England, Holland und Spanien – begann den zweiten Anlauf in ihren Bemühungen, die Revolution auszulöschen.

Eine Reihe von Mißerfolgen brachte den Konvent zu einer verspäteten Erkenntnis der Schwierigkeiten, denen er sich gegenüber sah. Die revolutionären Armeen ließen nach ihren anfänglichen Siegen stark nach. Tausende von Freiwilligen verließen den Dienst nach Ablauf der Zeit, für die sie sich verpflichtet hatten. Die Gesamtstärke der Truppen an der Ostfront war von 400 000 auf 225 000 gesunken und diese waren wegen der Unfähigkeit und Bestechlichkeit der Armeelieferanten – die von Dumouriez wiederum beschützt und gemolken wurden – armselig bekleidet und ernährt. Die Generale ignorierten wiederholt die Instruktionen der Regierung. Am 24. Februar nahm der Konvent seine Zuflucht wieder zu Konskriptionen, um neue Armeen aufzustellen, aber er begünstigte dabei die Reichen, denen erlaubt wurde, sich Stellvertreter zu kaufen. In verschiedenen Provinzen brachen Revolten gegen die Konskriptionen aus. In der Vendée verband sich die Unzufriedenheit mit der Zwangsaushebung, den hohen Preisen und dem Mangel an Nahrungsmitteln mit der Verärgerung über die anti-katholische Gesetzgebung und führte zu einem so ausgedehnten Aufstand, daß eine Armee von der Ostfront abgezogen werden mußte, um ihn niederzuschlagen. Am 16. Februar fiel Dumouriez mit 20 000 Mann in Holland ein. Die Regimenter, die er als Besatzung in Belgien zurückgelassen hatte, wurden überraschend von einer österreichischen Streitmacht unter dem Kommando des Prinzen von Sachsen-Coburg angegriffen und vernichtet. Dumouriez selbst wurde bei Neerwinden (18. März) geschlagen und trat am 5. April mit tausend Mann zu den Österreichern über. In diesem Monat trafen die Vertreter von England, Preußen und Österreich zusammen, um Pläne zur Unterwerfung Frankreichs zu beraten.

Innere Schwierigkeiten, die zu diesen äußeren Rückschlägen hinzukamen, drohten zum Zusammenbruch der französischen Regierung zu führen. Ungeachtet der Enteignung von kirchlichem und Emigrantenbesitz verloren die neuen Assignaten, das Papiergeld der ersten Republik, fast über Nacht ihren Wert: im April 1793 noch auf siebenundvierzig Prozent ihres Nennwertes, waren sie drei Monate später auf dreiunddreißig Prozent gefallen.[20] Neue Steuern trafen auf so starken Widerstand, daß die Kosten ihrer Eintreibung fast den Erträgen gleichkamen. Zwangsanleihen (wie die vom 20. bis 25. Mai 1793) plünderten die aufstrebende Bourgeoisie aus. Als diese Klasse sich dann der Girondisten bediente, um bei der Regierung ihre Interessen zu schützen, vertiefte sich im Konvent der Konflikt zwischen Gironde und Bergpartei. Danton, Robespierre und Marat transformierten den ursprünglich bürgerlich gesonnenen Jakobinerklub zu mehr radikalen Ideen. Die Kommune, nunmehr unter Führung von Pierre Chaumette und Jacques Hébert, benützte das Hetzblatt des letzteren, *Père Duchesne*, um die Stadt nicht zur Ruhe kommen zu lassen und den Konvent mit Forderungen nach Enteignung des Reichtums zu belagern. Tag für Tag rief Marat zum Kampf gegen die Girondisten als Beschützer der Reichen. Im Februar 1793 führten Jacques Roux und Jean Varlet eine Gruppe proletarischer «enragées» an, die sich über den hohen Brotpreis beschwerten und darauf bestanden, daß der Konvent Höchstpreise für die notwendigen Konsumgüter festsetzen solle. Von einem Sturm von Problemen aufgerieben, übertrug der Konvent die Aufgaben des Jahres 1793 an Komitees, deren Entscheidungen er dann mit einem Minimum an Debatte genehmigte. Den meisten dieser Komitees waren ganz bestimmte Ressorts übertragen: Landwirtschaft, Industrie und Handel, Rechnungswesen, Finanzen, Erziehung oder Angelegenheiten der Kolonien. In der Regel mit Spezialisten besetzt, leisteten sie eine Menge gute Arbeit, selbst angesichts der sich verschärfenden Krise. Sie bereiteten eine neue Verfassung vor und hinterließen ein Erbe konstruktiver Gesetzesarbeit, das später Bonaparte bei der Konzipierung des Code Napoléon von Nutzen war.

Als Sicherung gegen ausländische Agenten, Subversion im Innern und politische Angriffe ernannte der Nationalkonvent (10. März 1793) ein Komitee für allgemeine Sicherheit als nationales Polizeiministerium mit der praktisch unbeschränkten Befugnis, Haussuchungen ohne Warnung durchzuführen und wen auch immer unter dem Verdacht des Verrats oder eines Verbrechens zu verhaften. Zusätzliche Überwachungskomitees wurden für die Kommunen und die Sektionen der Städte eingerichtet.

Ebenfalls am 10. März dekretierte der Nationalkonvent die Errichtung eines Revolutionstribunals zur Aburteilung von Verdächtigen. Den Angeklagten wurden zwar Verteidiger zugestanden, doch war gegen das Verdikt der Geschworenen weder Berufung noch Revision zugelassen. Am 5. April ernannte der Konvent Antoine Quentin Fouquier-Tinville zum Hauptankläger beim Revolutionstribunal, einen Rechtsanwalt, berühmt für seine Untersuchungen und gnadenlosen Verhöre, dann und wann aber auch menschlicher Regungen fähig.[21] Sein Aussehen ist uns in einem Stich überliefert, der ihn mit dem Gesicht eines Raubvogels und einer Nase wie ein Messer zeigt. Das Tribunal trat erstmalig am 6. April im Justizpalast zusammen. Als sich der Krieg in die Länge zog und die Zahl der zur Aburteilung Vorgeführten immer größer wurde, kürzte das Tribunal das ordentliche Verfahren immer mehr ab und neigte dazu, in fast allen ihm vom Wohlfahrtsausschuß vorgelegten Fällen einen sofortigen Schuldspruch zu fällen.

Dieses am 6. April 1793 eingerichtete Comité du salut public (Wohlfahrtsausschuß) trat an die Stelle des Exekutivrates und wurde das wichtigste Machtinstrument des Staates. Der Wohlfahrtsausschuß war ein Kriegskabinett. Man darf in ihm nicht eine verfassungsmäßigen Beschränkungen unterworfene Zivilregierung sehen, sondern muß ihn als Körperschaft betrachten, die gesetzlich autorisiert war, eine Nation, die um ihr Leben kämpfte, zu führen und zu befehligen. Seine Vollmachten wurden einzig durch seine Verantwortlichkeit gegenüber dem Nationalkonvent eingeschränkt; seine Entscheidungen mußten dem Konvent unterbreitet werden, der sie in nahezu allen Fällen in Dekrete verwandelte. Er besaß die Kontrolle über die Außenpolitik, die Armeen und ihre Generale, die Zivilbeamten, die Komitees für Religion und Kunst, den Geheimdienst des Staates. Er war berechtigt, private wie amtliche Korrespondenz zu überprüfen, er verfügte über Geheimfonds. Durch seine «Vertreter in besonderem Auftrag» herrschte er über Leben und Tod in den Provinzen. Er tagte in den Räumlichkeiten des Pavillon de Flore, zwischen den Tuilerien und der Seine und hielt seine Sitzungen um einen «grünen (mit grünem Tuch bedeckten) Tisch» ab, der für ein Jahr zum Sitz der französischen Regierung wurde.

Vorsitzender war bis zum 10. Juli Danton, der damit zum zweiten Mal zum Führer der Nation in der Stunde der Gefahr gewählt worden war. Er begann sofort damit, seine Kollegen und den Nationalkonvent zu überreden, die Regierung solle öffentlich auf jede Absicht verzichten, sich in die inneren Angelegenheiten anderer Nationen einzumischen.[22] Auf sein Drängen und gegen die Einwände Robespierres begann der Nationalkonvent mit Friedenssondierungen bei jedem einzelnen Mitglied der Koalition. Er überredete den Herzog von Braunschweig, seinen Vormarsch einzustellen, und es gelang ihm, eine Allianz mit Schweden zu schließen.[23] Er versuchte wiederum, zwischen Bergpartei und Gironde Frieden zu stiften, doch die Differenzen waren zu tiefgreifend.

Marat verstärkte seine Angriffe auf die Girondisten mit wachsender Heftigkeit, so daß diese (14. April 1793) ein Dekret des Konvents durchsetzten, daß ihm vor dem Revolutionstribunal wegen seiner Aufrufe zu Mord und Diktatur der Prozeß gemacht werden solle. Am Tage der Verhandlung rottete sich eine große Menge von Sansculotten im Justizpalast und den angrenzenden Straßen zusammen und drohte «jedes an ihrem Hauptverteidiger begangene Unrecht zu rächen». Als die eingeschüchterten Geschworenen Marat freiließen, trugen ihn seine Anhänger im Triumph auf ihren Schultern zum Konvent. Dort schwor er seinen Anklägern Rache. Dann wurde er durch eine jubelnde Menge zum Jakobinerklub getragen, wo er als Präsident inthronisiert wurde.[24] Er nahm seine Kampagne wieder auf und verlangte, die Girondisten müßten als bürgerliche Verräter an der Revolution aus dem Nationalkonvent ausgeschlossen werden.

Er gewann einen fragwürdigen Sieg, als der Nationalkonvent trotz der Proteste und Warnungen der Girondisten Höchstpreise für Getreide auf jeder Handelsstufe vom Erzeuger bis zum Verbraucher festsetzte und Regierungsbevollmächtigte zur Beschlagnahme aller Landesprodukte bestellte, die zur Behebung des Mangels benötigt wurden.[25] Am 29. September wurden diese Maßnahmen zu einem «Maximum-Gesetz» erweitert, worin die Preise für alle Grundnahrungsmittel festgesetzt waren.[26] Nun spitzte sich der ewige Konflikt zwischen Erzeuger und Verbraucher zu. Die Bauern revoltierten gegen die Beschlagnahme ihrer Ernten.[27] Die Produktion ging zurück, da das Profitstreben durch die neuen Gesetze behindert wurde. Ein «schwarzer Markt» entwickelte sich, der Zahlungskräftige zu hohen Preisen versorgte. Märkte, die sich an die Preisverordnung hielten, wurden nicht mehr mit Korn und Brot beliefert. In den Städten brachen erneut Hungerrevolten aus.

Die Girondisten, aufs höchste aufgebracht über den vom Pariser Proletariat auf den Konvent ausgeübten Druck, appellierten an ihre Mittelklassewähler in den Provinzen, sie vor der Tyrannei des Pöbels zu retten. Vergniaud schrieb am 4. Mai 1793 an seine Wähler in Bordeaux: «Ich rufe Sie auf, uns zu verteidigen, solange es noch Zeit ist, rächen Sie die Freiheit und vernichten Sie die Tyrannen.»[28] Barbaroux schrieb ähnlich an seine Anhänger in Marseille. Dort und in Lyon verbündete sich die bürgerliche Minderheit mit früheren Adeligen, um ihre radikalen Bürgermeister zu verjagen.

Am 18. Mai erreichten die Girondisten beim Nationalkonvent die Einsetzung eines Komitees, das die Machenschaften der Pariser Kommune und ihrer Sektionen zur Beeinflussung der Gesetzgebung untersuchen sollte. Sämtliche Mitglieder dieses Komitees waren Girondisten. Am 24. Mai verfügte der Konvent die Verhaftung von Hébert und Varlet als Agitatoren. Sechzehn Sektionen der Kommune verlangten gemeinsam ihre Freilassung, was der Konvent ablehnte. Robespierre rief am 26. Mai im Jakobinerklub die Bürger zur Rebellion auf: «Wenn das Volk unterdrückt wird, wenn ihm kein Mittel mehr bleibt als die Selbsthilfe, riefe nur ein Feigling es nicht zur Erhebung auf. Wenn alle Gesetze verletzt werden, wenn der Despotismus seinen Höhepunkt erreicht hat, wenn Gutgläubigkeit und Anstand mit Füßen getreten werden, muß das Volk aufstehen. Dieser Augenblick ist gekommen».[29] Am 27. Mai verlangte Marat im Konvent die Auflösung des Komitees, das «der Freiheit feindlich ist und einen Aufstand des Volkes provozieren wird, der ohnehin nicht mehr fern ist, dank der Gleichgültigkeit, mit der Sie es zugelassen haben, daß die Preise der Grundnahrungsmittel eine exzessive Höhe erreicht haben». In der Nacht brachte die Bergpartei ein Gesetz über die Auflösung des Komitees durch; die Verhafteten wurden freigelassen. Am 28. Mai jedoch setzten die Girondisten in einer Abstimmung mit 279 zu 238 Stimmen das Komitee wieder ein. Am 30. Mai stimmte Danton mit Robespierre und Marat in den Ruf nach «revolutionärer Aktivität» ein.

Am 31. Mai läuteten die Sektionen die Sturmglocke zum Aufstand der Bürger. Bei einer Versammlung im Rathaus wählten diese einen Revolutionsrat und sicherten sich die Unterstützung der Nationalgarde unter ihrem radikalen Führer Hanriot. Unter deren Schutz und von einer wachsenden Menge begleitet, begab sich der neue Rat in den Saal des Konvents und verlangte Anklageerhebung gegen die Girondisten vor dem Revolutionstribunal. Weiterhin solle der Brotpreis in ganz Frankreich auf drei Sous pro Pfund festgesetzt werden. Dafür notwendige Subventionen müßten durch eine von den Reichen zu erhebende Sondersteuer aufgebracht werden. Außerdem müsse das Wahlrecht vorläufig den Sansculotten vorbehalten bleiben.[30] Der Konvent stimmte lediglich einer zweiten Auflösung des verhaßten Komitees zu. Die streitenden Parteien zogen sich zur Nacht zurück.

Am 1. Juni zum Konvent zurückgekehrt, verlangte der Rat die Verhaftung Rolands, den die Sansculotten mit bürgerlichen Interessen identifizierten. Er entkam zu Freunden in den Süden. Madame Roland blieb zurück, da sie ihn vor dem Konvent verteidigen wollte. Sie wurde verhaftet und im Abbaye-Gefängnis eingesperrt; sie sah ihren Gatten niemals wieder. Am 2. Juni schloß eine Menge von 80 000 Männern und Frauen, viele davon bewaffnet, das Gebäude des Nationalkonvents ein, und die Garde richtete ihre Geschütze auf das Haus. Der Rat teilte den Deputierten mit, man werde keinem von ihnen gestatten, sich zu entfernen, ehe nicht alle Forderungen erfüllt seien. Marat bestieg die Rednerbühne und rief die Namen der Girondisten auf, deren Verhaftung er empfahl. Einigen gelang es, der Garde und dem Pöbel zu entkommen und in die Provinz zu fliehen. Zweiundzwanzig wurden in Paris unter Hausarrest gestellt. Von diesem Tage an bis zum 26. Juli 1794 sollte der Nationalkonvent der gehorsame Diener der Bergpartei, des Wohlfahrtsausschusses und des Volkes von Paris sein. Die Zweite Revolution hatte über die Bourgeoisie gesiegt und – vorläufig – die Diktatur des Proletariats errichtet.

Die Sieger gaben der neuen Ordnung Gestalt, indem sie Hérault de Séchelles und Saint-Just mit der Formulierung der neuen Verfassung beauftragten, die am 11. Oktober 1792 beschlossen worden war. Sie bestätigte das Erwachsenenstimmrecht für Männer und fügte das Recht jedes Bürgers auf Versorgung, Erziehung und Widerstand hinzu. Das Recht auf Privateigentum wurde durch Berücksichtigung des öffentlichen Interesses eingeschränkt. Sie proklamierte freie Religionsausübung, anerkannte gnädigerweise ein Höchstes Wesen und erklärte die Moral zum unverzichtbaren Glaubensbekenntnis der Gesellschaft. Carlyle, dem Demokratie ein Greuel war, nannte sie «die demokratischste Verfassung, die jemals zu Papier gebracht wurde».[31] Sie wurde am 24. Juni 1793 vom Konvent angenommen und durch das Votum eines Viertels der Wählerschaft mit 1 801 918 zu 11 610 Stimmen ratifiziert. Diese Verfassung stand aber lediglich auf dem Papier, denn schon am 10. Juli setzte der Konvent den Wohlfahrtsausschuß wieder als herrschende Macht – über jeder Verfassung stehend – ein, so lange, bis der Friede wiederhergestellt sei.

III. MARATS ABGANG: 13. JULI 1793

Drei der geflüchteten Girondisten – Pétion, Barbaroux und Buzot – fanden Zuflucht in Caen, einem nördlichen Stützpunkt der «föderalistischen» Reaktion gegen die Herrschaft von Paris über die nationale Regierung. Sie hielten Reden, prangerten die Sansculotten und insbesondere Marat an und planten die Aufstellung einer Armee zum Marsch auf die Hauptstadt.

Charlotte Corday gehörte zu ihren eifrigsten Zuhörern. Der Dramatiker Pierre Corneille zählte zu ihren Vorfahren, sie entstammte einer adeligen, verarmten, streng royalistischen Familie. Sie wurde im Kloster erzogen und diente zwei Jahre als Nonne. Irgendwie fand sie Gelegenheit, Plutarch, Rousseau, sogar Voltaire zu lesen. Sie verlor ihren Glauben und begeisterte sich für die Helden des alten Rom. Sie war erschüttert über die Nachricht von der Guillotinierung des Königs und heftig empört über die Drohungen Marats gegen die Girondisten. Am 20. Juni 1793 besuchte sie Barbaroux, der damals sechsundzwanzig Jahre alt war und so blendend aussah, daß Madame Roland ihn mit des Kaisers Hadrian Liebling, dem göttlichen Antinous, verglichen hatte. Charlotte stand kurz vor ihrem fünfundzwanzigsten Geburtstag, doch sie hatte anderes im Sinn als Liebe. Alles, worum sie bat, war ein Empfehlungsbrief an einen Deputierten, der ihr Zugang zu einer Sitzung des Konvents verschaffen könne. Barbaroux gab ihr einige Zeilen an Lauze Duperret. Am 9. Juli reiste sie mit der Postkutsche nach Paris. Am 11. Juli dort angekommen, kaufte sie ein Küchenmesser mit einer fünfzehn Zentimeter langen Klinge. Sie plante, den Sitzungssaal des Konvents zu betreten und Marat in seinem Stuhl zu erstechen, doch sie erfuhr, daß er krank und zu Hause sei. Sie fand seine Adresse heraus, ging zu seiner Wohnung, wurde aber nicht eingelassen. Monsieur war im Bad. Sie kehrte in ihr Zimmer zurück.

Marats bevorzugtes Schreibpult war jetzt das Bad. Seine Krankheit, offenbar eine Form der Skrofulose, hatte sich verschlimmert. Er fand Linderung seiner Leiden, wenn er bis zur Taille in warmem Wasser saß, dem Salze und Medikamente beigemischt waren. Ein feuchtes Handtuch lag um seine Schultern und um den Kopf trug er ein buntes essiggetränktes Taschentuch gebunden. Auf einem über die Wanne gelegten Brett hatte er Papier, Feder und Tinte, und dort schrieb er Tag um Tag die Artikel für seine Zeitung.[32] Seine Schwester Albertine sorgte für ihn und – seit

1790 – Simone Évrard, die als seine Magd begonnen hatte und mit der er seit 1792 in wilder Ehe zusammenlebte. Er heiratete sie ohne den Segen der Kirche «im Angesicht des Höchsten Wesens,... im unermeßlichen Tempel der Natur».[33]

In ihrem Zimmer schrieb Charlotte einen Brief an Marat mit der Bitte, sie zu empfangen. «Ich komme aus Caen. Sie, der Sie unser Volk lieben, werden interessiert sein, von den Komplotten zu erfahren, die dort geschmiedet werden. Ich erwarte Ihre Antwort».[34] Sie konnte nicht warten. Am Abend des 13. Juli klopfte sie wieder an seine Haustüre. Wieder wurde ihr der Eintritt verweigert, doch Marat, der ihre Stimme hörte, rief, man solle sie einlassen. Er empfing sie höflich und bot ihr einen Stuhl an. Sie setzte sich ganz nahe zu ihm. «Was ist los in Caen?» fragte er (oder so schilderte sie später ihre seltsame Unterhaltung). «Achtzehn Deputierte des Konvents», antwortete sie, «herrschen dort im geheimen Einverständnis mit den Beamten des Departements». «Wie sind ihre Namen?» Sie nannte sie. Er schrieb sie nieder und fällte gleich das Urteil. «Sie werden bald guillotiniert sein.» In diesem Augenblick zog sie ihr Messer heraus und rannte es mit solcher Gewalt in seine Brust, daß es die Aorta durchtrennte. Blut spritzte aus der Wunde. Er schrie nach Simone, «*a moi, ma chere amie, a moi!* – Zu mir, meine liebe Freundin, zu mir!» Simone kam, und er starb in ihren Armen. Charlotte, die aus dem Raum stürzte, wurde von einem Mann aufgehalten, der sie mit einem Stuhl niederschlug. Die Polizei wurde gerufen und führte sie ab. «Ich habe meine Pflicht getan», sagte sie, «nun sollen sie die ihrige tun».[35]

Marat muß einige gute Eigenschaften gehabt haben, die ihn die vereinte Liebe zweier rivalisierender Frauen gewinnen ließen. Seine Schwester verbrachte die ihr verbleibenden Jahre damit, sein Andenken zu glorifizieren. Früher einmal ein erfolgreicher Arzt, hinterließ er bei seinem Tode nichts als ein paar wissenschaftliche Manuskripte und fünfundzwanzig Sous.[36] Er war ein Fanatiker gewesen, aber ein Mann, der den von Natur und Geschichte vergessenen Massen hingebungsvoll ergeben war. Der Cordeliers-Klub bewahrte sein Herz als geheiligte Relique auf, und Tausende kamen, um es mit «atemloser Verehrung» zu sehen.[37] Am 16. Juli folgten alle übrig gebliebenen Deputierten und viele Männer und Frauen aus den revolutionären Sektionen seiner Leiche zur Beerdigung in den Gärten der Cordeliers. Seine Statue aus Davids Hand wurde in der Halle des Nationalkonvents aufgestellt. Am 21. September 1794 wurden seine sterblichen Überreste ins Pantheon überführt.

Charlottes Prozeß war kurz. Sie stand zu ihrer Tat, erkannte aber keine Schuld an. Sie erklärte, sie habe lediglich die Opfer der Septembermorde und andere Objekte von Marats Wut gerächt. «Ich tötete einen Mann, um hunderttausend zu retten.»[38] In einem Brief an Barbaroux erklärte sie freimütig: «Das Ziel heiligt die Mittel».[39] Ein paar Stunden nach ihrer Verurteilung wurde sie auf der Place de la Révolution hingerichtet. Sie nahm stolz die Verwünschungen der Zuschauermenge entgegen und wies einen Priester zurück.[40] Sie starb, ohne sich darüber im klaren zu sein, wie unheilvoll sich ihre Tat für die Girondisten auswirken würde, denen sie zu dienen geglaubt hatte. Vergniaud, der Sprecher der Girondisten, erkannte dies, aber er vergab ihr: «Sie hat uns den Tod gebracht, doch sie hat uns gezeigt, wie man stirbt.»[41]

IV. DER WOHLFAHRTSAUSSCHUSS: 1793

Der Nationalkonvent hatte sich das Recht vorbehalten, die Mitgliedschaft im Wohlfahrtsausschuß monatlich zu überprüfen. Am 10. Juli berief er Danton ab, nachdem sich seine auswärtige wie auch seine innere Friedenspolitik als Fehlschläge erwiesen hatten. Am 25. Juli, gleichsam um seine fortdauernde Hochschätzung zu beweisen, wählte er ihn zum Präsidenten für den üblichen Zwei-Wochen-Turnus. Seine erste Frau war im Februar gestorben und hatte ihn mit zwei kleinen Kindern zurückgelassen. Am 17. Juni hatte er ein sechzehnjähriges Mädchen geheiratet. Am 10. Juli hatte er wieder ein Heim.

Robespierre wurde am 27. Juli in den Ausschuß entsandt. Danton hatte nie etwas für ihn übrig gehabt. «Dieser Mann», sagte er, «hat nicht genug Verstand, um ein Ei zu kochen».[42] Trotzdem drängte er am 1. August im Konvent darauf, den Wohlfahrtsausschuß mit absoluter Macht auszustatten. Vielleicht ist seine Desmoulins gegenüber getane Äußerung als nachträgliches Bedauern über diesen Vorschlag zu verstehen. Sie betrachteten zusammen einen Sonnenuntergang, der die Seine in Flammen setzte und Danton sagte: «Der Fluß führt Blut». Am 6. September wollte ihn der Konvent wieder für den Ausschuß nominieren, doch Danton lehnte ab.[43] Erschöpft und krank verließ er am 12. Oktober Paris und suchte in dem Haus Ruhe, das er in seiner Heimatstadt Arcis sur Aube im Marnetal gekauft hatte. Als er am 21. November zurückkehrte, war die Seine rot von Blut.

Im Laufe dieses Sommers nahm der Wohlfahrtsausschuß, auch «das Große Komitee» genannt, seine historische Form an. Er bestand jetzt aus zwölf Mitgliedern, die alle der Mittelklasse entstammten, lauter Männer mit guter Erziehung und gutem Einkommen, alle vertraut mit den *philosophes* und mit Rousseau. Acht waren Advokaten, zwei Ingenieure. Nur einer von ihnen, Collot d'Herbois, hatte jemals mit seinen Händen gearbeitet. Eine Diktatur des Proletariats ist niemals proletarisch. Hier die Namensliste:

1. Bertrand Barère, achtunddreißig, übernahm außer verschiedenen anderen Pflichten die Aufgabe, die vom Wohlfahrtsausschuß gefällten Entscheidungen dem Konvent vorzulegen und zu erläutern und sie durch Dekret bestätigen zu lassen. Liebenswürdig und überzeugend, verwandelte er Todesurteile in Rhetorik und Statistiken in Poesie. Von seinen Feinden überlebten ihn nur wenige, er stand politisch stets auf der richtigen Seite und erreichte ein Alter von sechsundachtzig Jahren, alt genug, um die Vergänglichkeit von Regierungen und Ideen zu erkennen.

2. Jean-Nicolas Billaud-Varenne, siebenunddreißig, behauptete, die katholische Kirche sei der gefährlichste Feind der Revolution und müsse ausgetilgt werden. Er

hielt engste Fühlung mit Sektionen und Kommune und verfolgte seine unnachgiebige Politik mit einer Halsstarrigkeit, die sogar seinen Ausschußkollegen Furcht einflößte. Er übernahm den Schriftverkehr und die Beziehungen zu den Provinzen, leitete den neuen Verwaltungsapparat und wurde für einige Zeit «das mächtigste Mitglied des Ausschusses».[44]

3. Lazare Carnot, vierzig, bereits als Mathematiker und Militäringenieur ausgezeichnet, übernahm den Oberbefehl über die französischen Armeen, entwarf Feldzüge, instruierte Generäle und lehrte sie Disziplin. Durch seine Fähigkeiten und seine Integrität erwarb er sich die allgemeine Achtung. Er allein von allen Ausschußmitgliedern genießt heute noch in ganz Frankreich Ansehen.

4. Jean-Marie Collot d'Herbois, dreiundvierzig. Ursprünglich Schauspieler, hatte er unter der Rechtsunfähigkeit zu leiden gehabt, die den Theaterberuf vor der Revolution bedrückte. Er vergab der Bourgeoisie nie, daß sie ihre Türen vor ihm verschloß, ebensowenig wie der Kirche, die ihn wegen seines Berufs als exkommuniziert betrachtete. Er wurde der Unnachsichtigste der Zwölf bei der Auseinandersetzung mit der «Kaufmannsaristokratie» und machte einmal den Vorschlag, als Sparmaßnahme die Pariser Gefängnisse – überfüllt mit Verdächtigen, Hamsterern und Profitgeiern – mit Minen in die Luft zu sprengen.

5. Georges Couthon, achtunddreißig, war als Folge einer Hirnhautentzündung gelähmt, so daß er in einem Stuhl getragen werden mußte. Er führte sein Leiden auf sexuelle Exzesse in seiner Jugend zurück, doch seine Frau betete ihn an. Er war ein Mann mit gütigem Herzen und eisernem Willen, der sich durch seine humane Verwaltung wichtiger Provinzen während der Schreckensherrschaft auszeichnete.

6. Marie-Jean Hérault de Séchelles, vierunddreißig, schien neben den anderen Ausschußmitgliedern fehl am Platze. Er war ein Edelmann der Robe, ein reicher Rechtsanwalt, bekannt für seine eleganten Manieren und seinen Voltaireschen Geist. Als er die Revolutionsflut unter sich steigen fühlte, beteiligte er sich am Sturm auf die Bastille, schrieb den Hauptteil der Verfassung von 1793 und diente als unerbittlicher Vollstrecker der Ausschußpolitik im Elsaß. Er führte ein komfortables Leben und hielt sich eine adlige Geliebte. Am 5. April 1794 fiel er der Guillotine zum Opfer.

7. Robert Lindet, siebenundvierzig, unterstand die Lebensmittelproduktion und -verteilung in einer zunehmend gelenkten Wirtschaft. Bei der Ernährung und Bekleidung der Armeen vollbrachte er logistische Wunder.

8. Claude-Antoine Prieur-Duvernois, genannt «Prieur de la Côte d'Or», dreißig, vollbrachte ähnliche Wunder bei der Versorgung der Truppen mit Munition und Material.

9. Pierre-Louis «Prieur de la Marne», siebenunddreißig, setzte seine wilde Energie ein, um die katholische und royalistische Bretagne für die Revolution zu gewinnen.

10. André-Jeanbon Saint-André, vierundvierzig, aus protestantischer Familie und Jesuitenzögling, war Kapitän eines Handelsschiffes und dann protestantischer Geist-

licher. Er übernahm den Oberbefehl über die französische Flotte in Brest und führte sie in einem Seegefecht mit einer britischen Flotte.

11. Louis-Antoine Saint-Just, sechsundzwanzig, der jüngste und merkwürdigste der Zwölf, war der größte Dogmatiker, unbezähmbar und empfindsam, das *enfant terrible* des Schreckens. In der Picardie von seiner verwitweten Mutter erzogen, bewundert und verwöhnt, entwickelte er sich zum vollkommenen Egozentriker, der keine Regel für sich gelten ließ. Er entwich unter Mitnahme des Silbers seiner Mutter nach Paris, wo er sich mit Prostituierten vergnügte[46], wurde festgenommen und kurze Zeit eingesperrt, studierte Rechtswissenschaft und schrieb ein erotisches Gedicht in zwanzig Gesängen, worin er Vergewaltigung, insbesondere von Nonnen, feierte und die Lust als göttliches Recht pries.[47] In der Revolution fand er zunächst eine offenbare Bestätigung seines Hedonismus, doch ihre Ideale inspirierten ihn, seine Individualität zu einer römischen *virtus* zu steigern, die alles aufopfern würde, um eben diese Ideale Wirklichkeit werden zu lassen.[48] Er wandelte sich vom Epikureer zum Stoiker, blieb aber Romantiker bis zum Ende. «Sollte der Tag kommen,» schrieb er, «der mich davon überzeugt, daß ich nicht im Stande bin, das französische Volk zu einer sanften, aber festen und vernünftigen Haltung zu führen, unbeugsam gegenüber Tyrannei und Unrecht, an diesem Tag werde ich mich erdolchen».[49] In *Institutions Républicaines* (1791) argumentierte er, die Konzentration des Reichtums mache die politische und gesetzliche Gleichheit und Freiheit zur Farce. Privater Wohlstand sei zu begrenzen und weit zu streuen. Die Regierung müsse sich auf bäuerliche Besitzer und unabhängige Handwerker stützen. Erziehung und Fürsorge seien Aufgabe des Staates. Gesetze solle es nur wenige geben, diese aber verständlich und kurz: «Lange Gesetze sind ein öffentliches Unglück.»[50] Nach Vollendung des fünften Lebensjahres sollten alle Knaben von Staats wegen in spartanischer Einfachheit erzogen werden, vegetarisch ernährt und für den Krieg ausgebildet. Demokratie ist gut, doch in Kriegszeiten sollte sie durch Diktatur ersetzt werden.[51] Am 10. Mai 1793 in den Wohlfahrtsausschuß gewählt, stürzte sich Saint-Just energisch in die Arbeit. Er wies Gerüchte, er habe sich eine Geliebte zugelegt, mit der Bemerkung zurück, er sei zu beschäftigt für derartige Vergnügungen. Aus dem eigenwilligen und leicht erregbaren jungen Mann wurde ein strenger Vorgesetzter, ein fähiger Organisator, ein furchtloser und siegreicher General. Im Triumph nach Paris zurückgekehrt, wurde er zum Präsidenten des Nationalkonvents gewählt (19. Februar 1794). Stolz und selbstsicher, anderen gegenüber hochfahrend, anerkannte er demütig die Führerschaft Robespierres, verteidigte ihn in seiner Niederlage und begleitete ihn – sechsundzwanzig Jahre und elf Monate alt – in den Tod.

12. Robespierre ersetzte Danton nicht völlig als führender Kopf der Zwölf. Carnot, Billaud und Collot waren zu hart, um sich lenken zu lassen. Robespierre wurde niemals Diktator. Er wirkte lieber durch geduldige Beobachtung und verschlagene Taktik als durch klare Befehle. Er pflegte seine Popularität bei den Sansculotten, indem er schlicht unter dem einfachen Volk lebte, sich für die Massen

einsetzte und ihre Interessen verteidigte. Am 4. April 1793 hatte er dem Konvent einen «Vorschlag für eine Deklaration der Menschen und Bürgerrechte» vorgelegt:

> Die Gesellschaft ist verpflichtet, Vorsorge für den Unterhalt aller ihrer Mitglieder zu tragen, sei es durch Arbeitsbeschaffung oder durch Sicherung des Unterhalts derjenigen, die nicht zur Arbeit fähig sind ... Hilfeleistung für jedermann, der Mangel an unentbehrlichen Lebensbedürfnissen leidet, ist unabdingbare Pflicht eines jeden, der mehr als genug besitzt ... Widerstand gegen Unterdrückung von gesetzlichen Prozeduren abhängig zu machen, ist die letzte Verfeinerung der Tyrannei ... Jede Einrichtung, die nicht davon ausgeht, daß das Volk gut ist, die Behörden aber bestechlich, ist schädlich ... Die Menschen aller Länder sind Brüder.[52]

Alles in allem waren diese zwölf Männer nicht bloße Mörder, wie eine oberflächliche Betrachtung sie nennen könnte. Es ist wahr, daß sie sich zu bereitwillig die Tradition der Gewalttätigkeit zu eigen machten, die aus den Religionskriegen und dem Massaker der Bartholomäusnacht (1572) überkommen war. Die meisten von ihnen lernten, ihre Feinde ohne Skrupel zu exekutieren, manchmal mit moralischer Genugtuung, doch sie beriefen sich auf kriegsbedingten Notstand. Sie waren selbst manchen Unfällen ausgesetzt; jeder von ihnen konnte unter Anklage gestellt, abgesetzt und auf die Guillotine geschickt werden; einige endeten auf diese Weise. Jeden Augenblick mußten sie mit einer Rebellion des Pariser Pöbels, der Nationalgarde oder eines ehrgeizigen Generals rechnen. Jede größere Niederlage an der Front oder in einer aufständischen Provinz konnte ihren Sturz bedeuten. Unterdessen waren sie Tag und Nacht mit ihren verschiedenen Aufgaben beschäftigt. Von acht Uhr morgens bis Mittag in ihren Büros oder Unterausschüssen. Von ein Uhr bis vier Uhr nachmittags in Sitzungen des Konvents. Von acht Uhr bis zum späten Abend bei Beratungen oder Diskussionen um den grünen Tisch in ihrem Konferenzraum. Als sie die Macht übernahmen, war Frankreich durch Bürgerkriege zerrissen: In Lyon erhob der Kapitalismus sein Haupt, girondistische Aufstände tobten im Süden, katholische und royalistische Revolten im Westen. Im Nordosten, Osten und Südwesten war Frankreich durch fremde Heere bedroht, es erlitt Niederlagen zu Lande und zur See, und seine sämtlichen Häfen waren blockiert. Als der Wohlfahrtsausschuß stürzte, war Frankreich durch Diktatur und Terror zur politischen Einheit geschmiedet worden. Eine neue Generation junger Generäle, von Carnot und Saint-Just ausgebildet und verschiedentlich in die Schlacht geführt, hatte den Feind nach entscheidenden Siegen zurückgeworfen und Frankreich – allein gegen fast ganz Europa – hatte sich wiedererhoben, triumphierend über alle außer sich selbst.

V. DIE SCHRECKENSHERRSCHAFT:
17. SEPTEMBER 1793 BIS 28. JULI 1794

1. Die Götter dürsten

Die Schreckensherrschaft entsprang einer sich von Zeit zu Zeit wiederholenden bösartigen Stimmung im Volk; der Begriff bezeichnet aber auch einen ganz bestimmten

Zeitabschnitt. Dieser muß strenggenommen vom Gesetz über die Verdächtigen vom 17. September 1793 bis zu Robespierres Hinrichtung am 28. Juli 1794 datiert werden. Andererseits hatte es die Schrecken der Septembermorde des Jahres 1792 gegeben; im Mai 1795 sollte ein «Weißer Terror» folgen; eine weitere Schreckenszeit sollte nach dem Sturz Napoleons kommen.

Die Ursachen der berüchtigten Schreckensherrschaft waren Gefahr von außen und Chaos im Innern, die zu Panik und Tumult in der Öffentlichkeit führten und das Kriegsrecht erzwangen. Die Erste Koalition hatte Mainz wiedereingenommen (23. Juli), war im Elsaß einmarschiert und stand bereits in Valenciennes, hundert Meilen vor Paris. Spanische Truppen hatten Perpignan und Bayonne eingenommen. Die französischen Armeen waren in Unordnung, die französischen Generäle ignorierten die Befehle ihrer Regierung. Am 29. August lieferten französische Royalisten den Briten eine französische Flotte sowie die wichtige Marinebasis und das Arsenal von Toulon aus. Britannien beherrschte die Meere und konnte sich in aller Ruhe französische Kolonien in drei Kontinenten aneignen. Die siegreichen Alliierten diskutierten die Zerstückelung Frankreichs und setzten bei ihrem Vormarsch feudale Vorrechte wieder in Kraft.[53]

Im Inneren schien die Revolution auseinanderzufallen. Die Vendée brannte in konterrevolutionärer Begeisterung; katholische Aufständische hatten die Regierungstruppen bei Vihiers besiegt (18. Juli). Die Aristokraten – im Lande oder in der Emigration – planten zuversichtlich die Restauration. Lyon, Bourges, Nîmes, Marseille, Bordeaux, Nantes und Brest wurden von der aufständischen Gironde beherrscht. Zwischen reich und arm begann der Klassenkampf.

Die Wirtschaft selbst wurde zum Schlachtfeld. Die am 4. Mai und 29. September eingeführten Preiskontrollen wurden durch die Findigkeit der Habsüchtigen umgangen. Die arme Stadtbevölkerung war für das Maximumgesetz, Bauern und Kaufleute waren dagegen und weigerten sich in zunehmendem Maße, die preisgebundenen Nahrungsmittel anzubauen oder zu verteilen. Die städtischen Läden, die immer geringere Lieferungen von Märkten oder Feldern erhielten, konnten nur noch die ersten in den Schlangen bedienen, die sich täglich vor ihren Türen bildeten. Angst vor Hungersnot breitete sich in Paris und anderen Städten aus. In Paris, Senlis, Amiens und Rouen war der Pöbel nicht weit davon entfernt, die Regierung aus Protest gegen die Lebensmittelknappheit zu stürzen. Am 25. Juni führte Jacques Roux seine Bande der Enragés zum Konvent und verlangte, daß alle Schieber – zu denen er auch einige Deputierte rechnete – verhaftet und gezwungen werden sollten, ihren neuen Reichtum herauszugeben.

Ihre Demokratie ist keine, denn sie erlauben die Anhäufung von Reichtum. Es sind die Reichen, die in den vergangenen vier Jahren die Früchte der Revolution geerntet haben. Die Kaufmannsaristokratie ist es, die uns viel schlimmer unterdrückt als der Adel. Wir sehen kein Ende ihrer Erpressungen, die Preise der Güter steigen in alarmierendem Maße. Es wird Zeit, daß der Kampf auf Leben und Tod zwischen den Schiebern und der Arbeiterbevölkerung beendet wird ... Sind die Besitztümer von Schurken heiliger als das menschliche Leben? Die lebensnotwendigen Güter müssen den Verwaltungsbehörden zur Verteilung zur

Verfügung stehen, geradeso, wie sie über die Streitkräfte verfügen. (Es würde nicht genügen, eine Umlage von den Reichen zu erheben, solange das System nicht geändert wird, denn) der Kapitalist und der Kaufmann werden am nächsten Tag schon die gleiche Summe von den Sansculotten wieder eintreiben … wenn die Monopole und die Macht zur Erpressung nicht vernichtet werden.[54]

In kaum weniger kommunistischen Redewendungen beschuldigte Jacques Hébert die Bourgeoisie des Verrats an der Revolution und forderte die Arbeiter auf, einer gleichgültigen oder feigen Regierung die Macht zu entreißen. Am 30. August sprach ein Deputierter das magische Wort aus: Laßt den Terror unsere Tagesordnung sein.[55] Am 5. September marschierte eine aus den Sektionen zusammengeströmte Menge unter den Rufen «Kampf den Tyrannen, Hamsterern und Aristokraten» zum Hauptquartier der Kommune im Rathaus. Der Bürgermeister Jean Guillaume Pache und der Stadtkämmerer Pierre Chaumette begaben sich mit einer Delegation in den Konvent und brachten ihre Forderung vor, eine Revolutionsarmee mit einer transportablen Guillotine durch Frankreich zu schicken, alle Girondisten zu verhaften und jeden Bauern zu zwingen, seine gehorteten Vorräte herauszugeben, andernfalls er auf der Stelle hinzurichten sei.[56] In dieser Atmosphäre drohender ausländischer Invasion und einer Revolution innerhalb der Revolution stellte der Wohlfahrtsausschuß die Armeen auf und führte sie zum Sieg für Frankreich, während die Maschinerie des Schreckens aus einer zerrissenen Nation eine Einheit schmiedete. Am 23. August dekretierte der Nationalkonvent auf Grund kühner Pläne, die Carnot und Barère vorgelegt hatten, eine Levée en masse (Masseneinberufung), die in der französischen Geschichte ohne Beispiel ist:

> Von heute an bis zu dem Augenblick, in dem die Feinde vom Territorium der Republik verjagt sein werden, unterliegen alle Franzosen der Einberufung zum Heeresdienst. Die jungen Männer gehen an die Front, die verheirateten Männer schmieden Waffen und übernehmen den Verpflegungstransport; die Frauen nähen Zelte und Uniformen und tun in den Hospitälern Dienst …, die alten Männer sollen sich zu öffentlichen Plätzen tragen lassen, um den Mut der Soldaten anzufeuern, den Haß gegen die Könige zu predigen und ihnen die Einheit der Republik einzuschärfen.

Alle unverheirateten Männer zwischen achtzehn und fünfundzwanzig wurden zu Bataillonen eingezogen, die Fahnen mit der Aufschrift führten: «*Le peuple français debout contre les tyrants!*» (Das französische Volk erhebt sich gegen die Tyrannen!).

In kurzer Zeit hatte sich Paris in eine lärmende Waffenfabrik verwandelt. In den Gärten der Tuilerien und des Luxembourg waren zahllose Werkstätten errichtet worden, die neben anderem Kriegsmaterial 650 Musketen täglich produzierten. Es gab keine Arbeitslosigkeit mehr. Waffen in Privatbesitz, Metalle, nicht benötigte Kleidung wurden requiriert, Tausende von Fabrikationsstätten wurden in Staatsregie übernommen. Das Kapital wurde ebenso wie die Arbeitskraft zwangsverpflichtet; aus den Gutsituierten preßte der Staat eine Anleihe von einer Milliarde Livres heraus. Den Unternehmern wurde vorgeschrieben, was sie zu produzieren hätten; die Preise setzte der Staat fest. Frankreich wurde über Nacht ein totalitärer Staat. Kupfer, Eisen, Salpeter, Pottasche, Soda, Schwefel, die früher zum Teil importiert wurden, mußten nun im Lande gewonnen werden, in einem Frankreich, dessen sämtliche Grenzen und Häfen blockiert waren. Zum Glück hatte der große Chemiker Lavoisier (der bald der Guillotine zum Opfer fallen sollte) im Jahre 1775 die Qualität des Schießpulvers verbessert und die Produktion gesteigert. Die französischen Armeen verfügten über besseres Schießpulver als ihre Gegner. Wissenschaftler wie Monge, Berthollet und Fourcroy wurden beauftragt, neue Quellen für notwendige Rohstoffe zu erschließen oder Ersatzstoffe zu erfinden. Diese Männer waren damals auf ihren Fachgebieten führend und leisteten ihrem Land gute Dienste.

Bis Ende September hatte Frankreich 500 000 Mann unter Waffen. Ihre Ausrüstung war noch unzureichend, ihre Disziplin schlecht, ihr Kampfgeist gering; nur Heilige können sich für den Tod begeistern. Nun wurde zum ersten Mal die Propaganda zum Staatsunternehmen, fast zum Staatsmonopol. Der Kriegsminister Jean Baptiste Bourchotte bezahlte Zeitungen dafür, die Sache der Nation darzustellen und veranlaßte, daß diese Zeitungen in den Armeelagern zirkulierten, wo es sonst wenig zu lesen gab. Mitglieder oder Abgesandte des Wohlfahrtsausschusses begaben sich an die Front, um die Soldaten mit zündenden Ansprachen anzufeuern und gleichzeitig ein Auge auf die Generäle zu haben. Beim ersten bedeutenden Treffen des neuen Feldzugs – bei Hondschoote vom 6. bis 8. September gegen britische und österreichische Truppen – war es Debrel, ein Ausschußkommissar, der eine Niederlage in einen Sieg verwandelte, nachdem General Houchard den Rückzug befehlen wollte. Für diesen und andere Fehler wurde der alte Soldat am 14. November 1793 guillotiniert. Zweiundzwanzig andere Generäle, fast alle dem Ancien Régime entstammend, wurden wegen grober Fehler, wegen Nachlässigkeit oder Nichtbeachtung von Befehlen des Ausschusses eingekerkert. Jüngere Männer, während der Revolution aufgestiegen, traten an ihre Stelle, Männer wie Hoche, Pichegru, Jourdan oder Moreau, der sich Carnots Taktik des beständigen Angriffs zu eigen machte. Bei Wattignies, wo am 16. Oktober 50 000 französische Rekruten 65 000 Österreichern gegenüberstanden, schulterte der vierzigjährige Carnot eine Muskete und marschierte mit Jourdans Männern in den Kampf. Der Sieg brachte keine Entscheidung, doch er hob die Moral der Revolutionsarmeen und stärkte die Autorität des Wohlfahrtsausschusses.

Am 17. September verabschiedete der gehorsame Konvent das Gesetz gegen die Verdächtigen, das den Wohlfahrtsausschuß oder seine Beauftragten ermächtigte, ohne Warnung jeden zurückgekehrten Emigranten, jeden Verwandten eines Emigranten, jeden vom Dienst suspendierten und nicht wieder eingesetzten Beamten, überhaupt jeden, der irgendwie seine Gegnerschaft gegen die Revolution oder den Krieg zu erkennen gegeben hatte, zu verhaften. Es war ein grausames Gesetz, das alle – außer den anerkannten Revolutionären, daher fast alle Katholiken und Bürgerlichen – zwang, in ständiger Angst vor Verhaftung, ja vor dem Tod zu leben. Der Ausschuß rechtfertigte dies mit der Notwendigkeit, in einem Krieg um das Überleben der Nation zumindest nach außen die Einigkeit aufrechtzuerhalten. Einzelne Emigranten stimmten mit den Zwölf darin überein, daß Furcht und Schrecken in kritischen Situationen legitime Instrumente der Herrschaft seien. Der Comte de Montmorin, früherer Außenminister unter Ludwig XVI., schrieb 1792: «Ich halte es für notwendig, die

Pariser durch Terror zu züchtigen.» Der Comte de Flachslander argumentierte, der
französische Widerstand gegen die Alliierten würde «andauern, bis der Konvent massakriert worden ist». Ein Sekretär des Königs von Preußen sagte über die Emigranten:
«Ihre Sprache ist entsetzlich. Wenn wir bereit wären, ihre Mitbürger ihrer Rache zu
überliefern, würde Frankreich bald nur noch ein riesiger Friedhof sein.»[57]

Im Falle der Königin sah sich der Nationalkonvent vor die Wahl zwischen Terror
und Erbarmen gestellt. Sah man von ihren früheren Extravaganzen, ihrer Einmischung
in Staatsangelegenheiten und ihrem Abscheu vor dem Pariser Pöbel (Vergehen, die
wohl kaum die Strafe der Hinrichtung verdienten) ab, so gab es doch keinen Zweifel,
daß sie mit Emigranten und fremden Mächten in Verbindung gestanden hatte im
Bestreben, der Revolution Einhalt zu gebieten und die traditionelle Macht der französischen Monarchie wiederherzustellen. Bei diesen Unternehmungen hatte sie das
menschliche Recht der Selbstverteidigung für sich in Anspruch genommen. Ihre
Ankläger vertraten den Standpunkt, sie habe von den gewählten Abgeordneten der
Nation erlassene Gesetze verletzt und sich des Verrats schuldig gemacht. Offensichtlich
hatte sie den Feinden Frankreichs die geheimen Beratungen des Kronrats enthüllt bis zu
den Feldzugsplänen der Revolutionsarmeen.

Sie hatte Ludwig XVI. vier Kinder geboren: eine Tochter, Marie Thérèse, jetzt fünfzehn, einen Sohn, der als kleines Kind gestorben war, einen zweiten Sohn, der 1789
gestorben war, und einen dritten Sohn, Louis Charles, jetzt acht, den sie als Ludwig XVII. betrachtete. Zusammen mit ihrer Tochter und ihrer Schwägerin Élisabeth
mußte sie mit Angst und dann mit Verzweiflung mitansehen, wie die andauernde
Gefangenschaft Gesundheit und Geist des Knaben zerstörte. Im März 1793 wurde ihr
ein Fluchtplan unterbreitet, den sie aber zurückwies, weil sie ihre Kinder hätte zu-
rücklassen müssen.[58] Die Regierung erfuhr von dem aufgegebenen Komplott, trennte
den Dauphin trotz ihrer Proteste von seiner Mutter und hielt ihn von seinen Angehörigen isoliert. Am 2. August 1793, nach einjähriger Gefangenschaft im Temple, wurden
die Königin, ihre Tochter und ihre Schwägerin in einen Raum in der Conciergerie
gebracht, jenen Teil des Justizpalastes, den früher der Verwalter des Gebäudes
bewohnt hatte. Hier wurde die «Witwe Capet», wie sie genannt wurde, freundlicher
behandelt als vorher, sie erhielt sogar die Erlaubnis, einen Priester kommen und in
ihrem Zimmer Messen lesen zu lassen. Gegen Ende dieses Monats stimmte sie einem
neuen Fluchtplan zu. Er schlug fehl, und sie wurde nun in einen anderen Raum gebracht
und künftig strenger bewacht.

Am 2. September trat der Wohlfahrtsausschuß zusammen, um über ihr Schicksal zu
entscheiden. Einige Mitglieder waren dafür, sie als Faustpfand am Leben zu lassen, um
sei Österreich im Austausch für einen annehmbaren Frieden zu übergeben. Barère und
Saint-André sprachen sich für die Hinrichtung aus, um die Unterzeichner des Urteils
durch ein blutiges Band aneinander zu binden. Hébert von der Kommune erklärte den
Zwölf: «Ich habe in Ihrem Namen den Sansculotten Antoinettes Kopf versprochen, den
sie verlangen. Ohne ihre Unterstützung würden Sie selbst nicht mehr existieren... Ich
werde hingehen und ihn selbst abschneiden, wenn ich noch länger warten muß.[59]

Am 12. Oktober wurde die Königin einem langen Vorverhör unterzogen. Am 14. und 15. Oktober wurde vor dem Revolutionstribunal gegen sie verhandelt, mit Fouquier-Tinville als Hauptankläger. Das Verhör dauerte am ersten Tag von acht Uhr morgens bis vier Uhr nachmittags und von fünf Uhr nachmittags bis elf Uhr abends; am zweiten Tag von neun Uhr morgens bis drei Uhr nachmittags. Sie wurde beschuldigt, Millionen Francs aus dem französischen Staatsschatz an ihren Bruder Joseph II. von Österreich transferiert und fremde Truppen zur Invasion Frankreichs aufgefordert zu haben. Außerdem wurde als erwiesen vorgebracht, sie habe versucht, ihren Sohn sexuell zu «verderben». Nur die letzte Anklage ließ sie die Fassung verlieren. Sie erwiderte, «die Natur verbietet es, auf eine derartige Anklage gegen eine Mutter zu antworten. Ich wende mich an alle Mütter hier im Saal». Das Auditorium war bewegt vom Anblick dieser Frau, deren jugendliche Schönheit und Fröhlichkeit in ganz Europa Gesprächsstoff gewesen waren und die nun mit achtunddreißig Jahren weißhaarig um ihren Gatten trauerte. Sie kämpfte mit Mut und Würde um ihr Leben gegen Männer, die offenbar entschlossen waren, ihre Haltung durch eine für Körper wie Seele gleich unerträgliche Zerreißprobe zu brechen. Als es vorbei war, war sie blind vor Müdigkeit und mußte in ihre Zelle zurückgeführt werden. Dort eröffnete man ihr, daß das Urteil auf Tod laute.

Nun, in Einzelhaft, schrieb sie einen Abschiedsbrief an Madame Élisabeth, worin sie ihre Schwägerin bat, ihrem Sohn und ihrer Tochter die Anweisungen zu übermitteln, die der König für sie hinterlassen hatte. «Mein Sohn», schrieb sie, «soll niemals die letzten Worte seines Vaters vergessen, die ich ihm ausdrücklich wiederhole: ‹trachte nie danach, meinen Tod zu rächen›.»[60] Der Brief erreichte Madame Élisabeth nicht: Er wurde von Fouquier-Tinville abgefangen, der ihn an Robespierre weitergab, unter dessen Geheimpapieren er nach seinem Tod gefunden wurde. Am Morgen des 16. Oktober 1793 kam der Henker, Henri Sanson, in ihre Zelle, band ihr die Hände auf den Rücken und schnitt ihr das Haar im Nacken ab. Auf einem Karren wurde sie durch von Soldaten gesäumte Straßen vorbei an feindseligen, Schmähworte rufenden Menschenmassen zur Place de la Révolution gefahren. Gegen die Mittagsstunde zeigte Sanson der Menge den abgeschlagenen Kopf.

Nachdem das Revolutionstribunal in Fahrt gekommen war, fällte es pro Tag sieben Todesurteile.[61] Alle erreichbaren Aristokraten wurden ergriffen und viele von ihnen hingerichtet. Den 21 Girondisten, die seit dem 2. Juni in Haft waren, wurde am 24. Oktober der Prozeß gemacht. Vergniauds und Brissots Beredsamkeit rettete sie nicht. Auf sie alle wartete ein schneller und früher Tod. Einer von ihnen, Valazé, erdolchte sich, als er aus dem Gerichtssaal geführt wurde. Sein Leichnam wurde mit den Verurteilten zum Schafott gekarrt und ebenfalls unter das erbarmungslose Fallbeil gelegt. «Die Revolution», sagte Vergniaud, «ist wie Saturn, sie verschlingt ihre eigenen Kinder».[62]

Man kann sich vorstellen, wieviel Zorn und Angst diese Ereignisse in Manon Roland geweckt haben müssen. Sie erwartete ihr Schicksal in der Conciergerie, die zum Vorhof der Guillotine geworden war. Ihre Gefangenschaft war durch einige Annehmlichkeiten erleichtert worden. Freunde brachten ihr Bücher und Blumen, in ihrer Zelle sammelte sie eine kleine Bücherei rund um Plutarch und Tacitus. Zur besseren Ablenkung vertiefte sie sich in die Abfassung ihrer Erinnerungen, die sie *Appel à l'impartiale postérité* überschrieb, als ob die Nachwelt nicht auch parteilich sein würde. Bei der Beschreibung ihrer Jugend machte die Erinnerung an *tempi felici* ihre Betrachtung der Gegenwart noch bitterer. So schrieb sie am 28. August 1793:

> Ich fühle, daß meine Entschlossenheit, diese Erinnerungen zu schreiben, im Schwinden ist. Das Elend meines Landes quält mich, unwillkürliche Schwermut verdüstert meine Seele und trübt meine Vorstellungskraft. Frankreich ist ein ungeheures Schlachthaus geworden, eine Arena des Schreckens, in der seine Kinder einander zerreißen und vernichten ... Niemals wird die Geschichte diese grauenhaften Zeiten schildern können, noch die Ungeheuer, die sie mit ihrer Barbarei erfüllen ... Ist ein Rom oder Babylon jemals Paris gleichgekommen?[63]

In der Voraussicht, daß sie bald an die Reihe kommen würde, schrieb sie in ihr Manuskript ein Wort des Abschieds für ihren Gatten und ihren Liebsten, die beide bislang den für sie aufgestellten Fallen entkommen waren:

> Oh meine Freunde, möge ein gnädiges Schicksal Euch in die Vereinigten Staaten führen, in das einzige Asyl der Freiheit*... Und Du, mein Gatte und Kamerad, durch verfrühtes Alter geschwächt, nur mit Mühe den Mördern entkommen, wird es mir erlaubt sein, Dich wiederzusehen? Wie lange muß ich noch Zeugin der Zerstörung meines Vaterlandes, der Erniedrigung meiner Landsleute sein?[64]

Nicht lange mehr. Am 8. November wurde sie vor dem Revolutionstribunal der Komplizenschaft bei Rolands vorgeblichem Mißbrauch öffentlicher Gelder angeklagt. Außerdem warf man ihr vor, aus ihrer Zelle ermutigende Briefe an Barbaroux und Buzot geschickt zu haben, die damals zur Revolte gegen die von den Jakobinern über den Konvent ausgeübte Kontrolle aufgestachelt hatten. Als sie sich selbst verteidigte, beschimpften die sorgfältig ausgesuchten Zuschauer sie als Verräterin. Sie wurde für schuldig erklärt und am selben Tag auf der Place de la Révolution guillotiniert. Eine unbestätigte Überlieferung besagt, sie habe, als ihr Blick auf die Statue der Freiheit fiel, die David auf dem majestätischen Platz errichtet hatte, aufgeschrien: «Oh Freiheit, welche Verbrechen werden in deinem Namen begangen!»[65]

Eine Prozession von Revolutionären folgte ihr nach. Am 10. November kam der Bürgermeister-Astronom Bailly, der dem König die rote Kokarde gegeben und der Nationalgarde befohlen hatte, auf die unzeitigen Bittsteller auf dem Marsfeld zu schießen, an die Reihe. Am 12. November wurde Philippe Égalité ein Opfer der Guillotine; er konnte nicht verstehen, warum die Montagnards sich eines so treuen Verbündeten entledigen wollten. Doch in seinen Adern floß das Blut von Königen, und es hatte ihn nach dem Thron gelüstet, wer war sicher, daß ihn dieses Gelüst nicht wieder packen würde? Dann, am 29. November, Antoine Barnave, der versucht hatte, die Königin zu beschützen und zu leiten. Dann die Generäle Custine, Houchard, Biron... Roland begab sich, nachdem er den Freunden gedankt hatte, die ihr Leben riskiert hatten, um ihn zu beschützen, am 16. November allein auf einen Spaziergang, setzte sich unter

---

* Fünf Jahre darauf verabschiedete der Kongreß die ,,Alien and Sedition Acts'', die der öffentlichen Kritik an der Regierung starke Beschränkungen auferlegten.

einen Baum und schrieb einen Abschiedsbrief: «Nicht Angst, sondern Empörung ließ mich meine Zuflucht verlassen, als ich von der Ermordung meiner Gattin erfuhr. Ich wollte nicht länger auf einer von Verbrechen besudelten Erde verweilen.»[66] Dann stieß er sich seinen Degen in den Leib. Condorcet nahm Gift, nachdem er einen Lobgesang auf den Fortschritt geschrieben hatte (28. März 1794). Barbaroux wollte sich erschießen, überlebte aber und wurde guillotiniert (15. Juni). Pétion und Buzot, verfolgt von Agenten der Regierung, töteten sich in einem Feld in der Nähe von Bordeaux. Ihre Leichen wurden am 18. Juni gefunden, halb von Wölfen aufgefressen.

2. Die Schreckensherrschaft in den Provinzen

Es gab aber auch noch Girondisten, die ihre Köpfe auf den Schultern trugen. In einzelnen Städten, wie Bordeaux und Lyon, hatten sie die Oberhand gewonnen. Die Jakobiner waren sich im klaren, daß man sie austilgen mußte, wenn ihre Bestrebungen nach Autonomie der Provinzen zunichte und Frankreich zu einer jakobinischen Einheit gemacht werden sollte. Für diesen und andere Zwecke entsandte der Wohlfahrtsausschuß seine «Sonderbeauftragten», die ihm allein verantwortlich waren, in alle Teile Frankreichs und delegierte ihnen in ihrem Wirkungsbereich eine nahezu absolute Machtvollkommenheit. Sie konnten gewählte Beamte absetzen, andere ernennen, Verdächtige verhaften, Männer zur Armee einberufen, Steuern erheben, Preiskontrollen einführen, Zwangsanleihen eintreiben, Lebensmittel, Kleidung oder Material beschlagnahmen und lokale Wohlfahrtsausschüsse als Filialen des Pariser Großen Komitees einrichten oder bestätigen. Diese Sonderbeauftragten vollbrachten wahre Wunder an revolutionärer und militärischer Organisation, oft inmitten einer feindseligen oder gleichgültigen Umgebung. Gegnerschaft wurde erbarmungslos unterdrückt, nicht selten mit einem Übermaß an Fanatismus.

Der Erfolgreichste unter ihnen war Saint-Just. Am 17. Oktober 1793 wurden er und Joseph Lebas (der ihm gerne die Führung überließ) entsandt, um das Elsaß vor einer österreichischen Invasion zu retten, die in einem Gebiet, das deutsch war in Sprache, Literatur und Sitten, rapide Fortschritte machte. Die französische Rheinarmee war auf Straßburg zurückgeworfen worden und befand sich in einer Stimmung des Defätismus und der Meuterei. Saint-Just erfuhr, die Truppen seien von Offizieren, die für die Revolution nicht sonderlich viel übrig hatten, tyrannisch behandelt, schlecht geführt und vielleicht sogar verraten worden; er ließ sieben von ihnen vor versammelter Mannschaft exekutieren. Er hörte sich Beschwerden an und schaffte mit der ihm eigenen Entschiedenheit Abhilfe. Bei den Wohlhabenden requirierte er sämtliche nicht unbedingt benötigten Schuhe, Röcke, Mäntel und Hüte. Aus den 193 reichsten Bürgern preßte er 9 Millionen Livres heraus. Unfähige und gleichgültige Beamte wurden entfernt, überführte Schieber erschossen. Als die französische Armee wieder auf die Österreicher traf, wurden die Invasoren aus dem Elsaß vertrieben, die Provinz erneut französischer Herrschaft unterworfen. Saint-Just kehrte nach Paris zurück, begierig nach neuen Aufgaben und vergaß darüber fast, daß er mit Lebas' Schwester verlobt war.

Joseph Le Bon machte als Beauftragter des Wohlfahrtsausschusses seinem Namen keine Ehre. Von seinen Auftraggebern vor «falscher und mißverstandener Humanität» gewarnt, glaubte der blauäugige Expriester ihnen gefällig zu sein, indem er in Cambrai innerhalb von sechs Wochen 150 und in Arras 392 Notabeln «verkürzte». Sein Sekretär berichtete, Le Bon «morde wie im Fieber» und imitiere zu Hause zur Erheiterung seiner Frau die verzerrten Gesichtszüge der Opfer.[67] Er selbst wurde 1795 hingerichtet.

Im Juli 1793 wurde Jean Baptiste Carrier beauftragt, die Katholikenrevolte in der Vendée zu unterdrücken und Nantes gegen weitere Aufstände abzusichern. Hérault de Séchelles vom Wohlfahrtsausschuß erklärte ihm, «wir können uns human verhalten, wenn wir des Sieges sicher sind».[68] Carrier war begeistert. In einem Anfall ökologischer Schwärmerei erklärte er, Frankreich könne seine schnell wachsende Bevölkerung nicht ernähren und es sei daher wünschenswert, dem Übermaß zu steuern, indem man sämtliche Adlige, Priester, Kaufleute und Beamte umbringe. In Nantes verbot er Gerichtsverhandlungen als Zeitverschwendung. Alle diese Verdächtigen, so befahl er dem Richter, «müssen in ein paar Stunden beseitigt sein, oder ich lasse Sie und Ihre Kollegen erschießen».[69] Da die Gefängnisse in Nantes bis zum Ersticken mit Verhafteten und Verurteilten überfüllt waren und Lebensmittelknappheit herrschte, befahl er seinen Helfern, fünfzehnhundert Männer (bevorzugt Priester), Frauen und Kinder auf Lastkähnen, Schuten und anderen Wasserfahrzeugen zusammenzupferchen und diese in der Loire zu versenken. Durch diese und andere Methoden entledigte er sich in vier Monaten viertausend Unerwünschter.[70] Seine Handlungsweise rechtfertigte er mit den Gesetzen des Krieges, wie er sie sah: Die Bewohner der Vendée waren im Aufstand, und jeder von ihnen würde bis zu seinem Ende ein Feind der Revolution bleiben. «Wir werden Frankreich in unserem Sinne umgestalten», schwor er, «oder es in einen Friedhof verwandeln».[71] Der Ausschuß mußte seinen Eifer mit der Drohung dämpfen, ihn zu verhaften. Er ließ sich nicht einschüchtern. «Wir werden», sagte er, «auf jeden Fall alle unter die Guillotine kommen, einer nach dem anderen». Im November 1794 wurde er vor dem Revolutionstribunal angeklagt, und am 16. Dezember erfüllte sich für ihn seine Prophezeiung.

Stanislas Fréron (der Sohn von Voltaires Intimfeind) und andere Beauftragte des Wohlfahrtsausschusses röteten die Rhone und den Var mit dem Blut der Unbekehrbaren: 120 in Marseille, 228 in Toulon, 332 in Orange.[72] Im Gegensatz zu ihnen war Georges Couthon bei seiner Mission zur Rekrutierung von Soldaten im Departement Puy de Dôme das Mitleid in Person. In Clermont-Ferrand reorganisierte er die Industriebetriebe im Sinne einer konzentrierten Produktion von Kriegsmaterial für die neuen Regimenter. Als die Bürger sahen, daß er seine Macht mit Gerechtigkeit und Menschlichkeit ausübte, gewannen sie ihn so lieb, daß sie ihn abwechselnd in seinem Stuhl herumtrugen. Während seines Aufenthaltes fiel nicht eine einzige Person der «revolutionären Justiz» zum Opfer.[73]

Joseph Fouché, früher Lehrer für Latein und Physik, war zu dieser Zeit vierunddreißig Jahre alt und noch nicht Balzacs «fähigster Mann, den ich je getroffen habe».[74]

Er schien zum Intriganten geschaffen: dürr, eckig, mit schmalen Lippen, spitzer Nase und stechenden Augen, nüchtern und verschwiegen, schweigsam und zäh. Er glich Talleyrand in der Kunst, sich rasch umzustellen und in schwierigsten Lagen zu überleben. Für oberflächliche Beobachter war er ein pflichtgetreuer Familienvater, ebenso bescheiden in seinen Gewohnheiten wie er in seinen Gedanken kühn war. 1792 wählte ihn Nantes in den Konvent. Zuerst saß und stimmte er mit der Gironde, dann, als er deren Fall und die Vorherrschaft von Paris voraussah, schloß er sich der Bergpartei an und veröffentlichte ein Pamphlet, worin er die Revolution aufrief, aus ihrer bürgerlichen in die proletarische Phase überzugehen. Um den Krieg voranzutreiben, argumentierte er, solle die Regierung «alles nehmen, was über die Grundbedürfnisse eines Bürgers hinausgeht, denn Überfluß ist eine offensichtliche und willkürliche Verletzung der Rechte des Volkes». Alles Gold und Silber sollte konfisziert werden, bis der Krieg zu Ende sei. «In Ausübung der uns übertragenen Gewalt werden wir hart sein. Die Zeit für halbe Maßnahmen... ist vorbei... Helfen Sie uns, harte Schläge auszuteilen.»[75] Als Sonderbeauftragter im Departement Loire Inférieure, insbesondere in Nevers und Moulins, erklärte Fouché dem Privateigentum den Krieg. Die Beschlagnahme von Geld, Edelmetallen, Waffen, Kleidern und Lebensmitteln ermöglichte es ihm, die zehntausend Rekruten auszurüsten, die er ausgehoben hatte. Er beraubte die Kirchen ihrer goldenen und silbernen Monstranzen, Gefäße und Leuchter und schickte sie an den Konvent. Der Wohlfahrtsausschuß fand es zwecklos, seinen Eifer zu dämpfen und hielt ihn für den geeigneten Mann, um Collot d'Herbois bei der Rückführung Lyons zum revolutionären Glauben zu unterstützen.

Lyon war nahezu die Hauptstadt des französischen Kapitalismus. Unter seinen 130 000 Einwohnern waren Finanziers mit Verbindungen in ganz Frankreich, Kaufleute, die mit dem gesamten Europa Handel trieben, Industriekapitäne, die hundert Unternehmen kontrollierten und eine große Masse von Proletariern, die voller Neid hörten, daß ihre eigene Klasse in Paris fast die Regierung übernommen hätte. Anfang 1793 errangen sie unter Führung des Expriesters Marie Joseph Chalier einen ähnlichen Sieg. Doch die Religion zeigte sich stärker als das Klassendenken. Die Arbeiter waren noch mindestens zur Hälfte Katholiken und stießen sich an der antichristlichen Ausrichtung der jakobinischen Politik. Als die Bourgeoisie ihre diversen Kräfte gegen die Diktatur des Proletariats mobilisierte, spaltete sich die Arbeiterschaft. Eine Koalition von Geschäftsleuten, Royalisten und Girondisten verjagte den radikalen Magistrat und ließ Chalier mit zweihundert seiner Anhänger exekutieren (16. Juli 1793). Tausende von Fabrikarbeitern verließen die Stadt, ließen sich in der Umgebung nieder und warteten auf die nächste Drehung der Revolutionsschraube.

Der Wohlfahrtsausschuß schickte eine Armee, um die siegreichen Kapitalisten niederzuwerfen. Der gelähmte Couthon kam aus Clermont, um die Führung zu übernehmen. Am 9. Oktober erzwang sie sich ihren Weg in die Stadt und stellte die Herrschaft der Jakobiner wieder her. Couthon hielt in einer Stadt, deren Bevölkerung in so hohem Maß auf den fortdauernden Betrieb von Fabriken und Werkstätten angewiesen war, eine Politik der Gnade für angebracht, doch der Ausschuß in Paris dachte anders. Am 12. Oktober brachte er eine Direktive, die Robespierre in rasendem Rachedurst für Chalier und die zweihundert exekutierten Radikalen entworfen hatte, im Konvent durch und schickte sie an Couthon. Hier ein Auszug: «Die Stadt Lyon wird zerstört. Sämtliche Wohnungen der Reichen werden zerschlagen... Der Name Lyon wird aus dem Verzeichnis der Städte der Republik gestrichen. Die Ansammlung von Häusern, die stehen bleiben, trägt künftig den Namen Ville Affranchisée (die befreite Stadt). Auf den Ruinen von Lyon wird eine Säule errichtet, die der Nachwelt die Verbrechen und die Bestrafung der Royalisten überliefert.»[76]

Couthon fand keinen Geschmack an der ihm übertragenen Operation. Er verurteilte eines der aufwendigeren Gebäude zum Abbruch und ließ sich dann zu ihm mehr zusagenden Unternehmungen nach Clermont-Ferrand bringen. Seinen Platz in Lyon nahm Collot d'Herbois ein (4. November), dem sich bald Fouché zugesellte. Sie begannen ihre Tätigkeit mit einer pseudo-religiösen Farce zum Gedächtnis Chaliers, des «Erlösers, der für das Volk gestorben ist». Die Prozession führte ein als Bischof maskierter Esel an, der eine Mitra auf dem Kopf trug. Am Schwanz schleppte er eine Bibel und ein Kruzifix nach. Auf einem öffentlichen Platz wurde der Märtyrer durch Lobpreisungen geehrt und aus Bibel, Meßbuch, geweihten Hostien und den holzgeschnitzten Statuen verschiedener Heiliger ein Freudenfeuer entzündet.[77] Zum Zwecke der revolutionären Reinigung von Lyon setzten Collot und Fouché eine «Provisorische Kommission» von zwanzig Mitgliedern sowie ein Siebenertribunal zur Strafverfolgung Verdächtiger ein. Die Kommission veröffentlichte eine Grundsatzdeklaration, die man «das erste kommunistische Manifest» der Neuzeit genannt hat.[78]

Sie schlug vor, die Revolution mit der «unermeßlichen Klasse der Armen» zu vereinen. Sie verdammte Adel und Bourgeoisie und rief die Arbeiter auf: «Ihr seid unterdrückt worden, nun müßt ihr Eure Unterdrücker zerschmettern!» Alle Produkte des französischen Bodens müßten Frankreich gehören, aller Privatbesitz müsse der Republik zur Verfügung gestellt werden, und als erster Schritt zur sozialen Gerechtigkeit müsse von jedermann, der ein Jahreseinkommen von mehr als zehntausend Livres beziehe, eine Sondersteuer von dreißigtausend Livres erhoben werden. Durch die Einkerkerung von Adligen, Priestern und anderen und die Einziehung ihres Besitzes wurden dann auch große Summen zusammengebracht.

Diese Deklaration wurde im Volk von Lyon, aus dem eine beachtliche Minderheit in die Mittelklasse aufgestiegen war, nicht gut aufgenommen. Am 10. November empfahl eine von zehntausend Frauen unterzeichnete Petition Gnade für die Tausende von Männern und Frauen, die in den Gefängnissen zusammengepfercht waren. Die Kommission antwortete unnachgiebig: «Zieht Euch zu Euren häuslichen Aufgaben zurück... Wir wollen diese Tränen nicht mehr sehen, die Euch entehren».[79] Am 4. Dezember, vielleicht um jeden Zweifel zu beseitigen, wurden sechzig vom neuen Tribunal verurteilte Gefangene auf einen freien Platz am anderen Rhoneufer gebracht, dort zwischen zwei Gräben zusammengetrieben und durch mehrere *mitraillades*, Kartätschenfeuer aus einer Reihe von Kanonen, niedergemetzelt. Am nächsten Tag wurden am gleichen Platz 209 zusammengebundene Gefangene auf dieselbe Weise durch *mitraillades* niedergemäht und am 7. Dezember noch einmal zweihundert. Danach ging das Schlachten gemächlicher per Guillotine weiter, aber immerhin so schnell, daß der Gestank der Leichen die Luft der Stadt zu verpesten begann. Bis März 1794 waren in Lyon 1667 Hinrichtungen vollzogen worden, zwei Drittel davon Opfer aus der Mittel- oder Oberklasse.[80] Hunderte kostspieliger Wohnungen wurden in mühevoller Arbeit zerstört.[81]

Am 20. Dezember erschien eine Deputation der Bürger Lyons vor dem Konvent, um eine Beendigung der Bestrafung zu erbitten, doch Collot hatte sie auf dem Wege nach Paris überholt und seine Politik erfolgreich verteidigt. Fouché, in Lyon zurück- geblieben, setzte den Terror fort. Auf die Nachricht von der Wiedereroberung Toulons schrieb er an Collot: «Wir haben nur einen Weg, den Sieg zu feiern. Heute Abend schicken wir 213 Rebellen unter den Blitzstrahl.»[82] Am 3. April 1794 wurde Fouché abberufen, um sich vor dem Konvent zu rechtfertigen. Er entging einer Be- strafung, vergab Robespierre, der ihn der Barbarei beschuldigt hatte, aber niemals. Eines Tages würde er sich rächen.

Allmählich setzte sich im Wohlfahrtsausschuß die Erkenntnis durch, daß der Terror in den Provinzen zu einem kostspieligen Exzeß ausgewachsen war. In diesem Punkt übte Robespierre einen mäßigenden Einfluß aus. Auf seine Veranlassung wurden Carrier, Fréron und Tallien zurückbeordert und mußten sich für ihre Unternehmun- gen verantworten. In den Provinzen endete die Schreckensherrschaft im Mai 1794, während sie in Paris noch intensiviert wurde. Bis zu dem Zeitpunkt, da Robespierre selbst ihr Opfer wurde (27./28. Juli 1794), hatte sie in Paris 2700, in ganz Frankreich 18 000 Opfer gefordert.[83] Andere Schätzungen beziffern die Gesamtzahl auf 40 000.[84] Da der Besitz der Hingerichteten dem Staat verfiel, war es ein einträglicher Terror.

3. Der Krieg gegen die Religion

Eine tiefe Kluft hatte sich zwischen denen aufgetan, die ihren religiösen Glauben als letzte Stütze in einer sonst unverständlichen, sinnlosen und tragischen Welt hegten, und den anderen, welche die Religion als gelenkten und kostspieligen Aberglauben abtaten, der den Weg zu Vernunft und Freiheit versperre. Am tiefsten war dieser Riß in der Vendée, der Küstenlandschaft Frankreichs zwischen der Loire und La Rochelle, wo das rauhe Klima, der felsige dürre Boden, der ewig gleichbleibende Lebenslauf von Geburt und Tod die Bevölkerung gegen Voltaireschen Geist und den frischen Wind der Aufklärung abgestumpft hatten. Stadt- und Landbevölkerung hatten die Revolution zwar begrüßt, doch als die Verfassunggebende Versammlung das Staatsgesetz über die Geistlichkeit erließ, das den Besitz der Kirche konfiszierte, die Geistlichen zu Ange- stellten des Staates machte und sie zwang, dem Regime, das sie beraubt hatte, Treue zu schwören, unterstützten die Bauern ihre Priester, die den Treueeid verweigerten. Der Aufruf an ihre Jugend, sich freiwillig zur Armee zu melden oder konskribiert zu werden, entflammte den Aufstand. Warum sollten diese Jungen ihr Leben hingeben, um eine atheistische Regierung zu schützen anstelle ihrer Priester, Altäre und Hausgötter?

So brach am 4. März 1793 in der Vendée der Aufstand los. Neun Tage später hatte er die gesamte Region erfaßt. Am 1. Mai waren bereits dreißigtausend Rebellen unter Waffen. Eine Anzahl royalistischer Adliger schlossen sich den Bauern an und machten aus den Freiwilligen disziplinierte Soldaten. Ehe der Konvent ihre Stärke erkannte, hatten sie Thouars, Fontenay, Saumur und Angers eingenommen. Im August setzte der Wohlfahrtsausschuß eine Armee unter General Kléber nach der Vendée in Marsch, mit dem Befehl, die bäuerlichen Streitkräfte zu vernichten und alle Landstriche zu verwüsten, wo sie Unterstützung fanden. Kléber brachte der katholischen Armee am 17. Oktober bei Cholet eine Niederlage bei und vernichtete sie am 23. Dezember bei Savenay. Militärkommissionen aus Paris wurden in Angers, Nantes, Rennes und Tours eingesetzt, die den Befehl hatten, jeden Vendéer hinzurichten, der mit Waffen angetroffen wurde. In oder bei Angers wurden in zwanzig Tagen 463 Männer erschossen. Bis die Vendéer von Marschall Hoche unterworfen waren (Juli 1796), hatte dieser neue Religionskrieg eine halbe Million Leben gekostet.

In Paris war ein Großteil der Bevölkerung der Religion gegenüber gleichgültig geworden. In dieser Hinsicht hatten Bergpartei und Gironde vorübergehend übereingestimmt. Sie hatten zusammengearbeitet, um die Macht des Klerus zu brechen und einen heidnischen Kalender einzuführen. Sie hatten die Priester zur Eheschließung ermuntert und sogar jedem Bischof, der sich dem widersetzte, die Deportation angedroht. Unter dem Schutz der Revolution hatten sich etwa zweitausend Priester und fünfhundert Nonnen einen Lebensgefährten genommen.[85]

Die Sonderbeauftragten des Wohlfahrtsausschusses sahen in der Regel in der Entchristianisierung einen wesentlichen Faktor ihrer Tätigkeit. Einer von ihnen ließ einen Priester einsperren, bis er sich bereit erklärte, zu heiraten. Fouché erließ in Nevers rigorose Verordnungen für die Kleriker. Sie mußten heiraten. mußten ein einfaches Leben wie die Apostel führen und durften außerhalb ihrer Kirchen weder geistliche Kleidung tragen noch kirchliche Zeremonien ausführen. Das christliche Begräbnis wurde abgeschafft und Friedhöfe mußten eine Inschrift tragen, die besagte, «Tod ist ewiger Schlaf». Er überredete einen Erzbischof und dreißig Priester, ihre Kapuzen wegzuwerfen und die rote Mütze der Revolution aufzusetzen. In Moulins ritt er an der Spitze einer Prozession, die alle Kreuze, Kruzifixe und Heiligenstatuen am Wege zerschlug.[86] In Clermont-Ferrand proklamierte Couthon, die Religion Christi sei zu einer Hochstapelei gemacht worden. Er bezahlte einen Arzt dafür, in öffentlichen Tests zu zeigen, daß das «Blut Christi» in einer wunderwirkenden Phiole nichts anderes war als gefärbtes Terpentin. Er hob die Bezahlung der Priester durch den Staat auf, konfiszierte die Gold- und Silbergefäße der Kirchen und gab bekannt, daß Kirchen, die man nicht in Schulen umbauen konnte, mit seiner Genehmigung abgebrochen werden durften, um an ihrer Stelle Häuser für die Armen zu bauen. Er verkündete eine neue Theologie, wonach die Natur selbst Gott sei und der Himmel ein irdisches Utopia, worin alle Menschen gut seien.[87]

Die Führer des antichristlichen Feldzuges waren Hébert vom Pariser Magistrat und Chaumette von der Pariser Kommune. Aufgehetzt durch Chaumettes Beredsamkeit und Héberts Zeitungsartikel drang am 16. Oktober 1793 ein Haufen Sansculotten in die Abtei St. Denis ein, leerte die Särge der dort beigesetzten französischen Königsfamilie aus und schmolz das Metall für Kriegszwecke ein. Am 6. November räumte der Nationalkonvent den Kommunen Frankreichs das Recht ein, sich offiziell von der christlichen Kirche loszusagen. Am 10. November zogen Männer und Frauen aus den Arbeitervierteln und den Schlupfwinkeln der Revolutionsideologen von Paris maskiert in einer Spottprozession durch die Straßen. Sie drangen in den Sitzungssaal des Konvents ein und forderten die Deputierten auf, ihre Teilnahme an einem abends in der Kathedrale Notre Dame – die in «Tempel der Vernunft» umbenannt worden war – stattfindenden Fest zuzusagen. Dort hatte man ein neues Sanktuarium errichtet, in welchem Mademoiselle Candeille von der Oper stand, bekleidet mit der Trikolore und auf dem Kopf eine rote Mütze als Göttin der Freiheit, umgeben von verführerischen Damen, die eine «Hymne an die Freiheit» sangen, eigens für diese Gelegenheit von Marie Joseph de Chénier komponiert. Die Gläubigen tanzten und sangen in den Kirchenschiffen, während in den Seitenschiffen, wie böswillige Zuschauer zu berichten wußten, Nutznießer der Freiheit das Ritual der Liebe zelebrierten.[88] Am 17. November gab Jean Baptiste Gobel, Bischof von Paris, dem Druck der öffentlichen Meinung nach und erschien vor dem Konvent. Er schwor seinem Amt ab, übergab dem Präsidenten seinen Bischofsstab und -ring und setzte die rote Mütze der Freiheit auf.[89] Am 23. November ordnete die Kommune die Schließung aller christlichen Kirchen in Paris an.[90]

Im Konvent fragte man sich bei näherer Überlegung, ob man nicht die antichristliche Karte überreizt habe. Die Deputierten waren nahezu sämtlich Agnostiker, Pantheisten oder Atheisten, doch manche von ihnen bezweifelten, ob es klug sei, gläubige Katholiken zur Verzweiflung zu treiben, die immer noch in der Mehrzahl und von denen viele jederzeit bereit waren, die Waffen gegen die Revolution zu ergreifen. Vereinzelte, wie Robespierre und Carnot, glaubten, daß Religion die einzige Macht sei, die dauernde, gegen tief in der Natur verwurzelte Ungleichheiten gerichtete soziale Umwälzungen verhindern konnte, viel besser als dies eine Gesetzgebung bewirken könne. Robespierre war der Ansicht, der Katholizismus sei eine organisierte Ausbeutung des Aberglaubens[92], doch lehnte er den Atheismus als unbescheidene Anmaßung eines Wissens ab, das niemand besitzen konnte. Am 8. Mai 1793 hatte er die *philosophes* als Heuchler verdammt, die das Volk verachteten und bei den Königen um Pensionen bettelten. Am 21. November, auf dem Höhepunkt der Entchristlichungsfeiern, erklärte er vor dem Konvent:

Jeder Philosoph und jedes Individuum mag über Atheismus denken, was ihm beliebt. Wer eine solche Meinungsbildung zum Verbrechen stempeln möchte, macht sich lächerlich; doch der Staatsmann oder Gesetzgeber, der sich eine derartige Meinung zu eigen machte, wäre noch hundertmal törichter...

Atheismus ist exklusiv. Die Vorstellung eines Höchsten Wesens, das die unterdrückte Unschuld beschirmt und das triumphierende Verbrechen bestraft, ist ganz wesentlich die Vorstellung des Volkes. So empfindet Europa und die Welt, so empfindet das französische Volk. Dieser Gedanke ist weder mit Priestern verbunden, noch mit Aberglauben oder Zeremonien. Er ist einzig mit dem Begriff einer unbegreiflichen Macht verbunden, dem Schrecken der Übeltäter, dem Halt und Trost der Tugend.[92]

Hier stimmte Danton mit Robespierre überein: «Wir haben niemals beabsichtigt, die Herrschaft des Aberglaubens zu brechen, um die Herrschaft des Atheismus an ihre Stelle zu setzen... Ich verlange, daß diesen antireligiösen Maskeraden im Konvent ein Ende gesetzt wird.»[93]

Am 6. Dezember 1793 bestätigte der Konvent erneut die Freiheit der Glaubensausübung und garantierte den Schutz religiöser Zeremonien, die von loyalen Priestern durchgeführt würden. Hébert beteuerte, er lehne den Atheismus ebenfalls ab, doch er gesellte sich zu den Kräften, die bestrebt waren, Robespierres Popularität zu schaden. Robespierre sah jetzt in ihm seinen gefährlichsten Feind und wartete auf eine Gelegenheit, ihn zu vernichten.*

4. Die Revolution frißt ihre Kinder

Héberts Stärke waren die Sansculotten, die durch die Sektionen und die radikale Presse mobilisiert werden konnten, um den Konvent zu besetzen und die Herrschaft von Paris über Frankreich wiederherzustellen. Robespierres Stärke, die ursprünglich auf dem Pariser Pöbel beruhte, lag jetzt im Wohlfahrtsausschuß, der den Konvent durch seine überlegenen Möglichkeiten der Information, Entscheidung und Handlung beherrschte.

Im November 1793 stand der Wohlfahrtsausschuß auf dem Gipfel seines Ansehens, teils wegen der erfolgreichen *Levée en masse*, vor allem jedoch wegen militärischer Erfolge an verschiedenen Fronten. Die neuen Generäle – Jourdan, Kellermann, Kléber, Hoche, Pichegru – waren Söhne der Revolution, unbelastet durch veraltete Vorschriften und taktische Regeln oder verblaßte Loyalität. Unter ihrem Kommando hatten sie eine Million Mann, zwar noch unzureichend bewaffnet und ausgebildet, aber doch in ihrem Kampfwert gestärkt durch den Gedanken, wie es ihnen und ihren Familien ergehen würde, sollte der Feind die französischen Linien durchbrechen. Sie waren bei Kaiserslautern zum Stehen gebracht worden, doch sie sammelten sich wieder und nahmen Landau und Speyer. Sie trieben die Spanier über die Pyrenäen zurück. Und sie eroberten, mit Hilfe des jungen Napoleon, Toulon zurück.

Seit dem 6. August hatte eine buntscheckige Streitmacht aus englischen, spanischen und neapolitanischen Truppen unter dem Schutz einer anglo-spanischen Flotte und mit

---

* Vgl. John Morley, der um 1880 schrieb: «Der Kampf zwischen Hébert, Chaumette und der Pariser Kommune auf der einen, dem Wohlfahrtsausschuß und Robespierre auf der anderen Seite war die konkrete Ausformung der tiefsten Kontroverse, der sich die moderne Gesellschaft gegenüber sieht: Kann die soziale Harmonie ohne den Glauben an ein Höchstes Wesen existieren? Chaumette antwortete ja, und Robespierre antwortete nein ... Robespierre folgte Rousseau,... Chaumette folgte Diderot.»[94]

Unterstützung der lokalen Konservativen diesen Hafen und sein Arsenal als einen strategisch wichtigen Punkt am Mittelmeer gehalten. Seit drei Monaten belagerte eine Revolutionsarmee den Platz ohne Erfolg. Ein Vorgebirge, Cap l'Aiguillette, teilte den Hafen und beherrschte das Arsenal. Die Einnahme von Toulon wäre von entscheidendem Vorteil gewesen, doch die Briten hatten den Landweg zum Cap mit einem Fort gesperrt und so schwer befestigt, daß sie es «Klein-Gibraltar» nannten. Bonaparte, vierundzwanzig Jahre alt, erkannte sofort, daß die Garnison, von der Zufuhr von See her abgeschnitten, die Stadt nicht halten könnte, wenn das feindliche Geschwader zum Verlassen des Hafens gezwungen würde. Bei einer kühnen und gefahrvollen Erkundung des Geländes fand er im Buschwald einen Platz, von dem aus seine Artillerie die Bastion mit Aussicht auf Erfolg beschießen konnte. Nachdem seine Geschütze eine Bresche in die Mauern gelegt hatten, erstürmte ein französisches Bataillon das Fort, machte die Verteidiger nieder und erbeutete die Kanonen, die dann, in neue Stellungen gebracht, die feindliche Flotte beschossen. Lord Hood räumte die Stadt und verließ mit seinen Schiffen den Hafen. Am 19. Dezember 1793 gewann die französische Armee Toulon für Frankreich zurück. Augustin Robespierre, der Sonderbeauftragte des Wohlfahrtsausschusses für Toulon, berichtete seinem Bruder, des Lobes voll, über die «hervorragenden Verdienste» des jungen Artilleriehauptmanns, der mit dieser Tat das erste Kapitel eines neuen Epos' geschrieben hatte.

Diese Siege und die von Kléber in der Vendée erfochtenen ließen dem Wohlfahrtsausschuß freie Hand, sich mit inneren Problemen auseinanderzusetzen. Es war die Rede von einem angeblichen «ausländischen Komplott», die revolutionären Führer zu ermorden, doch konnten dafür keine überzeugenden Beweise erbracht werden. Korruption breitete sich bei Herstellern und Lieferanten von militärischen Versorgungsgütern aus. «Bei der Südarmee fehlen dreißigtausend Paar Kniehosen, ein höchst skandalöser Mangel.»[95] Spekulation und Manipulation des Marktes trieb die Preise in die Höhe. Die Regierung hatte für wichtige Güter Höchstpreise festgesetzt, doch die Hersteller beklagten sich, daß sie diese Preise nicht halten könnten, wenn die Löhne nicht gleichermaßen eingefroren würden. Die Inflation war zwar für einige Zeit gebannt, aber Bauern, Fabrikanten und Kaufleute drosselten die Produktion und die Arbeitslosigkeit nahm zu, während die Preise weiter stiegen. Da die Zufuhren stockten, mußten die Hausfrauen sich für Brot, Milch, Fleisch, Butter, Öl, Kerzen und Brennholz immer wieder aufs neue anstellen. Bereits um Mitternacht bildeten sich die Schlangen. Männer und Frauen lagen in Hauseingängen oder auf dem Pflaster und warteten, daß die Läden öffnen und die Schlange sich in Bewegung setzen würde. Hier und da entlang der Menschenreihe boten hungrige Prostituierte ihre Dienste an.[96] Häufig überfielen Schlägerbanden die Läden und machten sich mit der Ware davon. Die städtischen Dienste brachen zusammen, das Verbrechen blühte, Polizei war rar, der nicht abgefahrene Müll bedeckte und verpestete die Straßen. Die gleichen Zustände herrschten in Rouen, Lyon, Marseille, Bordeaux...

Mit der Behauptung, der Wohlfahrtsausschuß habe die Wirtschaft schlecht geführt und Schieber hätten sich des Staatsschiffes bemächtigt, liehen die Sansculotten, die bislang Robespierres Hauptrückhalt gewesen waren, nunmehr Hébert und Chaumette ihre Unterstützung und hörten gierig auf Versprechungen, allen Besitz, allen Reichtum, oder wenigstens allen Grund und Boden zu nationalisieren. Ein Sektionsführer schlug vor, dem wirtschaftlichen Zusammenbruch dadurch zu begegnen, daß alle reichen Leute hingerichtet würden.[97] Anfang 1794 war unter den Arbeitern die Klage allgemein, die Bourgeoisie habe den alleinigen Nutzen von der Revolution gehabt.

Ende 1793 konfrontierten ein mächtiger Revolutionsführer und ein brillanter Journalist den Wohlfahrtsausschuß mit neuen Herausforderungen. Trotz seiner vorgeblichen Grausamkeit zeigte Danton Anwandlungen von Sanftheit, die ihn vor der Hinrichtung der Königin und der Wut des Terrors zurückschrecken ließen. Nach seiner Rückkehr aus Arcis kam er zu der Überzeugung, daß die Vertreibung der Invasoren aus dem französischen Staatsgebiet und die Exekution der aktivsten Feinde der Revolution es geraten sein ließen, die Schreckensherrschaft ebenso zu beenden wie den Krieg. Als Britannien den Frieden anbot, riet er zur Annahme. Robespierre lehnte ab und verstärkte den Terror mit der Begründung, die Regierung sei noch immer von Verrat, Konspiration und Korruption umgeben. Camille Desmoulins – früher Dantons Sekretär und lange Zeit sein ihn bewundernder Freund, gleich ihm in glücklicher Ehe lebend – machte seine Zeitung *Le Vieux Cordelier* zum Sprecher der «Indulgenten» oder Friedensfreunde und rief zur Beendigung der Schreckensherrschaft auf.

Die Freiheit ist keine Nymphe von der Oper, auch keine rote Mütze oder ein schmutziges Hemd und zerlumpte Kleidung. Freiheit ist Glück, Vernunft, Gleichheit, Gerechtigkeit, die Deklaration der Rechte, Eure erhabene Verfassung (die immer noch im Winterschlaf liegt).

Wollt Ihr, daß ich diese Freiheit anerkenne, ihr zu Füßen falle und mein Blut für sie vergieße? Dann öffnet die Gefängnistore für die 200 000 Bürger, die Ihr Verdächtige nennt... Glaubt nicht, eine solche Maßnahme sei unheilvoll für das Volk. Sie wäre im Gegenteil die revolutionärste, die Ihr ergreifen könntet. Ihr wollt alle Eure Feinde durch die Guillotine austilgen? Kann es einen größeren Wahnsinn geben? Für jeden Feind, den Ihr dem Schafott überliefert, erwachsen Euch zwei neue unter seiner Familie und seinen Freunden.

Ich bin völlig anderer Meinung als diejenigen, die fordern, der Terror müsse die Tagesordnung sein. Ich bin zuversichtlich, daß die Freiheit gesichert und Europa gewonnen sein wird, sobald Ihr einen Gnadenausschuß einsetzen werdet.[98]

Robespierre, der zuvor Desmoulins freundlich gesonnen war, fühlte sich von diesem Appell direkt angesprochen, die Gefängnisse öffnen zu lassen. Aber würden nicht diese Aristokraten, Priester, Spekulanten und fetten Bourgeois umso frecher ihre Pläne zur Ausbeutung oder Vernichtung der Republik wieder aufnehmen, wenn man sie freiließe? Er war überzeugt, daß die Angst vor Verhaftung, einer raschen Verurteilung und einem grausigen Tod das einzige war, das die Feinde der Republik hindern konnte, ihren Sturz zu planen. Er argwöhnte, daß Dantons plötzliche Mitleidsregung nur ein Trick sei, um einige kürzlich wegen strafbarer Handlungen verhaftete Mitarbeiter vor der Guillotine zu retten und die Aufdeckung seiner Beziehungen zu diesen Leuten zu verhindern. Einige davon – Fabre d'Églantine und François Chabot – waren am 17. Januar vor Gericht gestellt und für schuldig befunden worden. Da Robespierre annahm, daß Danton und Desmoulins entschlossen seien, den Wohlfahrtsausschuß zu stürzen, zog er den Schluß, daß er niemals sicher wäre, solange diese seine alten Freunde am Leben seien.

Er sorgte dafür, daß seine Widersacher sich nicht verständigten und spielte ihre feindlichen Cliquen gegeneinander aus. Er ermunterte die Angriffe Dantons und Desmoulins' gegen Hébert und begrüßte ihre Unterstützung bei den Bestrebungen, den Krieg gegen die Religion zu beenden. Hébert konterte, indem er den städtischen Pöbel bei den verschiedenen Revolten gegen die hohen Preise und die Lebensmittelknappheit unterstützte. Er verurteilte die Regierung ebenso wie die Friedensfreunde. Am 4. März 1794 klagte er Robespierre namentlich an und am 11. März drohten seine Anhänger im Cordeliers-Klub mit offenem Aufstand. Eine Mehrheit im Wohlfahrtsausschuß stimmte mit Robespierre überein, daß die Zeit zum Handeln gekommen sei. Hébert, Cloots und ein paar andere wurden verhaftet und der Mißwirtschaft bei der Verteilung von Lebensmitteln an die Bevölkerung angeklagt. Es war eine heimtückische Anklage, denn sie erweckte bei den Sansculotten Zweifel an ihren neuen Führern. Doch ehe sie sich zum Aufstand entschließen konnten, waren die Männer verurteilt und rasch zur Guillotine gebracht (24. März). Hébert brach zusammen und weinte. Cloots wartete mit teutonischer Ruhe, daß die Reihe zu sterben an ihn käme und rief den Zuschauern zu: «Meine Freunde, verwechselt mich nicht mit diesen Halunken.»[99]

Danton dürfte sich im klaren gewesen sein, daß er als Werkzeug gegen Hébert mißbraucht worden und jetzt nur noch noch von geringem Wert für den Wohlfahrtsausschuß war. Dennoch fuhr er fort, sich den Ausschuß durch seine Rufe nach Erbarmen und Frieden zu entfremden, indem er von den Mitgliedern eine Abwendung von der Schreckensherrschaft, der sie ihre Sicherheit verdankten, und vom Krieg, der ihre Diktatur rechtfertigte, verlangte. Er forderte ein Ende des Mordens. «Wir sollten uns», sagte er, «in einigem weniger auf die Guillotine als auf die öffentliche Meinung verlassen». Er plante erzieherische Projekte und juristische Reformen. Und er war nach wie vor herausfordernd. Als ihm hinterbracht wurde, Robespierre plane seine Verhaftung, antwortete er: «Wenn ich nur einen Augenblick glaubte, er wage das, würde ich sein Herz fressen.»[100] In dem Fast-«Urzustand», auf den die Schreckensherrschaft Frankreich herabgedrückt hatte, waren viele Männer zu der Überzeugung gelangt, sie müßten fressen oder gefressen werden. Seine Freunde drängten ihn, die Initiative zu ergreifen und den Wohlfahrtsausschuß vor dem Konvent anzuklagen, doch er besaß nicht mehr die Nerven und die Willenskraft, seinen eigenen historischen Aufrufen zur Kühnheit zu folgen. Vier Jahre hatte er in der Brandung der Revolution gestanden, nun war er erschöpft und ließ sich widerstandslos vom Sog fortreißen. «Ich will lieber guillotiniert werden als andere guillotinieren», sagte er (es war nicht immer so gewesen), «und außerdem, das Menschengeschlecht widert mich an».[101]

Billaud-Varenne war es offensichtlich, der es unternahm, das Todesurteil für Danton zu fordern. Viele Mitglieder des Wohlfahrtsausschusses waren mit ihm der Meinung, weitere Duldung der Kampagne der Friedensfreunde hieße die Revolution ihren Feinden im In- und Ausland ausliefern. Robespierre scheute eine Zeitlang vor dem Entschluß zurück, Dantons Leben summarisch verkürzen zu lassen. Er war mit anderen Mitgliedern des Ausschusses der Meinung, daß Danton staatliche Gelder in seine eigene Tasche gesteckt habe, aber er erkannte die von Danton der Revolution geleisteten Dienste an und mußte außerdem fürchten, daß ein Todesurteil für einen ihrer größten Männer zu Erhebungen in den Sektionen und bei der Nationalgarde führen werde.

Während Robespierre noch zögerte, besuchte Danton ihn ein paar Mal, nicht nur, um sein Finanzgebaren zu verteidigen, sondern auch, um den finsteren Patrioten zu einer Politik der Beendigung des Terrors und zu Friedensbemühungen zu bekehren. Robespierre war nicht zu überzeugen, und seine Haltung wurde zunehmend feindseliger. Er half Saint-Just (den Danton oftmals lächerlich gemacht hatte), die Anklage gegen seinen größten Rivalen vorzubereiten. Am 30. März schloß er sich der gemeinsamen Entscheidung des Wohlfahrtsausschusses und des Ausschusses für allgemeine Sicherheit an, beim Revolutionstribunal ein Todesurteil gegen Danton, Desmoulins und zwölf weitere Männer, die kürzlich der Unterschlagung überführt worden waren, zu beantragen. Ein Freund des «Titanen» eilte mit der Nachricht zu ihm und drängte ihn, Paris zu verlassen und sich in der Provinz zu verbergen. Er lehnte ab. Am nächsten Morgen verhaftete die Polizei ihn und Desmoulins, der ein Stockwerk über ihm wohnte. In der Conciergerie eingekerkert, bemerkte er: «An einem Tag wie heute organisierte ich das Revolutionstribunal... Dafür bitte ich Gott und die Menschen um Verzeihung... Bei Revolutionen sind immer die größten Schurken an der Macht.»[102]

Am 1. April 1794 schlug Louis Legendre, noch vor kurzem Sonderbeauftragter, den Deputierten vor, Danton aus dem Gefängnis holen und sich selbst vor dem Konvent verteidigen zu lassen. Robespierre unterbrach ihn mit einem unheilverkündenden Blick. «Danton» schrie er, «hat keine Sonderrechte»... Wir werden heute sehen, ob der Konvent imstande sein wird, ein angebliches Idol zu zerstören, das schon längst verfault ist.»[103] Dann verlas Saint-Just die von ihm vorbereitete Anklage. Die Abgeordneten, jeder auf seine eigene Sicherheit bedacht, ordneten an, Danton und Desmoulins seien sofort vor Gericht zu stellen.

Am 2. April wurden sie dem Tribunal vorgeführt. Möglicherweise, um den Sachverhalt zu verwirren, wurde gegen sie zusammen mit einer Gruppe von Männern verhandelt, der Fabre d'Églantine und andere «Verschwörer» und der Unterschlagung Verdächtige angehörten sowie – zum allgemeinen und zu seinem eigenen Erstaunen – Hérault de Séchelles, mildes Mitglied des Wohlfahrtausschusses, jetzt angeklagt, mit den Hébertisten gemeinsame Sache gemacht zu haben und an dem ausländischen Komplott beteiligt zu sein. Danton verteidigte sich selbst mit Kraft und satirischem Witz, was solchen Eindruck auf die Jury und die Zuschauer machte[104], daß Fouquier-Tinville an den Wohlfahrtsausschuß appellierte, die Verteidigung mit einem Dekret zum Schweigen zu bringen. Das Ausschuß tat ihm den Gefallen und schickte dem Konvent eine Klage, worin die Anhänger Dantons und Desmoulins' beschuldigt wurden, im Einverständnis mit den beiden ihre gewaltsame Befreiung zu planen. Auf dieser Basis erklärte der Konvent die beiden Männer als Geächtete, was bedeutete, «außerhalb (des Schutzes) der Gesetze stehend», so daß sie ohne formellen Prozeß hingerichtet werden konnten. Nach Erhalt dieses Dekrets kündigte die Jury an, sie habe ausreichende Beweise erhalten und wäre bereit, das Urteil zu sprechen. Die Gefangenen wurden in ihre Zellen zurückgebracht, die Zuschauer entlassen. Am 5. April wurde das einstimmige Urteil verkündigt: Tod für alle Angeklagten. Als Danton davon erfuhr, prophezeite er: «Ehe ein paar Monate vorüber sind, wird das Volk meine Feinde in Stücke reißen».[105] Und weiter: «Schändlicher Robespierre! Das Schafott fordert auch Dich. Du wirst mir folgen.»[106] Aus seiner Zelle schrieb Desmoulins an seine Frau: «Meine geliebte Lucile! Ich wurde geboren, um Gedichte zu schreiben und die Unglücklichen zu verteidigen ... Meine Geliebte, sorge für Dein Kleines; lebe für meinen Horace, erzähle ihm von mir ... Meine gefesselten Hände umfassen Dich.»[107]

Am Nachmittag des 5. April wurden die Verurteilten zur Place de la Révolution gekarrt. Unterwegs prophezeite Danton nochmals: «Ich lasse ein völliges Chaos zurück. Nicht ein einziger von ihnen allen hat eine Ahnung vom Regieren. Ach, lieber ein armer Fischer sein, als sich mit der Regierung von Menschen befassen.»[108] Auf dem Schafott war Desmoulins, einen Nervenzusammenbruch nahe, der dritte in der Reihe der Todgeweihten, Danton der letzte. Auch er gedachte seiner jungen Frau und murmelte ein paar Worte für sie, dann riß er sich zusammen: «Komm, Danton, keine Schwäche.» Als er sich unter das Fallbeil beugte, sagte er dem Henker, «zeig dem Volk meinen Kopf, er ist es wert».[109] Er war vierunddreißig Jahre alt, Desmoulins ebenfalls, doch sie hatten viele Leben gelebt seit dem Tage, als Camille die Pariser zum Sturm auf die Bastille aufrief. Acht Tage nach ihrem Tod folgte ihnen Lucile Desmoulins zusammen mit Héberts Witwe und Chaumette auf die Guillotine.

Alles schien somit ins reine gebracht. Alle Gruppierungen, die den Wohlfahrtsausschuß herausgefordert hatten, waren ausgelöscht oder unterdrückt. Die Girondisten waren tot oder auseinandergejagt. Die Sansculotten waren gespalten und zum Schweigen gebracht. Die Klubs – mit Ausnahme der Jakobinerklubs – waren geschlossen. Presse und Theater unterlagen strenger Zensur. Der eingeschüchterte Konvent überließ dem Wohlfahrtsausschuß alle wichtigen Entscheidungen. Unter dieser Bevormundung und von seinen übrigen Ausschüssen auf dem laufenden gehalten, verabschiedete der Konvent Gesetze über Hamsterer und Spekulanten, verkündete freie universelle Grundschulausbildung, schaffte die Sklaverei in den französischen Kolonien ab und errichtete einen Wohlfahrtsstaat mit sozialer Sicherheit, Arbeitslosenunterstützung, Gesundheitsfürsorge für die Armen und Fürsorgeunterstützung für die Alten. Durch Krieg und allgemeine Unordnung wurden diese Maßnahmen zum großen Teil zunichte gemacht, doch blieben sie als Anregungen für nachfolgende Generationen bestehen.

Robespierre, die Hände zwar von Blut gerötet, aber frei, widmete sich nun der Wiedereinsetzung Gottes in Frankreich. Der Versuch, Christentum durch Rationalismus zu ersetzen, hatte das Land gegen die Revolution aufgebracht. In Paris revoltierten die Katholiken gegen die Schließung der Kirchen und die Belästigung der Priester. Mehr und mehr Leute aus den unteren und mittleren Schichten gingen sonntags zur

Messe. In einer seiner eloquenten Ansprachen (7. Mai 1794) erklärte Robespierre, die Zeit sei gekommen, die Revolution wieder mit ihrem geistigen Vorläufer Rousseau zu vereinigen (dessen sterbliche Überreste am 14. April in das Pantheon überführt worden waren). Der Staat solle eine reine und einfache Religion fördern – im wesentlichen die des savoyardischen Landpfarrers in *Émile* – die, gegründet auf den Glauben an Gott und ein Leben nach dem Tode, die bürgerliche wie soziale Tugend als die notwendigen Fundamente einer Republik fordere. Der Konvent stimmte in der Hoffnung zu, diese Bewegung würde die Frommen besänftigen und den Terror mildern. Am 4. Juni wählte er Robespierre zu seinem Präsidenten.

In dieser offiziellen Position präsidierte er am 8. Juni 1794 einem «Fest des Höchsten Wesens» in Anwesenheit von 100 000 Männern, Frauen und Kindern, die sich auf dem Marsfeld versammelt hatten. An der Spitze eines langen Zuges von skeptischen Deputierten schritt der Unbestechliche mit Blumen und Weizenähren in den Händen zur Begleitung von Musik und Chorgesängen. Ein großer, von milchweißen Ochsen gezogener Wagen trug Garben goldenen Korns. Dahinter kamen Schäfer und Schäferinnen als Vertreter der Natur und als Symbol und Stimme Gottes. An einem der Wasserbecken, die das Marsfeld zierten, hatte David, der führende französische Künstler der Zeit, ein holzgeschnitztes Bildnis des Atheismus, getragen von Lastern und gekrönt vom Wahnsinn, errichtet. Gegenüber hatte er die Gestalt der Weisheit, über alle triumphierend, aufgestellt. Robespierre, die Verkörperung der Tugend, hielt eine Fackel in Richtung des Atheismus-Bildnisses, doch ein ungünstiger Wind lenkte die Flamme auf das der Weisheit. Eine großartige Inschrift verkündete: «Das französische Volk erkennt das Höchste Wesen und die Unsterblichkeit der Seele an.»[110] Robespierre war glücklich, aber Billaud-Varenne sagte zu ihm: «Sie fangen an, mich zu langweilen mit Ihrem Höchsten Wesen».

Zwei Tage später bewog Robespierre den Konvent, eine erschreckende Verschärfung des Terrors zu dekretieren. Es war dies gleichsam eine trotzige Antwort an Danton, ebenso wie das Fest auf dem Marsfeld eine nachträgliche Zurechtweisung für Hébert gewesen war. Das Gesetz vom 22. Prairial (10. Juni 1794) bedrohte Eintreten für die Monarchie oder Verleumdung der Republik, Sittlichkeitsverbrechen, Verbreitung falscher Nachrichten, Diebstahl von Volkseigentum, Wucher oder Unterschlagung, Aufhalten von Lebensmitteltransporten sowie Behinderung der Kriegsanstrengungen auf irgendeine Art mit der Todesstrafe. Ferner ermächtigte das Dekret die Gerichtshöfe zu entscheiden, ob den Angeklagten ein Rechtsbeistand gewährt, welche Zeugen gehört und wann die Beweisaufnahme beendet sein solle.[111] «Was mich angeht», sagte ein Schöffe, «ich bin immer überzeugt. In einer Revolution müssen alle verurteilt werden, die vor diesem Tribunal erscheinen».[112]

Für diese Intensivierung der Schreckensherrschaft gab es einige Entschuldigungen. Am 22. Mai war ein Anschlag auf das Leben von Collot d'Herbois gemacht worden, am 23. Mai hatte man einen jungen Mann bei einem offensichtlichen Versuch ertappt, Robespierre zu ermorden. Die Überzeugung, daß ein ausländisches Komplott bestehe, die Führer der Revolution zu beseitigen, veranlaßte einen Befehl des Konvents, britischen oder hannoverschen Kriegsgefangenen keinen Pardon zu geben. In den Pariser Gefängnissen saßen über achttausend Verdächtige, die jederzeit revoltieren und entkommen konnten. Sie mußten durch Furcht niedergehalten werden.

So begann der besondere «Große Terror», der vom 10. Juni bis zum 27. Juli 1794 dauerte. In nicht ganz sieben Wochen wurden 1376 Männer und Frauen guillotiniert, 155 mehr als in den einundsechzig Wochen zwischen 1793 und dem 10. Juni 1794.[113] Fouquier-Tinville machte die Bemerkung, die Köpfe fielen «wie Ziegel von den Dächern».[114] Die Bevölkerung strömte nicht länger zu den Hinrichtungen, nachdem diese so alltäglich geworden waren. Die Leute blieben zu Hause und überlegten sich sorgfältig jedes Wort, das sie sagten. Das öffentliche Leben kam fast völlig zum Stillstand. Kneipen und Bordelle waren fast leer. Der Konvent war nur noch ein Schatten seiner selbst. Von den ursprünglich 750 Abgeordneten erschienen nur noch 117 zu den Sitzungen, und viele davon enthielten sich bei Abstimmungen des Votums, um sich nicht zu komprimittieren. Selbst Mitglieder des Wohlfahrtsausschusses lebten in ständiger Furcht, unter die Axt des neuen Triumvirats Robespierre, Couthon und Saint-Just zu geraten.

Es war wahrscheinlich der Krieg, der auch starke Persönlichkeiten veranlaßte, sich einer so aufreizenden Machtkonzentration zu unterwerfen. Im April 1794 war der Prinz von Sachsen-Coburg mit einer neuen Armee in Frankreich eingefallen, und jede Niederlage der französischen Verteidiger konnte in Paris zu einem Chaos des Entsetzens führen. Die britische Blockade war bemüht, Frankreich von amerikanischen Lebensmittelzufuhren abzuschneiden, und nur der Sieg eines französischen Konvois über einen britischen Verband (1. Juni) ließ wertvolle Ladungen nach Brest gelangen. Dann warf eine französische Armee die Angreifer in der Nähe von Charleroi (25. Juni) zurück, und einen Tag später erfocht Saint-Just mit einer französischen Streitmacht bei Fleurus einen entscheidenden Sieg. Der Prinz zog sich aus Frankreich zurück, und am 27. Juli überschritten Jourdan und Pichegru die Grenze, um die französische Herrschaft in Antwerpen und Lüttich aufzurichten.

Diese triumphale Abwehr des prinzlichen Einfalls mag zum Sturz Robespierres beigetragen haben. Die wachsende Zahl seiner Feinde konnte damit rechnen, daß das Land und die Armee den Schock einer Auseinandersetzung auf Leben und Tod im innersten Kreis der Regierung überstehen würde. Der Ausschuß für allgemeine Sicherheit war mit dem Wohlfahrtsausschuß uneins über die Ausübung der Polizeigewalt, und im letzteren lehnten sich Billaud-Varenne, Collot d'Herbois und Carnot in zunehmendem Maße gegen Robespierre und Saint-Just auf. Angesichts ihrer feindseligen Haltung hielt sich Robespierre zwischen dem 1. und 23. Juli von den Ausschußsitzungen fern, in der Hoffnung, ihre Verstimmung über seine Führung würde schwinden. Er gab ihnen damit aber bessere Möglichkeiten, seinen Sturz zu planen. Außerdem versagte seine politische Taktik. Am 23. Juli machte er sich frühere Anhänger zu Feinden, als er den Klagen von Geschäftsleuten nachgab und ein Dekret unterzeichnete, das Maximallöhne für die Arbeiter festsetzte, mit dem Effekt, daß infolge der Geldentwertung manches Realeinkommen auf die Hälfte reduziert wurde.[115]

Die aus den Provinzen zurückgekehrten Terroristen – Fouché, Fréron, Tallien, Carrier – kamen zu dem Schluß, daß ihr Leben von der Ausschaltung Robespierres abhinge. Er hatte sie nach Paris zurückbeordert und einen Rechenschaftsbericht über ihre Mission von ihnen verlangt. «Sagen Sie, Fouché», hatte er gefragt, «wer hat Sie beauftragt, dem Volk zu erzählen, es gebe keinen Gott?»[116] Im Jakobinerklub schlug er vor, Fouché einem Verhör über seine Tätigkeit in Toulon und Lyon zu unterziehen oder ihn von der Mitgliederliste zu streichen. Fouché lehnte es ab, sich einer solchen Befragung zu unterwerfen und schlug zurück, indem er eine Namensliste zirkulieren ließ, die – wie er behauptete – Robespierres neue Kandidaten für die Guillotine enthielt. Was Tallien betraf, so brauchte er keinen solchen Ansporn. Seine bezaubernde Geliebte Thérésa Cabarrus war am 22. Mai verhaftet worden, angeblich auf Robespierres Befehl. Man erzählte sich, sie habe Tallien einen Dolch geschickt. Er schwor, sie um jeden Preis zu befreien.

Am 26. Juli hielt Robespierre seine letzte Rede vor dem Konvent. Die Deputierten hörten ihn in feindseliger Stimmung an. Viele unter ihnen waren gegen die übereilte Hinrichtung Dantons gewesen, und noch viel mehr beschuldigten Robespierre, den Konvent zur Ohnmacht verurteilt zu haben. Er versuchte, sich gegen diese Anschuldigungen zu rechtfertigen:

Bürger:... Ich muß mein Herz öffnen, und Sie müssen die Wahrheit erfahren... Ich bin hierher gekommen, um schreckliche Irrtümer aufzuklären. Ich bin gekommen, um die furchtbaren Schwüre der Zwietracht zu unterdrücken, mit denen gewisse Männer diesen Tempel der Freiheit füllen wollen...

Was ist der Grund für dieses abscheuliche System von Terror und Verleumdung? Gegenüber wem müssen wir uns schrecklich zeigen?... Sind es Tyrannen und Schurken, die uns fürchten, oder sind es Menschen guten Willens und Patrioten?... Tragen wir den Terror in den Nationalkonvent? Doch was sind wir ohne den Nationalkonvent? Wir, die wir den Konvent unter Lebensgefahr verteidigt haben, die wir uns seinem Fortbestehen geweiht haben, während verabscheuungswürdige Gruppen für jedermann sichtbar seinen Untergang planen... Für wen waren die ersten Schläge der Verschwörer bestimmt?... Wir sind es, die sie zu ermorden trachten, wir, die sie die Geißel Frankreichs nennen... Vor einiger Zeit riefen sie zum Kampf gegen gewisse Mitglieder des Wohlfahrtsausschusses. Später schienen sich ihre Anstrengungen auf die Vernichtung eines Mannes zu konzentrieren... Sie nennen mich einen Tyrannen... Es kam ihnen besonders darauf an, zu beweisen, daß das Revolutionstribunal ein Bluttribunal sei, von mir allein eingerichtet, und daß ich es absolut beherrsche mit dem Ziel, allen Menschen guten Willens die Köpfe abschlagen zu lassen...

Ich möchte (von diesen Anklägern) jetzt und hier keine Namen nennen. Ich kann mich nicht entschließen, den Schleier, der das dunkle Geheimnis dieser Verbrechen verhüllt, völlig zu lüften. Doch das eine kann ich positiv erklären: daß sich unter den Urhebern dieses Komplotts die Agenten jenes Bestechungssystems befinden, das zur Zerstörung der Republik entwickelt wurde... Die Verräter, unter täuschenden Masken hier verborgen, werden ihre Ankläger beschuldigen und ihre Tricks vervielfachen..., um die Wahrheit zu unterdrücken. Das ist ein Teil der Verschwörung.

Ich folgere daraus, daß... unter uns Tyrannei herrscht, doch ich will nicht schweigen. Wie kann man einen Mann tadeln, der die Wahrheit auf seiner Seite hat und der für sein Land zu sterben weiß?[117]

Diese historische Ansprache enthielt einige Fehler, erstaunlich viele für einen, der bislang seinen Weg bedachtsam zwischen den Fallgruben der Politik gesucht hatte. Die Macht trübt den Verstand noch mehr, als sie ihn korrumpiert, da sie die Voraussicht mindert und zu übereilter Aktion treibt. Der Ton der Ansprache – die stolze Anmaßung nicht allein der Unschuld, sondern als «ein Mann, der die Wahrheit auf seiner Seite hat» – konnte nur bei einem Sokrates vernünftig sein, der sich schon dem Tode zuneigte. Es war kaum weise, seine Feinde aufzustacheln und durch die Drohung in Wut zu versetzen, sie bloßzustellen, was den Tod bedeuten konnte. Es war töricht zu behaupten, der Konvent kenne keine Furcht vor dem Terror, wenn jeder wußte, daß dies nicht zutraf. Am schlimmsten aber war, daß er durch die Weigerung, die Namen der Männer zu nennen, die er anschuldigte, die Zahl der Deputierten vervielfachte, die sich als künftige Opfer seiner Wut betrachten mußten. Der Konvent nahm seinen Appel kalt auf und lehnte einen Antrag, ihn drucken zu lassen, ab. Robespierre wiederholte seine Rede abends im Jakobinerklub und erntete großen Beifall. Bei dieser Gelegenheit fügte er einen offenen Angriff auf die anwesenden Billaud-Varenne und Collot d'Herbois hinzu. Beide gingen vom Klub zu den Räumen des Wohlfahrtsausschusses, wo sie Saint-Just mit der Abfassung eines Schriftsatzes beschäftigt fanden, der Anklageschrift gegen sie, wie er ihnen herausfordernd erklärte.[118]

Am nächsten Morgen, dem 27. Juli (9. Thermidor), erhob sich Saint-Just, um diese Anklageschrift vor einem vor Feindseligkeit düsteren und vor Furcht verkrampften Konvent zu verlesen. Robespierre saß direkt vor der Rednerbühne. Sein Wirt, Duplay, hatte ihn vor unmittelbar bevorstehenden Schwierigkeiten gewarnt, doch Robespierre hatte den Warner zuversichtlich beruhigt: «Der Konvent ist im großen ganzen ehrenhaft, alle großen Ansammlungen von Männern sind ehrenhaft.»[119] Unglücklicherweise war der Vorsitzende an diesem Tage einer seiner eingeschworenen Feinde, Collot d'Herbois. Als Saint-Just seine Anklageschrift zu verlesen begann, sprang Tallien, der erwartete, mitbetroffen zu sein, auf die Tribüne, stieß den jungen Redner zur Seite und schrie: «Ich verlange volle Aufklärung!» Joseph Lebas, der Saint-Just gegenüber loyal war, versuchte noch, diesem zu Hilfe zu kommen, doch seine Worte wurden von hundert Stimmen übertönt. Und als Robespierre das Wort verlangte, wurde auch er niedergeschrien. Tallien erhob die Waffe, die ihm überbracht worden war und erklärte: «Ich habe mich mit einem Dolch bewaffnet, mit dem ich seine Brust durchbohren werde, wenn der Konvent nicht den Mut findet, die Anklage gegen ihn anzuordnen.»[120]

Collot übergab den Vorsitz an Thuriot, der ein Gefolgsmann Dantons gewesen war. Robespierre ging unter lauten Rufen zur Tribüne. Thuriots Glocke übertönte die meisten seiner Worte, doch einige davon waren trotz des Tumults zu hören: «Zum letzten Mal, Mörderpräsident, wollen Sie mir das Wort erteilen?» Der Konvent brüllte seine Mißbilligung über diese Anredeform heraus, und ein Deputierter sprach die verhängnisvollen Worte: «Ich beantrage die Verhaftung Robespierres.» Augustin Robespierre setzte sich ein wie ein Römer: «Ich bin so schuldig wie mein Bruder, ich bin so rechtschaffen wie er; ich bitte, mit seiner Verhaftung auch die meine anzuordnen.» Lebas erbat und erhielt dasselbe Vorrecht. Das Dekret wurde verabschiedet. Polizisten ergriffen die beiden Robespierres, Saint-Just, Lebas und Couthon und brachten sie eilig ins Luxemburggefängnis.

Pierre Fleuriot-Lescot, zu dieser Zeit Bürgermeister von Paris, ordnete an, die Gefangenen ins Rathaus zu bringen, wo er sie als Ehrengäste empfing und ihnen seinen Schutz anbot. Die Führer der Kommune befahlen Hanriot, dem Kommandanten der Pariser Nationalgarde, Truppen und Kanonen um die Tuilerien aufmarschieren zu lassen und den Konvent so lange gefangen zu halten, bis er das Verhaftungsdekret aufgehoben habe, doch Hanriot war zu betrunken, um diesen Auftrag auszuführen. Die Deputierten bestimmten Paul Barras, eine Truppe der Gendarmerie zu alarmieren, sich zum Rathaus zu begeben und die Gefangenen wieder zu arretieren. Der Bürgermeister appellierte erneut an den unfähigen Hanriot, der dann statt der Pariser Nationalgarde einen zusammengelaufenen Haufen von Sansculotten um sich versammelte. Diese aber brachten wenig Liebe für den Mann auf, der ihre Löhne heruntergesetzt und Hébert und Chaumette, Danton und Desmoulins getötet hatte. Außerdem begann es zu regnen, und sie verdrückten sich nach Hause oder zu ihrer Arbeit. Barras und seine Gendarmen konnten deshalb ohne Schwierigkeiten das Rathaus besetzen. Bei ihrem Anblick versuchte Robespierre mit einem Gewehr Selbstmord zu begehen, doch seine Hand zitterte am Abzug und der Schuß zerschmetterte nur seinen Kiefer.[121] Lebas, gefaßter als er, schoß sich in den Kopf. Augustin Robespierre brach sich bei einem sinnlosen Sprung aus dem Fenster ein Bein. Couthon mit seinen gelähmten Beinen wurde die Treppe hinuntergeworfen und lag hilflos da, bis ihn die Gendarmen mit den beiden Robespierres und Saint-Just ins Gefängnis zurückbrachten.

Am nächsten Nachmittag, dem 28. Juli 1794, wurden diese vier mit Fleuriot, dem immer noch betrunkenen Hanriot und sechzehn anderen auf vier Schinderkarren zur Guillotine auf den Platz gefahren, den wir heute noch als Place de la Concorde bewundern. Unterwegs vernahmen sie Schreie aus den Reihen der Zuschauer wie «Nieder mit dem Maximum!»[122] Eine aufgeputzte Zuschauermenge erwartete sie. Fenster, die auf den Platz gingen, waren zu Phantasiepreisen vermietet worden. Die Damen kamen gekleidet wie zu einem Festival. Als Robespierres Kopf der Menge gezeigt wurde, erscholl ein Schrei der Befriedigung. Ein Tod mehr mochte geringe Bedeutung haben, doch dieser Tod, so fühlte Paris, bedeutete das Ende des Terrors.

VI. DIE THERMIDORIANER:
29. JULI 1794 BIS 26. OKTOBER 1795

Am 29. Juli schickten die Sieger des 9. Thermidor siebzig Mitglieder der Pariser Kommune in den Tod. Damit war die Kommune dem Konvent unterworfen. Das tyrannische Gesetz vom 22. Prairial wurde aufgehoben (1. August), eingekerkerte Gegner Robespierres wurden freigelassen, einige seiner Anhänger traten an ihre

Stelle.[123] Das Revolutionstribunal wurde reformiert, um eine faire Prozeßführung zu gewährleisten. Fouquier-Tinville wurde aufgefordert, sein Vorgehen zu rechtfertigen. Seine Geschicklichkeit rettete ihm seinen Kopf, bis zum 7. Mai 1795. Der Wohlfahrtsausschuß und der Ausschuß für allgemeine Sicherheit überlebten, doch ihre Krallen waren gestutzt. Konservative Zeitungen florierten, radikale gingen aus Mangel an Publikumsinteresse ein. Tallien, Fouché und Fréron erkannten, daß sie in der neuen Führungsschicht nur dann einen Platz finden würden, wenn sie den Konvent dazu brächten, ihre Rollen während der Schreckensherrschaft zu ignorieren. Die Jakobinerklubs wurden in ganz Frankreich geschlossen (12. November). Die lange Zeit eingeschüchterten Deputierten der «Plaine» rutschten nach rechts; der «Berg» (Bergpartei) war entmachtet, und am 8. Dezember erhielten die dreiundsiebzig überlebenden girondistischen Abgeordneten ihre Sitze zurück. Die Bourgeoisie bemächtigte sich wieder der Revolution.

Die Lockerung des Regimes gestattete eine Wiederbelebung der Religion. Abgesehen von der schmalen Minderheit, die eine höhere Schulbildung genossen hatte, und jener oberen Mittelklasse, die von der Aufklärung erfaßt worden war, zogen die meisten Franzosen und fast alle Französinnen die Heiligen und Feste des katholischen Kalenders den wurzellosen Festivals und dem gestaltlosen Höchsten Wesen Robespierres vor. Am 15. Februar 1795 wurde ein Friedensvertrag mit den Aufständischen der Vendée unterzeichnet, der diesen die Freiheit des Gottesdienstes garantierte. Und eine Woche später wurde diese Freiheit auf ganz Frankreich ausgedehnt, die Regierung sagte die Trennung von Kirche und Staat zu.

Größere Schwierigkeiten bot das Problem, den ewigen Feinden – Produzenten und Konsumenten – gerecht zu werden. Die Produzenten riefen nach der Abschaffung der Preiskontrollen, die Konsumenten verlangten die Aufhebung des Lohnstops. Der Konvent, den jetzt begeisterte Verfechter freien Unternehmertums, Wettbewerbs und Handels beherrschten, ließ sich die widerstreitenden Forderungen vortragen und schaffte die Maxima ab (24. Dezember 1794). Jetzt stand es den Arbeitern frei, höhere Löhne zu fordern. Bauern und Händler konnten verlangen, was der Handel zu akzeptieren bereit war. Die Habsucht beflügelte das Ansteigen der Preise. Die Regierung gab neue Assignaten als Papiergeld aus, deren Wert noch schneller als vorher sank. Ein Scheffel Mehl, für den die Pariser 1790 zwei Assignaten bezahlt hatten, kostete 1795 zweihundertfünfundzwanzig. Ein Paar Schuhe stieg von fünf auf zweihundert, ein Dutzend Eier von siebenundsechzig auf zweitausendfünfhundert.[124]

Am 1. April 1795 brachen in verschiedenen Pariser Quartieren erneut Krawalle wegen des Brotpreises aus. Eine unbewaffnete Menge drang in den Konvent ein und verlangte Nahrung sowie ein Ende der Radikalenverfolgung; verschiedene Deputierte der zusammengeschmolzenen Bergpartei unterstützten sie. Der Konvent versprach sofortige Abhilfe, ließ aber die Aufrührer von der Nationalgarde zerstreuen. In dieser Nacht dekretierte er die Deportierung der radikalen Führer Billaud-Varenne, Collot d'Herbois, Barère, Vadier nach Guayana. Barère und Vadier entgingen der Verhaftung, Billaud und Collot wurden in die südamerikanische Kolonie abtransportiert, wo sie ein hartes Leben erwartete. Dort erkrankten die beiden Antiklerikalen und wurden von Nonnen gepflegt. Collot starb, Billaud genas. Er nahm eine Mulattensklavin zur Frau, wurde ein zufriedener Farmer und starb 1819 auf Haiti.[125]

Die Proteste der Bevölkerung von Paris nahmen an Heftigkeit zu. Plakate wurden angeschlagen, die zum Aufstand aufforderten. Am 20. Mai 1795 drang ein Haufen Frauen und bewaffneter Männer in den Konvent ein und schrie nach Brot, nach der Freilassung verhafteter Radikaler und endlich nach dem Rücktritt der Regierung. Ein Deputierter wurde durch einen Pistolenschuß getötet. Sein abgetrennter Kopf wurde auf eine Pike gespießt und dem Konventspräsidenten Boissy d'Anglas entgegengehoben, der ihn feierlich grüßte. Dann vertrieben Soldaten und der Regen die Demonstranten. Am 22. Mai umzingelten Truppen unter dem Befehlt General Pichegrus das Arbeiterviertel St. Antoine und zwangen die übrigen bewaffneten Rebellen, sich zu ergeben. Elf Abgeordnete der Bergpartei wurden verhaftet und der Beteiligung an der Revolte angeklagt. Zwei entkamen, vier töteten sich selbst, weitere fünf, die sich selbst lebensgefährliche Wunden zugefügt hatten, wurden eilig unter die Guillotine gelegt. Ein royalistischer Abgeordneter forderte die Verhaftung Carnots, doch eine Stimme protestierte dagegen mit dem Ruf: «Er hat unsere Siege organisiert.» So überlebte Carnot.

Jetzt – im Mai und Juni 1795 – tobte ein «Weißer Terror», wobei Jakobiner die Opfer und bürgerliche «Gemäßigte» die Richter waren, verbündet mit religiösen Gruppen wie der «Jesusgesellschaft», der «Jehugesellschaft» und der «Sonnenkompanie». In Lyon (5. Mai) wurden siebenundneunzig frühere Terroristen im Gefängnis massakriert, in Aix-en-Provence (17. Mai) weitere dreißig «mit ausgesuchter Grausamkeit» abgeschlachtet. Ähnliche Mordfeste fanden in Arles, Avignon und Marseille statt. In Tarascon (25. Mai) bemächtigten sich zweihundert maskierte Männer der Festung, fesselten die Gefangenen und warfen sie in die Rhone. In Toulon erhoben sich die Arbeiter gegen den neuen Terror. Der rehabilitierte Girondist Isnard führte Militär gegen die «Weißen» und zerschlug sie (31. Mai).[126] Die Schreckensherrschaft hatte nicht aufgehört, nur die Akteure hatten gewechselt.

Die siegreiche Bourgeoisie war nicht länger auf proletarische Verbündete angewiesen, denn sie hatte die Unterstützung der Generäle gewonnen, deren anhaltende Siege ihr Prestige sogar bei den Sansculotten hoben. So nahm am 19. Januar 1795 Pichegru Amsterdam ein. Der Statthalter Wilhelm IV. floh nach England, und Holland wurde für ein Jahrzehnt die «Batavische Republik» unter französischer Vormundschaft. Andere französische Armeen eroberten das linke Rheinufer zurück und hielten es besetzt. Die Allierten, besiegt und zerstritten, verließen Frankreich, um in Polen leichtere Beute zu machen. Preußen, voll damit beschäftigt, Rußland daran zu hindern, bei der dritten Teilung das Ganze einzustecken (1795), sandte Emissäre nach Paris, dann nach Basel, um einen Separatfrieden mit Frankreich auszuhandeln. Der Konvent konnte es sich leisten, anspruchsvoll aufzutreten, denn er sah mit Bangen einem Frieden entgegen, der Tausende von halbverwilderten Soldaten nach Paris und in die Provinzen zurückbringen mußte, die bisher auf Kosten eroberter Länder gelebt hatten, nun aber zu Verbrechen, Krankheiten und Tumulten in Städten beitragen würden, die sowieso seit langem nach Arbeit und Brot schrien. Würden außerdem die unruhigen, vom Kriegsruhm geschwellten Generäle – Pichegru, Jourdan, Hoche, Moreau – der Versuchung widerstehen, durch einen militärischen Staatsstreich *(coup d'état)* die Regierungsgewalt an sich zu reißen? So entsandte der Konvent den Marquis François de Barthélmy nach Basel mit der Anweisung, sich in der Frage der französischen Ansprüche auf das linke Rheinufer unnachgiebig zu zeigen. Preußen protestierte zuerst, gab aber dann nach, und Sachsen, Hannover und Hessen-Kassel folgten. Am 22. Juni trat Spanien den östlichen Teil (Santo Domingo) der Insel Hispaniola an Frankreich ab. Der Krieg mit Österreich und England ging weiter, gerade intensiv genug, um die französischen Truppen an den Fronten zu halten.

Am 27. Juni landeten 3600 Emigranten *(émigrés)*, von Portsmouth in britischen Schiffen übergesetzt, am Vorgebirge Quiberon in der Bretagne und vereinigten sich mit den royalistischen Banden der «Chouans» zu einem Versuch, den Aufstand in der Vendée wieder anzufachen. Hoche besiegte sie in einem brillanten Feldzug (21. Juli), und auf einen Antrag Talliens hin verurteilte der Konvent 748 gefangene *émigrés* zum Tode.

Am 8. Juni 1795 starb der zehnjährige Dauphin im Gefängnis, nicht nachweislich infolge von Mißhandlungen, sondern wahrscheinlich an Skrofulose und Verzweiflung. Daraufhin erkannten die Royalisten den älteren der beiden überlebenden Brüder Ludwigs XVI., den *émigré* Comte de Provence, als Ludwig XVIII. an und schworen, ihn auf den französischen Thron zu setzen. Dieser nicht reformierte Bourbone kündigte an (1. Juli 1795), er würde nach seiner Einsetzung das Ancien Régime im Sinne einer absoluten Monarchie und mit allen Vorrechten der Feudalzeit wiederherstellen. Daraus erklärt sich die gemeinsame Unterstützung, welche später die französische Bourgeoisie zusammen mit der Landbevölkerung und den Sansculotten Napoleon in einem Dutzend Kriege liehen.

Trotz alledem war Frankreich aber revolutionsmüde und ließ sich allmählich wieder monarchistische Anwandlungen gefallen, die in einigen Zeitungen, Salons oder wohlhabenden Häusern auftauchten: Nur ein durch Erbschaft und Tradition legitimierter König könne einem Volk Ordnung und Sicherheit bringen, das angsterfüllt und unglücklich war nach drei Jahren politischer und wirtschaftlicher Spaltung, religiöser Trennung, andauerndem Krieg und der Unsicherheit von Arbeit, Nahrung und Leben. Die Hälfte oder noch mehr des südlichen Frankreich war Paris und seinen Politikern zutiefst entfremdet. In Paris gerieten die einst von Sansculotten beherrschten Sektionsversammlungen zunehmend unter den Einfluß von Geschäftsleuten, in einzelnen dominierten sogar die Royalisten. In den Theatern wurden Verse, die von der «guten alten Zeit» vor 1789 sprachen, offen beklatscht. Rebellische Jugendliche stellten sich offen gegen die Revolution. Sie organisierten sich in Gruppen, die sich Jeunesse Dorée (Goldene Jugend), Merveilleux (Ungewöhnliche) oder Muscadins (Stutzer) benannten. Stolz auf ihre kostspielige bizarre Kleidung, ihre langen gelockten Haare, promenierten sie mit dicken Knüppeln in den Straßen und ergingen sich in royalistischen Äußerungen. Es war so unmodern geworden, der revolutionären Regierung anzuhängen, daß ein verfrühter Bericht, der Konvent löse sich auf, größte Begeisterung auslöste; einzelne Pariser tanzten sogar in den Straßen.

Indessen nahm sich der Konvent Zeit mit seiner Auflösung. Im Juni 1795 begann er eine neue Verfassung auszuarbeiten, völlig verschieden von der demokratischen und niemals in Kraft getretenen Verfassung von 1793. Die neue Legislative bestand aus zwei Kammern, wobei die Zustimmung eines Senats aus älteren und erfahrenen Abgeordneten für das Wirksamwerden jeder Maßnahme erforderlich war, die von einem Abgeordnetenhaus, das den Meinungsströmungen in der Bevölkerung und neuen Gedanken offener war, beschlossen wurde. Das Volk, sagte Boissy d'Anglas, ist nicht weise und charakterfest genug, um die Politik eines Staates bestimmen zu können.[127] So revidierte diese «Verfassung des Jahres III» (das heißt, das Jahr beginnt am 22. September 1794) die Deklaration der Menschenrechte von 1789, um populäre Irrtümer von Bürgertugend und Macht zu berichtigen. Sie ließ die Behauptung fallen, daß «die Menschen frei und gleich an Rechten geboren werden und es bleiben» und erklärte, daß Gleichheit lediglich bedeute, «daß alle Menschen vor dem Gesetz gleich sind». Wahlen sollten indirekt sein. Die Wähler sollten Delegierte in das «Wahlmännerkollegium» ihres Departementes wählen. Diese Wahlmänner wiederum sollten die Mitglieder der nationalen Legislative, der richterlichen- und Verwaltungsbehörden wählen. Die Wählbarkeit in die Wahlmännergremien war so eng auf Grundbesitzer beschränkt, daß nur 30 000 Farnzosen die nationale Regierung wählten. Das Stimmrecht für Frauen wurde dem Konvent von einem Deputierten vorgeschlagen, aber auf die Frage eines anderen Deputierten, «wo ist die gute Ehefrau, die zu behaupten wagt, der Wunsch ihres Gatten sei nicht ihr eigener?» fallen gelassen[128] Staatliche Wirtschaftskontrolle wurde als unnütz abgelehnt, da sie die Erfindungsgabe und Unternehmungslust ersticke und das Wachstum des nationalen Reichtums verlangsame.

Diese Verfassung enthielt einzelne liberale Elemente: Sie sicherte die religiöse Freiheit und innerhalb «gewisser Grenzen» *die Freiheit der Presse* (die damals weitgehend von der Mittelklasse kontrolliert war).* Die Ratifizierung der Verfassung hatte durch Abstimmung der erwachsenen Männer zu erfolgen, mit einem überraschenden Vorbehalt: Zwei Drittel der Abgeordneten für die neuen Kammern mußten Mitglieder des gegenwärtigen Nationalkonvents sein. Sollte diese Anzahl nicht gewählt werden, so hatten die wiedergewählten Mitglieder die zwei Drittel durch Zuwahl weiterer gegenwärtiger Mitglieder aufzufüllen. Dies, meinten die gefährdeten Delegierten, sei für die Kontinuität von Erfahrung und Politik notwendig. Die Wähler waren gelehrig. Von 958 226 abgegebenen Stimmen stimmten 941 853 für die neue Verfassung und von 263 131 über die Zweidrittel-Klausel abgegebenen Stimmen waren 167 758 dafür.[129] Am 23. September 1795 erklärte der Konvent die neue Verfassung zum französischen Staatsgrundgesetz und bereitete sich darauf vor, in guter Ordnung zurückzutreten.

---

* Das Wort *liberal*, auf Wirtschaft und Politik angewendet, bedeutet eine freie Wirtschaft bei geringster staatlicher Einmischung.

Er konnte trotz der Monate voll Unordnung und Terror, der Unterwürfigkeit gegenüber seinen Ausschüssen und trotz der von den Sansculotten erzwungenen Säuberung in seinen eigenen Reihen einige Leistungen für sich buchen. Er hatte bis zu einem gewissen Grade Recht und Gesetz in einer Stadt aufrechterhalten, wo das Recht seinen Nimbus wie seine Wurzeln eingebüßt hatte. Er hatte die Machtergreifung der Bourgeoisie konsolidiert und versucht, die Habgier der Händler gerade genug im Zaum zu halten, um eine unruhige Bevölkerung vor dem Hungertod zu bewahren. Er hatte Armeen aufgestellt und ausgebildet, fähige und ergebene Generäle herangezogen, hatte eine mächtige Koalition zurückgeworfen und einen Frieden erreicht, der Frankreich den Schutz der natürlichen Grenzen des Rheins, der Alpen und Pyrenäen und der Meere sicherte. Neben allen diesen aufreibenden Anstrengungen hatte er das metrische System eingeführt, das naturgeschichtlichen Museum gegründet bzw. wiedereingerichtet, dazu die École Polytechnique und die medizinische Hochschule. Er hatte das Institut de France gegründet. Er meinte, er habe nun, nach drei Jahren wundersamen Überlebens, einen friedlichen Tod und eine Zweidrittel-Auferstehung verdient.

Doch nach der Art der Zeit sollte es ein blutiger Tod sein. Die Plutokraten und Royalisten, die sich der Lepeletière-Sektion von Paris rund um die Börse bemächtigt hatten, erhoben sich in einer Revolte gegen die gesetzlich verankerte Wiedergeburt. Andere Sektionen schlossen sich ihnen aus verschiedenartigen Gründen an. Zusammen organisierten sie eine Streitmacht von 25 000 Mann, die Stellungen bezogen, die die Tuilerien und damit auch den Konvent beherrschten (13. Vendémiaire, 5. Oktober 1795). Die eingeschüchterten Deputierten beauftragten Barras, eine Verteidigung zu improvisieren. Dieser wiederum forderte den sechsundzwanzigjährigen Bonaparte, der ohne Beschäftigung in Paris weilte, auf, Mannschaften, Material und vor allem Artillerie herbeizuschaffen. Der Held von Toulon wußte, wo die Kanonen untergebracht waren und schickte Murat mit einer Abteilung, um sie herbeizuschaffen. Dann plazierte er sie an Punkten, von wo sie die anrückenden Aufständischen in Schach hielten. Der Befehl auseinanderzugehen wurde verkündet, aber er blieb unbeachtet. Napoleon gab seiner Artillerie Feuerbefehl. Zwischen zwei- und dreihundert der Belagerer fielen, der Rest floh. Der Konvent hatte seine letzte Feuerprobe überlebt, und Napoleon, entschlossen und skrupellos, begann die wohl spektakulärste Karriere der modernen Geschichte.

Am 26. Oktober erklärte sich der Nationalkonvent für aufgelöst und am 2. November begann die Endphase der Revolution.

FÜNFTES KAPITEL

Das Direktorium

[2. November 1795–9. November 1799]

I. DIE NEUE REGIERUNG

SIE setzte sich aus fünf Körperschaften zusammen. Erstens aus dem Rat der Fünfhundert oder dem Großen Rat (Les Cinq Cents), der bevollmächtigt war, Maßnahmen vorzuschlagen oder zu diskutieren, aber nicht, ihnen Gesetzeskraft zu verleihen. Zweitens war da der Rat der Alten (Les Anciens) mit zweihundertfünfzig Mitgliedern, die verheiratet und mindestens vierzig Jahre alt sein mußten. Sie waren nicht autorisiert, Gesetzesinitiativen einzubringen, sondern hatten den «résolutions», die ihnen von den Fünfhundert vorgelegt wurden, Gesetzeskraft zu verleihen oder sie abzulehnen. Diese beiden Kammern bildeten die Legislative (Corps Législatif). Ein Drittel ihrer Mitglieder wurde alljährlich von den Wahlmännerkollegien durch Neuwahlen ersetzt. Die Exekutive der Regierung war das Direktorium (Directoire), bestehend aus fünf Mitgliedern, mindestens vierzig Jahre alt und von den Alten aus einer von den Fünfhundert vorgelegten Liste von fünfzig Namen für eine fünfjährige Amtszeit ausgewählt. Jedes Jahr mußte einer der Direktoren durch ein neugewähltes Mitglied ersetzt werden. Unabhängig von diesen drei Körperschaften und auch von einander waren das Gerichtswesen und das Schatzamt, deren Mitglieder von den Wahlmännergremien der Departements gewählt wurden. Es war eine Regierung des wechselseitig kontrollierten Gleichgewichts, dazu bestimmt, die siegreiche Bourgeoisie vor einer aufsässigen Bevölkerung zu schützen.

Das Direktorium, im Luxembourg-Palast untergebracht, wurde schnell zum dominierenden Teil der Regierung. Ihm unterstanden Armee und Flotte, und es bestimmte die Außenpolitik. Es kontrollierte die Ministerien des Innern, des Äußeren, Marine- und Kolonial, Kriegs- und Finanzministerium. Durch die naturgegebene Tendenz, welche die Macht bei Führungskräften konzentriert, wurde das Direktorium zu einer Diktatur, fast so unabhängig wie der Wohlfahrtsausschuß.

Die fünf Männer, die als erste zu Direktoren gewählt wurden, waren Paul Barras, Louis Marie de Larevellière-Lépaux, Jean François Rewbell, Charles Letourneur und Lazare Carnot. Alle gehörten zu den Königsmördern, vier waren Jakobiner, einer – Barras – war Vicomte gewesen. Nun stellten sie sich auf ein bürgerliches Regime ein. Sie waren alle fähige Männer, jedoch, mit Ausnahme von Carnot, keineswegs in jeder Hinsicht integer. Wenn Überleben ein Gradmesser für Tüchtigkeit ist, so war Barras der Tüchtigste, der zuerst Ludwig XVI., dann Robespierre diente und an beider Tod beteiligt war, der sich sicher durch eine Krise nach der anderen manövrierte, eine Geliebte nach der anderen hatte, bei jeder Schwenkung an Reichtum und Macht zunahm, Napoleon eine Armee und eine Ehefrau gab, beide überlebte und als wohlhabender Mann im wieder bourbonisch gewordenen Paris im Alter von vierundsiebzig Jahren starb (1829).[1] Er besaß neun Leben und verkaufte sie alle.

Die vielfältigen und zahlreichen Schwierigkeiten, denen sich das Direktorium 1795 gegenübersah, waren häufig Grund genug dafür, daß es bei ihrer Bewältigung auch manche Fehlschläge gab. So lebte die arme Bevölkerung von Paris ständig in bitterster Not. Die britische Blockade verhinderte zusammen mit den eigenen wirtschaftlichen Schwierigkeiten den Transport von Lebensmitteln und anderen Gütern. Inflation entwertete das Geld. 1795 waren fünftausend Assignaten nötig, um etwas zu kaufen, was man 1790 für hundert bekommen hatte. Da das Schatzamt die Zinsen für seine Schuldverschreibungen in Assignaten zum Nennwert bezahlte, sahen sich die Rentiers, die ihr Geld als Alterssicherung in Staats-«Sicherheiten» angelegt hatten, in derselben Situation wie die rebellischen Armen.[2] Tausende von Franzosen kauften in rasendem Wettlauf mit der Inflation Wertpapiere. Hatten die Kurse einen Höchststand erreicht, entledigten sich die Spekulanten ihres Besitzes; der Verkaufstaumel ließ die Kurse in den Keller rutschen; die Einfältigen merkten, daß ihre Ersparnisse von ein paar Gerissenen eingesackt worden waren. Das Schatzamt, des öffentlichen Vertrauens verlustig gegangen, sah sich mehrmals dem Bankrott gegenüber und mußte ihn 1795 tatsächlich erklären. Eine von den Wohlhabenden erpreßte Anleihe führte zu Preiserhöhungen durch die Kaufleute und ruinierte die Luxusbranchen. Die Arbeitslosigkeit nahm zu, Krieg und Inflation gingen weiter.

Inmitten von Chaos und Not wärmte der Traum vom Kommunismus, der Mably 1748, Morelly 1755 und Linguet 1777 inspiriert hatte, wieder die Herzen der verzweifelten Armen. Jacques Roux hatte ihn 1793 artikuliert. Am 11. April 1796 wurden die Arbeiterviertel von Paris mit Anschlägen beklebt, die einen «Abriß der Babeufschen Doktrin» boten. Hier einige Absätze daraus:

1. Die Natur hat jedem Menschen das gleiche Recht verliehen, sich an allen Gütern zu erfreuen...
3. Die Natur hat jedem Menschen die Verpflichtung auferlegt, zu arbeiten. Niemand kann sich der Arbeit entziehen, ohne sich zu vergehen ...
7. In einer freien Gesellschaft darf es weder Reiche noch Arme geben.
8. Die Reichen, die sich nicht zu Gunsten der Bedürftigen von ihrem Überfluß trennen, sind Feinde des Volkes.
10. Zweck der Revolution ist es, die Ungleichheit aus der Welt zu schaffen und die allgemeine Glückseligkeit zu etablieren.
11. Die Revolution ist nicht beendet, da die Reichen sich sämtlicher Güter bemächtigt haben und die Vorherrschaft ausüben, während die Armen in Wirklichkeit als Sklaven arbeiten ... und in den Augen des Staates ein Nichts sind.
12. Die Verfassung von 1793 ist das wahre Gesetz der Franzosen ... Der Konvent hat das Volk, das ihre Inkraftsetzung verlangte, niederschießen lassen ... Die Verfassung von 1793 hat das unveräußerliche Recht jedes Bürgers bestätigt, politische Rechte auszuüben, sich zu versammeln, zu verlangen, was er für notwendig hält, sich selbst zu erziehen und nicht Hungers zu sterben, Rechte, welche das konterrevolutionäre Gesetz (Verfassung) von 1795 in jeder Hinsicht und offen verletzt hat.[3]

François Émile «Gracchus» Babeuf, 1760 geboren, erscheint in der Geschichte erstmals 1785 als Bevollmächtigter von Großgrundbesitzern, deren feudale Rechte er gegenüber der Bauernschaft durchzusetzen hatte. 1789 ging er zur Gegenseite über und verfaßte ein *cahier*, worin die Aufhebung feudaler Privilegien gefordert wurde. 1794 ließ er sich in Paris nieder, verteidigte zuerst die Thermidorianer und griff sie dann an, wurde verhaftet und tauchte 1795 als fanatischer Kommunist wieder auf. Bald organisierte er die Société des Égaux (Gruppe der Gleichen). Seinem «Abriß» ließ er eine Proklamation folgen, betitelt «Verfügung über die Volkserhebung», unterzeichnet von einem «Aufständischenkomitee für öffentliche Wohlfahrt». Einige Absätze daraus:

10. Der Rat und das Direktorium, Usurpatoren öffentlicher Autorität, werden aufgelöst. Ihre sämtlichen Mitglieder werden unverzüglich vor ein Volksgericht gestellt ...
18. Öffentlicher und privater Besitz werden der Obhut des Volkes übergeben.
19. Die Aufgabe, die Revolution zu beenden und der Republik Freiheit, Gleichheit und die Verfassung von 1793 zu bringen, wird einer Nationalversammlung anvertraut, die durch je einen Demokraten aus jedem Departement gebildet wird, ernannt durch das aufständische Volk auf Vorschlag des Komitees der Aufständischen.
Das Aufständischenkomitee für öffentliche Wohlfahrt wird bis zur vollständigen Durchführung des Aufstandes im Amt bleiben.[4]

Das klingt verdächtig nach einem Aufruf für eine neue Diktatur, für einen Wechsel des Meisters von einem Robespierre zum anderen. In seiner Zeitung *Tribune du Peuple* führte Babeuf seinen Traum näher aus:

Aller Besitz derjenigen, die mehr haben als ihren proportionalen Anteil am Vermögen der Gesellschaft, ist durch Diebstahl und widerrechtliche Aneignung erworben. Es ist daher gerecht, ihn ihnen wegzunehmen. Ein Mann, der zeigt, daß er durch seine eigene Kraft soviel verdienen oder tun kann wie vier andere, ist trotzdem ein Verräter an der Gesellschaft, weil er das Gleichgewicht zerstört und ... die kostbare Gleichheit. Die soziale Unterweisung muß soweit gehen, daß niemand mehr auf den Gedanken kommt, er könne durch Ausbildung oder Talent reicher, mächtiger oder angesehener werden. Zwietracht ist besser, als die schreckliche Übereinstimmung, die uns durch Hunger umkommen läßt. Wenden wir uns zurück ins Chaos und lassen wir aus dem Chaos eine neue Welt entstehen.[5]

Ein *agent provocateur* informierte das Direktorium, daß die Pariser Proletarier in zunehmender Zahl die Plakate und Zeitungen Babeufs läsen und daß für den 11.Mai 1796 ein bewaffneter Aufstand geplant sei. Am 10.Mai wurde ein Haftbefehl für ihn und seine führenden Mitarbeiter ausgestellt: Filippo Buonarroti, A. Darthé, M. G. Vadier und J. B. Drouet. Nach einjähriger Haft, während welcher Zeit mehrere Versuche, sie zu befreien, scheiterten, wurde am 27.Mai 1797 in Vendôme gegen sie verhandelt. Buonarotti wurde zu einer Gefängnisstrafe verurteilt, Drouet freigesprochen. Babeuf und Darthé, beide zum Tode verurteilt, versuchten Selbstmord, wurden aber unter die Guillotine gebracht, ehe sie sterben konnten. Im übrigen war ihr Plan so einfältig und verkannte derart die menschliche Natur, daß ihn nicht einmal die Pariser Proletarier ernst genommen hatten. Außerdem hatten Reiche wie Arme in Frankreich um 1797 einen neuen Helden gefunden, den faszinierendsten Träumer und Beweger in der politischen Geschichte der Menschheit.

II. DER JUNGE NAPOLEON 1769–1795

«Keine geistige Tätigkeit», hat Lord Acton gesagt, «kann fruchtbringender sein, als die Beschäftigung mit dem Geist Napoleons, des am vollständigsten bekannten und fähigsten Menschen unter allen historischen Persönlichkeiten».[6] Doch wer kann sich heutzutage rühmen, einen Mann vollständig und wahrhaftig zu kennen – obwohl an die 200 000 Bücher und Broschüren über ihn geschrieben worden sind –, der von hundert gelehrten Historikern als ein Held dargestellt wird, der kämpfte, um Europa Einheit und Recht zu bringen, während hundert andere gelehrte Historiker ihn als das Ungeheuer sehen, das Frankreich verbluten ließ und Europa verwüstete, um seinen unersättlichen Hunger nach Macht und Krieg zu stillen. «Die französische Revolution», sagte Nietzsche, «machte Napoleon möglich; das ist ihre Rechtfertigung».[7] Napoleon, vor Rousseaus Grabmal in Gedanken versunken, murmelte, «vielleicht wäre es besser gewesen, wenn keiner von uns beiden geboren worden wäre».[8]

Er wurde am 15. August 1769 in Ajaccio geboren. Fünfzehn Monate vorher hatte Genua Korsika an Frankreich verkauft, und nur zwei Monate vorher hatte eine französische Armee durch die Niederschlagung des Aufstandes Paolis den Verkauf bestätigt; solche Bagatellen können zur geschichtlichenn Wende werden. Zwanzig Jahre später schrieb Napoleon an Paoli: «Ich wurde geboren, als mein Land im Sterben lag. Dreißigtausend Franzosen überschwemmten unsere Küsten und ertränkten die Herrschaft der Freiheit in einem Meer von Blut. Dies war das abscheuliche Schauspiel, das meine Kinderaugen beleidigte.»[9]

«Korsika», sagte Livius, «ist eine zerklüftete, bergige, nahezu unbewohnbare Insel. Die Bewohner ähneln ihrem Land, sie sind so unbezähmbar wie wilde Tiere».[10] Die Verbindung mit Italien hatte diese Wildheit teilweise besänftigt, doch die Rauheit der Landschaft, das harte, fast primitive Leben, die mörderischen Familienfehden, die wütende Abwehr jedes Eindringlings hatten die Korsen zu Paolis Zeit eher für Guerillakriegführung oder Kondottiereunternehmen geeignet gemacht als für die Konzessionen, die wilde Instinkte an eine prosaische Ordnung machen müssen, wenn sich Kultur formen soll. Die Hauptstadt war zivilisiert, doch die meiste Zeit, während der Letizia Ramolino Buonaparte Napoleon trug, folgte sie Paoli mit ihrem Gatten von Lagerplatz zu Lagerplatz, hauste in Zelten oder Berghütten und atmete die Luft des Kampfes. Ihr Sohn schien die Erinnerung daran in seinem Blut bewahrt zu haben, denn er war nie so glücklich wie im Krieg. Er blieb bis zu seinem Ende ein Korse und in allem, außer dem Zeitpunkt seiner Geburt und seiner Erziehung, ein Italiener, den die Renaissance in Korsika hinterlassen hatte. Als er Italien für Frankreich eroberte, empfingen ihn die Italiener bereitwillig; er war der Italiener, der Frankreich eroberte.

Sein Vater Carlo Buonaparte konnte seine Abstammung bis weit zurück in die Geschichte Italiens verfolgen, durch einen kraftvollen Stamm, der meist in der Toskana lebte, später in Genua, und im sechzehnten Jahrhundert nach Korsika auswanderte. Die Familie besaß einen adligen Stammbaum, der von der französischen Regierung anerkannt wurde. Das *de* allerdings wurde gestrichen, als während der Revolution ein Adelsprädikat einen Schritt zur Guillotine bedeutete. Carlo war ein talentierter anpassungsfähiger Mann. Unter Paoli kämpfte er für die Freiheit Korsikas. Als der Aufstand fehlschlug, machte er seinen Frieden mit den Franzosen, war in der franko-korsischen Verwaltung tätig, erreichte die Zulassung zweier seiner Söhne zu Akademien in Frankreich und war unter den Abgeordneten des korsischen Adels bei den Generalständen. Napoleon erbte von seinem Vater seine grauen Augen und vielleicht seinen verhängnisvollen Magenkrebs.[11]

Von seiner Mutter hatte er mehr. «Alle meine Erfolge und alles Gute, das ich getan habe, verdanke ich meiner Mutter und ihren ausgezeichneten Grundsätzen. Es kann keinen Zweifel geben, daß die Entwicklung eines Kindes von seiner Mutter abhängt.»[12] Er glich ihr an Energie, Mut und wilder Entschlossenheit, sogar in der Treue zu den wuchernden Buonapartes. 1750 geboren, war Letizia Ramolino vierzehn, als sie heiratete und fünfunddreißig, als sie Witwe wurde. Zwischen 1764 und 1784 gebar sie dreizehn Kinder, von denen fünf in der Kindheit starben. Die übrigen zog sie mit unbeugsamer Autorität auf, strahlte mit ihrem Aufstieg und litt mit ihrem Fall.

Napoleon war ihr viertes Kind, das zweite, das die Kindheit überlebte.

Der Älteste war Joseph Bonaparte (1768–1844), ein liebenswürdiger und kultivierter Epikureer. Er wurde zum König von Neapel und später zum König von Spanien gemacht und nährte die Hoffnung, der zweite Kaiser von Frankreich zu werden. Nach Napoleon kam Lucien (1775–1840), der ihm 1799 half, die Macht in Frankreich zu ergreifen, später sein leidenschaftlicher Gegner wurde und während der heroischen Sinnlosigkeit der «Hundert Tage» an seiner Seite stand. Dann Maria Anna Elisa (1777–1820), die stolze und begabte Großherzogin von Toskana, die 1813 Partei gegen ihren Bruder nahm und ihm im Tode vorausging. Dann Louis (1778–1846), der die reizende Hortense de Beauharnais heiratete, König von Holland wurde und Napoleon III. zeugte. Dann Pauline (1780–1825), schön und skandalös vergnügungssüchtig, die den Fürsten Camillo Borghese heiratete und heute noch in Canovas zärtlich konturiertem Marmorbild in der Galleria Borghese Hof hält, als eines der unvergänglichen Wunder Roms. «Pauline und ich», erinnerte sich Napoleon, «waren Mutters Lieblinge. Pauline, weil sie die hübscheste und zierlichste meiner Schwestern war, und ich, weil ein natürliches Gefühl ihr sagte, daß ich die Größe der Familie begründen würde».[13] Dann Maria Carolina (1782–1839), die Joachim Murat heiratete und Königin von Neapel wurde. Schließlich Jérôme (1784 bis 1860), der den Baltimorezweig der Buonapartes gründete und zum König von Westfalen aufstieg.

1779 erlangte Carlo Buonaparte von der französischen Regierung die Vergünstigung, Napoleon auf die Militärakademie nach Brienne, etwa neunzig Meilen südöstlich von Paris zu schicken. Es war ein einschneidendes Ereignis im Leben des Knaben, denn es bestimmte ihn für die militärische Laufbahn und – fast bis ans

Ende seiner Tage – dazu, über Leben und Schicksal in militärischen Begriffen zu denken. Brienne wurde zur Zerreißprobe für die Charakterbildung eines zehnjährigen Jungen, so ferne der Heimat in einer fremden und strengen Umgebung. Die anderen Schüler konnten ihm sein stolzes Naturell nicht verzeihen, das seinem obskuren Adel so unangemessen schien. «Ich litt unsäglich unter dem Spott meiner Schulkameraden, die mich als Ausländer verlachten.» Der junge Einzelgänger zog sich in sich selbst zurück, zu seinen Studien, Büchern und Träumen. Seine Neigung zur Schweigsamkeit vertiefte sich. Er sprach wenig, vertraute niemand und schloß sich von einer Welt ab, die dazu eingerichtet schien, ihn zu quälen. Eine Ausnahme gab es: Er schloß Freundschaft mit Louis Antoine Fauvelet de Bourrienne, ebenfalls Jahrgang 1769. Sie verteidigten einander und stritten miteinander. Nach langer Trennung wurde Bourrienne sein Sekretär (1797) und verblieb bis 1805 in seiner nächsten Umgebung.

Seine Isolierung ließ den jungen Korsen sich in Studien auszeichnen, die seinen Hunger nach Ruhm nährten. Latein floh er als etwas Totes. Er hatte keine Verwendung für die Anmut eines Vergil oder die wortkarge Knappheit eines Tacitus. Über Literatur oder Kunst hörte er nicht viel, da die Lehrer von deren Reizen zumeist wenig Ahnung hatten. Dagegen beschäftigte er sich eifrig mit Mathematik. Hier war eine Disziplin, die seinem Wunsch nach Exaktheit und Klarheit entsprach, jenseits von Vorurteil und Argumentation und von dauerndem Nutzen für einen Militäringenieur. Auf diesem Gebiet war er der erste seiner Klasse. Auch an Geographie fand er Geschmack. Alle diese verschiedenen Länder der Erde besaßen ja Terrains, die studiert und Völker, die beherrscht werden konnten. Dies alles nährte seine Träume. Geschichte war für ihn wie für Carlyle Verehrung von Helden, besonders solcher, die Völker anführten oder Reiche errichteten. Plutarch stand ihm noch näher als Euklid; er atmete die Leidenschaft dieser alten Patrioten, er trank das Blut dieser historischen Schlachten. «In dir ist nichts Neuzeitliches», sagte Paoli zu ihm, «du gehörst Plutarch mit Haut und Haaren».[13] Er würde Heine verstanden haben, der gesagt hat, daß er bei der Lektüre Plutarchs Sehnsucht verspürte, ein Pferd zu besteigen und sich zur Eroberung von Paris aufzumachen. Napoleon erreichte dieses Ziel über Italien und Ägypten. Flankenangriffe waren seine Stärke.

Nach fünf Jahren Brienne zählte Bonaparte – nunmehr fünfzehn – zu den Studenten, die aus den zwölf Kriegsschulen Frankreichs ausgewählt wurden, um an der École Militaire in Paris eine höhere Ausbildung zu empfangen. Im Oktober 1785 wurde er als Sekondeleutnant der Artillerie dem La-Fère-Regiment zugeteilt, das in Valence an der Rhône stationiert war. Dort betrug sein Sold 1120 Livres pro Jahr.[15] Davon schickte er offenbar einen Teil seiner Mutter, um sie bei der Versorgung ihrer wachsenden Sippe zu unterstützen. Da sein Vater im Februar gestorben war und Joseph noch ohne Mittel, war Napoleon zum aktiven Haupt des Klans geworden. Während seines Urlaubs besuchte er Korsika mehrmals allein, wie er sagte, «wegen des Geruchs seiner Erde», wegen seiner «Klippen, hohen Berge und tiefen Schluchten».[16]

In Valence und 1788 in Auxonne gewann er die Achtung seiner Offizierskameraden durch seine raschen Fortschritte in den militärischen Wissenschaften, seine schnelle Auffassungsgabe, seine vielen praktischen Anregungen und seine Einsatzfreudigkeit bei der schweren körperlichen Arbeit, die das Manövrieren von Geschützen erfordert. Er studierte sorgfältig den *Essai de tactique générale* (1772) und andere militärische Schriften von Julie de Lespinasses nachlässigem Liebhaber Jacques Antoine Hippolyte de Guibert. Napoleon war nicht länger ein Ausgestoßener, er schloß Freundschaften, besuchte Theater, hörte Konzerte, nahm Tanzunterricht und entdeckte die Reize der Frauen. Gelegentlich eines Urlaubs in Paris (22. Januar 1787) überredete er sich selbst mühsam zu einem zufälligen Abenteuer mit einer Straßendirne. «In dieser Nacht», versichert er uns, «lernte ich zum ersten Mal eine Frau kennen».[17] Trotzdem überfielen ihn zuweilen düstere Stimmungen. Zu Zeiten fragte er sich, allein in seinem schlichten Zimmer, warum er, logisch betrachtet, eigentlich weiterleben solle. «Da ich eines Tages sterben muß, wäre es vielleicht besser, wenn ich mich selbst umbrächte.»[18] Es fiel ihm aber keine angenehme Todesart ein.

In seinen freien Stunden fand er Zeit, sich in Literatur und Geschichte selbst weiterzubilden. Madame de Rémusat, später Hofdame bei Josephine, meinte, er sei «unwissend, läse nur wenig und das in Eile».[19] Dennoch wissen wir, daß er in Valence und Auxonne Dramen von Corneille, Molière, Racine und Voltaire las.[20] Er lernte sogar einzelne Abschnitte auswenig, las Amyots Plutarchübersetzung nochmals und studierte Machiavellis *Principe*, Montesquieus *Esprit des lois*, Raynals *Histoire philosophique des deux Indes*, Marignys *Histoire des arabes*, Houssayes *Histoire du gouvernement de Vénise*, Barrows *Histoire d'Angleterre* und vieles andere. Er machte sich während des Lesens Notizen und schrieb Zusammenfassungen der wichtigeren Werke; 368 Seiten solcher Aufzeichnungen sind aus seiner Jugend erhalten.[21] Sein Charakter war von der italienischen Renaissance, sein Geist von der französischen Aufklärung geprägt. Ebenso aber war der romantische Zug seines Wesens empfänglich für Rousseaus leidenschaftliche Prosa und die «Ossian» zugeschriebenen Dichtungen, die er schätzte «aus dem gleichen Grunde, aus dem ich das Rauschen von Wind und Wogen liebte».[22]

Er begrüßte den Ausbruch der Revolution und verwandte 1790 einen weiteren Urlaub darauf, sich voll mit dem neuen Regime vertraut zu machen. 1791 reichte er der Akademie von Lyon – als Bewerber um einen von Raynal gestifteten Preis – einen Essay über das Thema ein «Welche Wahrheit oder Gesinnung soll man die Menschen lehren, um ihre Glückseligkeit zu fördern?» Vielleicht unter dem Eindruck von Rousseaus *Julie, ou la Nouvelle Heloise*, die «ihm den Kopf verdreht hatte»,[23] schrieb der junge Armeeoffizier: Lehrt das Volk, daß das beste Leben das einfache ist, wenn Eltern und Kindern den Acker bestellen und seine Früchte genießen, fern von den aufregenden und verderblichen Einflüssen der Stadt. Alles, was ein Mann braucht, um glücklich zu sein, ist Nahrung, Kleidung, eine Hütte und ein Weib. Er soll arbeiten, essen, zeugen und schlafen, dann wird er glücklicher sein als ein Fürst. Lebensart und Weltanschauung der Spartaner waren die besten. «Tugend besteht aus Mut und Kraft; ... Energie ist das Leben der Seele ... Der starke Mann ist gut, nur der schwache ist schlecht.»[24] Hier betete der junge Napoleon Thrasymachus nach[25] und nahm Nietzsche vorweg, der sich revanchierte, indem er in Napoleon einen Helden des Willens zur Macht sah.[26] Inmitten der Beweisführung wich er von seinem Thema ab, um absolute Monarchie, Klassenprivilegien und kirchlichen Mummenschanz zu verdammen. Die Lyoner Akademie lehnte den Essay als unreif ab.

Im September 1791 besuchte Napoleon erneut seine Heimat. Er freute sich über das Dekret, mit welchem die Konstituierende Versammlung Korsika zu einem französischen Departement gemacht und seiner Bevölkerung alle Rechte französischer Staatsbürger verliehen hatte. Er wiederrief seine Racheschwüre gegen die Nation, die ihn so gewaltsam zum Franzosen gemacht hatte, da er fühlte, daß die Revolution ein glanzvolles neues Frankreich errichten würde. In dem erdachten Gespräch *Le Souper de Beaucaire*, das er im Herbst 1793 auf eigene Kosten veröffentlichte, verteidigte er die Revolution als «Kampf auf Leben und Tod zwischen den Patrioten und den Despoten Europas»[27], und rief alle Unterdrückten auf, am Kampf für die Menschenrechte teilzunehmen. Sein altes Vorbild Paoli aber war der Ansicht, die Zugehörigkeit Korsikas zur französischen Nation sei für ihn nur dann annehmbar, wenn ihm die volle Gewalt auf der Insel übertragen würde, wobei die Geldmittel von Frankreich aufzubringen wären, französische Soldaten aber korsischen Boden nicht betreten dürften. Napoleon erschien dieser Vorschlag zu extrem. Er brach mit seinem Idol und bekämpfte Paolis Kandidaten bei der Wahl des Stadtrats von Ajaccio am 1. April 1792. Paoli gewann und Napoleon kehrte nach Frankreich zurück.

In Paris war er am 20. Juni Zeuge, wie der Pöbel in die Tuilerien eindrang. Er war erstaunt, daß der König die «Kannibalen» nicht mit einer Salve seiner Schweizergarden auseinanderjagen ließ. Am 10. August sah er wie die Sansculotten und die Fédérés die königliche Familie aus dem Palast vertrieben. Er beschrieb die Menge als «der letzte Abschaum, ... sie gehören überhaupt nicht zu den arbeitenden Klassen».[28] Mit steigenden Vorbehalten fuhr er aber fort, die Revolution zu unterstützen, in deren Armee er nun Offizier war. Im Dezember 1793 zeichnete er sich, wie bereits berichtet, bei der Einnahme von Toulon aus. Die Robespierre übermittelte Empfehlung führte zur Ernennung Napoleons zum Brigadegeneral im Alter von vierundzwanzig Jahren. Sie führte allerdings auch nach Robespierres Sturz zu seiner Verhaftung als *Robespierriste* (6. August 1794). Er wurde im Gefängnis von Antibes eingesperrt, ohne Anklage, und eventuelle Exekution war vorgesehen. Nach vierzehn Tagen jedoch wurde er entlassen, vom Dienst suspendiert und auf halben Sold gesetzt. Im Frühjahr 1795 (wie er uns berichtet) ging er am Seineufer entlang und trug sich mit Selbstmordgedanken, als er einen Freund traf, der ihn mit einem Geschenk von dreißigtausend Franc wiederbelebte.[29] Napoleon zahlte die Summe später vielfach zurück. Im Juni beschrieb ihn Boissy d'Anglas als «ein kleiner Italiener, blaß, schmächtig und schwächlich, aber einmalig verwegen in seinen Ansichten».[30] Eine Zeitlang dachte er daran, in die Türkei zu gehen, die Armee des Sultans zu reorganisieren und für sich selbst irgendein orientalisches Reich zu zimmern. In einer praktischeren Stimmung entwarf er für das Kriegsministerium einen Feldzugsplan zur Vertreibung der Österreicher aus Italien.

Dann, durch eine jener Launen der Geschichte, die eine Tür für das Unvermeidliche aufstoßen, betraute der Nationalkonvent, von Royalisten und anderen belagert (5. Oktober 1795) Barras mit der Organisation seiner Verteidigung. Dieser war der Meinung, eine Artilleriesalve würde ausreichen, doch war keine Artillerie zur Hand. Er wußte von Napoleons Handstreich in Toulon. Er schickte nach ihm und beauftragte ihn, Artillerie zu beschaffen und einzusetzen. Dies geschah und Napoleon wurde mit einem Schlage berühmt und berüchtigt. Als das Kriegsministerium einen kühnen und unternehmenden Kommandeur für die Führung der italienischen Armee brauchte, erwirkte Carnot (oder Barras[31]) die Ernennung für Bonaparte (2. März 1796). Sieben Tage später heiratete der glückliche General die noch immer schöne Josephine.

III. JOSEPHINE DE BEAUHARNAIS

Sie war Kreolin – also eine Person französischer oder spanischer Abkunft, geboren und aufgewachsen in den tropischen Kolonien Mittel- oder Südamerikas. Die Insel Martinique in der Karibik war seit 128 Jahren französischer Besitz, als Marie Josèphe Rose Tascher de la Pagerie 1763 dort als Tochter einer alten, aus Orleans stammenden Familie geboren wurde. Ihr Onkel, Baron de Tascher, war damals Gouverneur des Hafens. Ihr Vater war Page im Haushalt der Dauphine Marie Josèphe, der Mutter Ludwig XVI., gewesen. Sie wurde im Konvent der «Schwestern von der Vorsehung» in Fort Royal (heute Fort de France), dem Sitz der Kolonialregierung, erzogen. Der Lehrplan umfaßte Katechismus, feines Betragen, Schönschreiben, Zeichnen, Sticken, Tanzen und Musik. Die Nonnen waren der Meinung, diese Künste würden eine Frau viel weiter bringen, als Latein, Griechisch, Geschichte und Philosophie; Josephine bewies, daß sie recht hatten. Sie wurde, wie man von Madame de Pompadour gesagt hat, «ein Bissen für einen König».

Mit sechzehn wurde sie nach Frankreich gebracht und mit dem Vicomte Alexandre de Beauharnais verheiratet, der damals erst neunzehn, aber in den Liebeständeleien der französischen Aristokratie schon recht erfahren war. Aber bald verrieten seine langen und häufigen Abwesenheiten seine Ehebrüche und weckten in der leicht beeindruckbaren Josephine die Überzeugung, daß das sechste Gebot nicht für die oberen Klassen gelte. Sie selbst widmete sich hingebungsvoll ihren zwei Kindern Eugène (1781–1824) und Hortense (1783–1837), die ihr mit lebenslanger Anhänglichkeit dankten.

Als die Revolution ausbrach, paßte der Vicomte seine Lebensführung dem neuen Regime an und behielt seinen Kopf auch noch fünf Jahre. Doch als sich der Terror verstärkte, konnte jeder Adelstitel Grund für eine Verhaftung sein. 1794 wurden sowohl Alexandre als auch Josephine festgenommen und getrennt eingesperrt. Am 24. Juli wurde er guillotiniert. Während Josephine das gleiche Schicksal erwartete, ließ sie sich von General Lazare Hoche den Hof machen.[32] Sie gehörte zu den vielen Adligen, die nach Robespierres Sturz freigelassen wurden.

Infolge der Konfiskation des Vermögens ihres Mannes nahezu völlig mittellos und in Sorge um Unterhalt und Erziehung ihrer Kinder, setzte Josephine den Zauber ihrer dunkelblauen Augen und ihrer Schönheit ein, um sich mit Tallien anzufreunden und dann die Geliebte des aufstrebenden Barras zu werden.[33] Sie erhielt einen großen Teil von Beauharnais' Reichtum zurückerstattet, einschließlich einer eleganten Kutsche und eines Rappengespanns.[34] Nach kurzer Zeit kam sie als führende Dame der Gesellschaft unter dem Direktorium gleich hinter Madame Tallien. Napoleon beschrieb ihren Salon als «den distinguiertesten von Paris».[35]

Er nahm an einigen ihrer Abendgesellschaften teil und war fasziniert von ihrem fraulichen Charme, ihrer ungezwungenen Anmut und dem, was ihr nachsichtiger Vater ihre «außergewöhnlich freundliche Veranlagung» nannte.[36] Sie war von Bonaparte nicht beeindruckt, der ihr als bläßlicher Junge mit «hungrigem Gesichtsausdruck» und dementsprechendem Einkommen erschien. Sie schickte ihren Sohn, der jetzt vierzehn Jahre zählte, um seine Hilfe bei der Freigabe des konfiszierten Degens ihres Mannes zu erbitten. Eugène war so hübsch und wohlerzogen, daß Napoleon sich sofort bereit erklärte, die Sache in die Hand zu nehmen. Er hatte Erfolg, Josephine besuchte ihn, um ihm zu danken und lud ihn für den 29. Oktober zum Mittagessen ein. Er kam und war ihr verfallen. Schon im Dezember 1795 gewährte sie ihm Zutritt in ihr Schlafgemach, doch sie zögerten noch, zu heiraten. In St. Helena erinnerte er sich: «Barras erwies mir einen Dienst, als er mir riet, Josephine zu heiraten. Er versicherte mir, sie gehöre sowohl zur alten, als auch zur neuen Gesellschaft, und dieser Umstand würde eine große Unterstützung für mich sein. Ihr Haus sei das beste in Paris und würde meine korsische Abstammung vergessen machen. Schließlich meinte er, durch diese Heirat würde ich vollständig zum Franzosen.»[38] Ihr wiederum gab Barras ähnliche Ratschläge – aus Gründen, die noch nicht restlos geklärt sind.[39] Hier, so sagte er zu ihr, ist ein Mann, der sich nach allem, was man bisher von ihm gesehen hat, einen hohen Platz in der Welt erkämpfen wird. Ihre früheren Liebschaften schreckten Napoleon nicht ab. Bald würde er ihr schreiben: «Alles an Dir gefiel mir, selbst die Erinnerung an Deine Irrwege ... Tugend war für mich das, was Du daraus machtest.»[40]

Am 9. März 1796 heirateten sie mit einer einfachen Ziviltrauung. Tallien und Barras waren die Trauzeugen, Verwandte wurden nicht eingeladen. Um den Altersunterschied – er siebenundzwanzig, sie dreiunddreißig Jahre – abzuschwächen, trug Napoleon sein Alter mit achtundzwanzig, Josephine das ihre mit neunundzwanzig ein.[41] Ihre Hochzeitsnacht verbrachten sie in Josephines Wohnung. Dort fand er einen unerwarteten Nebenbuhler in ihrem Schoßhund Fortuné. «Dieser Herr,» erzählt er uns, «war im Besitz von Madames Bett ... Ich wollte ihn hinausjagen, doch ohne Erfolg; mir wurde bedeutet, ich solle das Bett mit ihm teilen, oder anderswo schlafen; ich mußte mich entscheiden. Der Favorit war nicht so entgegenkommend wie ich». Im allerunpassendsten Moment biß der Hund ihn ins Bein, so arg, daß die Narbe lange Zeit zu sehen war.[42]

Am 11. März, hin und hergerissen zwischen seinem neuen Entzücken und seiner vorherrschenden Leidenschaft für Macht und Ruhm, verließ Napoleon Paris, um die italienische Armee in einem der brillantesten Feldzüge der Geschichte zu führen.

IV. STURM ÜBER ITALIEN: 27. MÄRZ 1796 BIS 5. DEZEMBER 1797

Die militärische Lage hatte sich durch Verträge mit Preußen und Spanien vereinfacht, doch Österreich weigerte sich, Frieden zu schließen, solange Frankreich seine Eroberungen in den Niederlanden und am Rhein besetzt hielt. England setzte den Seekrieg fort und bezahlte 600 000 Pfund Hilfsgelder an Österreich zur Finanzierung des Landkrieges. Österreich beherrschte die Lombardei seit 1713. Es war verbündet mit Karl Emanuel IV., König von Sardinien und Piemont, der hoffte, die von Frankreich 1792 besetzten Gebiete von Savoyen und Nizza wiederzugewinnen.

Das Direktorium plante unter Carnots Federführung die Operationen des Jahres 1796 als einen von drei Stoßkeilen geführten Angriff auf Österreich. Eine französische Armee unter Jourdan sollte die Österreicher an der Nordostfront entlang der Sambre und der Meuse angreifen. Eine zweite unter Moreau sollte an Mosel und Rhein gegen die Österreicher operieren. Einer dritten unter Bonaparte war die Aufgabe gestellt, Österreicher und Sarden aus Italien zu vertreiben. Jourdan traf nach einigen Erfolgen auf die überlegenen Kräfte des Erzherzogs Karl Ludwig, erlitt Niederlagen bei Amberg und Würzburg und mußte sich auf das linke Rheinufer zurückziehen. Moreau stieß in Bayern fast bis nach München vor, zog sich dann aber wieder ins Elsaß zurück, als er feststellte, daß der siegreiche Erzherzog jederzeit seine Verbindungslinien abschneiden oder ihn im Rücken angreifen konnte. Das Direktorium setzte nun seine ganze Hoffnung auf Napoleon.

Als er am 27. März in Nizza eintraf, fand er die «Italienarmee» nicht in der Verfassung, um den österreichischen und sardischen Streitkräften gegenüberzutreten, die den engen Zugang nach Italien zwischen Alpen und Mittelmeer sperrten. Er hatte an die 43 000 Soldaten, tapfere, an den Gebirgskrieg gewöhnte Männer. Sie waren aber schlecht gekleidet, mit miserablem Schuhwerk ausgerüstet und so schlecht verpflegt, daß sie stehlen mußten, um leben zu können.[43] Für einen schwierigen Feldzug waren kaum 30 000 Mann zu gebrauchen. Die Generale, die unter dem Befehl des siebenundzwanzigjährigen Oberkommandierenden standen –Augereau, Masséna, Laharpe und Sésurier – waren alle dienstälter als Napoleon.

Sie nahmen seine Ernennung übel und waren entschlossen, ihn ihre überlegene Erfahrung fühlen zu lassen, doch schon bei der ersten Zusammenkunft mit ihm waren sie aufs tiefste beeindruckt von der zuversichtlichen Klarheit, mit der er seine Pläne erläuterte und seine Befehle gab.

Er konnte zwar seinen Generalen Respekt einflößen, doch konnte er sich nicht von dem Zauber frei machen, den Josephine auf ihn gelegt hatte. Vier Tage nach seinem Eintreffen in Nizza legte er seine Karten und Akten beiseite und schrieb ihr einen Brief mit der Glut eines Jungen, der gerade erst die Tiefen der Leidenschaft unter seinen Machtträumen entdeckt hat.

Nizza, 31. März 1796

Kein Tag vergeht, ohne daß ich in Liebe an Dich denke, nicht eine Nacht, ohne daß ich Dich in meinen Armen zu halten glaube. Nicht eine Tasse Tee kann ich trinken, ohne den kriegerischen Ehrgeiz zu verwünschen, der mich von der Seele meines Lebens entfernt hält. Ob ich in Arbeit begraben bin, ob ich meine Truppen führe oder Feldlager inspiziere, meine anbetungswürdige Josephine erfüllt mein Herz ...

Mein Gemüt ist voll Trauer, mein Herz liegt in Ketten und ich stelle mir Dinge vor, die mich mit Schrecken erfüllen. Du liebst mich nicht mehr wie früher, Du wirst Dich anderweitig trösten ...

Lebe wohl, mein Weib, meine Peinigerin, mein Glück, ... Du, die ich liebe, die ich fürchte. Du Quelle von Gefühlen, die mich so sanft machen, wie die Natur selbst und ebenso von Trieben, die mich gefährlich wie einen Blitz machen. Ich bitte Dich nicht, mich ewig zu lieben, oder mir treu zu sein, nur einfach ... mir die Wahrheit zu sagen.

... Die Natur hat meine Seele beherzt und stark gemacht, während Deine aus Spitzen und Gaze besteht ... Mein Geist beschäftigt sich mit ungeheuren Plänen, mein Herz ist völlig von Dir ausgefüllt ...

Lebe wohl! Ach, wenn Du mich nicht mehr liebst, dann hast Du mich wohl nie geliebt. Dann wäre ich wirklich zu bemitleiden.

Bonaparte[44]

Er schrieb ihr wieder am 3. und 7. April zu einer Zeit, als die Kriegsvorbereitungen sich fast überschlugen. Er studierte eingehend alle Nachrichten über den Feind, den er besiegen mußte: eine österreichische Armee unter Beaulieu bei Voltri in der Nähe von Genua; eine zweite weiter westlich bei Montenotte, unter Argenteau, und eine sardische Armee unter Colli weiter nördlich bei Ceva. Beaulieu ging davon aus, daß er aufgrund seiner Nachrichtenverbindungen rechtzeitig genug unterrichtet werden würde, falls eine seiner Armeen dringend Hilfe brauchte. So konnte er vernünftigerweise erwarten, den Angriff der Franzosen in jedem Fall zurückzuschlagen, da seine vereinigten Streitkräfte den Franzosen zwei zu eins überlegen waren. Napoleons Strategie bestand darin, die Stärke seiner Truppen so weit wie möglich geheim zu halten und sie, so rasch es ging, jeweils auf eine der Abwehrarmeen anzusetzen, um sie zu überwältigen, ehe noch eine der anderen ihr zu Hilfe kommen konnte. Diese Strategie erforderte Gewaltmärsche der Franzosen auf schlechten und bergigen Straßen; er verlangte harte und entschlossene Soldaten. Napoleon suchte sie mit der ersten jener später berühmt gewordenen Proklamationen anzufeuern, die einen erheblichen Teil zu seinem Feldherrnglück beitrugen:

Soldaten, Ihr seid hungrig und nackt. Die Republik schuldet Euch viel, doch sie hat nicht die Mittel, ihre Schulden zu bezahlen. Ich bin gekommen, um Euch in das fruchtbarste Land zu führen, das die Sonne bescheint. Reiche Provinzen, reiche Städte, alles soll für Euch sein. Soldaten! Könnt Ihr, mit diesen Aussichten vor Euch, es an Mut und Standhaftigkeit fehlen lassen?[45]

Es war eine offene Aufforderung zur Plünderung, doch wie sonst hätte er diese unbezahlten Männer dazu bringen können, harte Märsche auf sich zu nehmen und dann dem Tod ins Auge zu sehen? Napoleon ließ wie die meisten Herrscher und Revolutionäre niemals die Moral dem Sieg in die Quere kommen und vertraute darauf, daß der Erfolg seine Methoden rechtfertigen würde. Sollte Italien denn nicht zu den Kosten seiner Befreiung beitragen?

Sein taktisches Ziel war es zunächst, die sardische Armee zu zerschmettern und den König von Sardinien zu zwingen, sich nach Turin, der Hauptstadt von Piemont, zurückzuziehen. In einer Reihe erfolgreicher und entscheidender Treffen – Montenotte (11. April), Millesimo (13. April), Dego (15. April) und Mondovì (22. April) – zerschlug Napoleon die sardischen Truppen und zwang Karl Emmanuel, in Cherasco (28. April) einen Waffenstillstand zu unterzeichnen, durch den er Savoyen und Nizza an Frankreich abtrat und sich praktisch aus dem Kriege zurückzog. In diesen Schlachten beeindruckte der junge Befehlshaber seine Untergebenen durch sein scharfes und rasches Erfassen der Entwicklungen, Notwendigkeiten und Möglichkeiten, durch seine klaren und bestimmten Befehle, seine Logik und taktische Voraussicht, die oft den Feind in der Flanke oder im Rücken faßte. Die älteren Generale lernten ihm zu gehorchen, im Vertrauen auf sein Urteil und seine Einsicht; die jüngeren Offiziere – Junot, Lannes, Murat, Marmont, Berthier – entwickelten eine Verehrung für ihn, die sie den Tod für seine Sache nicht scheuen ließ. Als nach diesen Siegen die erschöpften Überlebenden die Höhen des Monte Zemoto erreichten, von wo aus sie die sonnenglänzenden Ebenen der Lombardei sehen konnten, brachen viele von ihnen in spontane Begeisterungsrufe für den jungen Mann aus, der sie so brillant geführt hatte.

Nun brauchten sie nicht mehr zu plündern, um zu leben. Wo immer er die französische Herrschaft aufrichtete, besteuerte Napoleon die Reichen und die kirchliche Hierarchie und bewog die Städte, notfalls durch Befehl, durch Kontributionen zum Unterhalt und ordentlichen Verhalten seiner Truppen beizutragen. Am 26. April hielt er in Cherasco seiner Armee eine geschickte Lobrede, die sie vor Plünderungen warnte:

Soldaten:

Ihr habt in vierzehn Tagen sechs Siege erfochten, Ihr habt einundzwanzig Fahnen und fünfundfünfzig Kanonen erbeutet und den reichsten Teil von Piemont erobert ... Ohne alle Hilfsquellen habt Ihr alles Notwendige herbeigeschafft. Ihr habt Schlachten ohne Kanonen gewonnen, Flüsse ohne Brücken überschritten, Gewaltmärsche ohne Schuhe gemacht, kampiert ohne Wein und oftmals sogar ohne Brot ... Euer dankbares Vaterland wird Euch sein Gedeihen verdanken ...

Aber, Soldaten, Ihr habt noch nichts getan, verglichen mit allem, was noch zu tun bleibt. Noch haben wir weder Turin noch Mailand erobert ... Ist einer unter Euch, dessen Mut gesunken ist? Gibt es einen, der lieber über die Gipfel der Apeninnen und der Alpen zurückkehren und gleichgültig die Schande der Feigheit auf sich nehmen würde? Nein, einen solchen gibt es nicht unter den Eroberern von Montenotte, von Dego und Mondovì. Ihr alle brennt darauf, den Ruhm des französischen Volkes zu mehren ...

Freunde, ich verspreche Euch diese Eroberungen, doch Ihr müßt schwören, eine Bedingung zu erfüllen. Ihr müßt die Völker achten, die Ihr befreit und die furchtbaren Plünderungen unterbinden, die einzelne Schurken begehen, von unseren Feinden aufgehetzt. Andernfalls werdet Ihr nicht die Befreier der Völker, sondern ihre Geißel sein ... Eure Siege, Eure Tapferkeit, Eure Erfolge, das Blut Eurer Brüder, die in der Schlacht gefallen sind, alles wird verloren sein, selbst Ehre und Ruhm. Was mich und die Generale betrifft, zu denen Ihr Vertrauen habt, so würden wir uns schämen, eine Armee ohne Selbstbeherrschung und Disziplin zu befehligen ... Jeder, der plündert, wird ohne Gnade füsiliert.

Völker Italiens, die französische Armee kommt, um Eure Ketten zu zerbrechen. Das französische Volk ist der Freund aller Völker. Ihr könnt sie vertrauensvoll empfangen. Euer Eigentum, Eure Religion und Eure Sitten werden respektiert werden ... Wir hegen gegen niemand Groll, nur gegen die Tyrannen, die Euch unterdrücken.

Bonaparte

Auf den ersten Feldzügen hatte es viele Plünderungen gegeben; es gab noch weitere – trotz dieser Ermahnung und Drohung. Napoleon ließ ein paar Plünderer erschießen, aber viele andere begnadigte er. «Diese armen Teufel», sagte er, «sind entschuldbar; drei Jahre lang haben sie nach dem gelobten Land gelechzt, ... und jetzt, wo sie es betreten haben, möchten sie es auch genießen».[46] Er beschwichtigte sie, indem er sie an den Kontributionen und Lebensmittellieferungen beteiligte, die er von den «befreiten» Städten eintrieb.

Während dieses ganzen Durcheinanders von Märschen, Schlachten und diplomatischer Aktivität vergaß er nicht eine Stunde die Frau, die er so bald nach ihrer Hochzeitsnacht verlassen hatte. Jetzt, wo sie die Cévennen in Sicherheit überschreiten konnte, bat er sie, in einem Brief vom 17. April, zu ihm zu kommen. «Komm schnell», schrieb er am 24. April 1796. «Ich warne Dich, wenn Du noch länger zögerst, wirst Du mich krank antreffen. Diese Mühen und Deine Abwesenheit sind zusammen mehr, als ich ertragen kann ... Nimm Flügel und fliege ... Einen Kuß auf Dein Herz, dann einen etwas tiefer, dann einen noch tiefer, viel tiefer!»[47]

War sie treu? Konnte sie, an ihre Vergnügungen so gewöhnt wie sie war, sich monatelang mit brieflichen Schmeicheleien begnügen? Im gleichen April fand ein gutaussehender Offizier, Hippolyte Charles, vierundzwanzig Jahre alt, seinen Weg zu ihr. Im Mai lud sie Talleyrand ein, seine Bekanntschaft zu machen. «Sie werden ihn fabelhaft finden. Die Damen Récamier, Tallien und Hamelin haben alle den Kopf seinetwegen verloren.»[48] Sie verliebte sich derart in ihn, daß sie, als Murat sie aufsuchte mit Geld und Instruktionen von Bonaparte, ihn in Italien zu treffen, eine Erkrankung vorschützte und Murat ermächtigte, seinem Chef zu berichten, daß sie Zeichen einer Schwangerschaft an sich bemerkt hätte. Napoleon schrieb ihr am 13. Mai: «Es ist also wahr, daß Du in anderen Umständen bist! Murat ... sagt, Du fühltest Dich nicht wohl, und er halte es deshalb nicht für klug für Dich, eine so lange Reise zu unternehmen. So muß ich also noch länger die Freude entbehren, Dich in meine Arme zu schließen. Ist es denn möglich, daß mir die Freude versagt sein soll, Dich mit Deinem kleinen schwangeren Bauch zu sehen?»⁴⁹ Er freute sich zu früh, sie sollte ihm nie ein Kind schenken.

Unterdessen führte er seine Männer in einem Dutzend Schlachten zur Krone der Lombardei, der reichen und kultivierten Stadt Mailand. Bei Lodi, auf dem Westufer der Adda, traf seine Hauptmacht auf die Hauptarmee der Österreicher unter Beaulieu. Dieser wich zurück, überquerte den Fluß auf einer zweihundert Meter langen Holzbrücke und brachte dann seine Artillerie in Stellung, um den Übergang der Franzosen zu verhindern. Napoleon befahl seiner Kavallerie, nach Norden zu marschieren, bis sie eine Furt über den Fluß gefunden hätten, dann wieder nach Süden und die Österreicher im Rücken anzugreifen. Seine Infanterie hielt er in Deckung hinter den Mauern und Häusern der Stadt, während er selbst das Feuer seiner Artillerie gegen die österreichischen Geschütze leitete, die die Brücke beherrschten. Als seine Kavallerie plötzlich auf dem Ostufer erschien und sich auf die Österreicher warf, befahl er seinen Grenadieren den Angriff auf die Brücke. Sie versuchten es, kamen aber im Feuer der österreichischen Artillerie zum Stehen. Napoleon stürmte vorwärts und führte sie zusammen mit Lannes und Berthier hinüber. Die Österreicher wurden in die Flucht geschlagen (10. Mai 1796) und verloren zweitausend Gefangene. Beaulieu zog sich nach Mantua zurück, und die französische Armee marschierte nach eintägiger Rast nach Mailand. Nach diesem Gefecht gaben die französischen Truppen, bewegt von Bonapartes rücksichtslosem, aber beispielhaft anfeuerndem persönlichen Einsatz im feindlichen Feuer, ihm den liebevollen Namen «Le Petit Caporal», der kleine Korporal.

Kurz nach diesem Sieg machte ihm das Direktorium einen Vorschlag, der ihn so beleidigte, daß er mit der Antwort seine Karriere aufs Spiel setzte. Diese fünf Männer, die die Festlichkeiten genossen hatten, mit denen Paris die Nachrichten von Napoleons Erfolgen feierte, ordneten an (7. Mai), daß seine Armee nunmehr geteilt werden solle. Eine Hälfte solle General François Étienne Kellermann (Sohn des Siegers von Valmy) unterstellt und mit dem Schutz der Franzosen vor österreichischen Angriffen betraut werden. Die andere unter Bonaparte hätte nach Süden zu marschieren und die päpstlichen Staaten, sowie das Königreich Neapel unter französische Kontrolle zu bringen. Napoleon sah darin nicht nur eine persönliche Kränkung, sondern mehr noch einen kapitalen strategischen Fehler. Ein Angriff auf die Papstherrschaft müßte alle Katholiken Europas einschließlich der französischen gegen die Revolution empören. Zudem traf das katholische Österreich bereits Vorbereitungen, eine starke Streitmacht unter dem Befehl des erfahrenen Feldmarschalls Graf Dagobert von Wurmser zu entsenden, um ihn nach Frankreich zurückzutreiben. Er antwortete daher, die Italienarmee brauche ihre volle und wiederaufgefüllte Stärke, um ihre Eroberungen halten zu können, außerdem könne sie nur unter einem ungeteilten Oberkommando erfolgreich operieren. Er wolle daher General Kellermann den Oberbefehl überlassen und seinen Rücktritt anbieten.

Das Direktorium erhielt diese Botschaft zusammen mit den Nachrichten über Napoleons jüngste militärische und diplomatische Erfolge. Denn der junge General – stolz auf seine Siege und davon überzeugt, daß diese Politiker weit ab vom Schuß weit weniger in der Lage wären, Verträge auszuhandeln, die die Hilfsquellen des Gegners ebenso berücksichtigten wie den Zustand der französischen Armee – hatte sich das Recht angemaßt, nach seinem Willen sowohl Frieden zu schließen wie Krieg zu führen und den Preis festzusetzen, den jede italienische Stadt oder jeder Staat zu bezahlen habe, um den Schutz seiner Truppen zu genießen, anstatt unter ihrer Beutegier zu leiden. Daher schloß er nach seinem triumphalen Einzug in Mailand (15. Mai 1796) Waffenstillstand mit dem Herzog von Parma, dem Herzog von Modena und dem König von Neapel, wobei er den Kontrahenten Frieden mit Frankreich und Schutz vor Österreich zusicherte und im einzelnen festlegte, welche Donationen jedes der Fürstentümer für diesen wohlwollenden Freundschaftsakt zu machen habe. Sie zahlten schmerzlich hohe Summen und duldeten in zorniger Ohnmacht den Diebstahl von Meisterwerken der Kunst aus ihren Galerien, Palästen und öffentlichen Plätzen.

Mailand hieß ihn willkommen. Fast ein Jahrhundert lang hatte es nach Freiheit von der österreichischen Herrschaft gestrebt, und dieser junge Kriegsherr war ungewöhnlich huldvoll für einen Eroberer. Er war Italiens Sprache und Sitten geistesverwandt, er schätzte italienische Frauen, Musik und Kunst; man hatte noch nicht erfahren, wie sehr er italienische Kunst schätzte. Im übrigen war er ja schließlich, abgesehen von ein paar Monaten, Italiener. Offensichtlich sammelte er italienische Künstler um sich, Dichter, Historiker, Philosophen und Wissenschaftler und unterhielt sich freundschaftlich mit ihnen. Zeitweilig schien er der wiedergeborene Lodovico Sforza und Leonardo da Vinci in einer Person zu sein. Was konnte liebenswürdiger sein, als sein Brief an den Astronomen Barnabà Oriani?

Gelehrte Männer haben sich in Mailand bisher nicht der Hochachtung erfreut, die ihnen zukommt. In ihren Studierstuben verborgen schätzten sie sich glücklich, wenn Könige und Priester sie in Ruhe ließen. Dies hat sich geändert. In Italien ist Gedankenfreiheit eingekehrt. Es gibt keine Inquisition mehr, keine Intoleranz, keine Tyrannei. Ich lade alle gelehrten Männer ein, zusammenzutreffen und mir zu sagen, welche Maßnahmen ergriffen oder welchen Nöten abgeholfen werden müßte, um die Wissenschaften und die schönen Künste neu zu beleben ... Ich bitte Sie, diese meine Gefühle den hervorragenden Männern der Wissenschaft in Mailand zu übermitteln.[50]

Napoleon schloß Mailand und andere Städte zu einer Lombardischen Republik zusammen, deren Bürger den Franzosen in Freiheit, Gleichheit, Brüderlichkeit und Steuern gleich sein sollten. In einer Proklamation an die neuen Bürger (19. Mai 1796) erklärte er, die Befreiungsarmee habe einen hohen Preis für die Befreiung der Lombardei bezahlt, daher müßten die Befreiten zwanzig Millionen Franc zum Unterhalt seiner Truppen beitragen. Dies sei gewiß eine geringe Kontribution für ein so fruchtbares Land. Außerdem solle die Umlage nur «von den Reichen erhoben werden ... und von kirchlichen Gesellschaften», um die Armen zu schonen.[51] Weniger Publizität war einem Befehl vom vergangenen Tag gegeben worden, daß «ein Beauftragter der französischen Armee durch Italien folgen solle, um alle Objekte der Kunst, Wissenschaft und so fort, die in den eroberten Städten gefunden würden, auszusuchen und in die Republik zu verbringen».[52] Die Italiener konnten sich nur mit einem Wortspiel rächen: *Non tutti Francesi sono ladroni, ma buona parte* (Nicht alle Franzosen sind Räuber, aber ein gut Teil von ihnen). Napoleon aber folgte dem Beispiel, das der Konvent und das Direktorium gegeben hatten.

Dieser an eroberten oder befreiten Ländern begangene Kunstraub hatte kaum Vorbilder, erregte überall außer in Frankreich Empörung und wurde von späteren Kriegführenden nachgeahmt. Die meisten Beutestücke wurden dem Direktorium übersandt, dort mit Vergnügen empfangen und fanden ihren Weg in den Louvre. Napoleon behielt von den italienischen Einkünften nur wenig für sich.[53] Einiges wurde für wohlüberlegte Bestechungen verwendet, ein großer Teil ging an die Truppen, um so ihren Eifer im Beutemachen zu dämpfen.

Nachdem er ein Nest für seine Frau hergerichtet hatte, bedrängte er sie, zu ihm zu kommen. «Mailand ... muß Dir gefallen, denn dies ist ein sehr schönes Land. Ich werde toll vor Freude sein ... Ich sterbe vor Neugier zu sehen, wie Du Dein Kind trägst ... *Addio, mio dolce amor* ... Komm schnell und höre die gute Musik und sieh Dir das schöne Italien an.»[54] Während sein Brief unterwegs war, kehrte er wieder zu seiner Aufgabe zurück, die Österreicher aus Italien zu vertreiben. Am 20. Mai war er wieder bei seinen Truppen. Wohl wissend, daß sie vielen Hindernissen, wie auch feindlichen Armeen gegenüberstehen würden, richtete er wieder eine beredte Proklamation an sie:

Soldaten!
Wie ein reißender Strom seid Ihr von den Höhen des Apennin herabgestürzt. Alles, was sich Eurem Marsch entgegenstellte, habt Ihr überwältigt und zerstreut ... Der Po, der Ticino, die Adda konnten Euren Siegeszug nicht einen Tag aufhalten ... Ja, Soldaten, viel habt Ihr geleistet, doch viel ist noch für Euch zu tun. Ja, ich sehe Euch schon nach den Waffen greifen, das lässige Ausruhen langweilt Euch. Jeder Tag, der Eurem Ruhm fehlt, fehlt auch Eurem Glück. Brechen wir auf! Immer noch haben wir Gewaltmärsche zu machen, Feinde zu vernichten, Lorbeer zu gewinnen, Unrecht zu rächen ...
Die Bevölkerung soll durch unseren Vormarsch nicht gestört werden; wir sind die Freunde aller Völker! ... Ihr werdet den unsterblichen Ruhm gewinnen, das Antlitz des schönsten Teils Europas verändert zu haben. Die freie französische Nation ... wird Europa einen glorreichen Frieden schenken ... Dann werdet Ihr in Eure Heimat zurückkehren, und Eure Mitbürger werden Euch ehren und sagen, «er war bei der Italienarmee».[55]

Am 27. Mai nahmen sie ihren Vormarsch durch die Lombardei wieder auf. Unter Ignorierung der Tatsache, das Brescia venetianisches Hoheitsgebiet war, besetzte es Napoleon und machte es zur Ausgangsbasis des neuen Feldzuges. Als Venedig Gesandte schickte, um zu protestieren, schüchterte Bonaparte sie in einem seiner vorgetäuschten Zornausbrüche mit der Frage ein, warum Venedig den Österreichern die Benützung venetianischer Städte und Straßen gestattet habe. Die Gesandten entschuldigten sich und gestanden ihm die gleiche Nutznießung venetianischen Hoheits-

«Im Garten des Palais Royal», ein Sittenbild aus der Zeit des Directoire (1795–1799), nach einer Vorlage von Louis Debucourt.

gebietes zu.[56] In einem Eilmarsch erreichte die französische Armee Peschiera. Das dort zurückgelassene österreichische Detachement ergriff die Flucht. Napoleon ließ die strategisch wichtige Festung verstärken, um seine Verbindungen zu sichern und marschierte weiter gegen Mantua, wo die Reste der drei Armeen Beaulieus sich hinter augenscheinlich uneinnehmbare Befestigungen zurückgezogen hatten. Napoleon ließ einen Teil seiner Streitkräfte zurück, um die Zitadelle zu belagern. Einen weiteren Teil schickte er nach Süden, um die Briten aus Livorno zu vertreiben. Dies geschah, und ein Volksaufstand zwang sie bald darauf, Korsika aufzugeben. Murat konnte ohne Schwierigkeiten den österreichischen Bevollmächtigten aus Genua verjagen und diese Mittelmeerbastion in eine Ligurische Republik unter französischer Kontrolle verwandeln. Noch selten hatte Italien soviele Machtwechsel in so kurzer Zeit erlebt.

Napoleon kehrte nach Mailand zurück und erwartete Josephine. Sie kam am 13. Juli, und der Sieger umarmte seinen Überwinder. Am nächsten Tag veranstaltete die Stadt ihr zu Ehren eine Galaaufführung in der Scala, gefolgt von einem Ball, bei dem ihr alle örtlichen Notabeln vorgestellt wurden. Nach drei Tagen der Ekstase mußte der General zu seinen Truppen nach Marmirolo zurückkehren, von wo er ihr einen Lobgesang voll jugendlicher Anbetung schickte:

> Seit unserer Trennung habe ich keinen frohen Augenblick gehabt. Ich kenne kein Glück, außer wenn ich mit Dir zusammen bin ... Die Reize meiner unvergleichlichen Josephine nähren eine Flamme, die unaufhörlich in meinem Herzen und meinen Sinnen brennt. Wann werde ich je von Sorge und Verantwortung befreit sein, frei, um alle meine Zeit mit Dir zu verbringen und Dich zu lieben ...?
> Vor ein paar Tagen dachte ich, ich liebte Dich, doch nun, da ich Dich wiedergesehen habe, liebe ich Dich noch tausendmal mehr ...
> Ach, ich beschwöre Dich, zeige mir, daß Du Fehler hast. Sei weniger schön, weniger anmutig, weniger gütig, weniger sanft. Vor allem aber, sei niemals eifersüchtig, weine nie. Deine Tränen rauben mir den Verstand und setzen mein Blut in Flammen ...
> ... Komm schnell zu mir, so daß wir wenigstens sagen können, ehe wir sterben: «Wir haben viele selige Stunden zusammen erlebt.» ...[57]

Sie gehorchte ungeachtet der Gefahr feindlicher Heckenschützen an den Straßen, traf in Brescia mit ihm zusammen und begleitete ihn nach Verona. Dort brachte ihm ein Kurier die Nachricht, daß eine neue österreichische Armee unter dem Befehl des Grafen von Wurmser, der vor kurzem die Franzosen aus Mannheim verjagt hatte, in Italien einmarschiere. Man rechnete damit, daß dieses Heer Napoleons Streitkräften um das dreifache überlegen sei. Um einer möglichen Katastrophe zuvorzukommen, schickte er Josephine nach Peschiera zurück und veranlaßte, daß sie von dort nach Florenz gebracht wurde. Inzwischen sandte er an die französischen Abteilungen, die er vor Mantua zurückgelassen hatte, den Befehl, die Belagerung aufzuheben und sich auf einer sicheren Umgehungsroute mit seiner Hauptarmee zu vereinigen. Sie trafen rechtzeitig ein, um an der Schlacht von Castiglione teilzunehmen (5. August 1796). Wurmser, keines so frühzeitigen Angriffs gewärtig, führte seine Divisionen in zu dünner Linie nach Süden. Napoleon stürzte sich auf die unvorbe-

◄ *Eine Mode- und Sittenkarikatur aus der Zeit der Französischen Revolution mit dem Titel «Das Original», gezeichnet von Carle Vernet.*

reiteten Österreicher, jagte sie in die Flucht und machte fünfzehntausend Gefangene. Wurmser zog sich nach Rovereto zurück. Die Franzosen verfolgten und besiegten ihn dort und noch einmal bei Bassano. Der entmutigte alte Marschall floh mit den Resten seiner Armee, um Schutz hinter den Wällen von Mantua zu suchen. Napoleon ließ einige Regimenter zurück, um ihn dort festzuhalten.

Jetzt aber ergossen sich weitere 60 000 Österreicher unter Baron Alvinczy von den Alpen herab, um die Bonaparte verbliebenen 45 000 Mann anzugreifen. Bei Arcole traf er auf sie, doch sie waren auf der anderen Seite der Etsch und nur nach dem Übergang über eine unter ihrem Feuer liegende Brücke zu erreichen. Wieder, wie bei Lodi an der Adda, war Napoleon unter den ersten, die den Übergang wagten.*. «Mitten im Getümmel des Kampfes», erinnerte er sich später, «warf sich mein Adjutant, Oberst Muiron, vor mich, deckte mich mit seinem Körper und empfing die Kugel, die für mich bestimmt war. Er sank nieder zu meinen Füßen».[58] Am Ende der folgenden dreitägigen Schlacht (15.–17. November 1796) traten die Österreicher nach tapferem Kampf einen geordneten Rückzug an. Alvinczy ordnete sie bei Rivoli neu, doch sie wurden wieder geschlagen und Alvinczy, der dreißigtausend Mann verloren hatte, führte die Überlebenden nach Österreich zurück. Wurmser, der Hoffnung auf Entsatz beraubt und voll Mitleid mit seinen verhungernden Soldaten, kapitulierte (2. Februar 1797). Die französische Eroberung der Lombardei war damit vollständig.

Der unersättliche Napoleon lenkte nun seine Blicke und seine Truppen nach Süden auf die päpstlichen Staaten und ersuchte Pius VI. höflich, ihm Bologna, Ferrara, Ravenna und Ancona mit den dazugehörigen Gebieten abzutreten. Im Vertrag von Tolentino (19. Februar 1797) lieferte der Papst diese Stadtstaaten aus und zahlte eine «Kriegsentschädigung» von fünfzehn Millionen Franc in die französische Kriegskasse. Dann, Herr von ganz Norditalien mit Ausnahme von Piemont und Venedig, reorganisierte Napoleon seine Armee, gliederte ihr einige in Italien neu aufgestellte Regimenter und eine frisch aus Frankreich eingetroffene Division unter General Bernadotte ein, führte 75 000 Mann durch metertiefen Schnee über die Alpen und nahm sich vor, Wien selbst, das kaiserliche Zentrum des Angriffs auf die französische Revolution, einzunehmen.

Kaiser Franz II. stellte 40 000 Mann unter dem Befehl des Erzherzogs Karl Ludwig, der gerade seine Siege am Rhein erfochten hatte, gegen ihn ins Feld. Überrascht von der ihm gemeldeten Stärke der heranrückenden Franzosen und von Napoleons Ruf beeindruckt, entschloß sich Karl zu einer Rückzugstaktik. Bonaparte rückte nach, bis er nur noch 60 Meilen vor der österreichischen Hauptstadt stand. Er hätte die Stadt, damals erfüllt von den Melodien des alten Haydn und des jungen Beethoven nach einer Schlacht oder vielleicht auch kampflos einnehmen können. Dann aber hätte sich die Regierung nach Ungarn zurückgezogen, der Krieg konnte

---

* Gros' berühmtes Gemälde des jungen Kommandeurs – blitzende Augen, windzerzaustes Haar, die Fahne in der einen, den Degen in der anderen Hand – beim Überschreiten der Brücke von Arcole wurde kurz nach der Schlacht in Mailand gemalt und wurde das Hauptwerk des Pariser Salons von 1801.

sich zeitlich wie räumlich ausdehnen, und die französische Armee hätte sich bei Einbruch des Winters in feindlichem und unvertrautem Gebiet befunden, wo sie jederzeit einem Flankenangriff ausgesetzt gewesen wäre. In einem seltenen Augenblick der Mäßigung und mit einer Vorsicht, die ihm in späteren Jahren gute Dienste geleistet hätte, schlug Napoleon dem Erzherzog Waffenstillstandsverhandlungen vor. Dieser lehnte ab. Napoleon brachte seinen Truppen schwere Niederlagen bei Neumarkt und Unzmarkt bei, worauf Karl sich zu Verhandlungen bereit fand. Am 18. April 1797 unterzeichneten die jungen Heerführer in Leoben einen Präliminarfrieden, der ihren Regierungen zur Billigung vorgelegt werden sollte.

Der Weg zur Ratifizierung war jedoch versperrt sowohl durch Österreichs Weigerung zu kapitulieren als auch durch Napoleons Entschlossenheit, seine Eroberungen in der Lombardei zu behalten. Ein verhältnismäßig unbedeutendes Ereignis gab ihm die Chance, aus dieser Zwickmühle zu entkommen. Er hatte verschiedene zu Venedig gehörige Städte besetzt; in einigen davon waren Revolten gegen die französischen Besatzungen ausgebrochen. Napoleon beschuldigte den Senat von Venedig, diese Aufstände angestiftet zu haben, setzte ihn ab und richtete an seiner Stelle eine Stadtverwaltung unter französischer Kontrolle ein. Venedigs Festlandbesitzungen wurden abgetrennt. Als die Zeit kam, die Leobener Vorverhandlungen im Vertrag von Campo Formio (17. Oktober 1797) zu bestätigen, bot Napoleon Österreich freie Hand zur Einverleibung Venedigs im Austausch für die Abtretung der Lombardei und Belgiens und die Anerkennung der französischen Ansprüche auf das linke Rheinufer. Fast ganz Europa, uneingedenk tausend anderer Verträge, reagierte mit Abscheu auf diese diplomatische Großzügigkeit mit anderer Leute Eigentum.

Der neue Machiavelli bestand aber darauf, die venezianischen Inseln in der Adria – Korfu, Zante (Zakynthos) und Kephalonia (Kephallenia) – für Frankreich zu behalten. «Diese», schrieb Napoleon am 16. August 1797 an das Direktorium, «sind für uns wichtiger, als ganz Italien zusammengenommen. Sie sind lebensnotwendig für das Blühen und Gedeihen unseres Handels. Wenn wir England wirklich vernichten wollen, müssen wir uns Ägyptens bemächtigen. Das riesige Ottomanische Reich, das von Tag zu Tag mehr zerfällt, nötigt uns, Ereignisse vorwegzunehmen und rechtzeitig Maßnahmen zum Schutz unseres Levantehandels zu ergreifen.»[59] Die Graubärte in den Kanzleien hatten diesen jungen Mann von achtundzwanzig Jahren nicht mehr viel zu lehren.

In gelassener Anmaßung staatsmännischer Autorität bildete er aus seinen Eroberungen die Zisalpinische Republik mit der Hauptstadt Mailand und die Ligurische Republik um Genua, beide von einheimischen Demokraten unter französischem Schutz regiert. Dann, nachdem er so Cäsars römische Eroberung Galliens gerächt und in ihr Gegenteil verkehrt hatte, kehrte der «Kleine Korporal», reich an Ehren und Beute nach Paris zurück, um seine Verträge von dem umgebildeten Direktorium, das er einzusetzen geholfen hatte, ratifizieren zu lassen.

V. DER COUP D'ETAT VOM 18. FRUCTIDOR (4. SEPTEMBER 1797)

Es war nicht dasselbe Paris, das er in den Tagen der Pöbelherrschaft der Jahre 1792 und 1793 gekannt hatte. Seit Robespierres Sturz im Jahre 1794 hatte in der Hauptstadt, wie vorher schon in der Provinz, eine sich immer mehr verstärkende Reaktion – in religiöser wie politischer Hinsicht – gegen die Revolution an Boden gewonnen. Der Katholizismus war im Begriff, unter der Leitung eidverweigernder Priester seine Macht über ein Volk wiederzugewinnen, das den Glauben an einen irdischen Ersatz für übernatürliche Hoffnungen und Tröstungen, für Sakramente, Zeremonien und feierliche Prozessionen verloren hatte. Der *décadi*, oder zehnte, der Ruhe geweihte Tag, wurde immer weniger beachtet; der christliche Sonntag dagegen wurde offen respektiert und genossen. Frankreich hatte sich für Gott entschieden.

Und für einen König. Im Heim wie im Salon, in der Presse wie auf den Straßen, sogar in einst von Sansculotten beherrschten Sektionsversammlungen äußerten Männer und Frauen ihre Trauer um *bonhomme* Louis XVI., fanden Entschuldigungen für bourbonische Fehler und stellten die Frage, ob wohl eine andere Regierungsform als die autoritäre Monarchie Ordnung, Sicherheit, Prosperität und Frieden bringen könne, anstelle von Chaos, Verbrechen, Korruption und Krieg, die Frankreich verheerten. Zurückgekehrte Emigranten versammelten sich in solcher Zahl, daß ein Scherzwort die von ihnen bevorzugte Pariser Wohngegend *le petit Coblenz* (nach dem Zufluchtsort der adligen Emigranten in Deutschland) nannte; dort konnte man die monarchistischen Staatslehren vernehmen, die im Ausland von Bonald und de Maistre gepredigt wurden. Die Wahlmännerkollegien, in ihrer überwältigenden Mehrheit bürgerlich, entsandten mehr und mehr Deputierte in den Rat der Alten und den Rat der Fünfhundert, die geneigt waren, mit dem Königtum zu liebäugeln, wenn dieses sich bereitfände, den Besitzstand zu garantieren. Um 1797 waren die Monarchisten in beiden Kammern stark genug, um den Marquis de Barthélmy in das Direktorium zu wählen. Lazare Carnot, Direktor seit 1795, hatte sich als Antwort auf Babeufs Propaganda mehr nach rechts orientiert und stand religiösen Bestrebungen, die er als Sicherung gegen den Kommunismus betrachtete, wohlwollend gegenüber.

Die streng republikanischen Direktoren – Barras, Larevellière-Lépaux und Rewbell – sahen Amt und Leben durch die monarchistische Bewegung bedroht und beschlossen, mit einem *coup d'état*, der ihre Führer sowohl in beiden Kammern, als auch im Direktorium ausschalten sollte, alles auf eine Karte zu setzen. Sie suchten im Volk Unterstützung bei den radikalen Jakobinern, die sich seit der konservativen Erneuerung verbittert in die Verborgenheit zurückgezogen hatten. Sie suchten auch militärische Unterstützung und baten Napoleon, ihnen aus Italien einen General zu schicken, der fähig sei, in Paris Truppen für die Verteidigung der Republik aufzustellen. Er war bereit, ihnen gefällig zu sein. Eine bourbonische Restauration würde seine Pläne zunichte machen; der Weg mußte für seinen eigenen Aufstieg zur politischen Macht offengehalten werden, denn die Zeit war noch nicht reif für dieses Unternehmen. Er schickte den harten Pierre Augerau, einen Veteranen vieler Feldzüge, nach Paris. Augerau nahm einen Teil von Hoches Truppen unter seinen Befehl. Mit diesen besetzte er am 18. Fructidor die Kammern der Legislative, verhaftete dreiundfünfzig Deputierte, eine Menge royalistischer Agenten und die Direktoren Barthélemy und Carnot. Carnot entkam in die Schweiz, die meisten anderen wurden in das südamerikanische Guyana deportiert, um dort zu schwitzen und zugrundezugehen. Bei den Wahlen von 1797 errangen die Radikalen die Macht in den Kammern. Sie wählten Merlin von Douai und Jean Baptiste Treilhard zu den siegreichen «Triumviri» hinzu und statteten dieses erneuerte Direktorium mit fast absoluter Macht aus.[60]

Als Napoleon am 5. Dezember 1797 Paris erreichte, fand er eine neue Schreckensherrschaft etabliert, die gegen alle Konservativen gerichtet war und lediglich die Guillotine durch Guayana ersetzte. Dessenungeachtet schienen sich alle Klassen zu vereinigen, um den unbesiegbaren jungen General zu feiern, der die Hälfte Italiens für Frankreich erobert hatte. Er milderte vorübergehend seinen strengen Kommandoblick. Er kleidete sich bescheiden und machte sich bei den verschiedensten Gruppen beliebt; bei den Konservativen, indem er die Ordnung pries; bei den Jakobinern, da er allem Anschein nach Italien aus der Knechtschaft in die Freiheit geführt hatte; bei der Intelligenz schließlich, indem er schrieb, daß «die echten Siege, die einzigen, die keine Reue hinterlassen, diejenigen sind, die über die Unwissenheit erfochten werden».[61] Am 10. Dezember ehrten die Würdenträger der Nationalregierung ihn durch einen offiziellen Empfang. Madame de Staël war anwesend und schildert die Szene in ihren Memoiren:

> Das Direktorium gab General Bonaparte einen feierlichen Empfang, der in mancher Hinsicht einen Einschnitt in der Geschichte der Revolution bedeutet. Sie wählten für diese Zeremonie den Hof des Luxembourg-Palastes, denn kein Saal wäre groß genug gewesen, die Menge der Teilnehmer zu fassen. Alle Fenster und Dächer waren erfüllt von Zuschauern. Die fünf Direktoren, in römischer Amtstracht, saßen auf einer im Hof errichteten Estrade. Um sie waren die Deputierten des Rates der Alten, des Rates der Fünfhundert, des Instituts ... Napoleon erschien sehr einfach gekleidet, gefolgt von seinen Adjutanten, alle größer als er, in respektvoller Haltung um ihren Chef geschart. Die versammelte Elite Frankreichs empfing den siegreichen General mit donnerndem Beifall. Er war die Hoffnung eines jeden, ob Republikaner oder Royalist. Alle sahen Gegenwart und Zukunft in seiner starken Hand geborgen.[62]

Bei dieser Gelegenheit überreichte er den Direktoren den unterschriebenen Vertrag von Campo Formio. Er wurde offiziell ratifiziert, und Napoleon konnte sich für einige Zeit von seinen diplomatischen und militärischen Erfolgen ausruhen.

Nachdem er an einem üppigen Bankett teilgenommen hatte, das der unverwüstliche Talleyrand (damals Minister der Äußeren) zu seinen Ehren gab, kehrte er in seine Wohnung in der Rue Chantereine zurück. Dort erholte er sich mit Josephine und ihren Kindern und verschwand so für einige Zeit vollständig aus dem Blickfeld der Öffentlichkeit. Seine Bewunderer klatschten seiner Zurückhaltung Beifall, seine Verleumder begannen schon über seinen Niedergang zu jubeln. Allerdings legte er Wert darauf, das Institut zu besuchen. Er unterhielt sich mit Lagrange über Mathematik, mit Laplace über Astronomie, mit Sieyès über das Regieren, mit Marie Joseph de Chénier über Literatur und mit David über Kunst. Wahrscheinlich plante er schon einen Abstecher nach Ägypten und dachte daran, eine Gruppe von Gelehrten und Wissenschaftlern mit sich zu nehmen.

Dem Direktorium kam seine ungewöhnliche Zurückhaltung verdächtig vor. Dieser junge Mann, der sich in Italien und Österreich benommen hatte, als sei er die Regierung selbst, könnte er nicht auf den Gedanken kommen, sich in Paris ebenso zu betragen? In der Hoffnung, ihn anderswo beschäftigt zu halten, boten sie ihm das Kommando über die 50 000 Soldaten und Seeleute an, die in Brest für eine Invasion Englands zusammengezogen wurden. Napoleon studierte das Projekt, verwarf es und warnte das Direktorium in einem Brief vom 23. Februar 1798:

> Wir sollten jeden tatsächlichen Versuch einer Invasion Englands aufgeben und uns mit dem Anschein solcher Vorbereitungen zufrieden geben, während wir unsere Aufmerksamkeit und unsere Machtmittel auf den Rhein konzentrieren ... Wir dürfen keine große Armee weit von Deutschland entfernt unterhalten ... Wir könnten auch eine Expedition in die Levante durchführen und den Handel Indiens (mit England) bedrohen.[63]

Da war sein Traum. Selbst inmitten der italienischen Feldzüge hatte er über einen Beutezug in den Orient nachgesonnen. Während der allmählichen Auflösung des Ottomanischen Reiches konnte ein kühner Geist mit Hilfe tapferer und beutelüsterner Männer sich eine Karrlere zimmern, sich sogar ein Imperium errichten. Zwar beherrschte England die Ozeane, doch seine Macht über das Mittelmeer konnte durch die Einnahme Maltas geschwächt werden, seine Herrschaft in Indien konnte man durch die Wegnahme Ägyptens schädigen. In diesem Land, wo Arbeitskräfte billig waren, konnte man mit Energie und Geld eine Flotte erbauen. Mut und Phantasie würden über die weite See nach Indien segeln und das reichste Juwel aus der Kette der britischen Kolonien herausbrechen. 1813 gestand Napoleon Madame de Rémusat:

> Ich weiß nicht, was aus mir geworden wäre, hätte ich nicht den glücklichen Gedanken gefaßt, nach Ägypten zu gehen. Als ich mich einschiffte, war ich nicht sicher, daß ich nicht auf immer von Frankreich Abschied nähme; allerdings zweifelte ich kaum daran, daß es mich zurückrufen würde. Der Reiz orientalischer Eroberungen lenkte meine Gedanken mehr von Europa ab, als ich für möglich gehalten hätte.[64]

Das Direktorium stimmte seinen Vorschlägen im Prinzip zu, zum Teil, weil man es für sicherer hielt, wenn er in einiger Entfernung wäre. Auch Talleyrand stimmte aus nicht völlig geklärten Gründen zu. Seine Mätresse Madame Grand behauptete, er habe es getan, um «seinen englischen Freunden gefällig zu seine», vermutlich wohl durch die Umleitung der England bedrohenden Invasionsarmee nach Ägypten.[65] Die Ausführung wurde allerdings hinausgezögert, weil die Expedition kostspielig sein und Menschen und Material verschlingen würde, die zum Schutz vor England und Österreich gebraucht wurden. Außerdem würde sich die Türkei (der indolente Souverän Ägyptens) einer neuen Koalition gegen Frankreich anschließen. Doch die rapiden Fortschritte der französischen Truppen in Italien – die Unterwerfung der päpstlichen Staaten und des Königreichs Neapel – brachten dem Direktorium reiche Beute. Außerdem drang im April 1789 mit Napoleons Zustimmung eine andere französische Armee in die Schweiz ein, errichtete die Helvetische Republik, trieb «Kriegsentschädigungen» ein und schickte Geld nach Paris. Jetzt konnte der ägyptische Traum finanziert werden.

Napoleon begann unverzüglich, detaillierte Befehle für eine neue Armada zu erlassen. 13 Linienschiffe, 7 Fregatten, 35 andere Kriegsschiffe, 130 Transportschiffe, 16 000 Seeleute, 38 000 Soldaten (davon viele aus der italienischen Armee), mit ihrer Ausrüstung und allem benötigten Kriegsmaterial, dazu eine Bibliothek von 287 Bänden, wurden in Toulon, Genua, Ajaccio und Civitavecchia zusammengezogen. Wissenschaftler, Gelehrte und Künstler schätzten sich glücklich, eine Einladung zu einem Unternehmen zu erhalten, das eine aufregende Verbindung von Abenteuer und Forschung zu werden versprach. Unter ihnen waren der Mathematiker Monge, der Physiker Fourier, der Chemiker Berthollet, der Biologe Geoffroy Saint-Hilaire. Auch Tallien, der seine Gattin an Barras abgetreten hatte, war dabei. Sie bemerkten mit Stolz, daß Napoleon jetzt seine Briefe mit «Bonaparte, Mitglied des Instituts und Oberkommandierender» unterzeichnete.[66] Bourrienne, der Napoleon 1797 in Campo Formio als Sekretär gedient hatte, begleitete ihn auf dieser Reise und gab einen ausführlichen Bericht über die Ereignisse. Auch Josephine wollte teilnehmen. Napoleon erlaubte ihr, ihn nach Toulon zu begleiten, verbot ihr aber, sich einzuschiffen. Er nahm aber ihren Sohn Eugène de Beauharnais mit sich, der ihm durch seine Bescheidenheit und seine Fähigkeiten teuer geworden war, wie auch durch eine Loyalität, die sich zu einer durch nichts zu entmutigenden Anhänglichkeit wandelte. Josephine trauerte über die doppelte Trennung und fragte sich, ob sie Sohn oder Gemahl jemals wiedersehen würde. Von Toulon begab sie sich nach Plombières, um das «Fruchtbarkeitswasser» zu trinken, denn jetzt wünschte sie sich, ebenso wie Napoleon, ein Kind.

Am 19. Mai 1789 ging die Hauptflotte in Toulon unter Segel, um die moderne Geschichte mit mittelalterlicher Romantik zu bereichern.

VI. ORIENTALISCHE PHANTASIE: 19. MAI 1798 BIS 8. OKTOBER 1799

Das Ziel der Armada war so sorgfältig geheimgehalten worden, daß fast keiner der 54 000 Männer an Bord etwas über den Bestimmungsort wußte. In einer charakteristischen Proklamation an die neue «Orientarmee» bezeichnete Napoleon sie lediglich als einen «Flügel der Englandarmee» und forderte seine Seeleute und Soldaten auf, ihm zu vertrauen, obwohl er ihnen ihre Aufgabe noch nicht enthüllen könne. Die Geheimhaltung erfüllte ihren Zweck. Die britische Regierung gelangte offenbar zu dem falschen Schluß, daß die Flotte sich ihren Weg an Gibraltar vorbei erkämpfen und an der Invasion Englands teilnehmen solle. Nelsons Schiffe waren nachlässig in ihrer Wacht über das Mittelmeer, und die Franzosen konnten ihnen ausweichen.

Am 9. Juni kam Malta in Sicht. Das Direktorium hatte den Großmeister und andere Würdenträger der Malteserritter* bestochen, nur zum Schein Widerstand zu leisten;[67] infolgedessen eroberten die Franzosen die angeblich uneinnehmbare Festung mit nur drei Mann Verlust. Napoleon verweilte eine Woche dort, um die Verwaltung nach französischem Muster zu reorganisieren. Hier wurde Alfred de Vigny, der spätere Dichter, damals ein Kind von zwei Jahren, dem Eroberer vorgestellt, der ihn hochhob und küßte; «als er mich vorsichtig wieder auf das Deck stellte, hatte er einen neuen Sklaven gewonnen.»[68] Der Gottähnliche jedoch war fast während der ganzen Fahrt nach Alexandria seekrank. Inzwischen studierte er den Koran.

Die Flotte erreichte Alexandria am 1. Juli 1798. Der Hafen war von Truppen bewacht, und eine Landung würde hohe Verluste kosten. Dennoch war eine rasche und geordnete Ausschiffung notwendig, wenn das Geschwader nicht von Nelsons Flotte überrascht werden sollte. Die Brandung an der benachbarten Küste erschien bedrohlich rauh, doch Napoleon führte persönlich eine Landungstruppe von fünftausend Mann auf einen unbewachten Strand. Diese griffen in der Nacht ohne Kavallerie oder Artillerie die Garnison an, überwältigten sie um den Preis von zweihundert Verwundeten, bemächtigten sich der Stadt und sicherten so die ungehinderte Landung des Expeditionskorps mit seiner Ausrüstung auf ägyptischem Boden.

Gestärkt durch diesen Sieg und ausgerüstet mit ein paar Worten Arabisch, bewog Napoleon die örtlichen Würdenträger, sich mit ihm zu einer Besprechung zusammenzufinden. Er erheiterte sie zunächst und beeindruckte sie dann durch seine Kenntnis des Koran und den geschickten Gebrauch seiner Sprüche und Gedankengänge. Er verpflichtete sich und seine Armee, ihre Religion, ihre Gesetze und ihren Besitz zu respektieren. Er versprach – wenn sie ihn mit Arbeitskräften und Proviant unterstützten – für sie die von den mameluckischen Söldnertruppen, die sich unter gleichgültigen Dynastien zu Herren Ägyptens aufgeschwungen hatten, in Besitz genommenen Ländereien zurückzugewinnen. Die Araber stimmten halbherzig zu, und am 7. Juli befahl Napoleon seiner überraschten Armee, ihm durch 150 Meilen Wüste nach Kairo zu folgen.

Niemals zuvor hatten sie eine derartige Hitze erlebt, solchen Durst und blendenden Sand, unerträgliche Insektenschwärme oder die entkräftende Ruhr. Bonaparte besänftigte ihre Leiden zum Teil damit, daß er schweigend ihre Mühsal teilte. Am 10. Juli erreichten sie den Nil, tranken sich satt und erfrischten ihre ausgedörrten Leiber. Nach fünf weiteren Marschtagen sichtete die Vorhut in der Nähe des Dorfes Kobrakit eine Truppe von dreitausend Mamelucken: «eine glänzende Schar von Berittenen» (erinnerte sich Napoleon), «alle schimmernd von Gold und Silber, bewaffnet mit den besten englischen Karabinern und Pistolen und den besten Säbeln

---

* So wurde der mittelalterliche Orden der Ritter vom Hospital des Heiligen Johannes von Jerusalem (Johanniter) nach seiner jahrhundertelangen Herrschaft über Malta genannt.

des Orients, reitend auf den vielleicht ausgezeichnetsten Pferden des Kontinents».[69] Die Mameluckenkavallerie griff unverzüglich die französischen Linien in Front und Flanke an, nur um vom Musketen- und Geschützfeuer der Franzosen niedergemäht zu werden. Nach schweren Verlusten und in ihrem Stolz tief getroffen, wandten sich die Mamelucken zur Flucht.

Am 20. Juli, noch achtzehn Meilen von Kairo entfernt, erblickten die Sieger die Pyramiden. An diesem Abend wurde Napoleon gemeldet, daß eine Armee von sechstausend berittenen Mamelucken unter dem Befehl von dreiundzwanzig Distrikt-Beis bei Embaba versammelt war, bereit, die ungläubigen Eindringlinge zum Kampf herauszufordern. Am nächsten Nachmittag griffen sie mit ihrer ganzen Macht an. Es kam zur Entscheidungsschlacht bei den Pyramiden. Hier war es, wenn wir Napoleons Gedächtnis trauen dürfen, wo er seinen Soldaten sagte, «vierzig Jahrhunderte blicken auf Euch herab».[70] Wieder begegneten die Franzosen dem Ansturm mit Geschütz- und Musketenfeuer und mit aufgepflanztem Bajonett; sie verloren siebzig Mann, die Mamelucken fünfzehnhundert. Viele der Geschlagenen stürzten sich in kopfloser Flucht in den Nil und ertranken. Am 22. Juli übersandten die türkischen Behörden in Kairo Napoleon die Schlüssel der Stadt als Zeichen der Übergabe. Am 23. Juli zog er ohne weitere militärische Demonstration in die malerische Hauptstadt ein. Von diesem Zentrum aus erließ er Befehle für die Verwaltung Ägyptens durch arabische Diwans (Behörden), die seiner Kontrolle unterstanden. Er unterband Plünderungen durch seine Truppen und schützte bestehende Besitzrechte, doch er zog weiterhin die Steuern ein, die von den türkischen Eroberern erhoben worden waren und verwendete sie für den Unterhalt seiner Armee. Er konferierte mit einheimischen Führern, bezeigte seinen Respekt für Ritus und Kunst des Islam, anerkannte Allah als den einen und einzigen Gott und bat um moslemische Hilfe, um Ägypten zu neuer Blüte zu bringen. Er forderte seine Wissenschaftler auf, Methoden zur Ausrottung von Seuchen, zur Einführung neuer Industrien, zur Entwicklung des ägyptischen Erziehungs- und Rechtswesens, der Einrichtung von Post- und Transportdiensten sowie für die Reparatur der Kanäle, die Verbesserung der Bewässerungsanlagen und die Verbindung des Nils mit dem Roten Meer zu ersinnen. Im Juli 1799 gründete er mit einheimischen und französischen Wissenschaftlern das Ägyptische Institut, für das er in Kairo ausgedehnte Räumlichkeiten einrichtete. Diese Wissenschaftler waren es, welche die vierundzwanzig schweren Bände zusammenstellten, die von der französischen Regierung finanziert und als *Description de l'Egypte* veröffentlicht wurden (1809 bis 1828). Einer dieser Männer, von dem wir nur den Namen Bouchard kennen, fand 1799 in einer dreißig Meilen von Alexandria entfernten Stadt den Stein von Rosette, dessen Inschrift in zwei Sprachen und drei Schriftarten (Hieroglyphen, demotische und griechische Schrift) Thomas Young (1814) den Beginn und Jean François Champollion (1821) die Vollendung einer Methode zur Übersetzung hieroglyphischer Texte ermöglichte. Damit wurde dem «Modernen» Europa der Zugang zu der erstaunlich komplizierten und reifen Kultur des alten Ägypten eröffnet. Dies war das Haupt- und auch das einzige Resultat von Bedeutung der Expedition Napoleons.

Für eine Weile war es ihm erlaubt, sich dem Stolz des Eroberers und dem Reiz des Herrschens zu überlassen. In einem späteren Rückblick erzählte er Madame de Rémusat:

> Die Zeit, die ich in Ägypten verbrachte, war die köstlichste meines Lebens ... In Ägypten fand ich mich frei von den drückenden Behinderungen der Zivilisation. Ich träumte von den unwahrscheinlichsten Dingen, und ich wußte, wie alle meine Träume Wirklichkeit werden könnten. Ich stiftete eine Religion. Ich sah mich auf dem Wege nach Asien, auf einem Elefanten reitend, einen Turban auf meinem Kopf und in der Hand einen neuen Koran, den ich nach meinen eigenen Vorstellungen verfaßt hatte ... Ich hätte die englische Macht in Indien angegriffen und durch meine Eroberungen meine Verbindungen mit dem alten Europa erneuert ... das Schicksal hat gegen meinen Traum entschieden.[71]

Der erste Schicksalsschlag war die von seinem Adjutanten Andoche Junot überbrachte Nachricht, daß Josephine sich in Paris einen Liebhaber genommen habe. Der große Träumer hatte, bei aller intellektuellen Brillanz, die Überlegung vernachlässigt, wie schwer es für eine Tropenpflanze wie Josephine sein würde, viele Monate lang ohne eine fühlbare Bewunderung ihrer Reize zu leben. Ein paar Tage lang trauerte und tobte er. Dann, am 26. Juli 1798 schrieb er einen verzweifelten Brief an seinen Bruder Joseph:

> Möglicherweise bin ich in zwei Monaten wieder in Frankreich ... Es gibt so viel zu Hause, was mich beunruhigt ... Deine Freundschaft bedeutet mir sehr viel; sollte ich sie verlieren und Du mich im Stich lassen, würde ich endgültig zum Misanthropen ...
> Ich bitte Dich, mir ein Landhaus entweder in Burgund oder in der Nähe von Paris zu beschaffen, das bereitsteht, wenn ich zurückkomme. Ich möchte dort den Winter verbringen und niemand sehen. Die Gesellschaft macht mich krank. Ich brauche Einsamkeit und Zurückgezogenheit. Meine Gefühle sind eingetrocknet und das Auftreten in der Öffentlichkeit langweilt mich. Der Ruhm bedeutet mir mit neunundzwanzig nichts mehr; er hat seinen Reiz verloren, und mir ist nichts geblieben als der Egoismus ... Lebewohl, mein einziger Freund ... Alles Liebe Deiner Frau und Jérôme.

Ein Liebesverhältnis mit einer jungen Französin, die ihrem Gatten, einem Offizier, nach Ägypten gefolgt war, brachte ihm einige Ablenkung. Pauline Fourès konnte dem Interesse nicht widerstehen, das Napoleon an ihrer blendenden Schönheit nahm. Sie erwiderte sein Lächeln und erhob keinen unüberwindlichen Protest, als er sich den Weg frei machte, indem er Monsieur Fourès mit einer Mission in Paris betraute. Als der Ehemann den Grund seiner Auszeichnung erfuhr, kehrte er nach Kairo zurück und ließ sich von Pauline scheiden. Napoleon dachte ebenfalls an Scheidung und spielte mit dem Gedanken, Pauline zu heiraten und einen Erben zu zeugen; er hatte aber nicht mit Josephines Tränen gerechnet. Pauline wurde mit einer beträchtlichen Abfindung getröstet und überlebte die Enttäuschung um neunundsechzig Jahre.

Eine Woche nach Junots Enthüllung machte eine viel größere Katastrophe die Orientarmee zur Gefangenen ihres Sieges. Als Napoleon seine Flotte in Alexandria verließ, hatte er (laut Napoleon) Vizeadmiral François Paul Brueys den Befehl erteilt, alles für die Truppen notwendige Material zu löschen und anschließend so rasch wie möglich nach dem französisch besetzten Korfu Segel zu setzen; es mußte jede nur denkbare Maßnahme ergriffen werden, um ein Abgeschnittenwerden durch die Engländer zu verhindern. Schlechtes Wetter verzögerte Brueys Abmarsch, und er ließ inzwischen das Geschwader in der benachbarten Bucht von Abukir ankern. Dort entdeckte ihn Nelson am 31. Juli 1798 und griff sofort an. Die gegnerischen Streitkräfte schienen gleich stark: die Engländer mit vierzehn Linienschiffen und einer Brigg, die Franzosen mit dreizehn Linienschiffen und vier Fregatten. Doch die französischen Besatzungen waren heimwehkrank bis zur Meuterei und ungenügend ausgebildet, während die britischen Seeleute das Meer zu ihrer zweiten Heimat gemacht hatten. Ihre bessere Disziplin, ihre größere seemännische Erfahrung und ihr Mut gewannen nach diesem Tag und in der anschließenden Nacht die Oberhand, denn das blutige Treffen dauerte bis in die Abenddämmerung des 1. August. Am Abend des 31. Juli um 10 Uhr flog Brueys' 120-Kanonen-Flaggschiff in die Luft, wobei fast die ganze Besatzung getötet wurde, einschließlich des fünfundvierzig Jahre alten Vizeadmirals. Nur zwei Schiffe entgingen der Aufbringung. Insgesamt beklagten die Franzosen über 1750 Tote und 1500 Verwundete. Die Briten beklagten 218 Tote und hatten 672 Verwundete (darunter auch Nelson). Dies und Trafalgar (1805) waren die letzten Versuche des napoleonischen Frankreich, England die Seeherrschaft streitig zu machen.

Als ihn in Kairo die Nachricht von diesem überwältigenden Rückschlag erreichte, wurde es Bonaparte klar, daß seine Eroberung Ägyptens sinnlos geworden war. Seine erschöpften Abenteurer waren jetzt sowohl zu Lande wie auch zur See von französischer Hilfe abgeschnitten und würden in Kürze der Gnade einer feindlichen Bevölkerung und einer bedrohlichen Umgebung ausgeliefert sein. Es ist bezeichnend für den jungen Befehlshaber, daß er trotz seines eigenen Kummers Zeit fand, die Witwe seines Vizeadmirals zu trösten:

Kairo, 19. August 1798

Ihr Gatte wurde im Kampf an Bord seines Schiffes von einer Kanonenkugel getötet. Er starb ehrenvoll und ohne zu leiden, wie sich jeder Soldat seinen Tod wünschen würde.

Ihr Schmerz trifft mich im Innersten. Es ist ein schrecklicher Augenblick, wenn wir von einem getrennt werden, den wir lieben ... Wenn man keinen Grund zum Weiterleben hätte, wäre es besser zu sterben. Doch wenn Sie weiterdenken und ihre Kinder ans Herz drücken, erneuert sich Ihre Liebe durch Tränen und Zärtlichkeit und Sie leben weiter zum Wohle Ihrer Kinder. Ja, Madame, Sie werden sie in ihrer Kindheit erziehen, sie in ihrer Jugendzeit bilden. Sie werden ihnen von ihrem Vater und Ihrem Kummer erzählen. Wenn Sie dann Ihr Herz wieder durch die gegenseitige Liebe von Mutter und Kindern der Welt verbunden fühlen, bitte ich Sie, stets auf meine Freundschaft zu zählen und auf das lebhafte Interesse, das ich stets an der Gattin meines Freundes nehmen werde. Seien Sie versichert, daß es Menschen gibt ... die Kummer in Hoffnung verwandeln können, weil sie die Schmerzen des Herzens so ganz und gar mitempfinden.[72]

Die Schwierigkeiten häuften sich. Fast jeden Tag überfielen Araber, Türken oder Mamelucken, die sich mit ihren neuen Herren nicht abfinden wollten, die französischen Niederlassungen. Am 16. Oktober erhob sich die Bevölkerung von Kairo in einer Revolte. Die Franzosen schlugen sie blutig nieder, und Napoleon mußte für eine Weile die Rolle des freundlichen Eroberers ablegen und die Enthauptung jedes mit Waffen ergriffenen Rebellen befehlen.[73]

Auf die Nachricht, daß die Türkei eine Armee ausrüste, um Ägypten zurückzuerobern, entschloß er sich, dem Angriff zuvorzukommen und dreizehntausend seiner Soldaten nach Syrien zu führen. Sie brachen am 10. Februar 1799 auf, nahmen El ʿArish ein und durchquerten die Sinai-Wüste. Ein Brief Napoleons vom 27. Februar schilderte einzelne Aspekte dieses Fegefeuers: «Hitze, Durst, brackiges Wasser, oftmals gar keines; wir aßen Hunde, Affen und Kamele.» Glücklicherweise fanden sie in Gaza nach einem schweren Gefecht eine blühende Landwirtschaft und Obstgärten mit unvergleichlichen Früchten.

In Jaffa (3. März) gebot ihnen eine befestigte Stadt, eine feindselige Bevölkerung und eine von 2700 türkischen Elitesoldaten verteidigte Zitadelle Halt. Napoleon schickte einen Parlamentär, um sie zur Übergabe aufzufordern; sie lehnten ab. Am 7. März sprengten französische Sappeure eine Bresche in die Mauern. Französische Truppen erstürmten die Stadt, machten jeden nieder, der Widerstand leistete und plünderten. Naploleon schickte Eugène Beauharnais, um die Ordnung wiederherzustellen; er bot allen, die sich ergeben würden, freien Abzug. Die Verteidiger der Zitadelle legten die Waffen nieder, um der Stadt weitere Zersörung zu ersparen und wurden als Gefangene zu Napoleon gebracht. Er schlug die Hände über dem Kopf zusammen und fragte: «Was soll ich mit ihnen machen?» Er konnte unmöglich 2700 Gefangene auf seinem Marsch mit sich führen; seine Männer konnten nur unter größten Schwierigkeiten Lebensmittel und Wasser für sich selbst auftreiben. Er konnte auch keine Wachmannschaft abstellen, die stark genug gewesen wäre, um die gefangenen Türken nach Kairo zu bringen. Ließ er sie frei, so konnte niemand sie davon abhalten, weiter gegen die Franzosen zu kämpfen. Napoleon berief einen Kriegsrat ein und fragte seine Offiziere nach ihrer Meinung. Sie entschieden, das beste sei, die Gefangenen zu töten. Einige dreihundert wurden verschont; 2441 (einschließlich Zivilisten beiderlei Geschlechts und jeden Alters) wurden getötet, teilweise erschossen, die meisten mit dem Bajonett erstochen, um Munition zu sparen.[74]

Die Invasoren marschierten weiter und erreichten am 18. März die schwer befestigte Stadt Akkon. Die türkische Verteidigung wurde von Djezzar Pascha geleitet, der von Antoine de Phélippeaux unterstützt wurde, einem Kommilitonen Napoleons in Brienne. Die Franzosen begannen die Belagerung ohne die Belagerungsartillerie, die ihnen auf dem Seewege von Alexandria nachfolgen sollte; ein englisches Geschwader unter Sir William Sidney Smith kaperte die Transportschiffe, brachte die Kanonen in die Festung und versorgte die Garnison während der Belagerung mit Verpflegung und Material. Am 20. Mai, nach zwei Monaten fruchtloser Anstrengungen und schwerer Verluste, befahl Napoleon den Rückzug nach Ägypten. «Phélippeaux», beklagte er sich, «hat mich vor Akkon aufgehalten. Ohne ihn hätte ich den

Schlüssel zum Orient gewonnen. Ich wäre nach Konstantinopel gezogen und hätte das Reich des Ostens wieder aufgerichtet».[75] 1803 – er konnte 1812 nicht voraussehen – sagte er zu Madame de Rémusat, «meine Einbildungskraft starb in Akkon. Ich werde sie nie wieder zu Hilfe rufen».[76]

Der Rückmarsch entlang der Küste war eine Aufeinanderfolge von unseligen Tagen, mit Märschen von manchmal bis zu elf Stunden von einem Wasserloch zum anderen, nur um fast untrinkbares Wasser zu finden, das den Körper vergiftete und kaum den Durst löschte. Eine große Anzahl Verwundeter oder Erkrankter verlangsamte den Marsch. Napoleon regte an, die Ärzte sollten den unheilbar Erkrankten tödliche Dosen Opium geben, doch diese weigerten sich, und Napoleon nahm seinen Vorschlag zurück.[77] Er befahl, sämtliche Pferde zum Transport der Kranken zu verwenden und gab seinen Offizieren ein Beispiel, indem er zu Fuß marschierte.[78] Am 14. Juni, nach einem Marsch von dreihundert Meilen von Akkon aus, wofür sie sechsundzwanzig Tage gebraucht hatten, zog die erschöpfte Armee im Triumph in Kairo ein. Sie führte siebzehn erbeutete Fahnen und sechzehn gefangene türkische Offiziere mit sich als Beweis, daß die Expedition ein stolzer Erfolg gewesen sei.

Am 11. Juli setzten hundert Schiffe in Abukir eine türkische Streitmacht an Land mit dem Auftrag, die Franzosen aus Ägypten hinauszuwerfen. Napoleon marschierte mit seinen besten Truppen nordwärts und brachte den Türken eine so fürchterliche Niederlage bei (25. Juli), daß viele von ihnen sich lieber in die See stürzten, als den Attacken der französischen Kavallerie standzuhalten.

Aus englischen Zeitungen, die Sidney Smith ihm zusenden ließ, erfuhr Napoleon zu seinem Erstaunen, daß eine zweite Koalition europäischer Mächte die Franzosen aus Deutschland vertrieben und fast ganz Italien von den Alpen bis Kalabrien wiedererobert hatte.[79] Das ganze Gebäude seiner Siege war in einer Reihe von Katastrophen von Rhein und Po bis nach Abukir und Akkon zusammengebrochen. Jetzt, in demütigender Weise mattgesetzt, fand er sich und seine dezimierten Legionen in einer feindlichen Sackgasse eingeschlossen, wo ihre Vernichtung nur noch eine Frage der Zeit sein mußte.

Gegen Mitte Juli erhielt er einen vom 26. Mai datierten Befehl des Direktoriums, sofort nach Paris zurückzukehren.[80] Er beschloß, auf irgendeine Weise nach Frankreich zu gelangen, ungeachtet der die Seewege blockierenden Briten. Er mußte sich einen Weg zur Macht bahnen und die unfähigen Führer absetzen, die es nicht verhindert hatten, daß alle seine Erfolge in Italien so schnell zunichte geworden waren. Nach Kairo zurückgekehrt, ordnete er die militärischen und administrativen Angelegenheiten und bestimmte den widerstrebenden Kléber zum Befehlshaber der mitgenommenen Überreste des ägyptischen Traumes. Die Kriegskasse der Armee war leer und wies sechs Millionen Franc Schulden aus. Die Soldzahlung an die Soldaten war mit vier Millionen im Rückstand. Ihre Zahl, ihre Kampfmoral sanken von Tag zu Tag, während ihre widerwilligen Gastgeber immer stärker wurden und in schweigender Geduld auf die nächste Gelegenheit zum Aufstand warteten. Die Regierungen der Türkei und Großbritanniens konnten jederzeit Streitkräfte nach Ägypten schicken, die früher oder später mit einheimischer Hilfe die Franzosen zur bedingungslosen Kapitulation zwingen würden. Napoleon wußte dies alles und konnte seine Abreise nur mit der Erklärung entschuldigen, er werde in Paris gebraucht und habe den Befehl zur Rückkehr erhalten. Als er sich von seinen Soldaten verabschiedete (von denen er jedem einzelnen nach einer triumphalen Heimkehr sechs Hektar Land versprochen hatte), gelobte er, «wenn ich das Glück habe, Frankreich zu erreichen, wird die Herrschaft dieser Schwätzer *(bavards)* ein Ende haben».[81] Dann würde Hilfe für die abgeschnittenen Eroberer kommen. Sie kam nie.

Zwei Fregatten – die Muiron und die Carrère – waren der Katastrophe von Abukir entgangen. Napoleon befahl, sie für einen Versuch, nach Frankreich zu entkommen, bereitzuhalten. Am 23. August 1799 schiffte er sich mit Bourrienne, Berthollet und Monge auf der Muiron ein; die Generale Lannes, Murat, Denon und andere folgten auf der Carrère. Mit Hilfe des Nebels und des großen Gottes Zufall entgingen sie allen Augen und Kundschaftern von Nelsons Flotte. In Malta konnten sie nicht an Land gehen, da die siegreichen Briten die Festung am 9. Februar eingenommen hatten. Am 9. Oktober warfen die Schiffe vor Fréjus Anker, und Napoleon wurde mit seiner Begleitung bei St. Raphaël an Land gerudert. Jetzt galt es *aut Caesar aut nihil* – entweder Cäsar oder nichts.

VII. DER NIEDERGANG DES DIREKTORIUMS: 4. SEPTEMBER 1797 BIS 9. NOVEMBER 1799

Die Erfolge der französischen Armeen – mit ihren Höhepunkten der Kapitulation Preußens 1795 in Basel, Österreichs 1797 in Campo Formio, Neapels und der Schweiz 1798 – schläferten die französische Regierung bis zu einer fast orientalischen Lässigkeit ein. Die dem Direktorium unterstehenden beiden Kammern des Corps Légaslatif und die fünf Direktoren anerkannten die Führung von Barras, Rewbell und Larevellière. Diese wiederum schienen sich den Wahlspruch zu eigen gemacht zu haben, den die Legende Papst Leo X. zuschreibt: «Da Gott uns dieses Amt verliehen hat, wollen wir es auch genießen.» Begünstigt durch die offenbare Sicherheit, die eine Periode relativen Friedens bot und durch die Erfahrung belehrt, daß Regierungspositionen während einer Revolution ganz besonders gefährdet sind, brachten sie für den Fall ihres Sturzes ihr Schäfchen ins Trockene. Als das isolierte England im Juli 1797 einen Friedensschluß anbot, erklärte man, das ließe sich durch eine Zahlung von 500 000 Pfund an Rewbell und Barras arrangieren. Von Portugal wurden offenbar 400 000 Pfund Schmiergelder für den im August des gleichen Jahres diesem Land gewährten Frieden verlangt.[83] Rewbell war raffgierig, und Barras brauchte ein elastisches Einkommen, um Madame Tallien und seine Mitarbeiter bei guter Laune zu halten und seine luxuriöse Wohnung im Luxembourg-Palast zu finanzieren.[84] Außenminister Talleyrand versäumte selten eine Gelegenheit, die Revolution für seinen aristokratischen Geschmack bezahlen zu lassen; Barras schätzte, daß die von Talleyrand vereinnahmten Bestechungsgelder nicht selten 100 000 Livres jährlich überstiegen.[85] Im Oktober 1797 kamen drei amerikanische Unterhändler nach Paris, um einen Streit über amerikanische Schiffe beizulegen, die von französischen Kaperschiffen aufgebracht worden waren. Laut Präsident John Adams wurde ihnen erklärt, der Preis für ein solches Übereinkommen sei eine Anleihe von 32 Millionen Florin an die Direktoren und ein privates *douceur* von 50 000 englischen Pfund für Talleyrand.

Das herrschende Triumvirat sah sich einer solchen Menge von Problemen gegenüber, daß man ihm die meisten seiner Fehler verzeihen kann, zumindest die abendliche Erholung in Gesellschaft schöner Frauen. Sie vermieden einen erneuten Zusammenbruch der Staatsfinanzen, indem sie herkömmliche Steuern mit größerem Nachdruck einzogen, abgeschaffte, wie die Transportzölle wieder aufleben ließen und neue Steuern erfanden, wie Konzessions- und Stempelsteuer, oder eine Steuer auf Fenster und Türen. Sie standen an der Spitze einer Nation, die durch gegeneinander arbeitende Interessen im Innersten zerrissen war. Adlige und Plutokraten, Vendéer-Katholiken, jakobinische Atheisten, Babeufsche Sozialisten, nach dem freien Markt rufende Kaufleute und eine Bevölkerung, die von Gleichheit träumte und am Rande des Verhungerns vegetierte; zum Glück verbesserten die guten Ernten der Jahre 1796 und 1798 die Brotversorgung.

Der Sieg der «liberalen» über die monarchistischen Direktoren im Jahre 1797 war mit Unterstützung der Radikalen errungen worden. Als Gegenleistung ließ das triumphierende Trio die bürgerlich orientierte Presse und das Theater zensieren, Wahlschiebungen vornehmen, unvermutete Verhaftungen durchführen und erneuerte die hébertistische Kampagne gegen die Religion. Die Jugenderziehung wurde aus den Händen der Nonnen genommen und Lehrern aus dem Laienstande anvertraut, die Anweisung hatten, jegliche Erwähnung des Übernatürlichen aus ihrem Unterricht zu eliminieren.[87] In zwölf Monaten der Jahre 1797 bis 1798 wurden insgesamt 1448 Priester aus Frankreich und 8235 aus Belgien deportiert. Von 193 auf dem Schiff *Décade* verschickten Geistlichen waren zwei Jahre später nur noch neununddreißig am Leben.[88]

Während die inneren Konflikte sich weiter verschärften, erhoben sich neue Gefahren von außen. In Belgien, Holland und dem Rheinland hatte die Raffgier des Direktoriums neue Freunde zu neuen Feinden werden lassen. Die Steuern waren hoch, die Jugend widersetzte sich den Konskriptionen, Zwangsanleihen empörten die Einflußreichen, der Raub von Gold, Silber und Kunstgegenständen aus den Kirchen entfremdete Klerus und Volk gleichermaßen. In drei Jahren zog das Direktorium aus den genannten Ländern und Italien zwei Milliarden Livres heraus.[89] Nach Bonapartes Aufbruch nach Ägypten «setzte das Direktorium eine Politik der Eroberung, oder besser gesagt, der Raubkriege fort. Territorien wurden um des Geldes willen besetzt, die Bevölkerung ausgeplündert, von den jeweiligen Regierungen Kriegsentschädigungen erpreßt und Frankreich so zu einem Gegenstand des allgemeinen Abscheus gemacht».[90] «Die französische Republik», sagte der Monarchist Mallet du Pan, «verspeist Europa Blatt um Blatt, wie eine Artischocke. Sie revolutioniert Völker, um sie ausplündern zu können und sie beraubt sie, damit sie sich selbst erhalten kann».[91] Der Krieg war zum Geschäft geworden, der Friede würde ruinös sein. Talleyrand, der befürchtete, daß das Staatsschiff in einen Sturm segle, legte sein Ministeramt nieder (20. Juli 1798) und zog sich zurück, um seine zusammengerafften Reichtümer zu genießen.[92]

Napoleon hatte ein anregendes Beispiel gegeben, wie aus einem Krieg Profit zu schlagen sei, und seine rücksichtslosen Operationen waren zum Teil verantwortlich für die militärischen Rückschlage, die Frankreich während des Abstiegs des Direktoriums hinnehmen mußte. Er hatte Italien zu rasch und flüchtig in ein französisches Protektorat verwandelt und seine Eroberungen den Händen von Untergebenen anvertraut, denen seine Gewandtheit in der Menschenbehandlung und sein diplomatisches Geschick abgingen. Er hatte zu optimistisch mit der Bereitwilligkeit der neuen italienischen Republiken gerechnet, Frankreich für ihre Befreiung von Österreich zu bezahlen. Er hatte die Entschlußkraft unterschätzt, mit der England sich der französischen Okkupation von Malta und Ägypten widersetzten würde. Wie lange würde die oft bespöttelte Türkei den Einladungen ihrer alten Feinde Rußland und Österreich widerstehen, sie bei der Züchtigung dieser *nouveaux-riches*-Revolutionäre zu unterstützen? Wie lange würden Rußland, Preußen und Österreich zu stark bei der Teilung Polens im Osten engagiert sein, um im Westen die göttlichen Rechte der Könige wiederherzustellen?

Fast alle europäischen Monarchen warteten auf eine Gelegenheit, den Angriff auf Frankreich zu erneuern. Sie sahen sie gekommen, als Napoleon mit 35 000 Mann der besten Truppen Frankreichs nach Ägypten aufbrach; sie ergriffen sie, als Napoleon durch Nelsons Sieg bei Abukir sicher eingekesselt schien. Zar Paul I. nahm die Wahl zum Großmeister der Malteserritter an und verpflichtete sich, die Franzosen von dieser wichtigen Insel zu vertreiben. Er bot Ferdinand IV. seine Hilfe bei der Wiedergewinnung von Neapel an. Er träumte davon, in Neapel, Malta und Alexandria offene Häfen für russische Schiffe zu finden und so Rußland zu einer Mittelmeermacht zu machen. Am 29. Dezember 1798 unterzeichnete er einen Bündnisvertrag mit England. Als Kaiser Franz II. einer russischen Armee, die auf den Rhein zu marschierte, freien Durchmarsch durch österreichisches Gebiet gewährte, erklärte Frankreich Österreich den Krieg (12. März 1799). Daraufhin verbündete sich Österreich mit Rußland, der Türkei, Neapel, Portugal und England in der Zweiten Koalition gegen Frankreich.

Die Schwäche des Direktoriums wurde deutlich in diesem Konflikt, den es provoziert hatte und hätte voraussehen können. Es erwies sich als saumselig in der Vorbereitung, wenig erfolgreich in der Kriegsfinanzierung und schwerfällig bei der Konskription. Von 200 000 einberufenen Männern wurden nur 143 000 für dienstfähig befunden und davon folgten lediglich 97 000 dem Einberufungsbefehl. Von diesen desertierten unterwegs Tausende, so daß schließlich nur 74 000 ihre jeweiligen

Regimenter erreichten. Dort herrschte ein geradezu katastrophaler Mangel an Kleidung, Ausrüstung und Waffen. Der Kampfgeist, der einmal die Armeen der Republik beseelte, hatte diese Männer verlassen, die die Jahre nationaler Unordnung und Enttäuschung mitgemacht hatten. Dem Direktorium, das Frankreich 1798 regierte, fehlte die unbarmherzige Entschlossenheit und Disziplin, mit welcher der Wohlfahrtsausschuß 1793 den Krieg geplant und geführt hatte.

Anfänglich wurden vereinzelte trügerische Erfolge errungen. Piemont und Toskana wurden erobert, besetzt und besteuert. Die erfolgreiche Vertreibung der Franzosen aus Rom durch König Ferdinand IV. machten diese wieder wett, als sie unter Jean Etienne Championnet die Stadt am 15. Dezember erneut besetzten. Ferdinand zog sich mit seinem Hof, Lady Hamilton und zwanzig Millionen Dukaten unter dem Schutz von Nelsons Flotte nach Palermo zurück. Championnet nahm Neapel ein und errichtete die Parthenopeische Republik unter französischem Protektorat. Als im weiteren Verlauf des Krieges neue Kontingente zu den russisch-österreichisch-englischen Truppen stießen, sahen sich die Franzosen mit 170 000 Mann einer Übermacht von 320 000 gegenüber. Den französischen Generalen fehlte ungeachtet der Brillanz von Massénas Operationen in der Schweiz die Fähigkeit Bonapartes, einen zahlenmäßig stärkeren Gegner durch überlegene Strategie, Taktik und Disziplin zu besiegen. Jourdan wurde bei Stockach geschlagen (25. März 1799), zog sich nach Straßburg zurück und nahm seinen Abschied. Schérer erlitt bei Magnano (5. April) eine Niederlage, zog sich in Unordnung zurück, verlor fast seine ganze Armee und übergab sein Kommando an Moreau. Dann erschien ein wahrer «Teufel von einem Mann», Alexander Graf Suworow mit 18 000 Russen und führte sie und einige österreichische Divisionen in einem grausamen Feldzug, der den Franzosen die Gebiete eins nach dem anderen wieder entriß, die Napoleon 1796 bis 1797 erobert hatte. Am 27. April zog er siegreich in Mailand ein, Moreau mußte sich nach Genua zurückziehen, Napoleons Zisalpinische Republik fand ein frühes Ende. Masséna, mit seiner kleinen Armee in der Schweiz gefährlich isoliert, zog sich an den Rhein zurück.

Nachdem Suworow so ohne Schwierigkeiten die Lombardei wieder für Österreich erobert hatte, brach er von Mailand auf, um eine französische Streitmacht zu stellen, die von Neapel und Rom heranrückte. An der Trebbia schlug er sie so vollständig (17.–19. Juni 1799), daß nur zersprengte Reste Genua erreichten. Mit der Parthenopeischen Republik war es aus. Ferdinand bestieg seinen Thron in Neapel wieder und errichtete eine Schreckensherrschaft, unter welcher Hunderte von Demokraten hingerichtet wurden. Joubert, mit dem Oberbefehl über alle in Italien verbliebenen Truppen betraut, führte diese bei Novi gegen Suworow. Er exponierte sich rücksichtslos und fiel gleich zu Beginn der Schlacht. Die Franzosen kämpften tapfer aber vergeblich. Zwölftausend von ihnen fielen, und Frankreich erkannte angesichts dieses Höhepunktes der Katastrophe, daß seine hart erkämpften Grenzen zerbröckelten und daß Suworows Russen bald auf französischem Boden stehen konnten. Die Phantasie der Bevölkerung im Elsaß und in der Provence stellte sich ihn und seine Soldaten als «barbarische Giganten» vor, als eine Springflut wilder Slawen, die sich in die Städte und Dörfer Frankreichs ergoß.

Das Land, eben noch so stolz auf seine Stärke und seine Siege, befand sich jetzt in einem Zustand der Verwirrung und Angst, ganz ähnlich dem von 1792, der zu den Septembermassakern geführt hatte. Die Vendée befand sich wieder im Aufstand. Belgien erhob sich gegen seine französischen Oberherren. Fünfundvierzig der achtundsechzig Departements Frankreichs standen vor dem totalen Zusammenbruch von Verwaltung und Moral. Jugendliche bekämpften mit der Waffe in der Hand die Beamten der Konskriptionsämter; städtische Polizeibeamte und Steuereinnehmer wurden ermordet; Hunderte von Briganten terrorisierten Kaufleute und Reisende in den Straßen der Städte und auf dem Land; Kriminelle überwältigten die Gendarmen, öffneten die Gefängnisse, befreiten die Gefangenen und nahmen sie in ihre Banden auf; Landhäuser, Abteien und Privatwohnungen wurden geplündert; der «Große Terror» von 1794 war zurückgekommen. Die Nation erhoffte sich Schutz von den Männern, die sie nach Paris entsandt hatte, aber die Kammern hatten sich dem Direktorium unterworfen, und dieses schien auch nur wieder eine Oligarchie von Usurpatoren zu sein, die durch Bestechung, Rechtsbeugung und Gewalt regierte.

Im Mai 1799 wurde der ehemalige Abbé Sieyès (der vor zehn langen Jahren die Revolution mit der Frage «Was ist der Dritte Stand?» entzündet hatte, die er dahingehend beantwortete, er sei die Nation und sollte sich auch so nennen) aus seiner vorsichtigen Zurückgezogenheit hervorgeholt und in das Direktorium gewählt, denn als Schöpfer von Verfassungen wurde er sozusagen mit Gesetz und Ordnung identifiziert. Er nahm die Wahl unter der Bedingung an, daß Rewbell zurückträte; dieser schied gegen eine Abfindung von 100 000 Franc aus dem Direktorium aus.[93] Am 18. Juni zwang eine starke jakobinische Minderheit in beiden Kammern die Direktoren Larevellière, Treilhard und Merlin, ihre Sessel an Louis Jérôme Gohier, Jean François Moulin und Roger Ducos abzutreten. Fouché wurde zum Polizeiminister ernannt und Robert Linder zum Leiter des Schatzamtes; beide waren aus dem Wohlfahrtsausschuß wieder auferstanden. Der Jakobinerklub in Paris wurde wieder eröffnet und hörte Lobreden auf Robespierre und Babeuf.[94]

Am 28. Juni schrieb die Legislative unter dem Einfluß der Jakobiner eine Zwangsanleihe von 100 Millionen Livres aus, die in Form einer Steuer von dreißig bis fünfundsiebzig Prozent aller über ein mäßiges Niveau hinausgehenden Einkommen erhoben wurde. Wohlhabende Bürger nahmen sich Rechtsanwälte, um Maschen in diesem Gesetz zu finden und liehen Verschwörungen zum Sturz der Regierung ein geneigtes Ohr. Am 12. Juli brachten die Jakobiner ein Gesetz über Geiselnahme durch. Jede Kommune Frankreichs wurde verpflichtet, eine Liste einheimischer, mit dem geächteten Adel verwandter Bürger zu erstellen und diese unter Beobachtung zu halten. Für jeden begangenen Raub waren diese Geiseln mit einer Geldstrafe zu belegen; für jeden Mord an einem «Patrioten» (einem loyalen Anhänger des gegenwärtigen Regimes) verfielen vier Geiseln der Deportation.

Dieses Dekret wurde von den Oberklassen mit einem Aufschrei des Entsetzens aufgenommen, ohne daß es bei der Allgemeinheit ein zustimmendes Echo gefunden hätte.

Nach einem Jahrzehnt der Aufregung, des Klassenkampfes, auswärtiger Kriege, politischen Durcheinanders, gesetzloser Tribunale, tyrannischer Erpressungen, Hinrichtungen und Metzeleien hatte fast ganz Frankreich übergenug von der Revolution. Viele, von denen, die auf die «gute alte Zeit» Ludwig XVI. zurückblickten, glaubten, nur ein König könne Frankreich wieder zu Vernunft und Ordnung bringen. Diejenigen, die am katholischen Christentum festhielten, beteten, daß die Herrschaft der Atheisten ein Ende haben möge. Selbst einzelne hochkarätige Skeptiker, die allen Glauben an das Übernatürliche abgestreift hatten, begannen zu zweifeln, ob ein Moralkodex, der nicht von religiösem Glauben unterstützt wurde, ungezähmten Leidenschaften und antisozialen Impulsen, die ihre Wurzeln in Jahrhunderten der Unsicherheit, der Verfolgung und Barbarei hatten, widerstehen könne. Viele glaubenslose Eltern schickten ihre Kinder zur Kirche, zu Gebet, Beichte und erster Kommunion als vielversprechenden Quellen von Bescheidenheit, familiärer Zucht und Seelenfrieden. Bauern und bürgerliche Grundbesitzer, die ihre Ländereien der Revolution verdankten und sie zu behalten wünschten, begannen eine Regierung zu hassen, die immer wieder kam, um ihre Ernten zu besteuern oder ihre Söhne zum Kriegsdienst auszuheben. Die Arbeiter in den Städten schrien noch verzweifelter nach Brot als vor dem Sturm auf die Bastille; sie sahen Kaufleute, Fabrikanten, Spekulanten, Politiker und Direktoren in Luxus leben; die Revolution war in ihren Augen jetzt nichts anderes mehr als der Ersatz des Adels durch die Bourgeoisie als Herren und Ausbeuter des Staates. Doch ihre bürgerlichen Herren waren ebenfalls unzufrieden. Die unsicheren und vernachlässigten Straßen machten Reisen und Handel aufreibend und gefährlich; die Zwangsanleihen und hohen Steuern entmutigten Investitionen und Unternehmungsgeist. In Lyon waren von 15 000 Betrieben 13 000 als unrentabel geschlossen worden, wodurch Tausende von Männern und Frauen arbeitslos wurden. Le Havre, Bordeaux und Marseille waren durch den Krieg und die konsequente britische Blockade ruiniert. Die zusammenschrumpfende Minderheit, die noch von Freiheit redete, konnte diese kaum mit der Revolution in Zusammenhang bringen, die so viele Freiheiten vernichtet, so viele schreckliche Gesetze erlassen und so viele Männer und Frauen ins Gefängnis oder auf die Guillotine gebracht hatte. Mit Ausnahme der Ehefrauen, Mätressen und Töchter der alten und neuen Reichen irrten die Frauen von Laden zu Laden, in steter Sorge, ob der Vorrat noch reichen würde und mit der bangen Frage im Herzen, ob wohl ihre Söhne, Brüder oder Gatten jemals aus dem Kriege zurückkehren und ob dieser Krieg jemals zu Ende gehen würde. Die an Gewalttaten, Raub und Haß gewöhnten Soldaten, die nicht nur unter Niederlagen, sondern auch unter der Knappheit und schlechten Qualität der Versorgung litten, wurden immer wieder verbittert durch die Aufdeckung von Korruptionsfällen unter den Männern, die für ihre Führung, Ernährung oder Bekleidung verantwortlich waren. Wenn sie dann nach Hause oder nach Paris kamen, fanden sie die gleiche Unredlichkeit in Gesellschaft, Handel, Industrie, Finanzwesen und Regierung. Warum sollten sie sich für einen so besudelten Traum töten lassen? Die Fata Morgana einer neuen helleren Welt verblaßte und verschwand mit dem Fortschreiten der Revolution.

Mancher schöpfte für eine Weile neuen Mut, als Nachrichten kamen, daß die Alliierten sich zerstritten und getrennt hatten und in der Schweiz wie in den Niederlanden zurückgeschlagen worden waren; daß Masséna wieder die Initiative ergriffen und eine russische Armee bei Zürich geschlagen habe (26. August 1799), daß sich die schrecklichen Slawen auf dem Rückzug befänden und Rußland aus der Koalition ausgeschieden sei. Viele Franzosen aber begannen sich zu fragen, wie es wäre, wenn ein fähiger General wie Masséna, Moreau, Bernadotte, oder, am besten von allen, Bonaparte, der heil aus Ägypten zurückgekommen war, ein Bataillon nach Paris führen, die Politiker hinauswerfen und Frankreich wieder Ordnung und Sicherheit bringen würde, selbst um den Preis der Freiheit? Die meisten Franzosen waren zu dem Schluß gelangt, daß nur eine Zentralregierung unter einem Chef, der über die nötige Autorität verfügte, das Chaos der Revolution beenden und dem Land die Ordnung und Sicherheit eines zivilisierten Lebens geben könne.

VIII. NAPOLEON ÜBERNIMMT DIE FÜHRUNG: DER 18. BRUMAIRE (9. NOVEMBER 1799)

Auch Sieyès war dieser Meinung. Bei der Betrachtung seiner Mitdirektoren sah er, daß keiner von ihnen – nicht einmal der verschlagene Barras – über die Kombination von Verstand, Einsicht und Willen verfügte, die nötig war, um Frankreich wieder zur Vernunft und Einigkeit zu bringen. Er ging mit einer Verfassung schwanger, aber er hätte gerne einen General als Geburtshelfer und starken Arm zur Unterstützung gehabt. Er hatte an Joubert gedacht, doch der war jetzt tot. Er schickte nach Moreau und hatte ihn schon fast überredet, die Rolle des «Volkstribunen» zu spielen; als sie aber hörten, daß Napoleon aus Ägypten zurückkehre, sagte Moreau zu Sieyès: «Das ist Ihr Mann; er wird Ihren *coup d'état* viel besser machen, als ich es könnte.»[95] Sieyès überlegte; Napoleon könnte der Mann sein, doch würde er Sieyès und die neue Verfassung als seine Führer akzeptieren?

Am 13. Oktober setzten die Direktoren die Kammern davon in Kenntnis, daß Napoleon bei Fréjus gelandet sei; die Mitglieder erhoben sich, um zu applaudieren. Drei Tage und Nächte lang feierte die Bevölkerung von Paris die Nachricht mit Gelagen in den Schenken und Tanz in den Straßen. In jeder Stadt an der Straße von der Küste zur Hauptstadt zog die Bevölkerung mit ihren Führern aus, um den Mann zu begrüßen, der ihnen Symbol und Garant des Sieges zu sein schien; von dem ägyptischen Debakel hatte man noch nichts erfahren. In einzelnen Zentren war nach einem Bericht des *Moniteur* «die Menge so dicht, daß der Verkehr zum Erliegen kam».[96] In Lyon wurde zu seinen Ehren ein Theaterstück aufgeführt, und ein Festredner sagte zu ihm: «Geh und kämpfe mit dem Feind, besiege ihn und wir werden Dich zum König machen».⁹⁷ Doch der kleine General, schweigsam und finster, dachte darüber nach, wie er sich mit Josephine auseinandersetzen solle.

Als er Paris erreichte (16. Oktober), begab er sich direkt in das Haus, das er in der Straße gekauft hatte, die ihm zu Ehren in Rue de la Victoire umbenannt worden war. Er hatte gehofft, seine ungetreue Gattin dort zu finden und sie aus seinem Leben zu verstoßen. Sie war nicht da, aus zwei Gründen. Erstens hatte sie am 21. April 1799, während er Akkon belagerte, ein 120 Hektar großes Landgut in Malmaison gekauft, an die zehn Meilen seineabwärts von Paris. Barras hatte ihr 50 000 Franc Anzahlung auf den Kaufpreis von 300 000 Franc geliehen und Rittmeister Hippolyte Charles war ihr erster Gast in dem geräumigen Schloß.⁹⁸ Zweitens hatte sie mit ihrer Tochter Paris vier Tage vorher verlassen, um in Richtung Lyon zu fahren, in der Hoffnung, Bonaparte unterwegs zu treffen. Als Josephine und Hortense entdeckten, daß Napoleon eine andere Route eingeschlagen hatte, kehrten sie, obwohl buchstäblich krank von der Reise, um und fuhren zweihundert Meilen zur Hauptstadt zurück. In der Zwischenzeit besuchte ihr bejahrter Schwiegervater, der Marquis de Beauharnais, Napoleon, um sich für sie einzusetzen: «Was ihre Fehler auch sein mögen, vergessen Sie sie; bringen Sie nicht Schande über mein weißes Haar und über eine Familie, die Sie in Ehren hält.»⁹⁹ Bonapartes Brüder drängten ihn, sich von seiner Frau scheiden zu lassen, denn seine Familie war verärgert über die Macht, die sie auf ihn ausübte; aber Barras warnte ihn, daß ein öffentlicher Skandal seiner politischen Laufbahn schaden würde.

Als Mutter und Tochter erschöpft in der Rue de la Victoire 3 ankamen, erwartete Eugène sie an der Schwelle und warnte sie vor dem zu erwartenden Sturm. Josephine ließ ihn bei seiner Schwester, stieg die Treppe hinauf und klopfte an Napoleons Tür. Er antwortete, er habe sich entschlossen, sie nie wieder zu sehen. Sie sank auf die Stufen nieder und weinte, bis Eugène und Hortense sie aufhoben und wieder an die Tür zurückführten, um ihre Bitten mit den ihrigen zu vereinigen. Napoleon berichtete später: «Ich war zutiefst bewegt. Ich konnte das Schluchzen der beiden Kinder nicht ertragen. Ich habe mich gefragt, ob sie denn Opfer der Schwächen ihrer Mutter werden sollten? Ich streckte meine Hand aus, ergriff Eugènes Arm und zog ihn an mich. Dann kam Hortense ... mit ihrer Mutter ... Was sollte ich weiter sagen? Man kann nicht Mensch sein, ohne auch Erbe menschlicher Schwäche zu sein.»¹⁰⁰

In diesen Tagen der Vorbereitung hielt er sich von der Öffentlichkeit fern; er wußte, daß ein Staatsmann sich zu Zeiten besser zurückhält. Zu Hause und unterwegs trug er Zivilkleidung, um den Gerüchten keine Nahrung zu geben, die wissen wollten, die Armee plane, sich der Regierungsgewalt zu bemächtigen. Er machte nur zwei Besuche. Einen, um der achtzigjährigen Madame Helvétius in Auteuil seinen Respekt zu bezeigen, den anderen im Institut. Dort sprach er über die ägyptische Expedition, als ob sie in der Hauptsache im Interesse der Wissenschaft unternommen worden sei; Berthollet und Monge unterstützten ihn dabei. Laplace,

Lagrange, Cabanis und viele andere hörten ihm zu als einem Wissenschaftler und Philosophen.[101] Bei dieser Zusammenkunft begegnete er Sieyès und gewann ihn mit einer einzigen Bemerkung: «Wir haben keine Regierung, weil wir keine Verfassung haben, oder zumindest nicht die, die wir brauchen; Ihr Genie muß uns eine geben.»[102]

Sein Haus wurde rasch ein Zentrum geheimer Verhandlungen. Er empfing Besucher der Linken wie der Rechten. Er versprach den Jakobinern, die Republik zu bewahren und die Interessen der Massen zu verteidigen; doch ebenso, erklärte er später offen, «empfing ich die Agenten der Bourbonen».[103] Er hütete sich allerdings, sich irgendeiner Fraktion anzuschließen, insbesondere nicht der Armee. General Bernadotte, der mit dem Gedanken spielte, selbst an die Spitze der Regierung zu treten, riet ihm, sich aus der Politik herauszuhalten und sich mit einem neuen militärischen Kommando zu begnügen. Mehr Befriedigung fand er in der Unterhaltung mit Zivilisten wie Sieyès, der ihm riet, die Regierungsgewalt zu übernehmen und eine neue Verfassung in Kraft zu setzen. Dazu müßten zwar ein paar Gesetze großzügig ausgelegt oder vielleicht gebrochen werden, doch der Rat der Alten, durch das Erstarken der Jakobiner alarmiert, würde bei ein bißchen Illegalität ein Auge zudrücken. Außerdem hatte der Rat der Fünfhundert trotz seiner starken jakobinischen Minderheit kürzlich Lucien Bonaparte zu seinem Präsidenten gewählt. Von den fünf Direktoren standen Sieyès und Ducos auf Napoleons Seite; Talleyrand übernahm es, Barras zu überreden, sich zurückzuziehen und auf seinen Lorbeeren und zusammengestohlenen Schätzen auszuruhen; Gohier, der Präsident des Direktoriums, war sehr um Josephine bemüht und konnte durch ihr Lächeln gezähmt werden.[104] Einige Bankiers hatten ihre finanzielle Unterstützung zugesichert.[105]

In der ersten Novemberwoche verbreitete sich in Paris das Gerücht, die Jakobiner bereiteten einen Aufstand des Proletariats vor. Madame de Staël nahm den Bericht ernst genug, um Vorbereitungen für eine schnelle Abreise zu treffen, falls es zu Gewalttaten kommen sollte.[106] Am 9. November (dem seither berühmten 18. Brumaire) ordnete der Rat der Alten in Ausübung seiner konstitutionellen Rechte an, daß er selbst und der Rat der Fünfhundert sich am nächsten Tag im königlichen Palast in der Vorstadt St. Cloud versammeln sollten. In Ausweitung der verfassungsmäßigen Rechte ernannte er Bonaparte zum Kommandanten der Pariser Garnison und forderte ihn auf, sich sogleich zum Senat in die Tuilerien zu begeben und den Diensteid zu leisten. Er kam, von sechzig Offizieren begleitet und verpflichtete sich in Wendungen, allgemein genug gehalten, um später eine dehnbare Interpretation zu ermöglichen: «Wir wollen eine Republik, die auf Freiheit, Gleichheit und den geheiligten Prinzipien der nationalen Vertretung gründet. Wir werden sie bekommen, ich schwöre es!»[107]

Beim Verlassen des Saales rief er den versammelten Soldaten zu: «Die Armee ist wieder mit mir vereinigt, und ich bin wieder mit dem Corps Législatif vereinigt». In diesem Augenblick überbrachte ein gewisser Bottot, Sekretär von Barras, Napoleon eine Botschaft des ehemals mächtigen Direktors, in welcher dieser um sicheres

Geleit für seine Abreise aus Paris bat. Mit einer Stimme, die, wie er hoffte, Sol
daten wie Zivilisten vernehmlich sein würde, überraschte Napoleon den armen Bottot mit einer Anklage, die fast ein Todesurteil für das Direktorium war: «Was habt
Ihr aus diesem Frankreich gemacht, das ich Euch in vollem Glanz hinterließ? Ich
ließ Euch Frieden und finde Krieg, ich ließ Euch Siege und finde Niederlagen! Ich
ließ Euch Millionen aus Italien; ich finde überall Erpressung und Elend. Was habt
Ihr mit den hunderttausend Franzosen gemacht, die ich kannte, den Gefährten
meines Ruhmes? Sie sind tot.»

Napoleons Zuhörer konnten nicht wissen, daß er einige dieser Phrasen von einem
Jakobiner aus Grenoble ausborgte; sie fühlten ihre Gewalt und bewahrten sie lange
im Gedächtnis als Rechtfertigung für den Staatsstreich, der folgen sollte. Dann
kamen ihm Bedenken, seine Worte könnten Barras zur Gegnerschaft aufstacheln, er
nahm Bottot beiseite und versicherte ihm, daß seine persönlichen Gefühle für den
Direktor unverändert geblieben seien.[108] Er bestieg sein Pferd, musterte die
Truppen und kehrte zu Josephine zurück, ganz aufgeregt über seinen Erfolg als
Redner.

Am 10. November führte General Lefebvre fünfhundert Mann der Pariser Garnison nach St. Cloud und ließ sie in der Nähe des königlichen Palastes Stellung beziehen. Napoleon folgte mit einigen seiner bevorzugten Offiziere. Nach ihnen
kamen Sieyès, Ducos, Talleyrand und Bourrienne. Sie beobachteten, wie der Rat der
Alten sich in der Marsgalerie und der Rat der Fünfhundert sich in der anschließenden
Orangerie versammelten. Kaum hatte Lucien Bonaparte die Sitzung der Fünfhundert
eröffnet, hagelte es Proteste gegen die Anwesenheit von Soldaten um das Schloß;
Rufe waren zu hören wie «Keine Diktatur! Nieder mit den Diktatoren! Wir sind
freie Männer! Wir fürchten uns nicht vor den Bajonetten!» Ein Antrag wurde eingebracht, daß jeder Deputierte die Rednertribüne betreten und hörbar seinen Eid
auf die Verfassung erneuern solle. So wurde es beschlossen, und diese Verpflichtungs-
prozedur schritt gemächlich voran bis vier Uhr nachmittags.

Die Alten ließen sich ebenfalls Zeit, da sie auf von den Fünfhundert zu unterbrei-
tende Vorschläge zu warten hatten. Napoleon, der in einem Zimmer in der Nähe
ärgerlich wartete, begann zu fürchten, seine Sache wäre verloren, wenn nicht bald
etwas Entscheidendes geschähe. Zwischen Berthier und Bourrienne begab er sich auf
die Rednertribüne der Alten und versuchte, diese alten Männer zu einer Aktion
aufzurütteln. Doch er, so beredt in seinen Proklamationen und so entschieden in
der Konversation, war viel zu eingesponnen in Gefühle und Ideen, um aus dem
Stegreif eine formvollendete Ansprache an eine gesetzgebende Körperschaft zu halten. Er sprach abrupt, heftig, nahezu unzusammenhängend:

Sie sitzen auf einem Vulkan ... Erlauben Sie mir, mit dem Freimut eines Soldaten zu sprechen ... Ich lebte ruhig in Paris, als Sie mich riefen, um Ihre Befehle auszuführen ... Ich
rufe meine Kameraden zusammen; wir sind herbeigeeilt, um Ihnen zu helfen ... Die Leute
überschütten mich mit Verleumdungen; sie reden von Cäsar, von Cromwell, von Militärregime ... Die Zeit drängt, es ist wichtig, daß Sie rasche Maßnahmen ergreifen ... Die Re-

publik ist ohne Regierung, nur der Rat der Alten ist noch übrig. Handeln Sie, befehlen Sie;
ich werde mit Ihrer Vollmacht handeln. Retten wir die Freiheit! Retten wir die Gleichheit![109]

Ein Abgeordneter unterbrach ihn: «Und die Verfassung?» Napoleon antwortete in
zorniger Erregung: «Die Verfassung? Sie selbst haben sie zerstört; Sie verletzten sie
am achtzehnten Fructidor; Sie verletzten sie am zweiundzwanzigsten Floréal; Sie
verletzten sie am dreißigsten Prairial. Kein Mensch respektiert sie mehr.» Auf die
Aufforderung, die Hintermänner des angeblichen jakobinischen Komplotts zu
nennen, nannte er Barras und Moulin; nach Beweisen gefragt, wurde er unsicher
und konnte an nichts überzeugenderes mehr denken, als an einen Appell an die
Soldaten, die am Eingang standen: «Ihr, meine tapferen Kameraden, die Ihr mich
begleitet, tapfere Grenadiere, ... wenn irgendein Redner, von einem Außenstehen-
den angestiftet, die Worte *Hors la loi* auszusprechen wagen sollte, so laßt den Blitzstrahl des Krieges ihn unverzüglich zerschmettern.»[110] Fragen und Einwände über-
schütteten den Sprecher; er geriet ins Stammeln; seine Adjutanten kamen ihm zu
Hilfe und führten ihn aus dem Saal.[111] Er schien sein Unternehmen verpfuscht zu
haben.

Er entschloß sich, es noch einmal zu versuchen und sich diesmal dem Feind
direkt zu stellen, den jakobinisch angehauchten Fünfhundert. In Begleitung von vier
Grenadieren begab er sich in die Orangerie. Die Deputierten waren über den militärischen Aufzug verärgert; der Saal widerhallte von Rufen wie «*À bas le dictateur! À
bas le tyran! Hors la loi!* (ächtet ihn)»; dieser Ruf hatte den Sturz und Tod Robespierres herbeigeführt. Ein Antrag auf Ächtung Napoleons wurde eingebracht.
Lucien Bonaparte als Präsident lehnte es ab, darüber abstimmen zu lassen; er übergab den Präsidentenstuhl der Fünfhundert an einen Freund, bestieg die Tribüne und
sprach zur Verteidigung seines Bruders. Erregte Abgeordnete umringten Napoleon.
«Haben Sie darum Ihre Siege erfochten?» fragte einer; andere umdrängten ihn so
eng, daß er nahe daran war, ohnmächtig zu werden; die Grenadiere erzwangen sich
ihren Weg zu ihm und geleiteten ihn aus dem Saal. An der frischen Luft erholte er
sich rasch, bestieg ein Pferd und wandte sich an die Soldaten, die erstaunt seine zer-
rissene Uniform und sein zerzaustes Haar betrachteten. «Soldaten, kann ich auf Euch
zählen?» fragte er. «Ja», riefen viele, doch andere zögerten. Napoleon geriet erneut
in Verwirrung. Wieder schien sein großer Plan gescheitert.

Sein Bruder rettete ihn. Lucien stürzte aus der Orangerie, sprang auf das nächste
Pferd, ritt an Napoleons Seite und hielt mit Autorität, Beredsamkeit und unter beträchtlicher Verdrehung der Wahrheit eine Ansprache an die verwirrten Gardisten:

Als Präsident des Rates der Fünfhundert erkläre ich Euch, daß die überwältigende Mehrheit des Rates in diesem Augenblick durch ein paar dolchbewaffnete Abgeordnete terrorisiert
wird, welche die Tribüne belagern und ihren Kollegen mit dem Tode drohen ... Ich erkläre,
daß diese unverschämten Briganten, ohne Zweifel im Solde Englands, gegen den Rat der
Alten rebelliert und es gewagt haben, von einer Ächtung des Generals zu sprechen, der mit
der Ausführung des Dekrets der Alten beauftragt ist ... Ich übertrage dem Militär die Verantwortung, die Majorität Eurer Vertreter zu befreien. Generale, Soldaten, Bürger, erkennt

als Gesetzgeber Frankreichs nur diejenigen an, die sich um mich scharen. Die anderen, die darauf bestehen, in der Orangerie zu bleiben, werft mit Gewalt hinaus.[112]

Lucien ergriff einen Degen, richtete die Spitze auf Napoleons Brust und schwor, seinen Bruder, sollte er jemals die Freiheit des französischen Volkes bedrohen, mit eigener Hand zu töten.

Darauf ließ Napoleon die Trommeln rühren und befahl den Soldaten, die Orangerie zu besetzen und die widerspenstigen Deputierten auseinander zu jagen. Murat und Lefebvre setzten sich unter anfeuernden Rufen an die Spitze; die Grenadiere folgten mit dem Geschrei «Bravo! À bas les Jacobins! À bas les '93! C'est le passage du Rubicon!» Als die Deputierten die eindringenden Bajonette erblickten, flohen die meisten von ihnen, einige durch die Fenster; eine Minderheit scharte sich um Lucien. Dieser triumphierende Zeremonienmeister begab sich zu den Alten und erklärte ihnen, daß die Fünfhundert einer heilsamen Säuberung unterzogen worden seien. Die Alten, froh, mit dem Leben davonzukommen, erließen ein Dekret, welches das Direktorium durch drei «Provisorische Konsuln», Bonaparte, Sieyès und Ducos, ersetzte. Etwa hundert der Fünfhundert wurden als Zweite Kammer konstituiert. Dann vertagten sich beide Kammern bis zum 20. Februar 1800 und überließen es den Konsuln, eine neue Verfassung auszuarbeiten und Frankreich zu regieren. «Morgen», sagte Napoleon zu Bourrienne, «werden wir im Luxembourg schlafen».[113]

SECHSTES KAPITEL

Das Leben während der Revolution

[1789–1799]

I. DIE NEUEN KLASSEN

HIER halten wir die Zeit in ihrem Fluge an und betrachten ein Volk, das konzentrierte Geschichte erleidet. So wie die zwanzig Jahre zwischen der Überschreitung des Rubikon durch Cäsar und der Thronbesteigung des Augustus (49 bis 29 v. Chr.), waren auch die sechsundzwanzig Jahre zwischen dem Sturm auf die Bastille und der endgültigen Abdankung Napoleons (1789–1815) so reich an bemerkenswerten Ereignissen, wie es in weniger von Krämpfen geschüttelten und umwälzenden Zeitabschnitten Jahrhunderte gewesen waren. Dennoch blieben auch während des Auf und Ab der Regierungen, des Wandels der Institutionen und der Erregung der Geister die Grundlagen und Errungenschaften der Kultur bestehen: Die Erzeugung und Verteilung von Nahrungsmitteln und Gütern, das Trachten nach Wissen und seine Weitergabe, die Ausbildung von Begabung und Charakter, der Austausch liebevoller Zuneigung, die Linderung der harten Mühsal des Lebenskampfes durch Kunst, Wissenschaft, Nächstenliebe, Spiel und Gesang; die Wandlungen von Vorstellungsvermögen, Glaube und Hoffnung. Und in der Tat verbürgen diese ja Realität und Dauer der Geschichte, neben denen die oberflächlichen Erschütterungen durch Regierungen und Heroen nur den zufälligen und flüchtigen Umrissen eines Traumes gleichen.

1. *Die Bauern.* Viele von ihnen waren 1789 noch Tagelöhner oder Kleinpächter, die den Boden anderer Leute bebauten; doch um 1793 war die Hälfte des französischen Bodens im Besitz von Bauern, von denen die meisten ihre Felder preiswert aus konfisziertem Kirchenbesitz erworben hatten; nahezu alle Bauern hatten sich von Feudalabgaben befreit. Die Arbeit wurde, da sie dem eigenen Besitz galt, von Plackerei zur Hingabe und trug mit jedem Tag zu dem Überschuß bei, der sich in Wohnungen und Bequemlichkeiten, in Kirchen und Schulen verwandelte, wenn nur der Steuereinnehmer besänftigt oder hinters Licht geführt werden konnte. Außerdem konnte man die Steuern mit Assignaten – dem Papiergeld der Regierung – zum Nennwert bezahlen, während man beim Verkauf seiner Produkte diesen Nennwert mit hundert multiplizierte, um auf den tatsächlichen Preis zu kommen. Noch niemals war der Boden Frankreichs so eifrig und fruchtbringend bearbeitet worden.

Diese Befreiung der größten Gruppe einer nunmehr klassenlosen Gesellschaft war das sichtbarste und dauerhafteste Ergebnis der Revolution. Diese robusten Produzenten wurden die unnachgiebigsten Verteidiger der Revolution, da sie ihr das

Land verdankten, das ihnen eine bourbonische Restauration wieder hätte nehmen können. Aus dem gleichen Grunde unterstützten sie Napoleon und gaben ihm fünfzehn Jahre lang die Hälfte ihrer Söhne. Als stolze Landbesitzer verbündeten sie sich politisch mit der Bourgeoisie und bewährten sich während des neunzehnten Jahrhunderts in wiederholten Staatskrisen als konservativer Halt.

Dem gleichen Recht für alle verpflichtet, hatte der Nationalkonvent 1793 das Erstgeburtsrecht abgeschafft und bestimmt, daß Grundbesitz testamentarisch zu gleichen Teilen unter alle Kinder des Erblassers aufgeteilt werden müsse, einschließlich der unehelich geborenen, aber vom Vater anerkannten. Diese Gesetzgebung zeitigte bedeutungsvolle Wirkungen sowohl in moralischer als auch in ökonomischer Hinsicht: Nicht willens, ihre Erben durch periodische Aufteilungen des Familienbesitzes unter viele Kinder zur Armut zu verdammen, praktizierten die Franzosen die althergebrachten Methoden der Familienplanung. Die Bauern blieben wohlhabend, aber die Bevölkerung Frankreichs wuchs während des neunzehnten Jahrhunderts nur langsam, von 28 Millionen im Jahre 1800 auf 39 Millionen im Jahre 1914, während die deutsche von 21 Millionen auf 67 Millionen anwuchs.[1] Da das Land sie gut ernährte, gingen französische Bauern nur zögernd in Städte und Fabriken; so blieb Frankreich in der Hauptsache ein Agrarland, während England und Deutschland Industrie und Technologie entwickelten, sich im Kriege hervortaten und Europa beherrschten.

2. *Das Proletariat.* Die Armut blieb und war am drückendsten für die landlosen Bauern, die Bergarbeiter und die Arbeiter und Händler in den Städten. Männer gruben sich in die Erde ein, um Metalle und Mineralien für Industrie und Krieg zu finden; Salpeter wurde zur Herstellung von Schießpulver gebraucht, und Kohle ersetzte in zunehmendem Maße das Holz als Energielieferant. Die Städte waren untertags hell und lebhaft, nachts finster und still, bis 1793, als in Paris eine Straßenbeleuchtung installiert wurde. Handwerker arbeiteten in ihren Werkstätten bei Kerzenlicht, Händler stellten ihre Waren zur Schau, und Hausierer verhökerten die ihren; in der Ortsmitte war ein offener Markt; am höchstgelegenen Punkt ein Schloß und eine Kirche; am Ortsrand eine oder zwei Fabriken. Die Zünfte wurden 1791 abgeschafft, und die Nationalversammlung erklärte, daß es in Zukunft jedermann «freigestellt sei, in jedem Geschäftszweig tätig zu sein und jeden Beruf, Handwerk oder Handel auszuüben, den er wolle».[2] Das «Gesetz Le Chapel» (1791) untersagte es Arbeitern, sich zur Wahrung ihrer Interessen zusammenzuschließen; dieses Verbot blieb bis 1884 in Kraft. Streiks waren verboten, aber nicht selten.[3] Die Arbeiter kämpften, um ihre Löhne vor einer Auszehrung durch den Geldverfall zu retten; im allgemeinen hielten Lohnsteigerungen auch mit den steigenden Preisen Schritt.[4] Nach Robespierres Sturz zogen die Unternehmer die Zügel schärfer an, und die Lebensbedingungen des Proletariats verschlechterten sich. Um 1795 waren die Sansculotten ebenso arm und unterdrückt wie vor der Revolution. Um 1799 hatten sie den Glauben an die Revolution verloren, und 1800 unterwarfen sie sich voller Hoffnung der Diktatur Napoleons.

3. Die Bourgeoisie triumphierte in der Revolution, weil sie sowohl der Aristokratie als auch dem niederen Volk an Geld und Verstand überlegen war. Sie erwarb vom Staat die einträglichsten Teile des konfiszierten Kirchenbesitzes. Der Reichtum des Bürgertums war nicht in unbeweglichem Landbesitz festgelegt; er konnte von Ort zu Ort, von Zweck zu Zweck, von Person zu Person transferiert werden und von überall her in die Taschen einflußreicher Leute fließen. Die Bourgeoisie konnte Soldaten und Regierungen ebenso bezahlen wie aufständische Volksmassen. Sie hatte Erfahrung in der Verwaltung des Staates erworben; sie wußte, wie man Steuern eintreibt, und sie übte durch ihre Anleihen Einfluß auf das Schatzamt aus. Sie war praktischer erzogen, als Adel oder Klerus und besser für die Beherrschung einer Gesellschaft gerüstet, deren zirkulierendes Blut das Geld war. Sie betrachtete Armut als Strafe für Dummheit und ihre eigenen Reichtümer als den gerechten Lohn für Fleiß und Intelligenz. Sie schätzte es nicht, von Sansculotten regiert zu werden und verurteilte die Unterbrechung der Regierungskontinuität durch proletarische Erhebungen als unerträgliche Impertinenz. Sie war überzeugt, das Besitzbürgertum würde Herr im Staate sein, wenn die Revolution nur noch Schall und Rauch wäre.

Die französische Bourgeoisie war mehr kommerziell als industriell ausgerichtet. Es gab in Frankreich keine vergleichbare Umwandlung von Bauerngütern in Weideland wie sie damals die englischen Bauern von ihren Feldern in die Städte trieb, wo sie billige Arbeitskräfte für die Fabriken abgaben; außerdem verhinderte die britische Blockade Frankreichs den Exporthandel, der eine expandierende Industrie hätte erhalten können. Die Industrialisierung ging daher in Frankreich langsamer vonstatten als in England. In Paris, Lyon, Lille oder Toulouse gab es einige bedeutende Kapitalgesellschaften, doch der Hauptteil der französischen Industrie befand sich noch im Stadium von Handwerk und Gewerbe, und selbst die Kapitalisten vergaben eine Menge von Aufträgen in Heimarbeit. Abgesehen von vereinzelten, kriegsbedingt autoritären Eingriffen in die Wirtschaft und gelegentlichen jakobinischen Flirts mit dem Sozialismus akzeptierte die revolutionäre Regierung die physiokratische Theorie vom freien Unternehmertum als dem der Produktion förderlichsten Wirtschaftssystem. Die Friedensverträge von 1795 mit Preußen und von 1797 mit Österreich lockerten die der Wirtschaft angelegten Fesseln, und der französische Kapitalismus ging wie der englische und der amerikanische ins neunzehnte Jahrhundert mit dem Segen einer Regierung, die so wenig wie möglich dreinredete.

4. Die Aristokratie hatte jeglichen Einfluß in der Leitung von Wirtschaft oder Regierung verloren. Die meisten ihrer Angehörigen waren noch *émigrés,* die im Ausland unstandesgemäßen Beschäftigungen nachgingen; ihre Besitzungen waren beschlagnahmt und warfen kein Einkommen mehr für sie ab. Von den Adligen, die geblieben oder zurückgekehrt waren, fielen viele der Guillotine zum Opfer, einige schlossen sich der Revolution an, der Rest versteckte sich bis 1794 in gefahrvoller Verborgenheit und wiederholten Fährnissen ausgesetzt auf seinen Gütern. Unter dem Direktorium wurde dieser rechtlose Zustand gemildert. Viele Emigranten kehrten zurück, einzelne erhielten Teile ihres Besitzes zurück. Um 1797 schon raunten viele Stimmen, daß nur eine Monarchie, unterstützt und kontrolliert von einer funktionsfähigen Aristokratie, dem Leben Frankreichs Ordnung und Sicherheit zurückgeben könne. Auch Napoleon stimmte dieser Ansicht zu, jedoch auf seine eigene Weise und zu der von ihm bestimmten Zeit.

5. *Die Religion* lernte in Frankreich gegen Ende der Revolution ohne die Hilfe des Staates zurechtzukommen. Die Protestanten, die damals fünf Prozent der Bevölkerung ausmachten, wurden von allen zivilen Rechtsbeschränkungen befreit. Die eingeschränkte Freiheit des Gottesdienstes, die ihnen Ludwig XVI. 1787 gewährt hatte, wurde durch die Verfassung von 1791 zu einer vollständigen gemacht. Ein Dekret vom 28. September 1791 gab den französischen Juden alle bürgerlichen Rechte und stellte sie gesetzlich allen übrigen Bürgern gleich.

Der katholische Klerus, ursprünglich der Erste Stand, litt nun unter der Feindseligkeit einer antiklerikalen Regierung im Sinne Voltaires. Die höheren Klassen hatten den Glauben an die Lehren der Kirche verloren; die mittleren hatten den Hauptteil ihres Reichtums an Grundbesitz erworben; um 1793 war der einmal mit zweieinhalb Milliarden Livres[5] bewertete Grundbesitz der Kirche an ihre Feinde ausverkauft. In Italien war das Papsttum seiner Staaten und Einkünfte beraubt und Pius VI. zum Gefangenen gemacht worden. Tausende französischer Priester waren in andere Länder geflohen, viele davon lebten von protestantischer Unterstützung.[6] Hunderte von Kirchen waren geschlossen oder ihrer Schätze beraubt. Kirchenglocken waren zum Schweigen gebracht oder eingeschmolzen worden. Voltaire und Diderot, Helvétius und d'Holbach hatten ihren Feldzug gegen die Kirche gewonnen.

Es war kein klarer Sieg. Zwar hatte die Kirche ihren Reichtum und ihre politische Macht verloren, doch ihre Wurzeln blieben in der Loyalität des Klerus und den Sorgen und Hoffnungen des Volkes lebendig. In den großen Städten hatten sich viele Männer vom Glauben abgewendet, jedoch fast alle wurden an Weihnachten und Ostern zu Kirchgängern für einen Tag. Auf dem Höhepunkt der Revolution (Mai 1793) «fielen» – nach dem Bericht eines Augenzeugen – «alle Zuschauer, Männer, Frauen und Kinder in Anbetung auf die Knie», als in Paris ein Priester das Allerheiligste über eine Straße trug.[7] Selbst Skeptiker müssen die Faszination der Zeremonie gespürt haben, die nie verbleichende Schönheit der Überlieferung. Vielleicht dachte mancher an Pascals «Wette», man täte gut daran, zu glauben, denn am Ende würde der Gläubige nichts verlieren, Ungläubige jedoch alles, wenn sie als Sünder befunden würden.

Unter dem Direktorium war die Französische Nation gespalten in ein Volk, das langsam zu seinem überlieferten Glauben zurückkehrte und eine Regierung, die entschlossen war, durch Gesetz und Erziehung eine rein weltliche Zivilisation durchzusetzen. Am 8. Oktober 1798 verschickte das umgebildete und erneut radikale Direktorium an alle Lehrer der Departementschulen folgende Instruktion:

Sie sind gehalten, aus Ihrem Lehrstoff alles zu eliminieren, was mit Dogmen oder Ritual irgendeiner Religion oder Sekte zusammenhängt. Diese werden zwar von der Verfassung to-

leriert, doch gehört der Unterricht in diesen Gegenständen nicht zur öffentlichen Unterweisung, noch wird er je dazu gehören. Die Verfassung gründet auf dem Fundament der allgemeinen Sittenlehre, und diese Sittlichkeit aller Zeiten, aller Orte, aller Religionen – dieses
auf den Tafeln der menschlichen Familie eingegrabene Gesetz – hat der Kern Ihrer Unterweisung, der Gegenstand Ihres Unterrichts und das verbindende Glied Ihrer Bemühungen zu
sein, so wie sie das Band der Gesellschaft ist.[8]

Hier zeigte sich in aller Klarheit eines der schwierigsten Unterfangen der Revolution, wie dies auch eines der schwerwiegenden Probleme unserer Zeit noch ist: die
Errichtung einer sozialen Ordnung auf einem von religiösem Glauben unabhängigen
moralischen System. Napoleon sollte den Plan als undurchführbar beurteilen;
Amerika ist bis auf unsere Zeit in dieser Frage gespalten.

6. Erziehung. So übernahm der Staat von der Kirche die Aufsicht über die Schulen
und bemühte sich, sie zur Brutstätte von Intelligenz, Moral und Patriotismus zu
machen. Am 21. April legte Condorcet in seiner Eigenschaft als Minister für Erziehung der Gesetzgebenden Versammlung einen historischen Bericht vor, der für
die Reorganisation des Erziehungswesens plädierte, damit der «ständig zunehmende
Fortschritt der Aufklärung eine unerschöpfliche Quelle von Hilfsmitteln für
unsere Bedürfnisse, von Medikamenten gegen unsere Leiden, von Wegen zum Glück
des einzelnen, wie zum Gedeihen der Allgemeinheit eröffnen möge».[9] Der Krieg
verhinderte die Durchführung dieses Ideals, doch am 4. Mai 1793 erneuerte Condorcet seinen Appell, wenn auch in etwas eingeschränkter Form. «Unser Land»,
führte er aus, «hat ein Recht darauf, seine Kinder selbst zu erziehen; es kann diese
Verpflichtung weder dem Familienstolz, noch den Vorurteilen einzelner überlassen ... Erziehung sollte für alle Franzosen gemeinsam und gleich sein ... Wir messen ihr eine überragende Bedeutung bei, entsprechend dem Wesen unserer Regierung und den erhabenen Doktrinen unserer Republik».[10] Diese Formulierung schien
eine Form des Unterrichts durch eine andere zu ersetzen, eine nationalistische anstatt einer katholischen; Nationalismus sollte die offizielle Religion werden. Am
28. Oktober 1793 verordnete der Nationalkonvent, daß kein Geistlicher als Lehrer
an einer staatlichen Schule angestellt werden dürfe. Am 19. Dezember wurde der
Besuch aller Grundschulen für kostenlos erklärt und gleichzeitig die allgemeine
Schulpflicht für Knaben eingeführt. Was die Mädchen anging, so erwartete man, daß
sie von ihren Müttern, Hauslehrern oder in Nonnenklöstern erzogen würden.

Die Reorganisierung der höheren Schulen mußte warten bis nach dem Kriege, jedoch begann der Konvent am 25. Februar 1794 jene «Écoles Centrales» einzurichten, aus denen später die Lyzeen der Departements oder Oberschulen der Zukunft
entstanden. Für Bergbau, öffentliche Arbeiten, Astronomie, Musik und Kunsthand-
werk wurden Fachschulen ins Leben gerufen, und am 28. September 1794 begann
die École Polytechnique ihr erfolgreiches Wirken. Die französische Akademie
wurde am 8. August 1793 als Hort alter Reaktionäre aufgelöst, doch am 25. Oktober 1795 rief der Konvent das Institut National de France ins Leben, das in verschiedene Akademien zur Förderung und Lenkung aller Künste und Wissenschaften
gegliedert war. Hier sammelten sich die Wissenschaftler und Gelehrten, welche die

geistigen Traditionen der Aufklärung fortführten und Napoleons Zug nach Ägypten dauernde Bedeutung verliehen.

7. *Der «Vierte Stand»* – Journalisten und Presse – dürfte tiefergehenden Einfluß auf Meinungs- und Stimmungsbildung im Frankreich dieser überschäumenden Jahre ausgeübt haben als die Schulen. Das Volk von Paris – und in etwas geringerem Maße ganz Frankreich – verschlang täglich begierig die Tagespresse. Satirische Blätter florierten, die sowohl Politiker, wie auch die Auguren der öffentlichen Meinung zur Begeisterung des Publikums auf die Hörner nahmen. Die Revolution hatte sich in der Erklärung der Menschenrechte zur Bewahrung der Pressefreiheit verpflichtet. Sie tat dies auch während der Herrschaft der National- und der Konstituierenden Versammlung (1789–1791), doch als der Streit der Parteien immer wilder aufflammte, unterstrich jede Seite ihre Siege durch Einschränkung der Publikationen ihrer Feinde. Tatsächlich starb die Pressefreiheit mit der Hinrichtung des Königs am 21. Januar 1793. Am 18. März dekretierte der Nationalkonvent die Todesstrafe für jeden, der «auch immer ein Agrargesetz oder irgendein Gesetz zur Veränderung von Grund, (kommerziellem) oder industriellem Besitz, einbringen sollte»; am 29. März überredeten die triumphierenden *Regicides* den Konvent, jedem, der «auch immer schuldig befunden würde, Bücher oder Schriften verfaßt oder gedruckt zu haben, welche die ... Wiedereinsetzung des Königtums, oder irgendeiner anderen für die Souveränität des Volkes schädlichen Macht zum Ziele hätten», die Todesstrafe anzudrohen.[11] Robespierre hatte die Freiheit der Presse lange verteidigt, doch nachdem er Hébert, Danton und Desmoulins auf die Guillotine geschickt hatte, unterdrückte er die Zeitungen, die sie unterstützt hatten. Während der Schreckensherrschaft gab es keine Redefreiheit mehr, nicht einmal im Konvent. Das Direktorium stellte die Pressefreiheit 1796 wieder her, widerrief sie aber ein Jahr später nach dem *coup d'état* vom 18. Fructidor und deportierte die Herausgeber von zweiundvierzig Zeitungen.[12] Presse- und Redefreiheit wurden nicht durch Napoleon zerstört; sie waren bereits tot, als er an die Macht kam.[13]

II. DIE NEUE MORALITÄT

1. Moral und Gesetz

Nachdem sie das religiöse Fundament der Moralität – Liebe und Furcht vor einem allsehenden, allwissenden, belohnenden und strafenden Gott und den Gehorsam gegenüber den ihm zugeschriebenen Gesetzen und Geboten – verworfen hatten, sahen sich die befreiten Geister Frankreichs ohne Schutz (es sei denn durch den ethischen Nachhall ihres verlassenen Glaubens) vor ihren ältesten, stärksten und ureigensten Instinkten, die ihnen in primitiven Jahrhunderten, angefüllt mit Hunger, Gier, Unsicherheit und Kampf, eingeprägt worden waren. Die christliche Moral ihren Frauen und Töchtern überlassend, suchten sie nach einer neuen Konzeption, die als moralischer Anker in einem Meer unruhiger Individuen dienen konnte, die nichts fürchteten als allein die Gewalt. Sie hofften, diese im *civisme* zu finden, der Bürgertugend im Sinne eines Aufsichnehmens sowohl der Pflichten wie auch der Vorrechte, welche die Zugehörigkeit zu einer organisierten und beschirmenden Gesellschaft mit sich bringt; das Individuum ist verpflichtet, bei jeder moralischen Entscheidung als Gegengabe für diesen Schutz und mancherlei Dienstleistungen der Gemeinschaft das Wohl eben dieser Gemeinschaft als über allem stehendes Gesetz anzuerkennen – *salus populi suprema lex.* Es war ein nobler Versuch, eine aus dem Naturrecht abgeleitete Ethik zu begründen. In der Rückschau über die christlichen Jahrhunderte entdeckten die philosophierenden Deputierten – Mirabeau, Condorcet, Vergniaud, Roland, Saint-Just, Robespierre – in Historie und Legende der Klassik die Vorbilder, nach denen sie suchten: Leonidas, Epaminondas, Aristides, die beiden Brutus, Cato und Scipio; das waren Männer, für die Patriotismus allesbeherrschende Verpflichtung gewesen war, soweit gehend, daß ein Mann mit vollem Recht seine Kinder oder Eltern töten durfte, wenn er dies als notwendig für das Wohl des Staates erachtete.

In der ersten Runde der Revolution fuhren ihre Träger ganz gut mit der neuen Moral. Die zweite begann am 10. August 1792: Der Pariser Pöbel setzte Ludwig XVI. ab und etablierte den niemand verantwortlichen Absolutismus der Macht. Unter dem *ancien régime* hatten der verfeinerte Lebensstil der Aristokratie und der eine oder andere Hauch der von Philosophen und Heiligen gepredigten Nächstenliebe die natürliche Neigung der Menschen, einander anzugreifen und zu berauben, besänftigt; doch nun kamen in makabrer Prozession die Septembermassaker, die Hinrichtung von König und Königin und die Ausbreitung von Terror und Guillotine zu dem, was eines der Opfer, Madame Roland, als «ein ungeheures Golgatha des Gemetzels» beschrieb.[14]

Die Führer der Revolution wurden zu Kriegsgewinnlern, indem sie die befreiten Regionen großzügig für die Menschenrechte bezahlen ließen. Die französischen Armeen erhielten Befehl, aus den eroberten Gebieten zu leben; die Kunstschätze der Befreiten oder Besiegten gehörten dem siegreichen Fankreich. Unterdessen standen Gesetzgeber und Armeeoffiziere in geheimem Einverständnis mit den Armeelieferanten, um Regierung wie Truppen zu betrügen. In der *laissez-faire*-Wirtschaft dachten Erzeuger, Verteiler und Verbraucher nur daran, einander übers Ohr zu hauen oder die Maximumverordnungen für Preise und Löhne zu umgehen. Diese oder ähnliche Schurkereien hatte es natürlich schon Jahrtausende vor der Revolution gegeben, doch bei dem Versuch, sie unter Kontrolle zu bringen, erwies sich die neue Moral des *civisme* als ebenso hilflos, wie die Furcht vor den Göttern.

Als im Verlaufe der Revolution die Unsicherheit des Lebens, wie auch die Instabilität der Gesetzgebung zunahmen, führten die steigenden Spannungen in der Bevölkerung zu einer Zunahme der Verbrechen und suchten Ablenkung im Glücksspiel. Duelle wurden nach wie vor ausgefochten, jedoch seltener als früher. Das Glücksspiel war durch Edikte aus den Jahren 1791 und 1792 verboten worden,

Allegorischer Stich zur Verkündung der Verfassung vom 3. September 1791 (Bibliothèque Nationale, Collection De Vinck).

doch geheime *maisons de jeu* schossen wie Pilze aus dem Boden, und 1794 gab es dreitausend Spielhöllen in Paris.[15] Der steigende Reichtum der Direktoire-Jahre erlaubte vielen Männern, im Spiel große Summen zu setzen, und viele Familien wurden durch die Drehung des Glücksrades ruiniert. 1796 beteiligte sich das Direktorium am Spiel, indem es die *Loterie Nationale* wieder ins Leben rief. In einer Petition an den Nationalkonvent forderte die Sektion Tuilerien der Pariser Kommune ein Gesetz zur Schließung aller Spielhöllen und Bordelle. «Ohne Moral», argumentierte sie, «kann es weder Gesetz noch Ordnung geben; ohne persönliche Sicherheit gibt es keine Freiheit».[16]

Die revolutionären Regierungen bemühten sich, ein neues Rechtssystem für ein erregbares, gewalttätiges Volk zu schaffen, das durch den Niedergang des Glaubens und den Tod des Königs entwurzelt war. Voltaire war für eine Totalrevision der französischen Gesetzgebung und eine Harmonisierung der in Provinzen und Distrikten gültigen 360 Einzelgesetzbücher eingetreten, die er zu einem zusammenhängenden, für ganz Frankreich gültigen Code vereinigt sehen wollte. Dieser Ruf verhallte im Aufruhr der Revolution; erst Napoleon griff ihn wieder auf. Im Jahre 1780 hatte die Akademie von Châlons-sur-Marne einen Preis ausgesetzt für den besten Essay über das Thema «Der beste Weg, die Härte des französischen Strafgesetzes zu mildern, ohne die öffentliche Sicherheit in Gefahr zu bringen».[17] Ludwig XVI. reagierte mit der Abschaffung der Tortur (1780) und kündigte 1788 seine Absicht an, sämtliche Strafgesetze Frankreichs in einen zusammenhängenden Code fassen zu lassen. Mehr noch: «Wir werden alle Möglichkeiten ausschöpfen, um die Strenge der Bestrafungen zu mildern, ohne der öffentlichen Ordnung zu schaden.» Die konservativen Juristen, die damals die *parlements* von Paris, Metz und Besançon beherrschten, widersetzten sich diesem Plan, und der König, der um sein Leben kämpfte, legte ihn beiseite.

Die den Generalständen 1789 vorgelegten *cahiers* forderten verschiedene Reformen der Rechtspflege: Verhandlungen sollten öffentlich sein, den Angeklagten sollte ein Rechtsbeistand zur Seite stehen, die *lettres de cachet* sollten abgeschafft werden, und es sollten wieder Schöffengerichte eingesetzt werden. Im Juni erklärte der König die *lettres de cachet* für abgeschafft. Die übrigen Reformen wurden bald darauf durch die Konstituierende Versammlung gesetzlich verankert. Das System der Geschworenengerichte des mittelalterlichen Frankreich wurde wiederhergestellt. Die Gesetzgeber waren mittlerweile ausreichend immun gegen kirchliche Einflüsse und aufgeschlossen für geschäftliche Notwendigkeiten, um am 3. Oktober 1789 (Jahrhunderte nach der tatsächlichen Einführung) zu proklamieren, daß die Forderung von Zinsen kein Verbrechen sei. Zwei Gesetze des Jahres 1794 befreiten alle Sklaven in Frankreich und seinen Kolonien und gaben Negern die französischen Bürgerrechte. Mit der Begründung, daß «ein vollständig freier Staat keine Zusammenschlüsse in seiner Mitte dulden kann», verboten verschiedene Gesetze zwischen 1792 und 1794 alle Bruderschaften, Akademien, literarischen Gesellschaften, religiösen Organisationen und geschäftlichen Interessengemeinschaften. Merkwürdiger-

«Der Triumph Marats», nachdem er am 24. April 1793 das Revolutionstribunal als freier Mann wieder verläßt (Gemälde von Louis Boilly).

weise waren die Jakobiner-Klubs davon ausgenommen, während Gewerkschaften verboten wurden. Die Revolution ersetzte in raschem Tempo den absoluten Monarchen durch den allmächtigen Staat.

Die Vielgestaltigkeit der alten Gesetzgebung, das Inkrafttreten neuer Gesetze und die wachsende Verflechtung geschäftlicher Beziehungen begünstigte die Vermehrung der Juristen, die jetzt als Erster Stand an die Stelle des Klerus traten. Seit der Auflösung der *parlements* waren sie nicht mehr formell organisiert, doch die Kenntnis des Gesetzes mit all seinen Schlupflöchern wie der rechtlichen Verfahrensfragen mit allen Schlichen und Verzögerungsmöglichkeiten verhalfen ihnen zu einem Einfluß, den der Staat, der ja selbst ein Konglomerat von Rechtskundigen war, kaum kontrollieren konnte. Die Bürger fingen an, sich über die Hinauszögerung gesetzlicher Prozeduren und die Spitzfindigkeiten der Anwälte zu beschweren, wie auch über die kostspieligen Prozeßführungen, welche die Gleichheit aller Bürger vor den Gerichtshöfen bis zur Verzweiflung unrealistisch machte.[18] Die aufeinanderfolgenden Versammlungen versuchten verschiedene Maßnahmen, um Zahl und Einfluß der Anwälte zu beschränken. In einer Flut von Anti-Anwaltsgesetzen wurden Notariate aufgehoben (23. September 1791), alle Juristenschulen geschlossen (15. September 1793) und dann dekretiert (24. Oktober 1793): «Das Amt des Rechtsanwalts als Parteienvertreter vor Gericht ist abgeschafft, doch können prozeßführende Parteien Rechtsbeistände zu ihrer Vertretung bevollmächtigen.»[19] Diese Verordnungen, obwohl häufig umgangen, blieben in Kraft, bis Napoleon am 18. März 1800 die Anwälte wieder einsetzte.

Mit der Reform des Strafgesetzbuches kam die Revolution besser voran. Strafprozesse wurden der Öffentlichkeit besser zugänglich gemacht; geheime Verhöre und die Anonymität der Zeugen wurden – für eine Weile – abgeschafft. Die Gefängnisse hörten auf, in erster Linie Folterstätten zu sein. In manchen Gefängnissen erhielten die Insassen die Erlaubnis, Bücher und eigene Möbel hereinzubringen und sich gegen Bezahlung Essen von außerhalb besorgen zu lassen. Personen, die als Verdächtige inhaftiert, aber noch nicht überführt waren, durften einander besuchen, sich mit Spielen unterhalten[20] und zumindest zarte Beziehungen anknüpfen. Man berichtet uns von vereinzelten hitzigen Liebesverhältnissen, wie dem der Gefangenen Josephine de Beauharnais mit dem Gefangenen General Hoche. Der Nationalkonvent, der Hunderte von Todesurteilen ausgefertigt hatte, kündigte in seiner Schlußsitzung an (26. Oktober 1795): «Die Todesstrafe wird in der gesamten Französischen Republik mit dem Tage der Friedenserklärung abgeschafft werden.»

Dabei konnte sich die Revolution rühmen, die Methode der Vollstreckung von Todesurteilen verbessert zu haben. 1789 schlug Dr. Joseph Ignace Guillotin, Abgeordneter der Generalstände, vor, den Henker und den Scharfrichter durch ein massives mechanisches Fallbeil zu ersetzen, dessen Fall einen Kopf vom Körper trennen würde, ehe das Opfer auch nur die geringste Zeit gehabt hätte, physischen Schmerz zu fühlen. Der Gedanke war nicht neu; diese Art der Hinrichtung war in Italien und Deutschland seit dem dreizehnten Jahrhundert bekannt.[21] Nach einigen Versuchen mit dem Messer des Doktors an toten Körpern wurde die «Guillotine» auf der Place de Grève (heute Place de l'Hôtel de Ville) am 25. April 1792 und dann auch anderswo aufgebaut, wodurch die Hinrichtungen beschleunigt wurden. Eine Zeitlang zogen sie große Menschenmengen an, manche davon in Hochstimmung, Frauen und Kinder unter ihnen;[22] bald jedoch wurden sie zu alltäglichen Ereignissen. «Die Leute», berichtete ein Zeitgenosse, «fuhren mit der Arbeit in ihren Werkstätten fort, wenn die Schinderkarren vorbeirumpelten und hoben nicht einmal den Kopf».[23] Gesenkte Köpfe überlebten länger.

2. Sexualmoral

Neben den Schinderkarren, unter den Ruinen, überlebten Liebe und Sexualität. Die Revolution hatte die Spitäler vernachlässigt, doch dort wie auf den Schlachtfeldern und in den Slums erleichterte Nächstenliebe Schmerzen und Kummer, Güte bekämpfte das Böse, und väterliche Zuneigung überwand das Unabhängigkeitsstreben der Kinder. Viele Söhne konnten nicht verstehen, daß ihre Eltern nicht fähig waren, ihre revolutionäre Begeisterung und veränderte Einstellung zu verstehen; einige unter ihnen streiften die alten moralischen Bindungen ab und entwickelten sich zu sorglosen Epikureern. Mit zunehmender Promiskuität breiteten sich die venerischen Krankheiten aus, die Zahl der Findelkinder vervielfachte sich, Perversionen griffen um sich.

Comte Donatien-Alphonse-François de Sade (1740–1814), Sproß einer hochgestellten provenzalischen Familie, stieg bis zum Generalgouverneur der Distrikte Bresse und Bugey auf und schien für die Laufbahn eines Provinzadministrators bestimmt. Doch er war krankhaft besessen von sexuellen Phantasien und Vorstellungen und suchte nach einer Philosophie, die diese rechtfertigen könnte. Nach einer Affäre, in die vier Mädchen verwickelt waren, wurde er in Aix-en-Provence wegen «Verbrechen der Giftmischerei und Sodomie» 1772 zum Tode verurteilt.[24] Er entkam, wurde festgenommen, entkam wieder, beging weitere Scheußlichkeiten, floh nach Italien, kehrte nach Frankreich zurück, wurde in Paris verhaftet, in Vincennes (1778–1784), in der Bastille und in Charenton (1789) eingesperrt. 1790 freigelassen, unterstützte er die Revolution; 1792 war er Sekretär der Sektion des Piques. Während der Schreckensherrschaft wurde er unter der falschen Annahme, er sei ein zurückgekehrter Emigrant, verhaftet. Nach einem Jahr wurde er freigelassen, doch 1802, unter Napoleon, wurde er wegen der Veröffentlichung von *Justine* (1791) und *Juliette* (1792) wieder eingesperrt. Dies waren Romane über das normale und abnorme Sexualverhalten; der Autor gab dem Abnormen den Vorzug und gebrauchte seine beträchtliche literarische Geschicklichkeit zu dessen Verteidigung; er argumentierte, alle sexuellen Wünsche seien natürlich, und man solle ihnen mit voller Überlegung frönen, selbst bis zur Erlangung erotischen Vergnügens durch das Zufügen von Schmerzen; in diesem letzteren Sinne erlangte sein Name

Unsterblichkeit. Die letzten Jahre seines Lebens verbrachte er in verschiedenen Gefängnissen, schrieb geistreiche Theaterstücke und starb im Irrenhaus von Charenton.

Wir hören von Homosexualität unter Collegestudenten während der Revolution und dürfen annehmen, daß sie auch in den Gefängnissen verbreitet war. Prostituierte und Bordelle waren besonders zahlreich in der Nähe des Palais Royal, in den Tuileriengärten, in der Rue St.-Hilaire und der Rue des Petits Champs. Dirnen traf man auch in den Theatern, in der Oper und sogar auf den Galerien der Gesetzgebenden Versammlung und des Nationalkonvents. Flugblätter zirkulierten, in denen Adressen und Taxen öffentlicher Häuser und Dirnen verzeichnet waren. Am 24. April 1793 erließ die Sektion Temple einen Befehl: «Die Generalversammlung ... beseelt von dem Wunsche, dem von der Zügellosigkeit der öffentlichen Moral wie der Lüsternheit und Schamlosigkeit des weiblichen Geschlechts bewirkten unberechenbaren Unheil Einhalt zu gebieten, ernennt hiermit Beauftragte» usw.[26] Andere Sektionen schlossen sich der Kampagne an, private Patrouillen wurden gebildet, und ein paar unvorsichtige Übeltäterinnen verhaftet. Robespierre unterstützte diese Bemühungen, doch nach seinem Tode ließ der Eifer der Wächter nach, die *filles* erschienen wieder und gediehen unter dem Direktorium, als Frauen mit großer sexueller Erfahrung in Mode und Gesellschaft tonangebend wurden.

Das Übel dürfte durch die zunehmende Erleichterung frühzeitiger Eheschließung eingedämmt worden sein. Ein Priester war nicht erforderlich; nach dem 20. September 1792 war nur noch die Zivilehe legal, und diese erforderte lediglich eine gegenseitige, vor einem zivilen Beamten unterschriebene Verpflichtung. Bei den untersten Klassen gab es viele Fälle von unverheiratet und unbelästigt zusammenlebenden Paaren. Uneheliche Kinder gab es in Massen; 1796 wurden in Frankreich 44 000 Findelkinder registriert.[27] Zwischen 1789 und 1839 waren in der als typisch anzusehenden Stadt Meulan vierundzwanzig Prozent aller Bräute schwanger, als sie vor den Altar traten.[28] Wie unter dem *ancien régime* wurde dem Ehemann Ehebruch oft nachgesehen; bemittelte Männer hatten häufig Mätressen, mit denen sie sich unter dem Direktorium ebenso in der Öffentlichkeit zeigten wie mit ihren Ehefrauen. Die Scheidung wurde durch ein Dekret vom 20. September 1792 legalisiert. Nach diesem Datum konnte sie durch beiderseitige Übereinkunft vor einem städtischen Beamten erlangt werden.

Die väterliche Autorität wurde durch die allmähliche Ausdehnung der gesetzlichen Rechte der Frau und noch mehr durch das Beharren der emanzipierten Jugendlichen auf ihren Rechten beeinträchtigt. Anne Plumptre, die 1802 Frankreich bereiste, berichtete von einem Gärtner, der ihr sagte:

«Während der Revolution trauten wir uns nicht, unsere Kinder für ihre Fehler zu schelten. Jene, die sich Patrioten nannten, hielten es für einen Verstoß gegen die fundamentalen Prinzipien der Freiheit, Kinder zurechtzuweisen. Dadurch wurden diese so widerspenstig, daß häufig, wenn ein Vater sein Kind auszanken wollte, dieses ihm sagte, er solle sich um seine eigenen Angelegenheiten kümmern, denn, ‹wir sind frei und gleich, nur die Republik ist unser Vater und niemand anderer› ... Es wird viele Jahre dauern, sie wieder zur Vernunft zu bringen.»[29]

Pornographische Literatur gab es im Überfluß, und sie war (laut einem zeitgenössischen Zeitungsbericht) der bevorzugte Lesestoff der Jugend.[30] Einzelne früher radikal eingestellte Eltern begannen um 1795 (wie später 1871) ihre Söhne auf Schulen zu schicken, die unter geistlicher Leitung standen, in der Hoffnung, sie vor der allgemeinen Auflösung von Sitte und Moral zu bewahren.[31] Es schien einige Zeit, als müsse die Familie der Französischen Revolution zum Opfer fallen, doch die Wiederherstellung der Disziplin unter Napoleon rettete sie noch einmal, bis die industrielle Revolution sie mit sich allmählich steigernder, aber anhaltender und alles ergreifender Gewalt überfiel.

Frauen hatten unter dem alten Regime durch ihre Anmut und den verfeinernden Einfluß ihrer Sitten wie auch durch die Kultiviertheit ihres Geistes einen hohen Platz eingenommen, doch war diese Ausbildung in der Regel auf die Aristokratie und die obere Mittelklasse beschränkt. 1789 aber mischten sich die Frauen der Proletarier sichtbar in die Politik; sie waren eine der Haupttriebkräfte der Revolution, als sie nach Versailles marschierten und König und Königin als Gefangene einer Kommune nach Paris zurückbrachten, die fast zerbarst im Gefühl ihrer neuentdeckten Macht.* Im Juli 1790 veröffentlichte Condorcet einen Aufsatz «Über die Zulassung der Frauen zu den staatsbürgerrechtlichen Rechten». Im Dezember machte eine Madame Aëlders den Versuch, Klubs für die Befreiung der Frau ins Leben zu rufen.[32] Frauen ließen sich auf den Galerien der Versammlungen hören, doch Versuche, sie für die Entwicklung ihrer politischen Rechte zu organisieren, gingen in der Aufregung des Krieges, der Wut des Terrors und der konservativen Reaktion nach dem Thermidor unter. Einige Fortschritte wurden erzielt: Die Ehefrau konnte wie der Ehemann auf Scheidung klagen, und für die Heirat minderjähriger Kinder war die Einwilligung der Mutter ebenso erforderlich, wie die des Vaters.[33] Unter dem Direktorium gelangten Frauen, obwohl nicht stimmberechtigt, offen zu politischer Macht, ernannten Minister und Generale und stellten stolz ihre neugewonnene Freiheit in Sitten, Moral und Kleidung zur Schau. Napoleon, damals sechsundzwanzig, beschrieb sie 1795:

Die Frauen sind überall, im Theater, auf öffentlichen Promenaden, in Bibliotheken. Im Lesesaal der Gelehrten sieht man sehr hübsche Frauen. Nur hier (in Paris) unter allen Orten der Welt üben Frauen einen derartigen Einfluß aus. In der Tat sind auch die Männer verrückt nach ihnen, denken an nichts anderes und leben ausschließlich durch und für sie. Um zu erkennen, was ihr gebührt und welche Macht sie besitzt, muß eine Frau sechs Monate in Paris leben.[34]

III. SITTEN

Wie bei fast allen anderen Dingen so zeigte sich auch bei den Sitten das Hin- und Herschwingen des Pendels von der Auflehnung zur Wiederherstellung. Als die

---

* Die Legende hat wahrscheinlich die Rolle der üppigen Kurtisane Thérèse de Méricourt (1762 bis 1817) bei diesen Ereignissen übertrieben.

Aristokratie vor dem Sturm der Gleichmacherei floh, nahm sie Adelstitel, höfliche Manieren, parfümierte Sprache, verschnörkelte Unterschriften, Nonchalance und anmutigen Müßiggang mit. Bald wurden die Zuvorkommenheit des Salons, die Etikette des Tanzes ebenso wie die gehobene Sprache der Akademie zu Kennzeichen der Aristokratie, die für Leute, die sich ihrer bedienten, die Verhaftung als verdächtige vorsintflutliche Wesen, die der Flut entronnen waren, nach sich ziehen konnten.[35] Gegen Ende 1792 waren in Frankreich alle Franzosen *Citoyens*, alle Französinnen *Citoyennes*, in sorgfältig beachteter Gleichheit; niemand wurde mehr als *Monsieur* oder *Madame* angesprochen, und das höfliche *vous* der Einzelanrede wurde durch das *tu* und *toi* des Hauses und der Straße ersetzt. Trotzdem kam bereits 1795 das Duzen aus der Mode, *vous* wurde wieder gebräuchlich, *Monsieur* und *Madame* ersetzten *Citoyen* und *Citoyenne*.[36] Unter Napoleon erschienen die Titel wieder, und um 1810 gab es mehr davon als jemals zuvor.

Die Kleidung änderte sich langsamer. Gutsituierte Männer hatten seit langer Zeit die frühere Ausstattung des Adels zu der ihren gemacht und weigerten sich nun, sie abzulegen: Dreispitz mit hohem Kopf, Seidenhemd, flatternde Schmetterlingskrawatte, farbige bestickte Weste, Frack mit bis in die Kniekehlen reichenden Schößen, Kniehosen, die mehr oder weniger tief unter den Knien endigten, Seidenstrümpfe und Schnallenschuhe mit eckigen Kappen. 1793 versuchte der Wohlfahrtsausschuß «das gegenwärtige Nationalkostüm zu ändern, um es der republikanischen Lebensweise und dem Charakter der Revolution besser anzupassen»[37]; doch nur die untere Mittelklasse übernahm die langen Hosen der Arbeiter und Händler. Robespierre selbst fuhr fort, sich wie ein Lord zu kleiden, und nichts übertraf an Glanz die offizielle Amtstracht der Direktoren und ihres Vorbildes Barras. Erst 1830 setzten sich Pantalons gegen die Kniehosen *(culottes)* durch. Nur die Sansculotten trugen die rote Mütze der Revolution und die Carmagnole.*

Die Kleidung der Frauen wurde von dem Glauben der Revolutionäre beeinflußt, die Revolution wandle in den Fußstapfen des republikanischen Rom und des perikleischen Griechenland. Jacques Louis David, maßgebender französischer Künstler zwischen 1789 und 1815, wählte für seine frühen Vorwürfe klassische Helden und kleidete sie in klassischem Stil. Daher legten die Modedamen von Paris nach dem Fall des Puritaners Robespierre Unterröcke und Hemden ab und wählten als ihr bevorzugtes Gewand ein einfaches fließendes Kleid, durchscheinend genug, um den größten Teil der sanften Konturen sehen zu lassen, die die unersättlichen Männer bezauberten. Die Taille war ungewöhnlich hoch und unterstützte die Brüste, der Nackenausschnitt tief genug, um viel Haut zu zeigen; die Ärmel waren kurz genug, um verführerische Arme sehen zu lassen. Hauben wurden durch Stirnbänder ersetzt und Schuhe mit hohen Absätzen durch absatzlose Slipper. Ärzte berichteten vom Tode modisch gekleideter Damen, die sich im Theater oder auf der Promenade den

---

* Die Carmagnole erhielt einen doppelten Sinn: Sie war das Lied und die Gigue, welche die Arbeiter des südlichen Frankreich populär machten, wie auch die kurze Wolljacke, die die Wanderarbeiter aus Italien trugen. Carmagnola ist eine Stadt in Piemont.

rasch sinkenden Temperaturen der Pariser Abende ausgesetzt hatten.[38] Die Incroya-
bles und die Merveilleuses – Unglaubliche männliche und Wundervolle weibliche
Dandys – bemühten sich, durch extravagante Kleidung die Aufmerksamkeit auf sich
zu ziehen. Einer Gruppe von Frauen, die 1792 in Männerkleidung vor der Versammlung der Pariser Kommunen erschien, erteilte deren *procureur général*
Chaumette einen höflichen Verweis: «Ihr unbesonnenen Frauen, die Ihr Männer
sein wollt, warum seid Ihr nicht zufrieden mit Eurem Los? Was wollt Ihr mehr? Ihr
beherrscht unsere Sinne, Ihr seht den Gesetzgeber und den Magistrat zu Euren
Füßen, Euer Despotismus ist der einzige, dem unsere Stärke nicht gewachsen ist,
weil er der Despotismus der Liebe ist und deshalb ein Werk der Natur. Im Namen
der echten Natur, bleibt, wozu sie Euch bestimmt hat.»[39]

Die Frauen waren trotzdem überzeugt, sie könnten die Natur verbessern. In einer
Anzeige im *Moniteur* vom 15. August 1792 teilte Madame Broquin mit, sie habe
noch Bestände ihres «berühmten Pulvers zum Braun- oder Schwarzfärben weißer
oder roter Haare durch einmalige Anwendung».[40] Wenn nötig, bedeckte man unzu-
länglichen Haarwuchs mit Perücken, die nicht selten aus den abgeschnittenen
Flechten guillotinierter junger Frauen gemacht waren.[41] 1796 war es bei den Männern der oberen und mittleren Schichten allgemein gebräuchlich, das Haar lang und
in einem Zopf zu tragen.[42]

Während der ersten beiden Revolutionsjahre lebten die 800 000 Einwohner von
Paris weiter wie gewohnt und schenkten ihre Aufmerksamkeit nur gelegentlich den
Vorgängen in der Versammlung und den Gefängnissen. Das Leben war damals für
die oberen Klassen recht angenehm: Familien fuhren fort, einander zu besuchen und
zum Diner einzuladen, Tänze, Gesellschaften, Konzerte und Schauspiele zu besuchen. Selbst während der Periode der Gewalt zwischen den Septembermassakern
und dem Sturz Robespierres im Juli 1794, als in Paris 2800 Hinrichtungen statt-
fanden, ging das Dasein für fast alle Überlebenden seinen gewohnten Gang zwischen
Arbeit und Vergnügen, Jagd nach Sex und elterlicher Liebe. Sébastien Mercier berichtete 1794:

Ausländer, die unsere Zeitungen lesen, stellen sich uns vor als über und über blutbedeckt,
in Lumpen und ein erbärmliches Leben führend. Man denke sich ihre Überraschung, wenn
sie in der prachtvollen Avenue der Champs Elysées ankommen, auf der sie in beiden Rich-
tungen elegante Kutschen mit bezaubernden reizenden Damen erblicken; und weiter ... dieser magische Ausblick, der sich auf die Tuilerien öffnet und ... diese phantastischen Gärten,
jetzt üppiger und besser gehalten denn je![43]

Es gab Spiele, Ballspiele, Tennis, Reiten, Pferderennen, athletische Wettbewerbe ... Es gab Vergnügungsparks wie die Tivoli-Gärten, wo man – wie an einem
schönen Tag tausende andere – sich die Zukunft wahrsagen, einem Feuerwerk
zusehen, Seiltänzer oder einen Ballonaufstieg beobachten konnte, Konzerte hören
oder die Kleinen auf dem Karussel fahren und das *jeu de bagues* (Ringehaschen) spielen lassen konnte. Man konnte in Gartencafés oder im Pavillon des Café de Foy
oder in einem eleganten Café wie bei Tortoni oder Frascati sitzen oder wie die

Touristen in Nachtbars wie Le Caveau (der Keller), Le Sauvage oder Les Aveugles (wo blinde Musiker auftraten) gehen. Man konnte einen Klub besuchen, um zu lesen, zu plaudern oder politischen Debatten zuzuhören. Man konnte an einem der vielseitigen und farbigen, vom Staat organisierten und von berühmten Künstlern wie David arrangierten Feste teilnehmen. Wer sich in dem neuen Tanz, dem Walzer, versuchen wollte, der gerade erst aus Deutschland importiert worden war, fand sicher einen Partner in einem der dreihundert Ballsäle des Paris der Directoire-Zeit.[44]

Jetzt (1795), in den letzten Jahren der Revolution, erhielten einzelne Emigranten die Erlaubnis zur Rückkehr; Adlige, die sich verborgen gehalten hatten, trauten sich aus ihren Verstecken, und die Bourgeoisie stellte ihren Reichtum in kostspieligen Wohnungen und Möbeln, an juwelenbehängten Frauen und bei verschwenderischen Vergnügen zur Schau. Die Bevölkerung von Paris tauchte aus ihren Appartements oder Mietshäusern auf, um die Sonne oder die Abendluft in den Gärten der Tuilerien oder des Luxembourg oder auf den Champs Elysées zu genießen. Die Frauen glichen Blumen in ihren freigebigen Kostümen, mit ihren bemalten Fächern, die mehr als Worte sagten, und ihren zierlichen Schuhen, die verborgene Füße umso reizvoller machten. Die «Gesellschaft» war auferstanden.

Doch die etwa hundert Familien, aus denen sie jetzt bestand, waren nicht die Leute von Stand oder die weltberühmten *philosophes*, die in den Salons vorrevolutionärer Nächte geglänzt hatten; es waren hauptsächlich die *nouveaux riches*, die ein Vermögen aus kirchlichem Grundbesitz, Heereslieferungen, kommerziellen Monopolen, finanziellen Kniffen oder mit Hilfe politischer Freunde zusammengescharrt hatten. Einige verstreute Überlebende aus bourbonischen Tagen fanden sich im Hause von Madame de Genlis oder bei den Witwen Condorcet und Hélvetius ein; die meisten Salons jedoch, die nach Robespierres Tod eröffnet wurden (ausgenommen Madame de Staëls Kreis) waren kein Boden für brillante Konversation, und es fehlte ihnen die Ungezwungenheit, deren Grundlage in früheren Zeiten eine aus altem, in Landbesitz begründetem Reichtum stammende Sicherheit gewesen war. Der führende Salon war jetzt die Gesellschaft, die sich in Direktor Barras' komfortablen Gemächern im Luxembourg-Palast oder in seinem Schloß Grosbois traf; seine Anziehungskraft lag nicht im klugen Gespräch der Philosophen, sondern im Lächeln und der Schönheit der Damen Tallien und Josephine de Beauharnais.

Josephine hieß noch nicht Bonaparte, und Madame Tallien war nicht mehr Talliens Frau. Am 26. Dezember 1794 mit ihm getraut und einige Zeit als «Notre Dame de Thermidor» bejubelt, hatte sie den welkgewordenen Terroristen bald darauf verlassen und war Barras' Geliebte geworden. Einzelne Journalisten äußerten sich spöttisch über ihre Moral, doch die meisten von ihnen erwiderten ihr Lächeln, denn in ihrer Schönheit war nichts Hochmütiges, und man wußte von vielerlei Freundlichkeiten, die sie Frauen sowohl als Männern erwiesen hatte. Die Herzogin von Abrantès beschrieb sie später als «die kapitolinische Venus, doch noch lieblicher als das Werk des Phidias, denn an ihr sah man die gleiche Vollendung der

Züge, dieselbe Symmetrie der Arme, Hände und Füße, das Ganze jedoch beseelt durch einen gütigen Ausdruck».[45]* Es war ein schöner Zug an Barras, daß er ihr und Josephine gegenüber großzügig war, ihre Schönheit nicht allein in erotischer Beziehung schätzte, sondern sie, auf seinen Empfängen, mit hundert potentiellen Rivalen teilte und zur Eroberung Josephines durch Napoleon seinen Segen gab.

IV. MUSIK UND DRAMA

Alle Musikgattungen blühten. Man konnte mit einer gespendeten Münze einen Straßensänger zu Zugaben bewegen oder sich einem Volkshaufen anschließen und die Bürger mit der «Carmagnole» oder «Ça ira» in Schrecken versetzen oder die Fenster durch die «Marseillaise» zum Klirren bringen, die mit Ausnahme des Titels von Rouget de Lisle stammte. Im Concert Feydeau konnte man Dominique Garat, den Caruso seiner Zeit, bewundern, dessen Stimme Herzen und Dachsparren zum Erzittern brachte und in ganz Europa für ihren Umfang berühmt war. Während der Schreckensherrschaft von 1793 gründete der Nationalkonvent das Institut National de Musique, das er zwei Jahre später zum Conservatoire de Musique erweiterte, das mit einem Etat von 240 000 Livres pro Jahr für den kostenlosen Unterricht von sechshundert Studenten ausgestattet wurde. Am Abend des Tages von Robespierres Hinrichtung konnte ein Pariser *Armide* in der Oper oder *Paul et Virginie* in der Opéra Comique hören.[46]

Auch die Oper stand während der Revolution in Blüte. Jean François Lesueur (1760 bis 1834) vertonte 1794 Bernardin de Saint-Pierres Idylle und errang im gleichen Jahr mit Fénélons *Télémaque* einen weiteren Erfolg; er erregte ganz Frankreich mit dem Getöse und dem Schrecken von *La Caverne*, das siebenhundert Aufführungen erlebte; er komponierte während Napoleons Aufstieg weiter und lebte lange genug, um Lehrer von Berlioz und Gounod zu sein. Während seines viel kürzeren Lebens schrieb Etienne Méhul (1763–1817) über vierzig Opern für die Opéra Comique, während seine wuchtigen Choräle – *Hymne à la raison* (1793) und *Chant du départ* (1794) – ihn zum musikalischen Idol der Revolution machten.**

Der größte Komponist im Frankreich der Revolution war Maria Luigi Carlo Salvatore Cherubini. Geboren wurde er 1760 in Florenz: «Ich begann mit sechs Jahren Musik und mit neun Komposition zu lernen».[48] Mit sechzehn hatte er drei Messen, ein Magnifikat, ein Tedeum, ein Oratorium und drei Kantaten komponiert. 1777 gewährte ihm der gütige Großherzog Leopold von Toskana ein Stipendium, um bei Giuseppe Sarti in Bologna zu studieren. In vier Jahren wurde Cherubini ein Meister der kontrapunktischen Komposition. 1784 erhielt er eine Einladung nach London, doch dort gefiel es ihm nicht, und so zog er 1786 nach Paris, das, von kurzen Unterbrechungen abgesehen, bis zu seinem Tode 1842 sein Wohnsitz blieb. In seiner ersten, dort geschriebenen Oper, *Démophon* (1788) gab er den leichtherzigen neapolitanischen Stil auf, der Handlung und Orchester den Arien unterordnete, und folgte Gluck auf dem Wege zur «Großen Oper», in welcher Arien erst an zweiter Stelle hinter der Entwicklung des Themas, der Chor- und Orchestermusik standen. Sein größter Erfolg im Paris

---

* Sie heiratete 1805 den Comte de Caraman (den späteren Fürsten de Chimay) und starb 1835.
** Während der Revolution verlor die Bezeichnung *opéra comique* die Bedeutung musikalische Komödie und wurde auf jede Oper, ob tragisch oder komisch, angewandt, die gesprochene Dialoge enthielt.[47] Das Théâtre de l'Opéra Comique konnte von da an mit der Académie de Musique in der Aufführung «ernster» Opern wetteifern. Um diese Zeit etwa begannen vereinzelte Komponisten, wie Méhul in *Ariodant* (1799), gewisse wiederkehrende Orchesterpassagen mit den entsprechenden Personen oder Situationen zu verbinden; so entstand das Leitmotiv.

der Revolutionszeit waren *Lodoïska* (1791) und *Médée* (1797). Mit seinem noch berühmteren *Les Deux Journées* (1800) begann er eine beschwerliche Karriere unter Napoleon. Unter diesem Kometen werden wir ihm wieder begegnen.

Im revolutionären Paris gab es über dreißig Theater, die fast alle Nacht für Nacht überfüllt waren, selbst während des Terrors. Die Schauspieler waren durch die Revolution von der Rechtsunfähigkeit befreit worden, die ihnen die Kirche seit langer Zeit auferlegt hatte; sie konnten über die Exkommunikation und die Verweigerung eines christlichen Begräbnisses lächeln. Sie waren jedoch (1790–1795) einer anderen wachsameren Zensur unterworfen: Der Nationalkonvent verlangte, daß in keiner Komödie aristokratische Helden oder adlige Gefühle vorkommen dürften; das Theater wurde zu einem Instrument der Regierungspropaganda gemacht. Das Niveau der Komödie sank, und neue Tragödien folgten ebenso der revolutionären Linie wie die klassischen.

Wie überall waren die führenden Schauspieler berühmter als die Staatsmänner und einzelne, wie François Joseph Talma, waren bedeutend beliebter. Sein Vater war Kammerdiener, ließ sich als Zahnarzt ausbilden, ging nach London, hatte Erfolg und ließ seinen Sohn in Frankreich erziehen. Nach seinem Examen kehrte François nach England zurück, um Assistent seines Vaters zu werden. Er lernte Englisch, las Shakespeare, sah Aufführungen seiner Stücke und schloß sich einer französischen Schauspielertruppe an, die in England gastierte. Wieder in Frankreich, wurde er an die Comédie Française engagiert und debütierte 1787 als Seïde in Voltaires *Mahomet*. Seine wohlproportionierte Gestalt, seine klassisch gemeißelten Züge, sein volles schwarzes Haar und seine glänzenden schwarzen Augen halfen ihm vorwärtszukommen, doch seine Parteinahme für die Revolution entfremdete ihn den meisten Mitgliedern des Ensembles, das seine Existenz der Gnade des Königs verdankte.

1785 sah Talma Davids Gemälde «Der Schwur der Horatier». Er war sofort gefesselt, nicht allein durch die dramatische Wucht des Bildes, sondern ebenso durch die minutiöse Wiedergabe der antiken Gewänder. Er beschloß, sich bei den Kostümen für seine Bühnenauftritte derselben Genauigkeit zu befleißigen. Seine Kollegen setzte er in Erstaunen, als er in Tunika und Sandalen, mit entblößten Armen und Beinen erschien, um den Proculus in Voltaires *Brutus* zu verkörpern.

Er schloß Freundschaft mit David und machte sich einiges von dessen revolutionärer Begeisterung zu eigen. Als er Marie Joseph de Chéniers *Charles IX* (4. November 1789) spielte, legt er eine derartige Leidenschaft in die antimonarchistischen Passagen – die den jungen König schildern, wie er das Gemetzel der Bartholomäusnacht befiehlt –, daß er einen Großteil der Zuhörer und viele seiner Kollegen schockierte, die noch eine gewisse Loyalität gegenüber Ludwig XVI. empfanden. Mit dem Fortschreiten der Revolution wurde der Konflikt zwischen «Roten» und «Schwarzen» innerhalb der Gesellschaft und unter der Zuhörerschaft so heftig – er führte sogar zu Duellen – daß Talma, Madame Vestris (die führende Tragödin) und andere Schauspieler aus der königlich privilegierten Comédie Française ausschieden und ein eigenes Ensemble im Théâtre de la République Française in der Nähe des

Palais Royal gründeten. Hier vervollkommnete Talma seine Kunst durch das Studium von Geschichte, Charakter und Kleidung jeder einzelnen Gestalt und Epoche seines Repertoires. Er übte sich in der Beherrschung seiner Gesichtszüge, um jede Änderung in Gefühlen und Gedanken mimisch zum Ausdruck zu bringen; er mäßigte den deklamatorischen Ton seiner Redeweise und den theatralischen Ausdruck von Gefühlsregungen; schließlich wurde er der anerkannte Meister seiner Kunst.

1793 führte die ältere Gesellschaft, die sich in Théâtre de la Nation umbenannt hatte, *L'Ami des lois* auf, ein satirisches Stück, das die Führer der Revolution lächerlich machte. In der Nacht vom 3. zum 4. September wurde die ganze Truppe verhaftet. Talmas Gesellschaft unterwarf sich einer strengen Zensur: Racines Stücke wurden aus dem Spielplan gestrichen; die Komödien Molières wurden Streichungen und Änderungen unterzogen; aristokratische Titel – sogar *Monsieur* und *Madame* – wurden aus genehmigten Stücken ausgemerzt; dieselbe Säuberung wurde von allen französischen Theatern verlangt.[49] Nach Robespierres Sturz wurden die verhafteten Schauspieler freigelassen. Am 31. Mai 1799, als sich die Revolution ihrem Ende näherte, schlossen sich die alte und die neue Gesellschaft zur Comédie Française zusammen, die von da an das Théâtre Français im Palais Royal bespielte, wo sie noch heute blüht und gedeiht.

V. DIE KÜNSTLER

Die Kunst des revolutionären Frankreich wurde durch drei äußere Ereignisse beeinflußt: die Entmachtung und Emigration des Adels, die Ausgrabungen klassischer Reste in Herculaneum und Pompeji (ab 1738) und den Raub italienischer Kunstwerke durch Napoleon. Die Emigration beraubte Frankreich des größten Teiles der Klasse, die genug Geld und Geschmack gehabt hatte, um Werke der Kunst zu kaufen; manchmal folgte der Künstler, wie Madame Vigée-Lebrun, den Emigranten. Fragonard, obwohl völlig von den Börsen der begüterten Klasse abhängig, ergriff Partei für die Revolution und verhungerte fast. Andere Künstler unterstützten sie, weil sie sich erinnerten, wie der Adel sie als Lakaien und Lohndiener behandelt und wie die Académie des Beaux-Arts nur ihren eigenen Mitgliedern das Ausstellen bei ihren Salons gestattet hatte. 1791 hatte die Gesetzgebende Versammlung die Académie allen qualifizierten Künstlern, gleich ob Franzosen oder Ausländer, zum Wettbewerb geöffnet. Der Konvent hob die Académie als eine im wesentlichen aristokratische Einrichtung vollständig auf; 1795 ersetzte das Direktorium sie durch eine neue Académie des Beaux-Arts, deren Sitz in den Louvre verlegt wurde; dieser war 1792 als öffentliches Museum eingerichtet worden; hier hatten französische Künstler Gelegenheit, die Werke von Raffael, Giorgione, Correggio, Leonardo, . Veronese, ... sogar die Pferde von San Marco zu studieren und zu kopieren. Noch niemals war gestohlenes Gut in so lobenswerter Weise gebraucht worden! 1793 erneuerte der Konvent die Regierungsunterstützung für den Prix de Rome und die französische Akademie in Rom. Allmählich ersetzte die aufsteigende Mittelklasse den Adel als Kunstkäufer; der Salon von 1795 war überfüllt von Besuchern, die die 535 Gemälde bestaunten. Die Preise für Kunstwerke stiegen.

So seltsam es klingt, die Revolution erzeugte auf dem Gebiet der Künste keinerlei radikale Bewegungen. Im Gegenteil, die Anregungen, die der Neoklassizismus durch die Ausgrabungen klassischer Skulptur und Architektur bei Neapel wie durch die Schriften Winckelmanns (1755 ff.) und Lessings (1766) empfing, hatten eine Wiederbelebung des klassischen Stils mit allen seinen aristokratischen Begriffsinhalten bewirkt. Diese Rückwirkung erwies sich als stark genug, um den romantischen und demokratischen Einflüssen der Revolution zu widerstehen. Die Künstler dieser gleichmachenden Zeit (Proudhon war abweichender Meinung) machten sich in Theorie und Praxis alle klassischen und edlen Normen zu eigen: Ordnung, Disziplin, Form, Intellekt, Vernunft und Logik als Schutz gegen Erregung, Leidenschaft, Enthusiasmus, Freiheit der künstlerischen Gestaltung, Unordnung und Sentiment. Unter Ludwig XIV. hatte die französische Kunst diese alten Regeln Quintilians und Vitruvs, Corneilles und Boileaus beachtet; unter Ludwig XV. und Ludwig XVI. hatte sie sich im Barock gelockert und im Rokoko amüsiert. Mit Rousseaus Verteidigung der Empfindsamkeit und Diderots Betonung des Gefühls schien das Zeitalter der Romantik heraufgekommen zu sein. Dies galt auch für Politik und Literatur, doch nicht für die Kunst.

1774 reiste Joseph Marie Vien, alarmiert dnrch Berichte über die Ausgrabungen in Herculaneum und Pompeji, nach Italien und nahm seinen Schüler Jacques Louis David mit sich. Der junge Mann, ganz von der Revolution durchdrungen, schwor, er würde sich niemals durch die konservative, aristokratische Kunst des klassischen Altertums verführen lassen.[50] Es war jedoch etwas Meisterliches in ihm, das empfänglich war für die Majestät der Form, die Logik des Aufbaus, die Strenge und Reinheit der Linie in der Kunst Griechenlands und Roms. Er widerstand ihrer kraftvollen Botschaft für einige Zeit, gab ihr aber allmählich nach und brachte sie mit zurück nach Paris. Sie harmonierte mit der Ablehnung des Christentums durch die Revolution und der Idealisierung der Römischen Republik, der Catos und der Scipionen; sie paßte sogar zu Madame Talliens griechischen Gewändern. Nun schien die Zeit gekommen, die Himmelssehnsucht der Gotik, die jugendlichen Überraschungen des Barock, die fröhlichen Rüschen des Rokoko, die rosigen Nackedeis Bouchers, die aufschäumenden Unterröcke Fragonards beiseite zu legen. Jetzt mußten klassische Linie und Logik, kalter Verstand, aristokratische Zurückhaltung und stoische Form die künstlerischen Ziele und Prinzipien eines farbigen, gefühlsbetonten, demokratischen, romantischen, revolutionären Frankreich sein.

David, während der Revolution und des Kaiserreichs Frankreichs tonangebender Künstler, wurde 1748 in Paris als Sohn einer wohlhabenden Familie, in deren Schoß er die Not niemals kennen lernte, geboren. Mit sechzehn trat er in die Académie des Beaux-Arts ein, studierte bei Vien, nahm zweimal am Wettbewerb um den Prix de Rome teil, fiel beide Male durch, schloß sich ein und versuchte, sich zu Tode zu hungern. Ein Dichter aus der Nachbarschaft vermißte und suchte ihn, fand ihn und überredete ihn, wieder Nahrung zu sich zu nehmen. 1774 beteiligte David sich erneut am Wettbewerb und gewann ihn mit dem Rokoko-Gemälde *Antiochus schmachtet nach Stratonices Liebe*. In Rom faszinierte ihn Raffael, von dem er sich aber als zu feminin in Stimmung und Zeichnung abwandte; Leonardo bot ihm kräftigere Nahrung, und bei Poussin fand er die würdevolle Beherrschung von Sujet und Form. Von den Madonnen der Renaissance wandte er sich den alten Helden aus Philosophie, Mythos und Krieg zu, und in der Hauptstadt der Christenheit legte er seinen christlichen Glauben ab.

1780 kehrte er nach Paris zurück, heiratete ein Mädchen aus reicher Familie und stellte in den Salons der Académie eine Reihe von Bildern nach klassischen Vorwürfen – *Belisarius, Andromache* – sowie einige Porträts aus. 1784 reiste er nach Rom, um vor einem römischen Hintergrund ein von Ludwig XVI. bestelltes Bild, *Der Schwur der Horatier*, zu malen. Als er dieses in Rom ausstellte, sagte ein alter italienischer Maler, Pompeo Batoni, zu ihm: «*Tu ed io soli, siamo pittori; pel rimanente si puo gettarlo nel fiume*» (Du und ich, wir sind die einzigen Maler; was den Rest angeht, die kann man in den Fluß werfen).[51] Wieder in Paris, stellte er sein Werk unter dem Namen *Le Serment des Horaces* im Salon von 1785 aus. Hier, in dem von Livius überlieferten Mythos[52], fand David den Geist des Patriotismus, der die eigentliche Religion des antiken Rom gewesen war: Drei Brüder aus der Familie der Horatier legen einen Eid ab, den Krieg zwischen Rom und Alba Longa (siebtes Jahrhundert v. Chr.) durch einen Kampf auf Leben und Tod mit drei Brüdern aus dem Klan der Curiatier zu entscheiden. David stellte die Horatier dar, wie sie zum Schwur schreiten und Schwerter aus der Hand ihres Vaters empfangen, während ihre Schwestern trauern; eine von ihnen war mit einem Curiatier verlobt. Franzosen, die die Erzählung aus Corneilles *Horace* kannten, erfaßten in diesem Gemälde den Geist des bedingungslosen Patriotismus, der die Nation über den Einzelnen, sogar über die Familie stellte. Ein für Reformen ehrlich aufgeschlossener König und eine Stadt, die schon die nahende Revolution spürte, vereinigten sich zum Lobe des Künstlers, und seine Rivalen anerkannten die Kunst, mit der er heroischen Mut, väterliche Opferbereitschaft und weibliches Leid offenbart hatte. Der Erfolg des *Schwures der Horatier* war einer der vollständigsten in den Annalen der Kunst, denn er bedeutete den Triumph des klassischen Stils.

Bestärkt in seiner Methode und der Wahl seiner Sujets wandte sich David Griechenland zu und stellte 1787 den *Tod des Sokrates* vor. Sir Joshua Reynolds, der das Bild in Paris sah, nannte es «die bedeutendste Bemühung auf dem Gebiete der Kunst seit Michelangelo und Raffael; es hätte dem perikleischen Athen zur Ehre gereicht».[53] Zwei Jahre später kehrte David mit *Die Liktoren bringen Brutus die Leichen seiner Söhne* zur römischen Sage zurück. Es war Livius' Erzählung von dem römischen Konsul (509 v. Chr.), der seine beiden Söhne zum Tod verurteilte, weil sie an einer Verschwörung zur Wiederherstellung der Monarchie beteiligt waren.

Das Gemälde war noch vor dem Sturm auf die Bastille bestellt worden, offenbar ohne einen Gedanken an die drohende Revolte. Der königliche Minister für Kultur verbot die Ausstellung, doch der sich in der Öffentlichkeit erhebende Unwille erzwang seine Zulassung zum Salon von 1789. Die Besuchermassen, die kamen, um es zu sehen, begrüßten es als Teil der Revolution, und David konnte sich als künstlerisches Sprachrohr seiner Zeit betrachten.

Daraufhin weihte er sich in einer ungewöhnlichen Verbindung von Politik und Kunst gänzlich der Revolution. Er akzeptierte ihre Grundsätze, illustrierte ihre Ereignisse, gestaltete und dekorierte ihre Feste, verewigte ihre Märtyrer. Als der radikale Deputierte Lepeletier de Saint-Fargeau von einem Royalisten ermordet wurde (20. Januar 1793), machte sich David daran, die Szene im Bilde darzustellen; nach zwei Monaten präsentierte er das Bild dem Nationalkonvent, der es in seinem Sitzungssaal aufhängen ließ. Als Marat umgebracht wurde (13. Juli 1793), betrat eine trauernde Menge die Galerie des Konvents; eine Stimme aus ihrer Mitte rief: «David, wo bist Du? Du hast der Nachwelt das Porträt von Lepeletier hinterlassen, der für sein Vaterland gestorben ist; ein weiteres Bild wartet auf Deine Hand». David erhob sich und sagte: «Ich werde es machen». Am 11. Oktober übergab er dem Konvent das vollendete Gemälde. Es zeigte Marat halb untergetaucht in seiner Badewanne, sein Kopf war leblos zurückgesunken, eine Hand umklammerte ein Manuskript, ein Arm hing schlaff auf den Boden. Ein Holzklotz neben der Wanne trug die stolze Inschrift: «Für Marat von David». Es war ein Abschied von Davids charakteristischem Stil; revolutionäre Leidenschaft hatte den Neoklassizismus durch Realismus ersetzt. Außerdem war dieses Bild wie das Lepeletiers eine Abkehr vom klassischen Beispiel, indem es Ereignisse der jüngsten Vergangenheit zum Gegenstand nahm; es machte die Kunst zur Genossin der Revolution.

1794 war David ein so prominenter Politiker geworden, daß er in den Sicherheitsausschuß gewählt wurde. Er ordnete sich Robespierres Führung unter und arrangierte den Festzug und die künstlerische Ausstattung für das Fest des Höchsten Wesens. Nach Robespierres Sturz wurde David als einer seiner Gefolgsleute verhaftet; nachdem er drei Monate im Gefängnis gesessen hatte, wurde er auf Bitten seiner Schüler freigelassen. 1795 zog er sich in die Stille seines Ateliers zurück, trat aber 1799 mit einem meisterlichen Rundbild *Der Raub der Sabinerinnen* wieder an die Öffentlichkeit. Am 10. November ergriff Napoleon die Macht und David, einundfünfzig Jahre alt, begann eine neue und triumphale Karriere.

VI. WISSENSCHAFT UND PHILOSOPHIE

Revolutionen sind kein günstiger Boden für die reine Wissenschaft, sie fördern jedoch die angewandte, um die Bedürfnisse einer um ihre Freiheit kämpfenden Gesellschaft zu befriedigen. So unterstützte Lavoisier, der Chemiker und Finanzmann, die Amerikanische und die Französische Revolution durch Steigerung von Qualität

und Produktion von Schießpulver; Berthollet und andere Chemiker fanden, ange-
spornt durch die englische Blockade, Ersatzstoffe für importierten Zucker, Soda und
Indigo. Lavoisier wurde als Kriegsgewinnler guillotiniert (1794)[54], doch ein Jahr
später revidierte die Revolutionsregierung dieses Urteil und ehrte sein Andenken.
Der Nationalkonvent beschützte die Wissenschaftler in seinen Ausschüssen und
nahm ihre Pläne für ein metrisches System an; das Direktorium gab in dem neuen
Institut de France Wissenschaftlern einen hohen Status. Lagrange, Laplace, Adrien
Marie Legendre, Delambre, Berthollet, Lamarck, Cuvier – Namen, die noch immer
in der Geschichte der Wissenschaft leuchten – gehörten zu seinen ersten Mitgliedern. Wissenschaft ersetzte für einige Zeit die Religion als Hauptgegenstand der
französischen Erziehung; die Rückkehr der Bourbonen unterbrach diese Entwicklung, doch ihr Sturz (1830) wurde von der Erhöhung der Wissenschaft durch den
«philosophischen Positivismus» Auguste Comtes begleitet.

Lagrange und Legendre prägten der Mathematik ihren dauernden Stempel auf.
Lagrange formulierte die Infinitesimalrechnung, deren Gleichungen noch heute Bestandteil der Wissenschaft der Mechanik sind. Legendre arbeitete von 1786–1827
über elliptische Integrale und veröffentlichte dann seine Resultate in einem *Traité
des fonctions*. Gaspard Monge, Sohn eines Hausierers, erfand die darstellende Geometrie, eine Methode zur Darstellung dreidimensionaler Gegenstände in einer zwei-
dimensionalen Ebene; er organisierte die Rückgewinnung von Zinn und Kupfer auf
nationaler Basis, schrieb eine berühmte Abhandlung über die edle Kunst der Ka-
nonenherstellung und diente der Revolutionsregierung und auch Napoleon in einer
langen Laufbahn als Mathematiker und Administrator. Laplace erregte die Intelligenz Europas mit seiner *Exposition du système du monde* (1796), worin er eine
Nebularhypothese formulierte und versuchte, das Universum rein mechanistisch zu
erklären. Als Napoleon ihn fragte: «Wer machte dies alles?», antwortete Laplace:
«Ich sah keine Notwendigkeit für eine solche Hypothese.» Lavoisier, der Begründer
der modernen Chemie, war Vorsitzender der Kommission, die das metrische System ausarbeitete (1790). Berthollet förderte sowohl theoretische wie angewandte
Chemie, unterstützte Lavoisier bei der Einführung einer neuen chemischen Nomen-
klatur und half seinem kriegführenden Land durch sein Verfahren, aus Erz Eisen und
aus Eisen Stahl zu gewinnen. Xavier Bichat wurde durch seine mikroskopischen
Gewebsstudien zum Pionier der Histologie. 1797 begann er mit einer berühmt gewordenen Vorlesungsreihe über Physiologie und Chirurgie; seine Entdeckungen
faßte er in einer *Anatomie générale* (1801) zusammen. 1799 wurde er im Alter von
achtundzwanzig Jahren als Arzt an das Hôtel-Dieu berufen. Er hatte eine Studie
über durch Krankheit hervorgerufene organische Veränderungen begonnen, als ein
Sturz seinem Leben ein Ende bereitete. Er wurde einunddreißig Jahre alt.

Pierre Cabanis kann als Bindeglied zur Philosophie gelten, denn obwohl seine Zeit
ihn hauptsächlich als Arzt kannte, betrachtete die Nachwelt ihn als Philosophen.
1791 behandelte er die letzte Erkrankung des sterbenden Mirabeau. Er las an der
École de Médecine über Hygiene, forensische Medizin und Medizingeschichte; für

einige Zeit war er Direktor aller Pariser Hospitäler. Er war einer der vielen ausgezeichneten Männer, die heimlich die immer liebenswerte Witwe des Philosophen Hélvetius liebten. Bei ihren Empfängen traf er mit Diderot, d'Alembert, d'Holbach, Condorcet, Condillac, Franklin und Jefferson zusammen. Als medizinischer Forscher fühlte er sich besonders zu Condillac hingezogen, der damals die philosophische Szene Frankreichs mit seiner Lehre beherrschte, daß alle Kenntnis ihren Ursprung in Sinneswahrnehmungen hat. Die materialistischen Implikationen dieses Sensualismus sprachen Cabanis an; sie harmonisierten gut mit den Korrelationen, die er zwischen geistigen und körperlichen Prozessen aufgedeckt hatte. Er schokkierte selbst fortschrittliche Denker seiner Zeit durch den Ausspruch: «Um sich eine korrekte Vorstellung von den Prozessen zu bilden, deren Ergebnis das Denken ist, ist es notwendig, das Gehirn als spezialisiertes Organ zu betrachten, dessen besondere Funktion darin besteht, das Denken hervorzubringen, genau wie der Magen und die Eingeweide die besondere Aufgabe haben, die Verdauungsvorgänge zu bewerkstelligen, so wie die Leber die Galle absondert. . . .»[55]

Trotzdem modifizierte Cabanis Condillacs Darlegungen, indem er behauptete (wie es Kant kurz zuvor in seiner Kritik der reinen Vernunft getan hatte), daß eine Wahrnehmung auf einen Organismus einwirkt, der bereits bei seiner Geburt zur Hälfte gestaltet ist, sodann durch jede Erfahrung weiter geformt wird und seine Vergangenheit in seinen Zellen und seinem Gedächtnis mit sich trägt, um so Teil einer sich wandelnden Persönlichkeit mit inneren Empfindungen, Reflexen, Instinkten, Gefühlen und Wünschen zu werden. Die auf diese Weise entstandene psychophysische Gesamtheit paßt jede aufgenommene Wahrnehmung ihrer Struktur und ihrem Zweck an. In diesem Sinne stimmte Cabanis mit Kant überein, daß der Geist keine passive *tabula rasa* ist, in welche sich Sinneswahrnehmungen eindrücken, sondern vielmehr eine Organisation zur Umformung von Eindrücken in Begriffe, Gedanken und Handlungen. Trotzdem aber (betonte Cabanis) ist der Geist, den Kant so verehrte, keine Entität, die von dem physiologischen Apparat der Gewebe und Nerven getrennt werden kann.

Dieses offensichtlich materialistische System wurde im ersten (1796) von zwölf *Mémoires* erläutert, die Cabanis 1802 gesammelt als *Rapports du physique et du moral de l'homme* veröffentlichte. Sie zeigen einen mächtigen Geist (oder Gehirn), der eine eifrige Aktivität auf einem sich ständig ausdehnenden Feld von Wißbegierde und Spekulation enfaltet. Der erste Essay ist fast ein Überblick über die Psychosomatik, der sich mit den funktionellen Zusammenhängen beim Zusammenspiel psychischer Faktoren mit körperlichen Reaktionen befaßt. Der dritte analysiert das «Unbewußte»: Unsere gespeicherten Erinnerungen können sich mit äußeren oder inneren Empfindungen verbinden, um Träume hervorzubringen, oder unbewußt unsere Gedanken selbst bei völligem Wachsein zu beeinflussen. Der vierte statuiert, daß der Geist gleichzeitig mit dem Körper altert, so daß Gedanken und Charakter derselben Person mit siebzig Jahren gänzlich anders sein können als mit zwanzig. Der fünfte ist eine anregende Diskussion über die Frage, wie Drüseninkrete, insbesondere die Sexualhormone, unsere Gedanken und Gefühle beeinflussen können. Der zehnte Essay behauptet, daß das Menschengeschlecht durch Zufall Variationen oder Mutationen entwickelt habe, die erblich wurden.

In einem sechzehn Jahre nach Cabanis' Tod veröffentlichten Buch, das angeblich seine *Lettres sur les causes premières* (1824) enthält, scheint er seinen Materialismus zu widerrufen und eine Erste Ursache, begabt mit Intelligenz und Willen, anzuerkennen.[56] Ein Materialist mag sich erinnern, daß der große Chirurg uns vor dem Einfluß eines alternden Körpers auf den ihm zugeordneten Geist gewarnt hat. Ein Skeptiker mag vermuten, daß das Geheimnis des Bewußtseins Cabanis zu der Anschauung geführt hat, der Materialismus vereinfache eine äußerst komplexe und gegenwärtige Realität. Auf jeden Fall ist es gut, wenn ein Philosoph sich dann und wann daran erinnert, daß er ein Stäubchen ist, das die Unendlichkeit ausdeuten möchte.

Zwei Männer überlebten aus der Ära der *philosophes*, um die Revolution, die sie so glühend herbeigesehnt hatten, in Person zu erleben. Als der Abbé Raynal, der 1770 durch seine *Histoire philosophique ... des deux Indes* berühmt geworden war, die *lumières* der Aufklärung durch die Exzesse des Pöbels verdunkelt sah, richtete er am 31. Mai 1791 einen Brief des Protestes und der Prophetie an die Konstituierende Versammlung: «Ich habe es lange Zeit gewagt, Könige über ihre Pflichten zu belehren, lassen Sie mich heute das Volk vor seinen Irrtümern warnen.» Er schrieb, daß die Tyrannei der Masse ebenso grausam und ungerecht sein könne wie der Despotismus der Monarchen. Er verteidigte das Recht des Klerus auf Verkündigung der Religion, solange die Feinde von Religion und Pfaffenlist ihre Meinung frei äußern durften. Er verurteilte gleichermaßen die Finanzierung irgendeiner Religion durch die Regierung (damals bezahlte der Staat die Gehälter der Geistlichen), wie die Angriffe antiklerikaler Pöbelhaufen auf die Priester. Robespierre überredete die aufgebrachte Versammlung, dem achtundsiebzigjährigen Philosophen die Verhaftung zu ersparen, doch wurde Raynals Besitz konfisziert, und er starb verbittert und in größter Armut.

Constantin Chassebœuf de Volney überlebte die Revolution und kannte jeden Mann von Bedeutung in Paris von d'Holbach bis Napoleon. Nach Reisejahren in Syrien und Ägypten wurde er in die Generalstände gewählt und war Mitglied der Konstituierenden Versammlung bis zu ihrer Auflösung 1791. In diesem Jahr publizierte er die philosophischen Ergebnisse seiner Wanderfahrten unter dem Titel *Les Ruines, ou Méditations sur les révolutions des empires*. Was hatte den Zusammenbruch so vieler alter Kulturen verursacht? Volney kam zu dem Schluß, daß ihr Verfall auf der Unwissenheit beruhte, die ebenso durch übernatürliche Glaubensinhalte in Verbindung mit despotischen Regierungen entstand wie durch Schwierigkeiten der Weitervermittlung von Wissen von einer Generation zur anderen. Nun aber, da in der Mythologie wurzelnde Religionen ihre Macht zu verlieren begannen und die Erfindung des Buchdrucks die Bewahrung von Wissen und die Übertragung von Kultur ermöglichte, konnte die Menschheit hoffen, dauerhafte Kulturen auf dem

Fundament eines Moralkodex' zu errichten, in welchem die Ansammlung und Ausbreitung von Wissen die Kontrolle ihrer unsozialen Tendenzen garantieren sowie Zusammenarbeit und Einigkeit fördern würde. 1793 wurde er als Girondist verhaftet und blieb neun Monate im Gefängnis. Nach seiner Freilassung schiffte er sich nach Amerika ein, wurde von George Washington willkommen geheißen, von Präsident Adams der Spionage für Frankreich beschuldigt und eilte nach Frankreich zurück. Unter Napoleon wurde er Senator, opponierte gegen den Wechsel vom Konsulat zum Kaiserreich und zog sich in ein abgeschiedenes Leben als Gelehrter zurück. Ludwig XVIII. verlieh ihm 1814 die Peerswürde. Als er 1820 starb, hatte er sowohl an der Absetzung wie an der Restauration der Bourbonen Anteil gehabt.

VII. BÜCHER UND AUTOREN

Ungeachtet der Guillotine bewahrten Verleger das Vergängliche, Dichter reimten und skandierten, Redner deklamierten, Dramatiker vermengten Geschichte und Liebe, Historiker ordneten die Vergangenheit, Philosophen kritisierten die Gegenwart, und zwei weibliche Autoren rivalisierten mit den Männern in Tiefe der Gefühle, politischem Mut und Geisteskraft. Einer von ihnen, Madame Roland, sind wir im Gefängnis und unter der Guillotine begegnet.

Die Familie Didot, die berühmtesten unter den französischen Druckern, fuhr fort, die Herstellung von Schrifttypen und Bucheinbänden zu verbessern. François Didot hatte 1713 das Unternehmen als Buchhandlung und Druckerei in Paris gegründet; seine Söhne François Ambroise und Pierre François fuhren mit typographischen Versuchen fort und brachten im Auftrag Ludwig XVI. eine Sammlung französischer Klassiker heraus; François Ambroises Sohn Pierre publizierte so exquisite Ausgaben von Vergil (1798), Horaz (1799) und Racine (1801), daß sich die reichen Käufer an ihnen erfreuen konnten, auch ohne sie zu lesen. Firmin Didot (1764–1836), ein weiterer Sohn von François Ambroise, machte sich einen Namen durch den Guß neuer Schrifttypen; ihm wurde auch die Erfindung der Stereotypie zugeschrieben. Der Verlag Firmin Didots gab 1884 die großartige Ausgabe von Paul Lacroix' *Directoire, Consulat et Empire* heraus, welcher viele der hier berichteten Fakten entnommen sind. Dort erfahren wir beispielsweise, daß während der gesamten Dauer der Revolution Hunderttausende von Exemplaren der Werke Voltaires und Rousseaus verkauft wurden. Ein Dekret des Nationalkonvents vom 19. Juli 1793 sicherte einem Autor urheberrechtlichen Schutz seiner Werke für zehn Jahre nach seinem Tode zu.[57]

Die beiden berühmtesten Dichter der Revolutionsdekade waren höchst unterschiedlich in Themen und Stil ihrer Dichtung und endeten beide 1794 unter demselben Fallbeil. Philippe François Fabre d'Eglantine schrieb hübsche Verse und erfolgreiche Stücke; er wurde Präsident des Cordeliers-Klubs, Sekretär von Danton und Abgeordneter des Konvents, wo er für den Ausschluß der Girondisten und die Enthauptung des Königs stimmte. In den Ausschuß für die Einrichtung eines neuen Kalenders berufen, ersann er viele der malerischen saisongemäßen Monatsnamen. Am 12. Januar 1794 wurde er unter den Beschuldigungen der Unterschlagung, Fälschung und Zusammenarbeit mit ausländischen Agenten und Kriegsgewinnlern verhaftet. Bei seiner Verhandlung sang er seine reizende Ballade «*Il pleut, il pleut, bergère, rentre tes blancs moutons*» (Es regnet, es regnet, Hirtin, treib Deine weißen Schafe ein»). Doch die Geschworenen hatten kein Ohr für ländliche Idyllen. Auf seinem Weg zur Guillotine (5. April 1794) verteilte er Abschriften seiner Gedichte an die Zuschauer.

André-Marie de Chénier war ein besserer Dichter mit besserer Moral, aber keinem besseren Schicksal. 1762 in Konstantinopel als Sohn eines französischen Vaters und einer griechischen Mutter geboren, teilte er seine Liebe zur Literatur zwischen griechischer Dichtung und französischer Philosophie. Er wurde in Navarra erzogen, kam 1784 nach Paris, schloß Freundschaft mit David und Lavoisier und nahm die Revolution mit Vorbehalt auf. Er lehnte das Staatsgesetz über die Geistlichkeit ab, das den Staat an die katholische Kirche band; er empfahl der Nationalversammlung die vollständige Trennung von Kirche und Staat sowie volle Freiheit des Gottesdienstes für jeden Glauben. Er verurteilte die Septembermassaker, pries Charlotte Corday für die Ermordung Marats und verfaßte für Ludwig XVI. einen Brief an den Konvent, der das Recht forderte, gegen das Todesurteil Berufung an das Volk einzulegen. Dieser Dienst machte ihn den herrschenden Jakobinern verdächtig. Als Girondist eingekerkert, verliebte er sich in eine hübsche Mitgefangene, Mademoiselle de Coigny, und widmete ihr *La Jeune Captive*, das Lamartine «den melodischsten Seufzer, der je aus den Tiefen eines Kerkers drang», nannte.[58] Vor Gericht gestellt, lehnte er es ab, sich zu verteidigen und akzeptierte den Tod als Erlösung aus einem Zeitalter der Barbarei und Tyrannei. Er hatte während seines Lebens nicht mehr als zwei Gedichte veröffentlicht, doch seine Freunde gaben fünfundzwanzig Jahre nach seiner Hinrichtung eine Ausgabe seiner gesammelten Gedichte heraus, die ihm den Platz eines Keats der französischen Literatur sicherten. Es war seine Klage, wie auch die ihre, die er in der Schlußstrophe der «Jungen Gefangenen» ausdrückte:

> O mort, tu peux attendre, éloigne, éloigne-toi;
> Va consoler les cœurs que la honte, l'effroi,
>   Le pâle désespoir dévore.
> Pour moi Pales encore a des asiles verts,
> Les amours de baisers, les Muses des concerts;
>   Je ne veux pas mourir encore.
> Oh Tod, brauchst nicht zu eilen, heb dich fort;
> Gib Trost den Herzen, die der Scham,
> Der Angst und finsterer Verzweiflung Beute sind.
> Pales* hat doch für mich noch ihre grünen Matten,
> Die Liebe Küsse und die Musen Lieder,
> Ich will noch nicht hinunter zu den Schatten.[59]

Andrés jüngerer Bruder, Joseph de Chénier (1764–1811), war ein erfolgreicher Dramatiker; man braucht nur an den erwähnten Aufruhr zu denken, als Talma *Charles IX.* spielte. Er schrieb die Worte zu dem martialischen *Chant du départ* und die *Hymne à la liberté*, die beim Fest der Vernunft gesungen wurde. Er führte Grays *Elegy written in a Country Churchyard* in einer kunstvollen Übersetzung in Frankreich ein. In den Konvent gewählt, wurde er gewissermaßen der offizielle Dichter der Revolution. In seinen späteren Jahren beauftragte ihn das Institut, ein *Tableau historique de l'état et du progrès de la littérature française depuis 1789* zusammenzustellen. Er starb vor der Vollendung, doch auch so blieb eine umfassende Übersicht über Schriftsteller, die einmal berühmt waren und heute selbst von gebildeten Franzosen zum größten Teil vergessen sind. Unsterbliche sterben bald nach ihrem Tode.

Unterdrückt und während der Herrschaft des Konvents einzig der Politik dienstbar gemacht, erholte sich die Literatur unter dem Direktorium. Hunderte von literarischen Gesellschaften wurden gegründet, Leseklubs vervielfachten sich, das lesende Publikum nahm zu. Der Großteil war mit Romanen zufrieden, romantische Fiktion und Poesie begannen das klassische Drama zu verdrängen. Macphersons «Ossian» wurde in französischer Übersetzung ein «Bestseller» mit einem weit gespannten Leserkreis, vom Stubenmädchen bis zu Napoleon.

---

* Die Göttin der Herden.

VIII. MADAME DE STAËL UND DIE REVOLUTION

Unter den Schriftstellern ragt durch die Gewalt ihrer Sprache und ihres Charakters eine Frau hervor, die, während sie erfolgreiche Romane schrieb und eine Reihe von Liebhabern hatte, zwar die Revolution begrüßte, sich aber gegen Mob und Terror wandte, Napoleon auf Schritt und Tritt bekämpfte und ihren Sieg erlebte, als er in einem trostlosen Leben dahinsiechte. Germaine Necker hatte das Glück, zu Prominenz und Reichtum geboren zu sein: Ihr Vater, der es schnell zum Millionär brachte, wurde französischer Finanzminister; ihre Mutter, die früher Edward Gibbon zu ihren Anbetern zählte, versammelte in ihrem Salon die gefeierten Geister von Paris und von weiter her, um sie ohne ihr Wissen oder auch gegen ihren Willen an der Erziehung ihres Kindes zu beteiligen.

Sie wurde am 22. April 1766 in Paris geboren. Madame Necker, die darauf bestand, ihre Erziehung selbst zu überwachen, stopfte sie mit einer explosiven Mischung von Geschichte, Literatur, Philosophie, Racine, Richardson, Calvin und Rousseau voll. Germaine zitterte in modischer Empfindsamkeit über Clarissa Harlowes Weg in ein Schicksal, schlimmer als der Tod und in jugendlichem Enthusiasmus über Rousseaus Ruf nach Freiheit. Andererseits entwickelte sie dem Calvinismus gegenüber eine peinliche Allergie und widersetzte sich der beharrlichen Theologie und Disziplin, mit der ihr diese Lehre täglich verabreicht wurde. Mehr und mehr zog sie sich von ihrer kränklichen, herrschsüchtigen Mutter zurück und schloß sich an ihren tugendhaften, aber nachsichtigen und fürsorglichen Vater an. Dies war das einzige Verhältnis, das sie mit unwandelbarer Treue aufrechterhielt; es machte andere Verbindungen nur oberflächlich und unsicher. «Unsere Geschicke», schrieb sie, «würden sich für immer mit einander verbunden haben, wenn uns das Fatum zu Zeitgenossen gemacht hätte».[60] Um ihr Gefühlsleben durch den Verstand zu zügeln, wurde ihr von der Pubertät an gestattet, an den regelmäßigen Treffen großer Geister bei ihrer Mutter teilzunehmen. Dort erregte die Schnelligkeit ihrer Auffassung und ihre Schlagfertigkeit das Wohlgefallen der Weisen. Als sie siebzehn wurde, war sie der Star des Salons.

Nun stellte sich das Problem, einen Gatten für sie zu finden, der sowohl ihrem Geist wie ihrem zu erwartenden Vermögen gewachsen sein würde. Ihre Eltern schlugen William Pitt vor, den aufsteigenden Stern der englischen Politik. Germaine lehnte den Plan ab, aus dem gleichen Grund, der ihre Mutter veranlaßt hatte, Gibbon abzuweisen: In England gab es zu wenig Sonne, und die Frauen waren zwar schön, hatten aber nichst zu sagen. Baron Magnus Staël von Holstein, der bankrott war, bot seine Hand an. Die Neckers hielten ihn hin, bis er schwedischer Botschafter in Frankreich geworden war. Als er ernannt wurde, willigte Germaine ein, ihn zu heiraten, da sie sich als verheiratete Frau größere Unabhängigkeit erwartete. Am 14. Januar 1786 wurde sie Baronin von Staël-Holstein, sie war zwanzig, der Baron siebenunddreißig. Man versichert uns, daß sie «bis zu ihrer Hochzeit nichts von sinnlicher Liebe wußte».[61] Doch sie lernte auf jedem Gebiet rasch. Die

Gräfin de Boufflers, die an der Hochzeit teilnahm, beschrieb die Braut als «so verwöhnt durch die Bewunderung für ihre geistigen Fähigkeiten, daß es schwer sein wird, ihr ihre Mängel bewußt zu machen. Sie ist herrisch und willensstark bis zum Äußersten, und sie besitzt ein Selbstbewußtsein, wie ich es niemals an einer Person ihres Alters bemerkt habe.»[62] Sie war nicht schön, beinahe männlich in Körperbau wie Geist; doch ihre schwarzen Augen sprühten vor Lebendigkeit, und in der Konversation war sie allen überlegen.

Sie zog in die schwedische Botschaft in der Rue du Bac, wo sie bald ihren eigenen Salon eröffnete. Ebenso aber führte sie – da ihre Mutter kränkelte – den Salon in den Appartements über der Bank ihres Vaters. Necker war 1781 als Finanzminister entlassen, doch 1788 wieder berufen worden, um seine Hilfe gegen die drohende Revolution zu leihen. Er war jetzt, trotz seiner Millionen, der Abgott von Paris, und Germaine, die ihn leidenschaftlich mit Mund und Feder unterstützte, hatte Grund, stolz auf ihn zu sein. Politik wurde nächst illegitimer Liebe zu ihrem täglichen Brot.

Auf Neckers Rat berief Ludwig die Generalstände; gegen Neckers Widerstand gebot er den drei Ständen, getrennt zu tagen, um die Klassenunterschiede aufrechtzuerhalten. Am 12. Juli 1789 entließ er Necker zum zweiten Mal und befahl ihm, Frankreich unverzüglich zu verlassen. Er fuhr mit Madame Necker nach Brüssel; Germaine, wild vor Empörung, folgte ihnen. Baron de Staël vergaß seine offiziellen Pflichten und begleitete sie und ihr Vermögen. Am 14. Juli stürmte der Pariser Pöbel die Bastille und bedrohte die Monarchie. Der eingeschüchterte König schickte einen Kurier hinter Necker her, um ihn nach Paris und ins Amt zurückzurufen. Necker kam, das Volk jubelte ihm zu. Germaine eilte wieder nach Paris und fühlte von da an bis zu den Septembermassakern jeden Tag den heißen Hauch der Revolution.

Da sie die Frühphase der Revolution mit ihrem Vater identifizierte und ihre Politik mit ihrem Einkommen, unterstützte sie die Generalstände, plädierte jedoch für ein Zweikammersystem unter einer konstitutionellen Monarchie, die eine repräsentative Regierung, bürgerliche Freiheiten und den Schutz des Eigentums gewährleisten würde. Im weiteren Verlauf der Revolution nutzte sie ihren ganzen Einfluß, um die Jakobiner zur Mäßigung zu bewegen und die Girondisten zu ermutigen.

In ihrer Moralphilosophie allerdings ließ sie die Jakobiner weit hinter sich. Nahezu alle Männer, die sie kennenlernte, hielten es für selbstverständlich, daß ihre Ehen, die ja Zusammenschlüsse von Besitz und nicht von Herzen waren, für eine oder zwei Geliebte Raum lassen müßten, um ihnen Anregung und Romantik zu bieten; doch standen sie auf dem Standpunkt, daß es nicht angängig sei, der Ehefrau die gleichen Vorrechte zu gewähren, da deren Untreue gefährliche Unsicherheit in der Erbfolge nach sich ziehen müßte. Germaine lehnte diese Argumentation ab, da in ihrem Falle, als einzigem Kind, das vorhandene wie das zu erwartende Vermögen fast vollständig ihr gehörten. Sie zog den Schluß, es müsse ihr frei stehen, Romantik zu suchen, bis hin zum Ausprobieren fremder Betten.

Vor ihrem Mann, der zu folgsam war, um interessant, und zu unfähig, um geschäftlich erfolgreich zu sein, hatte sie bald den Respekt verloren. Sie hatte nichts dagegen, daß er sich Mademoiselle Clairon als Geliebte nahm, doch er verschwendete sein offizielles Einkommen für die siebzigjährige Schauspielerin, vernachlässigte seine Pflichten als Botschafter, spielte und verlor, wobei er verschiedentlich Schulden machte, die seine Frau und sein Schwiegervater widerstrebend bezahlten. So ging sie ihren Weg von einem Liebhaber zum anderen, denn, wie sie in *Delphine* aussprach, «zwischen Gott und der Liebe gibt es für mich keinen Vermittler als mein Gewissen», und das Gewissen konnte manipuliert werden. Einer ihrer ersten Liebhaber war Talleyrand, Exbischof von Autun, der ihre Meinung über die Flexibilität von Schwüren teilte. Nach ihm kam Comte Jacques Antoine de Guibert, kurz zuvor noch Julie de Lespinasses *beau idéal;* er starb aber 1790 im Alter von siebenundvierzig Jahren. Ein Jahr früher war Germaine eine tiefere und dauerhaftere Bindung mit Louis de Narbonne-Lara eingegangen. Er entstammte einem illegitimen Verhältnis und war selbst, mit dreiunddreißig, der Vater mehrerer Bastarde; er sah jedoch bemerkenswert gut aus und besaß die Leichtigkeit und Anmut des Betragens, die Jugendlichen ohne Stammbaum meist unerreichbar bleibt. Infolge seiner Abstammung stand er völlig auf der Seite des Adels gegen eine «Parvenü»-Bourgeoisie, doch Germaine bekehrte ihn zu ihren Ideen über eine konstitutionelle Monarchie, in welcher die begüterte Klasse die Macht mit Aristokratie und König teilen würde. Wenn wir ihr glauben können, «änderte Narbonne sein Schicksal für mich. Er brach seine Liebesverhältnisse ab und weihte mir sein Leben. In einem Wort, er überzeugte mich, daß ... er sich glücklich schätzen würde, mein Herz zu besitzen, doch daß er es nicht überleben würde, mich unwiderruflich zu verlieren.»[63]

Am 4. September 1790 trat Necker, der seine liberale Politik durch den Adel in der Umgebung des Königs vereitelt sah, zurück und zog sich mit seiner Frau zu einem vorübergehend ruhigen Leben auf sein Schloß in Coppet zurück. Germaine folgte ihnen im Oktober, doch die friedliche Schweiz langweilte sie bald, und so eilte sie zurück an den Ort, den sie im Vergleich dazu die ergötzliche «Gosse in der Rue du Bac» nannte.[64] Dort summte ihr Salon von den Stimmen von La Fayette, Condorcet, Brissot, Barnave, Talleyrand, Narbonne und ihrer eigenen. Sie war nicht damit zufrieden, in einer brillanten Konversation den Ton anzugeben, sie sehnte sich danach, in der Politik eine Rolle zu spielen. Den Traum, Frankreich vom Katholizismus zum Protestantismus zu führen, beurteilte sie zurückhaltend, doch hoffte sie, mit Hilfe ihrer Gefolgschaft von Notabeln die Revolution zu einem friedlichen Übergang zur konstitutionellen Monarchie zu bringen. Mit Hilfe von La Fayette und Barnave erreichte sie die Ernennung Narbonnes zum Kriegsminister (6. Dezember 1791). Marie Antoinette unterstützte die Ernennung widerwillig. «Was für ein Ruhm für Madame de Staël», bemerkte sie, «was für eine Lust für sie, die gesamte Armee zu ihrer Verfügung zu haben!»[65]

Narbonne hatte es zu eilig. Am 24. Februar 1792 unterbreitete er Ludwig XVI. ein Memorandum, das dem König empfahl, mit der Aristokratie zu brechen und sein Vertrauen wie seine Unterstützung einer begüterten Bourgeoisie zu leihen, die verpflichtet sei, Gesetz und Ordnung ebenso wie eine eingeschränkte Monarchie aufrechtzuerhalten. Die übrigen Minister protestierten verärgert; Ludwig gab ihnen nach und entließ Narbonne. Germaines Kartenhaus brach zusammen und, um Salz in die Wunden ihrer Rivalin zu streuen, erreichte Madame Roland mit Hilfe von Brissot die Ernennung ihres Gatten zum Minister des Innern.

Germaine lebte während des größten Teiles des schrecklichen Jahres 1792 in Paris. Am 20. Juni 1792 wurde sie Augenzeugin (wenn auch nur von jenseits der Seine) des Sturmes einer Menschenmenge, deren ungehobeltes Benehmen sie entsetzte, auf die Tuilerien. «Ihre schrecklichen Flüche und Schreie, ihre drohenden Gesten, ihre mörderischen Waffen boten einen schauderhaften Anblick, der für ewig die Achtung zerstören könnte, die das menschliche Geschlecht einflößen sollte.»[66] Doch diese *journée* (wie die Franzosen später Volksaufstände nannten) war nur eine zahme Probeaufführung, gekrönt und besänftigt von der roten Mütze der Revolution auf dem Haupt des Königs. Am 10. August jedoch beobachtete sie von ihrer sicheren Zuflucht aus die blutige Einnahme der Tuilerien durch den Mob, der nicht ruhte, bis König und Königin sich unter den vorläufigen Schutz der Gesetzgebenden Versammlung flüchteten. Die triumphierenden Aufständischen begannen damit, jeden erreichbaren Aristokraten zu verhaften. Germaine machte großzügigen Gebrauch von ihrem Vermögen, um ihre adligen Freunde zu beschützen. Sie bot Narbonne einen Unterschlupf in der schwedischen Botschaft, sie widersetzte sich beherzt einer Suchpatrouille und konnte sie schließlich loswerden; am 20. August war Narbonne in England in Sicherheit.

Schlimmer noch kam es am 2. September, als die vor Angst verrückten Sansculotten die verhafteten Adligen und ihre Helfer aus den Gefängnissen holten und sie abschlachteten. Madame de Staël entging mit knapper Not diesem Schicksal. Nachdem sie vielen ihrer Freunde geholfen hatte, Paris und Frankreich zu verlassen, brach sie selbst an diesem hellen Septembertag in einer stattlichen, von sechs Pferden gezogenen Karosse mit livrierten Lakaien nach den Stadttoren auf. Sie hatte wohlüberlegt die vornehme Kleidung und die Standeszeichen einer Botschaftergattin angelegt, in der Hoffnung, mit der Diplomaten gebührenden Zuvorkommenheit behandelt zu werden. Kurz nach dem Aufbruch wurde die Karosse von einem «Schwarm alter Weiber, die die Hölle ausgespien hatte» angehalten. Grobe Arbeiter zwangen den Kutscher, zum Sektionshauptquartier zu fahren; von dort geleitete ein Gendarm die Reisegesellschaft durch feindselige Menschenmengen zum Rathaus. Dort «stieg ich aus der Kutsche, umdrängt von bewaffnetem Pöbel und suchte meinen Weg durch einen Zaun von Piken. Als ich die Treppe, die ebenfalls von Lanzen starrte, emporstieg, zielte ein Mann mit seiner Pike auf mein Herz. Mein Polizist wehrte sie mit seinem Säbel ab. Wäre ich in diesem Augenblick gestrauchelt, wäre das mein Ende gewesen.»[67] Im Hauptquartier der Kommune begegnete sie einem Freund, der ihre Freilassung erwirkte; er begleitete sie zur Botschaft und gab ihr einen Paß, mit welchem sie am nächsten Morgen Paris sicher verlassen konnte, um sich auf den langen Weg nach Coppet zu begeben. Dies war der Tag, an welchem der Kopf der Prinzessin Lamballe, auf eine Pike gespießt, unter dem Fenster der eingekerkerten Königin vorbeigetragen wurde.

Am 7. September konnte Germaine ihre Eltern in die Arme schließen. Im Oktober, auf Berichte von einer in Genf ausgebrochenen Revolution, zogen sie um nach Rolle, weiter ostwärts, näher an Lausanne. Am 20. November gab die sechsundzwanzigjährige einem Sohn, Albert, das Leben, den sie während ihrer Begegnungen mit dem Tod unter dem Herzen getragen hatte. Wahrscheinlich war Narbonne sein Erzeuger, doch ihr Mann wurde dazu bewogen, zu glauben oder vorzugeben, daß er der Vater sei. In Rolle und dann auch in Coppet bot sie einer ganzen Anzahl von Männern und Frauen, adlig oder nicht, vorübergehend Zuflucht, die auf der Flucht vor dem sich ausbreitenden Terror waren. «Weder sie noch ihr Vater kümmerten sich angesichts des Unglücks um Überzeugungen.»[68]

Als sie hörte, Narbonne habe sich erboten, seinen Zufluchtsort in England zu verlassen und als Entlastungszeuge für Ludwig XVI. aufzutreten, konnte Germaine den Gedanken nicht ertragen, daß er sich in solche Gefahr begeben wollte; sie mußte nach England und ihn von seinem Vorhaben abbringen. Sie reiste durch Frankreich, überquerte den Kanal und traf in Juniper Hall in Mickelham bei London mit Narbonne am 21. Januar 1793 – dem Tag, an dem Ludwig XVI. guillotiniert wurde – zusammen. Ihr früherer Liebhaber war zu niedergedrückt von der Nachricht, um sie herzlich zu bewillkommnen. Seine aristokratische Abstammung gewann wieder die Oberhand, und seine Liebe zu seiner Mätresse verlor an Glut in seinem Kummer um den König. Talleyrand kam häufig aus dem nahegelegenen London zu Besuch und munterte sie mit seinem Humor auf. Fanny Burney besuchte sie und berichtete (in Macaulays Abriß), «daß sie niemals zuvor eine derartige Konversation gehört habe. Die lebhafteste Eloquenz, die schärfste Beobachtung, der sprühendste Witz, die graziöseste Höflichkeit vereinten sich in ihr um zu bezaubern.» Sie weigerte sich, dem Gerede zu glauben, daß Narbonne und Germaine in einem ehebrecherischen Verhältnis lebten. Sie schrieb an ihren Vater, den berühmten Musikhistoriker:

> Diese Andeutung war ... mir völlig neu, und ich halte sie mit Bestimmtheit für eine grobe Verleumdung. Sie liebt ihn gewiß zärtlich, aber so offen, so einfach, so unbefangen und so frei von aller Koketterie ... Sie ist sehr unansehnlich, er sehr hübsch; ihre geistigen Gaben müssen für ihn ihre einzige Anziehung bilden ... Ich glaube, Du könntest nicht einen einzigen Tag mit ihnen verbringen, ohne zu sehen, daß ihre Beziehungen reine, wenn auch exaltierte ... Freundschaft sind.[69]

Als Fanny sich überzeugen mußte, daß dieses brillante Paar in schamloser Sünde lebte, stellte sie betrübt ihre Besuche in Juniper Hall ein.

Auch andere, frühere *émigrés,* schnitten die kleine Gruppe, der sie vorwarfen, die Revolution zu lange verteidigt zu haben. Am 25. Mai 1793 setzte Germaine nach Ostende über; dann, immer noch als Gattin des schwedischen Botschafters, reiste sie in Sicherheit nach Bern, traf dort ihren Gatten und fuhr mit ihm nach Coppet.

Von dort aus veröffentlichte sie *Reflections on the Trial of the Queen*, *by a Woman*, einen leidenschaftlichen Gnadenappell für Marie Antoinette. Doch die Königin wurde am 16. Oktober 1793 hingerichtet.

Madame Necker starb am 15. Mai 1794. Ihr Gatte betrauerte sie mit der tiefen Zuneigung, die nur langes Beisammensein zu erwecken vermag. Germaine, die nicht tief berührt war, zog in das Château de Mézerey bei Lausanne, um dort einen neuen Salon zu eröffnen und alles übrige in den Armen des Grafen Ribbing zu vergessen. Narbonne, der verspätet ankam, sah sich verdrängt und kehrte zu einer früheren Geliebten zurück. Eines Tages im Herbst 1794 lernte ein hochgewachsener, sommersprossiger, rothaariger Schweizer, Benjamin Constant, knapp siebenundzwanzig Jahre alt, Germaine in Nyon kennen und begann mit ihr eine langdauernde, streitbare Union von Literatur und Liebe.

Inzwischen war Robespierre gestürzt, die Gemäßigten kamen an die Macht. Nun konnte sie nach Paris zurückkehren. Sie tat dies im Mai 1795, schloß Frieden mit ihrem Gatten und eröffnete erneut ihren Salon in der schwedischen Botschaft. Dort brachte sie die neuen Führer des dahinsiechenden Nationalkonvents, Barras, Tallien, Boissy d'Anglas mit Literaturlöwen wie Marie-Joseph de Chénier zusammen. Sie stürzte sich so gierig in die Politik, daß ein Deputierter sie in den Wandelgängen des Konvents beschuldigte, sie leite eine monarchistische Verschwörung, während sie ihrem Mann Hörner aufsetze. Der neuerrichtete Wohlfahrtsausschuß befahl ihr, Frankreich zu verlassen. Am 1. Januar 1796 war sie wieder in Coppet. Dort schrieb sie, zwischen Constant und ihren Büchern, eine düstere Untersuchung, *De l'influence des passions*, triefend von Rousseau und Gefühl, ein Abklatsch von *Werthers Leiden* und ein Preislied auf den Selbstmord. Ihre Pariser Freunde sorgten für begeisterte Kritiken. Das Direktorium teilte ihr mit, sie könne nach Frankreich zurückkehren, dürfe sich jedoch der Hauptstadt nicht weiter als auf zwanzig Meilen nähern. Sie ließ sich mit Constant in einer ehemaligen Abtei in Hérivaux nieder. Im Frühjahr 1797 erhielt sie die Erlaubnis, sich zu ihrem Gatten nach Paris zu begeben. Dort gebar sie am 8. Juni eine Tochter, Albertine, deren Vater nicht sicher feststeht. Inmitten all dieser Komplikationen erreichte sie durch Barras die Rückberufung Talleyrands aus dem Exil und seine Ernennung (18. Juli 1797) zum Außenminister. 1798 verlor Baron de Staël seinen Posten als Botschafter. Gegen eine Rente willigte er in eine gütliche Trennung von Germaine ein und zog sich in ein Appartement an der heutigen Place de la Concorde zurück, wo er 1802 starb.

Am 6. Dezember 1796 traf sie auf einem Empfang, den Talleyrand zu Ehren des heimgekehrten Eroberers von Italien gab, zum ersten Mal mit Napoleon zusammen. Er äußerte einige lobende Worte über ihren Vater zu ihr. Zum ersten Mal in ihrem Leben fand sie keine passende Antwort; «ich war etwas verwirrt, zuerst durch Bewunderung, dann durch Furcht.»[70] Sie stellte ihm eine törichte Frage: «Wer ist die größte Frau, lebend oder tot?» Er gab ihr eine boshafte Antwort: «Die die meisten Kinder geboren hat.»[71] Vier Tage später sah sie ihn wieder, als er die Akklamationen des Direktoriums im Hof des Luxembourg-Palastes entgegennahm. Sie war erstaunt über die Mischung von Bescheidenheit und Stolz in seinem Auftreten. Hier, spürte sie, war ein Mann, der die Geschicke Frankreichs in seiner Hand hielt. Sie sehnte sich danach, in sein Vertrauen gezogen zu werden, große Unternehmungen mit ihm zu teilen, ihn vielleicht unter ihre Eroberungen einzureihen. Sie frohlockte wie eine heimlich Liebende, als Lucien Bonaparte ihr am 10. November 1799 erzählte, daß Napoleon in St.-Cloud triumphiert habe, zum Ersten Konsul ernannt worden sei und damit also zum Herrscher Frankreichs. Sie fühlte, daß eine Ära des Chaos und der besudelten Ideale zu Ende war und ein Zeitalter der Helden und des Ruhmes heraufdämmerte.

IX. SCHLUSSBETRACHTUNGEN

Nachdem wir die Geschichte der Französischen Revolution so unparteiisch geschildert haben, wie vorgeschrittenes Alter dies erlaubt, wollen wir nun unter denselben Einschränkungen die Fragen ins Auge fassen, die die Philosophie stellen muß: War die Revolution im Hinblick auf ihre Ursachen wie ihre Ergebnisse gerechtfertigt? Brachte sie irgendwelche bedeutsamen Gewinne für das französische Volk oder die Menschheit? Könnten ihre Gewinne auch ohne den dafür bezahlten Preis an Chaos und Leiden erzielt worden sein? Läßt ihr Ergebnis irgendwelche Schlüsse auf Revolutionen im allgemeinen zu? Wirft es irgendein Licht auf die menschliche Natur? Wir sprechen hier ausschließlich von politischen Revolutionen, also schnellen und gewaltsamen Änderungen der Regierung, sowohl personell als auch politisch. Eine Entwicklung ohne Gewalt würden wir Evolution nennen; ein schneller und gewaltsamer oder illegaler Wechsel der maßgebenden Personen ohne Änderung der Regierungsform wäre ein *coup d'état;* jeder offene Widerstand gegen eine bestehende Autorität ist eine Rebellion.

Die Ursachen der Französischen Revolution waren, kurz gesagt: 1. Die Rebellion der *parlements*, welche die Autorität des Königs und die Loyalität des Adels der Robe schwächte. 2. Der Ehrgeiz Philippe d'Orléans, Ludwig XVI. auf dem Thron zu ersetzen. 3. Die Rebellion der Bourgeoisie gegen die finanzielle Verantwortungslosigkeit des Staates, die Einmischung der Regierung in die Wirtschaft, in den brachliegenden Reichtum der Kirche, angesichts des nationalen Bankrotts, und in die steuerlichen, sozialen und Laufbahnprivilegien des Adels. 4. Die Rebellion des Bauernstandes gegen feudale Besitztitel und Vorrechte, gegen staatliche Steuern und kirchliche Abgaben. 5. Die Rebellion der Pariser gegen Klassenunterdrückung, Beschneidung bürgerlicher Rechte, Güterverknappung, hohe Preise und militärische Bedrohungen. Die Bourgeoisie und Philippe d'Orléans brachten die Gelder auf, mit welchen die Propaganda von Presse und Rednern, die Manipulierung von Volksmassen und die Umbildung des Dritten Standes in eine Nationalversammlung bezahlt wurden, die eine revolutionäre Verfassung diktierte. Der sogenannte Pöbel steuerte Mut, Kraft, Blut und Gewalttaten bei, die den König einschüchterten und zur Anerkennung von Nationalversammlung und Verfassung zwangen wie sie Aristokratie und Kirche zum Verzicht auf Prärogative und Zehnten veranlaßten. Vielleicht sollten wir als Nebenursache die Humanität und schwankende Haltung eines Königs erwähnen, der eine Abneigung gegen Blutvergießen hatte.

Die Folgen der Französischen Revolution waren so zahlreich, komplex, verschiedenartig und dauerhaft, daß es nötig wäre, eine Geschichte des neunzehnten Jahrhunderts zu schreiben, um ihnen Gerechtigkeit widerfahren zu lassen.

1. *Die politischen Ergebnisse* liegen klar zutage: Die Verdrängung der Feudalherrschaft durch einen freien und teilweise begüterten Bauernstand, die Verdrängung feudalistischer durch zivile Gerichtshöfe, der absoluten Monarchie durch eine auf die besitzenden Klassen beschränkte Demokratie und die Verdrängung einer Adelskaste durch eine Geschäftsbourgeoisie als herrschende Klasse. Zusammen mit der Demokratie kam – zumindest wurde dies behauptet und erhofft! – Gleichheit vor dem Gesetz und Chancengleichheit sowie Freiheit der Rede, des Gottesdienstes und der Presse. Diese Freiheiten wurden allerdings in kurzer Zeit infolge der naturgegebenen Verschiedenheit menschlicher Fähigkeiten sowie der umweltbedingten Ungleichheit von Wohnsitz, Erziehung und Besitz wieder eingeengt. Fast ebenso bemerkenswert wie diese politischen, ökonomischen und rechtlichen Gleichstellungen war deren Ausdehnung auf Norditalien, das Rheinland, Belgien und Holland durch die Revolutionsarmeen; auch in diesen Regionen wurde das Feudalsystem hinweggefegt und kehrte auch nach Napoleons Sturz nicht zurück. In diesem Sinne waren die Eroberer Befreier, die ihre Gaben durch die mit ihrer Herrschaft verbundenen Erpressungen befleckten.

Die Revolution vollendete den Zusammenschluß halb unabhängiger Provinzen – mit ihren feudalen Baronien und Zöllen, ihren verschiedenartigen Ursprüngen, Traditionen, Währungen und Gesetzen – zu einem zentralistisch regierten Frankreich mit einer nationalen Armee und nationalen Gesetzen. Dieser Wandel hatte, wie Tocqueville dargelegt hat, schon unter den Bourbonen eingesetzt; er würde sich wahrscheinlich, auch ohne die Revolution, unter dem Einfluß eines die ganze Nation umfassenden Handelsverkehrs, der provinzielle Grenzen zunehmend ignorierte, vollzogen haben, ähnlich wie eine nationale Volkswirtschaft in den Vereinigten Staaten mittels einer starken Bundesregierung die Aushöhlung der «Staatenrechte» erzwang.

In gleicher Weise würde sich wahrscheinlich die Befreiung des Bauernstandes und der Aufstieg der Bougeoisie zu wirtschaftlichem Einfluß und politischer Macht auch ohne die Revolution vollzogen haben, wenn auch langsamer. Die Revolution unter der Nationalversammlung (1789–1791) wurde durch ihre Dauererfolge weitgehend gerechtfertigt, doch die Revolution unter den Regierungen von 1792–1795 war ein barbarisches Zwischenspiel von Mord, Terror und moralischem Zusammenbruch, wofür ausländische Konspirationen und Angriffe nur eine unzureichende Entschuldigung bieten. Als 1830 eine weitere Revolution in der Errichtung einer konstitutionellen Monarchie gipfelte, war das Ergebnis von dem schon 1791 Erreichten nicht sehr verschieden.

Die Erfolge der Revolution bei der Einigung Frankreichs zu einer Nation wurden aufgewogen durch das Erstarken des Nationalismus als neuer Quelle der Völkerfeindschaft. Im achtzehnten Jahrhundert hatten die gebildeten Klassen zu einem kosmopolitischen Ausgleich nationaler Unterschiede in Kultur, Kleidung und Sprache geneigt; selbst die Armeen waren in Führung und Soldaten weitgehend international. Die Revolution ersetzte diese vielsprachigen Kriegsleute durch konskribierte Landeskinder, so wie die Nation als Gegenstand der Loyalität und Motor der Kriegführung an die Stelle der Dynastie trat. Eine militärische Bruderschaft von Generalen folgte auf eine aristokratische Offizierskaste; der Elan patriotischer Soldaten überwältigte die gleichgültigen Söldlinge früherer Regime. Als die französische Armee ihre eigene Disziplin und ihren eigenen Stolz entwickelte, wurde sie zur einzigen Quelle der Ordnung in einem chaotischen Staat, die einzige Zuflucht vor einem Babel unfähiger Regierungen und aufsässiger Volksmassen.

Die Revolution hat fraglos die Freiheit in- und außerhalb Frankreichs gefördert; zeitweise dehnte sich die neue Freiheit auch auf die französischen Kolonien aus und befreite ihre Sklaven. Doch individuelle Freiheit trägt ihre eigene Nemesis in sich; sie strebt nach Ausdehnung, bis sie die für die gesellschaftliche Ordnung und das Zusammenleben der Gruppen notwendigen Schranken einreißt; unbeschränkte Freiheit ist komplettes Chaos. Außerdem sind die für eine Revolution nötigen Fähigkeiten völlig verschieden von denen, die zur Schaffung einer neuen Ordnung notwendig sind. Die erste Aufgabe erfordert Ressentiment, Leidenschaft, Mut und Gleichgültigkeit gegenüber den Gesetzen; die andere verlangt Geduld, Vernunft, praktisches Urteilsvermögen und Achtung vor dem Gesetz. Da neue Gesetze nicht durch Tradition und Herkommen untermauert sind, so brauchen sie in der Regel die Gewalt als Rechtfertigung und Stütze; die Apostel der Freiheit werden zu Machthabern oder weichen ihnen, und diese sind nicht länger die Anführer zerstörerischer Pöbelhaufen, sondern die Befehlshaber disziplinierter Bauleute, die unter dem Schutz und der Aufsicht eines kriegerischen Staatswesens stehen. Glücklich ist die Revolution zu preisen, die eine Diktatur vermeiden oder abkürzen und ihre errungene Freiheit für die Nachwelt bewahren kann.

2. *Die ökonomischen Ergebnisse* der Revolution waren das Recht der Bauern auf Eigentum und der Kapitalismus, die beide wiederum ihre eigenen vielfältigen Konsequenzen hervorbrachten. Fest an ihren Besitz gebunden, wurden die Bauern zu einer mächtigen konservativen Kraft, welche die sozialistischen Bestrebungen des besitzlosen Proletariats zunichte machte und als Anker grundsätzlicher Stabilität in einem Staat – und für ein Jahrhundert – diente, der von den Nachwehen der Revolution geschüttelt wurde. Derart vom Lande her abgesichert, entfaltete sich der Kapitalismus in den Städten; leichtbewegliches Geld ersetzte immobilen Bodenbesitz als wirtschaftliche und politische Macht; freies Unternehmertum entzog sich der Regierungskontrolle. Die Physiokraten gewannen ihren Kampf um die Bestimmung von Preisen, Löhnen, Produkten, Erfolgen und Mißerfolgen durch den Wettbewerb auf dem «Markt», das freie Spiel der wirtschaftlichen Kräfte, unbehindert

durch gesetzliche Eingriffe. Güter bewegten sich von Provinz zu Provinz, ohne dur.h Binnenzölle verteuert oder aufgehalten zu werden. Industrieller Reichtum wuc s und konzentrierte sich in zunehmendem Maße an der Spitze. Revolution – oder Gesetzgebung – verteilen immer wieder konzentrierten Reichtum um, und die Un leichheit der Fähigkeiten oder Privilegien akkumuliert ihn erneut. Die unterschi dliche Befähigung der Individuen verlangt und erfordert ungleichen Lohn. Jede natürli he Überlegenheit bringt Vorteile der äußeren Lebensbedingungen und der Chancen hervor. Die Revolution versuchte diese künstlichen Ungleichgewichte zu reduzieren, doch sie erneuerten sich rasch und am schnellsten unter freiheitlichen Regimen. Freiheit und Gleichheit sind Feinde: Je größerer Freiheit sich Menschen erfreuen, umso freier sind sie im Einheimsen der von ihren natürlichen Vorzügen oder ihren Umweltbedingungen bedingten Erfolge. Daher vervielfacht sich die Ungleichheit unter Regierungen, welche die Freiheit des Unternehmertums und den Schutz des Privateigentums begünstigen. Gleichheit beruht auf einem unstabilen Gleichgewicht, das durch jeden Unterschied in Herkommen, Gesundheit oder Charakter schnell ins Wanken kommt. Die meisten Revolutionen kommen zu dem Schluß, daß Ungleichheit nur durch Beschränkung der Freiheit eingedämmt werden kann wie in autoritär regierten Ländern. Im demokratischen Frankreich konnte sich die Ungleichheit frei entfalten. Was die Brüderlichkeit betrifft, so wurde sie durch die Guillotine geköpft und sank mit der Zeit herab zu dem Übereinkommen, lange Hosen zu tragen.

3. *Die kulturellen Ergebnisse* der Revolution beeinflussen immer noch unser Leben. Sie proklamierte Rede-, Presse- und Versammlungsfreiheit; sie beschnitt diese Freiheiten wieder, und Napoleon bereitete ihnen unter der Anspannung des Krieges ein Ende, doch das Prinzip überlebte und schlug während des neunzehnten Jahrhunderts verschiedene Schlachten, um in den Demokratien des zwanzigsten Jahrhunderts anerkannte Praxis oder zum mindesten Anspruch zu werden. Die Revolution plante ein nationales Schulsystem und begann mit seiner Errichtung. Sie förderte die Wissenschaften als eine weltweite Alternative zur Theologie. 1791 ernannte die Revolutionsregierung eine Kommission unter dem Vorsitz von Lagrange, um für ein neu geeintes Frankreich ein neues System von Maßen und Gewichten zu entwerfen. Das so erarbeitete metrische System wurde 1792 offiziell angenommen und 1799 gesetzlich verankert; es mußte sich seinen Weg durch die Provinzen erkämpfen, und sein Sieg war erst 1840 vollständig. Im heutigen Großbritannien ist es mühselig im Begriff, das Duodezimalsystem zu ersetzen.

Die Revolution begann mit der Trennung von Kirche und Staat, doch erwies sich dies in einem fast ausschließlich katholischen und traditionell in der sittlichen Erziehung seiner Bevölkerung von der Kirche abhängigen Frankreich als schwierig. Die Trennung wurde erst 1905 vollständig und schwächt sich in unserer Zeit unter dem Druck gewisser Erneuerungsbestrebungen wieder ab. Nachdem die Revolution die Scheidung erleichtert hatte, rang sie um die Verbreitung einer natürlichen Sittenlehre; wie wir gesehen haben, ohne Erfolg. In gewisser Hinsicht war die Geschichte Frankreichs im neunzehnten Jahrhundert ein langdauernder und zeitweise krampfhafter Versuch, den ethischen Zusammenbruch der Revolutionszeit zu überwinden. Das zwanzigste Jahrhundert nähert sich seinem Ende, ohne daß bislang ein natürlicher Ersatz für die Religion gefunden wäre, der das Tier im Menschen zu moralischem Verhalten zwingen könnte.

Der politischen Philosophie hinterließ die Revolution einige Lehren. Sie führte eine wachsende Minderheit zu der Erkenntnis, daß die menschliche Natur in allen Klassen dieselbe ist; daß Revolutionäre, an die Macht gelangt, sich wie ihre Vorgänger benehmen, in manchen Fällen bedeutend skrupelloser; man vergleiche nur Robespierre mit Ludwig XVI. Im Bewußtsein, daß in ihnen selbst die wilden Urinstinkte ständig gegen die von der Zivilisation errichteten Schranken anstürmen, wurden die Menschen skeptisch gegenüber revolutionären Forderungen, sie hörten auf, unbestechliche Polizeibeamte und heiligenähnliche Senatoren zu erhoffen und lernten, daß eine Revolution nur soviel erreichen kann, wie die Evolution vorbereitet hat und soweit die menschliche Natur es erlaubt.

Trotz ihrer Unzulänglichkeiten – und vielleicht wegen ihrer Exzesse – hinterließ die Revolution machtvolle Eindrücke im Gedächtnis, in den Gefühlen und Bestrebungen der Literatur und in der Kunst Frankreichs wie auch in denen anderer Nationen von Rußland bis Brasilien. Noch 1848 sollten alte Männer den Kindern von den Helden und Schrecknissen dieser erregenden Zeit erzählen, die so rücksichts- und gnadenlos alle überkommenen Werte in Frage gestellt hatte. War es ein Wunder, daß Vorstellungskraft und Leidenschaft aufgerüttelt wurden wie selten zuvor und daß wiederholte Visionen glücklicherer Staatswesen Männer und Frauen immer wieder zu Versuchen anspornten, die noblen Träume jener historischen Dekade Wirklichkeit werden zu lassen? Berichte über die verübten Brutalitäten führten manchen Geist zum Pessimismus und dem Verlust jeglichen Glaubens; in der nächsten Generation kamen die Schopenhauers und Leopardis, Byrons und Mussets, ein Schubert und ein Keats. Doch es sollte auch von Hoffnung erfüllte und anfeuernde Geister geben (Hugo, Balzac, Gautier, Delacroix, Berlioz, Blake, Shelley, Schiller, Beethoven), die intensiv an der romantischen Erhebung des Gefühls, der Phantasie und der Sehnsucht gegen Vorsicht, Tradition, Verbot und Beschränkung teilnahmen. Sechsundzwanzig Jahre lang sollte Frankreich unter dem Bann der Revolution und Napoleons erzittern, des größten aller Romanen und des größten Romantikers. Die halbe Welt sollte von diesem ereignisreichen Vierteljahrhundert entsetzt oder begeistert sein, in welchem eine aufgewühlte und leidende Nation durch Höhen und Tiefen ging, wie sie die Geschichte vorher nur selten und nachher nicht mehr gekannt hat.

Zweites Buch

NAPOLEONS AUFSTIEG

[1799—1811]

ERSTES KAPITEL

Das Konsulat

[11. November 1799–18. Mai 1804]

I. DIE NEUE VERFASSUNG

1. Die Konsuln

AM 12. November 1799 traten die Übergangskonsuln – Napoleon, Sieyès und Roger Ducos – im Luxembourg-Palast zusammen, um Frankreich wieder aufzubauen, unterstützt von zwei Komitees der aufgelösten Kammern. Sieyès und Ducos hatten als Mitglieder des früheren Direktoriums dort bereits Räume; Napoleon, Josephine, Eugène, Hortense und ihr Personal waren einen Tag zuvor eingezogen.

Die Sieger des *coup d'état* sahen sich einer Nation in ökonomischer, politischer, religiöser und moralischer Verwirrung gegenüber. Die Bauern waren in Sorge, ein zurückkehrender Bourbone könnte ihre Besitztitel wieder aufheben. Käufleute und Fabrikanten sahen ihre Prosperität durch blockierte Häfen, vernachlässigte Straßen und Straßenräuber bedroht. Finanzleute zögerten, ihr Geld in die Staatspapiere einer so oft gestürzten Regierung zu investieren; gerade jetzt, als die Situation die Durchführung der Gesetze, öffentliche Arbeiten und Armenfürsorge dringend erforderlich machte, hatte das Schatzamt nicht mehr als zwölfhundert Franc in seinen Kassen. Der Klerus befand sich in ständiger Opposition: Von achttausend katholischen Priestern in Frankreich hatten sich sechstausend geweigert, das Staatsgesetz über die Geistlichkeit zu unterschreiben und standen dem Staat in verborgener oder offener Feindseligkeit gegenüber. Das Schulwesen, der Kirche aus den Händen genommen, war trotz großartiger Ankündigungen und Pläne in desolatem Zustand. Die Familie, Hauptstütze jeder sozialen Ordnung, war durch die Erleichterung und das Überhandnehmen von Ehescheidungen, unlegalisierten Ehen und Auflehnung der Kinder erschüttert. Der Gemeinsinn, der 1789 Patriotismus und Mut ins Außerordentliche gesteigert hatte, war in einer Bevölkerung zum Sterben verurteilt, die überdrüssig der Revolution wie des Krieges war, skeptisch gegenüber jeder Führung und in ihren Hoffnungen enttäuscht. Es war eine Situation, die nicht nach Politik verlangte, sondern nach Staatskunst, nicht nach gemächlich demokratischen Debatten in großen Versammlungen, sondern (wie Marat es vorhergesehen und gefordert hatte), nach einer Diktatur, nach einer Verbindung von großzügigen Perspektiven, objektivem Urteilsvermögen, unermüdlicher Arbeit, Fingerspitzengefühl und beherrschendem Willen. Die Umstände verlangten nach einem starken Mann wie Napoleon.

Bei der ersten Sitzung schlug Ducos vor, daß der dreißigjährige General den Vorsitz führen solle. Bonaparte tröstete Sieyès mit dem Vorschlag, jeder der Drei solle abwechselnd den Vorsitz führen und regte an, Sieyès möge die Leitung bei der Ausarbeitung einer neuen Verfassung übernehmen. Der alternde Theoretiker zog sich in sein Arbeitszimmer zurück und überließ es Napoleon (mit Ducos' Zustimmung), Dekrete zu erlassen, die geeignet waren, die Ordnung in der Verwaltung, Solvenz im Schatzamt, Geduld bei den Parteien und einen Zustand des Vertrauens bei einem Volk wiederherzustellen, das durch die gewaltsame Usurpierung der Macht in Unruhe versetzt worden war.

Eine der ersten Handlungen des regierenden Konsuls war es, seine Generaluniform abzulegen und sich in schlichtes Zivil zu kleiden. Er sollte ein Meister im Theaterspielen werden. Er kündigte ferner seine Absicht an, sofort nach der Konstituierung der neuen Regierung in Friedensverhandlungen mit England und Österreich einzutreten. In jenen allerersten Tagen war es offensichtlich noch nicht sein Bestreben, England zum Nachgeben zu zwingen, sondern erst einmal Frankreich zu befrieden und zu stärken. Er war zu jener Zeit – Pitt hat ihn später so genannt – der «Sohn der Revolution», ihr Produkt und ihr Beschützer, der Festiger ihrer ökonomischen Gewinne. Doch er machte auch ebenso klar, daß er der Schlußpunkt der Revolution zu sein wünschte, der Schlichter ihres inneren Haders, der Organisator ihres friedlichen Gedeihens.

Er war der Bourgeoisie – deren wirtschaftliche Unterstützung für seine Machtstellung unerläßlich war – gefällig, als er achtunddreißig Personen, die als Gefahr für die öffentliche Ruhe zu betrachten waren, zur Deportation verurteilte (17. November 1799). Dies war ein Akt der Diktatur und Vergeltung, der mehr Murren als Beifall nach sich zog; er wandelte das Urteil bald in eine Verbannung in die Provinz um.[1] Er hob die konfiskatorische Steuer von zwanzig bis dreißig Prozent auf, die das Direktorium von allen höheren Einkommen erhoben hatte. Er widerrief das Gesetz, das prominente Bürger unter Polizeiaufsicht stellte, sozusagen als Geiseln, die für jedes in ihrem Wohnbereich verübte regierungsfeindliche Verbrechen bestraft oder deportiert werden konnten. Er befriedete die Katholiken der Vendée, indem er ihre Führer zu einer Konferenz einlud, ihnen Garantien für seinen guten Willen anbot und mit ihnen einen Vertrag unterzeichnete (24. Dezember), der den Religionskämpfen für einige Zeit ein Ende setzte. Er ordnete an, daß alle vor 1793 geweihten katholischen Kirchen dem katholischen Gottesdienst an allen Tagen, mit Ausnahme des *décadi*, geöffnet werden müßten.[2] Am 26. Dezember oder kurz darauf rief er die Opfer siegreicher Revolutions-Parteien aus der Verbannung zurück: ehemalige Liberale der Nationalversammlung einschließlich La Fayette; entschärfte Mitglieder des Wohlfahrtsausschusses wie Barère; anläßlich des *coup d'état* vom 18. Fructidor geächtete Konservative wie Lazare Carnot, der zu seinen Arbeiten im Kriegsministerium zurückkehrte. Bonaparte gab Adligen, die sich nicht feindselig verhalten hatten, und friedlichen Verwandten von *émigrés* die bürgerlichen Rechte zurück. Er machte den haßnährenden Erinnerungsfeiern ein Ende, die die Hinrichtung Ludwig XVI., die Ächtung der Girondisten oder den Sturz Robespierres feierten. Er kündigte seinen Vorsatz an, nicht im Interesse irgendeiner Partei – Jakobiner, Bourgeois oder Royalisten – zu regieren, sondern als Repräsentant der ganzen Nation. «Im Interesse einer Partei zu regieren», erklärte er, «heißt früher oder später von ihr abhängig zu sein. Dazu werde ich mich niemals bereitfinden. Ich bin für die ganze Nation da».[3]

So begann das französische Volk ihn auch zu sehen, nahezu jeder, mit Ausnahme eifersüchtiger Generale und unbeugsamer Jakobiner. Bereits am 13. November hatte sich die öffentliche Meinung entschieden zu seinen Gunsten gewandelt. «Jede vorangegangene Revolution», schrieb der preußische Botschafter an diesem Tag an seine Vegierung, «hatte eine Menge Mißtrauen und Angst im Gefolge. Im Gegensatz dazu hat diese, wie ich selbst bezeugen kann, jedermann mit neuem Mut erfüllt und die lebhaftesten Hoffnungen geweckt.»[4] Am 17. November war der Kurs der Staatspapiere an der Pariser Börse auf elf Francs gefallen; am 20. stieg er auf vierzehn und am 21. auf zwanzig.[5]

Als Sieyès den anderen Konsuln seinen Entwurf einer «Verfassung des Jahres VIII» (1799) vorlegte, sahen diese bald, daß der frühere Geburtshelfer der Revolution viel von der Bewunderung für den Dritten Stand eingebüßt hatte, die vor einer Dekade seine aufrüttelnde Flugschrift inspiriert hatte. Er war nun völlig sicher, daß keine Verfassung einen Staat auf die Dauer tragen könne, wenn beider Wurzeln in der schwankenden Meinung einer unwissenden und leicht erregbaren Menge ruhten. Frankreich hatte damals fast keine weiterführenden Schulen, und seine Presse war ein Instrument leidenschaftlichen Parteigängertums, das die öffentliche Meinung mehr entstellte als informierte. Seine neue Verfassung war dazu bestimmt, den Staat einerseits vor der Unwissenheit der Bevölkerung und andererseits vor einem despotischen Regime zu schützen. Er errang einen halben Erfolg.

Napoleon überarbeitete Sieyès Vorschläge, akzeptierte aber die meisten davon, denn auch er hatte für eine Demokratie nicht viel übrig. Er machte kein Hehl aus seiner Meinung, daß das Volk nicht in der Lage sei, vernünftig über Kandidaten oder politische Fragen zu entscheiden; es war zu leicht empfänglich für persönlichen Charme, rednerische Eloquenz, Journalistenmeinungen oder romhörige Priester. Er glaubte, das Volk würde selbst seine Unfähigkeit erkennen, Regierungsprobleme zu lösen; es würde zufrieden sein, wenn ihm die neue Verfassung als Ganzes in einem allgemeinen Referendum zur Annahme oder Ablehnung vorgelegt würde. Sieyès formulierte jetzt seine politische Philosophie in einer Fundamentalmaxime um: «Vertrauen muß von unten, Macht muß von oben kommen.»[6]

Er begann mit einer kurzen Verbeugung vor der Demokratie. Alle Franzosen vom einundzwanzigsten Lebensjahr an sollten den zehnten Teil ihrer Gesamtzahl als kommunale Notabeln wählen; diese wiederum den zehnten Teil als Notabeln eines Departements; diese ein Zehntel als Landesnotabeln. Hier endete die Demokratie: Örtliche Beamte sollten von kommunalen Notabeln ernannt, nicht gewählt werden; Departementsbeamte waren von Departementsnotabeln zu ernennen; Landesbeamte von Landesnotabeln. Sämtliche Ernennungen mußten von der Zentralregierung ausgesprochen werden.

Diese solle aus (1) einem Conseil d'État oder Staatsrat bestehen, in der Regel fünfundzwanzig vom Staatschef ernannte Männer, ausgestattet mit der Vollmacht, neue Gesetze einem (2) Tribunat von hundert Tribunen vorzuschlagen, das seinerseits die vorgeschlagenen Maßnahmen zu beraten und seine Empfehlungen einem (3) Corps Législatif, einer Legislative von dreihundert Mitgliedern, zu unterbreiten hätte; dieser konnte sie ablehnen oder ihnen Gesetzeskraft verleihen, sie aber nicht diskutieren; (4) ein Senat aus achtzig bewährten Männern sollte bevollmächtigt sein, Gesetze, die dieser Senat als im Widerspruch zur Verfassung stehend erachtete, aufzuheben, die Mitglieder des Tribunats und der Legislative zu ernennen, neue Mitglieder für ihre Körperschaft aus den Reihen der Landesnotabeln zu wählen und neue Mitglieder, die durch den (5) «Großelektor» ernannt würden, aufzunehmen.

Dies war die Bezeichnung, die Sieyès für das Staatsoberhaupt vorgeschlagen hatte, doch Napoleon lehnte den Titel wie auch seine Definition ab. Er sah in diesem Amt, wie Sieyès es erläuterte, einen reinen Exekutivbeamten für Gesetze, die ohne seine Beteiligung noch Zustimmung erlassen worden wären, eine Gallionsfigur mit der Aufgabe, Delegationen und Diplomaten zu empfangen und bei offiziellen Zeremonien zu präsidieren. Er fühlte keine Begabung für solche Rituale in sich. Im Gegenteil, sein Kopf barst fast von Vorhaben, die er zum Wohle einer Nation, die nach Ordnung, Führung und Kontinuität dürstete, sobald als möglich in Gesetze verwandeln wollte. «Ihr Großelektor», sagte er zu Sieyès, «ist ein Schattenkönig und die Zeit solcher *rois fainéants* ist vorbei. Welcher Mann mit Verstand und Herz würde sich zu einem so trägen Leben für den Preis von sechs Millionen Franc und einer Wohnung in den Tuilerien hergeben? Wie? Leute ernennen, die handeln sollen und selbst nicht handeln? Das kann nicht sein».[7] Er forderte das Recht, Gesetze vorzuschlagen, Verordnungen zu erlassen sowie auf Posten in der Zentralregierung nicht nur Männer aus der Reihe der Landesnotabeln zu berufen, sondern jeden Befähigten, der zur Mitarbeit bereit wäre. Sein Programm des politischen, ökonomischen und sozialen Wiederaufbaus erforderte eine garantierte Amtszeit von zehn Jahren. Außerdem wünschte er nicht, «Großelektor» genannt zu werden, was einen Beigeschmack von Preußen hatte, sondern «Erster Konsul», weil dies an das alte Rom erinnerte. Sieyès sah seine Verfassung zu einer monarchischen werden, ließ sich aber durch die Senatspräsidentschaft und ein paar einträgliche Landgüter beschwichtigen. Er und Ducos traten als Konsuln zurück und wurden auf Napoleons Verlangen (12. Dezember 1799) durch Jean Jacques Cambacérès als zweitem und Charles François Lebrun als drittem Konsul ersetzt.

Es wäre ein Irrtum, diese beiden Männer nur als willige Funktionäre zu klassifizieren. Beide waren Männer von bewährten Fähigkeiten. Cambacérès, der unter dem Direktorium Justizminister gewesen war, diente nun Napoleon als Berater in Rechtsfragen. Er führte den Vorsitz im Senat und – in Abwesenheit des Ersten Konsuls – im Staatsrat. Er spielte eine führende Rolle bei der Abfassung des Code

Napoléon. Er war ein wenig eitel und stolz auf die lukullischen Diners, die er von Zeit zu Zeit veranstaltete, doch sein ruhiges und bedächtiges Temperament bewahrte den Ersten Konsul oft vor Fehlern, zu denen sein Ungestüm ihn verleitete. Er warnte Napoleon davor, sich Spanien zum Gegner zu machen und riet ihm, sich nicht mit Rußland einzulassen. Lebrun war der Sekretär René de Maupeous bei den Bemühungen gewesen, den Bankrott des bourbonischen Frankreich abzuwenden; er war an der Finanzgesetzgebung der Nationalversammlung und des Direktoriums beteiligt gewesen; als man jetzt mit einem leeren Staatsschatz wieder begann, half er mit, das Finanzwesen der neuen Regierung zu organisieren. Napoleon würdigte die Fähigkeiten dieser beiden Männer; als er Kaiser wurde, machte er Lebrun zum ersten Schatzmeister und Cambacérès zum Erzkanzler. Beide dienten ihm treu bis zum Ende.

Trotz seiner Überzeugung, daß Frankreichs Zustand rasche Entscheidungen und schnelle Durchführung aller politischen Maßnahmen erfordere, unterbreitete Napoleon in diesem ersten Jahr seiner Laufbahn dem Staatsrat seine Vorschläge; sie wurden angegriffen und verteidigt, und er griff aktiv in die Diskussion ein. Es war dies eine neue Rolle für ihn; er war mehr ans Kommandieren gewöhnt als ans Debattieren, und seine Gedanken liefen jetzt oft seinen Worten davon. Er lernte jedoch schnell und arbeitete ausdauernd, im Rat wie außerhalb desselben, um Probleme zu analysieren und Lösungen zu finden. Er war bis jetzt nur «Citoyen-Consul» und ließ sich auch überstimmen.[8] Die Führer des Staatsrates – wie Portalis, Roederer und Thibaudeau – waren Männer von bedeutendem Format, die sich nichts befehlen ließen; ihre Memoiren sind voll von Anerkennung für des Konsuls Bereitschaft zu Arbeit. Roederer schrieb:

> Pünktlich bei jeder Sitzung, die Session um fünf oder sechs Stunden ausdehnend, … immer wieder auf die Frage zurückkommend: «Ist das recht? Ist das nützlich?» … jede Frage einer exakten und sorgfältigen Analyse unterziehend, Informationen über vergangene Rechtssysteme, die Gesetze Ludwigs XIV. und Friedrichs des Großen einholend … Der Rat vertagte sich niemals, ohne daß seine Mitglieder mehr gewußt hätten als am Tage zuvor, wenn nicht durch von ihm vermittelte Kenntnisse, dann zumindest durch die Untersuchungen, die er sie anstellen ließ … Was ihn aber vor allem anderen charakterisiert … ist die Kraft, Beweglichkeit und Ausdauer seiner Aufmerksamkeit. Ich sah ihn niemals ermüdet. Ich habe seinen Geist niemals ohne Inspiration gefunden, selbst wenn er körperlich müde war … Niemals hat ein Mensch sich vollständiger der ihm gestellten Aufgabe geweiht noch seine Zeit besser auf seine Arbeit verwendet.[9]

Damals hätte man Napoleon fast lieben können.

2. Die Minister

Neben der Vorbereitung einer Gesetzgebung zur Regierung Frankreichs widmete er sich der noch schwierigeren Aufgabe der Administration. Er verteilte die Arbeit unter acht Ministerien und wählte als ihre Leiter die fähigsten Männer, die er finden konnte, ohne Ansehen ihrer Partei oder Vergangenheit; einige waren Jako-

biner gewesen, ein paar Girondisten, wieder andere Royalisten. In ein oder zwei
Fällen ließ er persönliche Zuneigung die Oberhand über sein praktisches Urteil gewinnen; so machte er Laplace zum Innenminister, fand aber bald, der große
Mathematiker-Astronom bringe «den Geist der Infinitesimalrechnung in die Verwaltung»;[10] er versetzte ihn in den Senat und gab das Ministerium an Bruder Lucien.

Die fundamentale und nahezu hoffnungslose Aufgabe des Innenministeriums war
die Wiederherstellung der Zahlungsfähigkeit und Lebenskraft der Kommunen oder
Gemeinden als Basiszellen der organisierten Gesellschaft. Napoleon äußerte sich in
einem Brief an Lucien vom 25. Dezember 1799 über ihren Zustand:

> Seit 1790 gleichen die 36 000 Gemeinden ebensovielen Waisenmädchen. Erben der alten
> Feudalrechte, sind sie von den kommunalen Vertrauensleuten des Konvents oder des Direk-
> toriums mißachtet oder übervorteilt worden ... Eine neue Garnitur von Bürgermeistern,
> Beisitzern oder Gemeinderäten bedeutete in der Regel nichts anderes als eine neue Räuber-
> bande: Sie haben alles gestohlen, was ihnen unter die Finger kam, die Kirche beraubt und das
> Gemeindeeigentum geplündert ... Sollte dieses System noch zehn Jahre andauern, was würde
> aus den Kommunen werden? Sie würden nichts als Schulden erben und so bankrott sein, daß
> sie ihre Einwohner um Almosen bitten müßten..[11]

Dies war ein Napoleon in literarischer Stimmung und neigte daher ein wenig zur
Übertreibung. Wörtlich genommen, hätte es als Anregung gelten können, daß es den
Gemeinden gestattet werden sollte, wie in Paris ihre eigenen Beamten zu wählen.
Doch Napoleon fand keinen Gefallen an dem Resultat der Pariser Wahl. Was die
kleineren Kommunen betraf, so hatte nach dem Urteil ihres letzten Geschichts-
schreibers «die Revolution nur wenige Dorfbewohner hervorgebracht, die gut
genug erzogen und kultiviert waren, um einen Sinn für Integrität oder Gemeinwohl
zu haben»[12]; und nur zu oft hatten sich solche örtlich gewählten Machthaber, ebenso wie die aus Paris geschickten, als unfähig oder korrupt oder beides erwiesen. So
blieb Napoleon taub für Rufe nach kommunaler Selbstverwaltung. Er griff zurück
auf das römische Konsularsystem oder auf die Intendanten der früheren Bourbonen
und zog es vor, für jedes *département* einen amtierenden Präfekten, für jedes *arondisse-
ment* einen Subpräfekten und für jede Gemeinde einen Bürgermeister zu ernennen
oder durch das Innenministerium ernennen zu lassen; jeder Ernannte war seinem
Vorgesetzten und in letzter Instanz der Zentralregierung verantwortlich. «Alle» so
ernannten «Präfekten waren Männer von großer Erfahrung und die meisten waren
sehr fähig».[13] Auf alle Fälle erfuhr Napoleons Macht durch diese eine weitreichende
Festigung.

Der Zivildienst – die Administration in ihrer Gesamtheit – des napoleonischen
Frankreich war der am wenigsten demokratische und am besten funktionierende,
den die Geschichte kennt – vielleicht mit Ausnahme des alten Rom. Die Bevölkerung lehnte das System ab, doch erwies sich dieses als haltbares Korrektiv gegenüber ihrem habsüchtigen Individualismus; die wiedereingesetzten Bourbonen und
die ihnen folgenden französischen Republiken behielten es bei. Außerdem gab es
dem Land eine verborgene, aber grundlegende Kontinuität während eines Jahrhunderts politischer und kultureller Wirren. «Frankreich lebt heute», schrieb Vandal

1903, «innerhalb des administrativen Rahmens und unter den Zivilgesetzen, die Napoleon ihm hinterlassen hat».

Eines der drängendsten Probleme war die Rehabilitierung des Schatzamtes. Auf Empfehlung des Konsuls Lebrun bot Napoleon das Finanzministerium Martin Michel Gaudin an, der diesen Posten unter dem Direktorium abgelehnt hatte und wegen seiner Befähigung und Anständigkeit einen guten Ruf genoß. Daß er das Ministerium übernahm, garantierte der neuen Regierung die Unterstützung der Finanzwelt. Der Staat erhielt jetzt bedeutende Anleihen; ein Bankier schoß 500 000 Goldfrancs vor, ohne Zinsen zu fordern. Bald verfügte das Schatzamt über zwölf Millionen Francs, um die laufenden Ausgaben zu decken sowie — bei Napoleon stets von erstrangiger Bedeutung — die Armee zu ernähren und zufriedenzustellen, die ärmlich ausgerüstet war und lange keinen Sold erhalten hatte. Gaudin übertrug als erstes die Aufgabe der Steuerveranlagung und -einhebung von örtlichen Amtsstellen auf die Zentralregierung, da in diesem Bereich die Korruption notorisch gewesen war. Am 13. Februar 1800 schloß Gaudin eine Reihe von Banken zu einer einzigen Bank von Frankreich zusammen, die durch den Verkauf von Anteilscheinen finanziert wurde und das Recht zur Ausgabe von Banknoten erhielt. Nach kurzer Zeit machte die sorgfältige Leitung der Bankgeschäfte diese Noten so populär und vertrauenswürdig wie Hartgeld. Dies war in sich selbst eine Revolution. Die Bank war keine staatliche Einrichtung, sie verblieb in privater Hand; doch sie wurde durch die in ihr deponierten Staatsgelder gestützt und teilweise kontrolliert. Das Finanzministerium erhielt einen eigenen Schatzminister, Barbé-Marbois, um die staatlichen Einlagen in der Bank zu überwachen und zu verwalten.

Der unangenehmste Teil der Administration war Vorbeugung, Aufdeckung und Bestrafung von Verbrechen und die Sicherung von Regierungsbeamten vor Ermordung. Joseph Fouché war der richtige Mann für diese Aufgabe; er hatte reiche Erfahrungen mit den verschiedensten Formen von Schurkerei, und da er bei den Royalisten als Königsmörder auf der schwarzen Liste stand, konnte man sich darauf verlassen, daß er Napoleon als stärkste Barriere gegen eine Bourbonische Restauration dienen würde. Während Gaudin die Bankiers umwarb, bewog Fouché die Jakobiner mit der Hoffnung zum Stillhalten, daß der Erste Konsul sich als echter Sohn der Revolution erweisen und die Bevölkerung vor Adel und Klerus und Frankreich gegen die reaktionären Mächte beschützen würde. Napoleon mißtraute Fouché und fürchtete ihn. Er unterhielt ein besonderes Überwachungskorps, zu dessen Aufgaben es auch gehörte, den Polizeiminister zu bespitzeln; aber er fand lange keinen Ersatz für ihn. Er entließ ihn zögernd im Jahre 1802, berief ihn aber 1804 zurück und beließ ihn bis 1810 im Amt. Er schätzte Fouchés Mäßigung im Anfordern von Fonds und sah darüber hinweg, daß der durchtriebene Minister seine Truppe zum Teil mit erpreßtem Geld aus Spielhöllen und mit von Bordells bezahlten Schutzgebühren finanzierte.[14] Eine Spezialtruppe von Fouchés Gendarmerie wachte über Straßen, Läden, Büros und Wohnungen und ließ sich wahrscheinlich an den Einnahmen ihrer Schützlinge beteiligen.

Dem Schutz des Individuums – selbst des kriminellen – vor Polizei, Gesetz und Staat wurde in Frankreich weniger Aufmerksamkeit geschenkt als im damaligen England, doch wurde er in etwa durch ein Gerichtswesen gewährleistet, das wirksam und verhältnismäßig frei war von der Verquickung der Urteilsfindung mit Bestechungsgeschenken. Als Napoleon diesen Zweig der Administration dem Juristen André Joseph Abrimal übertrug, sagte er: «Bürger, ich kenne Sie nicht, doch man sagte mir, daß Sie der rechtschaffenste Mann im Richterstand seien und darum ernenne ich Sie zum Justizminister.»[15] In kurzer Zeit war ganz Frankreich von einem Netz der verschiedensten Gerichtshöfe, von großen und kleinen Jurys, Friedensrichtern, Gerichtsvollziehern, öffentlichen Anklägern, Notaren und Advokaten überzogen ...

Der Schutz des Staates gegen äußere Feinde wurde einem Kriegsministerium unter General Louis Alexander Berthier, einem Marineministerium unter Denis Decrès und einem Außenministerium (Ministère des Relations Extérieures) unter dem unverwüstlichen Talleyrand übertragen. Dieser war jetzt fünfundvierzig Jahre alt, mit einem festgegründeten Renommee für elegante Manieren, Geistesschärfe und moralische Verworfenheit. Wir begegneten ihm zuletzt (14. Juli 1970), als er anläßlich des Champ-de-Mars-Festivals die Heilige Messe zelebrierte; kurz darauf schrieb er an seine letzte Eroberung, Adélaide de Filleul, Comtesse de Flahout: «Ich hoffe, Sie fühlen, an welche Gottheit ich gestern meine Gebete und meinen Treueeid richtete. Sie allein sind das höchste Wesen, das ich anbete und immer anbeten werde.»[16] Er hatte einen Sohn von der Gräfin, nahm aber ungerührt als heimlicher Brautführer an ihrer Hochzeit teil.[17] Seine Leidenschaft für weibliche Schönheit war naturgemäß von großem Appetit für die Francs begleitet, von denen die Schönheit lebt. Da er die christliche Ethik ebenso ablehnte wie die katholische Theologie, widmete er seine Beredsamkeit nur lukrativen Angelegenheiten und handelte sich so ein hübsches Kompliment von Carnot ein:

> Talleyrand vereinigt sämtliche Laster des alten Regimes in sich, ohne sich aber irgendeine der Tugenden des neuen aneignen zu können. Er hat keine festen Grundsätze; er wechselt sie wie seine Wäsche und hängt sie so, wie der Wind des Tages weht, ein Philosoph, wenn Philosophie in Mode ist, ein Republikaner, wenn das nötig ist, um irgendetwas zu werden; morgen wird er sich für die absolute Monarchie erklären, wenn er daraus irgendeinen Vorteil ziehen kann. Ich möchte ihn um keinen Preis.

Mirabeau war derselben Meinung: «Für Geld würde Talleyrand seine Seele verkaufen, und er hätte recht, denn er würde Mist für Gold verkaufen.»[18] Es gab jedoch eine Grenze für Talleyrands Wandlungen. Als der Mob den König und die Königin aus den Tuilerien vertrieb und eine Diktatur des Proletariats errichtete, machte er keine Verbeugungen vor den neuen Herren, sondern nahm ein Schiff nach England (17. September 1792). Dort wurde ihm ein gemischter Empfang zuteil: warm von Joseph Priestley und Jeremy Bentham, George Canning und Charles James Fox[19]; kühl jedoch von Aristokraten, die sich an seinen Anteil an der Revolution erinnerten. Im März 1794 hatte die englische Toleranz ein

Ende, und Talleyrand wurde aufgefordert, das Land binnen vierundzwanzig Stunden zu verlassen. Er schiffte sich nach den Vereinigten Staaten ein, lebte dort komfortabel von den Einkünften aus seinen Besitzungen und Investitionen, kehrte im August 1796 nach Frankreich zurück und wurde unter dem Direktorium im Juli 1797 Außenminister. In dieser Stellung vermehrte er durch verschiedene Methoden sein Vermögen, so daß er im Stande war, drei Millionen Francs in britischen und deutschen Banken zu deponieren. Da er den Sturz des Direktoriums kommen sah, trat er zurück (20. Juli 1799) und wartete in Ruhe ab, daß Napoleon ihn ins Amt zurückberufen würde. Der Konsul zögerte nicht lange; am 22. November 1799 war Talleyrand wiederum *ministre des relations extérieures*.

Bonaparte fand ihn nützlich als Vermittler zwischen einem zur Herrschaft gelangten Emporkömmling und zum Sterben verurteilten Königen. Trotz aller Wandlungen hatte sich Talleyrand stets Kleidung, Manieren, Sprache und Geist der Aristokratie bewahrt: die Anmut (trotz des verrenkten Fußes), die unerschütterliche Gelassenheit, den feinen Witz eines Mannes, der sich bewußt war, daß er, wenn nötig, mit einem Epigramm töten konnte. Er war ein harter Arbeiter, ein gerissener Diplomat, der in höfischer Eleganz die ungestüme Derbheit seines ungeschliffenen Herrn neu formulieren konnte. Er hatte sich zum Grundsatz gemacht, eine Entscheidung «niemals zu übereilen»[20], ein gutes Motto für einen lahmen Mann. Da er Depeschen stets nur zögernd weiterleitete, gab dies Napoleon bei verschiedenen Anlässen die Möglichkeit, von gefährlichen Entscheidungen wieder Abstand nehmen zu können.

Er wünschte – egal unter welcher Fahne – ein luxuriöses Leben zu führen und sich aus jedem Kuchen die Rosinen herauszupicken. Als der Konsul ihn fragte, wie er ein so großes Vermögen habe anhäufen können, antwortete er entwaffnend: «Ich kaufte am siebzehnten Brumaire Staatsanleihen und verkaufte sie drei Tage später wieder».[21] Das war aber nur der Anfang; innerhalb von vierzehn Monaten, nachdem er ins Amt zurückgekehrt war, hatte er sein Vermögen um fünfzehn Millionen Franc vermehrt. Er spielte an der Börse auf Grund genauester Informationen und nahm gerne «Geschenke» von fremden Mächten, die seinen Einfluß auf Napoleons Politik allerdings überschätzten. Gegen Ende des Konsulats wurde sein Vermögen auf vierzig Millionen Francs geschätzt.[22] Napoleon fand ihn ebenso abstoßend wie unersetzlich. Dem Beispiel Mirabeaus folgend, nannte er den graziösen Krüppel «merde in Seidenstrümpfen», wobei dieses Wort im Französischen weniger anrüchig ist, als seine wörtliche deutsche Übertragung. Napoleon selbst war über Bestechung erhaben, nachdem er über das französische Schatzamt ebenso verfügte wie über ganz Frankreich.

3. Aufnahme der neuen Verfassung

Die neue Verfassung traf auf Kritik von allen Seiten, als sie am 15. Dezember 1799 mit dem Anspruch veröffentlicht wurde, sie sei «begründet auf den echten Prinzipien der parlamentarischen Regierungsform, auf den geheiligten Rechten des

Eigentums, der Gleichheit und Freiheit. Die von ihr eingesetzten Gewalten werden stark und dauerhaft sein, wie sie es sein müssen, um die Rechte der Bürger und die Interessen des Staates zu gewährleisten. Bürger! Die Revolution hat die Prinzipien realisiert, nach denen sie begann; sie ist beendet».[24] Dies waren große Worte, doch Napoleon scheint sie für gerechtfertigt gehalten zu haben, da die Verfassung das allgemeine Erwachsenenstimmrecht für Männer bei den ersten Wahlstufen einführte; sie verlangte, daß in größerem Umfang Ernennungen aus den Reihen der vom Wähler direkt oder indirekt bestimmten «Notabeln» erfolgten; sie bestätigte Bauernschaft und Bourgeoisie im Besitz des im Gefolge der Revolution erworbenen Eigentums. Sie bekräftigte die Abschaffung feudaler Vorrechte und kirchlicher Zehnten; theoretisch und die unterschiedlichen Veranlagungen negierend, forderte sie die Gleichheit aller Bürger vor dem Gesetz und den freien Zugang zu jeder Laufbahn, sei es in Politik, Wirtschaft oder Kultur; sie errichtete eine starke Zentralregierung, um das Verbrechen unter Kontrolle zu halten, Anarchie, Korruption und unfähige Verwaltung auszuschalten und Frankreich gegen auswärtige Mächte zu verteidigen; und sie beendete die Revolution, indem sie sie zum *fait accompli* machte, zu einem innerhalb natürlicher Grenzen realisierten Ziel, einer neuen Form sozialer Organisation, beruhend auf einer stabilen Regierung, leistungsfähiger Administration, nationaler Freiheit und Kontinuität der Gesetzgebung.

Trotzdem wurden Klagen laut. Die Jakobiner waren der Meinung, sie seien in der «Verfassung des Jahres VIII» zu kurz gekommen und die «parlamentarische Regierungsform», die sie anbot, sei eine scheinheilige Kapitulation der Revolution vor der Bourgeoisie. Manche Generale konnten nicht verstehen, warum das Schicksal nicht einen von ihnen an Stelle des kleinen Korsen für die politische Macht auserwählt hatte; «es gab unter den Generalen nicht einen einzigen, der nicht gegen mich konspiriert hätte.»[25] Die Katholiken beklagten sich, daß die Verfassung die Konfiszierung kirchlichen Eigentums während der Revolution bestätige; in der Vendée erhob die Rebellion erneut ihr Haupt (1800). Royalisten regten sich auf, weil Napoleon seine eigene Position festigte, anstatt Ludwig XVIII. zur Wiedererrichtung der Bourbonischen Herrschaft zurückzurufen. Da die Royalisten die Mehrzahl der Zeitungen kontrollierten[26], lancierten sie eine Kampagne gegen die Annahme des neuen Regimes; Napoleon antwortete (17. Januar 1800) mit dem Verbot von sechzig der insgesamt dreiundsiebzig in Frankreich erscheinenden Zeitungen, mit der Begründung, sie seien vom Ausland gekauft. Auch die radikale Presse wurde eingeschränkt und der *Moniteur* zum offiziellen Organ der Regierung bestimmt. Journalisten, Schriftsteller und Philosophen verurteilten diesen Angriff auf die Pressefreiheit, und nun begann Madame de Staël, die die Hoffnung, Egeria* spielen zu können, aufgegeben hatte, einen heftigen und lebenslangen Angriff gegen Napoleon als einen Diktator, der die Freiheit Frankreichs in Fesseln legte.

---

* Egeria (röm. Quell- und Geburtsgöttin) war nach der Sage die Gattin und Beraterin des Königs Numa Pompilius.

Napoleon ließ seine Verteidigung im *Moniteur* erscheinen: Nicht er habe die Freiheit zerstört; sie sei bereits durch die Notwendigkeit einer zentralen Regierungsgewalt während des Krieges, durch die Wahlschiebungen der Jakobiner, durch die Diktatur aufständischer Massen und durch die verschiedenen Staatsstreiche während der Jahre des Direktoriums zerfetzt worden; ihre Überbleibsel seien in den Sumpf politischer Bestechung und moralischen Verfalls gezogen worden. Die von ihm gefesselte Freiheit sei die des Pöbels, die Gesetze zu mißachten, des Verbrechers zu stehlen und zu morden, des Propagandisten zu lügen, des Richters, sich bestechen zu lassen, des Finanzmannes zu veruntreuen, des Geschäftsmannes, sich ein Monopol zu schaffen. War es nicht so, verteidigte sich Napoleon, daß Marat die Diktatur empfohlen und der Wohlfahrtsausschuß sie praktiziert hatte als einziges Heilmittel für eine chaotische Gesellschaft, die plötzlich von religiöser Bevormundung, Klassenherrschaft und königlicher Autokratie befreit, aber dem Zwang der Instinkte und der Tyrannei überlassen worden war? Es müsse wieder Disziplin herrschen, um die Ordnung wiederherzustellen, welche die Vorbedingung der Freiheit sei.[27]

Die Bauernschaft brauchte keine derartigen Argumente, um sich zur Unterstützung der Verfassung bereit zu finden; sie hatte den Boden und spendete insgeheim jeder Regierung Beifall, welche die Jakobiner niederhielt. Hier stimmte ungeachtet entgegengesetzter wirtschaftlicher Interessen das städtische Proletariat mit der Landbevölkerung überein. Die Bewohner der Mietskasernen – Fabrikarbeiter, Kleingewerbetreibende, Händler – alle, die als Sansculotten für Brot und Macht gekämpft hatten, waren des Glaubens an eine Revolution verlustig gegangen, die sie hinaufgetragen und hinabgestoßen und schließlich aller Hoffnung beraubt zurückgelassen hatte. Ein Zauber nur konnte sie noch aufrütteln, nämlich der des Kriegshelden. Der Eroberer Italiens konnte deshalb nicht schlimmer sein als die Politiker des Direktoriums. Und was die Bourgeoisie betraf, die Bankiers, Geschäftsleute und Fabrikanten, wie hätten sie einen Mann ablehnen können, der sich so vollständig der Unantastbarkeit des Privateigentums und dem freien Unternehmertum verschrieben hatte? Mit ihm hatten sie die Revolution gewonnen und Frankreich zu ihrem Erbteil gemacht. Er war ihr Mann, bis zum Jahr 1810.

Im Vertrauen darauf, daß eine große Mehrheit ihn unterstützen würde, unterbreitete Napoleon die neue Verfassung einer Volksabstimmung (24. Dezember 1799). Wir wissen nicht, ob dieses Referendum manipuliert und gesteuert wurde, wie so viele ähnliche Abstimmungen vorher und nachher. Die offizielle Auszählung ergab 3 011 107 Stimmen für die Verfassung und 1 562 dagegen.[28]

Mit dieser Mehrheit hinter sich zog Napoleon mit seiner Familie und seinem Stab aus dem überfüllten Luxembourg in die königlichen und geräumigen Tuilerien um (19. Februar 1800). Der Umzug erfolgte in einer pompösen Prozession mit dreitausend Soldaten, Generalen zu Pferde, den Ministern in Kutschen, dem Staatsrat in Mietdroschken und dem Ersten Konsul in einer von sechs weißen Pferde gezogenen Karosse. Es war dies das erste Beispiel der vielen öffentlichen Schaustellungen, mit welchen Napoleon das Volk von Paris zu beeindrucken hoffte. Er erklärte seinem Sekretär:

«Bourrienne, heute nacht werden wir endlich in den Tuilerien schlafen. Sie sind besser daran als ich: Sie sind nicht gezwungen, sich selbst zur Schau zu stellen, sondern Sie können dort Ihrer eigenen Wege gehen. Ich muß dagegen mit Gefolge erscheinen; das mißfällt mir, es ist aber notwendig, den Augen etwas zu bieten. ... In der Armee ist Einfachheit am rechten Platz, aber in einer großen Stadt, in einem Palast muß der Regierungchef die Aufmerksamkeit auf jede nur mögliche Weise auf sich ziehen, wenn auch stets mit Besonnenheit.»[29]

Das Zeremoniell wurde vollständig durchgeführt, abgesehen von einem einzigen Mißton: In einem der Wachhäuser, durch die Napoleon in den Palasthof einfuhr, hätte er eine große Inschrift lesen können: «10. August 1792 – das Königtum ist in Frankreich abgeschafft und wird niemals wieder aufgerichtet werden.»[30] Als Napoleon später durch die Räume ging, die einst den Reichtum der Bourbonen zur Schau stellten, bemerkte Staatsrat Roederer zum Ersten Konsul: *«Général, cela est triste»* (General, dies ist traurig), worauf Napoleon antwortete: *«Oui, comme la gloire»* (Ja, wie der Ruhm). [31] Für seine Arbeit mit Bourrienne wählte er einen geräumigen Salon, dessen einzige Zierde aus Büchern bestand. Als ihm das königliche Schlafzimmer und Bett gezeigt wurde, lehnte er es ab, sie zu benutzen, da er es vorzog, regelmäßig mit Josephine zu schlafen. Trotzdem sagte er an diesem Abend nicht ohne Stolz zu seiner Frau: «Komm her, meine kleine Kreolin, leg dich in das Bett deines Herren.»[32]

II. DIE FELDZÜGE DES KONSULATS

Napoleon hatte die Ordnung im Land wiederhergestellt und Bedingungen geschaffen, die eine wirtschaftliche Erholung wahrscheinlich machten; dennoch blieb Frankreich von Feinden umgeben und in einen Krieg verwickelt, den es am 20. April 1792 begonnen hatte. Das französische Volk sehnte sich nach Frieden, weigerte sich aber, die Gebiete aufzugeben, die während der Revolution annektiert worden waren: Avignon, Belgien, das linke Rheinufer, Basel, Genf, Savoyen und Nizza. Sie lagen nahezu alle innerhalb der von den Franzosen so genannten «natürlichen Grenzen» ihres Landes. Napoleon hatte sich in dem Schwur, den er bei Übernahme der Macht geleistet hatte, verpflichtet, diese Grenzen – den Rhein, die Alpen, die Pyrenäen und die See – als wiederhergestellte Grenzen des alten Gallien zu schützen. Außerdem hatte Frankreich Holland, Italien, Malta und Ägypten besetzt. Wa es nun bereit, diese Eroberungen als Preis für einen Frieden aufzugeben, oder würde es bald jeden Führer ablehnen, der über die Aufgabe dieser vorteilhaften Erwerbungen verhandelte? Der Volkscharakter der Franzosen verband sich mit Napoleons Charakter in einer stolz-nationalistischen und kriegsträchtigen Politik.

Die Vermeidung einer derartigen Entwicklung wurde Napoleon in einem Brief vom 20. Februar 1800 nahegelegt, geschrieben von einem Mann, den fast sämtliche *émigrés* und Royalisten als den rechtmäßigen Herrscher Frankreichs anerkannten, Ludwig XVIII. :

> Mein Herr:
> Wie immer Ihr sichtbar zu Tage liegendes Verhalten sein mag, so flößen Männer wie Sie doch keine Furcht ein. Sie haben eine hervorragende Position angenommen und ich danke Ihnen dafür. Sie wissen besser als irgend jemand, wieviel Kraft und Mut erforderlich sind, um das Glück einer großen Nation sicherzustellen. Behüten Sie Frankreich vor seiner Gewalttätigkeit und Sie werden den größten Wunsch meines Herzens erfüllen. Geben Sie ihm seinen König zurück und künftige Generationen werden Ihr Andenken segnen. Sie werden stets zu wertvoll für den Staat sein, als daß ich jemals, selbst durch hervorragende Auszeichnungen, meine und meiner Familie Schuld abtragen könnte.
>
> Ludwig[33]

Napoleon ließ diesen Appell unbeantwortet. Wie hätte er einem Manne den Thron zurückgeben können, der seinen treuen Anhängern versprochen hatte, seiner eigenen Restauration die des *status quo ante* der Revolution folgen zu lassen? Was würde aus den befreiten Bauern, was aus den Käufern von Kirchengut werden? Was aus Napoleon selbst? Die Royalisten, die täglich Pläne zu seiner Beseitigung schmiedeten, kündigten jetzt schon an, was sie mit diesem Emporkömmling zu tun gedachten, der es wagte, ohne Salbung und Stammbaum König zu spielen.[34]

Am Weihnachtstag 1799, einen Tag, nachdem das Plebiszit seine Herrschaft bestätigt hatte, schrieb Napoleon an König Georg III. von England:

> Durch den Willen des französischen Volkes in das höchste Amt der Republik berufen, erscheint es mir angemessen, Eure Majestät eigenhändig von der Übernahme meiner Amtspflichten in Kenntnis zu setzen.
> Gibt es keine Möglichkeit, den Krieg, der in den vergangenen acht Jahren den ganzen Erdball in Unordnung gebracht hat, zu beenden? Gibt es keinen Weg, auf dem wir zu einer Verständigung gelangen könnten? Wie kommt es, daß die beiden aufgeklärtesten Nationen Europas, beide stärker und mächtiger, als es ihre Sicherheit und Unabhängigkeit erfordern, einwilligen, die Erfolge ihres Handels, ihr inneres Gedeihen und das Glück ihrer Familien Träumen imaginärer Größe zu opfern? Wie kommt es, daß sie nicht den Frieden sowohl als ihren größten Ruhm als auch als ihr wichtigstes Bedürfnis ansehen?
> Solche Gefühle können dem Herzen Eurer Majestät nicht fremd sein, denn Sie herrschen über eine freie Nation mit dem einzigen Ziel, sie glücklich zu machen.
> Ich bitte Eure Majestät, zu glauben, daß ich diese Frage mit dem ehrlichen Wunsch anschneide, einen praktischen Beitrag ... zu einem großzügigen Frieden ... zu leisten. Das Schicksal aller zivilisierten Nationen hängt von der Beendigung eines Krieges ab, in den die ganze Welt verwickelt ist.[35]

Georg III. hielt es für unpassend, als König einem Bürgerlichen zu antworten. Er beauftragte Lord Grenville, der eine scharfe Note an Talleyrand richtete (3. Januar 1800), worin die französischen Aggressionen angeprangert und erklärt wurde, England könne ausschließlich mit den Bourbonen Verhandlungen führen, deren Wiedereinsetzung eine Vorbedingung für jeglichen Friedensschluß sei. Ein Brief Napoleons an Kaiser Franz II. wurde vom österreichischen Kanzler, Baron von Thugut, ähnlich beantwortet. Wahrscheinlich hatte man die Wirkung dieser literarischen Rückschläge nicht richtig eingeschätzt; man brauchte Napoleon nicht zu sagen, daß Staatsmänner Worte wägen, indem sie Kanonen zählen. Es blieb die Tatsache, daß eine österreichische Armee Norditalien zurückerobert und Nizza erreicht hatte und daß eine französische Armee, von Briten und Türken in Ägypten eingekesselt, vor der Kapitulation oder ihrer Vernichtung stand.

Kléber, ein tapferer und hervorragender General, aber kein erfolgreicher Diplomat, erwartete keinen Entsatz und teilte offen die Verzagtheit seiner Männer. Auf seinen Befehl unterzeichnete General Desaix in El'Arish (24. Januar 1800) mit den Türken und dem örtlichen englischen Befehlshaber ein Abkommen über den sicheren und geordneten Abzug der Franzosen mit Waffen und Troß in «militärischen Ehren», auf Schiffen, welche die Türken für die Überfahrt nach Frankreich bereitstellen sollten; dagegen hatten die Franzosen den Türken die Forts zu übergeben, welche die Europäer vor ägyptischen Aufständen schützten. Kaum waren diese Forts übergeben, als die britische Regierung in einer Note die Bedingungen der Evakuierung ablehnte und darauf bestand, daß die Franzosen ihre Waffen niederlegen und sich in Kriegsgefangenschaft begeben müßten. Kléber weigerte sich, diesem Ansinnen Folge zu leisten und verlangte die Rückgabe der Forts. Die Türken aber wollten sich darauf nicht einlassen und marschierten gegen Kairo. Kléber führte seine zehntausend Mann zu einem Treffen mit den doppelt so starken Türken auf der Ebene von Heliopolis. Er ermunterte den Kampfesmut seiner Truppen durch eine einfache Ansprache: «Ihr besitzt in Ägypten nicht mehr als den Boden unter Euren Füßen. Wenn Ihr auch nur einen Schritt zurückweicht, seid Ihr verloren.»[36] Nach einer zwei Tage (20.–21. März 1800) dauernden Schlacht unterlag der wilde Mut der Türken der disziplinierten Taktik der Franzosen, und die überlebenden Sieger kehrten nach Kairo zurück, um weiter auf Hilfe aus Frankreich zu warten.

Napoleon aber konnte sie nicht befreien, solange Britannien das Mittelmeer beherrschte. Er mußte sich auch mit der Tatsache auseinandersetzen, daß der einundsiebzigjährige General Baron von Melas 100 000 der besten Soldaten Österreichs in einem siegreichen Vormarsch durch Norditalien nach Mailand geführt hatte. Napoleon schickte Masséna, um ihn aufzuhalten; Masséna wurde geschlagen und rettete sich mit seinen Soldaten in die Zitadelle von Genua. Melas ließ eine Belagerungsstreitmacht zurück, zweigte zusätzliche Detachements ab, um die Alpenpässe gegen Angriffe aus Frankreich zu sichern und marschierte längs der italienischen Riviera weiter, bis seine Vorhut Nizza erreichte (April 1800). Das Blatt hatte sich zu Napoleons Ungunsten gewendet: Die Stadt, von der aus er 1796 seine Eroberung der Lombardei begonnen hatte, war jetzt in den Händen der von ihm besiegten Nation, während der beste Teil seiner berühmten, zu zuversichtlich geteilten Italienarmee hilflos und verzweifelt in Ägypten zugrundeging. Es war die direkteste Herausforderung, die Napoleon bis dahin getroffen hatte.

Er legte die Verwaltungsarbeit zur Seite und wurde erneut der Oberkommandierende. Er sammelte Geld, Truppen, Kriegsgerät, appellierte an den Kampfgeist, organisierte den Nachschub, studierte die Karten und sandte Direktiven an seine Generale. Moreau – dem freimütigsten seiner militärischen Widersacher – vertraute er die Rheinarmee an, mit schonungslosen Instruktionen: Sie gehen über den Rhein und erzwingen sich einen Weg durch die österreichischen Divisionen unter Marschall Krug; dann setzen Sie 25 000 Mann ihrer Truppen über den St. Gotthard-Paß nach Italien in Marsch! Diese sollten dort die Reservearmee verstärken, die nach Napoleons Vorstellungen in der Nähe von Mailand stehen sollte. Moreau führte die meisten dieser Befehle heldenmütig aus, kam aber zu der Ansicht, vielleicht mit Recht, daß er in seiner riskanten Situation seinem Chef nicht mehr als 15 000 Mann schicken könne.

Von allen Feldzügen des größten Generals der Geschichte war dieser von 1800 der am sorgfältigsten geplante, aber am kläglichsten durchgeführte. Unter seinem direkten Kommando hatte er lediglich vierzigtausend Mann, hauptsächlich kriegsunerfahrene Rekruten. In der Nähe von Dijon zusammengezogen, hätten sie nach Süden über die Seealpen nach Nizza marschieren sollen und einen Frontalangriff auf Melas versuchen; sie waren aber zu wenige und nicht genügend ausgebildet. Selbst wenn Melas bei einem solchen Treffen besiegt worden wäre, hätte er doch eine gesicherte Rückzugslinie durch Norditalien nach dem wohlbefestigten Mantua gehabt. Stattdessen beschloß Napoleon, seine Soldaten mit ihrem Train über den St. Bernhard-Paß in die Lombardei zu führen, um sich dort mit dem von Moreau erwarteten Kontingent zu vereinigen, Melas' Verbindungslinien abzuschneiden, die österreichischen Abteilungen, die diese Linie sicherten, zu schlagen und sich auf die Armee des alten Helden zu werfen, wenn sie sich in Unordnung von der Riviera und Genua nach Mailand zurückzog. Dann würde er sie vernichten oder selbst vernichtet werden. Am besten wäre es, sie zu umzingeln, ihren Rückzug unmöglich zu machen und ihren General – unter Beachtung der Gesetze der Höflichkeit – zu zwingen, ganz Norditalien aufzugeben. Die Zisalpinische Republik, der Stolz von Napoleons ersten Feldzügen, würde dann wieder zu ihrer Schutzmacht Frankreich zurückkehren.

Eines Tages (17. März 1800) befahl Napoleon Bourrienne, eine große Karte von Italien auf dem Fußboden auszubreiten. «Er legte sich darauf und bat mich, ein Gleiches zu tun.» An bestimmten Punkten stach er Nadeln mit roten Köpfen ein, an anderen solche mit schwarzen. Nachdem er die Nadeln in verschiedenen Kombinationen gesteckt hatte, fragte er seinen Sekretär: «Wo, denken Sie, soll ich Melas schlagen? ... Hier in der (Fluß-) Ebene der Scrivia», und er zeigte auf San Giuliano.37 Er wußte, daß er alles – seine sämtlichen militärischen und politischen Siege – auf eine einzige Schlacht setzte, aber sein Stolz hielt ihn aufrecht. «Habe ich nicht», erinnerte er Bourrienne, «vor vier Jahren mit einer schwachen Armee Scharen von Sarden und Österreichern vor mir hergetrieben und sie aus Italien gejagt? Wir werden das wieder tun. Die Sonne, die heute auf uns scheint, ist dieselbe, die bei Arcole und Lodi schien. Ich verlasse mich auf Masséna. Ich hoffe, er wird in Genua aushalten. Sollte ihn aber Hunger zur Übergabe zwingen, so werde ich Genua und die Scriviaebene wieder erobern. Mit welcher Freude werde ich dann in mein geliebtes Frankreich, *ma belle France*, zurückkehren!»³⁸

Er ließ seiner Vorausschau sorgfältige Vorbereitung folgen und widmete seine Aufmerksamkeit auch geringfügigen Einzelheiten. Er plante die Marschroute und die Transportmöglichkeiten: von Dijon nach Genf; in Booten über den See nach Villeneuve; zu Pferd oder Maultier, auf Karren und Wagen oder zu Fuß nach Martigny; von dort nach St. Pierre am Fuß des Passes; dann über die Berge auf einem dreißig Meilen langen, oft nur meterbreiten Weg, oft vorbei an jähen, schneeverhangenen Abstürzen, jeden Augenblick in Gefahr, von Lawinen, Erde oder Fels begraben zu werden; schließlich in das Aostatal. An jeder Etappe dieses Weges ließ Napoleon Depots mit Verpflegung, Bekleidung und Transportmitteln für seine Männer anlegen; an verschiedenen Punkten standen Stellmacher, Sattler und andere Handwerker für Reparaturarbeiten bereit; zweimal während des Marsches wurden alle Soldaten inspiziert, ob ihre Ausrüstung in Ordnung sei. Den Mönchen, die im Gipfelhospiz lebten, schickte er Geld für Brot, Käse und Wein, um die Soldaten zu erquicken. Trotz aller dieser Vorbereitungen traten mancherlei Engpässe auf, doch diese jungen Rekruten scheinen sie mit einer Geduld ertragen zu haben, die vom schweigenden Mut der alten Veteranen genährt wurde.

Napoleon verließ Paris am 6. Mai 1800. Kaum war er abgereist, als Royalisten, Jakobiner und die Bonapartes begannen, über seine Nachfolge zu verhandeln für den Fall, daß er nicht triumphierend zurückkehren sollte. Sieyès und andere diskutierten die Qualifikation von Carnot, La Fayette und Moreau als neuem Ersten Konsul, und Napoleons Brüder Joseph und Lucien boten sich selbst als rechtmäßige Nachfolger in der Macht an. Georges Cadoudal kehrte aus England zurück (3. Juni), um eine Revolte unter den Chouans zu schüren.

Der eigentliche Kampf mit dem St. Bernhard-Paß begann am 14. Mai. «Wir kletterten die Ziegenpfade hinauf, Mann und Roß, einer hinter dem anderen», erinnerte sich Bourienne. «Die Geschütze wurden zerlegt, die Kanonenrohre in ausgehöhlte Baumstämme gelegt und an Tauen nachgezogen ... Als wir den Gipfel erreichten ... setzten wir uns auf den Schnee und rutschten hinunter.»³⁹ Die Kavallerie saß ab, denn ein falscher Tritt ihrer unerfahrenen Pferde hätte Mann und Tier in den Tod gerissen. Jeden Tag vollzog eine andere Division den Übergang; am 20. Mai war er beendet, und die Reservearmee war sicher in Italien.

Napoleon hielt sich solange in Martigny auf – einer hübschen Etappenstation auf halbem Wege zwischen dem Genfer See und dem Paß –, bis er sich überzeugt hatte, daß die letzte Ladung Ausrüstung abgegangen war. Dann ritt er an den Fuß des Berges und auf den Gipfel. Dort machte er halt, um sich bei den Mönchen zu bedanken, die seine Soldaten erfrischt hatten. Danach setzte er sich auf seinen Mantel, rutschte den Hang hinunter und stieß am 21. Mai in Aosta zu seinen Truppen. Lannes hatte bereits die österreichischen Detachements, die den Weg sperren sollten, in die Flucht geschlagen. Am 2. Juni zog Napoleon ein zweites Mal als Sieger über die österreichische Besatzung in Mailand ein. Die italienische Be-

Die Ermordung von Jean-Paul Marat am 13. Juli 1793 (25. Messidor, Jahr I der ▸
Republik); nach einem zeitgenössischen Kupferstich.

Die Schlacht an den Pyramiden (Ausschnitt), gemalt von General Lejeune, Offizier der ▸
Napoleonischen Armee zur Zeit der Ägypten-Expedition 1798–1799 (Musée de Versailles).

völkerung hieß ihn willkommen wie das erste Mal. Die Zisalpinische Republik war glücklich wiederhergestellt. Der Eroberer, vom Islam wieder konvertiert, berief eine Zusammenkunft der Mailänder Hierarchie ein, versicherte sie seiner Treue gegen die Kirche und erklärte, daß er nach seiner Rückkehr nach Paris Frieden zwischen Frankreich und der Kirche schließen wolle. Nachdem er sich so den Rücken gedeckt hatte, war er frei, die strategischen Einzelheiten seines Feldzuges zu planen.

Beide Heerführer verstießen aber nun gegen ein Grundprinzip der Strategie, nämlich die verfügbaren Streitkräfte nur dann zu teilen, wenn die Möglichkeit bestand, sie rasch wieder zusammenzuziehen. Baron von Melas, der mit seiner Hauptarmee bei Alessandria (zwischen Mailand und Genua) lag, ließ Garnisonen in Genua, Savona, Gavi, Acqui, Turin, Tortona und anderen Plätzen, die zum Ziel französischer Angriffe werden konnten. Seine Nachhut, die sich aus Nizza zurück-zog, wurde von 20 000 Franzosen unter Suchet und Masséna bedrängt, die aus Genua ausgebrochen waren. Von den 70 000 Österreichern, welche die Apenninen zwischen der Lombardei und Ligurien überquert hatten, standen Melas nur noch 40 000 für die Begegnung mit Napoleon zur Verfügung. Von diesen setzte er einen Teil ein, um Piacenza wiedereinzunehmen, als unentbehrliche Sicherung seiner Rückzugsstraße nach Mantua, falls seine Hauptarmee geschlagen werden sollte. Auch Napoleon teilte seine Kräfte in gefährlicher Weise: 32 000 ließ er in Stradella, um Piacenza zu schützen, 9000 in Tessino, 3000 in Mailand, 10 000 entlang der Fluß-läufe von Po und Adda. Er opferte die Geschlossenheit seiner Armee dem Wun-sche, Melas' Soldaten alle Fluchtwege zu versperren.

Seine Generale arbeiteten zusammen, um zu verhindern, daß Napoleon durch die Einkesselungstaktik nicht für die Entscheidungsschlacht gerüstet wäre. Am 9. Juni führte Lannes 8000 Mann aus Stradella heraus und traf auf 18 000 Österreicher, die auf dem Marsch nach Piacenza waren. In einem verlustreichen Treffen bei Casteggio wurden die Franzosen zurückgeschlagen, obwohl Lannes, blutüberströmt, in vor-derster Linie focht; eine frische Abteilung von 6000 Mann traf aber noch recht-zeitig ein, um die Niederlage in einen Sieg bei Montebello zu verwandeln. Zwei Tage später erlebte Napoleon zu seiner Freude die Ankunft eines der von ihm am meisten geschätzten Generale aus Ägypten, nämlich Louis Desaix, «der vielleicht Moreau, Masséna, Kléber und Lannes an militärischer Begabung gleichkam, sie aber alle in der seltenen Vollkommenheit seines Charakters übertraf».[40] Am 13. Juni schickte Napoleon ihn mit 5000 Mann südwärts nach Novi, um einem Gerücht nachzugehen, das wissen wollte, Melas und seine Männer seien nach Genua ent-kommen, wo eine britische Flotte sie aufnehmen oder sie mit Verpflegung und Kriegsmaterial versorgen könnte. So war Napoleons Hauptarmee noch weiter ge-schwächt, als am 14. Juni die entscheidende Schlacht begann. Melas war es, der das Schlachtfeld wählte. Bei Marengo, einem Dorf an der Straße Alessandria–Piacenza fand er eine ausgedehnte Ebene, auf welcher er die ihm verbliebenen 35 000 Solda-ten und ihre zweihundert Geschütze geschlossen in Aktion treten lassen konnte. Als

◄ *Diese lavierte Zeichnung von Nicolas André Monsiau zeigt die öffentliche Bekanntgabe der Abschaffung der Sklaverei, die der Konvent am 4. Februar 1794 beschloß (Musée Carnavalet, Paris).*

allerdings Napoleon diese Ebene am 13. Juni erreichte, fand er keine Anzeichen dafür, daß Melas vorhatte, sich aus Alessandria herauszuwagen. Er ließ in Marengo zwei Divisionen unter General Viktor und eine unter Lannes zurück, zusammen mit Murats Kavallerie und nur vierundzwanzig Kanonen. Er selbst wandte sich mit seiner Konsulargarde nach Voghera, wo er ein Treffen mit den Stabsoffizieren seiner zerstreuten Armeen arrangiert hatte. Als er die Scrivia erreichte, fand er sie durch die Schneeschmelze so angeschwollen, daß er den Übergang verschob und in Torre de Garofalo übernachtete. Es war eine glückhafte Verzögerung; wäre er nach Voghera weitermarschiert, wäre er wohl nicht mehr rechtzeitig nach Marengo gekommen, um den Befehl zu erteilen, der den Tag retten sollte.

In der Frühe des 14. Juni befahl Melas seiner Armee den Vormarsch auf die Ebene von Marengo und den Durchbruch nach Piacenza. 30 000 Mann überraschten die 20 000 unter Victor, Lannes und Moreau. Die Franzosen wurden trotz ihres heroischen Kampfesmutes gezwungen, vor dem sie dezimierenden Sperrfeuer der Artillerie zurückzuweichen. Napoleon, der in Garofalo durch entfernten Kanonendonner geweckt wurde, schickte einen Kurier an Desaix, um ihn von Novi zurückzurufen; er selbst eilte nach Marengo. Dort warfen sich seine 800 Gardegrenadiere in die Schlacht, konnten jedoch die Österreicher nicht aufhalten; die Franzosen setzten ihren Rückzug nach San Giuliano weiter fort. Melas, der den Kaiser beruhigen wollte, sandte ihm eine Siegesbotschaft nach Wien. Dieselbe Nachricht wurde auch in Paris verbreitet, zur Bestürzung der Bevölkerung wie zur Freude der Royalisten.

Sie hatten nicht mit Desaix gerechnet. Er hatte auf dem Marsch nach Novi ebenfalls den Kanonendonner gehört. Er kehrte augenblicklich mit seinen 5000 Mann um, folgte im Eilmarsch dem Lärm, erreichte San Giuliano gegen 3 Uhr nachmittags und fand die anderen Generäle, die Napoleon zu weiterem Rückzug rieten. Desaix protestierte. Die Generäle erklärten ihm: «Die Schlacht ist verloren». Aber Desaix erwiderte: «Ja, die Schlacht ist verloren. Aber es ist erst 3 Uhr, genug Zeit, eine andere zu gewinnen.»[41] Sie gaben nach. Napoleon formierte eine neue Kampflinie und ritt inmitten der Soldaten, um den Geist der Truppe zu heben. Desaix leitete den Angriff, wagte sich zu weit vor, wurde getroffen und sank vom Pferd. Sterbend bat er seinen Nachfolger im Kommando: «Verschweigen Sie meinen Tod, er könnte die Leute entmutigen»[42]. Das Gegenteil war der Fall. Als die Soldaten davon erfuhren, stürmten sie vorwärts mit dem Ruf, sie wollten ihren Führer rächen. Trotzdem stießen sie auf kaum zu brechenden Widerstand. Napoleon, der dies erkannte, schickte Kellermann den Befehl, mit der geballten Macht seiner Kavallerie Entsatz zu bringen. Kellermann und seine Reiter griffen die Österreicher mit solch wilder Wut in der Flanke an, daß sie den Feind zersprengten; 2000 Mann ergaben sich; General von Zach, der an Stelle des abwesenden Melas das Kommando führte, wurde zum Gefangenen gemacht und übergab Napoleon seinen Degen. Melas, von Alessandria herbeigerufen, kam zu spät, um noch etwas zu ändern. Er zog sich gebrochen in sein Hauptquartier zurück.

Napoleon konnte sich nicht recht freuen. Er empfand den Tod des ergebenen Desaix als schweren persönlichen Verlust; auch viele andere Offiziere waren unter den 6000 Franzosen, die das Feld von Marengo bedeckten. Es war kein Trost, daß an diesem Tag auch 8000 Österreicher gefallen waren, denn es war dies ein geringerer Prozentsatz der am Kampf beteiligten Österreicher, als die Gefallenen der Franzosen.*

Am 15. Juni ersuchte Baron von Melas, der erkannte, daß die Reste seiner Armeen nicht in der Verfassung waren, den Kampf zu erneuern, Napoleon um Waffenstillstandsbedingungen. Sie waren schwer: Die Österreicher hatten Ligurien und Piemont zu räumen sowie die gesamte Lombardei westlich des Mincio und von Mantua; sie hatten den Franzosen alle Festungen in den geräumten Gebieten auszuliefern; die österreichischen Truppen durften mit militärischen Ehren abziehen, jedoch nur im gleichen Verhältnis wie sie die Festungen übergaben. Melas beugte sich diesen Bedingungen, die alle seine schönen Eroberungen an einem einzigen Tag anullierten und übermittelte dem österreichischen Kaiser die Bitte, das Abkommen zu bestätigen. Am 16. Juni richtete Napoleon eine eigene Botschaft an Franz II., worin er einen Friedensschluß an allen Fronten vorschlug. Einige Absätze dieses Briefes könnten von einem Pazifisten stammen:

Wir haben Krieg gegeneinander geführt. Tausende von Österreichern und Franzosen sind nicht mehr ... Tausende ihrer Angehörigen beraubte Familien beten um die Rückkehr ihrer Väter, Gatten und Söhne! ... Das Übel ist nicht wieder gut zu machen. Möge es uns wenigstens dahin bringen, alles zu vermeiden, was die Feindseligkeiten verlängern müßte! Diese Aussicht bedrückt mich so, daß ich es trotz der Mißerfolge meiner früheren Vorschläge auf mich nehme, erneut an Eure Majestät zu schreiben und Sie zu bitten, dem Unglück Europas ein Ende zu setzen.

Auf dem Schlachtfeld von Marengo, inmitten von Verwundeten und umgeben von 15 000 Gefallenen, bitte ich Eure Majestät, den Aufschrei der Menschlichkeit zu hören und nicht zuzulassen, daß die Söhne zweier tapferer und mächtiger Nationen einander für Interessen abschlachten, die ihnen fernliegen ...

Der letzte Feldzug beweist zur Genüge, daß es nicht Frankreich ist, welches das Gleichgewicht der Kräfte bedroht. Jeder Tag zeigt, daß es England ist, England, das den Welthandel und die Herrschaft über die Meere derart monopolisiert hat, daß es allein den vereinigten Flotten Rußlands, Schwedens, Dänemarks, Frankreichs, Spaniens und Hollands zu widerstehen vermag.

Ich möchte Eurer Majestät folgende Vorschläge unterbreiten:
1) Der Waffenstillstand soll auf alle Armeen ausgedehnt werden.
2) Unterhändler sollen von beiden Seiten, entweder im geheimen oder öffentlich, wie es Eure Majestät wünscht, an einen Ort zwischen Mincio und Chiese entsandt werden, um sich über Garantien für die kleineren Mächte zu verständigen und diejenigen Artikel des Vertrages von Campo Formio zu erläutern, die sich in der Praxis als unklar erwiesen haben ...[43]

---

* Ohne die damaligen Schwierigkeiten der Nachrichtenübermittlung hätte Napoleon erfahren, daß am gleichen Tag, der Desaix' Karriere beendete, sein früherer Vorgesetzter Kléber in Kairo ermordet wurde. Nach einem weiteren Jahr der Abwehr türkisch-britisch-mamelukischer Angriffe konnten die Franzosen ihr Gefängnis verlassen (August 1801) und nach Frankreich zurückkehren.

Der Kaiser war nicht sichtbar beeindruckt. Offenbar wünschte der junge Eroberer seine Gewinne zu konsolidieren, aber es gab keinerlei Anzeichen dafür, daß jemals Achtung vor dem menschlichen Leben seine Feldzüge beeinflußt hatte. Vermutlich legten sich weder der Konsul noch der Kaiser jemals die Frage vor, was überhaupt Franzosen wie Österreicher in Italien zu suchen hatten. Baron von Thugut erledigte die Angelegenheit, indem er einen Vertrag unterzeichnete (20. Juni 1800), in welchem England Österreich gegen die Verpflichtung, keinen Separatfrieden zu schließen, neue Subsidien gewährte.[44]

Inzwischen nutzte Napoleon alle seine Möglichkeiten und nahm (18. Juni) an einem feierlichen Tedeum teil, mit dem die Mailänder Hierarchie Gott für die Vertreibung der Österreicher dankte. Die Laienschaft feierte den Sieg mit Umzügen zu Ehren des Siegers. «Bourrienne», sagte er zu seinem Sekretär, «hören Sie noch das Echo der Beifallsrufe? Dieses Geschrei klingt in meinen Ohren so süß, wie der Klang von Josephines Stimme. Wie glücklich und stolz bin ich, von solch einem Volk geliebt zu werden!»[45] Er war immer noch Italiener und liebte die Sprache, die Gefühlsausbrüche und die Schönheit, die girlandengeschmückten Gärten, die nachsichtige Religion, das melodische Ritual und die herrlichen Arien. Doch ebenso bewegt war er vom Beifallrufen der Menge, die sich am 3. Juli, am Morgen nach seiner nächtlichen Rückkehr nach Paris, vor den Tuilerien versammelte. Das französische Volk begann einen Liebling der Götter in ihm zu sehen; es trank gierig aus seinem Ruhmesbecher.

Ludwig XVIII., Erbe jahrhundertealten Haders zwischen dem Frankreich der Bourbonen und dem Österreich Habsburgs, konnte gegenüber diesem neuen Sieg über alte Feinde kaum gleichgültig bleiben. Vielleicht war der junge Eroberer doch noch zu überreden, lieber Königsmacher als König zu sein. So schrieb er zu einem unbekannten Zeitpunkt im Sommer 1800 nochmals an Napoleon:

Sie müssen schon seit langem die Überzeugung gewonnen haben, General, daß Sie meine Achtung besitzen. Wenn Sie an meiner Dankbarkeit zweifeln, so bestimmen Sie selbst Ihre Belohnung und die Ihrer Freunde. Was meine Leitgedanken betrifft, so bin ich Franzose, großmütig durch Charakter und die Forderungen der Vernunft.

Nein, der Sieger von Lodi, Castiglione und Arcole, der Eroberer von Italien und Ägypten kann nicht eitle Berühmtheit wahrem Ruhm vorziehen. Doch Sie verlieren kostbare Zeit. Wir können den Ruhm Frankreichs sichern. Ich sage wir, denn ich brauche die Hilfe Bonapartes, und er kann nichts ohne mich tun. General, Europa blickt auf Sie. Ruhm erwartet Sie, und ich brenne vor Ungeduld, meinem Volk den Frieden zurückzubringen.

Louis[46]

Darauf antwortete Napoleon nach langem Zögern am 7. September:

Monsieur:
Ich habe Ihren Brief erhalten. Ich danke Ihnen für Ihre freundlichen Bemerkungen über meine Person. Sie müssen jede Hoffnung aufgeben, nach Frankreich zurückzukehren; Sie hätten über 100 000 Leichen zu schreiten. Opfern Sie Ihre privaten Interessen dem Frieden und dem Glück Frankreichs ... Die Geschichte wird es nicht vergessen. Ich bin nicht gleichgültig gegenüber dem Unglück Ihrer Familie ... Ich will gerne tun, was ich kann, um Ihr Privatleben angenehm und ungestört verlaufen zu lassen.[47]

Ludwigs Brief war aus seinem vorübergehenden Zufluchtsort in Rußland gekommen. Vielleicht war er dort, als Zar Paul I. im Juli 1800 von Napoleon ein Geschenk erhielt, das fast den Lauf der Geschichte verändert hätte. Während des Krieges von 1799 waren etwa 6000 Russen in französische Gefangenschaft geraten. Napoleon bot sie England und Österreich (die Rußlands Alliierte gewesen waren) im Austausch gegen französische Gefangene an; das Angebot wurde zurückgewiesen.[48] Da Frankreich rechtmäßig mit diesen Männern nichts anfangen konnte und ihr Unterhalt unnötige Kosten verursachte, befahl Napoleon, sie alle auszurüsten, neu einzukleiden und sie dem Zaren zu überstellen, ohne irgendetwas dafür zu verlangen.[49] Paul antwortete mit Bekundungen der Freundschaft gegenüber Frankreich und mit dem Abschluß der Zweiten Liga der bewaffneten Neutralität gegen England. Am 23. März 1801 wurde Paul ermordet, und die Mächte kehrten zum *status quo ante donum* zurück.

Inzwischen lehnte der österreichische Kaiser den Waffenstillstand von Alessandria ab und setzte 80 000 Mann unter General von Bellegarde in Marsch, um die Minciofront zu halten. Die Franzosen antworteten mit der Vertreibung der Österreicher aus der Toskana und mit dem Angriff auf die Österreicher in Bayern. Am 3. Dezember 1800 traten unter Moreau 60 000 Mann etwa 65 000 Österreichern bei Hohenlinden (bei München) gegenüber und schlugen sie so entscheidend – wobei 25 000 Gefangene gemacht wurden –, daß die österreichische Regierung, die Wien Moreau auf Gnade und Ungnade ausgeliefert sah, einen allgemeinen Waffenstillstand unterzeichnete (25. Dezember 1800) und sich bereit erklärte, mit der französischen Regierung über einen Separatfrieden zu verhandeln. Bei seiner Rückkehr nach Paris wurde Moreau ein Empfang bereitet, der in Napoleon widerstreitende Gefühle hervorgerufen haben mag, denn Moreau war der Favorit sowohl der Royalisten als auch der Jakobiner, um Napoleon als Staatsoberhaupt abzulösen.

Die Anschläge gegen Bonapartes Leben hörten nicht auf. Im Frühjahr 1800 wurde auf seinem Schreibtisch in Malmaison eine Schnupftabaksdose entdeckt, täuschend ähnlich derjenigen, die der Erste Konsul gewöhnlich benutzte; der Schnupftabak war vergiftet.[50] Am 14. September und am 10. Oktober wurden eine Reihe Jakobiner verhaftet und angeklagt, Napoleons Ermordung geplant zu haben. Am 24. Dezember brachten drei Chouans, die Georges Cadoudal aus der Bretagne geschickt hatte, eine Höllenmaschine in einer Gruppe zur Explosion, die den Konsul und seine Familie in die Oper begleitete. Zweiundzwanzig Personen wurden getötet, sechsundfünfzig verletzt, doch niemand aus Napoleons nächster Umgebung. Er betrat die Oper mit zur Schau getragener Ruhe, doch nach der Rückkehr in die Tuilerien ordnete er eine gründliche Untersuchung an, ließ die eingesperrten Jakobiner hinrichten sowie weitere 130 auf Verdacht Festgenommene internieren oder deportieren. Fouché, der nicht Jakobiner, sondern Royalisten für die Verbrecher hielt, ließ hundert von ihnen verhaften und zwei von ihnen guillotinieren (1. April 1801). Napoleon hatte über das Ziel hinausgeschossen und sich über das Gesetz hinweggesetzt, doch er hatte das Gefühl, sich im Krieg zu befinden und meinte, er müsse Männer, die selbst das Gesetz verachteten, mit Schrecken erfüllen. Er wurde gegenüber den Jakobinern zunehmend feindseliger und den Royalisten gegenüber nachsichtiger.

Am 20. Oktober 1800 wies er seine Mitarbeiter an, in der Liste der *émigrés* die Namen derjenigen zu löschen, denen die Rückkehr nach Frankreich gestattet werden sollte und die von ihrem konfiszierten Besitz zurückerhalten sollten, was nicht vom Staat verkauft oder für Regierungszwecke verwendet worden war. Es gab zu dieser Zeit etwa 100 000 Emigranten, von denen viele um die Erlaubnis zur Rückkehr nachgesucht hatten. Gegen die Proteste beunruhigter Käufer konfiszierter Besitztümer ließ Napoleon 49 000 löschen, d. h. 49 000 Emigranten wurde die Rückkehr gestattet. Von Zeit zu Zeit sollten weitere Streichungen erfolgen, in der Hoffnung, daß diese Maßnahme die Feindschaft des Auslandes gegen Frankreich verringern und die allgemeine Befriedung Europas fördern würde. Die Royalisten jubelten, die Jakobiner grollten.

Der wichtigste Schritt in diesem Friedensprogramm war das Zusammentreffen der französischen und österreichischen Verhandlungsdelegationen in Lunéville (bei Nancy). Napoleon schickte nicht Talleyrand, sondern seinen eigenen Bruder Joseph, um die französische Sache zu vertreten; Joseph erfüllte seine Mission gut. Der unerbittliche Konsul unterstützte ihn bei jedem Schritt, indem er bei jedem Zögern der Österreicher seine Forderungen hinaufschraubte. Schließlich gaben die Österreicher angesichts der Tatsache, daß die französischen Armeen sich fast ganz Italiens bemächtigt hatten und an die Tore Wiens klopften, nach und unterschrieben, was sie verständlicherweise den «schrecklichen» Frieden von Lunéville nannten (9. Februar 1801). Österreich erkannte Belgien, Luxemburg und das linke Rheinufer von der Nordsee bis Basel als französisches Gebiet an; es bestätigte den Vertrag von Campo Formio; es akzeptierte die französische Souveränität über Italien zwischen den Alpen und Neapel sowie zwischen der Etsch und Nizza ebenso wie das französische Protektorat über die Batavische Republik (Holland) und die Helvetische Republik (Schweiz). «Österreich ist erledigt», schrieb der preußische Minister Haugwitz, «nun ist es allein Frankreichs Sache, den Frieden in Europa aufzurichten».[51] Der Franc wurde an der Pariser Börse in einem Tag um zwanzig Punkte höher notiert, und Pariser Arbeiter, denen Siege lieber waren als Abstimmungen, feierten mit dem Ruf *Vive Bonaparte*» Napoleons Erfolge auf dem Felde der Diplomatie ebenso wie die auf dem Schlachtfeld. Vielleicht aber war Lunéville eher Krieg als Diplomatie; es war der Triumph des Stolzes über die Klugheit, denn es barg die Keime vieler Kriege – bis zu deren Ende in Waterloo.

Andere Verhandlungen brachten Machtzuwachs. Durch einen Vertrag mit Spanien (1. Oktober 1800) kam Louisiana an Frankreich. Der Vertrag von Florenz (18. März 1801) brachte Frankreich die Insel Elba und die Besitzungen Neapels in Mittelitalien ein und verschloß dem britischen und türkischen Handel die neapolitanischen Häfen. Der alte französische Anspruch auf Santo Domingo – dem Westteil von Haiti – brachte Napoleon in Konflikt mit einem Mann, der ihm an Charakterstärke fast gleichkam.

François Dominique Toussaint, der sich selbst L'Ouverture nannte, wurde 1743 als Negersklave geboren. Im Alter von vermutlich achtundvierzig Jahren führte er die Sklaven von Santo Domingo bei einem erfolgreichen Aufstand und brachte zuerst den französischen, dann den spanischen Teil der Insel unter seine Kontrolle. Er war ein fähiger Führer, fand es aber schwierig, die befreiten Neger zu produktiver Ordnung anzuhalten. Sie neigten mehr dazu, sich mit der Gemächlichkeit zu bewegen, die das heiße Klima verlangte. Toussaint gestattete vielen früheren Eigentümern, ihre Pflanzungen wieder in Besitz zu nehmen und eine Arbeitsdisziplin einzuführen, die an Sklaverei grenzte. In der Theorie erkannte er die Oberhoheit Frankreichs über Santo Domingo an, in der Praxis aber beanspruchte er den Titel eines Generalgouverneurs auf Lebenszeit, mit dem Recht, seinen Nachfolger zu bestimmen, also ähnlich, wie Napoleon es bald in Frankreich machen sollte. 1801 schickte der Erste Konsul 20 000 Soldaten unter dem Kommando des General Charles Leclerc, um die französische Herrschaft über Santo Domingo wiederherzustellen. Toussaint kämpfte tapfer, wurde besiegt und starb in einem französischen Gefängnis (1803). Aber 1803 fiel die ganze Insel an die Briten.

Die britische Flotte blieb, gestützt auf die Widerstandskraft von Handel, Industrie und Charakter der Briten, während der ganzen Zeit von Napoleons Herrschaft mit Ausnahme von zwei Jahren das Haupthindernis für seine Erfolge. Durch den Kanal vor den direkten Verheerungen des Krieges bewahrt, bereichert durch seinen konkurrenzlosen Seehandel, seine kolonialen Erwerbungen und deren Einkünfte sowie durch seinen Vorsprung bei der industriellen Revolution, konnte England es sich leisten, die Armeen seiner Alliierten auf dem Festland bei verschiedenen Unternehmungen zum Sturze Napoleons zu finanzieren. Die Kaufleute und Fabrikanten stimmten mit Georg III., den Tories, den *émigrés* und Edmund Burke darin überein, Daß die Wiedereinsetzung der Bourbonen auf den Thron Frankreichs der beste Weg sei, um die angenehme Stabilität des *ancien régime* wiederherzustellen. Nichtsdestoweniger wandte eine starke Minderheit aus liberalen Whigs, radikalen Arbeitern und beredten Literaten unter Führung von Charles James Fox ein, daß der fortgesetzte Krieg Armut bringen und Revolutionen entfachen werde, daß Napoleon nun eben ein *fait accompli* und die Zeit gekommen sei, einen *modus vivendi* mit diesem unbesiegbaren Condottiere zu finden.

Überdies, argumentierten sie, schaffe Englands Verhalten als Herrin der Meere ihm ebensoviel Feinde wie Frankreich Freunde. Britische Admirale behaupteten, die Blockade Frankreichs verlange, daß britische Kommandos das Recht haben müßten, neutrale Schiffe zu durchsuchen und für Frankreich bestimmte Güter zu beschlagnahmen. Rußland, Schweden, Dänemark und Preußen, die diese Praxis als Verletzung ihrer Souveränität verurteilten, bildeten (Dezember 1800) die Zweite Liga der bewaffneten Neutralität und erklärten, sie würden sich jeder weiteren Behinderung ihrer Schiffahrt durch die Engländer widersetzen. Als die Lage sich weiter zuspitzte, besetzten die Dänen Hamburg (das Englands Haupttor zu den Märkten Europas geworden war), und die Preußen nahmen Georg III. Hannover weg. Der halbe Kontinent, kürzlich noch gegen Frankreich verbündet, stand nun England feindlich gegenüber. Da Frankreich bereits die Rheinmündungen und das linke Rheinufer kontrollierte, wurden englische Güter weitgehend von den Märkten Frankreichs, Belgiens, Hollands, Deutschlands, Dänemarks, der Baltischen Staaten und Rußlands ferngehalten. Italien verschloß dem britischen Handel seine Häfen, und Spanien verlangte Gibraltar zurück. Napoleon stellte eine Armee auf und baute eine Flotte für die Invasion Englands.

England schlug zurück und konnte aus einzelnen Veränderungen der Lage Nutzen ziehen. Ein britischer Verband zerstörte eine dänische Flotte im Hafen von Kopenhagen (2. April 1801). Auf Zar Paul I. folgte Alexander I., der die französisch orientierte Politik seines Vorgängers aufgab, Napoleons Invasion in Ägypten verurteilte, die Wegnahme Maltas durch die Briten anerkannte und einen Vertrag mit England schloß (17. Juni 1801); die Zweite Liga der bewaffneten Neutralität löste sich auf. Trotzdem bewogen wirtschaftliche Rückschläge in Großbritannien, die wachsende französische Armee in Boulogne und der Zusammenbruch Österreichs trotz bedeutender Hilfsgelder, England, Friedensgedanken in Erwägung zu ziehen. Am 1. Oktober 1801 unterzeichneten seine Unterhändler ein vorläufiges Abkommen, worin sich Frankreich verpflichtete, Ägypten an die Türkei zurückzugeben; England sollte Malta innerhalb von drei Monaten den Johanniterrittern übergeben. Frankreich, Holland und Spanien sollten den größten Teil der ihnen geraubten Kolonien zurückerhalten, Frankreich seine Truppen aus Mittel- und Süditalien abziehen. Nach weiteren sieben Verhandlungswochen unterzeichneten Großbritannien und Frankreich den lange erwarteten Frieden von Amiens (27. März 1802). Als Napoleons Vertreter mit den ratifizierten Dokumenten in London eintraf, spannte ihm eine begeisterte Menge die Pferde aus und zog seine Kutsche unter den Rufen «*Vive la République française! Vive Napoléon!*» zum Foreign Office.[52]

Das französische Volk war von Dankbarkeit für den jungen Mann – erst zweiunddreißig – bewegt, der einen zehnjährigen Krieg so glänzend zu Ende geführt hatte. Ganz Europa hatte seine Fähigkeiten als Heerführer anerkannt, nun zeigte sich derselbe klare Geist und zähe Wille auch in der Diplomatie. Dabei war Amiens erst ein Anfang; am 23. Mai 1802 unterzeichnete er einen Vertrag mit Preußen; am nächsten Tag mit Bayern; am 9. Oktober mit der Türkei; am 11. Oktober mit Rußland. Als der 9. November herannahte, der Jahrestag des 18. Brumaire, ordnete er an, daß der Tag als Friedensfest gefeiert werden solle. An diesem Tage proklamierte er glücklich die Ziele seiner Bemühungen: «Treu ihren Bestrebungen und ihrem Versprechen hat die Regierung nicht der Begierde nach gewagten und außerordentlichen Unternehmungen nachgegeben. Ihre Pflicht war es, der Menschheit die Ruhe wiederzugeben und die große europäische Familie, deren Sendung es ist, die Geschicke der Welt zu formen, mit starken und dauerhaften Banden aneinander zu binden.»[53] Vielleicht war dies der schönste Augenblick in seiner Geschichte.

III. FRANKREICHS ERNEUERUNG: 1802–1803

«In Amiens», sagte Napoleon auf St. Helena, «war ich der festen Überzeugung, daß mein eigenes Schicksal ebenso wie dasjenige Frankreichs in feste Bahnen gelenkt sei. Ich wollte mich voll und ganz der Verwaltung des Landes widmen, und ich glaube, ich hätte Wunder tun können».[54] Dies klingt wie ein Versuch, die Flecken eines Dutzends von Feldzügen abzuwaschen; doch am Tage nach der Unterzeichnung des Friedens von Amiens berichtete Girolamo Lucchesini, preußischer Botschafter in Paris, seinem König, Napoleon sei entschlossen, «all die finanziellen Hilfsquellen, die der Krieg verschlingt und verschüttet, zum Nutzen von Landwirtschaft, Industrie und Handel und für die Künste zu verwenden». Napoleon, fuhr Lucchesini fort, sprach mit Begeisterung von «Kanälen, die vollendet und neu angelegt, von Wegen, die gebaut oder instandgesetzt, von Häfen, die ausgebaggert, Städten, die verschönert, Stätten des Gottesdienstes und religiösen Einrichtungen, die gegründet und ausgestattet, öffentlichem Unterricht ... für die gesorgt werden müsse.»[55] Tatsächlich wurden auf allen diesen Gebieten weitgehende Fortschritte erzielt, ehe der Krieg wieder Vorrang vor dem Aufbau erhielt (16. Mai 1803). Die Steuern waren vernünftig, wurden mit einem Minimum an Schikanen und Härte eingezogen und für öffentliche Aufträge verwendet, die dazu beitrugen, die Industrie florieren und · die Arbeiter ihr Auskommen finden zu lassen. Der Handel nahm einen raschen Aufschwung, nachdem England die Blockade aufgehoben hatte. Die Kirche jubelte über Napoleons Konkordat mit dem Heiligen Stuhl; das Institut begann mit der Einrichtung eines die ganze Nation umfassenden Erziehungssystems; die Gesetze wurden kodifiziert und durchgesetzt; die Administration wurde so vorzüglich, daß sie an Redlichkeit grenzte.

Paris wurde wieder zur touristischen Hauptstadt Europas, wie unter Ludwig XIV. Hunderte von Engländern, die Hetz-Karikaturen, die Napoleon in der britischen Presse verunglimpft hatten, vergessend, überwanden rauhe Landstraßen und den rauhen Kanal, um einen Blick auf den Miniaturkoloß zu erhaschen, der die etablierten Mächte herausgefordert und befriedet hatte. Verschiedene Parlamentsmitglieder wurden ihm vorgestellt; nicht zuletzt – im August 1802 – der frühere und künftige Premierminister Charles James Fox, der sich lange Zeit um den Frieden zwischen Engländern und Franzosen bemüht hatte. Die Ausländer waren erstaunt über die Prosperität, die sich so rasch nach Napoleons Aufstieg zur Macht eingestellt hatte. Der Herzog von Broglie schilderte die Jahre 1802 bis 1803 als die «besten und edelsten Seiten in den Annalen Frankreichs».[56]

1. Der Code Napoléon: 1801–1804

«Mein eigentlicher Ruhm», erinnerte sich Napoleon, «sind nicht die vierzig Schlachten, die ich gewonnen habe, denn meine Niederlage bei Waterloo wird das Andenken an diese Siege auslöschen ... Was unzerstörbar ist, was ewig leben wird, ist mein Zivilgesetzbuch.»[57] Ewig ist ein unphilosphisches Wort, doch der Code war tatsächlich seine größte Leistung.

Die unerschöpfliche Erfindungsgabe der Schurkerei zwingt eine Gesellschaft, von Zeit zu Zeit ihre Schutzmaßnahmen gegen Gewalt, Raubgier und Betrug zu verbessern und anzupassen. Justinian hatte dies Anno Domini 528 versucht, doch das von seinen Juristen zusammengestellte Corpus juris civilis war eher eine koordinierte Sammlung bereits vorhandener Gesetze als ein neues Rechtsgebäude für eine im Wandel begriffene und entwurzelte Gesellschaft. Für Frankreich vervielfachte sich das Problem durch die rechtliche Eigenständigkeit seiner Provinzen, die zur Folge hatte, daß ein in einer Region gültiges Gesetz nicht auch für die angrenzenden verbindlich war. Merlin von Douai und Cambacérès hatten dem Nationalkonvent 1795 den Entwurf eines neuen und einheitlichen Code unterbreitet, doch die Revolution hatte keine Zeit, sich dieser Aufgabe zu widmen; mit einem bestürzenden Chaos konfrontiert, verstärkte sie dieses noch durch Tausende von überstürzten Dekreten und überließ es einem lichten Augenblick, sie zu harmonisieren.

Napoleons Friedensschlüsse mit Österreich und England gaben ihm, wenn auch nur kurz, diese Gelegenheit. Am 12. August 1800 hatten die drei Konsuln François Tronchet, Jean Portalis, Félix Bigot de Préameneu und Jacques de Maleville beauftragt, einen neuen Entwurf für ein einheitliches nationales Zivilgesetzbuch auszuarbeiten. Den von diesen am 1. Januar 1801 abgelieferten Vorentwurf übermittelte Bonaparte den Leitern der Gerichtshöfe zu Kritik und Kommentierung; diese wurden Napoleon drei Monate später vorgelegt und anschließend durch den Gesetzgebungsausschuß des Staatsrats, den Portalis und Antoine Thibaudeau leiteten, überprüft. Nachdem diese Hürden genommen waren, wurde der Code Abschnitt für Abschnitt vom gesamten Rat in siebenundachtzig Sitzungen durchberaten.

Bei fünfunddreißig davon führte Napoleon den Vorsitz. Er erhob keinerlei Anspruch auf Gesetzeskenntnis, doch er profitierte vom Scharfsinn und dem juristischen Wissen seines Mitkonsuls Cambacérès. An den Diskussionen beteiligte er sich mit einer Bescheidenheit, die ihn dem Rat teuer machte und die einen in seinen späteren Jahren erstaunt haben würde. Die Räte wurden durch seinen Eifer und seine Zielstrebigkeit angespornt und stimmten bereitwillig zu, als er ihre Sitzungen von 9 Uhr vormittags bis 5 Uhr nachmittags verlängerte. Weniger begeistert waren sie, wenn er sie des Abends nochmals zusammenrief. Gelegentlich einer solchen nächtlichen Zusammenkunft schliefen einige Teilnehmer vor Müdigkeit ein. Napoleon weckte sie mit der freundlichen Mahnung: «Kommen Sie, meine Herren, wir haben unsere Diäten noch nicht verdient.»[58] Nach Vandals Urteil wäre der Code niemals vollendet worden ohne Napoleons ständiges Drängen und seine freundschaftlichen Ermunterungen.[59]

Die Bemühungen der Juristen und des Staatsrats wären fast zunichte gemacht worden, als der Code im Tribunat zur Debatte gestellt wurde. Diese Versammlung, noch heiß von der Revolution, verdammte den Code als Betrug an dieser Explosion, als eine Rückkehr zum tyrannischen Regiment des Ehemannes über seine Frau und des Vaters über seine Kinder sowie als die Auslieferung der französischen Wirtschaft an die Bourgeoisie. Diese Anklagen waren weitgehend gerechtfertigt. Der Code akzeptierte und garantierte die Grundprinzipien der Revolution: Freiheit der Rede, des Gottesdienstes und des Unternehmertums sowie die Gleichheit aller vor dem Gesetz; das Recht für jedermann auf öffentliche Verhandlung durch ein Geschworenengericht; die Aufhebung feudaler Rechte und kirchlicher Zehnten; außerdem die Gültigkeit des Erwerbes konfiszierten kirchlichen oder herrschaftlichen Besitzes vom Staat. Aber – wie im römischen Recht – erklärte der Code die Familie als Grundeinheit und als Bollwerk moralischen Verhaltens und sozialer Ordnung und gab ihr durch die Wiederbelebung der *patria potestas* antiker Rechtsordnungen eine Machtgrundlage: Der Vater erhielt volle Kontrolle über das Eigentum seiner Frau und volle Autorität über seine Kinder bis zur Volljährigkeit; er konnte sie allein auf sein Wort hin einsperren lassen; er konnte die Heirat eines Sohnes unter sechsundzwanzig und einer Tochter unter einundzwanzig verhindern. Der Code stieß den Grundsatz der Gleichheit vor dem Gesetz um, indem er festlegte, daß bei Lohnstreitigkeiten die Meinung des Arbeitgebers – bei sonst gleichen Umständen – vor der Meinung des Arbeitnehmers zu gelten habe. Das Verbot von Arbeitnehmervereinigungen (ausgenommen für rein soziale Zwecke), das die Revolution gebracht hatte, wurde am 12. April 1803 erneuert, und vom Dezember dieses Jahres an war jeder Arbeiter verpflichtet, ein Arbeitsbuch zu führen, worin seine früheren Beschäftigungen eingetragen waren. Der Code führte – mit Napoleons Zustimmung – die Sklaverei in den französischen Kolonien wieder ein.[60]

Der Code spiegelte die bekannte historische Reaktion von einer freizügigen Gesellschaft zu gestraffter Autorität und Kontrolle in Familie und Staat. Die Väter der Gesetzgebung waren bejahrte Männer, alarmiert durch die Exzesse der Revolution, die rücksichtslose Mißachtung der Tradition, die Erleichterung der Scheidung, die Auflösung familiärer Bande, das Zugeständnis moralischer Laxheit und politischer Auflehnung an die Frauen, die allgemeine Ermutigung proletarischer Diktaturen, die Duldung der Septembermorde und Terrorurteile. Sie waren entschlossen, der Zerstörung von Gesellschaft und Regierung Einhalt zu gebieten, und Napoleon um ein stabiles Frankreich unter seiner Führung bemüht, unterstützte diese Meinung voll und ganz. Der Staatsrat stimmte mit ihm überein, daß die öffentliche Diskussion der 2281 Artikel des Zivilgesetzbuches begrenzt und rasch beendet sein müsse; das Tribunat und die Legislatur beugten sich, und am 21. März 1804 wurde der Code – offiziell Code Civil des Français, populärer Code Napoléon, – das Gesetzbuch Frankreichs.

2. Das Konkordat von 1801

Selbst jetzt war der junge Lykurg noch nicht zufrieden. Er wußte aufgrund seiner eigenen ungestümen Natur, wie ungern der Mensch sich dem Gesetz beugt; er hatte in Italien und Ägypten erfahren, wie eng er in seinen Wünschen seinem früheren frei schweifenden Jägerleben verhaftet bleibt. Es war eines der Wunder der Geschichte, daß diese lebenden Sprengkörper den sozialen Rahmen nicht zertrümmert hatten. Hatten die Polizisten sie gezähmt? Das war nicht möglich, denn der Polizisten waren wenige, und sie waren weit verstreut; in jedem zweiten Bürger steckte ein potentieller Anarchist. Was hatte sie also zurückgehalten? Napoleon, selbst ein Skeptiker, zog den Schluß, die soziale Ordnung müsse letztlich auf der naturgegebenen und sorgfältig gepflegten Scheu des menschlichen Tieres vor übernatürlichen Mächten beruhen. Er begann, die katholische Kirche als das wirksamste, jemals erfundene Instrument zur Kontrolle von Männern und Frauen, ihrer murrenden oder schweigenden Anpassung an wirtschaftliche, soziale und sexuelle Ungleichheit und ihres öffentlichen Gehorsams gegenüber höheren, dem menschlichen Wesen nicht zusagenden Geboten zu betrachten. Wenn man schon nicht an jeder Ecke einen Polizisten aufstellen konnte, so konnte es doch Götter geben, umso furchteinflößender, da unsichtbar, die nach Wunsch und Bedarf in mystische Wesenheiten zu verwandeln waren, ermahnend oder bedrohlich, hierarchisch nach ihrer Heiligkeit und Macht gegliedert: von Anachoreten der Wüste bis zum obersten Beherrscher, Erhalter und Zerstörer der Sterne wie der Menschen. Welch sublime Vorstellung! Welch unvergleichliche Organisation für ihre Verbreitung und Durchführung! Welch unbezahlbare Unterstützung für Lehrer, Ehemänner, Eltern, Priester und Könige! Napoleon kam zu dem Schluß, daß Chaos und Gewalttaten der Revolution vor allem auf die Ablehnung der Kirche zurückzuführen seien. Er beschloß, das Band zwischen Kirche und Staat wiederherzustellen, sobald er mit den eingeschüchterten Jakobinern und gedemütigten Philosophen reinen Tisch gemacht haben würde.

Die Religion befand sich in Frankreich um 1800 in einem Zustand der Verworrenheit, der sich aus dem moralischen Chaos herleitete, das die Revolution hinterlassen hatte. Eine starke Minderheit der Provinzbevölkerung – und wahrscheinlich eine Mehrheit in Paris – war gegenüber priesterlichen Ermahnungen gleichgültig geworden.[61] Tausende von Franzosen, vom Bauern bis zum Millionär, hatten vom Staat konfisziertes Kirchengut gekauft; diese Käufer waren exkommuniziert worden und blickten nicht mit freundlichen Augen auf jene, die sie als Hehler gestohlener Güter ansahen. Es gab damals in Frankreich achttausend aktive Priester; davon waren zweitausend *constitutionnels*, die der konfiskatorischen Verfassung von 1791 Treue geschworen hatten; die übrigen sechstausend waren Eidverweigerer, welche die Revolution ablehnten und eifrig für ihre Annullierung tätig waren; sie hatten dabei Fortschritte zu verzeichnen. Der nichtemigrierte Adel und viele Angehörige der Bourgeoisie bemühten sich darum, die Religion erneut als Bollwerk für Besitz und öffentliche Ordnung zu etablieren; viele davon – darunter auch einige Kinder der Revolution – schickten ihre Kinder auf von Priestern oder Nonnen geleitete Schulen, die sich (so glaubten sie) besser als Lehrer aus dem Laienstand darauf verstanden, respektvolle Söhne und bescheidene Töchter zu erziehen.[62] Religion kam in «Gesellschaft» und Literatur wieder in Mode; bald (1802) sollte

Chateaubriands eindrucksvolle Lobrede *Le Génie du christianisme* zum Zeitgespräch werden.

Auf der Suche nach Unterstützung für seine wurzellose Herrschaft entschloß sich Napoleon, sich um die geistige und strukturelle Hilfe der katholischen Kirche zu bemühen. Ein solcher Schritt würde endlich die rebellische Vendée beruhigen, die Provinzen zufriedenstellen, seine geistliche Gendarmerie um sechstausend Priester vermehren; er würde den moralischen und geistlichen Beistand des Papstes im Gefolge haben; er würde Ludwig XVIII. ein Hauptargument für eine Bourbonische Restauration aus der Hand nehmen und er würde die Feindschaft des katholischen Belgien, Bayern, Österreich, Italien und Spanien gegen Frankreich und Napoleon mildern. «Daher setzte ich, sobald ich die Macht errungen hatte ... die Religion wieder ein. Ich machte sie zum Fundament, auf dem ich meinen Bau errichtete. Ich betrachtete sie als die Stütze gesunder Grundsätze und guter Moral.»[63]

Dieser *apertura a destra* widersetzten sich die Agnostiker in Paris ebenso wie die Kardinäle in Rom. Vielen Geistlichen widerstrebte es, eine Vereinbarung zu sanktionieren, die eine Scheidung zulassen oder die Ansprüche der französischen Kirche auf ihren konfiszierten Besitz preisgeben würde. Viele Jakobiner protestierten, daß eine Anerkennung des Katholizismus als Staatsreligion, von der Regierung geschützt und finanziert, Verrat an einer der für sie größten Errungenschaften der verflossenen Revolution, der Trennung von Staat und Kirche, sei. Napoleon schüchterte die Kardinäle ein, indem er zu verstehen gab, er könne sich bei Ablehnung seiner Vorschläge Heinrich VIII. von England zum Vorbild nehmen und die vollständige Trennung der französischen Kirche von Rom durchführen. Er suchte die Skeptiker durch die Erklärung zu beruhigen, daß er die Kirche zu einer Regierungsinstitution für die Aufrechterhaltung des inneren Friedens machen wolle; sie fürchteten jedoch, daß sein Vorhaben nur ein weiterer Schritt auf dem Rückzug aus der Revolution zur Monarchie werden würde. Er vergab Lalande (dem Astronomen) niemals, «daß er ihn» (wie Bourrienne berichtet) «genau zu dem Zeitpunkt in ein Lexikon der Atheisten aufnehmen wollte, als er die Verhandlungen mit dem päpstlichen Stuhl aufnahm».[64]

Diese begannen am 6. November 1800 in Paris und zogen sich über acht Monate des Manövrierens hin. Die Kardinäle waren gewiegte Diplomaten, doch Napoleon wußte, wie dringend der Papst ein Abkommen wünschte und bestand auf jedem einzelnen Punkt, der für seine eigene Macht über die wiedergewonnene Kirche günstig war. Pius VII. machte eine Konzession nach der anderen, denn der Plan versprach, eine Dekade des Unheils für die Kirche in Frankreich zu beenden; er würde ihm die Möglichkeit geben, viele Bischöfe, die sich über die päpstliche Autorität hinweggesetzt hatten, abzusetzen; er würde ihm dazu verhelfen, mit Hilfe französischer Intervention die neapolitanischen Truppen loszuwerden, die seine Hauptstadt besetzt hielten; außerdem würde er dem Heiligen Stuhl die «Legationen» zurückgeben (Ferrara, Bologna und Ravenna, die normalerweise von päpstlichen Legaten regiert wurden), die 1797 an Frankreich abgetreten worden waren. Schließlich unterzeichneten nach einer Sitzung, die bis zwei Uhr morgens dauerte, die Vertreter der Römischen Kirche und des französischen Staates (16. Juli 1801) das Konkordat, das ihre Beziehungen für ein Jahrhundert regeln sollte. Napoleon ratifizierte es im September, Pius VII. im Dezember. Napoleon unterzeichnete allerdings unter dem Vorbehalt, später gewisse «Korrekturen zur Vermeidung ernsthafter Schwierigkeiten, die sich aus der buchstäblichen Auslegung des Konkordats ergeben könnten, anzubringen».[65]

Dieses historische Dokument verpflichtete die französische Regierung, den Katholizismus als die Religion der Konsuln wie der Majorität des französischen Volkes anzuerkennen und zu finanzieren, doch es erklärte den Katholizismus nicht zur Staatsreligion und bekräftigte die volle Freiheit des Gottesdienstes für alle Franzosen, einschließlich Protestanten und Juden. Die Kirche gab ihre Ansprüche auf ihr konfisziertes Eigentum auf, dafür erklärte sich der Staat bereit, den Bischöfen ein Jahresgehalt von fünfzehntausend Francs sowie den Pfarrgeistlichen entsprechend niedrigere Gehälter zu zahlen. Die Bischöfe sollten wie zur Zeit Ludwig XIV. von der Regierung ernannt werden und hatten dem Staat Loyalität zu schwören, doch durften sie ihr Amt erst nach Bestätigung durch den Papst ausüben. Alle «konstitutionellen» Bischöfe hatten ihre Ämter niederzulegen; alle orthodoxen Bischöfe wurden wieder eingesetzt, und die Kirchen wurden offiziell (was sie tatsächlich schon gewesen waren) dem orthodoxen Gottesdienst wieder geöffnet. Nach vielem Hin und Her gestand Napoleon der Kirche einen wichtigen Punkt zu, nämlich das Recht, Vermächtnisse entgegenzunehmen.

Um die milderen seiner skeptischen Kritiker zu besänftigen, fügte Napoleon dem Konkordat einseitig 121 «articles organiques» an, dazu bestimmt, die Vorherrschaft des Staates über die Kirche in Frankreich zu sichern. Kein päpstlicher Legat konnte Frankreich betreten, keine Bulle, kein Breve, kein Dekret eines allgemeinen Konzils oder einer nationalen Synode ohne besondere Genehmigung der Regierung wirksam werden. Die Ziviltrauung war die Voraussetzung für eine kirchliche Trauung. Alle Zöglinge der katholischen Priesterseminare waren in den «Gallikanischen Artikeln» Bossuets von 1682 zu unterweisen, in welchen die rechtliche Unabhängigkeit der katholischen Kirche Frankreichs von ultramontaner Herrschaft ausdrücklich bekräftigt wurde.

Derart modifiziert wurde das Konkordat am 8. April 1802 dem Staatsrat, dem Tribunat und der Legislatur vorgelegt. Noch nicht von Napoleon eingeschüchtert, bezichtigten ihn die drei Körperschaften offen und heftig des Betrugs an der Aufklärung und an der Revolution (es stimmte im wesentlichen mit der Verfassung von 1791 überein). Im Tribunat ließ sich der *philosophe* Graf Volney auf eine lebhafte Debatte mit Napoleon über das Konkordat ein; die Legislatur wählte Charles François Dupuis zu ihrem Präsidenten, den Verfasser des betont antiklerikalen Werkes *L'Origine de tous les cultes* (1794). Napoleon entzog das Konkordat der Diskussion durch die Versammlungen und wartete gelassen auf seine Stunde.

Bei der nächsten Wahl von Mitgliedern zu Tribunat und Legislatur versagte der Senat vielen der Kritiker die Neuernennung. In der Zwischenzeit hatte Napoleon unter der Bevölkerung die Entstehungsgeschichte und den Inhalt des Konkordats publik machen lassen; wie er erwartet hatte, verlangte das Volk stürmisch die Ratifizierung. Am 25. März 1802 stieg Napoleons Popularität durch die Unterzeichnung des Friedens mit England ins Unermeßliche. Derart gerüstet legte er das Konkordat erneut den Versammlungen vor. Das Tribunat ließ es mit nur sieben Neinstimmen passieren; in der Legislatur stimmten 228 Mitglieder dafür, 21 dagegen. Am 18. April erlangte es Gesetzeskraft; am Ostersonntag wurden während einer feierlichen Zeremonie in Notre-Dame sowohl der Friede von Amiens als auch das Konkordat unter dem Murren der Revolutionäre und dem Gelächter der Militärs, doch zur Freude der Bevölkerung, verkündet. In den Kasernen machte eine Karikatur die Runde, die Napoleon zeigte, wie er in einem Weihwasserkessel ertrank. Die Unterschrift besagte: «Um König von Ägypten zu werden, glaubt er an den Koran, um König von Frankreich zu werden, glaubt er an das Evangelium.»

Napoleon selbst beruhigte sich mit der Überzeugung, daß er den Willen der Mehrheit aller Franzosen zum Ausdruck gebracht und außerdem die Fundamente seiner Macht gestärkt, wenngleich auch die Spitze geschwächt hatte. Er hatte den Klerus wiedereingesetzt, doch da er die Bischöfe ernannte und sie ebenso wie etwa dreitausend Priester besoldete, rechnete er damit, sie an der wirtschaftlichen Leine halten zu können. Die Kirche, so dachte er, würde eines seiner Werkzeuge sein, seinen Ruhm verkünden und seine Politik unterstützen. Etwas später veranlaßte er die Zusammenstellung eines neuen Katechismus, der französische Kinder lehren sollte, daß «den Kaiser zu ehren, Gott selbst ehren heißt» und daß sie, «wenn sie ihre Pflichten dem Kaiser gegenüber vernachlässigten, ... der von Gott eingesetzten Ordnung widerstreben ... und der ewigen Verdammnis anheimfallen würden».[66] Seine Dankbarkeit gegenüber der Geistlichkeit drückte er durch pflichtgemäße, jedoch so kurz wie möglich bemessene Teilnahme an der Messe aus.

Er war in dieser Periode der Siege der Überzeugung, er habe die gesamte katholische Welt auf seine Seite gebracht. In Wirklichkeit aber blickte der französische Klerus, der den Verlust seiner Ländereien niemals vergessen konnte und seine einkommensmäßige Bindung an den Staat ablehnte, mehr und mehr auf den Papst als Unterstützung gegen den Herrscher, den sie insgeheim alle als Ungläubigen betrachteten. «Gallikaner» auf Grund der Gesetze, wurden sie in ihren Gefühlen ultramontan; als der Kaiser Pius VII. der Ländereien beraubte, die seit tausend Jahren unter der Herrschaft der Päpste gestanden hatten – und noch mehr, als der Papst aus Rom vertrieben und in Savona und später in Fontainebleau interniert wurde – erhoben sich Klerus und Bevölkerung Frankreichs zur Verteidigung ihres Pontifex und ihres Glaubens. Napoleon erkannte zu spät, daß die Macht der Überlieferung und des Wortes stärker war als die des Gesetzes und des Schwertes.

IV. WEGE ZUM RUHM

Inmitten seiner Projekte und Triumphe mußte er ständig vor Anschlägen gegen seine Macht oder sein Leben auf der Hut sein. Die französischen Royalisten verhielten sich verhältnismäßig ruhig, da sie Napoleon zu überzeugen hofften, daß es für ihn der sicherste Weg sei, die Bourbonen wieder einzusetzen und als Belohnung dafür irgendeine Pfründe anzunehmen. Sie förderten Schriftsteller, wie Madame de Genlis, deren historische Erzählung *Mademoiselle de La Vallière* ein hübsches Bild Frankreichs zur Zeit Ludwig XIV. zeichnete. Sie setzten auf den heimlichen Royalismus von Napoleons Sekretär Bourrienne, durch den sie Einfluß auf Josephine zu gewinnen trachteten. Die vergnügungssüchtige Kreolin war der politischen Aufregungen überdrüssig; sie fürchtete, Napoleon würde in Weiterverfolgung seiner Ziele nach königlicher Macht streben und sich von ihr scheiden lassen, um eine Frau zu heiraten, die ihm eher einen Erben schenken könnte. Napoleon suchte ihre Ängste mit einigen Liebesstunden zu zerstreuen und verbot ihr im übrigen, sich in die Politik einzumischen.

Er war der Meinung, daß die Hauptgefahr für seine Macht nicht von Royalisten oder Jakobinern zu befürchten war, sondern vom Neid der Generale, welche die Armee führten, auf der seine Macht letzten Endes beruhte. Moreau, Pichegru, Bernadotte, Murat, Masséna, sie alle hatten ihrem Mißvergnügen offen Ausdruck verliehen. Anläßlich eines von Moreau gegebenen Diners hatten einige Offiziere Napoleon als Usurpator bezeichnet; General Delmas nannte ihn «einen Verbrecher und ein Ungeheuer». Moreau, Masséna und Bernadotte verfaßten eine Aufforderung an Napoleon, sich mit der Regierung von Paris und seiner Umgebung zufrieden zu geben und das restliche Frankreich in Regionen aufzuteilen, die ihnen mit nahezu absoluten Vollmachten übertragen werden sollten[67]; keiner von ihnen wollte es aber auf sich nehmen, dem Ersten Konsul diesen Vorschlag zu unterbreiten. Bernadotte, der die Westarmee in Rennes kommandierte, stand wiederholt am Rande einer Rebellion, traute sich aber nicht.[68] «Sollte ich eine ernsthafte Niederlage erleiden», sagte Bonaparte, «die Generale würden mich als erste im Stich lassen».[69]

Vor dem Hintergrund dieser Militärverschwörungen muß man Napoleons antimilitaristische Rede vor dem Staatsrat vom 4. Mai 1802 interpretieren, in der er ausführte:

In allen Ländern weicht die Gewalt zivilen Talenten: Das Bajonett senkt sich vor dem Priester ... und vor dem Mann, der durch sein Wissen Meisterschaft erlangt hat ... In Frankreich wird niemals ein Militärregime Wurzel schlagen, es sei denn, die Nation sei durch eine fünfzigjährige Periode der Unwissenheit brutalisiert worden ... Wenn wir von anderen Beziehungen absehen, so erkennen wir, daß der Militär kein anderes Gesetz kennt als die Gewalt, daß er alles auf Gewalt zurückführt und nichts anderes sieht ... Demgegenüber sieht der Zivilist nur das allgemeine Gute. Es liegt im Charakter des Militärs, daß er alles beherrscht sehen möchte; in dem des Zivilisten liegt es hingegen, alles im Lichte von Vernunft und Wahrheit zur Diskussion zu stellen; diese führen zwar nicht selten in die Irre, bringen aber schließlich doch Klarheit ... Ich zögere nicht mit der Schlußfolgerung, daß der Vorrang unbestreitbar

Napoleons Staatsstreich vom 18. Brumaire (9. November) 1799 nach dem Gemälde
eines unbekannten Künstlers.

dem Zivilisten gebührt ... Die Soldaten sind die Kinder der Bürger, und die wirkliche Armee ist die Nation.

Gepeinigt von einem Gefühl der Unsicherheit und ständig auf der Suche nach Erweiterung seiner Macht, gab Napoleon seinen Vertrauten zu verstehen, daß seine Pläne für den Fortschritt und die Verschönerung Frankreichs mehr Zeit erfordern würden, als die ihm bereits zugestandenen zehn Jahre. Am 4. August 1802 verkündete der Senat eine neue «Verfassung des Jahres X» (1801); diese verdoppelte die Zahl der Senatoren von vierzig auf achtzig, wobei alle neuen Mitglieder vom Ersten Konsul zu ernennen waren und machte ihn zum Konsul auf Lebenszeit. Als seine Bewunderer vorschlugen, er solle auch das Recht der Wahl seines Nachfolgers erhalten, erhob er mit ungewohnter Bescheidenheit Einspruch. «Die erbliche Nachfolge», sagte er, «ist unvereinbar mit dem Grundsatz der Volkssouveränität und in Frankreich unmöglich».[71] Doch als der Senat nach einer Beratung des Vorschlages ihn mit siebenundzwanzig zu sieben Stimmen annahm, vertuschten die mißgeleiteten Sieben ihren Irrtum rasch und machten das Votum einstimmig; Napoleon nahm die Ehre gnädig an, unter der Bedingung, daß das Volk zustimme. Am 17. August wurden alle als französische Bürger registrierten Männer aufgerufen, über zwei Fragen abzustimmen: Soll Napoleon Bonaparte zum Konsul auf Lebenszeit ernannt werden? Soll er das Recht haben, seinen Nachfolger zu bestimmen? Die Auszählung ergab 3 508 885 Ja- und 8374 Neinstimmen.[72] Vermutlich besaß, wie bei anderen Volksentscheiden auch, die Regierung Möglichkeiten, ein zustimmendes Resultat zu bewirken. Die Einstellung der besitzenden Klassen zeigte sich, als die Börse auf die Abstimmung reagierte: Der Wertindex der notierten Aktien, der am Tage vor Napoleons Machtübernahme auf sieben gestanden hatte, stieg nun rasch auf zweiundfünfzig.[73]

Derart in seiner Macht gefestigt, führte er in seiner Umgebung einige Veränderungen durch. Er berief eine kleine Zahl von Männern in seinen Geheimen Staatsrat, durch den er, als seine Autorität unumstritten geworden war, zusätzlich zu den *senatus consulta*, die ohnehin von ihm abhingen, Dekrete erlassen konnte. Er reduzierte das Tribunat von hundert Mitgliedern auf fünfzig und verfügte, daß seine Debatten künftig nichtöffentlich zu sein hätten. Er entließ den cleveren aber unberechenbaren Fouché als Polizeiminister und verschmolz sein Ministerium mit einem Justizdepartement unter Claude Régnier. Nachdem er entdeckt hatte, daß Bourrienne seine Stellung mißbrauchte, um sich ein Vermögen zu machen, entließ er ihn (20. Oktober 1802) und verließ sich fernerhin auf die ergebenen Dienste Claude Ménevals. Daraufhin wurden Bourriennes Memoiren übertrieben feindselig gegenüber Napoleon, während Ménevals Memoiren übertrieben günstig klangen; dennoch bilden beide zusammengenommen den intimsten Bericht über den Miniaturkoloß, der in den nächsten zehn Jahren Europa seinen Willen aufzwingen sollte.

Vielleicht war es das Plebiszit von 1802, das im Verein mit den verschiedenen Triumphen von Marengo und Amiens in Napoleon die Mäßigung und Voraussicht zerstörte, ohne die das Genie an den Wahnsinn streift. Für jeden einzelnen der

◄ *Madame Germaine de Staël-Holstein, französische Schriftstellerin, Schweizer Herkunft, die 1802 von Napoleon aus Paris verbannt wurde und erst nach der Restauration nach Frankreich zurückkehrte (Lithographie von I. Isabey sen.).*

Schritte, die ihn auf die schwindelerregenden Höhen der Macht führten, fand er überzeugende und durchschlagende Argumente. Als die in Mailand versammelten Führer der Zisalpinischen Republik ihn um Hilfe bei der Ausarbeitung einer Verfassung ersuchten, bot er eine an, in welcher drei Wahlkollegien – besetzt durch Grundbesitzer, Geschäftsleute und Gewerbetreibende – eine Kommission zu wählen hatten, die bevollmächtigt war, die Mitglieder einer Legislative, eines Senats und eines Staatsrates zu ernennen; diese sollten ihrerseits einen Präsidenten wählen. Bei einer Versammlung im Januar 1802 in Lyon ratifizierten die Abgeordneten diese Verfassung und trugen Napoleon – den sie als nach Frankreich verschlagenen Italiener betrachteten – die erste Präsidentschaft des neuen Staates an. Er kam aus Paris, um zu ihnen zu sprechen – auf Italienisch, – und am 26. Januar wurde durch Akklamation der Erste Konsul Frankreichs das Staatsoberhaupt der Repubblica Italiana. Ganz Europa fragte sich, was dieser neue *stupor mundi*, dieses faszinierende Weltwunder, als nächstes zeigen werde.[74]

Die Bestürzung wuchs, als er Piemont für Frankreich annektierte. Dieser «Fuß der Berge» war 1798 von den Franzosen besetzt worden; es lag jenseits der «natürlichen Grenzen», die Napoleon zu schützen versprochen hatte. Hätte man es jedoch dem König von Sardinien zurückgegeben, so wäre es möglicherweise zu einer feindlichen Barriere zwischen Frankreich und seinen italienischen Protektoraten in Ligurien und der Lombardei geworden. Am 4. September 1802 erklärte Napoleon Piemont zu einem Bestandteil Frankreichs.

In der Schweiz, von der aus er so manchen Weg nach Italien gefunden hatte, konnte er nicht so selbstsicher vorgehen. Diese störrischen Kantone, deren Männer jahrhundertelang die Freiheit höher geschätzt hatten als das Leben, würden jeden Feind schwer für eine Eroberung bezahlen lassen. Andererseits hatte der größte Teil von ihnen die Ideale von 1789 willkommen geheißen und 1798 unter dem Schutze Frankreichs die Helvetische Republik gebildet. Diese traf auf scharfe Opposition seitens der großen Grundeigentümer, die ihre Bauern als Soldaten einsetzten und in Bern eine eigene Regierung errichteten, welche sich gegen die profranzösische Republik und ihr Zentrum Lausanne wandte. Beide Parteien entsandten Beauftragte mit Hilfeersuchen an Napoleon. Er lehnte es ab, den Berner Gesandten zu empfangen, worauf dieser sich nach England wandte; England schickte den Oligarchen Geld und Waffen. Napoleon schickte den Republikanern Truppen (November 1802); mit dieser Unterstützung unterdrückten sie die Berner Revolte. Napoleon befriedete beide Parteien mit einer Mediationsakte (19. Februar 1803), welche die Schweizer Konföderation als aus neunzehn unabhängigen Kantonen bestehend konstituierte, jeder mit seiner eigenen Verfassung, alle unter dem Protektorat Frankreichs, alle verpflichtet, der französischen Armee Hilfstruppenkontingente zu stellen. Trotz dieser Klausel fand, nach englischem Zeugnis, «die Mediationsakte auf vielen Seiten Zustimmung und war in den Kantonen unzweifelhaft populär».[75]

Ungeachtet dessen aber betrachtete die englische Regierung diese einander folgenden Schachzüge – Lombardei, Piemont, Schweiz – als gefährliche Expansion des französischen Einflusses, als ernsthafte Störung des Kräftegleichgewichts der Kontinentalmächte, das zum Eckstein der britischen Politik in Europa geworden war. Verstimmung rief auch die Veröffentlichung des Berichtes des Grafen Horace Sébastiani an die französische Regierung hervor, der im *Moniteur* vom 30. Januar 1803 veröffentlicht wurde. Napoleon hatte ihn beauftragt, die Verteidigungsanlagen von Kairo, Jaffa, Jerusalem und Akkon zu begutachten. Der Graf kam zu dem Ergebnis, «6000 Mann würden ausreichen ... um Ägypten zu erobern».[76] Das Dokument weckte in England den Verdacht, Napoleon plane eine weitere Expedition nach Ägypten. Die britische Regierung kam zu dem Schluß, daß sie nicht länger daran denken könne, Malta und Alexandria zu räumen; beide schienen unter diesen Umständen unentbehrlich für die Verteidigung der britischen Macht im Mittelmeer.

Noch eine weitere Expansion von Napoleons Einflußsphäre beunruhigte die Briten. Der Vertrag von Lunéville hatte vorgesehen, daß die deutschen Herrscher linksrheinischer Fürstentümer, die durch die Anerkennung der französischen Souveränität über dieses Gebiet 11 332 Quadratkilometer steuerpflichtigen Landes verloren hatten, mit Territorien östlich des Stromes entschädigt werden sollten. Zwanzig deutsche Fürsten schickten Gesandte nach Paris, um ihren Forderungen Nachdruck zu verleihen; Preußen und Rußland beteiligten sich an der Jagd. Talleyrand sammelte ein weiteres Vermögen an *pourboires*. Schließlich wurde die Verteilung durchgeführt, hauptsächlich durch die «Säkularisation» von Stadtstaaten, die seit Jahrhunderten von katholischen Bischöfen regiert wurden. Napoleons Ziel bei diesem Vorgehen war die Schaffung eines Rheinbundes als Pufferstaat zwischen Frankreich und Österreich-Preußen. Österreich protestierte, daß die Umbildung von Kleinstaaten sich als weiterer Schritt zur Auflösung des Heiligen Römischen Reiches auswirken würde, was dann auch der Fall war.

Verärgert durch die ständige Ausweitung von Napoleons Macht, fragten sich die herrschenden Klassen in England, ob ein Krieg nicht weniger kostspielig wäre als solch ein Friede. Die Fabrikanten beklagten sich, die französische Kontrolle des Rheins mache Frankreich zum Herrn des britischen Handels mit den gewinnbringenden europäischen Märkten. Die Kaufleute klagten, daß die Franzosen, während der Friede von Amiens die britische Blockade Frankreichs beendet habe, prohibitive Einfuhrzölle auf britische Produkte legten, die der französischen Industrie Konkurrenz machten.[77] Fast alle Parteien stimmten darin überein, daß Malta gehalten werden müsse. Unterdessen attackierte die britische Presse Napoleon in Geschichten, Leitartikeln und Karikaturen; er protestierte bei der britischen Regierung, die ihn wissen ließ, die britische Presse sei frei; er befahl der französischen Presse, auf die gleiche Weise zurückzuschlagen.[78]

Die Verhandlungen zwischen den Regierungen gewannen zunehmend feindseligen Charakter. Lord Whitworth, der britische Botschafter, unterrichtete Napoleon in schroffer Form, daß England Malta nicht räumen würde, solange nicht die französische Regierung eine zufriedenstellende Erklärung für ihre expansionistischen Schritte seit dem Frieden von Amiens gegeben habe. Am 13. März 1803 trat Napoleon auf einem großen Empfang französischer und ausländischer Würdenträger Whitworth gegenüber, als ob es zum Kampf ginge und beschuldigte die Briten, den Friedensvertrag zu verletzen und zum Kriege zu rüsten. Whitworth, außer sich über eine derartige Verletzung der diplomatischen Spielregeln, zog es von da an vor, mit Talleyrand zu verhandeln, der wußte, wie man Tatsachen in Höflichkeiten kleidete. Am 25. April erhielt Whitworth die Instruktion seiner Regierung, ein Ultimatum zu präsentieren: Frankreich müsse zustimmen, daß England noch für mindestens zehn Jahre im Besitz Maltas bleibe; es müsse sich aus Holland, der Schweiz und Italien zurückziehen und den König von Sardinien für den Verlust von Piemont im letzten Kriege entschädigen. Napoleon bezeichnete die Forderungen als lächerlich; Whitworth verlangte und erhielt seine Pässe, und beide Seiten bereiteten sich auf den Krieg vor.

Napoleon, der sich darüber im klaren war, daß das meerbeherrschende England sich nach Belieben jede französische Kolonie aneignen konnte, verkaufte das Gebiet von Louisiana für achtzig Millionen Francs an die Vereinigten Staaten (3. Mai 1803). England, praktisch noch im Frieden, wies seine Seestreitkräfte an, jedes erreichbare französische Schiff zu kapern. Am 16. Mai 1803 wurde der Krieg offiziell erklärt, der dann zwölf Jahre dauern sollte.

Von diesem bitteren Augenblick an trat der Administrator Napoleon in der Geschichte zurück, und Napoleon, der General, vierunddreißig Jahre alt, richtete seine Gedanken auf den Krieg. Er ordnete die Verhaftung aller Briten an, die noch auf französischem Boden angetroffen würden. Er befahl General Mortier, unverzüglich Hannover zu besetzen, ehe der Hannoveraner Georg III. es zu einem militärischen Stützpunkt ausbauen konnte. Was ihn rasend machte, war der Gedanke, daß England während eines zehn Jahre dauernden Konfliktes kontinentale Armeen gegen Frankreich finanziert hatte, daß es französische Häfen blockiert, sich französische Schiffe und Kolonien angeeignet hatte und während aller dieser militärischen Unternehmungen selbst gegen Angriffe immun geblieben war. So entschloß er sich nun zu etwas, das er in ruhigeren Stunden als einen unausführbaren Traum abgelehnt hatte; er wollte versuchen, den verdammten Graben zu überqueren und diese Händler und Bankiers den Krieg auf dem eigenen Boden und am eigenen Leibe fühlen lassen.

Er befahl seinen Generalen, 150 000 Mann und 10 000 Pferde entlang der Küste zwischen Boulogne, Dünkirchen und Ostende zusammenzuziehen; seinen Admiralen, in Brest, Rochefort und Toulon starke Flottenverbände zu versammeln und auszurüsten, die, wenn sie segelfertig und kampfbereit wären, ihren Weg durch ein Netz britischer Fahrzeuge zu finden hätten, zu Häfen, die eine Million Arbeiter inzwischen rund um Boulogne ausgehoben hätten. In diesen Häfen sollten Hunderte von Transportschiffen aller Art gebaut werden. Er selbst verließ Paris verschiedentlich zu Rundreisen zu den Lagern und Docks, um die Fortschritte des Unternehmens zu überprüfen und die Soldaten, Seeleute und Arbeiter durch seine persönliche Anwesenheit anzufeuern, die ihnen ein Garant für Ziel und Sieg wäre.

Im Kanal hielten britische Kriegsschiffe Wacht, und entlang der englischen Küste, in Dover, Deal und anderswo, hielten Hunderttausende von Patrioten Wache, entschlossen, bis zum Tode jedem Versuch zu widerstehen, an ihren unverletzlichen Küsten zu landen.

V. DIE GROSSE VERSCHWÖRUNG: 1803–1804

In der Nacht zum 21. August 1803 brachte eine englische Fregatte unter dem Kommando des Kapitäns Wright acht Franzosen aus England über den Kanal. Ihr Führer war Georges Cadoudal, ein leidenschaftlicher Anführer der unversöhnlichen Chouans. Sie landeten an einer steilen Klippe in der Nähe von Biville in der Normandie. Eingeborene, die mit ihnen im Bunde waren, zogen sie an Tauen in die Höhe. Am 10. Dezember brachte Kapitän Wright eine zweite Verschwörergruppe aus England nach Biville, darunter den emigrierten Prinzen Armand de Polignac. Bei einer ditten Überfahrt am 16. Januar 1804 setzte der Kapitän Jules de Polignac und die emigrierten Generale Pichegru und Lajolais an Land. Pichegru hatte nach siegreichen Feldzügen mit den Revolutionsarmeen ein Komplott zur Restauration der Bourbonen geschmiedet, war entdeckt worden und nach England entkommen (1801). Alle drei Gruppen begaben sich nach Paris, wo sie sich in den Häusern von Royalisten verborgen hielten. Cadoudal gestand später, er habe geplant, Napoleon zu entführen und ihn für den Fall, daß er Widerstand leisten sollte, zu töten.[79] Wir brauchen nicht daran zu zweifeln, daß «Cadoudal von der englischen Regierung mit Wechseln über eine Million Franc versehen worden war, um in der Hauptstadt einen Aufstand zu organisieren»[80]; doch gibt es keinerlei Beweis, daß die britische Regierung einer Ermordung zugestimmt hätte.

Die Verschwörer warteten mit dem Losschlagen, da sie damit rechneten, daß der Comte d'Artois, ein jüngerer Bruder Ludwigs XVI., in Paris zu ihnen stoßen werde.[81] Er sollte an Napoleons Stelle treten, aber er kam nicht. Inzwischen (28. Januar 1804) besuchte Pichegru General Moreau und bat ihn um seine Unterstützung. Moreau lehnte es ab, an irgendeinem Versuch einer Bourbonischen Restauration teilzunehmen, bot sich jedoch selbst als Herrscher Frankreichs an, wenn Napoleon beseitigt werden sollte.[82] Ungefähr um die gleiche Zeit nannte Bernadotte Juliette Récamier die Namen von zwanzig Generälen, die ihm, wie er erklärte, ergeben seien und begierig, «die wahre Republik» wiederherzustellen.[83] «Ich kann offen sagen», erinnerte sich Napoleon auf St. Helena, «daß ich während der Monate von September 1803 bis Januar 1804 auf einem Vulkan saß».[84]

Am 26. Januar enthüllte ein Chouan namens Querelle, der drei Monate vorher verhaftet worden war und seiner Hinrichtung entgegensah, die Einzelheiten der Verschwörung und erkaufte sich damit sein Leben. Auf Grund seiner Aussagen fand und verhaftete die langsam arbeitende Polizei Claude Régniers am 15. Februar Moreau, am 26. Februar Pichegru, am 27. Februar die Brüder Polignac und am

29. März Cadoudal. Dieser gab stolz zu, daß er geplant habe, Napleon zu stürzen und daß er erwartet habe, sich mit einem französischen Prinzen in Paris zu treffen; er weigerte sich aber, die Namen seiner Mitverschworenen zu nennen.[85]

Zur gleichen Zeit hatte ein englischer Agent namens Drake in oder bei München eine weitere Verschwörergruppe versammelt mit der Absicht, in den neuerdings französischen Gebieten links des Rheins einen Aufstand gegen Napoleon zu entfachen. Wenn wir Méneval glauben können, «machte es eine Verfügung des britischen Staatsrates, bei Strafe des Verlustes ihrer Pensionen, den französischen Emigranten zur Pflicht, sich an den Rhein zu begeben. Eine Anordnung legte den Sold fest, der jedem Offizier und jedem Soldaten zustand.»[86] Als Napoleons Spione ihn von dieser Entwicklung unterrichteten, zog er den Schluß, daß der Bourbonenprinz, den die Londoner Verschwörer erwartet hatten, unter diesen *émigrés* sei. Der Comte d'Artois konnte nicht unter ihnen ermittelt werden; doch in der kleinen Stadt Ettenheim, etwa sechs Meilen ostwärts des Rheins im Kurfürstentum Baden, entdeckten Napoleons Agenten Louis Antoine Henri de Bourbon-Condé, Duc d'Enghien, Sohn des Herzogs von Burgund und Enkel des Fürsten von Condé, der dort ein offensichtlich ruhiges Leben führte, abgesehen von gelegentlichen, aber verdächtigen Besuchen in Straßburg.[87]

Als dies Napoleon berichtet wurde, vermutete er, der zweiunddreißigjährige Herzog sei einer der Führer der Verschwörung zu seiner Absetzung. Die Enthüllungen Querelles und die kürzlich in Paris erfolgten Verhaftungen hatten den früher so unerschrockenen General in einen Zustand der Erregung – vielleicht der Angst und Wut – versetzt, der ihn zu Entscheidungen trieb, die er zwar stets verteidigen sollte, die er aber (trotz seiner gegenteiligen Beteuerungen[88]) insgeheim vielleicht doch bedauerte. Er schickte General Ordener den Befehl, eine bewaffnete Abteilung nach Ettenheim zu führen, den Herzog zu verhaften und ihn nach Paris zu bringen. Der Herzog wurde in der Nacht vom 14. zum 15. März 1804 ausgehoben und am 18. März im Fort von Vincennes, fünf Meilen östlich von Paris, festgesetzt.

Am 20. März setzte Napoleon ein Militärgericht, bestehend aus fünf Obersten und einem Major, ein, mit dem Befehl, sich nach Vincennes zu begeben und die Verhandlung gegen den Herzog unter der Anklage zu eröffnen, er habe in englischem Sold die Waffen gegen sein eigenes Land erhoben. Zugleich entsandte er General Savary, den Chef seiner Geheimpolizei, um über den Gefangenen und die Verhandlung zu wachen. Enghien gab zu, daß er Geld von englischen Stellen erhalten und gehofft habe, eine Streitmacht ins Elsaß zu führen.[89] Das Gericht erklärte ihn des Verrates schuldig und verurteilte ihn zum Tode. Er erbat sich daraufhin die Erlaubnis, Napoleon zu sprechen; das Gericht jedoch lehnte dieses Ersuchen ab, versprach aber, eine Botschaft an Napoleon zu senden und einen Gnadenerlaß zu empfehlen. Savary verwarf dieses Angebot und befahl, das Todesurteil zu vollstrecken.[90]

Währenddessen erörterten Napoleon und sein engster Kreis in Josephines Malmaison das Schicksal des Herzogs. Sie nahmen an, daß er schuldig befunden würde. Es stellte sich aber die Frage, ob er, gleichsam als Ölzweig für die Royalisten, begnadigt werden solle. Talleyrand, der 1814 die Bourbonische Restauration fördern sollte, empfahl die Hinrichtung als den einfachsten Weg zur Beendigung royalistischer Hoffnungen und Komplotte. Angesichts seines Verhaltens während der Revolution fürchtete er wohl für seinen Besitz, vielleicht sogar für sein Leben, wenn die Bourbonen wieder an die Macht kämen. «Er wünschte», schrieb Barras, «einen Strom von Blut zwischen Napoleon und den Bourbonen fließen zu lassen».[91] Cambacérès, der kühlste und unparteiischste des konsularen Trios, empfahl Aufschub. Josephine fiel Napoleon zu Füßen und bat um Enghiens Leben; ihre Tochter Hortense und Napoleons Schwester Caroline unterstützten ihre Bitten.

In dieser Nacht schickte Napoleon Hugues Maret aus Malmaison nach Paris mit einer Botschaft an Staatsrat Pierre Réal, sich nach Vincennes zu begeben, den Herzog persönlich zu vernehmen und das Ergebnis nach Malmaison zu berichten. Réal erhielt die Botschaft, schlief aber, erschöpft von der Arbeit des Tages, in seinem Arbeitszimmer ein und gelangte erst am 21.März um 5 Uhr morgens nach Vincennes. Um 3 Uhr war Enghien im Gefängnishof unter den Kugeln eines Exekutionskommandos gefallen. Savary, offensichtlich der Meinung, er habe seinem Herrn gut gedient, ritt nach Malmaison, um Napoleon Bericht zu erstatten. Napoleon zog sich in seine Privatgemächer zurück, schloß sich ein und reagierte auf keinerlei Bitten seiner Frau, sie einzulassen.

Fürsten und Royalisten erhoben bittere Anklagen. Sie waren entsetzt bei dem Gedanken, daß ein Bürgerlicher einen Bourbonen getötet habe. Die Kabinette von Schweden und Rußland schickten Protestnoten an den Reichstag des Heiligen Römischen Reiches Deutscher Nation nach Regensburg und forderten, daß die Verletzung der badischen Grenze durch bewaffnete französische Truppen zum Gegenstand einer internationalen Untersuchung gemacht werde. Der Reichstag reagierte nicht, und der Kurfürst von Baden lehnte es ab, Frankreich zu nahe zu treten. Zar Alexander I. instruierte seinen Botschafter in Paris, eine Erklärung über die Exekution zu verlangen. Talleyrand erwiderte mit einem *argumentum ad hominem*: «Wenn, für den Fall, daß England geplant hätte, Paul I. ermorden zu lassen, man gewußt hätte, daß die Urheber des Komplotts sich nur einen Steinwurf weit von der Grenze aufhielten, hätte man sie dann nicht so schnell als möglich festgenommen?»[92] William Pitt vernahm die Nachricht von der Exekution mit großer Befriedigung. «Bonaparte», sagte er, «hat sich jetzt selbst mehr Schaden getan, als wir ihm seit der letzten Kriegserklärung zugefügt haben».[93]

Die Reaktion in Frankreich selbst war schwächer, als viele erwartet hatten. Chateaubriand trat von einem nicht sehr bedeutenden Posten im Außenministerium zurück; als aber der Chef dieses Ministeriums, der unverwüstliche Talleyrand am 24. März – drei Tage nach Enghiens Tod – einen Ball gab, nahmen zwanzig Mitglieder des alten französischen Adels und Vertreter aller europäischen Höfe daran teil.[94] Drei Monate später war die Angelegenheit offenbar aus dem Bewußtsein der Öffentlichkeit verschwunden. Fouché jedoch, gewöhnlich ein scharfer Beobachter, bemerkte über die Exekution: «*C'est plus qu'un crime, c'est une faute*» (Das ist schlimmer als ein Verbrechen, es ist ein Fehler).[95]

Napoleon mag gelegentlich Reue verspürt haben, gab es aber niemals zu. «Diese Leute», sagte er, «wollten Frankreich in Unordnung stürzen und die Revolution zerstören, indem sie mich vernichteten; es war meine Pflicht, die Revolution sowohl zu verteidigen, als auch zu rächen ... Der Duc d'Enghien war ein Verschwörer wie jeder andere und als solcher zu behandeln ... Ich hatte mich zu entscheiden zwischen ständiger Verfolgung und einem entscheidenden Schlag, und meine Entscheidung konnte nicht zweifelhaft sein. Ich habe Royalisten wie Jakobiner für immer zum Schweigen gebracht.»[96] Er wollte ihnen zeigen, daß mit ihm «nicht zu spaßen war»[97], und daß «sein Blut kein Regenwasser» war.[98] Er glaubte nicht ohne Grund, daß er Todesfurcht in die Herzen royalistischer Verschwörer gesenkt habe, die jetzt sehen konnten, daß bourbonisches Blut keine Rettung für sie bedeutete. Tatsächlich fanden auch keine royalistischen Anschläge auf Napoleons Leben mehr statt.

Im Falle der in Paris verhafteten Verschwörer war er vorsichtiger und publizitätsfreundlicher. Die Verhandlungen waren öffentlich, und die Presse durfte im Detail darüber berichten. Obwohl Bourrienne gegen die Exekution Enghiens gewesen war, bat Napoleon ihn, an den Verhandlungen teilzunehmen und ihm einen Bericht über das Verfahren zu geben. Pichegru wartete seine Verhandlung nicht ab; am 4. April wurde er tot in seiner Zelle gefunden, an seiner eigenen Krawatte erhängt. In anderen Fällen wurde die Schuld eingestanden oder lag offen zu Tage. Was Moreau betrifft, so konnte nicht mehr erhärtet werden, als daß er sich offen feindselig gegenüber Napoleon gezeigt und vor den Behörden sein Wissen verborgen hatte, daß Pichegru und andere ihn gewaltsam stürzen wollten. Am 10. Juni 1804 fällte das Gericht sein Urteil: Neunzehn Verschwörer wurden zum Tode, Moreau zu zwei Jahren Gefängnis verurteilt. Cadoudal starb am 28. Juni, ohne zu bereuen. Von den übrigen achtzehn begnadigte Napoleon zwölf, einschließlich der beiden Polignacs. Moreau erbat die Umwandlung seines Urteils in Verbannung. Napoleon stimmte zu, obwohl er voraussagte, daß Moreau fortfahren werde, gegen ihn zu konspirieren.[99] Moreau nahm ein Schiff nach Amerika, wo er bis 1812 blieb, kam dann zurück, um Kriegsdienste in der russischen Armee zu nehmen, kämpfte bei Dresden gegen Napoleon (29. August 1813), starb an den Folgen seiner Verwundungen (2. September) und wurde in Rußland begraben.

VI. DIE STRASSE ZUM KAISERREICH: 1804

Über die Verschwörung brütend, fragte sich Napoleon, warum er sein Werk unter ständigen Morddrohungen vollbringen müsse, während die Herrscher, die sich wiederholt gegen Frankreich verbündet hatten – so Georg III. von England, Franz II., Kaiser Österreichs und des Heiligen Römischen Reiches, Friedrich Wilhelm III.

von Preußen und Alexander I. von Rußland –, erwarten konnten, ihre Oberherrschaft bis zu ihrem normalen Tode auszuüben und sich auf die ordnungsgemäße Übertragung ihrer Souveränität auf ihre natürlichen oder designierten Erben verlassen konnten. Es konnte nicht daher kommen, daß sie ihre Politik und ihre Ernennungen demokratischen Kontrollen unterworfen hätten, das war nicht der Fall. Offensichtlich lag das Geheimnis ihrer Sicherheit in ihrer «Legitimität», der Sanktion erblicher Herrschaft durch eine in Generationen und Jahrhunderten gebildete öffentliche Meinung.

Privat – immer seltener privat – träumte Napoleon von absoluter, geheiligter, übertragbarer Autorität, sogar von einer Dynastie, die durch die Zeit ihre Bestätigung und Aura erlangen könnte. Er war überzeugt, daß die Aufgaben, die er sich gestellt hatte, die Stabilität und Kontinuität einer absoluten Herrschaft benötigten. Man denke an Cäsar, der Gesetz und Kultur Roms nach Gallien gebracht, die Germanen über den Rhein zurückgetrieben und den Titel *imperator*, Oberstkommandierender, angenommen hatte. Hatte nicht er, Napoleon, dasselbe getan? Was hätte Cäsar vollbringen können, wäre er nicht ermordet worden? Man bedenke, wieviel Augustus in seinen einundvierzig Jahren kaiserlicher Macht erreichte, befreit von dem plebeischen Chaos, dem Cäsar ein Ende gemacht hatte und unterstützt von einem Senat, der weise genug war, Palaver dem Genie unterzuordnen. Napoleon, Sohn Italiens, Bewunderer der alten Römer, sehnte sich nach solch ungehinderter Fortdauer und nach dem Privileg, das die Kaiser des zweiten Jahrhunderts genossen hatten, den eigenen Nachfolger auszuwählen und heranzubilden.

Doch seine häufig ausgesprochenen Gedanken beschäftigten sich auch mit Karl dem Großen, der in seiner sechsundvierzigjährigen Regierungszeit (768–814) Gallien Ordnung und Prosperität gebracht, die Gesetze der Franken als zivilisatorische Kraft in Germanien und Italien verbreitet und die Salbung durch einen Papst erlangt – oder befohlen – hatte. Hatte nicht er, Napoleon, auch alles dieses vollbracht? Hatte er nicht in Frankreich die Religion wieder hergestellt, die den von der Revolution entfesselten heidnischen Aufstand zähmte? Verdiente er nicht, wie Karl der Große, die Krone auf Lebenszeit?

Augustus und Karl der Große, diese großen Erneuerer, hielten wenig von Demokratie. Sie konnten ihre wohlüberlegten Entschlüsse, ihre weitreichenden Pläne und Überlegungen nicht der nörgelnden Kritik und sinnlosen Diskussion durch die bestechlichen Vertreter des einfältigen Volkes unterwerfen. Cäsar und Augustus hatten die römische Demokratie in den Tagen des Stimmenkaufs eines Milo und Clodius gekannt; sie konnten nicht nach dem Willen geistloser Plebejer regiert haben. Napoleon hatte die Pariser Demokratie 1792 erlebt; er sah klar, daß er nicht auf Geheiß leidenschaftlich erregter Massen handeln und entscheiden konnte. Es war an der Zeit, die Revolution für beendet zu erklären, ihre fundamentalen Errungenschaften zu konsolidieren, Chaos, Angst und Klassenkampf ein Ende zu setzen.

Jetzt, nachdem er die Royalisten durch eine Exekution bestraft hatte, war er bereit, sich ihre Grundauffassung zu eigen zu machen, daß Frankreich weder gefühlsmäßig noch geistig für eine Selbstregierung reif sei und daß auf irgendeine Form autoritärer Herrschaft nicht verzichtet werden könne. Im Jahre 1804, laut Madame de Rémusat, «begannen gewisse, der Politik nahestehende Kreise die These zu vertreten, daß Frankreich an die Notwendigkeit absolutistischer Regierungsmacht zu glauben beginne. Politische Schmeichler begannen ebenso wie aufrechte Parteigänger der Revolution angesichts der Tatsache, daß die Ruhe des Landes von einem einzigen Leben abhing, die mangelnde Stabilität des Konsulats zu diskutieren. Allmählich richteten sich aller Gedanken wieder auf die Monarchie.»[100] Napoleon stimmte ihnen bei. «Die Franzosen», bemerkte er zu Madame de Rémusat, «lieben die Monarchie mit allen Drum und Dran».[101]

So gab er ihnen, um einen Anfang zu machen, das Drum und Dran. Er verordnete offizielle Amtstracht für die Konsuln, die Minister und die anderen Regierungsbeamten; Samt war das bevorzugte Material für diese Gewänder, zum Teil wohl, um die Lyoneser Webereien zu unterstützen. In seinen persönlichen Stab berief Napoleon vier Generale, acht Flügeladjutanten, vier Präfekten und zwei Sekretäre (Méneval hatte um Unterstützung gebeten). Der konsularische Hof wurde einer Etikette und einem Protokoll unterstellt, die mit denen eines etablierten Hofstaates wetteifern konnten. Comte Auguste de Rémusat wurde zum Chef dieses Protokolls bestellt, während seine Gattin Claire den vier Hofdamen in Josephines Gefolge vorstand. Livrierte Lakaien und reich verzierte Kutschen rundeten die verordnete Üppigkeit des offiziellen Lebens ab. Napoleon beachtete alle diese Formen in der Öffentlichkeit, zog sich aber rasch wieder in die Schlichtheit seiner privaten Lebensführung zurück. Dennoch lächelte er zustimmend auf Hoffestlichkeiten, Kostümfesten, Maskenbällen und den offiziellen Besuchen der Oper, wo seine Gemahlin Roben zur Schau stellen konnte, die an eine andere extravagante Königin erinnerten, die vor nicht langer Zeit jämmerlich ums Leben gekommen war. Paris begegnete ihm mit Nachsicht, so wie er Josephine gewähren ließ; warum schließlich sollten diesem jungen Herrscher, der die Staatskunst des Augustus zu den Siegen Cäsars fügte, nicht ein paar Schnörkel und Flitter erlaubt sein? Es erschien ganz natürlich, daß aus dem *imperator* ein *empéreur* werden sollte.

So seltsam es klingt, viele Kreise in Frankreich hörten ohne Ressentiments die Gerüchte von einer bevorstehenden Krönung. Mehr als 1 200 000 Franzosen hatten vom Staat konfisziertes Kirchen- oder Emigranteneigentum gekauft; sie sahen keine Sicherheit für ihre Besitztitel außer in der Verhinderung einer Rückkehr der Bourbonen; daher war für sie die Fortdauer von Napoleons Macht der beste Schutz gegen ein solches Unheil. Die Bauern kamen zu demselben Schluß. Im Proletariat waren die Ansichten geteilt; es war zwar noch stolz auf die Revolution, die so weitgehend sein Werk gewesen war; der Stolz verblaßte jedoch im Genuß der ständigen Beschäftigung und der guten Löhne, die das Konsulat mit sich gebracht hatte. Es war auch nicht immun gegen den sich steigernden Kult des Ruhmes oder den Zauber eines Reiches, dessen Glanz jedes andere übertraf, das mit Frankreich im Wettbewerb stand. Die Bourgeoisie war Imperatoren gegenüber mißtrauisch, doch dieser künftige Kaiser war zuverlässig und hatte ihnen Erfolg gebracht. Die Juristen, im römischen Recht geschult, waren fast alle dafür, Frankreich zu einem Imperium umzubilden, in welchem die Leistungen des Augustus und der Philosophenkaiser von Nerva bis Marcus Aurelius fortgeführt würden. Sogar die Royalisten betrachteten die Wiederherstellung der Monarchie in Frankreich als einen Schritt nach vorne, wenn sie schon keinen Herrscher bourbonischer Abstammung bekommen konnten. Die Geistlichkeit war dankbar für die Wiedereinsetzung der Kirche, obwohl sie wußte, daß Napoleons Frömmigkeit politischer Natur war. Außerhalb von Paris glaubten fast alle Schichten, daß nur eine stabile monarchische Regierung die individualistischen Leidenschaften und Klassenschranken kontrollieren könne, die unter der Schale der Zivilisation durchschimmerten.

Doch fehlten auch negative Stimmen nicht. Paris, das die Revolution gemacht und mit Leib und Seele für sie gelitten hatte, konnte sie nicht ohne hörbare oder heimliche Äußerungen des Bedauerns mit allen ihren mehr oder weniger demokratischen Einrichtungen beiseite legen. Die überlebenden Jakobinerführer sahen in dem beabsichtigten Wechsel ein Ende ihrer Rolle in der Führung Frankreichs, vielleicht sogar ihres Lebens. Die Männer, die für die Hinrichtung Ludwigs XVI. gestimmt hatten, wußten, daß Napoleon sie als Königsmörder verachtete. Sie mußten sich für ihren Schutz auf Fouché verlassen, aber Fouché konnte noch einmal entlassen werden. Die Generale, die gehofft hatten, an Napoleons Macht teilzuhaben, verfluchten die Bewegung, die sich darauf vorbereitete, diesen «Wichtigtuer» aus Korsika mit dem königlichen Purpur zu bekleiden.[102] Die Philosophen und die Gelehrten des Instituts trauerten, daß eines seiner Mitglieder plante, die Demokratie in einer Volksabstimmung für ein Kaiserreich zu ertränken.

Selbst innerhalb der nun fast königlichen Familie waren die Gefühle geteilt. Josephine wandte sich angstvoll gegen jeden Schritt in Richtung auf ein Kaiserreich. Napoleon würde als Kaiser noch mehr Verlangen nach einem Erben und daher nach einer Scheidung tragen, da er von ihr keinen erwarten konnte. Dann konnte ihre ganze blendende Welt aus Gewändern und Diamanten mit einem Schlage in Trümmer fallen. Napoleons Brüder und Schwestern hatten ihn schon seit langem gedrängt, sich scheiden zu lassen; sie haßten die Kreolin als ausschweifende Verführerin, als ein Hindernis für ihre eigenen Machtträume. Jetzt unterstützten sie den Trend zum Kaiserreich als einen Schritt zur Entfernung Josephines. Bruder Joseph formulierte die Begründung, daß

die Verschwörung Cadoudals und Moreaus über die Deklaration eines erblichen Titels entschied. Napoleon als Konsul auf Zeit konnte durch einen *coup-de-main* beseitigt werden; als Konsul auf Lebenszeit wäre der Streich eines Mörders dazu nötig gewesen. Den erblichen Rang brauchte er als Schild; es würde daher nicht ausreichen, ihn zu töten, der gesamte Staat müßte umgestürzt werden. Die Wahrheit ist, daß die Dinge von Natur zum Hereditätsprinzip tendierten; es war eine Frage der Notwendigkeit.[103]

Staatsräte, Senatoren, Tribunen und andere Mitglieder des Regierungsapparates neigten zur Übereinstimmung mit Napoleons Wünschen und zwar aus einfachen

Gründen: Zustimmung würde lediglich ihre Debattierfreiheit einschränken, die ohnehin bedeutungslos geworden war; Opposition konnte sie ihre politische Stellung kosten; frühzeitige Zustimmung reichen Lohn abwerfen. Am 2. Mai 1804 verabschiedeten die gesetzgebenden Körperschaften eine dreifache Entschließung: «1. Daß Napoleon Bonaparte ... zum Kaiser der französischen Republik ernannt werden soll; 2. Daß der Kaisertitel und die kaiserliche Macht in seiner Familie erblich sein sollen ... 3. Daß Sorge getragen werden soll, Gleichheit, Freiheit und die Rechte des Volkes in ihrer Gesamtheit zu bewahren.»

Am 18. Mai proklamierte der Senat Napoleon zum Kaiser. Am 22. Mai gaben die registrierten Wähler Frankreichs durch namentlich gezeichnete Stimmzettel diesem *fait accompli* mit 3 572 329 Ja- zu 2569 Neinstimmen ihr Placet. Georges Cadoudal, der in seiner Gefängniszelle die Neuigkeit erfuhr, sagte: «Wir kamen hierher, um Frankreich einen König zu geben, wir haben ihm einen Kaiser gegeben».[104]

ZWEITES KAPITEL

Das neue Imperium

[1804–1807]

I. DIE KRÖNUNG: 2. DEZEMBER 1804

NAPOLEON paßte sich wie von selbst an die kaiserliche Lebensführung an. Schon vor dem Plebiszit hatte er begonnen (Mai 1804), seine Briefe und Schriftstücke nur mit seinem Vornamen zu unterzeichnen. Bald reduzierte er diesen, abgesehen von offiziellen Dokumenten, auf ein einfaches N; mit der Zeit erschien diese stolze Initiale auf Denkmälern, Gebäuden, Gewändern, Kutschen ... Er begann von der Bevölkerung Frankreichs nicht länger als *citoyens*, sondern als «meine Untertanen» zu sprechen.[1] Er erwartete mehr Ehrerbietung von seinen Höflingen, bereitwilligere Zustimmung von seinen Ministern; trotzdem ertrug er in grimmigem Schweigen Talleyrands aristokratisches Gehabe und ließ sich nicht ganz ungern Fouchés unerbietigen Witz gefallen. In Anerkennung der Hilfe, die Fouché beim Aufspüren von Verschwörern geleistet hatte, setzte er ihn wieder in seine frühere Stellung als Polizeiminister ein (11. Juli 1804). Als Napoleon meinte, Fouchés Unabhängigkeit in Gedanken und Sprache meistern zu können, indem er ihn daran erinnerte, daß er für den Tod Ludwigs XVI. gestimmt hatte, erwiderte Fouché: «Ganz richtig. Es war der erste Dienst, den Eurer Majestät zu erweisen ich Gelegenheit hatte.»[2]

Etwas fehlte seiner Majestät noch: Sie war nicht, wie andere Kronen, durch den höchsten Repräsentanten des religiösen Glaubens der Nation anerkannt und geheiligt. Es war eben doch etwas an dieser mittelalterlichen Theorie vom Gottesgnadentum: Für ein vorwiegend katholisches Volk bedeutete die Salbung seines Herrschers durch einen Papst, der sich als Stellvertreter Gottes betrachtete, daß dieser Herrscher tatsächlich von Gott auserwählt war und daher mit nahezu göttlicher Autorität sprach. Welcher Gedanke konnte bei Ausübung der Herrschaft hilfreicher sein? Würde außerdem eine solche Salbung Napoleon nicht auf eine Stufe mit allen europäischen Souveränen stellen, wie weit sie auch in der Vergangenheit verwurzelt waren? So stellte er seinen Diplomaten die Aufgabe, Pius VII. davon zu überzeugen, daß eine Reise nach Paris – ohne Beispiel in der Geschichte – um den Sohn der Revolution und der Aufklärung zu krönen, den Triumph der katholischen Kirche über Revolution und Aufklärung bedeuten würde. Überdies wäre es doch von Nutzen für Seine Heiligkeit, den hervorragendsten Kriegsmann Europas als neuen *defensor fidei* zu haben. Einige österreichische Kardinäle widersetzten sich diesem Gedanken als einem ausgesprochenen Sakrileg, doch einige schlaue Italiener hielten ihn geradezu für einen Sieg, nicht allein für die Religion, sondern auch für Italien: «Wir würden eine italienische Familie auf den französischen Thron setzen, um diese Barbaren zu regieren; wir würden uns an den Galliern rächen.»³ Der Papst dachte wahrscheinlich eher praktisch: Er stimmte zu in der Hoffnung, eine bußfertige Nation zum Gehorsam gegen den Papst zurückzubringen und zudem verschiedene päpstliche Territorien wiederzugewinnen, die von den Armeen Frankreichs besetzt worden waren.

Napoleon traf für diesen wechselseitigen Triumph ebenso sorgfältige Vorbereitungen wie für einen größeren Krieg. Die Krönungszeremonielle des alten Regimes wurden studiert, angepaßt und erweitert. Prozessionen wurden choreographisch einstudiert, und jede Bewegung wurde zeitlich exakt festgelegt. Für die Damen des Hofes wurden neue Roben entworfen; die besten Schneiderinnen sammelten sich um Josephine, und Napoleon hieß sie die Juwelen des Staatsschatzes ebenso wie ihre eigenen anlegen. Trotz der Proteste seiner Mutter, Brüder und Schwestern war er entschlossen, sie ebenso wie sich selbst zu krönen. Jacques Louis David, der beauftragt worden war, das Ereignis im größten Gemälde der Zeit festzuhalten, skizzierte sie und ihre Umgebung bei jeder Bewegung und in jeder Pose. Dichter wurden beauftragt, die Krönung zu besingen. Die Oper erhielt Anweisung, Ballette einzustudieren, an denen der Papst Gefallen finden könnte. Es wurden Anordnungen getroffen, um die Hauptstraßen mit Truppenspalieren zu säumen. Die Konsulgarde nahm im Schiff von Notre-Dame für dieses einzigartige Treffen von Cäsar und Christus Aufstellung. Fürsten und Würdenträger aus anderen Staaten wurden eingeladen und kamen. Menschenmassen strömten aus der Stadt, den Vorstädten, den Provinzen und dem Ausland herbei und feilschten um günstige Plätze in der Kathedrale und an den Straßen. Ladenbesitzer rafften ein Vermögen zusammen. Verdienstmöglichkeiten und Schaustellungen erfreuten das Volk, wie vielleicht nicht mehr seit den Tagen des Kaiserlichen Rom mit seinem *panem et circenses*.

Der leutselige Pius VII. besuchte auf seiner gemächlichen Reise vom 2. bis 25. November Städte und zeremonielle Empfänge in Italien und Frankreich und traf sich in Fontainebleau mit Napoleon. Von da an bis zur Krönung erwies der Kaiser dem Papst jede Höflichkeit mit Ausnahme von Ehrerbietung; der Kaiser konnte keine über ihm stehende Macht anerkennen. Die Bevölkerung von Paris – zu jener Zeit die skeptischste der Erde – begrüßte den Pontifex als Sehenswürdigkeit. Ein Ehrengeleit von Soldaten und Priestern begleitete ihn in die Tuilerien, wo er in besonderen Gemächern im Pavillon de Flore Wohnung nahm. Josephine begrüßte ihn und ergriff die Gelegenheit, ihn davon zu unterrichten, daß sie mit Napoleon nicht in kirchlicher Ehe verbunden sei. Pius versprach, diesen Mangel vor der Krönung zu beheben. In der Nacht vom 29. zum 30. November traute er sie erneut, und Josephine glaubte nun, daß ein heiliges Hindernis gegen eine Scheidung aufgerichtet worden sei.⁴

In der Frühe eines kalten 2. Dezember brachen ein Dutzend Prozessionen von verschiedenen Punkten auf, um in Notre-Dame zusammenzutreffen: Abordnungen der Städte Frankreichs, der Armee und Marine, der gesetzgebenden Körperschaften, der Richterschaft und der Verwaltung, der Ehrenlegion, des Instituts, der Handelskammern … Sie fanden die Kathedrale fast gefüllt mit eingeladenen Zivilisten, doch Soldaten machten ihnen den Weg zu den für sie reservierten Plätzen frei. Um 9 Uhr setzte sich die päpstliche Prozession vom Pavillon de Flore aus in Bewegung: Pius VII. und sein Gefolge, die Kardinäle und die Großoffiziere der Kurie in reichgeschmückten Wagen, gezogen von ausgesucht schönen Pferden, an der Spitze ein Bischof auf einem Maultier, der das päpstliche Kruzifix vorantrug. An der Kathedrale stiegen sie aus und bewegten sich in feierlichem Zuge die Stufen hinauf, in das Kirchenschiff und durch Spaliere von Soldaten in Habtachtstellung zu ihren Sitzen, der Papst zu seinem Thron zur Linken des Altars. Inzwischen war von einer anderen Stelle der Tuilerien aus die kaiserliche Kavalkade aufgebrochen: Zuerst Marschall Murat, der Gouverneur von Paris, mit seinem Stab; dann einige besonders ausgezeichnete Regimenter der Armee; dann, in sechsspännigen Kutschen, die leitenden Beamten der Regierung; es folgte eine Kutsche mit Bonapartes Brüdern und Schwestern; dann eine achtspännige, mit dem Emblem «N» geschmückte Karosse, darin der Kaiser in Purpursamt, bestickt mit Gold und Edelsteinen und die Kaiserin, auf dem Höhepunkt ihres gefährdeten Glanzes, in Seide gekleidet und schimmernd von Juwelen, «ihr Gesicht so vorzüglich hergerichtet, daß sie», obwohl einundvierzig, «aussah wie vierundzwanzig».[5] Es folgten weitere acht Kutschen mit den Damen und Herren des Hofes. Es dauerte eine Stunde, bis alle diese Wagen die Kathedrale erreicht hatten. Dort wurden Napoleon und Josephine mit den Krönungsgewändern bekleidet und nahmen ihre Plätze rechts vom Altar ein; er auf einem Thron, sie auf einem kleineren Thron fünf Stufen unter ihm.

Der Papst schritt die Stufen des Altars hinauf; Napoleon, dann Josephine, folgten ihm und knieten vor ihm; jeder von beiden empfing Salbung und Segen. Kaiser und Kaiserin schritten hinab, wo General Kellermann sie mit einer Krone auf einem Samtkissen erwartete. Napoleon nahm die Krone und setzte sie sich selbst auf sein Haupt. Dann, während Josephine in Frömmigkeit und Demut vor ihm kniete, setzte er – «mit merklicher Rührung»[6] – eine diamantbesetzte Krone auf ihr juwelengeschmücktes Haar. Dies alles war keine Überraschung für den Papst, da es vorher so abgesprochen worden war.* Dann küßte der geduldige Papst Napoleon auf die Wange und sprach die offizielle Formel: *Vivat Imperator in aeternum.* Der Papst las die Messe. Seine Assistenten brachten ihm eine Bibel. Napoleon legte seine Hand auf das Buch und leistete den Eid, der bekräftigte, daß er immer noch der Sohn der Revolution war:

---

* Napoleon·zu Las Cases am 15. August 1816 in St. Helena: «Der Papst – einige Zeit vor meiner Krönung – … war einverstanden, mir die Krone nicht selbst aufs Haupt zu setzen. Er verzichtete auch auf die Zeremonie des öffentlichen Abendmahls … ‚Napoleon', bemerkte er zu den Bischöfen, die meinten, Pius solle darauf bestehen, ‹ist vielleicht nicht gläubig, doch wird ohne Zweifel die Zeit kommen, da sein Glaube wiederhergestellt wird›.»

Ich schwöre, das Gebiet der Republik in seiner Unversehrtheit zu erhalten; die Bestimmungen des Konkordats und die Freiheit des Gottesdienstes zu respektieren und zu stärken; die Gleichheit vor dem Gesetz, die politische und zivile Freiheit, wie die Unwiderruflichkeit der Verkäufe nationalen Eigentums zu respektieren und zu stärken; keine Abgaben und keine Steuern zu erheben, es sei denn auf gesetzlicher Grundlage; die Einrichtung der Ehrenlegion zu erhalten und nur in Übereinstimmung mit den Interessen, dem Glück und dem Ruhm des französischen Volkes zu regieren.[8]

Gegen 3 Uhr war die Zeremonie vorüber. Die verschiedenen Gruppen kehrten im Schneetreiben unter den Beifallsrufen der Zuschauermenge zu ihren Ausgangspunkten zurück. Der freundliche Pontifex verweilte, fasziniert vom Glanz von Paris und in der Hoffnung auf fruchtbringende Verhandlungen in oder in der Nähe der Hauptstadt, wobei er sich häufig auf einem Balkon zeigte, um eine knieende Menge zu segnen. Er fand Napoleon höflich, aber unerschütterlich und ließ geduldig die weltlichen Unterhaltungen über sich ergehen, die ihm sein Gastgeber bot. Am 15. April 1805 reiste er nach Rom zurück. Napoleon verfolgte seine kaiserlichen Projekte weiter, in der Überzeugung, daß er nun, so heilig wie irgendein Herrscher, entschlossen den Mächten entgegentreten könne, die sich bald zu seiner Vernichtung vereinigen würden.

II. DIE DRITTE KOALITION: 1805

Bis Ende 1804 hatten alle europäischen Regierungen mit Ausnahme von England, Schweden und Rußland Napoleon als «Kaiser der Franzosen» anerkannt, und einige Könige hatten ihn als Bruder angesprochen.[9] Am 2. Januar 1805 richtete er erneut Friedensvorschläge an Georg III. und redete ihn diesmal an als

Sir und Bruder:
Nachdem ich durch die Vorsehung, das Votum des Senats, das Volk und die Armee auf den Thron Frankreichs berufen worden bin, ist mein erster Wunsch der nach Frieden.
Frankreich und England vergeuden ihre Güter. Sie könnten für Jahrhunderte so fortfahren, doch fragt es sich, ob ihre Regierungen so wirklich ihre heiligste Pflicht erfüllen und ob ihr Gewissen sie nicht wegen so vielen nutzlosen Blutvergießens, das doch zu keinem endgültigen Ziele führt, anklagt? Ich scheue nicht davor zurück, die Initiative zu ergreifen. Ich habe, so denke ich, zur Genüge bewiesen, ... daß ich das Kriegsglück nicht fürchte ... Friede ist mein Herzenswunsch, Krieg war meinem Ansehen noch niemals von Nutzen. Ich beschwöre Eure Majestät, sich nicht des Glückes zu berauben, der Welt den Frieden geschenkt zu haben ... Es hat niemals eine bessere Gelegenheit gegeben ... den Leidenschaften Einhalt zu gebieten und auf die Stimme der Humanität und der Vernunft zu hören. Sollte diese Gelegenheit versäumt werden, welche Dauer kann man dann von einem Krieg erwarten, den zu beenden alle meine Bemühungen fehlschlagen könnten? ...
Was hoffen Sie durch einen Krieg zu erreichen? Die Koalition einiger Festlandsmächte? ... Frankreich seiner Kolonien zu berauben? Kolonien sind für Frankreich lediglich von zweitrangiger Bedeutung, und schließlich, besitzt nicht Eure Majestät ihrer bereits mehr, als Sie behaupten können? ...

Die Welt ist groß genug für unsere beiden Nationen, um darin zu leben, und die Macht der Vernunft stark genug, um alle Schwierigkeiten zu überwinden, wenn der Wille dazu auf beiden Seiten vorhanden ist. Ich habe auf jeden Fall eine Pflicht erfüllt, die ich für rechtmäßig halte und die meinem Herzen teuer ist. Ich vertraue darauf, daß Eure Majestät die Aufrichtigkeit der von mir zum Ausdruck gebrachten Gefühle und mein ernsthaftes Bestreben, sie unter Beweis zu stellen, anerkennen werden.

Napoleon[10]

Wir wissen nicht, welche privaten Versicherungen friedlicher Absichten diesen Vorschlag begleitet haben mögen; jedenfalls konnte er England nicht davon abbringen, seine Sicherheit auf ein Gleichgewicht kontinentaler Mächte zu stützen und dieses durch eine Politik der Unterstützung der Schwachen gegen die Starken zu erhalten. Georg III., noch kein «Bruder», antwortete Napoleon nicht, aber am 14. Januar 1805 übersandte sein Außenminister, Lord Mulgrave, Talleyrand eine Note, die offen Englands Vorbedingungen für einen Frieden formulierte:

Seine Majestät wünscht nichts sehnlicher, als die erste Gelegenheit zu ergreifen, um seinen Untertanen wieder die Segnungen eines Friedens zu verschaffen, der auf Grundlagen beruht, die nicht unvereinbar sind mit der dauernden Sicherheit und den vitalen Interessen seiner Staaten. Seine Majestät ist der Überzeugung, daß dieses Ziel nur durch ein Übereinkommen erreicht werden kann, das gleichermaßen die Sicherheit und Ruhe in Europa für die Zukunft gewährleisten, wie eine Wiederholung der Gefahren und Mißgeschicke verhindern kann, die den Kontinent bedrängt haben.

Aus diesem Grund sieht sich Seine Majestät nicht in der Lage, die ihm unterbreitete Frage eindeutiger zu beantworten, bis er die Gelegenheit gehabt hat, sich mit den ihm verbündeten kontinentalen Mächten in Verbindung zu setzen, insbesondere mit dem Kaiser von Rußland, der die stärksten Beweise seiner Weisheit und Loyalität und des tiefen Interesses geliefert hat, das er an der Sicherheit und Unabhängigkeit Europas nimmt.

Zu dieser Zeit war William Pitt der Jüngere englischer Premierminister (Mai 1804 bis Januar 1806). Er repräsentierte die kommerziellen Kräfte, welche die nahezu alleinigen britischen Gewinner am Kriege waren, als das neue Finanzbollwerk Britanniens. Die Kontrolle des Rheins und seiner Mündungen durch Frankreich hatte ihnen erhebliche Verluste zugefügt, aber sie profitierten von der britischen Kontrolle über die Meere. Diese lähmte nicht nur die französische Konkurrenz zur See fast vollständig, sie ermöglichte es England auch, französische und holländische Kolonien nach Belieben zu besetzen und wo auch immer französische Schiffe aufzubringen. Am 5. Oktober 1804 kaperten englische Schiffe mehrere mit Silber beladene spanische Galeonen, die nach Spanien bestimmt waren und dieses in den Stand gesetzt haben würde, einen großen Teil seiner Schulden an Frankreich zu bezahlen. Im Dezember 1804 erklärte England Spanien den Krieg und dieses unterstellte Frankreich seine Flotte. Mit dieser einen Ausnahme brachte England durch überlegene Diplomatie und wohlüberlegte Subsidien allmählich die Kontinentalmächte auf seine Seite, die reicher an Menschen als an Gold waren.

Alexander I. konnte sich nicht entscheiden, ob er ein liberaler Reformer und menschenfreundlicher Despot sein sollte oder ein martialischer Eroberer, vom Schicksal zur Beherrschung Europas berufen. Immerhin war er sich über verschiedene Punkte im klaren: Er wollte seine westlichen Grenzen durch die Annexion der Walachei und der Moldau abrunden, die zur Türkei gehörten. Daher war er, wie seinerzeit Katharina, bestrebt, die Türkei zu überwältigen, den Bosporus und die Dardanellen zu beherrschen und zur gegebenen Zeit das Mittelmeer zu kontrollieren; die jonischen Inseln hielt er bereits besetzt. Doch Napoleon hatte diese Inseln einst erobert und wollte sie nun wiederhaben. Er hungerte immer noch nach Ägypten und dürstete nach dem Mittelmeer; er hatte davon gesprochen, die Türkei und den halben Orient zu schlucken. Nun war ein anderer Unersättlicher erschienen, einer von beiden mußte weichen.

Aus diesen und anderen Gründen war Alexander nichts an einem Friedensschluß Englands mit Frankreich gelegen. Im Januar 1805 unterzeichnete er eine Allianz mit Schweden, das bereits mit England verbündet war. Am 11. Juli brachte er einen Vertrag mit England zum Abschluß, der vorsah, daß dieses Rußland jährliche Subsidien von 1,25 Millionen englischen Pfund für je 100 000 Soldaten bezahlen sollte, die für die Feldzüge gegen Frankreich aufgeboten würden.[12]

Friedrich Wilhelm III. von Preußen verhandelte ein Jahr lang mit Napoleon in der Hoffnung, seinem Reich die Provinz Hannover einzuverleiben, die 1803 von den Franzosen besetzt worden war. Napoleon war zur Abtretung um den Preis eines Bündnisses bereit, in welchem sich Preußen verpflichtete, Frankreich bei der Aufrechterhaltung des neuen Status zu unterstützen. Friedrich konnte sich nicht mit dem Gedanken befreunden, feindliche englische Kriegsschiffe vor seinen Küsten zu sehen. Am 24. Mai 1804 unterzeichnete er ein Bündnis mit Rußland, mit dem Ziel gemeinsamer Aktionen gegen jeden französischen Vormarsch östlich der Weser.

Österreich zögerte ebenfalls. Wenn es sich der neuen Koalition anschloß, würde es die Hauptwucht des französischen Angriffs auszuhalten haben. Doch Österreich hatte mehr noch als England die wiederholten Vorstöße der sich ausbreitenden Macht Napoleons verspürt: im Januar 1802 die Präsidentschaft der italienischen Republik; im September die französische Annexion von Piemont; im Februar 1803 die Unterstellung der Schweiz unter französisches Protektorat; im Mai 1804 die Anmaßung des Kaisertitels. Und die Schläge dauerten an: Am 26. Mai 1805 empfing Napoleon in Mailand die Eiserne Krone der Lombardei, und am 6. Juni nahm er das Ersuchen des Dogen von Genua an, die Ligurische Republik mit Frankreich zu vereinigen. Wann, fragten sich die Österreicher, würde dieser neue Karl der Große Ruhe geben? Könnte er nicht mit Leichtigkeit zuerst den Kirchenstaat und dann das Königreich Neapel schlucken, wenn sich nicht der größte Teil von Europa verbündete, um ihn aufzuhalten? Was würde ihn dann noch davon abhalten, sich Venedigs zu bemächtigen und damit des ganzen reichen Venetiens, dessen Erträge für Österreich so unentbehrlich waren? So war die Stimmung in Österreich, als Britannien ihm neue Hilfsgelder anbot und Rußland ihm 100 000 kampferprobte Soldaten für den Fall eines französischen Angriffs versprach. Am 17. Juni 1805 verbündete sich Österreich mit England, Rußland, Schweden und Preußen. Die Dritte Koalition war komplett.

III. AUSTERLITZ: 2. DEZEMBER 1805

Gegen diese Fünferallianz verfügte Frankreich über die zaudernde Unterstützung von Hessen, Nassau, Baden, Bayern und Württemberg sowie die Kooperation der holländischen und spanischen Flotten. Napoleon hob in allen Teilen seines Reiches Truppen aus und brachte Finanzmittel auf. Er stellte drei Armeen auf: die Rheinarmee unter Davout, Murat, Soult und Ney gegen die österreichische Hauptarmee unter General Mack; die Italienarmee unter Masséna, um den nach Westen gerichteten Stoß einer österreichischen Armee unter dem Befehl des Erzherzogs Karl Ludwig aufzufangen und die Grande Armée Napoleons, derzeit bei Boulogne zusammengezogen, doch jederzeit in der Lage, sich plötzlich gegen Österreich zu wenden. Er hoffte, durch eine rasche Einnahme von Wien Österreich zu einem Separatfrieden zu zwingen, seine kontinentalen Alliierten dadurch zu paralysieren und dann dem seiner Verbündeten beraubten und belagerten England allein gegenüberzustehen. Der junge Kaiser hatte begonnen, England als den Fluch seines Lebens und das Haupthindernis für die Verwirklichung seiner Träume zu hassen; er nannte es *perfide Albion* und sah im britischen Gold die Hauptursache für Frankreichs Nöte. Tag und Nacht plante er unter hundert anderen Projekten den Bau einer Flotte, die Britanniens Seeherrschaft ein Ende bereiten könnte. Er pumpte Geldmittel und Arbeitskräfte in Marinearsenale wie Toulon und Brest und prüfte ein Dutzend Kapitäne, um einen Admiral zu finden, der die wachsende französische Flotte zum Siege führen konnte. Er glaubte, einen solchen Mann in Louis de La Touche-Tréville gefunden zu haben und bemühte sich, ihn mit der Vision eines besetzten und besiegten England zu inspirieren. «Wenn wir für sechs Stunden Herren des Kanals sein können, werden wir die Herren der Welt sein.»[13] Doch La Touche-Tréville starb 1804, und Napoleon machte den Fehler, den Oberbefehl über die französische Flotte Pierre de Villeneuve zu übertragen.

Villeneuve hatte sich anläßlich des ägyptischen Fiaskos als Stümper erwiesen und war sowohl durch mangelnde Unterwürfigkeit als durch Ängstlichkeit aufgefallen. Er glaubte nicht an die Möglichkeit, sechs Stunden lang den Kanal zu beherrschen und trödelte in Paris herum, bis Napoleon ihm befahl, sich nach Toulon zu begeben. Seine Instruktionen waren schwierig und kompliziert: Er sollte seine Geschwader auslaufen lassen, Nelson mit der britischen Hauptflotte auf sich ziehen, ihn über den Atlantik nach Westindien locken, sich ihm zwischen diesen Inseln entziehen und so schnell als möglich zum Englischen Kanal zurückkehren, wo französische, holländische und spanische Einheiten mit ihm zusammen die britischen Kriegsschiffe lange genug beschäftigen würden, um der französischen Armee in ihren tausend Booten die Überfahrt nach England zu ermöglichen, ehe Nelson aus der Karibischen See zurück sein konnte. Villeneuve erledigte den ersten Teil seiner Aufgabe gut: Er lockte Nelson nach Amerika, entkam ihm und eilte nach Europa zurück. Als er jedoch Spanien erreichte, schienen ihm seine Schiffe und Besatzungen nicht in der Verfassung zu sein, um die britischen Wachtschiffe im Kanal zu überwältigen; stattdessen suchte er Schutz in dem befreundeten Hafen Cadiz. Napoleon, der seine Pläne vereitelt sah, sandte Befehle an Villeneuve, Nelsons Flotte aufzusuchen und alles in einem verzweifelten Versuch aufs Spiel zu setzen, die britische Seeherrschaft zu brechen.

Dann, in einem plötzlichen Entschluß, wandte sich der Kaiser vom Kanal ab, ließ 100 000 Mann kehrtmachen und nach Süden und Osten an den Rhein und über den Strom marschieren. Ganz Frankreich verfolgte in Angst und Hoffnung den Marsch dieser Grande Armée, wie Napoleon sie jetzt nannte, und jede Stadt an ihrer Marschroute wünschte ihr Erfolg bei ihrem Unternehmen. Fast in jeder Kirche riefen die Geistlichen die Jugend der Nation auf, dem Ruf zu den Fahnen zu folgen. Sie bewiesen aus der Schrift, daß Napoleon jetzt unter der direkten Führung und dem Schutz Gottes stand[14]; so schnell hatte das Konkordat Früchte getragen. Napoleon ließ Sorge tragen, daß 20 000 Fuhrwerke entlang der Marschroute bereit gestellt wurden, um die Soldaten schneller und müheloser auf ihrem Wege durch Frankreich voran zu bringen.[15] Er selbst fuhr mit Josephine nach Straßburg. Sie war jetzt ganz Sorge und Ergebenheit, denn auch ihr Glück hing von den kommenden Ereignissen ab. Er versprach, daß er in ein paar Wochen Herr von Wien sein würde.[16] In Straßburg ließ er sie in Rémusats Obhut zurück und eilte weiter an die Front.

Seine Strategie war die übliche, nämlich zu teilen und zu siegen: die österreichischen Armeen an einer Vereinigung zu hindern; die österreichischen Streitkräfte zu vernichten oder einzuschließen, ehe die russischen Scharen, deren Hilfe sie erwarteten, heran sein konnten; und dann einen Sieg über die Russen zu erringen, der seine kontinentalen Feinde zu einem wenigstens zeitweiligen Frieden zwingen würde. Trotz düsterer Tage und finsterer Nächte mit Regen, Schnee und Schlamm führte die Rheinarmee ihre Aufgabe in diesem Feldzug mit einer Promptheit und Schnelligkeit durch, die als Illustration dafür dienen können, wieviel Napoleon seinen Marschällen verdankte. Nach einer Woche des Manövrierens sahen sich General Macks 50 000 Mann bei Ulm von drei Seiten von der Artillerie, Kavallerie und Infanterie Davouts, Soults, Murats und Neys eingeschlossen, während die Donau in ihrem Rücken ihnen den Rückzug verwehrte. Ohne Verpflegung und knapp an Munition drohten die umzingelten Österreicher zu meutern, wenn ihnen nicht die Kapitulation gestattet würde. Mack gab schließlich nach (17. Oktober 1805); 30 000 seiner Soldaten wurden zu Gefangenen gemacht und nach Frankreich abtransportiert. Es war einer der am wenigsten kostspieligen und dabei vollständigsten und wirkungsvollsten Siege der Kriegsgeschichte. Kaiser Franz II. und eine Anzahl österreichischer Überlebender von Ulm flohen nach Norden zu den herannahenden Russen, während Napoleon ohne auf Widerstand zu stoßen und ohne Gepränge in Wien einzog (12. November).

Sein Triumph wurde bald durch die Nachricht verbittert, daß Villeneuve entsprechend den erhaltenen Befehlen in See gestochen war, um Nelson in einem Treffen zu begegnen, das für beide zu einem Duell mit tödlichem Ausgang wurde. Nelson siegte bei Trafalgar (21. Oktober 1805), wurde aber auf den Tod verwundet; Villeneuve verlor und nahm sich das Leben. Trübsinnig ließ Napoleon alle Hoffnung fahren, die britische Seeherrschaft zu brechen. Kein Weg schien zum endgültigen Sieg zu führen, als zu Lande soviele Schlachten zu gewinnen, daß die Kontinentalmächte sich gezwungen sähen, Frankreichs Beispiel zu folgen und ihre Märkte für britische Güter zu schließen, bis die englischen Kaufleute ihre Regierung zwingen würden, um Frieden zu bitten.

Er ließ General Mortier mit 15 000 Mann als Besatzung in Wien zurück und brach am 17. November auf, um zu seinen Truppen zu stoßen und sie für das Treffen mit zwei russischen Armeen zu formieren, die gegen Süden marschierten, eine unter dem energischen Kutusow, die andere unter dem Zaren Alexander selbst. Der russische Bär traf am 2. Dezember 1805 bei Austerlitz, einem Dorf in Mähren, auf den französischen Adler. Vor der Schlacht erließ Napoleon einen Tagesbefehl an seine Legionen:

> Soldaten:
> Die russische Armee naht heran, um die österreichische Niederlage von Ulm zu rächen ... Die Stellungen, die wir halten, sind hervorragend; während sie mich von rechts umfassen wollen, bieten sie mir ihre Flanke ...
> Ich selbst werde Eure Bataillone befehligen. Ich werde mich aus dem Feuer halten, wenn Ihr, mit Eurer gewohnten Tapferkeit, Unordnung und Verwirrung in die feindlichen Reihen tragt. Doch sollte der Sieg nur für einen Augenblick ungewiß sein, so werdet Ihr sehen, daß sich Euer Kaiser als erster der Gefahr aussetzt. Denn der Sieg darf nicht zweifelhaft sein, an diesem besonderen Tage, wenn die Ehre der französischen Infanterie, die so eng mit der Ehre der ganzen Nation verbunden ist, auf dem Spiele steht ... Es gehört sich für uns, diese Mietlinge Englands zu schlagen, die von solch bitterem Haß auf unsere Nation erfüllt sind ...
> Dieser Sieg wird das Ende des Feldzuges bringen, und wir werden uns dann in unsere Winterquartiere begeben können, wo neue Armeen, die in Frankreich aufgestellt werden, zu uns stoßen. Dann wird der Friede, den ich schließen werde, meines Volkes, Eurer und meiner würdig sein.[17]

Sein erster Zug war die Erstürmung eines Hügels, der es seiner Artillerie erlauben würde, die russische Infanterie bei ihrem Umfassungsmanöver unter Feuer zu nehmen. Der Hügel wurde von einer Abteilung der besten Soldaten Kutusows gehalten; sie wurden zurückgeworfen, formierten sich aufs neue und wurden schließlich von Napoleons Reserven überwältigt. Kurz darauf dezimierte die französische Artillerie die Russen auf ihrem Marsch durch die unten liegende Ebene; ihr Zentrum brach in wilder Flucht auseinander und zerriß die Armee in ungeordnete Hälften, die sich auf der einen Seite der Infanterie Davouts und Soults, auf der anderen den Bataillonen Lannes', Murats und Bernadottes gegenüber sahen. Gegen das zersprengte Zentrum warf Napoleon seine Reserven, um die Niederlage vollständig zu machen. Die 87 000 Russen und Österreicher verloren 20 000 Gefangene und fast ihre gesamte Artillerie. Sie ließen 15 000 Gefallene auf dem Schlachtfeld. Alexander und Franz II. flohen mit den kümmerlichen Resten nach Ungarn, während ihr eingeschüchterter Alliierter Friedrich Wilhelm III. demütig um Frieden bat.

Die zusammen mit ihren Verbündeten 73 000 Mann starken Franzosen mußten bei dem Gemetzel 8000 Tote und Verwundete hinnehmen. Die Überlebenden, seit langer Zeit gegenüber dem Anblick des Todes abgehärtet, feierten ihren Führer mit wilder Begeisterung. In einem Bulletin vom 3. Dezember dankte er ihnen mit einem Versprechen, das er bald einlösen sollte: «Wenn alles, was für das Glück und Gedeihen unseres Landes notwendig ist, vollendet sein wird, werde ich Euch nach Frankreich zurückführen. Dort wird Euch meine wärmste Fürsorge zuteil werden. Mein Volk wird Euch mit Freude willkommen heißen und Ihr werdet nur zu sagen brauchen, ‹ich war bei Austerlitz dabei›, so wird jeder ausrufen, «seht den Helden».»[18]

IV. DER KARTOGRAPH: 1806–1807

William Pitt erhielt die Nachricht von Austerlitz auf dem Sterbebett. Als sein Blick auf eine Karte Europas an der Wand fiel, bat er, sie zu entfernen. «Rollt diese Karte zusammen», sagte er, «sie wird in den nächsten zehn Jahren nicht gebraucht werden».[19] Napoleon war der gleichen Ansicht und änderte die Karte.

Er begann mit der Umgestaltung Preußens und Österreichs. Talleyrand, den er nach Wien berief, um den kaiserlichen Willen in die Sprache der Diplomatie zu kleiden, riet ihm, Österreich maßvolle Bedingungen zu gewähren unter der Bedingung eines Bündnisses mit Frankreich, das der Verquickung englischer Hilfsgelder mit der österreichischen Politik ein Ende setzen und Frankreich im Konflikt mit Preußen und Rußland einen gewissen Rückhalt, wenn auch nur geographisch geben würde. Napoleon, von der Brüchigkeit aller Allianzen überzeugt, war mehr dafür, Österreich derart zu schwächen, daß es nicht mehr im Stande wäre, Frankreich herauszufordern und Preußen durch einen milden Frieden von Rußland zu trennen. Unterdessen ließ er Alexander seine überlebenden Russen nach Rußland zurückführen, ohne ihn zu verfolgen.

In einem Vertrag, der im Arbeitszimmer Maria Theresias im kaiserlichen Schloß zu Schönbrunn unterzeichnet wurde (5. Dezember 1805), zwang Napoleon Preußen, seine Armee aufzulösen, die Markgrafschaft Ansbach an Bayern und das Fürstentum Neuchâtel an Frankreich abzutreten sowie eine bindende Allianz mit seinem Überwinder abzuschließen. Friedrich Wilhelm III. erwartete, als Gegenleistung die Provinz Hannover zu erhalten, die Napoleon ihm gerne zusagte als Absicherung gegen irgendwelche proenglischen Gefühle in Preußen. Der Vertrag von Preßburg mit Österreich (in Napoleons Abwesenheit am 26. Dezember 1805 abgeschlossen) war unbarmherzig. Österreich hatte mit dem Einmarsch in Bayern die Feindseligkeiten begonnen; nun wurde ihm auferlegt, seine gesamten Territorien in Tirol, Vorarlberg und Süddeutschland an Bayern, Baden und Württemberg abzutreten. So vergrößert, wurden Bayern und Württemberg zu Königreichen erhoben, während Baden zu einem mit Frankreich alliierten Großherzogtum wurde. Um Frankreich für seine Aufwendungen an Menschen, Geld und Material in diesem Krieg zu entschädigen, unterstellte Österreich seine sämtlichen Besitzungen in Italien, einschließlich Venedig mit seinem Hinterland, einem französischen Protektorat; es verpflichtete sich ferner, Frankreich eine Kriegsentschädigung von vierzig Millionen Francs zu bezahlen, wovon ein Teil – wie Napoleon zu seiner Genugtuung erfuhr – erst kürzlich aus England eingetroffen war.[20] Darüberhinaus befahl er seinen Kunstexperten, eine Anzahl ausgewählter Gemälde und Statuen aus österreichischen Schlössern und Galerien nach Paris zu schicken. Diese ganzen Tribute an Land, Geld und Kunstwerken betrachtete der Sieger, in seiner römischen Denkweise, als rechtmäßige Kriegsbeute. Endlich befahl er, auf der Place Vendôme in Paris eine Triumphsäule zu errichten und sie mit dem Metall der bei Austerlitz erbeuteten feindlichen Kanonen zu umkleiden.

Talleyrand unterschrieb diese Verträge. Gleichzeitig begann er aber aus Enttäuschung über die Ablehnung seiner Ratschläge seinen Einfluß gegen die weitere Ausdehnung von Napoleons Macht zu nutzen und scheute dabei auch nicht vor Verrat zurück. Er entschuldigte sich später damit, durch die schlechten Dienste, die er seinem Auftraggeber erwies, Frankreich gedient zu haben. Er ließ sich aber bedenkenlos von beiden bezahlen.

Am 15. Dezember 1805 verließ Napoleon Wien, um mit Josephine in München zusammenzutreffen. Dort wohnten sie der Hochzeit Eugènes (der zum Vizekönig von Italien ernannt worden war) mit Prinzessin Augusta, der ältesten Tochter des Königs von Bayern, bei. Vor der Trauung adoptierte Napoleon Eugène in aller Form und versprach ihm die Krone Italiens als Erbe. Es war eine politische Heirat mit dem Ziel, das Bündnis zwischen Bayern und Frankreich zu festigen. Augusta lernte aber ihren Gemahl lieben und trug später, nach dem Sturz seines Adoptivvaters, zur Rettung Eugènes bei.

Der Kaiser fuhr mit der Kaiserin weiter nach Paris, wo er so mit öffentlichen Feierlichkeiten und dem Beifall der Bevölkerung überschüttet wurde, daß sich Madame de Rémusat zu der Bemerkung veranlaßt sah, «ob es möglich sein könne, daß ein Mensch durch ein solches Übermaß an Bewunderung nicht den Kopf verliere».[21] Die Umstände trugen dazu bei, ihn zu ernüchtern. Er stellte fest, daß während seiner Abwesenheit Mißwirtschaft das Schatzamt an den Rand des Bankrotts gebracht hatte; die österreichische Kriegsentschädigung half, den Schaden wiedergutzumachen. Er hatte sich auch jetzt immer noch mit Anschlägen auf sein Leben auseinanderzusetzen. Am 20. Februar 1806 teilte ihm der britische Premierminister Charles James Fox mit, er möge auf der Hut sein, da ein potentieller Meuchelmörder sich erboten habe, Napoleon für eine beträchtliche Summe umzubringen.[22] Fox hatte den Mann in Haft nehmen lassen, doch gab es wahrscheinlich noch mehr solcher käuflichen Patrioten. Da England damals mit Frankreich im Kriege lag, entsprach die Handlungsweise des Premierministers sowohl dem christlichen als auch dem ritterlichen Ehrenkodex. Unter solchen Umständen kehrte Frankreich am 1. Januar 1806 zum christlichen Gregorianischen Kalender zurück.

Nach vier Monaten der administrativen Überholung verlas der Kaiser am 2. Mai vor dem Corps Législatif seinen «Bericht über die Lage des Imperiums im Jahre 1806». Dieser zählte kurz die Siege der Armee und die neugewonnenen Alliierten und Territorien auf; er beschrieb die günstige Verfassung der französischen Landwirtschaft und Industrie; er kündigte die Industrieausstellung – ein Novum in der französischen Geschichte – an, die im Herbst im Louvre eröffnet werden sollte, er erwähnte den Bau oder Ausbau von Häfen, Kanälen, Brücken und 33 500 Meilen Straßen, mehrere davon über die Alpen; er berichtete von den Fortschritten großer Bauvorhaben, so des Temple de la Victoire (heute La Madeleine), der Börse, wo Geld zur Kunst erhoben wurde, und des Arc de Triomphe de l'Étoile, der als krönender Abschluß der Champs-Elysées emporwuchs. Der Bericht endete mit der Versicherung, auf die Frankreich wartete: «Nicht Eroberungen sind es, nach denen der Sinn des Kaisers steht; er hat die Sphäre militärischen Ruhmes ausgeschöpft ... Die Staatsverwaltung zu vervollkommnen und sie zur Quelle dauernden Glücks und stets wachsenden Wohlstandes für sein Volk zu machen, ... das ist der Ruhm, nach dem er strebt.»[23]

Die Veränderungen der Landkarte gingen weiter. Am 12. Juli 1806 empfing der unglaubliche Kaiser ein weiteres Imperium als Geschenk, bestehend aus den Königreichen Bayern, Sachsen, Württemberg und Westfalen, den Großherzogtümern Baden, Berg, Frankfurt, Hessen-Darmstadt und Würzburg, den Herzogtümern Anhalt, Arenberg, Mecklenburg-Schwerin, Nassau, Oldenburg, Sachsen-Coburg, Sachsen-Gotha, Sachsen-Weimar und einem halben Dutzend Kleinfürstentümern. Die Initiative zu diesem bemerkenswerten Zusammenschluß von Freund und Feind hatte (laut Méneval) «Fürstprimas» Karl Theodor von Dalberg ergriffen, der frühere Kurerzkanzler und Erzbischof von Mainz. Unter seiner Führung baten die Oberhäupter der einzelnen Staaten Napoleon, sie unter seinen Schutz zu stellen, sagten ihm Truppenkontingente für seine Armeen zu (insgesamt 63 000), kündigten ihre Trennung vom Heiligen Römischen Reich (das Karl der Große A. D. 800 gegründet hatte) an und bildeten den Rheinbund. Wahrscheinlich wurde diese Neuorientierung deutscher Gebiete durch die Verbreitung der französischen Sprache und Literatur erheblich erleichtert. Die intellektuelle Gemeinschaft war nahezu international. Preußen protestierte natürlich gegen diesen außerordentlichen Machtzuwachs Frankreichs, doch Österreich, seit seiner Niederlage hilflos, akzeptierte den Wechsel. Da der Auszug von sechzehn Fürsten und ihren Staaten das Heilige Römische Reich Deutscher Nation zu einem belanglosen Bruchstück seiner ursprünglichen Ausdehnung reduzierte, verzichtete Franz II. (6. August 1806) auf seinen deutschen Kaisertitel und seine Vorrechte als Haupt des einstmals ausgedehnten Gebildes, das Voltaire «nicht heilig, nicht römisch und auch kein Reich» genannt hatte, und begnügte sich künftig mit dem Titel Franz I., Kaiser von Österreich.

Jetzt erstreckte sich das französische Imperium, und bald auch der Geltungsbereich des Code Napoléon, vom Atlantik bis an die Elbe. Es umschloß Frankreich, Belgien, Holland, die Grenzländer westlich des Rheins, Genf und fast ganz Italien nördlich des Kirchenstaates. Der Mann, der Karl den Großen beneidet hatte, hatte offensichtlich Karl des Großen Leistung wiederholt, «dem Westen Gesetze zu geben,» genauer gesagt: Westeuropa. Doch zwischen Atlantik und Elbe fragten sich nachdenkliche Köpfe: Wie lange kann diese Verbrüderung von Galliern und Teutonen dauern?

V. JENA, EYLAU, FRIEDLAND: 1806–1807

Am 15. August 1806 feierte Frankreich den St. Napoleons-Tag und Napoleons siebenunddreißigsten Geburtstag. «Das Land», schrieb Madame de Rémusat (in der Regel kritisch in ihrem Urteil), «befand sich in einem Zustand tiefster Ruhe. Der Kaiser stieß von Tag zu Tag auf weniger Opposition. Eine feste, ausgeglichene und peinlich genaue Administration – gerecht insofern, als sie für alle gleich war – regelte sowohl die Ausübung der Hoheitsrechte als auch Art und Weise ihrer Durchsetzung. Die Aushebungen wurden rigoros durchgeführt, doch bislang war das Murren im Volk noch schwach; die Franzosen hatten das Verlangen nach Ruhm noch nicht ausgeschöpft.»[25] Am wichtigsten aber von allem war: Premierminister Fox für England und Graf Peter Obril für Rußland hatten Friedensverhandlungen eröffnet.

Preußen jedoch taumelte dem Krieg entgegen. Seine Zwangsunion mit Frankreich war es teuer zu stehen gekommen: England und Schweden hatten Preußen den Krieg erklärt, die britische Flotte hatte seine Häfen blockiert und seine Schiffe auf den Weltmeeren gekapert, seine Volkswirtschaft litt, und seine Bevölkerung verstand nicht, wie ihr König ein so ein unheilvolles Bündnis hatte schließen können. Seine erfahrenen Staatsmänner, die den Glanz einer noch von stolzen Erinnerungen an Friedrich den Großen geschwellten Armee vor sich sahen und die Menschenmassen abschätzten, die Zar Alexander für die nächste Runde mit Frankreich aufzubieten hatte, rechneten dem zögernden Friedrich Wilhelm III. vor, daß eine dauerhafte Allianz mit Rußland die einzige Alternative für Preußen darstelle, um nicht dem ständig wachsenden Appetit Napoleons zum Opfer zu fallen. Die schöne und leidenschaftliche Königin Luise schwärmte für den gutaussehenden und ritterlichen Alexander, nannte Napoleon ein «Ungeheuer» und machte sich über die Furcht ihres Gatten vor diesem «Abschaum der Hölle» lustig. Das Regiment, das ihren Namen trug, feierte sie begeistert, als sie es in der Uniform eines Obersten auf dem Paradefeld anführte. Und Prinz Louis Ferdinand, der Vetter des Königs, dürstete nach Kriegsruhm auf dem Weg zu einem Thron.

Am 30. Juni 1806 übermittelte Friedrich Wilhelm Alexander die Versicherung, daß Preußens Abkommen mit Frankreich niemals den Vertrag beeinträchtigen werde, den es 1800 mit Rußland geschlossen hatte. Im Juli schockierte ihn die Nachricht, daß Napoleon einen Rheinbund unter sein Protektorat gestellt habe, dem verschiedene Territorien angehörten, die früher preußisch waren und auch jetzt noch als zu seiner Einflußsphäre gehörig betrachtet wurden. Außerdem informierte der preußische Botschafter in Frankreich seinen Souverän, daß Napoleon insgeheim die Rückgabe von Hannover an England als Teil des Preises für einen Frieden angeboten habe. Da aber Hannover Preußen versprochen worden war, fühlte sich der König hintergangen. Am 9. August befahl er die Mobilmachung der preußischen Armee. Am 26. August brachte Napoleon Preußen noch mehr in Harnisch, als er die Erschießung des Nürnberger Buchhändlers Palm befahl – oder gestattete – der eine Broschüre herausgegeben hatte, die zum Widerstand gegen Frankreich aufrief. Am 6. September sagte Friedrich Wilhelm in einem Brief an den Zaren zu, sich an einem Angriff auf den «Störenfried der Menschheit» zu beteiligen.[27] Am 13. September starb der ritterliche Fox. Napoleon behauptete später, daß dies «eines der Verhängnisse meiner Karriere war. Wäre er am Leben geblieben, wäre es zum Friedensschluß gekommen».[28] Das britische Kabinett kehrte zu einer Politik des Kampfes auf Leben und Tod zurück, und Alexander lehnte das vorläufige Abkommen ab, das Obril mit Frankreich geschlossen hatte. Am 19. September stellte Preußen Frankreich ein Ultimatum des Inhalts, daß es den Krieg erklären würde, wenn nicht alle französischen Truppen innerhalb von vierzehn Tagen auf das westliche Rheinufer zurückgezogen würden.

Godoy, der verschlagene Minister, der Spanien damals regierte, machte Preußen ein Freundschaftsangebot und rief die Spanier zu den Waffen. Napoleon vergaß diese Handlungsweise niemals und beschloß, bei gegebener Gelegenheit eine freundlicher gesinnte Regierung in Spanien einzusetzen. Widerwillig verließ er Paris und fuhr mit Josephine und Talleyrand nach Mainz, um das Kriegsglück erneut zu versuchen.

Er schien den Geschmack am Kriegführen verloren zu haben, denn als er sich in Mainz von Josephine trennen mußte, erlitt er einen Nervenzusammenbruch. Möglicherweise war er sich darüber klar geworden, daß, wie oft er auch im Kriege Thron und Leben aufs Spiel setzte, kein Sieg ihm jemals einen annehmbaren Frieden bringen würde. Madame de Rémusat beschrieb die Szene, wie sie ihr von ihrem Gatten berichtet wurde:

Der Kaiser schickte meinen Gatten, damit er die Kaiserin zu ihm brächte; er kehrte in kurzer Zeit mit ihr zurück. Sie weinte. Erschüttert durch ihre Tränen, hielt der Kaiser sie lange Zeit umschlungen und schien fast außerstande, ihr Lebewohl zu sagen. Er war heftig bewegt und auch M. de Talleyrand war sehr gerührt. Der Kaiser, der seine Frau immer noch ans Herz drückte, näherte sich M. de Talleyrand mit ausgestreckter Hand; dann sagte er zu M. de Rémusat, indem er seine Arme um beide legte: «Es ist sehr hart, die zwei Menschen zu verlassen, die man am meisten liebt». Als er diese Worte äußerte, überkam ihn eine Art nervöser Erschütterung, die sich zu einem solchen Grad steigerte, daß er in heftiges Weinen ausbrach; fast augenblicklich folgten krampfartige Anfälle, die ihn zum Erbrechen zwangen. Er wurde in einen Stuhl genötigt und trank etwas Orangenblütenwasser, fuhr jedoch eine ganze Viertelstunde lang fort zu weinen. Endlich gewann er wieder die Herrschaft über sich, erhob sich unvermittelt, schüttelte M. de Talleyrand die Hand, umarmte seine Gattin noch einmal und sagte zu M. de Rémusat: «Sind die Wagen bereit? Rufen Sie die Suite, wir wollen aufbrechen.»[29]

Eile tat not, denn seine Strategie basierte darauf, seine besten Truppen gegen die Preußen einzusetzen, ehe die Russen die Front erreichen konnten. Die Preußen

hatten sich noch nicht vereinigt: Die Spitze bildeten 50 000 Mann unter Prinz
Friedrich Ludwig von Hohenlohe; weiter zurück standen 60 000 Mann unter Friedrich Wilhelm und dem gleichen Herzog von Braunschweig, der fünfzehn Jahre vorher geschworen hatte, Paris zu zerstören. Hinzu kamen noch an die 30 000 Hannoveraner, die ohne besondere Begeisterung ihrem neuen König zu Hilfe kamen; alles
in allem also 140 000 Mann. Napoleon verfügte über 130 000 Soldaten, hastig zu-
sammengewürfelt, doch im Felde erfahren und unbesiegt, sicher geführt von
Lannes, Davout, Augereau, Soult, Murat und Ney. Lannes und Augereau trafen bei
Saalfeld, auf einer Ebene zwischen Saale und Ilm, Nebenflüssen der Elbe, auf eine
preußische Division; die Preußen, an das schnelle Manövrieren der Franzosen
nicht gewöhnt, wurden in die Flucht geschlagen. Dort fiel Prinz Louis Ferdinand
(10. Oktober 1806).

Die Franzosen stürmten weiter und trafen, 56 000 Mann stark, in der Nähe von
Jena, der Heimstätte der berühmten Universität, wo Schiller vor kurzem gelehrt
hatte und von wo aus Hegel ein Jahr später die Welt mit einer neuen Philosophie in
Erstaunen setzen sollte, auf die Armee Hohenlohes. Napoleon setzte seine Streitkräfte in einem komplizierten Netzwerk ein, das es den Divisionen von Lannes
und Soult ermöglichte, Zentrum und linke Flanke des Feindes zu attackieren, während Augereaus Division die rechte angriff und Murats Kavallerie sich wild auf die
in Unordnung geratenen Preußen warf, die ihre Formationen im Stich ließen und
vom Schlachtfeld flohen. Auf ihrer Flucht gerieten sie unter die zerschlagenen Bataillone des Herzogs von Braunschweig, die bei Auerstädt von einer französischen
Armee unter der brillanten Führung Davouts vernichtend geschlagen worden waren.
Im Verlauf dieser Schlacht war der Herzog von Braunschweig tödlich verwundet
worden. An jenem Tag, dem 14. Oktober 1806 verzeichneten die Preußen insgesamt
27 000 Tote oder Verwundete, 18 000 Gefangene und fast ihre gesamte Artillerie.
Napoleon schickte am Abend einen Eilbericht an Josephine: «Wir sind mit der
preußischen Armee zusammengetroffen; sie existiert nicht mehr. Ich bin wohlauf
und drücke Dich an mein Herz.»[30] An den folgenden Tagen machten Ney, Soult
und Murat bei der Verfolgung der Flüchtigen weitere 20 000 Gefangene. Davout
und Augereau marschierten direkt nach Berlin. Die Stadt kapitulierte schnell, und
am 27. Oktober zog Napoleon in die preußische Hauptstadt ein.

Einer seiner ersten Schritte war es, Preußen und seinen Verbündeten eine Kontribution von 160 Millionen Francs zur Bezahlung der französischen Kriegskosten
aufzuerlegen.[31] Außerdem hatte Berlin die Besatzungstruppen mit Verpflegung, Bekleidung und Medikamenten zu versorgen. Kunstkenner erhielten den Befehl, die
besten Gemälde und Skulpturen aus Berlin und Potsdam nach Paris zu schicken.
Napoleon selbst eignete sich bei einem Besuch in Potsdam den Degen Friedrichs des
Großen an.

Von Berlin aus erließ er am 21. November 1806 ein historisches Dekret mit fol-
gendem Inhalt: Künftig durfte kein Schiff aus Großbritannien oder seinen Kolonien
irgendeinen Hafen des französischen Imperiums anlaufen, das jetzt auch die Hanse-

städte umfaßte. Keinerlei Güter aus Großbritannien oder seinen Besitzungen durften in irgendein von Frankreich beherrschtes oder mit ihm verbündetes Gebiet eingeführt werden; kein Brite durfte diese Länder betreten. In der Erkenntnis, daß alle seine militärischen Siege England nicht zum Frieden bewegen konnten und überzeugt, daß es seine Blockade auf sämtliche von Frankreich kontrollierten Gebiete ausdehnen würde, wie es sie bereits (im Mai 1806) auf die gesamte Küste von Brest bis zur Elbe ausgedehnt hatte[32], versuchte Napoleon, den Spieß umzudrehen: England mußte vom Kontinent ausgeschlossen werden, so wie die britische Flotte Frankreich und seine Verbündeten vom gesamten Seehandel ausgeschlossen hatte. Vielleicht waren auf diese Weise, so hoffte er, die britischen Kaufleute und Fabrikanten zum Frieden zu bewegen.

Dieser Plan wies eine Menge schwacher Stellen auf. Die Fabrikanten auf dem Festland, der britischen Konkurrenz ledig, würden die Preise ihrer Erzeugnisse erhöhen und die Verbraucher das Fehlen britischer Waren, an die sie sich gewöhnt hatten, beklagen. Schmuggel und Bestechung würden blühen. (Bourrienne, den Napoleon zum Gesandten in Hamburg ernannt hatte, war schon dabei, ein Vermögen durch den Verkauf von Ausnahmegenehmigungen von der Kontinentalsperre anzuhäufen; Napoleon mußte ihn wiederum entlassen.) Rußland war weiterhin mit England verbündet, und britische Güter konnten über die russischen Grenzen nach Preußen und Österreich gelangen. Tag für Tag wurden im Hafen von Danzig, das weiterhin von preußischen Truppen gehalten wurde, britische Güter ausgeladen. Obwohl die preußische Armee zerschlagen war und Napoleon in Berlin das Sagen hatte, gab seine militärische Situation mehr zur Beunruhigung Anlaß als seine wirtschaftliche. Der größte Teil Polens war von Rußland und Preußen besetzt, und polnische Patrioten richteten Appelle an Napoleon, zu kommen und ihr einst so stolzes Land von diesem erniedrigenden Joch zu befreien. Jedoch stand eine gut ausgerüstete Armee von 80 000 Russen unter dem Kommando von Graf Levin Bennigsen westlich der Weichsel bereit, um jede französische Einmischung in die polnischen Angelegenheiten zurückzuweisen. Andererseits war die französische Armee, die sich langsam von Jena erholte, nicht darauf erpicht, einen Zusammenstoß zu provozieren; der feuchten Kälte des Baltikums ungewohnt, sah sie mit Unbehagen dem herannahenden Winter entgegen und sehnte sich nach Hause. Unterdessen kam eine Deputation aus Paris nach Berlin, offiziell, um Napoleon zu seinen brillanten Siegen zu beglückwünschen, in Wirklichkeit aber, um ihn zu bitten, Frieden zu machen und in ein Frankreich zurückzukehren, das begonnen hatte, in jedem Sieg Napoleons den Zwang zu vielen weiteren zu sehen, von denen jeder alle vorangegangenen aufs Spiel setzte. Er erklärte den Delegierten, daß er jetzt nicht aufhören könne; der russischen Herausforderung müsse begegnet werden und die Kontinentalsperre wäre erfolglos, wenn nicht Rußland zur Mitarbeit überredet oder gezwungen werden könne. Er befahl seiner Armee den Einmarsch in Russisch-Polen; sie traf auf keinen unmittelbaren Widerstand, und am 19. Dezember 1806 zog Napoleon ungehindert und unter dem Beifall der Bevölkerung in Warschau ein.

Alle Schichten der Bevölkerung Polens, vom Adel, den es immer noch nach dem *liberum veto* verlangte, bis zu den Bauern, die immer noch unter der Leibeigenschaft seufzten, sahen gemeinsam in ihm den Wundertäter, der die drei Teilungen ihres Landes durch Rußland, Preußen und Österreich anullieren und Polen wieder zu einem souveränen Staat machen würde. Er vergalt den Beifall mit Lobsprüchen, pries ihr Volk, ihre Helden, ihre Frauen (die französisch ebenso fließend sprachen wie ihre eigene, verführerisch zischende Sprache), und bot einer von ihnen, der Gräfin Maria Laczyńska Walewska, sein Herz und Bett an. Seine vorher ebenso wie die später an sie gerichteten Liebesbeteuerungen waren genauso demütig und leidenschaftlich wie seine frühen Briefe an Josephine. Die Walewska wies ihn zurück (so erzählt man uns), bis eine Gruppe polnischer Adliger «in einem Schriftstück, das von den ersten Namen Polens unterzeichnet war», sie beschwor, sich zu opfern, in der Hoffnung, Napoleon könne dadurch bewogen werden, die Integrität und Unabhängigkeit ihres dreimal geteilten Landes wiederherzustellen. Sie erinnerten daran, daß Esther sich Ahasverus hingegeben habe, nicht aus Liebe zu ihm, sondern um ihr Volk zu retten. «Könnten wir doch dasselbe sagen, zu Eurem Ruhm und unserem guten Glück.»[33] Als Josephine um Erlaubnis bat, ihn von Mainz aus zu besuchen, benützte Napoleon die schlechten polnischen Wege als Ausrede und forderte seine Frau auf: «Reise zurück nach Paris; ... sei heiter und froh; vielleicht werde ich bald bei Dir sein».[34]

Er überwinterte mit Gräfin Walewska und hoffte, daß die Russen den Frühling abwarten würden, ehe sie ihm Schwierigkeiten machten. Doch als er eine Streitmacht unter Marschall François Joseph Lefebvre zur Einnahme Danzigs entsandte, führte Bennigsen fast seine gesamten 80 000 Mann über die Weichsel und richtete einen massiven Angriff gegen Lefebvres Marschkolonnen, als diese sich Thorn näherten. Kuriere brachten Napoleon die Nachricht; er eilte nach Norden und schlug mit 65 000 Mann am 8. Februar 1807 bei Eylau (südlich von Königsberg) eine der verlustreichsten Schlachten seiner Kriege. Die russische Artillerie erwies sich als der französischen überlegen; Augereau, alt, verwundet und verstört, bat, von seinem Kommando entbunden zu werden und gab vor, er könne nicht mehr klar denken; Murats Kavallerie brach in die Linien des Feindes ein, doch die Russen formierten sich aufs neue und hielten ihre Stellungen bis zum Abend. Dann befahl Bennigsen den Rückzug und ließ 35 000 Mann tot oder kampfunfähig auf dem Schlachtfeld zurück; trotzdem meldete er dem Zaren, er habe einen glorreichen Sieg erfochten. Der Zar feierte ihn in St. Petersburg mit einem Tedeum.[35]

Die Franzosen hatten zwar gewonnen, doch sie hatten 10 000 Verwundete oder Tote zu beklagen und die Überlebenden fragten sich, wie sie einem erneuten Angriff dieser zähen, unzählbaren Slawen widerstehen sollten. Napoleon selbst hatte jetzt ungewohnte Stunden des Trübsinns; sein erkrankter Magen, der ihm später den Tod bringen sollte, plagte ihn schon damals mit Schmerzen. Er vergaß niemals die hingebungsvolle Fürsorge, mit der ihn Maria Walewska während dieses beschwerlichen Winters im Armeequartier in Finkenstein umhegte. Trotzdem aber arbeitete er täglich, organisierte die Beschaffung von Verpflegung, Bekleidung und Medikamenten für seine Soldaten, inspizierte den täglichen Dienst, hob unter seinem erschöpften Volk und unter seinen widerstrebenden Alliierten Rekruten aus und erließ Dekrete für die Regierung Frankreichs. Unterdessen trafen Zar Alexander I. und König Friedrich Wilhelm III. in Bartenstein zusammen und unterzeichneten ein Abkommen über die Aufteilung des nichtfranzösischen Europa unter Rußland und Preußen – nach der nächsten Schlacht, in der, so hofften sie, die französische Armee vernichtet werden würde.

Als die dezimierte französische Armee aber neue Verstärkungen erhalten hatte und der knospende Frühling die Stimmung hob, stellte Napoleon ein neues Detachement zur Einnahme von Danzig ab, die auch gelang. Bennigsen, der ebenfalls seine Bataillone neu formiert hatte, erhielt von Alexander den Befehl, nach Königsberg zu marschieren, wo die 24 000 Mann starke preußische Garnison zu ihm stoßen sollte. Bennigsen marschierte ab, ließ jedoch unterwegs seine 46 000 Mann in Friedland Rast machen. Dort wurden sie am 14. Juni 1807 (dem Jahrestag von Marengo) um 3 Uhr morgens durch einen Artillerieangriff von 12 000 Franzosen unter dem Befehl des verwegenen, aber bisher unbesiegten Lannes aufgestört. Die Russen erwiderten das Feuer rasch, und das Wagnis hätte mit einer Katastrophe enden können, wären nicht Verstärkungen herangekommen. Napoleon eilte mit seiner gesamten Streitmacht herbei und umzingelte die Russen von allen Seiten bis auf den Allerfluß, der ihnen den Rückzug verwehrte. Gegen 5 Uhr nachmittags gewannen die Franzosen die Oberhand; die Russen retteten sich in wilder Flucht in Boote oder sprangen ins Wasser. Rund 25 000 von ihnen bedeckten den Kampfplatz. Die Franzosen hatten 8000 Mann verloren, aber sie hatten einen entscheidenden Sieg über die einzige damals zur Abwehr einer Invasion verfügbare russische Armee davon getragen.

Russen und Preußen flohen nach Tilsit, wobei sie soviele Hunderte ihrer Leute an die französischen Verfolger verloren, daß ihre Generale mit Alexanders Genehmigung um einen Waffenstillstand ersuchten. Napoleon stimmte zu; dann ließ er General Savary als Gouverneur von Königsberg zurück und begab sich nach Tilsit, um mit einem gebrochenen König und einem gedemütigten Zaren Frieden zu machen.

VI. TILSIT: 25. JUNI BIS 9. JULI 1807

Bei Tilsit, einige sechzig Meilen südöstlich von Königsberg, lagen sich die feindlichen Armeen friedlich auf beiden Seiten der Memel gegenüber und «ein freundschaftliches Einverständnis bahnte sich zwischen ihnen an».[36] Die kaiserlichen Rivalen trafen aber auf Alexanders Anregung vorsichtshalber in einem Zelt zusammen, das auf einem in der Mitte des Stromes vertäuten Floß errichtet worden war. Beide Herrscher wurden zu dem Floß gerudert; Napoleon erreichte es als erster (wie jeder französische Soldat erwartet hatte) und hatte Zeit genug, durch das Zelt zu gehen und Alexander an der anderen Seite willkommen zu heißen. Sie umarmten sich, und die Armeen auf beiden Flußufern vereinigten sich in einem kräftigen Hurra. «Es war ein schöner Anblick», berichtete Augenzeuge Méneval.

Beide Herrscher hatten ihre Gründe, liebenswürdig zu sein: Napoleons Armee war nicht in der Verfassung (weder nach Zahl und Ausrüstung, noch was die Sicherheit ihrer Nachschublinien oder die Unterstützung betraf, die sie von einem nach Frieden schreienden Frankreich erwarten konnte), ein unbekanntes, an Ausdehnung und Bewohnerzahl fast grenzenloses Land anzugreifen. Alexander seinerseits, angewidert von der Schwäche seiner Alliierten und seiner eigenen Truppen, besorgt über mögliche Aufstände in seinen polnischen und litauischen Provinzen und überdies in einen erbitterten Kampf mit der türkischen Armee verwickelt, war froh um eine Atempause, ehe er es unternahm, einen Mann zu besiegen, der (von Akkon abgesehen) noch niemals geschlagen worden war. Im übrigen war dieser Franzose, der mit der Karte Europas Schach gespielt hatte, nicht das «Ungeheuer» und der «Barbar», als den ihn die Zarin und die preußische Königin bezeichnet hatten, sondern ein gewinnend höflicher Mann, dessen Gastlichkeit ebenso perfekt wie unaufdringlich war. Nach diesem ersten Zusammentreffen stimmte Alexander bereitwillig zu, ihre weiteren Konferenzen in der Stadt Tilsit abzuhalten, in bequemen, von Napoleon eingerichteten Räumen nahe seinem eigenen Quartier. Sie dinierten häufig an seiner Tafel, manchmal mit dem König von Preußen, später mit seiner Königin. Eine Zeitlang spielte der Zar den Schüler und bat den Korsen, ihn in der Kunst des Regierens zu unterweisen. Er stimmte mit ihm darin überein, daß Ludwig XVIII. (der damals in Kurland lebte) alle für einen Souverän nötigen Qualitäten fehlten und er «die unbedeutendste Null in Europa sei».[37]

Beide Kaiser hielten einander für charmant und leicht zu täuschen. Nach offensichtlich freundschaftlichen Verhandlungen unterzeichneten sie nicht nur einen Vertrag, sondern ein Bündnis. Rußland behielt seine bisherigen Besitzungen ungeschmälert, würde jedoch seine Zusammenarbeit mit England beenden und mit Frankreich zusammen den Frieden auf dem Kontinent aufrechterhalten. Ein Geheimabkommen sah vor, daß es Rußland freistehe, Schweden Finnland wegzunehmen (Schweden stand Frankreich seit 1792 feindlich gegenüber) und daß Frankreich freie Hand zur Eroberung Portugals habe, das im Kriege zu einem vorgeschobenen Posten Englands geworden war. Alexander verpflichtete sich, einen ehrenhaften Frieden zwischen England und Frankreich zu vermitteln und, falls dies fehlschlagen sollte, sich in Krieg und Kontinentalsperre an Frankreichs Seite zu stellen. Diese Verpflichtung beglückte Napoleon, der die Zusammenarbeit mit Rußland in der Kontinentalsperre weit über jeden Gebietsgewinn stellte.

Nicht gerüstet, diese Abkommen aufs Spiel zu setzen und einen Krieg à outrance mit Rußland, Preußen und Österreich zu riskieren, schob Napoleon den Gedanken einer Wiederherstellung Polens in seinen Grenzen vor der Teilung als nicht durchführbar beiseite und gab sich damit zufrieden, aus dem preußischen Teil Polens ein

Großherzogtum Warschau unter französischem Protektorat zu machen. Für diesen neuen Staat mit zwei Millionen Einwohnern schuf er (22. Juli 1807) eine Verfassung, welche die Leibeigenschaft abschaffte, alle Bürger vor dem Gesetz gleichstellte, öffentliche Verhandlungen vor Geschworenengerichten anordnete und den Napoleonischen Code als Grundlage von Gesetzgebung und Rechtspflege vorschrieb. Das *liberum veto*, feudale Prärogative und der *fainéant* Reichstag wurden abgeschafft; die gesetzgebende Gewalt wurde durch einen Senat aus Notabeln und ein Abgeordnetenhaus von hundert Mitgliedern verkörpert. Die Exekutive sollte zunächst in den Händen des Königs von Sachsen liegen, der von früheren Herrschern Polens abstammte. In Anbetracht der Umstände und der Zeit ihrer Einführung war es eine aufgeklärte Verfassung.

Dem Zaren gegenüber großzügig, kannte Napoleon keine Milde für den Preußenkönig, der die Allianz mit Frankreich gebrochen und sich seinen Feinden angeschlossen hatte. Friedrich Wilhelm III. mußte alle preußischen Gebiete westlich der Elbe abtreten; aus dem größten Teil davon wurden das Großherzogtum Berg und das Königreich Westfalen geschaffen. Fast ganz Preußisch-Polen ging an das Großherzogtum Warschau über, mit Ausnahme von Danzig, das zur Freien Stadt unter französischem Protektorat wurde. Die verbleibende Hälfte Preußens hatte dem englischen Handel ihre Tore zu verschließen, mußte am Krieg gegen England teilnehmen, falls dazu aufgerufen und wurde von französischen Truppen besetzt, bis eine gewaltige Kriegsentschädigung voll bezahlt war. Friedrich Wilhelm, der den Krieg nicht gewollt hatte, war von diesen Bedingungen wie gelähmt. Königin Luise, eigentlich die treibende Kraft zu diesem Kriege, eilte aus Berlin herbei (6. Juli) und versuchte Napoleon mit Argumenten, Parfüms, Lächeln und Tränen zur Milderung seiner Forderungen zu bewegen. Er dämpfte ihre Beredsamkeit, indem er ihr einen Stuhl anbot (es ist schwer, im Sitzen beredt zu sein) und erläuterte, daß irgendjemand für den Krieg bezahlen müsse; warum dann nicht die Regierung, die, um ihn zu führen, ihre Verträge gebrochen hatte – auf ihr Geheiß? Er schickte sie mit einer höflichen Ablehnung fort und befahl Talleyrand, am nächsten Tag die Verträge, wie im voraus formuliert, abzuschließen. Die Königin reiste gebrochenen Herzens nach Berlin zurück und starb drei Jahre später, vierunddreißig Jahre alt.

Am 9. Juli trennten sich die Kaiser, beide mit dem Gefühl, erfolgreich verhandelt zu haben: Alexander hatte Rußland, Sicherheit im Westen und freie Hand in Finnland und der Türkei; Napoleon hatte Berg und Westfalen und einen fragwürdigen Waffenstillstand gewonnen. Jahre später definierte er einen «Kongreß der Mächte» als «zwischen Diplomaten abgesprochenen Betrug; es ist eine Verbindung der Feder Macchiavellis mit dem Schwert Mohammeds».[38] Am nächsten Tage brach er nach Paris auf, wo er mit Lobgesängen öffentlicher Dankbarkeit empfangen wurde, nicht so sehr wegen seiner Siege als weil er den Frieden brachte. Sein Bericht vor dem Corps Législatif über die Lage der Nation im Jahre 1807 war einer seiner stolzesten: Österreich gedemütigt, Preußen gezüchtigt, Rußland aus einem Feind zum Verbündeten gemacht, dem Imperium neue Gebiete einverleibt, 123 000

Im «Café de la Rotonde». Diese Zeichnung von Opiz will die Wiederentdeckung der Lebenslust nach der Tugenddiktatur der Jakobiner aufzeigen, obwohl das einfache Volk (rechts am Bildrand) noch bittere Not leidet.

Gefangene und alle Kosten von den besiegten Angreifern bezahlt, ohne daß in Frankreich irgendwelche Steuern erhöht werden mußten.[39]

Unter vielen anderen Beförderungen gab er die Erhebung Talleyrands zum Fürsten von Benevent bekannt. Dies brachte dem nimmersatten Abbé zusätzliche Einkünfte von 120 000 Francs, erforderte aber seinen Rücktritt als Minister des Äußeren, da das Protokoll bestimmte, ein Ministerium sei unter der Würde eines Fürsten. Auf diesem Wege wurde eine schwierige Situation bereinigt, denn Napoleon hatte begonnen, seinem brillanten, aber verschlagenen Diplomaten zu mißtrauen, zögerte aber, ihn sich durch eine Entlassung zum Feinde zu machen; er verwendete ihn auch weiterhin bei verschiedenen wichtigen Verhandlungen. Nachdem er seinen Nachfolger, Jean Baptiste de Champagny, in Methoden und Tricks seines neuen Amtes eingewiesen hatte, war Talleyrand frei, sich in dem luxuriösen Schloß, das er in Valençay, zum Teil mit dem Geld Napoleons, gekauft hatte, des Lebens zu freuen.

Am 15. August feierte der Hof Napoleons Triumph mit einem Fest, das den Glanz des *Grand Monarque* wieder auferstehen ließ: ein Konzert, ein Ballett, eine Oper und ein Empfang, an dem Könige und Minister in Staatsgewändern teilnahmen und die Damen Vermögen an Roben und Juwelen zur Schau stellten. Vier Tage nachher betonte er seine gewachsene Macht durch die Auflösung des Tribunats, wo eine Minorität es seit Jahren gewagt hatte, sich seinen Wünschen und Dekreten zu widersetzen. Er milderte den Schlag, indem er eine Anzahl harmloser Tribunen auf Verwaltungsposten berief und die meisten anderen in das Corps Législatif aufnahm, das neuerdings das Recht erhielt, Maßnahmen sowohl zu diskutieren, als auch darüber abzustimmen. Die überlebenden und zurückgekehrten *émigrés* in den wieder zum Leben erwachten Palästen des Faubourg St. Germain spendeten Napoleon ihren Beifall, als fast edler Abkunft würdig. «Warum ist er nicht legitim?» fragten sie einander; dann wäre Frankreich vollendet gewesen. Kaum noch einmal sollte er so populär, mächtig und zufrieden sein.

Jean Auguste Dominique Ingres (1780–1867) malte Mademoiselle Rivière im Jahre 1805,
wobei den Maler realistische Genauigkeit im Detail der Kleidung, Tiefe der Landschaft,
Grazie der Gebärde und die Suche nach dem Geheimnis der Frau gleichermaßen auszeichnet.

DRITTES KAPITEL

Das vergängliche Reich

[1807—1811]

I. DIE BONAPARTES

Durch die gewaltige Vermehrung seiner Besitzungen hatte Napoleon auch seine Lasten vervielfacht, denn die vielerlei Regionen, die er seinem Imperium einverleibt hatte, unterschieden sich nach Abstammung, Sprache, Religion, Sitten und Charakter. Man konnte nicht erwarten, daß sie einem ausländischen Regime, das ihre Steuern nach Paris und ihre Söhne in seine Kriege schickte, blinden Gehorsam leisten würden. Wen sollte er auswählen, um diese Fürstentümer weise und pflichtgetreu zu regieren, während er sich mit dem widerspenstigen Frankreich befaßte? Einigen seiner Generale konnte er die Verwaltung kleinerer Gebiete anvertrauen; so machte er Berthier zum Fürsten von Neuchâtel und Murat zum Großherzog von Berg und Cleve; die meisten seiner Generale aber waren Haudegen, unerfahren in den verschlungenen Wegen der Regierungskunst, und verschiedene unter ihnen, wie der ehrgeizige Bernadotte, neideten ihm seine Vorherrschaft und würden erst mit einem Thron zufrieden sein.

So griff er auf seine eigenen Brüder zurück, deren Loyalität durch Bande des Blutes gesichert schien und die bis zu einem gewissen Grade auch etwas von dieser urwüchsigen Kraft besaßen, die an der Erringung des Konsulats und des Kaiserreichs ihren Anteil hatte. Wahrscheinlich überschätzte er ihre Fähigkeiten und Möglichkeiten, denn er besaß einen ausgeprägten Familiensinn und tat sein Bestes, ihren steigenden Erwartungen auf eine Teilhabe an seinem Vermögen und seiner Macht gerecht zu werden. Er wollte sie reich belohnen, erwartete aber ihre Kooperation bei seiner Politik, insbesondere bei der Verstärkung der Kontinentalsperre, durch die er England zum Frieden zu bewegen hoffte. Vielleicht könnte ihre Mitarbeit einen Schritt zur Vereinigung ganz Europas unter einem Gesetz und einem Haupt (beide sein eigen) bedeuten und so die allgemeine Prosperität fördern und dynastischen oder nationalistischen Kriegen ein Ende setzen.

Er begann mit seinem älteren Bruder Joseph, der ihm bei Verhandlungen mit Österreich und England recht gute Dienste geleistet hatte. Cornwallis, der in Amiens mit Joseph zu tun hatte, beschrieb ihn als «einen wohlmeinenden, wenn auch nicht sehr fähigen Mann, ... sensibel, bescheiden, gentlemanlike, ... anständig und offen, ... dessen enge Verbindung mit dem Ersten Konsul vielleicht in gewissem Grade ein Dämpfer für den Geist der Schikane und Intrige sein könnte, den der

Minister des Innern (Talleyrand) in so außerordentlichem Maße besitzt.»¹ Joseph liebte das Geld wie Napoleon die Macht liebte. Bereits 1798 war er in der Lage gewesen, in Mortefontaine bei Paris ein kostspieliges Landgut zu kaufen, wo er Freunde, Schriftsteller, Künstler und Würdenträger mit herrschaftlicher Großzügigkeit empfing. Er brannte darauf, von seinem Bruder als Nachfolger in der Kaiserwürde designiert zu werden und war nicht übermäßig begeistert, als Napoleon ihn (30. März 1806) zum König von Neapel, d. h. des südlichen Italien machte. Der entthronte Bourbone Ferdinand IV. konnte sich mit Hilfe der englischen Flotte in Sizilien halten, und seine Königin Maria Carolina übernahm die Leitung eines Aufstandes mit dem Ziel, ihn wieder auf seinen festländischen Thron zu setzen. Napoleon schickte 40 000 Soldaten unter dem Befehl von Masséna und Régnier, um die Revolte um jeden Preis zu unterdrücken. Sie taten dies mit einer Grausamkeit, die generationenlang bittere Erinnerungen wachhielt. Joseph suchte die Loyalität seiner Untertanen durch ein mildes und gütiges Regiment zu sichern, doch Napoleon warnte ihn, daß «ein Herrscher, der seine Stellung festigen wolle, eher gefürchtet als geliebt werden müsse». Sein endgültiges Urteil fiel günstig aus:

Joseph war keine Hilfe für mich, aber er ist ein sehr guter Mensch ... Er liebt mich aufrichtig und ich habe keinen Zweifel, daß er alles nur mögliche tun würde, um mir zu Diensten zu sein. Seine Fähigkeiten reichen allerdings nur für das Leben eines Privatmannes aus. Er besitzt einen liebenswürdigen und gütigen Charakter, ist talentiert und gebildet und alles in allem ein reizender Mensch. Bei der Erfüllung der hohen Pflichten, die ich ihm anvertraute, tat er sein Bestes. Seine Absichten waren gut. Der Hauptfehler liegt daher bei mir, der ihn über seine eigentliche Sphäre hinaushob.²

Bruder Lucien, 1775 geboren, vereinigte all die unbeständigen Charakterzüge in sich, die bei Napoleon durch einen alles beherrschenden Ehrgeiz gebändigt wurden. In gewissem Sinne verdankte Napoleon ihm das Konsulat, denn es war die Weigerung Luciens als Präsident der Fünfhundert, über den Antrag, den Usurpator zu ächten, abstimmen zu lassen und sein Aufruf an die Soldaten, die Versammlung auseinanderzujagen, die den Tag für Napoleon retteten. Später war er etwas voreilig mit seinem Vorschlag, seinem Bruder königliche Macht zu übertragen, Napoleon entfernte ihn von der Szene, indem er ihn als Botschafter nach Spanien schickte. Dort bediente er sich aller nur möglichen Mittel, um seine eigenen Taschen zu füllen; bald war er, wenn auch nur für einige Zeit, reicher als Napoleon.³ Nach Paris zurückgekehrt, lehnte er die politische Heirat ab, die Napoleon ihm vorschlug, heiratete die Frau seiner Wahl und schlug seinen Wohnsitz in Italien auf. Nach Paris kam er zurück, um seinem Bruder während aller Gefahren der Hundert Tage zur Seite zu stehen. Er besaß dichterisches Talent und verfaßte ein langes Epos über Karl den Großen.

Bruder Louis hatte ebenfalls seinen eigenen Kopf und Charakter, verbunden mit einem Grad von Befähigung und eigener Überzeugung, die ihn seines Bruders Anweisungen nur unwillig ertragen ließen. Napoleon kam für seine Ausbildung auf und nahm ihn als Adjutanten nach Ägypten mit. Dort machte Louis vom Privileg des

Soldaten Gebrauch, sich eine Gonorrhö zu holen und war dann zu ungeduldig, um sich vollständig ausheilen zu lassen.[4] 1802 überredete Napoleon auf Josephines Drängen den widerstrebenden Louis, die ebenfalls widerstrebende Hortense de Beauharnais zu heiraten. Louis war ein flegelhafter Gatte, Hortense eine unglückliche und ungetreue Gattin[5], ziemlich verwöhnt durch die Zuneigung ihres Adoptivvaters. Als sie mit einem Sohn, Napoléon Charles, niederkam (15. Dezember 1802), nannte der Klatsch den Ersten Konsul als Vater; dieser falsche Verdacht haftete an Napoleon und Hortense bis ans Ende ihrer Tage. Napoleon gab ihm eine gewisse Berechtigung durch den Vorschlag, das Kind zu adoptieren; er nannte es liebevoll «unser Dauphin» oder Kronprinz.[6] Der Knabe starb jedoch schon mit fünf Jahren. Hortense verlor vorübergehend den Verstand. 1804 gebar sie einen zweiten Sohn, Napoléon Louis, und 1808 Charles Louis Napoléon Bonaparte, den späteren Napoleon III.

Am 5. Juni 1806 machte der Kaiser seinen schwierigen Bruder zum König von Holland. Louis entdeckte seine Zuneigung zum Volk der Holländer rascher als die zu seiner Frau. Er wußte, in welch hohem Maße Hollands Wohlstand von seinem Handel mit England und dessen Kolonien abhing. Als die Holländer Wege fanden, die Kontinentalsperre gegen englische Güter zu umgehen, lehnte Louis es ab, sie zu verfolgen. Napoleon bestand auf der Durchführung, Louis blieb bei seiner Weigerung. Französische Truppen marschierten in Holland ein. Louis dankte ab (1. Juli 1810), und Napoleon verleibte Holland Frankreich ein und unterstellte es seiner direkten Kontrolle. Louis zog sich nach Graz zurück, schrieb Prosa und Gedichte und starb 1846 in Livorno.*

Hortense trennte sich 1810 von Louis und erhielt von Napoleon eine Entschädigung von zwei Millionen Francs pro Jahr für den Unterhalt ihrer Söhne. Dazu fügte sie eine weitere als Ergebnis einer Liaison mit dem Grafen Charles de Flahault; trotzdem berichtet uns Madame de Rémusat, Hortense habe «den Charakter eines Engels besessen, ... so aufrichtig und reinen Herzens, ohne die geringste Ahnung von Sünde».[8] Nach Napoleons erster Abdankung zog sie zu ihrer Mutter nach Malmaison, wo Zar Alexander ihr betonte Aufmerksamkeit widmete. Zur Bestürzung aller Bonapartisten dinierte sie mit Ludwig XVIII. Als Napoleon von Elba zurückkehrte, stand sie seinem Haushalt vor. Als er zum zweiten Mal abdankte, gab sie ihm heimlich ein Diamanthalsband, für das sie 800 000 Francs bezahlt hatte. Nach seinem Tode auf St. Helena wurde es unter seinem Kopfkissen gefunden

---

* Napoleon gab Las Cases auf St. Helena seine Version: «Louis war kaum in Holland angekommen, als er sich einbildete, nichts könne schöner sein, als wenn man ihn von nun an als Holländer betrachte. Er schloß sich vollständig der proenglischen Partei an, förderte den Schmuggel und leistete so stillschweigend unseren Feinden Vorschub ... Was sollte ich tun? Sollte ich Holland unseren Feinden überlassen? Sollte ich ihm einen anderen König geben? Doch konnte ich dann mehr von ihm erwarten als von meinem eigenen Bruder? Haben nicht alle Könige, die ich eingesetzt habe, sich fast genauso verhalten? Ich habe deshalb Holland dem Imperium einverleibt. Das machte in Europa einen äußerst ungünstigen Eindruck und hat nicht wenig zu ... unseren Mißgeschicken beigetragen.»[7]

und durch General de Montholon Hortense zurückgegeben. So schützte es sie vor der Armut. Sie starb 1837 und wurde neben ihrer Mutter in Rueil begraben.9

Jérôme Bonaparte, der jüngste der Brüder, teilte sein Leben und seine Frauen zwischen zwei Hemisphären. 1784 geboren, wurde er mit sechzehn Jahren zum Dienst bei der Konsulargarde eingezogen, focht ein Duell aus, wurde verwundet und zur Marine abgeschoben. Dort stieß er sich die Hörner ab und borgte sich das Geld, um seine Schulden zu bezahlen, von Bourrienne, der seinerseits Napoleon für die nicht zurückgezahlten Darlehen belastete. Als Jérôme von Brest aus um 17 000 Francs bat, schrieb ihm Napoleon:

> Ich habe Ihren Brief erhalten, Herr Leutnant! Ich erwarte zu hören, daß Sie an Bord Ihrer Korvette einen Beruf erlernen, den Sie als Ihren Weg zum Ruhm betrachten sollten. Falls Sie jung sterben, würde ich Ihnen einige trostreiche Gedanken widmen, doch sollten Sie die Sechzig erreichen, ohne Ihrem Lande gedient zu haben und ohne ein ehrenhaftes Andenken zu hinterlassen, so hätten Sie besser gar nicht gelebt.10

Jérôme verließ die Marine in Westindien, reiste nach Baltimore und heiratete 1803, neunzehn Jahre alt, Elisabeth Patterson, die Tochter eines dortigen Kaufmanns. Als er sie nach Europa brachte, lehnte ein französischer Gerichtshof die Anerkennung der Ehe mit der Begründung ab, sowohl Ehemann als Ehefrau seien minderjährig, und Napoleon verweigerte der jungen Frau die Einreise nach Frankreich. Sie ging nach England und brachte dort einen Sohn, Jérôme Napoleon Bonaparte, zur Welt. Sie kehrte nach Amerika zurück, erhielt von Napoleon eine Rente und wurde die Großmutter von Charles Joseph Bonaparte, der unter Theodore Roosevelt Marineminister der Vereinigten Staaten war.

Jérôme erhielt ein Kommando in der französischen Armee und zeichnete sich in den Feldzügen von 1806 und 1807 durch die Einnahme verschiedener preußischer Festungen aus. Napoleon belohnte ihn, indem er ihn zum König von Westfalen machte, einem Konglomerat aus Gebietsteilen Preußens, Hannovers und Hessen-Kassels. Um ihm einen Hauch von Herrschertum zu verleihen, arrangierte er für ihn eine Ehe mit Prinzessin Katharina, der Tochter des Königs von Württemberg. Am 15. November 1807 schrieb Napoleon im Geist eines konstitutionellen Herrschers folgenden Brief an Jérôme:

> Ich füge eine Verfassung für Ihr Königreich bei. Sie umfaßt die Bedingungen, unter welchen ich auf alle meine Rechte aus der Eroberung und alle meine Forderungen gegen Ihren Staat verzichte. Sie müssen sie sorgfältig beachten ... Hören Sie nicht auf diejenigen, die Ihnen einflüstern wollen, Ihre Untertanen seien so an die Knechtschaft gewöhnt, daß sie keine Dankbarkeit für die Wohltaten fühlen könnten, die Sie ihnen erweisen. Im Königreich Westfalen ist mehr Einsicht anzutreffen, als man Sie glauben machen will. Ihr Thron wird niemals feststehen, wenn er nicht auf das Vertrauen und die Zuneigung des einfachen Volkes gegründet ist. Die öffentliche Meinung in Deutschland verlangt ungeduldig danach, daß auch Männer ohne ererbte soziale Stellung, die sich als fähig erweisen, dasselbe Recht auf Ihre Gunst und eine Beschäftigung durch Sie haben sollen und daß die letzte Spur von Leibeigenschaft oder einer feudalen Hierarchie zwischen dem Souverän und der niedrigsten Schicht Ihrer Untertanen beseitigt wird. Die Segnungen des Code Napoléon, öffentliche Gerichtsverhandlungen und die Einsetzung von Geschworenengerichten werden die sichtbaren Merk-

male Ihrer Regierung sein ... Für die Ausdehnung und Konsolidierung Ihres Regimes zähle ich mehr auf die Wirkung dieser Maßnahmen, als auf die spektakulärsten Siege. Ich wünsche, daß Ihre Untertanen ein Ausmaß von Freiheit, Gleichheit und Prosperität genießen, das dem deutschen Volk bislang unbekannt war ... Eine solche Regierungsmethode wird sich als stärkerer Schutzwall zwischen Ihnen und Preußen erweisen als die Elbe, die Festungen und der Schutz Frankreichs.[11]

Jérôme war mit seinen dreiundzwanzig Jahren noch zu jung, um diese Ratschläge gebührend zu schätzen. Da ihm die Selbstkontrolle und das zum Regieren notwendige nüchterne Urteilsvermögen fehlten, schwelgte er in jedem erdenklichen Pomp und Luxus, behandelte seine Minister als Handlanger, zimmerte sich eine eigene Außenpolitik zurecht und verärgerte so einen Bruder, der in kontinentalen Größenordnungen zu denken hatte. Als Napoleon die entscheidende Schlacht bei Leipzig verlor (1813), war Jérôme nicht im Stande, die Loyalität seiner «Untertanen» für die Sache des Kaisers zu bewahren; sein Königreich brach zusammen, und Jérôme floh nach Frankreich. Er stand seinem Bruder bei Waterloo tapfer zur Seite und flüchtete dann unter den Schutz seines Schwiegervaters nach Württemberg. Er lebte lange genug, um unter seinem Neffen Napoleon III. Senatspräsident zu werden und hatte das Glück, auf dem Höhepunkt eines anderen vergänglichen Reiches zu sterben (1860).

Eugène de Beauharnais war ein besserer Zögling. Als seine Mutter Napoleon heiratete, war er ein liebenswerter Junge von fünfzehn Jahren. Zunächst lehnte er den barschen jungen General als Eindringling ab, erwärmte sich jedoch bald unter dem Einfluß von Napoleons wachsender Zuneigung und Fürsorge. Es schmeichelte ihm, als Adjutant des Wirbelsturm-Eroberers nach Italien und Ägypten mitgenommen zu werden. Als er von der Untreue seiner Mutter erfuhr, waren seine Sympathien zwischen Ehemann und Gattin geteilt; seine Tränen knüpften ihre Verbindung wieder, und danach zerriß das Band der Loyalität zwischen Stiefvater und Stiefsohn niemals mehr. Am 7. Juni 1805 machte Napoleon Eugène zum Vizekönig von Italien. In Anbetracht der Verantwortlichkeit aber, die er einem jungen Mann von vierundzwanzig Jahren übertrug, verfaßte er ausführliche Ratschläge für ihn.

Indem Wir Sie mit der Regierung Unseres Königreichs Italien betrauten, haben Wir Ihnen einen Beweis für die Achtung gegeben, die Ihr Verhalten Uns eingeflößt hat. Sie sind jedoch in einem Alter, in welchem man sich noch nicht über die Verderbtheit des menschlichen Herzens im klaren ist. Ich kann Ihnen daher nicht eindringlich genug zu Klugheit und Umsicht raten. Unsere italienischen Untertanen sind von Natur ränkevoller als die Bürger Frankreichs. Der einzige Weg, auf dem Sie ihren Respekt erringen und ihrem Glück dienen können, ist, daß Sie niemand Ihr volles Vertrauen schenken und niemals irgendjemand sagen, was Sie in Wirklichkeit von Ihren Ministern und den hohen Beamten Ihres Hofes denken. Verstellungskunst, die sich in reiferem Alter von selbst einstellt, muß in Ihren Jahren besonders geübt und berechnet werden ...

In jeder anderen Stellung als der des Vizekönigs von Italien können Sie sich rühmen, Franzose zu sein; hier müssen Sie es vergessen und sich selbst als Versager betrachten, wenn sie die Italiener nicht glauben machen können, daß Sie sie lieben. Sie wissen, daß es ohne Achtung keine Liebe gibt. Lernen Sie ihre Sprache, suchen Sie ihre Gesellschaft; bedenken Sie sie bei öffentlichen Anlässen mit besonderer Aufmerksamkeit ...

Je weniger Sie sprechen, um so besser ist es. Sie sind nicht gut genug ausgebildet und haben zu wenig Kenntnisse, um in formale Debatten einzugreifen. Lernen Sie zuzuhören und bedenken Sie, daß Schweigen oft ebenso wirkungsvoll ist, wie das Zurschaustellen von Kenntnissen. Vermeiden Sie es, mich in jeder Hinsicht nachzuahmen; Sie brauchen mehr Zurückhaltung. Führen Sie nur selten den Vorsitz im Staatsrat; Sie besitzen zu wenig Erfahrung, um dies mit Erfolg zu tun ... Auf keinen Fall halten Sie dort eine Rede ... Man würde sofort erkennen, daß Sie nicht kompetent sind, über Staatsgeschäfte zu sprechen. Solange ein Fürst schweigt, ist seine Macht unberechenbar; er sollte niemals sprechen, wenn er nicht weiß, daß er der fähigste Mann in der Versammlung ist ...

Ein letztes Wort: bestrafen Sie Unredlichkeit rücksichtslos ...[12]

Eugène erfüllte die Erwartungen des Kaisers. Mit Hilfe seiner Minister reorganisierte er das Finanzwesen, verbesserte die Verwaltung, baute Straßen, führte den Code Napléon ein und befehligte die italienische Armee mit seinem bewährten Mut und wachsender Felderfahrung. Der zufriedene Kaiser besuchte ihn 1807 und benützte die Gelegenheit, im «Mailänder Dekret» mit strengen Vorschriften auf eine britische Kabinettsorder zu reagieren, die neutralen Schiffen das Anlaufen eines englischen Hafens vorschrieb, ehe sie ihre Fahrt zum Kontinent fortsetzen durften. Eugène tat sein möglichstes, um die irritierende Kontinentalsperre durchzuführen. Er stand loyal während aller Kriege und Abdankungen zu Napoleon und starb (1824) nur drei Jahre nach dem Tod seines Adoptivvaters. Stendhals «Karthause von Parma» bezeugt wiederholt Italiens liebevolle Erinnerung an seine aufgeklärte Herrschaft.[13]

Da er mehr Länder besaß als Brüder, stattete Napoleon seine Schwestern ebenfalls mit Herrschaften aus. Elisa (Maria Anna) und ihr gefälliger Gatte Felice Bacciocchi erhielten die Fürstentümer Piombino und Lucca. Sie regierte diese so gut – sie finanzierte öffentliche Arbeiten, unterstützte Literatur und Kunst, förderte Paganini –, daß Napoleon sie 1809 zur Großherzogin von Toskana ernannte, wo sie ihr herrscherliches Mäzenatentum fortsetzte.

Pauline Bonaparte, die Napoleon für die schönste Frau ihrer Zeit hielt, fand es unerträglich, ihre Reize nur auf ein Bett zu beschränken. Mit siebzehn (1797) heiratete sie General Charles Leclerc. Vier Jahre später befahl Napoleon ihr, ihren Gatten bei seinem Feldzug gegen Toussaint L'Ouverture nach Santo Domingo zu begleiten, wahrscheinlich, um ihre Leichtfertigkeit zu zähmen. Leclerc starb dann dort am gelben Fieber und Pauline kehrte mit seiner Leiche nach Europa zurück, ihre legendäre Schönheit war von Krankheit angegriffen. 1803 heiratete sie den Fürsten Camillo Borghese, doch betrog sie ihn schon nach kurzer Zeit, und der Fürst tröstete sich mit einer Mätresse. Napoleon bat seinen und ihren Onkel, Kardinal Fesch, sie zu tadeln. «Bestellen Sie ihr von mir, daß sie nicht mehr so hübsch ist wie früher und in ein paar Jahren noch viel weniger hübsch sein wird, während sie sehr gut ihr ganzes Leben geachtet sein könnte.»[14] Unbeeindruckt trennte sich Pauline von dem Fürsten und öffnete ihr üppiges Heim der fröhlichsten Geselligkeit. Napoleon machte sie zur Herzogin von Guastalla (in der Provinz Reggio Emilia in Italien), aber sie zog es vor, in Paris Hof zu halten. Bezaubert durch ihren Anblick, ihr Wesen und ihren guten Charakter sah er über ihre Fehler hinweg, bis er in einem Spiegel bemerkte, wie sie sich über seine neue Kaiserin Marie Louise lustig machte. Er verbannte sie nach Italien; nach kurzer Zeit schon führte sie einen Salon in Rom. Später kam sie (wie wir sehen werden), um ihm in seinem Unglück beizustehen. 1825 kehrte sie zu ihrem Gatten zurück und starb in seinen Armen. «Trotz allem», so hatte er gesagt, «war sie das gütigste Wesen der Welt».[15]

Caroline war fast ebenso schön wie Pauline. Sie brachte Napoleon, als es mit ihm zu Ende ging, viel mehr Schaden. Es wird berichtet, ihre Haut sei wie rosa Satin gewesen: «Ihre Arme, Hände und Füße waren vollkommen wie bei allen Bonapartes.» Mit siebzehn (1799) heiratete sie Joachim Murat, der sich bereits in den italienischen und ägyptischen Feldzügen einen Namen gemacht hatte. Für diese Dienste und seinen rücksichtslosen Einsatz bei Marengo wurde er zum Großherzog von Berg und Cleve erhoben. Während er in seiner Hauptstadt Düsseldorf tätig war, blieb Caroline in Paris, wo sie General Junot so weitgehende Intimitäten gestattete, daß Napoleon ihn nach Bordeaux schickte. Murat kehrte nach Paris zurück, um seine Frau zu holen, doch seine Leidenschaft war das Schlachtgetümmel und sein Hobby die Gefahr. Während seiner häufigen Abwesenheit auf Feldzügen übernahm Caroline die Verwaltung seines Herzogtums und erwies sich als so tüchtig, daß Murat, abgesehen von seinen prunkvollen Kleidern, gar nicht vermißt wurde.

Über dieser ganzen energischen Schar von Brüdern und Schwestern thronte ihre Mutter Letizia, fest und stark, keinerlei Selbsttäuschung hingegeben und unzerstörbar. Sie teilte mit brennendem Stolz und grimmigem Schmerz die Triumphe und Fehlschläge der Bonapartes. 1806 ernannte Napoleon sie – in ihrem sechsundfünfzigsten Jahr – zur Kaiserinmutter mit einer jährlichen Apanage von 500 000 Francs. Er gab ihr ein schönes Haus in Paris und eine Menge Bediente, doch sie lebte weiterhin in ihrer gewohnten Einfachheit und meinte, sie müsse sparen für den Fall einer ungünstigen Wendung in seinem Schicksal.[16] Sie wurde mit Madame Mère angeredet, doch hatte sie weder politischen Einfluß noch suchte sie ihn. Sie begleitete ihren Sohn nach Elba und bei seiner Rückkehr; sie verfolgte in Angst und Gebet das Drama der Hundert Tage. 1818 appellierte sie an die Mächte, ihn aus St. Helena zu entlassen, als einen Mann, der zu krank sei, um ihnen gefährlich zu werden, erhielt aber keine Antwort. Sie trug den Tod Napoleons, Elisas, Paulines und mehrerer Enkelkinder mit ihrem gewohnten Stoizismus. Sie starb 1836 im Alter von sechsundachtzig Jahren. *Voilà une femme!*

Der Familienplan funktionierte nicht, zum einen Teil, weil er die Bedürfnisse der beherrschten Völker nicht berücksichtigte, zum anderen Teil, weil jeder einzelne der Herrscher (Eugène ausgenommen) ein Individualist mit eigenen Ideen und Wünschen war, in erster Linie Napoleon selbst. Er dachte zuerst an seine eigene Macht und erließ Gesetze, die im Vergleich zu einem funktionslos gewordenen Feudalismus hervorragend waren. Aber er schränkte sie dann wieder in ihrer Wirksamkeit ein und verwässerte sie durch finanzielle und militärische Forderungen. Obgleich er den Feudalismus abschaffte, errichtete er einen neuen von persönlichen Gnaden.

Seine Brüder und Schwestern betrachtete er als seine Lehensträger und daher als gehorsame Vasallen, die für ihn Rekruten in Kriegzeiten und Steuern im Frieden aufzubringen hatten. Er verteidigte seine Auffassung der Situation mit der Erklärung, daß beinahe alle auf diese Art regierten Gebiete in Kriegen erobert worden seien, die ihm von den Mächten aufgezwungen wurden; sie seien infolgedessen den «Gesetzen» des Krieges unterworfen und müßten sich glücklich schätzen, unter den zeitgemäßen Gesetzen Frankreichs und der väterlichen Herrschaft eines aufgeklärten Despoten zu leben. Im Hinblick auf seine Familie zog er auf St. Helana eine traurige Bilanz:

Es ist ganz sicher, daß ich von meiner Familie nur sehr wenig unterstützt wurde ... Es ist viel von der Stärke meines Charakters gesprochen worden, doch gegenüber meinen Familienangehörigen zeigte ich eine sträfliche Schwäche, die diese weidlich ausgenützt haben. Sobald sich mein erster Widerstand abschwächte, trugen ihre Beharrlichkeit und Hartnäckigkeit stets den Sieg davon und sie machten mit mir, was sie wollten. Ich habe dabei große Fehler gemacht. Wenn sie alle den Völkern, die ich ihrer Herrschaft anvertraut hatte, einen gemeinsamen Impuls gegeben hätten, hätten wir bis zu den Polen marschieren können; alles wäre vor uns zusammengefallen, wir hätten das Antlitz der Erde verändert. Ich hatte nicht das Glück, das Dschingis Khan mit seinen vier Söhnen hatte, die keine andere Rivalität kannten, als ihm treu zu dienen. Wenn ich einen meiner Brüder zum König machte, hielt er sich sofort für einen König «von Gottes Gnaden», so ansteckend war dieses Schlagwort geworden. Er war nicht länger ein Statthalter, dem ich mein Vertrauen schenken konnte, er war ein Feind mehr, vor dem ich mich in acht nehmen mußte. Seine Anstrengungen richteten sich nicht darauf, die meinigen zu unterstützen, sondern sich unabhängig zu machen ... Es kam soweit, daß sie mich als Hindernis betrachteten ... Die Armen! Als ich unterlag, wurde ihre Entthronung vom Feind nicht gefordert oder auch nur erwähnt (sie erfolgte automatisch); und nicht einer von ihnen ist jetzt im Stande, eine Volksbewegung zu entfachen. Durch meine Anstrengungen geschützt, genossen sie die Annehmlichkeiten der Herrschaft, aber ich allein trug die Last.[17]

Da Napoleon mehr Fürstentümer erobert hatte, als ihm Fürsten und Fürstinnen seines eigenen Blutes zur Verfügung standen, verlieh er abhängige Gebiete von geringerer strategischer Bedeutung an seine Generale oder andere Staatsdiener. So erhielt Marschall Berthier die Provinz Neuchâtel; Cambacérès wurde Fürst von Parma; Lebrun Herzog von Piacenza. Aus anderen Regionen Italiens wurden ein Dutzend kleine Herzogtümer herausgeschnitten; Fouché wurde Herzog von Otranto, Savary von Rovigo. Im Grunde hoffte Napoleon, er könne die *disjecta membra* Italiens zu einem einzigen Staat vereinigen und diesen zu einer Einheit innerhalb einer europäischen Föderation unter der Führung Frankreichs und seiner Dynastie gestalten. Wenn nur alle diese Duodezstaaten, die so stolz auf ihre Verschiedenheit und so ängstlich besorgt um ihre Positionen waren, bereit gewesen wären, ihre Einbildungen einem Bewußtsein der Zusammengehörigkeit zu opfern und von einer entfernten und fremden Macht ihre Gesetze schreiben und ihren Handel reglementieren zu lassen!

II. DER 1. IBERISCHE KRIEG: 18. OKTOBER 1807 BIS 21. AUGUST 1808

Um 1807 hatte sich fast das gesamte Festlandeuropa dem Berliner Dekret gefügt. Österreich schloß sich am 18. Oktober 1807 der Kontinentalsperre an; die päpstliche Regierung protestierte, unterschrieb aber am 12. Dezember. Die Türkei widersetzte sich, konnte aber durch eine fortdauernde Zusammenarbeit Rußlands mit Frankreich zur Räson gebracht werden. Portugal war mit England verbündet, grenzte aber an Spanien, das durch sein Bourbonisches Königshaus historisch mit Frankreich verbunden, der Kontinentalsperre angeschlossen und (so schien es) militärisch der Gnade Napoleons preisgegeben war. Vielleicht, so grübelte der Kaiser, war es möglich – wenn auch nur nach einem Marsch durch Spanien – Portugal zur Unterwerfung zu bringen, obwohl britische Kriegsschiffe seine Häfen kontrollierten und britische Agenten seinen Handel überwachten.

Am 19. Juli 1807 forderte Napoleon die portugiesische Regierung auf, ihre Häfen für britische Güter zu sperren. Sie weigerte sich. Am 18. Oktober überschritt eine französische Armee in Stärke von 20 000 Mann, zumeist unerfahrene Rekruten unter dem Befehl von Andoche Junot, die Bidassoa und marschierte in Spanien ein. Sie wurde von Volk und Regierung begrüßt, da das Volk hoffte, Napoleon würde seinen König von einem treulosen Minister befreien, während dieser Minister hoffte, Napoleon würde seine Kooperation belohnen, indem er ihn an der Zerstückelung Portugals beteiligte.

Die glänzende Epoche der spanischen Aufklärung war mit dem Tode Karls III. im Jahre 1788 zu Ende gegangen. Sein jetzt sechzigjähriger Sohn Karl IV. hatte zwar die besten Absichten, besaß aber nur wenig Vitalität und Verstand. Auf Goyas berühmtem Gemälde «*Karl IV. und seine Familie*» hält der König sichtlich mehr vom Essen als vom Denken, und Königin Maria Luisa ist offenbar der Mann. Doch sie war auch eine Frau und – nicht zufrieden mit ihrem gehorsamen Gatten – öffnete sie Manuel de Godoy ihre Arme, den sie vom Offizier der königlichen Garde zum ersten Minister gemacht hatte. Das spanische Volk, in sexueller Hinsicht das sittenstrengste Europas, war über diese Liaison empört. Godoy ließ sich aber davon nicht anfechten und träumte von einer Eroberung Portugals, wobei für ihn selbst wenn schon kein Königreich so doch wenigstens ein Herzogtum abfallen sollte. Er strebte nach Napoleons Hilfe und bemühte sich, zu vergessen, daß er 1806 Preußen, das den Krieg gegen Frankreich plante, seine tätige Hilfe angeboten hatte. Napoleon ermutigte Godoys Hoffnungen und unterzeichnete in Fontainebleau (27. Oktober 1807) ein Übereinkommen zur «Eroberung und Besetzung Portugals». Den Nordwesten mit Oporto sollte die spanische Königin als Apanage bekommen; die Provinzen Algarve und Alentejo im Süden sollte Godoy erhalten; das übrige Gebiet mit Lissabon sollte, bis weitere Beschlüsse gefaßt würden, unter französischer Kontrolle bleiben. Artikel XIII des Abkommens besagte: «Die hohen vertragschließenden Parteien sind übereingekommen, die Inseln, Kolonien und übrigen maritimen Besitzungen Portugals gleichmäßig unter sich aufzuteilen.»[18] Geheimklauseln legten fest, daß

8000 Mann spanische Infanterie und 3000 Mann Kavallerie Junots Armee verstärken sollten, wenn er durch Spanien marschierte.

Außerstande, dieser vereinigten Streitmacht Widerstand zu leisten, schiffte sich die portugiesische Königsfamilie nach Brasilien ein. Am 30. November marschierte Junot in Lissabon ein, und die Eroberung Portugals schien beendet. Um die Kosten seiner militärischen Operationen zu decken, verlangte Napoleon von seinen neuen Untertanen eine Kriegsentschädigung von 100 Millionen Francs. Teils um Junot im Falle einer britischen Expedition nach Portugal zu Hilfe zu eilen und wahrscheinlich mit noch weiter reichenden Absichten, entsandte der Kaiser zusätzlich drei weitere Armeen nach Spanien, unterstellte sie gemeinsam Murats Oberbefehl und befahl ihm, verschiedene strategisch wichtige Punkte in der Umgebung von Madrid zu besetzen. Zwietracht innerhalb der spanischen Regierung arbeitete Napoleon in die Hände. Der dreiundzwanzigjährige Infant oder Kronprinz Ferdinand, der fürchtete, Godoy würde ihm den Weg zum Thron versperren, ließ sich auf ein Komplott zur Beseitigung des Favoriten ein. Godoy entdeckte den Plan, ließ Ferdinand und seine Haupthelfer verhaften (27. Oktober) und hatte vor, sie wegen Hochverrats vor Gericht zu stellen. Zwei Monate später erfuhr er, daß der herannahende Murat die Gefangenen befreien wolle. Godoy entließ sie und traf Vorbereitungen, mit dem König und der Königin nach Amerika zu entfliehen. Daraufhin revoltierte die Madrider Bevölkerung, nahm Godoy gefangen (17. März 1808) und warf ihn in den Kerker. Der bestürzte König dankte zu Gunsten seines Sohnes ab. Auf Napoleons Befehl ließ Murat französische Truppen in Madrid einmarschieren (23. März), befreite Godoy und weigerte sich, Ferdinand als König anzuerkennen. Karl widerrief seine Abdankung; die Verwirrung war vollständig. Talleyrand drängte Napoleon, sich des spanischen Thrones zu bemächtigen.[19]

Napoleon ergriff diese Gelegenheit, die er vielleicht selbst herbeigeführt hatte. Er lud Karl IV. und Ferdinand VII. ein, mit ihm in Bayonne (etwa zwanzig Meilen nördlich der spanisch-französischen Grenze) zusammenzutreffen, um über die Wiederherstellung der Ordnung und einer stabilen Regierung zu beraten. Der Kaiser traf am 14. April ein, Ferdinand am 20. Napoleon lud den jungen Mann und seinen Berater, Kanonikus Juan Escóiquiz, zum Diner ein. Er beurteilte Ferdinand als zu unreif, sowohl gefühls- als auch verstandesmäßig, um ein leidenschaftliches Volk im Zaum und Spanien als nützlichen Verbündeten Frankreichs bei der Stange zu halten. Er eröffnete Escóiquiz diese Schlußfolgerung, der sie widerstrebend Ferdinand mitteilte. Der Infant protestierte, er sei durch seines Vaters Abdankung Träger der Krone. Er schickte Kuriere nach Madrid, um seine Anhänger zu unterrichten, daß er gegenüber der Macht Napoleons hilflos sei. Diese Kuriere wurden abgefangen und ihre Depeschen dem Kaiser überbracht; trotzdem erreichte der Bericht über Ferdinands Lage die Hauptstadt. Der verbreitete Verdacht, Napoleon beabsichtige, die Herrschaft der Bourbonen in Spanien zu beenden, verdichtete sich, als bekannt wurde, Karl IV., die Königin und Godoy seien am 30. April in Bayonne eingetroffen und Murat, der jetzt in Madrid regiere, habe den Befehl erhalten, des

Königs Bruder, seinen jüngeren Sohn und seine Tochter nach Bayonne bringen zu lassen. Am 2. Mai 1808 – einem Tag, der in Spanien lange Zeit als der Dos de Mayo begangen wurde – rottete sich eine wütende Menge vor dem königlichen Palast zusammen, versuchte die Prinzen und die Prinzessin an der Abreise zu hindern und steinigte die französischen Soldaten, welche die königliche Kutsche eskortierten; einige dieser Soldaten sollen in Stücke gerissen worden sein. Murat befahl, das Feuer auf die Menge zu eröffnen, bis sie sich zerstreute. Goya hat diese Szene eindrucksvoll verewigt. Der Aufstand flaute in Madrid ab, breitete sich aber auf dem Lande aus.

Als die Nachricht von diesem Aufruhr Napoleon in Bayonne erreichte (5. Mai), ließ er Karl und Ferdinand zu sich rufen und tadelte sie in einem seiner wohlberechneten Wutausbrüche, weil sie Spanien durch ihre Unfähigkeit in ein Chaos gestürzt hätten, das es zu einem gefährlich unsicheren Alliierten Frankreichs werden ließ. Vater und Mutter häuften Vorwürfe und Beschimpfungen auf ihren Sohn und bezichtigten ihn, Landesverrat geplant zu haben. Napoleon gab dem eingeschüchterten Jungen Zeit bis elf Uhr abends, um abzudanken; falls er sich weigerte, würde er seinen Eltern zur Einkerkerung und Aburteilung wegen Verrats überantwortet werden. Ferdinand unterwarf sich und gab seinem Vater die Krone zurück. Karl, dem Sicherheit und Friede wichtiger waren als Macht, bot Napoleon das Zepter an, der es seinerseits seinem Bruder Louis anbot, der es ablehnte, dann Jérôme, der sich einer so gefährlichen Stellung nicht gewachsen fühlte, und schließlich Joseph, der letzten Endes zur Annahme gezwungen wurde. Karl, Maria Luisa und Godoy wurden nach Marseille gebracht, um dort unter Bewachung ein bequemes Leben zu führen. Ferdinand und sein Bruder wurden mit reichlichen Pensionen zufriedengestellt. Talleyrand wurde beauftragt, sie komfortabel und sicher in seinem Schloß in Valençay unterzubringen. Dann reiste Napoleon gemächlich nach Paris zurück mit dem Gefühl, ein gutes Geschäft gemacht zu haben, bei jedem Schritt von Beifall umrauscht als der unbesiegbare Herr Europas.

Murat, der sich Hoffnungen auf die Krone Spaniens gemacht hatte, begab sich grollend nach Neapel, um dort Josephs Stelle als König einzunehmen. Joseph zog nach einem kurzen Aufenthalt in Bayonne am 10. Juni 1808 in Madrid ein. Er hatte sich in Neapel eingewöhnt und vermißte im strengen frommen Spanien bald die Lebensfreude, die in Italien die leichte Entflammbarkeit der süditalienischen Seele mäßigte. Er brachte Spanien eine semiliberale Verfassung mit, in Eile von Napoleon entworfen, die zum großen Teil auf dem Code Napoléon fußte, jedoch (worauf Karl IV. bestanden hatte) den Katholizismus als alleinige Staatsreligion in Spanien anerkannte. Joseph gab sich viel Mühe, als Herrscher populär zu werden, und viele liberale Spanier unterstützten ihn. Der Adel jedoch hielt sich abseits, die Geistlichkeit verdammte ihn als heimlichen Freidenker, und die Bevölkerung war empört, daß Napoleon ihre von der Kirche gesegnete Dynastie durch einen Mann ersetzt hatte, der kaum ein Wort der spanischen Sprache verstand und dem das Charisma der Tradition völlig abging.

Erst langsam, dann immer rascher, steigerte sich der Haß von finsteren Blicken über Verwünschungen zur Revolte. Banden von Spaniern in der Provinz rotteten sich an hundert Plätzen zusammen; sie bewaffneten sich mit den alten Waffen und scharfen Messern, die aus jedem Haus ein Arsenal und aus jedem Mantel eine Falle gemacht hatten. Sie nahmen sich jeden Franzosen zum Ziel, den sie abseits von seiner Kaserne oder Einheit antrafen. Der spanische Klerus erhob das Kreuz gegen die französischen Karabiner, beschimpfte Joseph als «Lutheraner, Freimaurer, Ketzer» und riefen ihre Herden «Im Namen Gottes, Seiner Unbefleckten Mutter und St. Josephs» zum Aufstand auf. Die Leidenschaften der Bevölkerung kochten über und führten zu Verstümmelungen, Kastrationen, Kreuzigungen, zum Köpfen, Hängen und Pfählen – so wie Goya es in *Los Desastres de la Guerra* nachgezeichnet hat. Spanische Armeen formierten sich aufs neue und schlossen sich der Erhebung an; ihre vereinigten Bataillone überfielen zerstreute und schwach besetzte französische Garnisonen; ihre Führer manövrierten nicht selten französische Offiziere aus, die sowohl durch Unkenntnis des Geländes als auch durch unzureichende Stärke, Ausrüstung und Ausbildung ihrer Soldaten behindert waren. Bei Bailén (nordöstlich von Cordoba) ergaben sich am 20. Juli 1808 zwei französische Divisionen, die sich irrtümlich von weit überlegenen Streitkräften umzingelt glaubten, in einer der schimpflichsten Niederlagen der Geschichte: 22 800 Mann wurden zu Gefangenen gemacht und auf der kleinen Insel Cabrera interniert, wo sie zu Hunderten an Hunger oder Krankheiten starben. Seines militärischen Hauptrückhalts beraubt, zog sich Joseph mit den ihm verbliebenen Soldaten aus Madrid auf eine Verteidigungslinie entlang des Ebro, 170 Meilen nordöstlich der Hauptstadt, zurück. Die englische Regierung schickte indessen im Vertrauen darauf, daß Junots zusammenschmelzende Streitkräfte in Lissabon nicht länger Verstärkungen aus Spanien erhalten konnten, Sir Arthur Wellesley (den späteren Herzog von Wellington) mit einer Flotte und einer Armee nach Portugal. Er landete mit seinen Männern am 1. Juli 1808 an der Mündung des Mondegoflusses und erhielt bald Verstärkung durch Abteilungen portugiesischer Infanterie. Junot, der ein Leben in Saus und Braus geführt hatte, anstatt seine Truppen in Form zu halten, führte seine 13 000 Rekruten zu einem Treffen mit Wellesleys 19 000 Soldaten aus Lissabon nach Vimeiro und erlitt eine vernichtende Niederlage. Portugal erneuerte seine Allianz mit England, und die französische Invasion der Halbinsel schien sich zu einer vollständigen Katastrophe auszuwachsen.

Als Napoleon am 14. August 1808 nach einer triumphalen Rundreise durch seine westlichen Provinzen in Paris eintraf, fand er seine traditionellen Feinde hocherfreut über die von Frankreich erlittenen Rückschläge und bereits dabei, eine neue Koalition gegen den jetzt offenbar verwundbaren Völkerfresser vorzubereiten. Metternich, Österreichs Botschafter in Frankreich, redete mit Napoleon über den Frieden und plante den Krieg. Freiherr vom und zum Stein, der brillante Chefminister eines nach Befreiung lechzenden Preußens, schrieb in diesem August an einen Freund: «Hier hält man einen Krieg zwischen Frankreich und Österreich für unvermeidlich; er wird das Schicksal Europas entscheiden.»[21] Napoleon, dessen Agenten diesen Brief abfingen, war derselben Ansicht. Der Krieg, schrieb er an seinen Bruder Louis, «ist auf das Frühjahr verschoben».[22]

Napoleon überlegte seine Entscheidung sorgfältig. Sollte er seine unbesiegte Grande Armée nach Spanien führen, den Aufstand niederschlagen, Wellesley zurück auf seine Schiffe jagen, das portugiesische Loch in der Kontinentalsperre schließen und dabei das Risiko laufen, daß Österreich und Preußen zuschlügen, während seine besten Truppen tausend Meilen entfernt ständen? Alexander hatte in Tilsit versprochen, einen solchen Angriff auf ihn zu verhindern, während er in Spanien festgehalten wurde. Würde aber der Zar in einer kritischen Situation sein Wort halten? Vielleicht sollte man ihn zusätzlich bestechen. Napoleon lud ihn zu einer Konferenz nach Erfurt ein, wo er ihn mit einem Himmel voller politischer Sterne beeindrucken und auf seine Verpflichtung festnageln wollte.

III. FÜRSTENTAG ZU ERFURT: 27. SEPTEMBER BIS 14. OKTOBER 1808

Die Vorbereitungen zu dieser Zusammenkunft wurden mit größter Sorgfalt getroffen. Napoleon lud seine sämtlichen Vasallenkönige und -herzöge ein, in fürstlicher Pracht und mit großem Gefolge zu erscheinen. Es kamen so viele davon, daß ihre Aufzählung in Talleyrands gedruckten Memoiren drei Seiten füllt.[23] Napoleon nahm nicht nur seine Familie mit sich, sondern auch die meisten seiner Generale und bat Talleyrand, seinen Ruhesitz zu verlassen und Champagny dabei behilflich zu sein, die Verhandlungen und ihre Resultate in eine feste Form zu bringen. Er wies den Comte de Rémusat an, die besten Schauspieler der Comédie Française – darunter Talma – mit der gesamten notwendigen Ausstattung nach Erfurt bringen zu lassen, um die klassischen Tragödien des französischen Dramas aufzuführen. «Ich wünsche», sagte er, «daß der Kaiser von Rußland durch den Anblick meiner Macht geblendet wird; denn das wird alle Verhandlungen leichter machen».[24]

Er traf am 27. September in Erfurt ein und ritt am 28. fünf Meilen weit vor die Stadt, um Alexander und sein Gefolge zu empfangen. Es wurde alles Erdenkliche aufgeboten, um dem Zaren gefällig zu sein, nur ließ Napoleon keinen Zweifel daran, daß er der Gastgeber war, und zwar in einer deutschen Stadt, die zum französischen Imperium gehörte. Alexander ließ sich durch die ihm dargebrachten Gastgeschenke und Schmeicheleien nicht täuschen und demonstrierte auch seinerseits Freundschaft in jeder Art und Weise. Sein innerer Widerstand gegen Napoleons Bezauberungskünste wurde durch Talleyrand gestärkt, der ihm im geheimen riet, eher Österreich als Frankreich zu unterstützen, mit der Begründung, Österreich, nicht Frankreich, sei das Zentrum der europäischen Kultur, die (in Talleyrands Sicht) Napoleon zu zerstören im Begriffe war. «Frankreich», sagte er, «ist kultiviert, doch sein Souverän ist es nicht».[25] Wieso könne es im übrigen für Rußland von Nutzen sein, Frankreich zu stärken? Als Napoleon versuchte, das Bündnis durch eine Heirat mit

Alexanders Schwester, der Großfürstin Anna, zu stärken, riet Talleyrand dem Zaren, seine Zustimmung zu versagen, und der schlaue Russe zögerte seine Antwort auf den Vorschlag mit der Begründung hinaus, derartige Angelegenheiten seien Sache der Zarinmutter.[26] Der Zar belohnte Talleyrand, indem er eine Heirat des Neffen des Diplomaten mit der Herzogin von Dino, der Erbin des Herzogtums Kurland, arrangierte. Talleyrand verteidigte seinen neuen Verrat später mit der Begründung, daß Napoleons Appetit auf Völker nicht nur Europa durch Kriege ausbluten lassen, sondern auch zum Zusammenbruch und zur Zerstückelung Frankreichs führen müsse. Sein Verrat an Napoleon, so behauptete er, sei Treue zu Frankreich gewesen.[27] Doch von da an hinterließen seine guten Manieren überall einen üblen Geruch.

Während des Fürstentages lud der Herzog von Sachsen-Weimar seinen berühmtesten Untertanen nach Erfurt ein. Am 29. September bat Napoleon, der Goethes Namen auf einer Liste Neuangekommener gelesen hatte, den Herzog, für ihn ein Zusammentreffen mit dem Dichter-Philosophen zu arrangieren. Goethe kam sehr gerne (2. Oktober), denn er hielt mit voller Überzeugung Napoleon für «den größten Geist, den die Welt je gesehen hat»[28], und außerdem war er sehr angetan von dem Gedanken, Europa unter einem solchen Kopf vereinigt zu sehen. Er traf den Kaiser beim Frühstück mit Talleyrand, Berthier, Savary und General Daru. Talleyrand bringt in seinen Memoiren eine, wie er sagt, sehr genaue Wiedergabe dieser berühmten Unterhaltung. (Felix Müller, ein Weimarer Magistratsbeamter, der Goethe begleitete, gab einen nur ganz geringfügig abweichenden Bericht.)

«Monsieur Goethe», sagte Napoleon, «ich bin entzückt, Sie zu sehen ... Ich weiß, daß Sie Deutschlands führender dramatischer Dichter sind.»

«Sire, Sie tun unserem Lande Unrecht ... Schiller, Lessing und Wieland sind Eurer Majestät sicherlich bekannt.»

«Ich gestehe, daß ich sie kaum kenne. Allerdings habe ich Schillers Geschichte des Dreißigjährigen Krieges gelesen ... Sie leben sonst in Weimar; das ist der Ort, wo sich die berühmtesten Männer der deutschen Literatur treffen!»

«Sire, sie erfreuen sich dort großer Protektion; im Augenblick ist allerdings nur ein Mann im Weimar, der in ganz Europa bekannt ist, nämlich Wieland.»

«Ich würde mich freuen, Monsieur Wieland zu sehen.»

«Wenn Eure Majestät mir gestatten wollen, ihn herzubitten, so bin ich sicher, daß er unverzüglich kommen wird ...»

«Sind sie ein Bewunderer von Tacitus?»

«Jawohl, Sire, ich bewundere ihn sehr.»

«Nun, ich nicht. Doch darüber werden wir ein anderes Mal sprechen. Schreiben Sie Monsieur Wieland und bitten Sie ihn, herzukommen. Ich werde seinen Besuch in Weimar erwidern, wohin der Herzog mich eingeladen hat.»[29]

Als Goethe den Raum verließ (so wird berichtet), bemerkte Napoleon zu Berthier und Daru: «Voilà, un homme!»[30]

Einige Tage später empfing Napoleon inmitten einer Schar von Notabeln Goethe und Wieland. Vielleicht hatte er sein Gedächtnis aufgefrischt, denn er sprach wie ein Literaturkritiker, der seines Wissens sicher ist:

«Monsieur Wieland, wir schätzen in Frankreich Ihre Werke sehr. Sie sind der Verfasser von ,Agathon' und ,Oberon'. Wir nennen Sie den deutschen Voltaire.»

«Sire, der Vergleich wäre schmeichelhaft, wenn er gerechtfertig wäre ...»

«Sagen Sie mir, Monsieur Wieland, warum Ihr ,Diogenes', Ihr ,Agathon' und Ihr ,Peregrinus' in dem doppeldeutigen Stil geschrieben sind, der Phantasie mit Geschichte und Geschichte mit Phantasie vermengt. Ein überlegener Mann wie Sie sollte jede Stilgattung streng getrennt halten ... Doch ich habe Bedenken, zuviel über diesen Gegenstand zu sagen, da ich es mit jemand zu tun habe, der weit mehr mit der Materie vertraut ist als ich.»[31]

Am 5. Oktober fuhr Napoleon die fünfzehn Meilen nach Weimar. Nach einer Jagd bei Jena und einer Aufführung von La Mort de César im Weimarer Theater besuchten Gastgeber und Gäste einen Ball, wo der Glanz der Umgebung und der Zauber der Damen sie Voltaires Verse rasch vergessen ließen. Napoleon zog sich in eine Ecke zurück und fragte nach Goethe und Wieland. Napoleon sprach, insbesondere an Wieland gewendet, über zwei seiner Lieblingsthemen, Geschichte und Tacitus:

«Eine gute Tragödie muß als die wertvollste Schule für überragende Männer betrachtet werden. In gewisser Hinsicht steht sie über der Geschichtsschreibung. Auch die beste Geschichtsschreibung zeitigt nur recht geringe Wirkungen. Ein einzelner Mensch ist nur wenig berührt; versammelte Menschen empfangen stärkere und dauerhaftere Eindrücke ...

Ich versichere Ihnen, daß der Historiker Tacitus, den Sie ständig zitieren, mich nie auch nur das geringste gelehrt hat. Kann man einen ärgeren und gelegentlich ungerechteren Verleumder des Menschengeschlechts finden? Hinter den einfachsten Handlungen entdeckt er kriminelle Motive; Kaiser stellt er als die übelsten Schurken dar ... Seine Annalen sind keine Geschichte des Imperiums, sondern ein Auszug aus den römischen Gefängnisberichten. Sie beschäftigen sich nur mit Anklagen, überführten Missetätern und Leuten, die sich im Bad die Pulsadern aufschneiden ... Was für ein verworrener Stil, wie unklar! ... Habe ich nicht recht, Monsieur Wieland? Aber ... wir sind nicht hier, um über Tacitus zu sprechen. Sehen Sie, wie gut Zar Alexander tanzt.»[32]

Wieland war nicht überwältigt; er verteidigte Tacitus mit ebensoviel Mut wie Höflichkeit. Er erklärte: «Suetonius und Dio Cassius berichten über viel mehr Verbrechen als Tacitus, in einem kraftlosen Stil, während nichts schrecklicher ist als Tacitus' Feder». Und mit einer kühnen Anspielung auf Napoleon: «So wie sein Genie sich ausprägt, könnte man glauben, daß er einzig die Republik liebe ... Doch wenn er von den Kaisern spricht, die in so glücklicher Weise ... das Imperium und die Freiheit in Einklang brachten, so fühlt man, daß die Kunst des Regierens ihm als die herrlichste Offenbarung auf Erden erscheint ... Sire, wenn es richtig ist, von Tacitus zu sagen, daß Tyrannen durch seine Schilderung gezüchtigt werden, so ist es noch richtiger, daß gute Fürsten belohnt werden, wenn er ihr Bild zeichnet und ihnen ihren Nachruhm sichert.»

Die versammelten Zuhörer waren entzückt von dieser schlagfertigen Antwort und Napoleon war etwas betroffen. «Ich habe einen zu starken Gegner in diesem Disput, Monsieur Wieland und Sie nehmen Ihre Vorteile wahr ... Ich möchte nicht sagen, daß ich geschlagen bin, ... da würde ich kaum zustimmen. Morgen kehre ich nach Erfurt zurück, und wir werden unsere Unterhaltungen fortsetzen.»[33] Über diese weitere Begegnung liegt uns kein Bericht vor.

Am 7. Oktober waren die meisten Besucher wieder in Erfurt. Napoleon drängte Goethe, nach Paris zu kommen und dort zu leben: «Dort werden Sie einen größeren Wirkungskreis für Ihre Beobachtungsgabe finden, ... unerschöpfliches Material für Ihre dichterischen Schöpfungen.»[34] Am 14. Oktober verlieh der Kaiser Goethe und Wieland das Kreuz der Ehrenlegion.

In der Zwischenzeit hatten die Außenminister der beiden Mächte ein Übereinkommen entworfen, worin sie ihr Bündnis erneuerten und sich zu gegenseitiger Hilfe verpflichteten, im Falle eine von ihnen angegriffen werden sollte. Alexander hatte freie Hand, Rußland die Walachei und die Moldau einzuverleiben, aber nicht die Türkei; Napoleon konnte mit dem Segen des Zaren in Spanien eingreifen. Am 12. Oktober wurde das Dokument unterzeichnet. Zwei Tage später verließen die beiden Kaiser Erfurt. Eine kurze Wegstrecke ritten sie Seite an Seite; ehe sie sich trennten, umarmten sie sich und versprachen, sich wieder zu treffen. (Sie sahen sich nicht wieder.) Napoleon kehrte weniger zuversichtlich nach Paris zurück, als er gekommen war, doch entschlossen, seine Grande Armée nach Spanien zu führen und seinen Bruder Joseph wieder auf seinen ungeliebten Thron zu setzen.

IV. DER 2. IBERISCHE KRIEG: 29. OKTOBER 1808 BIS 16. JANUAR 1809

Es war ein typisch Napoleonischer Feldzug: schnell, siegreich und nutzlos. Der Kaiser spürte den wachsenden Widerstand des französischen Volkes gegen die endlose Kette seiner Kriege. Sie hatten ihm zugestimmt, daß seine militärischen Operationen an der Ostfront durch Regierungen verursacht wurden, die sich verschworen hatten, die Revolution zu annullieren; doch nun fühlten sie, daß ihr Blut vergossen wurde und sie beklagten besonders, daß dies in Spanien und Portugal geschah. Er verstand dieses Gefühl und fürchtete, seinen Rückhalt in der Nation zu verlieren, aber – wie er rückblickend argumentierte – «es war unmöglich, die Halbinsel den Machenschaften der Engländer, den Intrigen, Hoffnungen und Prätentionen der Bourbonen als Beute zu überlassen».[35] Solange Spanien nicht fest mit Frankreich verbunden war, würde es englischen Armeen ausgeliefert sein, die aus Portugal oder Cadiz kamen. Bald würde England das Gold und Silber aus Portugiesisch- oder Spanisch-Amerika an sich reißen und es in Subsidien zur Finanzierung einer neuen Koalition gegen Frankreich verwandeln. Noch weitere Marengos, Austerlitz, Jenas würden notwendig sein ... Nur eine an allen Grenzen undurchlässige Kontinentalsperre für britische Güter konnte diese Londoner Kaufleute dazu bringen, an Frieden zu denken.

Napoleon legte Besatzungen in einige Festungen, um gegen österreichische oder preußische Überraschungen gesichert zu sein und ließ 150 000 Mann der Großen Armee über die Pyrenäen marschieren, die sich mit den 65 000 Soldaten vereinigen sollten, die Joseph mittlerweile in Vitoria zusammengezogen hatte. Er selbst verließ Paris am 29. Oktober mit einem fertigen Feldzugsplan. Die spanische Armee versuchte zuerst, Josephs Streitmacht zu umzingeln. Napoleon schickte seinem Bruder Instruktionen, einer Schlacht auszuweichen und den Feind in einem sich ausweitenden und dünner werdenden Halbkreis vorrücken zu lassen. Als der Kaiser sich Vitoria näherte, ließ er einen Teil seiner Streitkräfte Gefechtsformation einnehmen und das spanische Zentrum angreifen; dieses hielt nicht stand und floh. Eine andere französische Division nahm Burgos ein (10. November); andere, unter Ney und Lannes, zersprengten bei Tudela eine spanische Armee unter José de Palafox y Melzi. Die Spanier, die einsahen, daß ihre Soldaten und Generale es mit Napoleon und der Großen Armee nicht aufnehmen konnten, zerstreuten sich wieder in die Provinzen, und am 4. Dezember zog der Kaiser in Madrid ein. Als einige seiner Soldaten zu plündern begannen, ließ er zwei von ihnen öffentlich an die Wand stellen; das Plündern hörte auf.[36]

Napoleon stellte die Stadt unter Kriegsrecht und legte eine starke Garnison hinein. Dann schlug er sein Hauptquartier drei Meilen außerhalb in Chamartín auf. Von dort erließ er, wie ein Gott, der eine Welt erschafft, eine Reihe von Dekreten (4. Dezember), einschließlich einer neuen Verfassung für Spanien. In einzelnen ihrer Artikel zeigt er sich immer noch als «Sohn der Revolution»:

> Vom Tage der Veröffentlichung dieses Dekrets an sind in Spanien alle Feudalrechte abgeschafft. Alle persönlichen Zwangsverpflichtungen, alle Exklusivrechte, ... sämtliche feudalen Monopole ... sind aufgehoben. Jedermann kann ungehindert seiner Beschäftigung nachgehen, insofern diese mit den Gesetzen in Einklang steht.
>
> Das Inquisitionstribunal ist als unvereinbar mit der staatlichen Souveränität und Autorität abgeschafft. Sein Besitz wird zu Gunsten des spanischen Staates eingezogen und dient als Sicherheit für die Anleiheschuld ... Angesichts der übermäßigen Zunahme der Mitgliederzahl verschiedener religiöser Orden, ... werden die Klöster in Spanien ... auf ein Drittel ihrer bisherigen Zahl vermindert ... durch Zusammenlegung der Mitglieder mehrerer Häuser eines Ordens in ein einziges ...
>
> In Anbetracht der Tatsache, daß die der inneren Fortentwicklung Spaniens hinderlichste Einrichtung die Zollschranken zwischen den einzelnen Provinzen sind, ... werden diese Schranken aufgehoben.[37]

Nur militärische Überlegenheit konnte eine derartige Verfassung gegenüber der aktiven Opposition des mächtigen Adels, der Ordensgeistlichkeit und eines Volkes durchsetzen, das durch die Zeit an eine feudale Oberschicht und einen tröstenden Glauben gewöhnt war. Diese Überlegenheit aber war gefährdet. Wellesley stand noch als Sieger in Portugal und konnte jederzeit in Spanien eindringen, sobald die Große Armee zurückbeordert werden sollte, um einem österreichischen Angriff entgegenzutreten. Außerdem marschierte eine britische Armee in Stärke von 20 000 Mann unter Sir John Moore am 13. Dezember aus Salamanca nach Nordosten, um Soults Division bei Burgos anzugreifen. Napoleon reagierte rasch auf diese Herausforderung und führte eine starke französische Streitmacht nach Norden über die Sierra de Guadarrama in der Absicht, über Moores Nachhut herzufallen. Jetzt endlich würde er sein Können und seine Soldaten mit diesen bisher meergeschützten Engländern messen können. Das Überschreiten des Guadarramapasses mitten im

Winter war für seine Leute eine viel härtere Prüfung als die Alpenüberquerung im Jahre 1800. Sie litten und murrten bis an die Grenze der Meuterei, doch Napoleon wollte die Jagd nicht abbrechen. Moore erfuhr von seinem Herannahen und führte – da er fürchtete, von zwei französischen Armeen in die Zange genommen zu werden – seine Truppen in einem Gewaltmarsch über wilde schneebedeckte Berge 250 Meilen westlich nach La Coruña, wo eine britische Flotte auf sie wartete.

Am 2. Januar 1809 war Napoleon ihnen bei Astorga hart auf den Fersen. Doch hier wurde er durch beunruhigende Nachrichten aus zwei Quellen aufgehalten: In Österreich traf der Erzherzog Karl Ludwig aktive Kriegsvorbereitungen; in Paris unterstützten Talleyrand und Fouché einen Plan, Napoleon durch Murat zu ersetzen. Der Kaiser überließ Moores Verfolgung Soult und eilte nach Frankreich zurück. Kaum war der Herr außer Sichtweite, mäßigte Soult seine Gangart und erreichte so La Coruña erst, als das Gros der Briten schon eingeschifft war. Moore führte ein heroisches Nachhutgefecht, um die letzten Phasen der Einschiffung zu sichern; er wurde tödlich verwundet, lebte aber noch, bis der letzte Mann in Sicherheit war. «Wenn ich nur Zeit gehabt hätte, die Engländer zu verfolgen», klagte Napoleon, «nicht ein einziger wäre mir entkommen».[38] Sie entkamen nicht nur, sie kamen wieder.

V. FOUCHÉ, TALLEYRAND UND ÖSTERREICH: 1809

Als Napoleon am 23. Januar in Paris eintraf, war die Stimmung in der Bevölkerung ungünstig. Verschwörungen brauten sich zusammen. Soldatenbriefe von der Front machten Hunderten französischer Familien klar, daß in Spanien erneut energischer Widerstand aufflammte und Wellesley bald mit verstärkten Kräften neue Operationen beginnen würde, um Joseph aus Madrid zu vertreiben. Der Krieg würde offenbar weitergehen und junge französische Männer würden weiterhin Jahr für Jahr eingezogen werden, um den Spaniern ein ihrer mächtigen Kirche feindliches und ihrem Stolz und Blut fremdes Regime aufzuzwingen. Die französischen Roaylisten hatten trotz Napoleons Bemühungen, sie zu befrieden, erneut Komplotte zu seinem Sturz geschmiedet. Sechs solcher Verschwörer waren 1808 verhaftet und erschossen worden; ein weiterer, Armand de Chateaubriand, wurde im Februar 1809 hingerichtet, trotz der Gnadengesuche seines Brudes René, des damals berühmtesten Schriftstellers Frankreichs. Mehrere Jakobiner schmiedeten Pläne für dasselbe Ziel, wenn auch aus entgegengesetzten Gründen. Selbst innerhalb der kaiserlichen Regierung wuchs die Unzufriedenheit mit Napoleon: Fontanes äußerte sie hinter vorgehaltener Hand, Decrès offen: «Der Kaiser ist verrückt, total verrückt; er wird sich selbst und uns alle ruinieren.»[39]

Polizeiminister Fouché war von Napoleon zur Aufdeckung von Mordanschlägen beglückwünscht worden, doch seine Zweifel an der Politik seines Herrn und seinem eigenen Schicksal bei dem unvermeidlichen Zusammenbruch wuchsen.

Früher oder später, fühlte er, würden sich die geschlagenen, aber stolzen Regierungen Österreichs und Preußens und das nur oberflächlich profranzösische Regime Rußlands wieder vereinigen, um, durch englisches Gold zusammengeschmiedet, einen neuen Schlag gegen das beunruhigend starke Frankreich zu führen. Schließlich konnte Napoleon in einer künftigen Schlacht sein Leben verlieren. Warum sollte ihn nicht irgendeine Kugel treffen und töten, wie vor nicht langer Zeit eine einen an seiner Seite stehenden General getötet hatte? Würde nicht sein plötzlicher Tod, ohne einen Erben, Frankreich in ein Chaos stürzen, das es seinen Feinden hilflos auslieferte? Vielleicht könnte man Talleyrand zur Mithilfe überreden, um Murat auf einen Thron vorzubereiten, der durch Napoleons Gefangennahme oder Tod vakant würde. Am 20. Dezember 1808 kamen Fouché und Talleyrand überein, daß Murat ihr Mann sei; Murat war einverstanden. Eugène de Beauharnais bekam Wind von diesem Plan und berichtete Madame Mère darüber, die ihren Sohn in Spanien informierte.[40]

Napoleon war eher bereit, Fouché zu verzeihen als Talleyrand; Fouchés Rat hatte sich häufig als nützlich erwiesen, doch Talleyrand hatte die Erschießung des Herzogs von Enghien und die Annektierung Spaniens empfohlen und war wahrscheinlich mitverantwortlich für die zunehmende Abkühlung Alexanders. Am 24. Januar 1809 entlud sich beim Anblick Talleyrands im Staatsrat Napoleons lange angestauter Zorn in einem heftigen öffentlichen Tadel: «Herr, Sie haben es gewagt, zu behaupten, sie wüßten nichts über Enghiens Tod; Sie haben gewagt, zu behaupten, Sie wüßten nicht das geringste über den spanischen Krieg! ... Haben Sie vergessen, daß Sie es waren, der mir riet, Enghiens Hinrichtung anzuordnen? Haben Sie vergessen, daß Sie mir in Ihren Berichten rieten, die Politik Ludwig XIV. wieder aufzunehmen?» (d. h. seine eigene Familie auf den Thron Spaniens zu setzen). Dann schrie Napoleon, während er seine Faust vor Talleyrands Gesicht schüttelte: «Merken Sie sich: sollte eine Revolution ausbrechen, so wären Sie der erste, der dabei zerschmettert würde, ganz gleich, welche Rolle Sie dabei gespielt hätten! ... Sie sind Dreck in Seidenstrümpfen.» Nach diesen Worten verließ der Kaiser rasch den Raum. Talleyrand hinkte hinter ihm her und bemerkte zu den Räten: «Was für ein Jammer, daß ein so großer Mann so schlechte Manieren haben muß!»[41] Am nächsten Morgen entließ Napoleon Talleyrand aus seinem Amt als Großkämmerer. Wie gewöhnlich tat ihm sein Ausbruch bald wieder leid und er erhob keine Einwände gegen Talleyrands fortdauernde Anwesenheit am Hof. Noch 1812 sagte er: «Er ist der fähigste Minister, den ich jemals hatte.»[42] Talleyrand ließ sich keine Gelegenheit entgehen, Napoleons Sturz zu beschleunigen.

Auch Österreich leistete seinen Beitrag. Das ganze Land, ob reich oder arm, brannte darauf, sich von dem harten Frieden zu befreien, den Napoleon ihm auferlegt hatte. Nur Kaiser Franz I. zögerte mit der Begründung, daß die Aufwendungen für die Armee zum Bankrott des Staates führten. Talleyrand schrieb ermutigende Worte: Die Große Armee saß in Spanien fest, die öffentliche Meinung in Frankreich lehnte einen Krieg entschieden ab, Napoleons Stellung war gefährdet.[43]

Metternich, bislang unentschlossen, war der Meinung, für Österreich sei die Zeit zum Losschlagen gekommen. Napoleon warnte die österreichische Regierung, daß er, falls sie fortfahre, zu rüsten, keine andere Wahl habe, als eine neue Armee aufzustellen, koste es, was es wolle. Die Österreicher fuhren fort zu rüsten. Napoleon bat Alexander, sie zu warnen; der Zar sandte Österreich eine Mahnung zur Vorsicht, die ebenso als Ratschlag abzuwarten verstanden werden konnte. Napoleon zog zwei Divisionen aus Spanien ab, rief 100 000 Wehrpflichtige auf, verlangte und erhielt 100 000 Soldaten vom Rheinbund, der für sein Bestehen fürchtete, falls Österreich Frankreich besiegen sollte.

Bis April 1809 hatte Napoleon 310 000 Mann unter seinem Befehl. Eine weitere Armee aus 72 000 Franzosen und 20 000 Italienern wurde aufgestellt, um Vizekönig Eugène vor einer österreichischen Armee zu schützen, die unter Erzherzog Johann nach Italien in Marsch gesetzt worden war. Am 9. April fiel Erzherzog Karl Ludwig mit 200 000 Mann in Bayern ein. Am 12. April unterzeichnete England ein neues Bündnis mit Österreich, worin es sich zur Zahlung weiterer Subsidien verpflichtete. Am 13. April reiste Napoleon von Paris nach Straßburg, nachdem er seinen beunruhigten Palastbeamten erklärt hatte: «In zwei Monaten werde ich Österreich zwingen, abzurüsten». Am 17. April traf er bei seiner Hauptarmee in Donauwörth an der Donau ein und gab die letzten Befehle für den Aufmarsch seiner Streitkräfte.

Die Franzosen gewannen ein paar kleinere Gefechte bei Abensberg und Landshut (19. und 20. April). Bei Eckmühl (22. April) führte Marschall Davout einen unwiderstehlichen Angriff auf Erzherzog Karl Ludwigs linken Flügel, während Napoleons eigene Divisionen das Zentrum angriffen. Nach dem Verlust von 30 000 Mann trat Karl den Rückzug nach Böhmen an. Napoleon marschierte weiter nach Wien, wo er am 12. Mai nach einem schwierigen und tapfer erkämpften Übergang auf das rechte Ufer der dort dreitausend Fuß breiten Donau einzog. Unterdessen reorganisierte Karl seine Streitkräfte und führte sie an das linke Donauufer bei Essling. Napoleon versuchte, den Strom wieder zu überschreiten, da er hoffte, den Erzherzog in einem entscheidenden Treffen zu schlagen. Doch die Donau führte jetzt Hochwasser, das die wichtigsten Brücken wegriß; Teile der französischen Armee und große Munitionsvorräte mußten zurückbleiben. Am 22. Mai sahen sich Napoleons 60 000 Mann rund 115 000 österreichischen Soldaten gegenüber. Nachdem der Kaiser 20 000 Mann verloren hatte – darunter den hochgeschätzten Lannes –, befahl er den übrigen 40 000, sich wieder auf das jenseitige Donauufer zurückzuziehen. Die Österreicher hatten 23 000 Mann verloren, doch die Schlacht wurde in ganz Europa als vernichtende Niederlage für Napoleon angesehen. Preußen und Rußland verfolgten den Ablauf der Dinge aufmerksam, bereit, sich im Falle einer günstigen Entwicklung auf den lästigen Emporkömmling zu stürzen, der sich den Feudalherrschern so lange Zeit überlegen gezeigt hatte.

In Italien hatte das Schicksal Vizekönig Eugènes auf der Waage der Ereignisse geschwankt. Seine Hauptstadt Mailand war trotz seiner ausgezeichneten Regierung infolge der zunehmenden Unzufriedenheit der Bevölkerung mit der Art, wie Napoleon den Papst behandelte, unsicher geworden. Nur mit Hangen und Bangen führte Eugène seine Armee nach Osten, um Erzherzog Johann entgegenzutreten. Am 16. April wurde er am Tagliamento besiegt. Die Sache hätte schlimmer für ihn ausgehen können, hätte Johann nicht auf die Nachricht von Napoleons Sieg bei Eckmühl kehrtgemacht, in der vergeblichen Hoffnung, Wien zu retten. Eugène riskierte den Verlust Italiens, um seinem Adoptivvater Verstärkungen zuzuführen, marschierte auch nach Norden und erreichte Napoleon noch rechtzeitig, um bei Wagram dabeizusein.

Nach der Abfuhr bei Essling ließ Napoleon, mit aufgefüllten Verbänden und verstärkter Artillerie, neue Brücken über die Donau schlagen und die Insel Lobau, nur 360 Fuß vom linken Ufer im Strom gelegen, als stark befestigtes Lager und Arsenal ausbauen. Am 4. Juli befahl er seiner Armee erneut den Übergang. Karl Ludwig zog sich angesichts der Überlegenheit des Gegners nach Norden zurück. Napoleon folgte ihm, und bei Wagram trafen 187 000 Franzosen und Alliierte auf 136 000 Österreicher mit ihren Alliierten in einer der blutigsten Schlachten der Geschichte. Die Österreicher fochten tapfer und waren einige Male nicht weit vom Sieg entfernt; doch Napoleons kräftemäßige und taktische Überlegenheit wendeten das Blatt zu seinen Gunsten. Nach zwei Tagen (5.–6. Juli 1809) des wechselseitigen Mordens befahl Karl, der 50 000 Mann verloren hatte, den Rückzug. Napoleons Verluste betrugen 34 000 Mann, doch es blieben ihm 153 000, während Karl nur noch über 86 000 verfügte; so standen die Chancen zwei zu eins. Der entmutigte Erzherzog bat um einen Waffenstillstand, den Napoleon gerne gewährte.

Er ließ sich mit Madame Walewska in Schönbrunn nieder und war glücklich, zu hören, daß sie schwanger sei. Wer konnte jetzt noch behaupten, es läge an ihm, daß Josephine ihm kein Kind geboren hatte? Maries bejahrter Gatte war ritterlich genug, ihre distinguierte Untreue zu verzeihen; er bat sie, auf seine Güter in Polen zurückzukommen und war bereit, das Kind als sein eigenes anzuerkennen.[44]

Die Friedensverhandlungen zogen sich über drei Monate hin, zum Teil, weil Karl Ludwig seinen Bruder Franz I. nicht davon überzeugen konnte, daß weiterer Widerstand nicht zu organisieren sei und zum Teil, weil Kaiser Franz hoffte, Preußen und Rußland würden ihm zu Hilfe kommen. Napoleon half Alexander, dem Appell zu widerstehen, indem er ihm einen Teil von Galizien anbot und versprach, das Königreich Polen nicht wiederherzustellen. Am 1. September informierte der Zar Österreich, daß er nicht in der Lage sei, mit Frankreich zu brechen. Die österreichischen Unterhändler hielten trotzdem durch, bis Napoleon ein Ultimatum stellte. Am 14. Oktober unterzeichneten sie den Vertrag von Schönbrunn, von Napoleon im kaiserlichen Palast seiner alten Habsburger Feinde diktiert. Österreich trat das Innviertel und Salzburg an Bayern ab, das es so oft überfallen hatte. Ein Teil Galiziens kam zu Rußland, ein anderer Teil zum Großherzogtum Warschau, als teilweiser Ausgleich für Territorien, die Österreich bei den Teilungen Polens annektiert hatte. Fiume, Istrien, Triest, Venetien, ein Teil Kroatiens, der größte Teil von Kärnten und Krain kamen zu Frankreich. Insgesamt verlor Österreich 3 500 000 steuerpflichtige Bürger und hatte eine Kriegsentschädigung von 85 Millionen Franc zu bezahlen. Dies alles nahm sich Napoleon als ihm rechtmäßig gebührend, und sechs Monate später krönte er seinen Raubzug, als er eine österreichische Erzherzogin zur Braut gewann.

VI. HEIRAT UND POLITIK: 1809–1811

Er verließ Wien am 15. Oktober 1809 und war am 26. in Fontainebleau. Er unterrichtete seine nächsten Verwandten und seine Räte von seinem Entschluß, sich scheiden zu lassen. Sie begrüßten sein Vorhaben nahezu einstimmig, doch erst am 30. November fand er den Mut, Josephine seine Absicht mitzuteilen. Ungeachtet seiner außerehelichen Zerstreuungen, die er als das legitime Recht eines umherschweifenden Kriegsmannes betrachtete, liebte er sie immer noch, und der Bruch sollte ihn für lange Zeit seelisch belasten.

Er kannte ihre Fehler, ihre langsame, träge Art, ihre endlos dauernde Toilette, ihre Extravaganz in Kleidung und Schmuck, ihre Unfähigkeit, nein zu Putzmacherinnen zu sagen, die kamen, um ihre Ware anzubieten. «Sie kaufte alles, was ihr angeboten wurde, ohne Rücksicht auf den Preis.»[45] Ihre Schulden erreichten wiederholt eine Höhe, die ihren Gatten in Rage brachte; er jagte die Verkäuferinnen aus ihren Gemächern, zankte sie aus und bezahlte die Schulden. Er genehmigte ihr pro Jahr 600 000 Francs für ihre persönlichen Ausgaben und 120 000 für ihre Wohltätigkeit, denn er wußte, daß sie keine Bitte abschlagen konnte. Er war nachsichtig gegenüber ihrer Leidenschaft für Diamanten, vielleicht, weil der Schmuck sie trotz ihrer zweiundvierzig Jahre berückend schön erscheinen ließ. Sie war nichts als Gefühl und ohne Verstand, abgesehen von der Klugheit, welche die Natur den Frauen zur Behandlung der Männer verliehen hat. «Josephine», sagte er zu ihr, «Sie haben ein vortreffliches Herz und einen schwachen Kopf».[47] Er ließ sie selten über Politik reden, und wenn sie darauf bestand, vergaß er ihre Ansichten rasch. Doch er war dankbar für die sinnliche Wärme ihrer Umarmungen, für die «unerschöpfliche Liebenswürdigkeit ihres Charakters»[48], wie für die Bescheidenheit und Anmut, mit der sie ihren vielfachen Pflichten als Kaiserin nachkam. Sie liebte ihn abgöttisch, und er liebte sie als einen Teil seiner Macht. Als Madame de Staël ihm vorwarf, sich nichts aus Frauen zu machen, antwortete er schlicht: «Ich liebe meine Frau».[49] Antoine Arnault wunderte sich über «die Herrschaft, welche die gütigste und indolenteste aller Kreolinnen über den willensstärksten und despotischsten aller Männer ausübt. Seine Entschiedenheit, vor der alle Männer zitterten, konnte den Tränen einer Frau nicht standhalten.»[50] Wie Napoleon es in St. Helena ausdrückte, «ich mußte meist nachgeben».[51]

Sie kannte seit langem seinen Wunsch nach einem Erben seines Blutes als legitimen und anerkannten Rechtsnachfolger in der Herrschaft; sie kannte seine Angst, daß ohne eine solche traditionelle Übertragung der Macht seine Gefangennahme, sein Tod oder eine ernsthafte Erkrankung zu einer wüsten Balgerei von Parteien und Generalen um die Vormacht führen und in dem daraus resultierenden Chaos das geordnete, blühende und mächtige Frankreich, das er aufbaute, sich in einem ebensolchen Terror – rot oder weiß – auflösen könnte, ähnlich dem, aus dem er es 1799 errettet hatte.

Als er ihr schließlich erklärte, sie müßten sich trennen, fiel sie in Ohnmacht und lag längere Zeit ohne Besinnung. Napoleon trug sie in ihre Räume, ließ seinen Leibarzt Jean Nicolas Corvisart des Marets holen und rief Hortense zu Hilfe, um ihre Mutter zu beruhigen. Eine Woche lang verweigerte Josephine ihre Zustimmung; dann, am 7. Dezember, traf Eugène aus Italien ein und überredete sie. Napoleon tröstete sie mit größter Zärtlichkeit. «Ich werde Sie immer lieben», sagte er zu ihr, «aber die Politik hat kein Herz, sie hat nur einen Kopf».[52] Sie würde Schloß und Ländereien von Malmaison als ihren alleinigen Besitz erhalten, den Titel Kaiserin und ein beträchtliches Jahrgeld. Ihren Kindern versicherte er, daß er ihnen bis zu seinem Tode ein liebender Vater sein würde.

Am 16. Dezember erließ der Senat nach Anhörung der beiden Ersuchen von Kaiser und Kaiserin auf Auflösung ihrer Ehe ein Scheidungsdekret, und am 12. Januar erklärte der Erzbischof von Paris ihre Ehe als annulliert. Viele Katholiken bezweifelten die kanonische Rechtmäßigkeit der Annullierung. Fast überall in Frankreich mißbilligte die Bevölkerung die Trennung, und viele prophezeiten, daß von dieser Zeit an das Glück, das Napoleon so stetig gefolgt war, sich andere Günstlinge suchen würe.[53]

Nachdem die Politik die Oberhand über die Liebe gewonnen hatte, machte sich Napoleon daran, eine Gefährtin zu suchen, die nicht nur versprach, Mutter zu werden, sondern auch für Frankreich und seinen Herrscher nützliche kaiserliche Verbindungen mitbrachte. Am 22. November (eine Woche, ehe er Josephine um ihre Einwilligung in die Scheidung bat) beauftragte Napoleon Caulaincourt, seinen Botschafter in St. Petersburg, in aller Form bei Alexander um die Hand seiner sechzehnjährigen Schwester Anna Pawlowa anzuhalten. Der Zar wußte, daß seine Mutter, die von Napoleon als «dieser Atheist» sprach, niemals einer solchen Verbindung zustimmen würde, doch er zögerte die Antwort hinaus in der Hoffnung, von Napoleon als *quid pro quo* einige territoriale Zugeständnisse in Polen zu erreichen. Napoleon, der mit dem Gang der Verhandlungen unzufrieden war und eine Ablehnung fürchtete, folgte einer Andeutung Metternichs, daß Österreich einen Heiratsantrag für die Erzherzogin Marie Louise günstig aufnehmen würde. Cambacérès widersetzte sich diesem Plan und sagte voraus, daß dieser das russische Bündnis beenden und zu einem Krieg führen würde.[54]

Marie Louise, damals achtzehn, war nicht schön, doch ihre blauen Augen, rosigen Wangen und kastanienbraunen Haare, ihr sanftes Gemüt und ihre unkomplizierten Neigungen waren gerade das richtige für Napoleon; alles sprach für ihre derzeitige Jungfräulichkeit und künftige Fruchtbarkeit. Sie hatte eine recht gute Erziehung genossen, kannte mehrere Sprachen, war begabt für Musik, Zeichnen und Malen. Seit ihrer Kindheit hatte man sie gelehrt, ihren Freier als den verruchtesten Menschen Europas zu hassen, doch sie hatte ebenso gelernt, daß eine Prinzessin ein politischer Handelsartikel war, dessen Geschmack in Bezug auf Männer dem Wohl des Staates untergeordnet zu sein hatte. Und im übrigen, dieses berühmt-berüchtigte Ungeheuer konnte einen aufregenden Wechsel für ein wohlbehütetes Mädchen bringen, das sich nach einer weiteren Welt sehnte.

So wurde sie also am 11. März 1810 in Wien dem abwesenden Napoleon formell angetraut, der durch Marschall Berthier vertreten wurde. In Wiederholung von Marie Antoinettes Brautzug von 1770 reiste sie mit dreiundachtzig Karossen und Wagen fünfzehn Tage und zeremoniöse Nächte lang, bis sie am 27. März Compiègne erreichte. Dort hatte Napoleon das Zusammentreffen mit ihr arrangiert, doch – neugierig oder höflich – fuhr er ihr entgegen, um sie im nahen Courcelles zu treffen. Als er sie erblickte – doch lassen wir ihn die Geschichte selbst erzählen:

Ich stieg schnell aus der Kutsche und küßte Marie Louise. Das arme Kind hatte eine lange Ansprache auswendig gelernt, die sie vor mir kniend halten sollte ... Ich hatte Metternich und den Bischof von Nantes befragt, ob ich die Nacht unter demselben Dach mit Marie Louise verbringen könne. Sie beseitigten alle meine Zweifel und versicherten mir, sie sei jetzt Kaiserin und nicht mehr Erzherzogin ... Ich war von ihrem Schlafgemach nur durch die Bibliothek getrennt. Ich fragte sie, was man ihr gesagt habe, als sie Wien verließ. Sie antwortete mir ganz naiv, ihr Vater und Frau Lazansky hätten ihr die folgende Unterweisung mit auf den Weg gegeben: «Sobald Sie mit dem Kaiser allein sind, müssen Sie alles tun, was auch immer er Ihnen sagen wird. Sie müssen allem zustimmen, was er von Ihnen verlangt.» Sie war ein reizendes Kind.

Monsieur Ségur wünschte, ich solle mich, um die Form zu wahren, von ihr fernhalten, doch da ich ja schon richtig verheiratet war, war alles in Ordnung, und ich sagte ihm, er solle sich zum Teufel scheren.[55]

Das Paar wurde am 1. April in St. Cloud zivilgetraut und am nächsten Tag in der großen Halle des Louvre durch eine kirchliche Trauung verbunden. Fast alle Kardinäle lehnten es ab, an dieser Zeremonie teilzunehmen, da der Papst die Ehe mit Josephine nicht annulliert hatte; Napoleon verbannte sie in ihre Diözesen. Im übrigen war er überschwenglich glücklich; er fand seine junge Frau sowohl erotisch wie gesellschaftlich ganz nach seinen Wünschen, bescheiden, gehorsam, großzügig und gütig. Sie lernte ihn zwar nie lieben, doch war sie eine fröhliche Gefährtin. Als Kaiserin erreichte sie niemals Josephines Popularität, doch sie wurde als Symbol für den Triumph Frankreichs über die feindlichen Herrscherhäuser Europas akzeptiert.

Napoleon vergaß Josephine nicht. Er besuchte sie so oft in Malmaison, daß Marie Louise zu schmollen begann, worauf er seine Besuche einstellte; doch von da an sandte er Josephine tröstende Briefe, nahezu alle an «Meine Liebe» gerichtet. Auf einen davon antwortete sie aus Navarre in der Normandie am 21. April 1810:

Tausend, tausend Dank, daß Sie mich nicht vergessen haben. Mein Sohn hat mir eben Ihren Brief überbracht. Mit welcher Inbrunst habe ich ihn gelesen! ... Nicht ein Wort stand darin, das mich nicht weinen machte; doch diese Tränen waren sehr süß ...

Ich schrieb Ihnen, als ich Malmaison verließ und wie oft nachher wollte ich Ihnen noch schreiben! Doch mein Gefühl sagte mir, warum Sie schwiegen und ich wollte nicht aufdringlich erscheinen ...
Seien Sie glücklich, so glücklich, wie Sie es verdienen. Ich sage dies aus ganzem Herzen. Sie haben auch mir meinen Anteil am Glück gegeben, was ich auf das stärkste empfunden habe ... Adieu, mein Freund. Ich danke Ihnen so zärtlich, wie ich Sie immer lieben werde.[57]

Sie tröstete sich mit Putz und Gastlichkeit. Er hatte ihr drei Millionen Francs pro Jahr ausgesetzt, sie gab vier Millionen aus. Nach ihrem Tode im Jahre 1814 verfolgten ihn einige Rechnungen für ihre unbezahlten Einkäufe bis nach Elba.[58] In Malmaison sammelte sie eine ganze Kunstgalerie und bewirtete Gäste, ohne auf die Kosten zu sehen. Nächst Einladungen zu den Empfängen Napoleons wurden die ihrigen am höchsten geschätzt. Madame Tallien – jetzt Fürstin Chimay, vierzigjährig und fett geworden – kam, und zusammen riefen sie sich die Tage zurück, als sie die Königinnen des Direktoriums waren. Gräfin Walewska kam zu Besuch; sie wurde freundlich aufgenommen und trauerte mit Josephine zusammen um den Verlust ihres Liebhabers.

Zwei Jahre des Glücks und relativen Friedens waren ihm gewährt. Der Vertrag von Schönbrunn hatte sein Reich vergrößert, seinen Schatz bereichert und seinen Appetit vermehrt. Er hatte den Kirchenstaat annektiert (17. Mai 1809) und hatte Joseph wieder auf seinen Thron in Madrid gesetzt. Im Januar 1810 unterzeichnete Schweden, ein langjähriger Feind, einen Frieden mit Frankreich und schloß sich der Kontinentalsperre an; im Juni setzte Schweden Bernadotte nach Einholung von Napoleons Zustimmung als Thronfolger ein. Im Dezember verleibte Napoleon Hamburg, Bremen, Lübeck und Oldenburg dem französischen Imperium ein. Sein Bestreben, alle Häfen des Kontinents für den britischen Handel zu schließen, machte ihn in den Augen seiner Feinde zu einem unersättlichen Eroberer, der Schulden bei den neidischen Göttern anhäufte.

Innenpolitisch verliefen die Dinge ruhig und ermutigend. Frankreich war wohlhabend und stolz, der einzige Riß im Gebälk war die endgültige Entlassung Fouchés wegen Mißbrauchs seiner Macht. Savary löste ihn als Polizeiminister ab, während Fouché sich nach Aix-en-Provence zurückzog, um über Racheplänen zu brüten. Die äußeren Angelegenheiten liefen nicht so glatt. Holland verfluchte das Embargo auf britische Güter; Italien, stolz auf den Kirchenstaat, begann die Geduld mit Napoleon zu verlieren; Wellington stellte in Portugal eine Armee für den Einmarsch in Spanien auf; jenseits des Rheins beklagten sich die deutschen Staaten unter Bonapartistischer Herrschaft über Steuerlasten und warteten nur auf einen kaiserlichen Mißgriff, um zu sympathischeren Herren zurückzukehren.

Marie Louise aber war guter Hoffnung, und der glückliche Kaiser zählte die Tage bis zu ihrer Niederkunft. Als das große Ereignis herannahte, umgab er es mit allem Zeremoniell und aller Feierlichkeit, die traditionsgemäß die Geburt eines Bourbonen begleitet hatten. Es wurde bekanntgemacht, daß bei Geburt einer Toch-

ter Paris einundzwanzig Kanonenschüsse hören würde; wäre es ein Sohn, so würden
hundertundeine Salve abgefeuert. Die Entbindung war außerordentlich schmerzhaft;
das Kind wollte mit den Füßen voran auf die Welt kommen. Dr. Corvisart erklärte
Napoleon, daß möglicherweise entweder die Mutter oder das Kind geopfert werden
müßten; Napoleon verlangte, die Mutter um jeden Preis zu retten.[59] Ein anderer
Arzt benützte Instrumente für die Wendung des Kindes; Marie Louise war minuten-
lang dem Tode nahe. Endlich erschien das Kind mit dem Kopf voran; Mutter und Kind
überlebten (20. März 1811). Die 101 Kanonenschüsse hallten über Paris, widerhallten in Frankreich, und es gab nicht viele Leute in Europa, die dem Kaiser sein
Glück mißgönnten. Alle Herrscher Festlandeuropas sandten dem überglücklichen
Vater und dem als solchem bereits proklamierten «König von Rom» ihre Glück-
wünsche.[60] Jetzt konnte sich Napoleon zum ersten Mal in seiner Laufbahn einiger-
maßen sicher fühlen. Er hatte ein Dynastie gegründet, die, wie er hoffte, ebenso
glänzend und wohltätig sein würde wie irgendeine in der Geschichte und vielleicht sogar Europa einigen könnte.

VIERTES KAPITEL

Die Persönlichkeit

I. DAS ÄUSSERE

Wir dürfen ihn uns nicht vorstellen, wie Antoine Gros ihn 1796 gemalt hat, die Fahne in der einen, den blanken Degen in der anderen Hand, in goldbestickter Uniform mit farbiger Schärpe und Rangabzeichen, langes kastanienbraunes, wild im Winde wehendes Haar, in den Augen, auf Stirn und Lippen den Ausdruck unbeugsamer Entschlossenheit; dies wäre zu sehr idealisiert, um wahr zu sein. Es wird von Gros, der zwei Jahre jünger war als sein damals siebenundzwanzigjähriger Heros, behauptet, er habe ihn die Fahne auf der Brücke von Arcole aufpflanzen sehen[1], doch ist das Gemälde sicherlich das Produkt glühender Heldenverehrung, der Verehrung des Künstlers für den Tatmenschen. Und doch porträtierte zwei Jahre später Guérin Napoleon mit im wesentlichen denselben Zügen: die Haare in die Stirn und über die Schultern fallend, gewölbte Brauen über dunklen entschlossenen Augen, gerade Nase und entschieden zusammengepreßte Lippen. Auch dies ist nur ein Aspekt dieses Mannes, der martialische; es gab viele Stimmungen, in denen sich diese Züge entspannen konnten, so, wenn er seinen Sekretär spielerisch am Ohr zupfte, oder in der väterlichen Begeisterung über das Kind «König von Rom». Um 1802 hatte er sich von seinen langen Locken getrennt[2], bis auf eine einzige, die über die zurücktretende Stirn hing. Von seinem vierzigsten Jahr an nahm er an Gewicht zu und benützte gelegentlich seinen Bauch als Stütze für seine Hand. Häufig, besonders beim Gehen, pflegte er die Hände auf dem Rücken zu verschränken; dies wurde ihm so zu Gewohnheit, daß es ihn auf Maskenbällen fast immer verriet. Während seines ganzen Lebens zogen seine Hände die Aufmerksamkeit auf sich wegen der Glätte ihrer Haut und der spitz zulaufenden Finger; er war richtig stolz auf seine Hände und Füße. Selbst Las Cases, für den er ein Gott war, konnte sich nicht enthalten, sich über diese «lächerlich hübschen Hände»[3] zu mokieren.

Für einen General war er mit seiner Körpergröße von 168 cm geradezu absurd klein.[4] Doch das Zwingende an ihm lag in seinen Augen. Kardinal Caprara, der zu den Konkordatsverhandlungen angereist war, trug eine «Brille mit riesigen grünen Gläsern», um sich gegen Napoleons funkelnde Blicke zu schützen. General Vandamme, der ihre hypnotische Kraft fürchtete, bekannte: «Dieser Teufel von einem Mann übt eine Faszination auf mich aus, die ich mir selbst nicht erklären kann; das geht soweit, daß ich, der ich weder Gott noch Teufel fürchte, drauf und dran bin, in

seiner Gegenwart wie ein Kind zu zittern. Er könnte mich dazu bringen, durch ein
Nadelöhr zu schlüpfen, um mich ins Feuer zu stürzen.»[5] Der Kaiser hatte eine fahle
Gesichtsfarbe, die sich aber aufhellen konnte, da seine Gesichtsmuskeln – wenn er
wollte – rasch jede Veränderung seiner Gefühle oder Gedanken spiegelten. Im Verhältnis zu seinem Körper war Napoleons Kopf groß, aber wohlgeformt; seine Schultern waren breit, die gewölbte Brust schien Gewähr für eine starke Konstitution zu
geben. Er kleidete sich einfach und überließ prunkende Uniformen seinen Marschällen. Sein Dreispitz hatte keine andere Verzierung als eine dreifarbige Kokarde.* In
der Regel trug er einen grauen Mantel über der Uniform eines Obersten seiner
Garde. Am Hosenbund trug er eine Schnupftabakdose, der er gelegentlich zusprach.
Kniehosen und Seidenstrümpfe zog er den langen Hosen vor. Er trug niemals
Schmuck, doch seine Schuhe waren mit Seide gefüttert und hatten goldene
Schnallen. Bezüglich seiner Kleidung wie in der politischen Philosophie seiner
letzten Jahre gehörte er dem Ancien Régime an.

Er «hielt sich peinlich sauber».[7] Er hatte eine Vorliebe für warme Bäder und
hielt sich manchmal zwei Stunden im Bad auf; wahrscheinlich fand er darin Erleichterung von nervösen Spannungen, Muskelschmerzen und einem juckenden Haut-
leiden, das er sich in Toulon zugezogen hatte.[8] Er gebrauchte Eau de Cologne sowohl für Gesicht und Hals als auch für seinen Oberkörper.[9] Im Essen und Trinken
war er «außergewöhnlich mäßig», mischte seinen Wein mit Wasser wie die alten
Griechen[10] und widmete seinem Mittagessen gewöhnlich nicht mehr als zehn bis
fünfzehn Minuten. Auf Feldzügen aß er, wenn sich die Gelegenheit bot und oftmals
hastig; zuweilen führte dies gerade in den kritischsten Augenblicken zu Magen-
verstimmungen, wie bei den Schlachten von Borodino und Leipzig.[11] Er litt an Ver-
stopfung; 1797 kam ein Hämorrhoidalleiden dazu, das er wie er behauptete mit
Blutegeln kurierte.[12] «Ich sah ihn niemals krank», sagte Méneval, fügte aber hinzu:
«Er mußte nur gelegentlich Galle erbrechen, was aber nie irgendwelche Nach-
wirkungen hatte ... Einige Zeit hatte er gefürchtet, sich eine Blasenerkrankung zugezogen zu haben, da die kühle Bergluft ihm eine Art Harnzwang verursachte, doch
stellte sich heraus, daß diese Furcht unbegründet war.»[13] Es gibt jedoch ausreichende Beweise dafür, daß Napoleon in seinen späteren Lebensjahren an einer Ent-
zündung der Harnwege litt, die ihn zeitweise zu schmerzhaftem und ungewöhnlich
häufigem Wasserlassen zwang.[14] Übermäßige Nervenanspannung führte manchmal
(wie 1806 in Mainz) zu Krampfanfällen, die fast epileptischen Anfällen ähnelten,
doch besteht heute allgemeine Übereinstimmung darüber, daß er nicht an Epilepsie
litt.[15]

Hinsichtlich des kaiserlichen Magens gibt es kein solches Einverständnis. «In
meinem ganzen Leben», erzählte er Las Cases am 16. September 1816, «hatte ich

---

* Einer von Napoleons Hüten brachte auf einer Pariser Auktion am 23. April 1969 30 840 US-
Dollar.[6]

niemals Kopf- oder Magenschmerzen». Méneval bekräftigte dies: «Ich habe ihn niemals über Magenschmerzen klagen hören.»[16] Bourrienne allerdings berichtete, er habe Napoleon wiederholt unter so starken Magenschmerzen leiden sehen, daß «ich ihn zu seinem Schlafgemach begleiten mußte und oft genötigt war, ihn zu stützen». Im Jahre 1806 in Warschau sagte er nach einem heftigen Anfall von Magenschmerzen voraus, er würde an der gleichen Krankheit sterben wie sein Vater, also an Magenkrebs.[17] Die Ärzte, die 1821 die Autopsie seiner Leiche durchführten, stimmten darin überein, daß sein Magen erkrankt – offensichtlich karzinomatös – gewesen war. Einzelne Forscher möchten Gonorrhoe und Syphilis seinen Leiden zuzählen und deuten an, daß er bis zu seinem Tode unter Folgeerscheinungen dieser Erkrankungen litt.[18]

Er lehnte es ab, seine Leiden medikamentös behandeln zu lassen. Als General an den Anblick verwundeter Soldaten gewöhnt, erkannte er die Notwendigkeit chirurgischer Behandlung an, doch bei Arzneimitteln fürchtete er ihre Nebenwirkungen und zog es vor, wenn er erkrankte zu fasten, Gerstenschleim, Limonade oder Wasser mit Orangenblüten zu sich zu nehmen, intensive Gymnastik zu treiben, um die Transpiration zu fördern und im übrigen auf die Selbstheilung des Körpers zu vertrauen. «Bis 1816», berichtete Las Cases, «konnte sich der Kaiser nicht erinnern, jemals ein Medikament eingenommen zu haben[19]; doch das kaiserliche Gedächtnis neigte zu dieser Zeit zur bewußten Verdrängung. «Doktor», erklärte er dem Schiffsarzt der S. S. Northumberland auf der Fahrt nach St. Helena, «unser Körper ist eine Maschine zur Erhaltung des Lebens. Dafür ist er eingerichtet, das ist seine Natur. Wenn man den Ablauf der Lebensvorgänge nicht stört, werden sie sich von selbst regulieren, weit besser, als wenn man sie durch Zufuhr von Arzneimitteln lähmt.»[20] Er wurde nie müde, seinen Leibarzt Corvisart mit der Nutzlosigkeit der Medizin aufzuziehen. Schließlich brachte er ihn dazu einzugestehen, daß Drogen alles in allem mehr Schaden als Nutzen gestiftet hätten.[21] Er belustigte seinen letzten Arzt, Francesco Antommarchi, mit der Frage, welche von den beiden Gruppen der Generale und der Ärzte beim Jüngsten Gericht für die größere Zahl von Toten verantwortlich gemacht werden würde.

Trotz seiner Leiden trug er einen Vorrat an Energie in sich, der ihn bis zum Brand von Moskau niemals im Stich ließ. Eine Berufung zum Dienst bei ihm war keine bürokratische Pfründe, sondern eher die Verurteilung zu einem langsamen Tod. Manch ein selbstbewußter Beamter zog sich ausgepumpt zurück, wenn er fünf oder sechs Jahre mit dem Kaiser Schritt gehalten hatte. Ein von ihm ins Amt Berufener beglückwünschte sich selbst dazu, nicht in Paris tätig sein zu müssen: Dort «würde ich vor Überanstrengung zugrunde gehen, ehe ein Monat um wäre. Er hat schon Portalis und Crétet umgebracht und fast auch den zähen Treilhard. Er konnte wie die anderen sein Wasser nicht mehr lassen.»[22] Napoleon gab die hohe Sterblichkeit unter seinen Mitarbeitern zu. «Glücklich ist der Mann», sagte er, «der sich vor mir in der Tiefe irgendeiner Provinz versteckt».[23] Als er Louis Philippe de Ségur fragte, was die Leute nach seinem Tode von ihm sagen würden und Ségur antwortete, sie würden allgemeines Bedauern äußern, verbesserte ihn Napoleon: «Nicht im mindestens; sie werden ausrufen ‚Uff!‘ in tiefer und allgemeiner Erleichterung.»[24]

Er verbrauchte sich selbst genauso wie die anderen. Der Antrieb war für seinen Körper zu stark. Er pferchte die Ereignisse eines Jahrhunderts in zwanzig Jahre, weil er eine Woche in einen Tag zusammenpreßte. Er setzte sich gegen 7 Uhr morgens an seinen Schreibtisch und erwartete, daß sein Sekretär zu jeder beliebigen Stunde verfügbar war. «Kommen Sie,» rief er Bourrienne, «wir wollen an die Arbeit gehen».[25] «Seien Sie heute nacht um eins, oder um vier Uhr morgens hier», sagte er zu Méneval, «wir wollen zusammen arbeiten».[26] Drei- oder viermal in der Woche nahm er an den Sitzungen des Staatsrates teil. «Ich arbeite immer», sagte er zu Staatsrat Roederer, «ich arbeite beim Essen, ich arbeite im Theater; mitten in der Nacht wache ich auf und arbeite».

Man sollte annehmen, daß diese ausgefüllten und aufregenden Tage mit schlaflosen Nächten bezahlt worden wären, doch Bourrienne versichert uns, daß der Kaiser ausreichend schlief, sieben Stunden während der Nacht und «ein kurzes Nickerchen am Nachmittag».[27] Er rühmte sich gegenüber Las Cases, er könne einschlafen, wie er wolle, «zu jeder Stunde und an jedem Ort,» wann immer er Ruhe brauche. Er erklärte, seine vielen verschiedenen Angelegenheiten seien in seinem Kopf oder Gedächtnis geordnet, wie in einem Schrank mit vielen Fächern: «Wenn ich meine Gedanken von einer Sache abwenden will, so schließe ich das Fach, in dem sie liegt und öffne ein anderes ... Wenn ich schlafen möchte, so schließe ich alle Fächer und bin rasch eingeschlafen.»[28]

II. DER GEIST

Goethe war der Meinung, Napoleons Geist sei der größte, den die Welt jemals hervorgebracht habe.[29] Lord Acton teilte diese Ansicht. Méneval, durch die Nähe von Macht und Ruhm mit Ehrfurcht erfüllt, schrieb seinem Herrn «den schärfsten Verstand, der jemals einem menschlichen Wesen gewährt worden ist» zu.[30] Taine, der brillanteste und unermüdlichste Gegner der Napoleonvergötzung, bewunderte die Fähigkeit des Kaisers zu langdauernder und intensiver geistiger Arbeit; «man hat niemals ein so diszipliniertes und selbstbeherrschtes Gehirn gesehen».[31] Geben wir zu, daß Napoleons Geist einer der scharfsinnigsten, durchdringendsten, mit dem besten Gedächtnis begabten und logischsten war, den man jemals bei einem Menschen beobachtet hat, der in erster Linie ein Mann der Tat war. Er liebte es, als «Mitglied des Instituts» zu unterzeichnen und drückte einmal Laplace gegenüber sein Bedauern aus, daß «die Macht der Verhältnisse ihn soweit von der Laufbahn eines Wissenschaftlers weggeführt habe».[32] In diesem Augenblick dürfte er den Mann, der den menschlichen Geist bereichert, höher eingestuft haben als den, der die Herrschaft des Menschen erweitert.* Dennoch muß man ihm verzeihen, daß er die «Ideologen» des Instituts verspottete, die Ideen als Tatsachen mißverstanden, das Universum erklärten und ihm erzählen wollten, wie er Frankreich regieren müsse. Seinen Geist zeichneten die Schwächen einer romantischen Phantasie aus, doch hatte er das reale Stimulans des täglichen Kontaktes mit dem pulsierenden Leben. Seine beharrliche geistige Aktivität war Bestandteil und Diener beharrlicher Tätigkeit auf der höchsten Stufe der Politik.

Vor allem aber war er sensibel. Er litt unter der Schärfe seiner Sinnesempfindungen: Seine Ohren verstärkten alle Geräusche, seine Nase war überempfindlich für Gerüche, seine Augen durchdrangen Oberfläche und äußere Erscheinung und ließen alles Zufällige beiseite, um zum Wesentlichen durchzudringen. Er war neugierig und stellte tausend Fragen, las Hunderte von Büchern, studierte Karten und Geschichtswerke, besuchte Fabriken und landwirtschaftliche Betriebe. Las Cases war überrascht vom Umfang seiner Interessen und der Reichweite seiner Kenntnisse über Länder und historische Abläufe. Sein Gedächtnis war durch die Zielstrebigkeit, mit der er seine Pläne durchführte, geschult und selektiv geworden; er wußte, was er vergessen durfte und was er behalten mußte. Er war methodisch: Die Einheitlichkeit wie die Rangfolge seiner Bestrebungen verlangte eine klare und richtungweisende Ordnung seiner Ideen und Handlungen, seiner Politik und Herrschaft. Von seinen Mitarbeitern verlangte er Berichte und Vorschläge, die nicht beredt entwickelte Theorien und bewunderungswürdige Wunschbilder, sondern klar definierte Ziele, sachliche Informationen, praktische Maßnahmen und kalkulierbare Resultate enthielten. Er studierte und klassifizierte dieses Material im Lichte seiner Erfahrungen und Zwecke und gab präzise und entschieden formulierte Anweisungen heraus. Die Geschichte kennt keine andere Regierung, die mit so methodischer Vorbereitung eine so ausgewogene Administration erreichte. Mit Napoleon räumte die Ekstase der Freiheit der Diktatur der Ordnung das Feld.

Durch ständiges Vergleichen seiner Erfahrungen mit seinen Erwartungen wurde er bewandert in der Berechnung möglicher Reaktionen und in der Voraussicht der Pläne und Schachzüge seiner Gegner. «Ich sinne sehr viel nach», sagte er. «Wenn ich einer Entwicklung gewachsen bin und bereit, ihr ins Auge zu sehen, so kommt das daher, daß ich lange über die Sache nachgedacht habe, ehe ich sie in Angriff nahm ... Ich habe alle Eventualitäten vorausberechnet. Es ist kein Genius *(djinn)*, der mir plötzlich enthüllt, was ich tun oder sagen muß, ... sondern meine eigene Überlegung.»[34] So bereitete er die Feldzüge von Marengo und Austerlitz in allen Einzelheiten vor und sagte nicht nur die Ergebnisse voraus, sondern auch die zu ihrer Erzielung notwendige Zeit. Auf dem Gipfelpunkt seiner Entwicklung ließ er seine klare Voraussicht noch nicht von seinen Wünschen trüben. Er versuchte,

---

* Wäre Napoleon weise gewesen, sagte Anatole France, «hätte er in einer Mansarde gelebt und vier Bücher geschrieben»; d. h. er wäre ein zweiter Spinoza geworden.[33]

Ausschnitt aus dem berühmten Gemälde von Jacques Louis David (1748–1825), dem Begründer des Neoklassizismus in der Ära Napoleons, das die Krönung Napoleons zum Kaiser zeigt (1804).

Schwierigkeiten, Risiken, Überraschungen vorauszuberechnen und plante, wie ihnen zu begegnen sei. «Wenn ich einen Schlachtplan entwerfe, ist niemand vorsichtiger als ich. Ich übertreibe in Gedanken alle unter den gegebenen Umständen denkbaren Schwierigkeiten.»[35] Oberstes Gesetz im Falle unvorhergesehener Notstände war ihm, sie zu jeder Zeit unverzüglich anzupacken, sei es bei Tage oder bei Nacht. Er gab Bourienne die grundsätzliche Instruktion: «Wecken Sie mich nicht auf, wenn Sie gute Neuigkeiten zu berichten haben; die haben keine Eile. Doch wenn Sie schlechte Nachrichten bringen, so wecken Sie mich sofort, denn dann ist kein Augenblick zu verlieren!»[36] Er gab zu, daß er trotz aller Voraussicht von irgendeinem unerwarteten Zwischenfall überrascht werden könne, doch er schmeichelte sich selbst, «die 2-Uhr-morgens-Courage» zu besitzen, die Fähigkeit, nach einem plötzlichen Erwachen klar zu denken und prompt und wirksam zu handeln.[37] Er bemühte sich, gegen Zufälle auf der Hut zu sein und erinnerte sich selbst wiederholt daran, daß es «vom Sieg zur Katastrophe nur ein Schritt ist.»[38]

Seine Menschenbeurteilung war in der Regel ebenso durchdringend wie seine Voraussicht von Ereignissen. Er hatte kein Zutrauen zu äußerer Erscheinung oder irgendwelchen Beteuerungen. Der Charakter eines Menschen, so dachte er, zeigt sich erst im Alter auf seinem Gesicht, und die Sprache verbirgt ebenso oft wie sie enthüllt. Er beobachtete sich selbst unaufhörlich und nahm aus diesem Grunde an, daß alle Männer und Frauen bei ihren bewußten Handlungen und Gedanken von Eigennutz geleitet würden. Er, der Gegenstand so tiefgehender Verehrung war (durch Desaix, Lannes, Méneval, Las Cases ... und die Soldaten, die sterbend noch riefen «*Vive L'Empereur!*»), konnte sich keine selbstlose Verehrung vorstellen. Hinter wohlerwogenen Worten und Handlungen sah er stets die niemals ruhende Gewalt des Ego, den Ehrgeiz des Starken, die Angst des Schwachen, die Eitelkeit oder List der Frau. Er suchte bei jedem Menschen nach seiner vorherrschenden Leidenschaft oder verwundbaren Stelle und spielte sie aus, um ihn kaiserlichen Zielen dienstbar zu machen.

Ungeachtet aller Vorausplanung und Voraussicht machte er – wie wir rückschauend feststellen können – Fehler in großer Zahl sowohl bei der Beurteilung von Menschen als auch bei der Vorausberechnung von Erfolgschancen. Er hätte wissen können, daß Josephine nicht einen Monat der Enthaltsamkeit ertragen und daß Marie Louise Österreich nicht zum Frieden zwingen konnte. Er glaubte, er habe Alexander in Tilsit und Erfurt für sich eingenommen, während der Zar ihn, von Talleyrand angestachelt, auf elegante Weise täuschte. Es war ein Fehler, die Feindseligkeit der Briten 1802 durch die freche Ausdehnung seiner Macht über Piemont, die Lombardei und die Schweiz zu schüren; es war ein Fehler, seine Brüder auf Throne zu setzen, die für ihre Fähigkeiten zu groß waren; es war ein Irrtum anzunehmen, die deutschen Mitgliedstaaten des Rheinbundes würden sich noch der französischen Oberherrschaft unterwerfen, wenn sich eine Gelegenheit bot, sie abzuschütteln; es war ein Fehler, ein Dokument publizieren zu lassen, das den Schluß nahelegte, er denke an eine Eroberung der Türkei; es war ein Fehler (wie er später

Porträt-Ausschnitt von Julie Récamier (1777–1849), der Gattin des Pariser Bankiers, die in ihrem Salon die Opposition gegen Napoleon versammelte und von 1811–1814 in Verbannung lebte.

eingestand), die Große Armee in Spanien zu verschleißen; es war auch ein Fehler, in das endlose Rußland einzudringen oder dort zu bleiben, als der Winter nahte. Er war Herrscher über so viele Menschen und er war, wie er es ausdrückte, der «Natur der Dinge» unterworfen, den Überraschungen der Ereignisse, krankheitsbedingten Schwächezuständen, den Unzulänglichkeiten seiner Macht. «Ich habe viele Pläne ausgearbeitet», sagte er, «doch konnte ich nie einen davon unbehindert durchführen. Obwohl ich das Steuer mit starker Hand hielt, waren die Wogen noch viel stärker. In Wirklichkeit war ich niemals mein eigener Herr. Ich wurde immer durch die Verhältnisse beherrscht.»[39]

Und durch seine Einbildungskraft. Seine Seele war ein Kampfplatz, auf welchem scharfe Beobachtung und aufgeklärte Vernunft mit lebhaften Einbildungen stritten, die sie mit Romantik, zuweilen sogar mit Aberglauben verdüsterten. Ab und zu vergeudete er seine Zeit mit Vorzeichen und Horoskopen.[40] Als er nach Ägypten ging, nahm er eine Menge wissenschaftlicher Bücher mit sich und ebenso Unterhaltungsliteratur und Dichtungen, wie Rousseaus *La Nouvelle Héloïse*, Goethes *Werther*, Macphersons *Ossian*.[41] Er gestand später einmal, daß er den *Werther* siebenmal gelesen habe.[42] Schließlich kam er zu dem Schluß, daß «die Welt von der Einbildungskraft beherrscht wird».[43] In Ägypten gescheitert, tröstete er sich mit dem Traum, Indien zu erobern. Als er sich durch Syrien kämpfte, weidete er sich an der Vorstellung, mit seiner Handvoll Männer Konstantinopel zu erobern und von dort als ein siegreicherer Suleiman gegen Wien zu marschieren. Als das Bewußtsein der Macht ihn die Vorsicht vergessen ließ, schlug er Goethes Warnung vom «Entsagen» – der Anerkennung uns gesetzter Grenzen – in den Wind. Seine ausufernden Erfolge forderten die Götter heraus und sprengten den Bereich des Möglichen. Am Ende fand er sich, verdrossen und hilflos, an einen Felsen im Ozean gekettet.

III. DER CHARAKTER

Eine Überheblichkeit hatte mit der Egozentrik begonnen, die allen Organismen von Natur aus eigen ist. In seiner Jugend entwickelte sie sich als Abwehrhaltung den Konflikten von Individuen und Familien in Korsika und später gegen die Klassen- und Rassenarroganz der Mitschüler in Brienne. Sie war in keiner Weise reine Selbstsucht. Sie ließ Raum für Verehrung und Großzügigkeit gegenüber seiner Mutter, gegen Josephine und ihre Kinder, für Liebe zum «König von Rom» ebenso wie für eine unduldsame Zuneigung zu seinen Brüdern und Schwestern, die auch jeder eine Persönlichkeit zu pflegen und zu bewahren hatten. Doch als seine Erfolge sich ausweiteten, wuchsen mit Macht und Verantwortlichkeit auch seine Überheblichkeit und Ichbezogenheit. Er neigte dazu, nahezu das ganze Verdienst für die Siege seiner Armeen für sich selbst in Anspruch zu nehmen, doch er lobte, liebte und betrauerte Desaix und Lannes. Zum Schluß identifizierte er sein Land mit sich selbst und sein Ego wuchs mit dessen Grenzen.

Sein Stolz oder das Bewußtsein seiner Fähigkeiten erniedrigte sich bisweilen zu maßloser Einbildung, ja zur Prahlerei. «Nun, Bourrienne, auch Sie werden unsterblich sein.» «Warum, General?» «Sie sind doch mein Sekretär!» «Nennen Sie mir doch den Namen des Sekretärs Alexanders des Großen.» «Hm, das ist nicht schlecht, Bourrienne.»[44] Er schrieb an Vizekönig Eugène (14. April 1806): «Mein italienisches Volk sollte mich gut genug kennen, um zu wissen, daß ich mehr in meinem kleinen Finger habe, als sie in all ihren Hirnen zusammen.»[45] Der Buchstabe N, an tausend Stellen angebracht, wurde manchmal mit einem J für Josephine verbunden. Der Kaiser war der Meinung, daß wirkungsvolle Zurschaustellung eine notwendige Stütze der Herrschaft sei.

«Die Macht ist meine Geliebte», erklärte er 1804 gegenüber Roederer, als Joseph sich bemühte, zum Thronfolger proklamiert zu werden. «Ich habe zu schwer um ihre Eroberung gerungen, um irgend jemand zu erlauben, sie mir wegzunehmen oder auch nur nach ihr zu trachten ... Vor zwei Wochen noch würde ich ihn nicht einmal im Traum ungerecht behandelt haben. Jetzt bin ich unversöhnlich. Meine Lippen werden ihm zulächeln, aber er hat mit meiner Geliebten geschlafen.»[46] (Hier tat er sich selbst Unrecht, er war ein eifersüchtiger Liebhaber, aber auch ein versöhnlicher Mann.) «Ich liebe die Macht, wie ein Musiker seine Geige liebt.»[47] So flammte sein Ehrgeiz von einem Bereich zum anderen: Er träumte davon, Karl den Großen zu übertreffen und das westliche Europa zu einigen, was notwendigerweise den Kirchenstaat eingeschlossen hätte; dann auf den Spuren Konstantins von Frankreich über Mailand zur Eroberung Konstantinopels auszuziehen, klassische Triumphbogen zur Erinnerung an seine Siege zu errichten; dann fand er Europa zu klein, einen bloßen «Maulwurfshaufen»[48], und nahm sich vor, Alexander in der Eroberung Indiens nachzueifern. Es würde eine schwere Aufgabe werden, für ihn selbst und eine Million Soldaten. Ruhm aber würde der Lohn sein, für ihn und für sie; wenn der Tod sie unterwegs ereilte, würden sie keinen zu hohen Preis bezahlt haben. «Tod ist nichts, doch besiegt und ruhmlos zu leben, heißt täglich sterben.»[49] «Ich lebe nur für die Nachwelt.»[50] La gloire wurde zu seiner beherrschenden Leidenschaft, in einem Maße hypnotisierend, daß sich zehn Jahre lang fast ganz Frankreich zu ihr als Leitstern bekannte.

Er verfolgte seine Ziele mit einer Willenskraft, die sich niemals beugte, es sei denn, er wandte sich anderen Plänen zu, bis er das Außergewöhnliche erschöpft hatte und zum Gegenstand des Mitleids wurde. Sein rastloser Ehrgeiz gab seinem Willen Einheitlichkeit, jedem Tag Inhalt und Richtung. In Brienne: «Selbst wenn ich nichts zu tun hatte, war ich mir stets bewußt, daß ich keine Zeit zu verlieren hatte».[51] Und zu Jérôme 1805: «Was ich bin, danke ich meiner Willensstärke, meinem Charakter, Fleiß und meiner Verwegenheit.»[52] Wagemut war ein Teil seiner Strategie. Immer wieder überraschte er seine Gegner durch schnelles und entschiedenes Handeln an unerwarteten Orten und zu unerwarteten Zeiten. «Ich packe meine Ziele direkt an, ohne mich durch irgendeine Rücksichtnahme aufhalten zu lassen.»[53] Er brauchte zehn Jahre, um das alte Sprichwort zu begreifen, daß in der Politik eine Gerade der längste Weg zwischen zwei Punkten ist.

Zuweilen waren sein Urteil und Verhalten von Leidenschaft getrübt und entstellt. Seine Geduld war so kurz wie seine Statur und wurde mit der Ausdehnung seiner Macht immer kürzer. Er hatte die Hitze und Wildheit Korsikas im Blut. Obwohl er in der Regel seinen Grimm beherrschen konnte, nahm sich seine Umgebung, von Josephine bis zu seinem starken Leibwächter Rustam, mit jedem Wort und jeder Bewegung in acht, um nicht seinen Zorn auf sich zu lenken. Widerspruch, Unpünktlichkeit, Unfähigkeit oder Begriffsstutzigkeit reizten seine Ungeduld. Wenn er in Rage geriet, konnte er einen Botschafter öffentlich beschimpfen, auf einen Bischof fluchen, den Philosophen Volney in den Bauch stoßen oder, *faute de mieux*, mit dem Stiefel ein Scheit in den Kamin.[54] Dennoch legte sich seine Wut fast ebenso schnell wie sie aufgeflammt war. Oft war sie nur gespielt, als Zug im politischen Schachspiel, und in den meisten Fällen entschuldigte er sich kurze Zeit später.[55] Er war selten brutal, oft gütig, munter, gut aufgelegt[56], doch sein Sinn für Humor hatte durch Mühsal und Schlachten gelitten. Er hatte wenig Zeit übrig für die Freuden der Muße, den Hofklatsch oder den Esprit der Salons. Er war ein Mann in großer Eile, mit einer Meute von Feinden um sich und einem Imperium in seinen Händen. Es ist eben schwer für einen eiligen Mann, kultiviert zu sein.

Er verbrauchte zuviel von seiner Energie bei der Eroberung halb Europas, um für die Ungereimtheiten eines Koitus noch viel übrig zu haben. Er argwöhnte, daß viele Erscheinungsformen sexueller Begierde mehr umweltbedingt als ererbt seien: «Bei den Menschen ist alles konventionsgebunden, selbst jene Gefühle, die, wie man annehmen sollte, allein von der Natur geboten werden.»[57] Er hätte entsprechend der Bourbonischen Tradition einen Schwarm von Konkubinen haben können, doch er begnügte sich in den Intervallen zwischen seinen Feldzügen mit insgesamt einem halben Dutzend Mätressen. Frauen hielten sich für unsterblich, wenn sie ihn eine Nacht lang amüsierten. Gewöhnlich erledigte er die Angelegenheit mit brutaler Kürze und sprach von seinen verflossenen Partnerinnen eher mit Roheit als mit Dankbarkeit.[58] Seine Seitensprünge bereiteten Josephine manche kummervolle Stunde. Er erklärte ihr (wenn wir Madame de Rémusat Glauben schenken können), daß diese *divertimenti* natürlich, notwendig und üblich seien und von einer verständnisvollen Ehefrau übersehen werden müßten. Sie weinte dann, er tröstete sie, sie verzieh ihm.[59] Im übrigen war er ein so guter Ehemann, wie es seine Interessen und seine häufige Abwesenheit erlaubten.

Als er Marie Louise heiratete, bekannte er sich bereitwillig zur Monogamie (soweit wir wissen), wenn auch nur, weil ein Ehebruch ihm Schwierigkeiten mit Österreich eingetragen hätte. Seine Zuneigung zu ihr verdoppelte sich, als er sah, welche Schmerzen sie erdulden mußte, um ihm einen Sohn zu schenken. Er hatte immer große Liebe zu Kindern gezeigt, und sein Gesetzbuch sicherte gerade ihnen besonderen Schutz zu.[60] Jetzt wurde sein kleiner Sohn «König von Rom» sein Idol und der Träger seiner Hoffnungen, sorgfältig erzogen als Erbe und Herrscher eines

Frankreich, das einem geeinten Europa seine Gesetze geben sollte. So erhöhte sich das große Ego selbst durch eheliche und väterliche Liebe.

Er war zu sehr in die Politik vertieft, um Freunde zu haben; außerdem impliziert Freundschaft mehr oder weniger Gleichrangigkeit im Geben und Nehmen, und es fiel Napoleon schwer, Gleichrangigkeit in irgendeiner Form zuzugestehen. Er hatte treue Diener und Anhänger, von denen manche ihr Leben für seinen und ihren Ruhm opferten, doch keiner von ihnen würde daran gedacht haben, ihn Freund zu nennen, Eugène liebte ihn, doch mehr als Sohn denn als Freund. Bourrienne (nie ganz vertrauenswürdig) berichtet, daß er im Jahre 1800 Napoleon oft sagen hörte:

«Freundschaft ist nur ein Wort. Ich liebe niemand. Ich liebe nicht einmal meine Brüder. Joseph vielleicht ein bißchen, aus Gewohnheit und weil er mein älterer Bruder ist; und Duroc*, den liebe ich auch ... Ich weiß sehr gut, daß ich keine echten Freunde habe. So lange ich bin, was ich bin, kann ich soviele angebliche Freunde haben, wie ich will. Empfindsamkeit soll man den Frauen überlassen, das ist ihre Sache. Männer aber müssen hart im Denken und Fühlen sein oder sie dürfen nichts mit Krieg oder Herrschaft zu tun haben.»[61]

Dies klingt ganz nach dem unerschütterlichen Napoleon, ist aber nicht leicht zu vereinbaren mit der lebenslangen Verehrung von Männern wie Desaix, Duroc, Lannes, Las Cases und einer Menge anderer. Der gleiche Bourrienne bezeugt, daß Bonaparte, «wenn er nicht gerade auf dem Schlachtfeld war, ein gütiges und mitfühlendes Herz besaß».[62] Méneval, der dreizehn Jahre in Napoleons Nähe war, ist der gleichen Ansicht:

Ich hatte erwartet, er sei brüsk und habe einen launenhaften Charakter, während ich ihn geduldig fand, nachsichtig, leicht zufrieden zu stellen, in keiner Weise anspruchsvoll, lustig auf eine fröhliche Art, die oft laut und spöttisch war, gelegentlich aber von bezaubernder Bonhomie ... Ich hatte keine Angst mehr vor ihm. Bestärkt wurde ich in dieser Haltung durch die Beobachtung seines liebevollen, zärtlichen Umgangs mit Josephine, die beharrliche Verehrung seitens seiner Offiziere, die Freundlichkeit seiner Beziehungen zu den Konsuln und Ministern und seine Ungezwungenheit gegenüber den Soldaten.[63]

Er konnte offenbar hart sein, wenn er dachte, die Politik erfordere Härte und mild, wenn sie es erlaubte; jedenfalls stand die Politik an erster Stelle. Er ließ viele Männer ins Gefängnis werfen, doch werden zahllose Beispiele von seiner Güte berichtet, wie in den Büchern von Frédéric Masson. Er traf Maßnahmen, um die Verhältnisse in den Brüsseler Gefängnissen zu verbessern, doch die Zustände in den französischen Haftanstalten waren im Jahre 1814 unwürdig, gemessen an der allgemeinen Leistungsfähigkeit seiner Administration. Er sah Tausende von Männern tot auf dem Schlachtfeld und rüstete sich zu neuen Schlachten; doch wird berichtet, daß er oft haltmachte, um einem verwundeten Soldaten Mut zuzusprechen und ihn zu trösten. Véry Constant «sah ihn in Tränen, während er sein Frühstück einnahm, nachdem er am Sterbebett von Marschall Lannes gestanden hatte»[64], der 1809 bei Essling tödlich verwundet worden war.

---

* Großmarschall des Palastes; gefallen 1813 bei Bautzen.

Kein Zweifel kann an seiner Großherzigkeit bestehen, noch an seiner Bereitwilligkeit zu verzeihen. Er vergab Bernadotte und Bourrienne wiederholt, sogar einmal zu oft. Als Carnot und Chénier, nachdem sie jahrelang in Opposition zu Napoleon gestanden hatten, sich mit der Bitte an ihn wandten, ihre Armut zu lindern, schickte er unverzüglich Hilfe. Auf St. Helena ersann er Entschuldigungen für diejenigen, die ihn 1813 oder 1815 verlassen hatten. Nur die Briten erwarben sich durch ihre andauernde Feindschaft seinen dauernden Haß; in Pitt sah er nichts als Gefühllosigkeit und Gewinnsucht, benahm sich Sir Hudson Lowe gegenüber ziemlich unfair und es war ihm unmöglich, Wellington Gerechtigkeit widerfahren zu lassen.[65] Sein Urteil über sich selbst war nicht unrichtig: «Ich halte mich für einen im Grunde guten Mann.»[66] Man sagt, für seinen Kammerdiener sei kein Mann ein Held; doch Véry Constant, vierzehn Jahre lang in Napoleons Diensten, hat seine Erinnerungen in zahlreichen Bänden «atemlos vor Bewunderung»[67] berichtet.

Menschen, die nach den Anstandsregeln des Ancien régime erzogen waren, konnten die ungeschliffene Direktheit von Napoleons Handeln und Manieren schwer ertragen. Er amüsierte solche Leute durch seine linkische Haltung und die gelegentliche Rauheit seiner Sprache. Er wußte nicht, wie man anderen Menschen die Befangenheit nimmt und schien sich auch nicht darum zu kümmern. Er war zu sehr auf den Inhalt aus, um sich über die Form Gedanken zu machen. «Ich mag dieses unbestimmte und gleichmacherische Wort *les convenances* (die Konventionen) nicht ... Es ist eine Devise für Narren, um sich auf das Niveau intelligenter Menschen zu schwingen ... ‚Guter Geschmack' ist ein anderer dieser klassischen Ausdrücke, die keinerlei Bedeutung für mich haben ... Was man ‚Stil' nennt, guter oder schlechter, berührt mich nicht. Mich interessiert nur die Macht des Gedankens.»[68] Insgeheim jedoch bewunderte er sehr wohl die anmutige Leichtigkeit und die taktvolle Rücksichtnahme des Gentleman. Und er sehnte sich nach dem Beifall der Aristokraten, die sich in den Salons des Faubourg Saint Germain über ihn lustig machten. Auf seine besondere Art konnte er «faszinierend sein, wenn es ihm gefiel».[69]

Daß er von Frauen wenig hielt, mag auf seine Hast und Gleichgültigkeit gegenüber ihrer Empfindsamkeit zurüczuführen sein. So bemerkte er zu Madame Charpentier: «Wie schlecht sehen Sie aus in diesem roten Kleid!»[70] und machte sich Madame de Staël dadurch zur Feindin, daß er die Frauen nach ihrer Fruchtbarkeit einstufte. Einige Damen wiesen seine Grobheit mit weiblicher Feinheit zurück. Als er beim Anblick von Madame de Chevreuse ausrief: «Du meine Güte, was haben Sie für rotes Haar!» antwortete sie: «Es mag vielleicht so sein, Sire, doch dies ist das erste Mal, daß ein Mann mir das gesagt hat».[71] Als er zu einer berühmten Schönheit sagte: «Madame, ich liebe es nicht, wenn Frauen sich in die Politik einmischen», gab sie zurück, «Sie haben recht General, aber in einem Land, in dem ihnen die Köpfe abgehackt werden, ist es nur natürlich, wenn sie wissen möchten, warum».[72]

Trotzdem notierte Méneval, der fast täglich um ihn war, «den gewinnenden Charme, der an Napoleon so unwiderstehlich war».[73]

Er redete gerne, manchmal weitschweifig, fast immer aber zweckdienlich und über das Wesentliche. Er lud Wissenschaftler, Künstler, Schauspieler und Schriftsteller an seine Tafel und überraschte sie durch seine Freundlichkeit, seine Kenntnis ihrer Arbeitsgebiete und die Zweckdienlichkeit seiner Bemerkungen. Der Miniaturenmaler Isabey, der Mathematiker Monge, der Architekt Fontaine und der Schauspieler Talma hinterließen Erinnerungen an diese Gespräche, die alle «die Anmut, Liebenswürdigkeit und Fröhlichkeit» von Napoleons Konversation bezeugen.[74] Er zog Reden dem Schreiben bei weitem vor. Seine Gedanken liefen schneller als seine Worte; wenn er versuchte, sie niederzuschreiben, schrieb er so schnell, daß niemand, nicht einmal er selbst, nachher sein Gekritzel entziffern konnte. So diktierte er auch, und da 41 000 seiner Briefe veröffentlicht und ohne Zweifel noch Tausende mehr geschrieben wurden, beginnen wir zu verstehen, daß die Ehre, sein Sekretär zu sein, eine Verurteilung zu Schwerarbeit war. Bourrienne, der den Posten 1797 übernahm, hatte das Glück, 1802 entlassen zu werden und überlebte so bis 1834. Er hatte um 7 Uhr morgens bei Napoleon zu erscheinen, den ganzen Tag zu arbeiten und nachts auf Abruf bereit zu sein. Er beherrschte mehrere Sprachen in Wort und Schrift, kannte sich im internationalen Recht aus und konnte mit seiner eigenen Kurzschriftmethode fast immer so schnell schreiben, wie Napoleon diktierte.

Méneval, der 1802 Bourriennes Nachfolger wurde, arbeitete noch härter, denn «ich beherrschte keine Art von Kurzschrift». Napoleon schätzte ihn sehr, scherzte oft mit ihm, verschliß ihn aber fast täglich und sagte ihm dann, er solle gehen und ein Bad nehmen.[76] Auf St. Helena erinnerte sich der Kaiser: «Ich habe den armen Méneval fast umgebracht; ich mußte ihn für eine Weile von den Pflichten seiner Stellung entbinden und ihn zur Wiederherstellung seiner Gesundheit Marie Louise zur Verfügung stellen, wo sein Posten eine reine Sinekure war.»[77] 1806 erlaubte ihm Napoleon, sich einen Assistenten, François Fain, zu nehmen, der die Stellung bis zum Ende und auf allen Feldzügen ausfüllte. Auch so war Méneval vollständig erschöpft, als er seinem gnädigen Despoten 1813 entkam. Es war eine dieser Liebesaffären, die auf dem Boden einer anerkannten, nicht mißbrauchten Ungleichheit gedeihen.

IV. DER GENERAL

Sein Körper und sein Geist, sein Charakter und seine Laufbahn wurden zum Teil durch seine militärische Erziehung in Brienne geprägt. Dort lernte er, sich bei jedem Wetter und an jedem Ort in Form zu halten, zu jeder Stunde des Tages oder der Nacht zu klarem Denken fähig zu sein, Tatsachen und Wünsche auseinander zu halten, blindlings zu gehorchen als Training für ein Befehlen ohne Zaudern, im Gelände Möglichkeiten für offene oder verborgene Bewegungen von Menschenmassen zu erkennen, Manöver des Feindes vorauszuberechnen, bereit zu sein, ihnen zu begegnen, das Unerwartete zu erwarten und ihm ohne Überraschung die Stirn zu bieten, Einzelmenschen anzufeuern, indem man sie *en masse* ansprach, Schmerz durch Ruhm zu betäuben und den Tod fürs Vaterland als süß und edel erscheinen zu lassen. All dies erschien Napoleon als die Wissenschaft aller Wissenschaften, da das Leben einer Nation – nachdem andere Mittel versagt haben – von ihrer Bereitwilligkeit und Fähigkeit abhängt, die letzte Entscheidung im Kriege zu suchen. «Die Kriegskunst», erklärte er, «ist ein immenses Studium, das alle anderen in sich schließt».[78]

So widmete er sich am eingehendsten den Wissenschaften, die am meisten zur Wissenschaft der nationalen Verteidigung beitragen konnten. Er studierte Geschichte, um die menschliche Natur und das Verhalten von Staaten zu verstehen; später überraschte er die Gelehrten durch sein Wissen über das alte Griechenland und Rom, das mittelalterliche und moderne Europa. Er «studierte wieder und wieder» die Feldzüge Alexanders, Hannibals, Cäsars, Gustaf Adolfs, Turennes, Eugens von Savoyen und Friedrich des Großen. «Nehmen Sie sich ein Beispiel», sagte er zu seinen Offizieren, «lehnen Sie jede Maxime ab, die denen dieser großen Männer zuwiderläuft».[79]

Auf die Militärakademie folgte der Truppenübungsplatz und dann ein selbständiges Kommando. Die Gabe des Befehlenkönnens hatte er vielleicht von seiner stoischen Mutter, und er kannte ihr Geheimnis: Die meisten Menschen folgen lieber einem wirklichen Führer, als selbst zu führen. Er besaß den Mut, Verantwortung auf sich zu nehmen und verließ sich in seiner Laufbahn immer wieder nur auf sein eigenes Urteilsvermögen. Mit einem Wagemut, der die Vorsicht nur zu oft beiseite schob, stürzte er sich von einem Wagnis ins andere, griff jedesmal mit größerem Einsatz menschlicher Marionetten nach höheren Zielen. Den letzten Einsatz verlor er, aber erst, nachdem er sich als der fähigste General der Geschichte erwiesen hatte.

Seine militärische Strategie begann mit dem Bemühen, Geist und Herz seiner Männer zu gewinnen. Er interessierte sich für Vergangenheit, Charakter und Zukunftshoffnungen jedes einzelnen Offiziers, der ihm direkt unterstand. Von Zeit zu Zeit mischte er sich unter die einfachen Soldaten, erinnerte sie an die erfochtenen Siege, erkundigte sich nach ihren Familien und hörte sich ihre Klagen an. Gutgelaunt zog er seine kaiserliche Garde auf und nannte sie *les grogneurs*, weil sie so häufig maulten; doch sie fochten für ihn bis zum Tode. Manchmal sprach er zynisch über den einfachen Infanteristen, so, als er auf St. Helena bemerkte, «Soldaten sind dazu da, um sich töten zu lassen»[80]; andererseits adoptierte er alle Kinder der französischen Kämpfer, die bei Austerlitz gefallen waren und sorgte für sie.[81] Seine Soldaten liebten ihn mehr als irgendein anderer Teil des französischen Volkes – in solchem Maße, daß, nach Wellingtons Urteil, seine Anwesenheit auf dem Schlachtfeld vierzigtausend Mann aufwog.[82]

Seine Aufrufe an seine Armee waren ein wichtiger Teil seiner Strategie. «Im Kriege», sagte er, «machen Kampfgeist und Überzeugung mehr als die Hälfte der Siegeschancen aus».[83] Seit Cäsar am Rubikon hat niemals ein anderer General eine derartige Faszination auf seine Männer ausgeübt. Bourrienne, der einige dieser berühmten Proklamationen nach Napoleons Diktat niederschrieb, berichtet, daß die

Soldaten in vielen Fällen «nicht verstehen konnten, was Napoleon sagte, doch dessenungeachtet seien sie ihm freudig gefolgt, barfuß und ohne Verpflegung».[84] In manchen seiner Ansprachen erklärte er ihnen seinen Operationsplan. Gewöhnlich verstanden sie ihn und ertrugen geduldiger die langen Märsche, die es ihnen ermöglichten, den Gegner zu überraschen oder ihm zahlenmäßig überlegen zu sein. «Der beste Soldat», sagte er, «ist nicht so sehr der Kämpfer als der Marschierer».[85] In einer Ansprache im Jahre 1799 erklärte er seinen Zuhörern: «Die Haupttugenden eines Soldaten sind Standhaftigkeit und Disziplin. Tapferkeit kommt erst an zweiter Stelle.»[86] Er zeigte sich oft nachsichtig, zögerte aber nicht, streng durchzugreifen, wenn die Disziplin gefährdet schien. Nach seinen ersten Siegen in Italien, bei denen er wohlüberlegt seinen Soldaten einige Plünderungen gestattet hatte, um sie für die Knickrigkeit des Direktoriums bei ihrer Verpflegung, Bekleidung und Bezahlung zu entschädigen, verbot er das Plündern und erzwang die Befolgung dieses Befehls so rigoros, daß ihm schnell gehorcht wurde. «Wien, Berlin, Madrid und andere Städte», sagt Méneval, «waren Zeugen der Verurteilung und Exekution von Soldaten, sowohl der kaiserlichen Garde als anderer Armeeeinheiten, wenn sie der Plünderung schuldig befunden wurden».[87]

Einen Aspekt seiner Strategie drückte Napoleon in einer mathematischen Formulierung aus: «Die Stärke einer Armee bestimmt sich wie die Größe der Bewegungskraft in der Mechanik: aus ihrer Masse mal ihrer Geschwindigkeit. Ein schneller Marsch hebt den Kampfgeist einer Armee und vermehrt ihre Siegeschancen.»[88] Es gibt keinen Beleg dafür, ihm den Aphorismus zuzuschreiben, daß «eine Armee auf ihrem Magen marschiert», d. h. auf ihrem Verpflegungsnachschub[89]; er war eher der Meinung, sie gewinne mit ihren Füßen. Sein Motto war: «*activité, vitesse*»[90], Aktion und Schnelligkeit.

Daher verließ er sich nicht auf Festungen als Verteidigung. Er würde beispielsweise über die Maginot-Linie von 1939 gelächelt haben. «Es steht unumstößlich fest», so hatte er bereits 1793 gesagt, «daß die Seite, die hinter ihren Befestigungslinien verbleibt, immer unterliegt». Und er wiederholte dies 1816.[91] Abzuwarten, bis der Feind seine Kräfte teilte oder auseinanderzog; Berge und Flüsse auszunützen, um die Bewegungen der eigenen Truppen zu verbergen und zu schützen; sich strategisch wichtiger Erhebungen zu bemächtigen, von denen aus die Artillerie das Schlachtfeld bestreichen konnte; einen Kampfplatz auszusuchen, der das Manövrieren von Infanterie, Artillerie und Kavallerie erlaubte; seine Truppen zu konzentrieren – in der Regel durch Eilmärsche –, um mit überlegenen Kräften Abteilungen des Feindes anzugreifen, die zu weit vom Zentrum entfernt waren, um rechtzeitig Verstärkungen zu erhalten – dies waren die entscheidenden Elemente der Napoleonischen Strategie.

Die letzte Bewährung für einen General liegt in der Taktik, der Verteilung und dem Einsatz seiner Streitkräfte vor und während der Schlacht. Napoleon bezog seinen Gefechtsstand dort, wo er soviel vom Kampfgeschehen beobachten konnte, wie seine Sicherheit zuließ. Da aber der Schlachtplan und seine rasche Anpassung an den Verlauf der Geschehnisse von seiner ständigen und konzentrierten Aufmerksamkeit abhing, war seine Sicherheit ein Punkt von erstrangiger Bedeutung, mehr noch in der Meinung seiner Soldaten als in seiner tatsächlichen Praxis. Wenn er es für notwendig hielt, wie bei Arcole, zögerte er nicht, sich zu exponieren, und mehr als einmal lesen wir von Männern, die auf seinem Beobachtungsstand an seiner Seite fielen. Von einem solchen Punkt aus übermittelte er seine Befehle durch einen Stab berittener Ordonannzen an die kommandierenden Offiziere der Infanterie, der Artillerie und der Kavallerie. Diese Boten eilten zurück, um ihn über den Fortgang der Kampfhandlungen in jedem Abschnitt der Aktion zu unterrichten. In der Schlacht, so meinte er, beruhe der Wert der Soldaten in der Hauptsache auf ihren Stellungen und ihrer Manövrierfähigkeit. Auch hier war das Ziel Konzentration, massierte Truppeneinheiten und schweres Feuer der Artillerie auf einen bestimmten Punkt, vorzugsweie eine Flanke des Feindes, mit dem Ziel, diesen Abschnitt in eine Unordnung zu bringen, die sich dann ausbreiten würde. «In jeder Schlacht gibt es einen Augenblick, an dem die tapfersten Soldaten, nachdem sie die größten Anstrengungen gemacht haben, sich zur Flucht wenden möchten ... Zwei Armeen sind zwei Körper, die zusammenstoßen und versuchen, sich Angst einzujagen; ein Moment der Panik tritt auf, und dieser Augenblick der Panik muß ausgenützt werden. Wenn ein Mann an vielen Kampfhandlungen teilgenommen hat, erkennt er diesen Zeitpunkt ohne Schwierigkeit.»[92] Napoleon war besonders schnell darin, sich eine solche Entwicklung zunutze zu machen, oder, wenn seine eigenen Leute anfingen zu weichen, Verstärkungen zu schicken, oder seinen Angriffsplan während der Schlacht zu ändern. Dies rettete bei Marengo den Tag für ihn. Rückzug kam vor 1812 in seinem Wortschatz nicht vor.

Es war nur natürlich, daß für einen Mann, der eine derartige Geschicklichkeit in der Truppenführung entwickelt hatte, der Krieg schließlich einen makabren Reiz haben mußte. Wir haben gehört, wie er Zivilisten über Soldaten stellte. An seinem Hof hatten Staatsmänner Vortritt vor den Marschällen und wenn es zwischen der Zivilbevölkerung und dem Militär zu Konflikten kam, nahm er regelmäßig Partei für die Zivilisten.[93] Doch er konnte weder vor sich selbst noch vor anderen verbergen, daß er auf dem Schlachtfeld eine Befriedigung fand, die ihm administrative Leistungen niemals bereiten konnten. «Die Gefahr macht Freude», sagte er und er bekannte gegenüber Jomini, daß er «die Erregung der Schlacht liebte.»[94] Am glücklichsten war er, wenn er Massen von Soldaten beobachtete, die bei von seinem Willen gelenkten Kampfhandlungen Ländergrenzen veränderten und Geschichte machten. Er betrachtete seine Feldzüge als Antworten auf Angriffe, doch gestand er laut Bourrienne ein, «meine Macht beruht auf meinem Ruhm und mein Ruhm auf meinen Siegen. Meine Macht würde zunichte werden, würde ich sie nicht durch neuen Ruhm und neue Siege stützen. Eroberung hat mich zu dem gemacht, der ich bin, und allein Eroberung kann mich erhalten.»[95] Wir können dem feindseligen Bourrienne kein volles Vertrauen schenken, was dieses entscheidende Bekenntnis angeht. Las Cases aber, für den Napoleon gleich nach Gott kam, zitierte seinen Ausspruch (1. März 1816): «Ich strebte nach der Weltherrschaft und brauchte, um sie zu erlangen, unbegrenzte Macht.»[96]

War er, wie seine Feinde es ausdrückten, «ein Schlächter»? Es wird berichtet, daß er insgesamt 2 613 000 Franzosen für seine Armeen rekrutierte[97]; von diesen verlor etwa 1 Million ihr Leben in seinem Dienst. War er durch das Gemetzel verstört? Er erwähnte es in seinen Friedensappellen an die Mächte, und wir hören, daß ihn der Anblick der Gefallenen bei Eylau zu Tränen rührte.[99] Doch als alles vorüber war und er den Ablauf rückschauend betrachtete, sagte er zu Las Cases: «Ich habe in Schlachten kommandiert, in denen das Schicksal ganzer Armeen entschieden wurde, und ich habe keinerlei Gefühlsregung verspürt. Ich habe die Ausführung von Manövern beobachtet, die das Leben von vielen unter uns fordern mußten und meine Augen blieben trocken.»[100] Vermutlich muß ein General sich mit dem Gedanken trösten, daß der frühzeitige Tod dieser gefallenen jungen Männer nur eine unwichtige Verschiebung in Raum und Zeit bedeutet. Wären sie nicht auf jeden Fall zu Tode gekommen, unbekannt, ruhmlos, ohne die Betäubung der Schlacht und die Genugtuung des Nachruhms?

Im übrigen war er, wie manche Geschichtsforscher (Ranke, Sorel, Vandal u. a.) der Meinung, an ihm sei mehr gesündigt worden, als er selbst gesündigt habe; daß er in Selbstverteidigung gekämpft und getötet habe; daß die Alliierten sich verschworen hätten, ihn als den «Sohn der Revolution» und Ursupator eines Bourbonischen Thrones abzusetzen. Hatte er nicht wiederholt Friedensvorschläge gemacht und war zurückgewiesen worden? «Ich habe nur zu meiner eigenen Verteidigung Eroberungen gemacht. Europa hörte niemals auf, Krieg gegen Frankreich, seine Prinzipien und mich selbst zu führen. Die Koalition bestand immer weiter, entweder im geheimen oder offen.»[101] Er hatte bei seiner Krönung einen Eid geleistet, die «natürlichen Grenzen» Frankreichs zu bewahren; was würde Frankreich gesagt haben, hätte er sie aufgegeben? «Das gemeine Volk hat immer wieder meinem Ehrgeiz die Schuld an meinen Kriegen zugeschrieben. Doch habe ich sie gewünscht? Waren sie nicht stets bestimmt von der unausweichlichen Natur der Dinge, vom Kampf zwischen Vergangenheit und Zukunft?»[102] Er wurde, nach den überschäumenden ersten Jahren, stets von dem Gefühl bedrückt, daß, ganz gleich, wieviele Siege er auch erringen mochte, eine entscheidende Niederlage sie alle auslöschen und ihn der Gnade seiner Gegner ausliefern würde. Er hätte die halbe Welt für einen Frieden gegeben, aber zu seinen eigenen Bedingungen.

Wir gelangen zu dem Schluß, daß Napoleon bis Tilsit (1807) und bis zur Invasion Spaniens (1808) in der Defensive war und daß er von da an beim Versuch, zuerst Österreich, dann Preußen, Spanien und Rußland zu unterwerfen und seine Kontinentalsperre zu verstärken, weitere Kriege über ein erschöpftes Frankreich und ein empörtes Europa brachte. Obwohl er sich als Administrator höchsten Ranges bewährt hatte, vernachlässigte er die Interessen des Staates zu Gunsten von Ruhm und Ekstase des Krieges. Als General gewann er Frankreich, und als General verlor er es. Seine Stärke wurde sein Schicksal.

V. DER HERRSCHER

Als Staatslenker vergaß er niemals ganz, daß er zum General ausgebildet worden war. Die Geistesverfassung des Heerführers bestand fort und schreckte, von den Verhandlungen im Staatsrat abgesehen, von Einwänden und Diskussionen ab. «Von meinem ersten Eintreten in das (öffentliche) Leben an war ich gewohnt, zu befehlen; aus den Umständen und der Stärke meines Charakters ergab es sich, daß ich, sobald ich Macht besaß, keinen Herrn über mir anerkannte und keinen Gesetzen folgte, außer denen, die ich mir selbst gegeben hatte.»[103] Wir haben gesehen, wie er im Jahre 1800 den zivilen Charakter seiner Herrschaft betonte, als die Generale sich mit dem Ziel seiner Absetzung verschworen, doch 1816 argumentierte er, daß es «im Grunde notwendig ist, ein Militär zu sein, um zu regieren. Man kann nur in Sporenstiefeln herrschen».[104] So erklärte er sich selbst in klarer Erkenntnis der geheimen und widerstrebenden Ideale des französischen Volkes als einen Mann des Friedens und einen Genius des Krieges. Daher wandelte sich die relative Demokratie des Konsulats zur Alleinherrschaft des Imperiums und schließlich zur absolutistischen Machtausübung. Der letzte der Napoleonischen Codes – das Strafgesetzbuch (1810) – ist ein Rückfall in die barbarische Strenge mittelalterlicher Strafbestimmungen. Dennoch war er als Herrscher fast ebenso brillant wie als Schlachtenlenker. Er sagte voraus, daß seine administrativen Erfolge seine militärischen Siege im Gedächtnis der Menschheit überstrahlen und seine Gesetzbücher ein dauerhafteres Denkmal sein würden als seine Strategie und Taktik (die für heutige Kriege bedeutungslos wären). Er sehnte sich danach, sowohl der Justinian als auch der Cäsar Augustus seiner Zeit zu sein.

Von den 3680 Tagen seiner Kaiserherrschaft (1804–1814) verbrachte er nur 955 Tage[105] in Paris, doch in dieser Zeit schuf er ein neues Frankreich. Wenn er zu Hause war – und in der Zeit vor 1808 – führte er regelmäßig zweimal wöchentlich den Vorsitz im Staatsrat. Dann, so Las Cases (selbst ein Mitglied), «würde um nichts in der Welt einer von uns abwesend gewesen sein».[106] Er arbeitete schwer. In seiner Ungeduld, die Dinge voranzutreiben, stand er manchmal um 3 Uhr morgens auf und begann zu arbeiten. Fast dasselbe erwartete er von seinen Mitarbeitern in der Administration. Sie hatten stets bereit zu sein, ihn mit präzisen Informationen nach dem neuesten Stand über die Angelegenheiten zu versorgen, die in ihr Ressort fielen. Er beurteilte sie auch nach Genauigkeit, Ordnung, Promptheit und Zulänglichkeit ihrer Berichte. Sein Arbeitstag war nicht für ihn beendet, ehe er die Memoranden und Dokumente gelesen hatte, die fast täglich aus den verschiedenen Departements seiner Regierung einliefen. Er war wahrscheinlich der bestinformierte Herrscher der Geschichte.

Für wichtige Ministerien wählte er Männer mit überragenden Fähigkeiten, wie Talleyrand, Gaudin oder Fouché – trotz ihres unangenehmen Hochmuts. Im übrigen, und für Verwaltungsposten ganz allgemein, bevorzugte er Männer der zweiten Garnitur, die keine Fragen stellten oder von sich aus Maßnahmen vorschlugen. Er hatte keine Zeit für solche Unterhaltungen; er ging Risiken nach seinem

eigenen Ermessen ein und nahm Verantwortung und Folgen auf sich. Von den durch
ihn Berufenen verlangte er einen Treueeid, nicht allein auf Frankreich, sondern auf
sich selbst. In den meisten Fällen waren sie sofort dazu bereit, denn sie fühlten die
Ausstrahlung seiner Persönlichkeit und die Größe seiner Pläne. «Ich spornte den
Wetteifer an, belohnte jedes Verdienst und schob die Grenzen des Ruhmes weiter
hinaus.»[107] Für seine Methode der Auswahl von Mitarbeitern bezahlte er damit, daß
er mit der Zeit nur noch von Befehlsempfängern umgeben war, die seine Ansichten
kaum jemals in Frage stellten, so daß sich schließlich kein Hindernis mehr seiner
Hast oder seinem Stolz in den Weg stellte als die Macht seiner ausländischen
Gegner. Caulaincourt war 1812 eine Ausnahme.

Er war hart gegenüber seinen Untergebenen, streng im Tadel und sparsam mit
dem Lob, jedoch bereit, außergewöhnliche Dienste zu belohnen. Er hielt nichts
davon, ihnen die Befangenheit zu nehmen; eine gewisse Unsicherheit ihrer Stellung
sollte ihren Eifer beflügeln. Gegen ihre Liaisons hatte er nicht unbedingt etwas einzuwenden, nicht einmal gegen etwaige dunkle Punkte in ihrer Vergangenheit, denn
sie waren eine Gewähr für gutes Verhalten.[108] Er verbrauchte seine Mitarbeiter bis
zur äußersten Grenze und ließ sie sich dann mit einer großzügig bemessenen Pension zurückziehen, vielleicht sogar mit einem unerwarteten Adelstitel. Manche von
ihnen erlebten einen solchen Ausgang nicht. Villeneuve, bei Trafalgar unterlegen,
tötete sich lieber, als dem Tadel die Stirn zu bieten. Napoleon blieb kalt gegenüber
Protesten gegen seine Strenge. «Ein Staatsmann muß sein Herz im Kopf tragen»[109],
er darf Gefühle nicht mit Politik vermengen und bei der Führung eines Imperiums
zählt das Individuum nur wenig, es sei denn, es ist ein Napoleon. Vielleicht über-
trieb er seine Unempfänglichkeit für persönlichen Charme, als er sagte, «ich schätze
nur die Leute, die mir nützlich sind und nur, solange sie nützlich sind».[110] Er fuhr
aber fort, Josephine zu lieben, noch lange, nachdem sie zum Hindernis für seine
Pläne geworden war. Natürlich log er, wenn es nötig war, wie die meisten von uns,
und wie die meisten Regierungen frisierte er seine Kriegsbulletins, um die
Stimmung in der Bevölkerung hochzuhalten. Er hatte Machiavelli mit dem Bleistift
in der Hand studiert; ein Exemplar des *Principe* mit Notizen von seiner Hand wurde
in seinem Reisewagen in Waterloo gefunden. Für ihn war jede Sache gut, die seine
Ziele förderte. Er wartete nicht auf Nietzsche, um sich im «Willen zur Macht»
«jenseits von Gut und Böse» führen zu lassen. Darum nannte Nietzsche ihn auch
«dieses *Ens realissimum*» (den Inbegriff aller Realität) und das einzig gute Produkt
der Revolution. «Die Starken sind gut, die Schwachen sind böse»[111], sagte der
Kaiser. «Joseph», klagte er, «ist zu gut, um ein großer Mann zu sein». Trotzdem
liebte er ihn.

Dieser Einstellung – erworben in Korsika und im Krieg – entsprach seine häufig
wiederholte Ansicht, daß Menschen ausschließlich durch Eigeninteresse oder Furcht
angetrieben oder beherrscht werden können.[112] So wurden, von Jahr zu Jahr mehr,
diese Ansichten die Hebel seiner Regierung. Als er im Jahre 1800 General Hédou-
ville zur Niederwerfung eines Aufstandes in die Vendée entsandte, empfahl er ihm,

«als heilsames Beispiel zwei oder drei große Kommunen (Städte), ausgewählt aus den besonders aufsässigen, niederzubrennen. Erfahrung habe ihn (den Ersten Konsul) gelehrt, daß eine spektakuläre Strafmaßnahme unter den gegebenen Bedingungen die humanste Methode sei. Nur Schwäche ist unmenschlich.»[113] Seine richterlichen Beamten hatten den Auftrag, harte Urteile zu fällen. «Bei der Polizei», erklärte er Fouché, «besteht die Kunst darin, selten, aber hart zu bestrafen».[114] Er beschäftigte unter Fouché und Régnier nicht nur eine starke Truppe von Polizisten und Kriminalbeamten, sondern organisierte zusätzlich eine Geheimpolizei, deren Aufgabe es war, Fouché und Régnier zu unterstützen – und zu bespitzeln – und dem Kaiser über alle antinapoleonischen Äußerungen in der Presse, dem Theater, den Salons oder in Büchern zu berichten. «Ein Fürst», sagte er, «sollte allem mißtrauen».[115] Um 1804 war Frankreich ein Polizeistaat. Um 1810 besaß es eine neue Reihe von kleineren Bastillen, Staatsgefängnissen, in welchen politische Gegner auf kaiserlichen Befehl ohne regelrechtes Gerichtsverfahren «festgehalten» werden konnten.[116] Wir sollten allerdings berücksichtigen, daß der Kaiser auch gnädige Augenblicke hatte. Er sprach häufig Begnadigungen aus, selbst gegenüber Personen, die sich zu seiner Ermordung verschworen hatten[117], und zuweilen milderte er die Schärfe eines Gerichtsurteils.[118] Zu Caulaincourt sagte er im Dezember 1812 nachdenklich:

> «Man denkt, ich sei streng, ja sogar hartherzig. Um so besser, das erspart es mir, meinen Ruf rechtfertigen zu müssen. Meine Festigkeit wird mit Gefühllosigkeit verwechselt. Ich will mich darüber nicht beklagen, denn diese Meinung ist verantwortlich für die gute Ordnung, die jetzt herrscht ... Sehen Sie, Caulaincourt, ich bin menschlich. Gleichgültig, was manche Leute sagen, auch ich habe ein mitfühlendes Herz, aber das Herz eines Souveräns. Die Tränen einer Herzogin lassen mich kalt, aber die Leiden des Volkes rühren mich.»[119]

Er war fraglos ein Despot, oftmals aufgeklärt, oftmals jäh absolutistisch. Las Cases vertraute er an: «Der Staat war ich selbst».[120] Teilweise ist seine Tyrannei zu entschuldigen als die übliche Kontrolle, die eine Regierung in Kriegszeiten über die Wirtschaft einer Nation, über Theater und Publikationen ausübt. Napoleon erklärte seine Allmacht als Notwendigkeit bei dem schwierigen Übergang von der zügellosen Freiheit der Revolution nach 1791 zur rekonstruktiven Ordnung von Konsulat und Kaiserreich. Er erinnerte daran, daß sowohl Robespierre als auch Marat eine Diktatur für notwendig gehalten hatten, um Ordnung und Stabilität in einem Frankreich wiederherzustellen, das der Auflösung von Staat wie Familie entgegentaumelte. Er sah sich nicht als Zerstörer der Demokratie; was er 1799 ersetzt hatte, war eine Oligarchie korrupter, erbarmungsloser und skrupelloser Männer gewesen. Er hatte die Freiheit der Massen aufgehoben, aber diese Freiheit war im Begriff, Frankreich durch Zügellosigkeit und Verfall der Moral zu zerstören und einzig die Wiederaufrichtung und Konzentration der Autorität war im Stande, die Stärke Frankreichs als zivilisierter und unabhängiger Staat wiederherzustellen.

Bis 1810 konnte Napoleon verzeihlicherweise der Meinung sein, er sei dem zweiten Ziel der Revolution, der Gleichheit, treu geblieben. Er hatte die Gleich-

heit aller vor dem Gesetz durchgesetzt und ausgedehnt. Er hatte nicht eine unmög-
liche Gleichheit von Fähigkeiten und Verdiensten geschaffen, sondern die Chancengleichheit für alle Talente, wo sie auch herkamen, sich in einer Gesellschaft zu entfalten, die Erziehung, ökonomische Möglichkeiten und politische Wählbarkeit für
jeden bot. Vielleicht war diese *carrière ouverte aux talents* sein dauerhaftestes Geschenk an Frankreich. Er machte der Korruption im öffentlichen Leben nahezu ein
Ende[112]; dies allein sollte genügen, ihn unsterblich zu machen. Allen aber gab er
das Beispiel eines Mannes, der sich in der Administration verbrauchte, wenn ihn
nicht das Schlachtfeld rief. Er schuf Frankreich neu.

Warum scheiterte er? Weil seine Macht seine Fassungskraft überstieg, seine
Phantasie seinen Ehrgeiz und sein Ehrgeiz seinen Körper, Geist und Charakter beherrschte. Er hätte sich darüber im klaren sein müssen, daß die Mächte es niemals
zulassen würden, daß Frankreich zum Herrn halb Europas werde. Es gelang ihm bis
zu einem gewissen Grad, das rheinische Deutschland aus dem Feudalismus ins neunzehnte Jahrhundert zu führen, doch es lag außerhalb seiner wie der Möglichkeiten
irgendeines anderen Mannes jener Zeit, ein Gebiet, das seit langer Zeit in Staaten
aufgeteilt war, von denen jeder seine eifersüchtig gehüteten Traditionen, seinen
Dialekt, Sitten, Glauben und Regierung besaß, in einer dauerhaften Föderation zu
vereinigen. Allein die Aufzählung dieser verschiedenen Herrschaftsgebiete zwischen
Rhein und Weichsel, zwischen Brüssel und Neapel, macht das Problem deutlich:
Königreiche oder Fürstentümer wie Holland, Hannover, Westfalen, die Hanse-
städte, Baden, Bayern, Württemberg, Illyrien, Venetien, die Lombardei, der Kirchenstaat, die Beiden Sizilien – wo waren die Männer zu finden, stark genug, diese
Gebiete zu regieren, sie zu besteuern und schließlich ihre Söhne gegen Nationen,
die ihnen näher standen als die Franzosen, in den Krieg zu führen? Wie hätte er
eine Einheit zwischen diesen vierundvierzig zusätzlichen Departements und den
sechsundachtzig französischen oder zwischen sechzehn Millionen eingegliederter
stolzer und eigenwilliger Menschen und den stolzen unbeständigen sechsundzwanzig
Millionen Franzosen schmieden können? *Vielleicht* war der Versuch ein großartiges
Unternehmen, doch er war zum Scheitern bestimmt. Am Ende erhob sich die Phantasie über die Vernunft. Der vielsprachige Koloß, abhängig von einem einzigen unsteten Kopf, fiel wieder auseinander, und die verwurzelte Kraft der Nationalcharak-
tere siegte über des großen Diktators Willen zur Macht.

VI. DER PHILOSOPH

Dennoch, wenn die Phantasie ihre Schwingen zusammenfaltete, konnte er mit
den bedeutendsten Wissenschaftlern des französischen und ägyptischen Instituts
diskutieren. Obgleich er kein formales Gedankengebäude errichtet hatte, um ein
Universum darin unterzubringen, das sich jeder Formel zu entziehen schien, machte
sein realistischer Geist kurzen Prozeß mit «Ideologen», die Ideen mit Tatsachen ver-

wechselten und Luftschlösser ohne biologisches und historisches Fundament erbau-
ten. Nachdem er Laplace und andere Wissenschaftler auf administrativen Posten er-
probt hatte, kam er zu dem Schluß, «mit einem Philosophen kann man nicht das
geringste anfangen».[122] Dennoch förderte er die Wissenschaften und empfahl das
Studium der Geschichte. «Mein Sohn sollte eifrig Geschichte studieren und darüber
nachdenken», sagte er auf St. Helena, «denn sie ist die einzig wahre Philosophie».[123]

Religion war eines der Gebiete, in dem sich die Ideologen auf einer dünnen
Schicht von Vorstellungen getummelt hatten, anstatt ihre Basis in der Geschichte zu
suchen. Nur ein Logiker, meinte Napoleon, könne sich lange mit der Frage nach
der Existenz Gottes abplagen. Der echte, an der Geschichte geschulte Philosoph
würde fragen, warum die Religion, so oft sie auch wiederlegt und lächerlich
gemacht worden war, stets überlebte und in jeder Kultur eine so wesentliche Rolle
spielte? Warum hatte der skeptische Voltaire gesagt, wenn Gott nicht existierte, so
müßte er erfunden werden?

Napoleon selbst verlor seinen religiösen Glauben bereits mit dreizehn Jahren.
Manchmal wünschte er, er hätte ihn behalten: «Ich stelle mir vor, daß er einem
großes und echtes Glück schenken kann.»[124] Jedermann kennt die Geschichte, wie
er bei der Überfahrt nach Ägypten einige Gelehrte eine respektlose Diskussion
führen hörte und sie herausforderte, indem er auf die Sterne zeigte: «Sie mögen
reden, meine Herren, solange Sie wollen, aber wer hat das alles gemacht?»[125] Man
kann ihn über diesen Gegenstand und viele andere pro und contra zitieren, denn er
änderte seine Ansichten und Urteile im Laufe der Zeit, und wir wissen kaum etwas
über die Zeitpunkte. Doch welcher Mensch hat nicht später mit fünfzig die Dogmen abgelegt, bei denen er in seiner Jugend geschworen hatte und wird nicht mit
achtzig über die «reifen» Ansichten seiner mittleren Jahre lächeln? Prinzipiell
glaubte Napoleon an eine Intelligenz hinter oder in der Körperwelt, doch leugnete
er jede Erfahrungsmöglichkeit über ihren Charakter oder ihre Zwecke. «Alles verkündet die Existenz eines Gottes», schloß er auf St. Helena[127], doch «zu sagen,
woher ich kam, was ich bin oder wohin ich gehe, übersteigt mein Erkenntnisver-
mögen».[128] Zu Zeiten sprach er wie ein materialistischer Anhänger der Entwick-
lungslehre: «Alles ist Stoff[129]; ... der Mensch ist nichts als ein vollkommeneres und
exakter denkendes Tier.»[130] «Die Seele ist nicht unsterblich; wäre sie es, so hätte
sie vor unserer Geburt existiert.»[131] «Wenn ich eine Religion haben müßte, würde
ich die Sonne anbeten, denn sie ist es, die alles befruchtet; sie ist der wahre Gott
der Erde.»[132] «Ich wäre gläubig, wenn die Religion vom Anbeginn der Welt an
existiert hätte. Wenn ich aber Sokrates, Plato, Moses oder Mohammed lese, habe
ich keinen Glauben mehr. Es ist alles von Menschen erfunden worden.»[133]

Warum aber haben sie es erfunden? Um die Armen zu trösten, antwortete Napoleon, und sie davon abzuhalten, die Reichen umzubringen. Denn die Menschen sind
ungleich geboren und werden mit jedem Fortschritt in Technologie und Spezialisie-
rung immer ungleicher; eine Kultur muß höhere Fähigkeiten entdecken, entwickeln, sich zunutze machen und belohnen und sie muß die weniger Glücklichen

dazu bringen, friedlich diese Ungleichheit von Belohnungen und Besitz als natürlich und notwendig hinzunehmen. Wie kann dies geschehen? Indem man die Menschen lehrt, daß dies der Wille Gottes ist. «Ich sehe in der Religion nicht das Mysterium der Menschwerdung, sondern das Mysterium der sozialen Ordnung. Die Gesellschaft kann nicht existieren ohne die Ungleichheit des Besitzes und daher Einkommens, eine Ungleichheit, die ohne Religion nicht aufrecht erhalten werden kann ... Es muß möglich sein, den Armen zu sagen ,Es ist Gottes Wille, es muß in dieser Welt Reiche und Arme geben, doch hernach und in Ewigkeit wird die Verteilung anders sein'.»[134] «Die Religion gibt im Glauben an den Himmel die Hoffnung auf einen Ausgleich, welche die Reichen davor schützt, von den Armen massakriert zu werden.»[135]

Wenn dies alles zutrifft, so war es ein Fehler der Aufklärung, den christlichen Glauben anzugreifen und ein Fehler der Revolution, den katholischen Gottesdienst zu erschweren: «Die intellektuelle (moralische?) Anarchie, die wir erleben, ist das Resultat der moralischen (geistigen?) Anarchie, der Austilgung des Glaubens, der Verneinung aller Prinzipien (Glaubensinhalte), die ihr vorausgingen.»[136] Vielleicht aus diesem Grunde und auch zu politischen Zwecken, setzte Napoleon die katholische Kirche als die «heilige Gendarmerie (Polizei) der französischen Nation» wieder ein.* Er fühlte sich durch die neue Allianz nicht an die zehn Gebote gebunden, die er ab und zu mißachtete; er bezahlte aber die Priester dafür, sie einer Generation zu predigen, die des Chaos müde war und bereit, zu Ordnung und Disziplin zurückzukehren. Die meisten Eltern und Lehrer waren froh, sich bei Erziehung und Unterricht der Kinder auf den religiösen Glauben stützen und dem natürlichen Anarchismus der Jugend mit einem Moralkodex entgegentreten zu können, der auf Religiosität und Kindesliebe basierte, aufgestellt von einem allmächtigen Gott, der über jedem Tun wachte, mit ewigen Strafen drohte und ewigen Lohn verhieß. Ein Großteil der herrschenden Klasse war für einen Erziehungsprozeß dankbar, der ein Volk heranbilden würde, das gelernt hatte, die Ungleichheit von Fähigkeiten und Besitz als natürlich und unvermeidlich zu akzeptieren. Die alte Aristokratie wurde entschuldigt, da sie ihren Reichtum durch gute Manieren und Anmut läuterte. Eine neue Aristokratie war entstanden, und die Revolution blieb eine Generation lang stumm und versteckte ihre Waffen.

In dieser reformierten Gesellschaft war es notwendig, Ehe und Mutterschaft wieder als unverletzlich zu erklären und das Eigentum, nicht romantische Liebe, wieder als ihre Grundlage und ihr Ziel einzusetzen. Aus der gegenseitigen physischen Anziehung von Jungen und Mädchen entstandene Liebe ist ein durch Hormone und körperliche Nähe bedingtes, vom Zufall bestimmtes Ereignis. Auf solch einen zufälligen und vorübergehenden Zustand eine dauerhafte Ehe gründen zu wollen, ist lächerlich; es ist *une sottise faite à deux*, «eine Torheit zu zweit».[138] Vieles davon ist durch romantische Literatur künstlich erzeugt; es würde wahrschein-

---

* So erklärt Louis Bignon, der in Napoleons Testament beauftragt wurde, die Geschichte der Napoleonischen Diplomatie zu schreiben, das Konkordat.[137]

lich verschwinden, wenn die Menschen Analphabeten wären. «Ich bin fest überzeugt, daß romantische Liebe mehr Unheil als Nutzen stiftet und daß es ein Segen
wäre ... wenn sie geächtet würde» als Grund für die Vereinigung von Mann und
Frau in dem lebenslangen Unternehmen, Kinder aufzuziehen sowie Eigentum zu
erwerben und weiterzugeben. «Für Individuen, die sich weniger als sechs Monate
kennen, sollte die Heirat verboten werden.»[139]

Napoleon hatte in puncto Ehe mohammedanische Ansichten: Ihr Zweck besteht
darin, unter der Bedingung der Freiheit für den Mann und des Schutzes für die
treue und gehorsame Ehefrau reichlichen Nachwuchs hervorzubringen. Die Trau-
ungszeremonie sollte, auch bei der Ziviltrauung, würdevoll und feierlich sein, um
die übernommene Verpflichtung zu unterstreichen.[140] Das verheiratete Paar sollte
zusammen schlafen; dies «übt einen einzigartigen Einfluß auf das eheliche Leben aus,
garantiert die Position der Frau und das Vertrauen des Mannes und sichert Intimität
wie Moral».[141] Napoleon selbst befolgte diesen alten Brauch, bis er sich zur Scheidung entschloß.

Nun ist aber sogar eine treue Frau nicht genug für einen Mann. «Ich finde es
lächerlich, daß ein Mann nicht im Stande sein sollte, mehr als eine legitime Gattin
zu haben. Wenn sie schwanger ist, so ist das so, als ob der Mann überhaupt keine
Frau hätte.»[142] Polygamie ist besser als Scheidung oder Ehebruch. Nach zehnjähriger
Ehe sollte eine Scheidung nicht mehr möglich sein. Einer Frau sollte nur eine Scheidung erlaubt und nicht gestattet sein, sich vor Ablauf von fünf Jahren danach wieder
zu verheiraten.[143] Ehebruch von seiten des Ehemannes dürfte kein ausreichender
Grund für eine Scheidung sein, es sei denn, der Mann hielte sich eine Konkubine
unter demselben Dach mit seiner Ehefrau.[144] «Wenn ein Mann sich gegenüber
seiner Ehefrau eines Aktes der Untreue schuldig macht, so sollte er es ihr einge-
stehen und seine Handlungsweise bedauern; dadurch wird jede Spur einer Schuld
ausgelöscht. Die Frau ist dann böse, verzeiht ihm und versöhnt sich mit ihm; oftmals gewinnt sie sogar dadurch. Bei einer Untreue der Frau liegt der Fall völlig
anders. Es ist schön und gut, wen sie beichtet und bereut, doch wer weiß, ob nicht
etwas zurückgeblieben ist» in ihrem Herzen oder Leib? «Deshalb soll und kann sie
niemals zu einer Verständigung mit ihm gelangen».[145] (Er aber hatte Josephine
zweimal verziehen.)

Er selbst schützte sich gegen weiblichen Charme, indem er die Frauen aus der
Sicht des Mohammedaners beurteilte. «Wir behandeln die Frauen zu gut und auf
diese Weise haben wir alles ruiniert. Wir haben alles falsch gemacht, als wir sie auf
unser Niveau hoben. Die orientalischen Nationen zeigen wirklich mehr Geist und
Verstand als wir, wenn sie die Frauen zum tatsächlichen Besitz des Mannes erklären.
In Wirklichkeit hat die Natur das Weib zu unserer Sklavin gemacht ... Die Frau ist
dem Mann gegeben, um ihm Kinder zu gebären; ... daher ist sie sein Eigentum,
genau wie der Fruchtbaum das Eigentum des Gärtners ist.»[146]

All dies ist so primitiv (und der Biologie so konträr, wo das Weibchen in der
Regel der herrschende Teil und das Männchen nur ein unterwürfiger Futterbesorger

ist, der manchmal selbst gefressen wird), daß wir gerne Las Cases' Versicherung glauben wollen, daß viel davon nur herausforderndes Gerede oder der Traum des Militaristen von unendlichen Rekruten war, die aus weiblichen Leibern hervorquollen. Doch es harmonierte völlig mit den Ansichten irgendeines korsischen *condottiere*. Der Code Napoléon bestand auf der absoluten Gewalt des Ehemannes über seine Frau und ihren Besitz als einer Notwendigkeit für die soziale Ordnung. «Ich habe stets gedacht», schrieb Napoleon 1807 an Josephine, «daß die Frau für den Mann gemacht sei und der Mann für sein Land, seine Familie, für Ruhm und Ehre».[147] Am Tage nach dem wechselseitigen Massaker, das als die Schlacht von Friedland bekannt ist (14. Juni 1807), entwarf Napoleon ein Programm für eine in Écouen zu bauende Schule «für Mädchen, die ihre Mutter verloren haben und deren Verwandte zu arm sind, um sie anständig zu erziehen».

Was sollen die Mädchen in Écouen lernen? Zunächst Religion in ihrer ganzen Strenge ... Wir erwarten von der Erziehung nicht, daß Mädchen denken, sondern daß sie glauben lernen. Die Schwäche des weiblichen Gehirns, die Wankelmütigkeit ihrer Meinungen, ... ihr Bedürfnis nach ständiger Ergebung ... all diesem kann nur durch die Religion begegnet werden ... Ich wünsche, daß dieser Ort nicht charmante, sondern tugendhafte Frauen heranbildet; sie müssen attraktiv sein durch ihre strengen Grundsätze und warmen Herzen, nicht weil sie witzig oder amüsant sind ... Außerdem sollen die Mädchen in Schreiben, Rechnen und Elementarfranzösisch unterrichtet werden; ... ein wenig Geschichte und Geographie, ... kein Latein ... Sie sollen in weiblicher Arbeit aller Art unterwiesen werden ... Mit der einzigen Ausnahme des Direktors sind alle Männer aus der Schule zu verbannen ... Selbst die Gartenarbeit muß durch Frauen ausgeführt werden. [148]

Napoleons politische Philosphie war gleichermaßen eindeutig. Da alle Menschen ungleich geboren werden, ist es unvermeidlich, daß denkende Köpfe sich vorzugsweise bei einer Minderheit von Männern finden, welche die Majorität mit Waffengewalt oder mit Worten beherrschen werden. Darum sind Gleichheitsutopien die tröstenden Mythen der Schwachen; anarchistische Schreie nach Freiheit von Gesetz und Regierung entspringen Wahnvorstellungen unreifer und ichbezogener Geister. Demokratie aber sei ein Spiel, das die Starken dazu benutzen, ihr oligarchisches Regiment zu verschleiern.[149] Frankreich hatte eigentlich nur die Wahl zwischen der erblichen Aristokratie und einer Herrschaft des Besitzbürgertums. So «existiert die Aristokratie immer bei allen Völkern und auch während der Revolutionen. Wenn man versucht, sich ihrer durch Beseitigung des Adels zu entledigen, stellt sie sich unverzüglich unter den reichen und mächtigen Familien des Dritten Standes wieder her. Vernichtet man sie dort, so wird sie trotzdem überleben und unter den Führern der Arbeiterschaft und des Volkes wieder auferstehen.»[150] «Eine vernünftige Demokratie sollte sich darauf beschränken, jedermann die gleichen Möglichkeiten des Wettbewerbs und des Aufstiegs zu bieten.»[151] Napoleon nahm für sich in Anspruch, dies getan zu haben, indem er auf allen Gebieten die *carrière ouverte aux talents* einführte, doch er erlaubte viele Abweichungen von dieser Regelung.

Was Revolutionen betrifft, so war er sich nicht ganz sicher. Sie setzen die gewalttätigen Leidenschaften der Straße frei, da «Kollektivverbrechen keinen einzelnen inkriminieren»[152], und es gibt «niemals eine Revolution ohne Terror».[153] «Revolutionen sind die wahre Ursache der Regeneration gesellschaftlicher Gebräuche»[154], doch allgemein betrachtet (so schloß er 1816), «ist eine Revolution eines der größten Übel, von denen die Menschheit heimgesucht werden kann. Sie ist die Geißel der Generation, die sie hervorgebracht hat; alle Fortschritte, die sie bewirkt, können keinen Ausgleich für das Elend bieten, mit dem sie das Leben der an ihr Beteiligten verbittert».[155]

Er zog die Monarchie allen anderen Regierungsformen vor und ging sogar so weit, das erbliche Königtum (d. h. sein eigenes) gegen die von Zar Alexander geäußerten Zweifel zu verteidigen.[156] «Die Aussichten, einen guten Souverän zu erhalten, sind bei Erblichkeit größer als bei einer Wahl.»[157] Unter solch einer stabilen Regierung ist das Volk glücklicher als in einer allgemein freien, einer Den-Letzten-beißen-die-Hunde-Demokratie. «In normalen und ruhigen Zeiten hat jedes Individuum seinen Anteil am Glück: Der Flickschuster in seiner Bude ist ebenso zufrieden wie der König auf seinem Thron, der Soldat ist nicht weniger glücklich als der General.»[158]

Sein politisches Ideal war eine Föderation europäischer bzw. kontinentaler Staaten, deren auswärtige Angelegenheiten von Paris als der «Hauptstadt der Welt» aus geleitet werden sollten. In dieser «Association Européenne» würden alle Gliedstaaten dasselbe Geld, die gleichen Maße, Gewichte und Grundgesetze haben, ohne politische Barrieren für Reise, Transport und Handel.[159] Als Napoleon 1812 Moskau erreichte, glaubte er, nur noch einen gerechten Frieden mit Alexander schließen zu müssen, um seinen Traum realisieren zu können. Er hatte die Zentrifugalkraft nationaler Unterschiede unterschätzt; er mag aber recht gehabt haben in seinem Glauben, daß, wenn Europa zur Einigung gelangen sollte, dies nicht durch Appelle an die Vernunft, sondern durch die Aufzwingung einer überlegenen Macht gelingen werde, die eine Generation lang dauern müsse. Es würde auch dann noch Krieg geben, er würde aber zum mindesten menschlich sein.

Am Ende seines Lebens fragte er sich, ob er ein frei und schöpferisch Handelnder oder das hilflose Werkzeug irgendeiner kosmischen Kraft gewesen sei. Er war kein Fatalist, wenn man darunter jemand versteht, der glaubt, daß seine Erfolge oder Mißerfolge, Gesundheit oder Krankheit, der Verlauf seines Lebens und die Stunde seines Todes von einer verborgenen Macht vorherbestimmt werden, gleichgültig, was er tut.[160] Er war aber auch kein eindeutiger Determinist im Sinne eines Menschen, der glaubt, daß jedes Ereignis, einschließlich seiner eigenen freien Wahl, seiner Gedanken und Handlungen, durch das Zusammenwirken aller Kräfte und Ereignisse der Vergangenheit bestimmt wird. Er sprach aber des öfteren von «Geschick», einem zentralen Strom von Ereignissen, der durch den menschlichen Willen teilweise formbar, grundsätzlich aber als Ausfluß der den Dingen immanenten Natur unwiderstehlich sei. Zeitweise hielt er seinen Willen für stark genug, um den Strom abzulenken oder einzudämmen: «Ich bin immer im Stande gewesen, dem Schicksal meinen Willen aufzuzwingen.»[161]

Zu unsicher aber, um konsequent zu sein, sagte er auch: «Ich hänge von den Ereignissen ab. Ich habe keinen Willen. Ich beurteile eine Lage nach ihrer Entstehung – wie sie sich von Anfang an entwickelt.»[162] «Je größer einer ist» – d. h. je höher seine Autorität ist –, «umso weniger frei wird sein Wille sein», umso mehr und stärker werden die Kräfte sein, die auf ihn einwirken. «Man hängt von den Umständen und Ereignissen ab. Ich bin der größte Sklave unter den Menschen; mein Herr ist die Natur der Dinge.»[163] Er faßte seine schwankenden Stimmungen in der stolzen Konzeption seiner Person als Instrument des Schicksals zusammen, d. h. der Natur der Dinge als bestimmender Kraft für Lauf und Ende der Ereignisse. «Das Geschick drängt mich zu einem mir unbekannten Ziel. Bis dieses Ziel erreicht ist, bin ich unverwundbar, unangreifbar», vom Strom getragen. «Wenn das Schicksal sein Ziel erreicht hat, mag eine Fliege hinreichen, um mich zu vernichten.»[164] Er fühlte sich an ein großartiges, aber gefahrvolles Geschick gefesselt. Sein Stolz und die Verhältnisse trieben ihn: «Das Geschick muß erfüllt werden».[165] Wie wir alle, dachte er häufig an den Tod und hatte Stimmungen, in denen er den Selbstmord erwog und verteidigte. In seiner Jugend meinte er, Selbstmord sei das letzte Recht eines jeden menschlichen Wesens; mit einundfünfzig fügte er hinzu: «wenn sein Tod niemandem schadet.»[166] Er glaubte nicht an Unsterblichkeit. «Es gibt keine Unsterblichkeit als das Gedenken, das in den Herzen der Menschen bleibt ... Ohne Ruhm gelebt zu haben, ohne eine Spur seines Daseins zurückzulassen, heißt überhaupt nicht gelebt zu haben.»[167]

VII. WAS WAR ER?

War er Franzose? Nur durch den Zeitpunkt seiner Geburt. Sonst war er weder körperlich, noch geistig, noch seinem Charakter nach Franzose. Er war klein, später dick; seine Gesichtszüge waren eher die eines strengen Römers als die eines heiteren Galliers; ihm fehlten Fröhlichkeit und Anmut, Witz und Humor, die Verfeinerung und die Manieren eines kultivierten Franzosen; er neigte eher dazu, die Welt zu beherrschen, als sich an ihr zu erfreuen. Die französische Sprache bereitete ihm einige Schwierigkeiten, er behielt bis 1807 einen ausländischen Akzent.[168] Italienisch sprach er fließend und schien eher in Mailand zu Hause zu sein als in Paris. Bei verschiedenen Gelegenheiten äußerte er sich mißbilligend über den französischen Charakter. «Der Kaiser», berichtete Las Cases, «ließ sich über unsere unbeständige, wankelmütige und wandelbare Charakterveranlagung aus. ‚Alle Franzosen’, sagte er, ‚sind aufbrausend und neigen zum Schimpfen ... Frankreich liebt den Wechsel zu sehr, als daß irgendeine Regierung dort von langer Dauer sein könnte’».[169] Er sprach oft – mit dem Nachdruck dessen, der seiner Sache nicht ganz sicher ist – von seiner Liebe zu Frankreich. Er haßte es, «der Korse» genannt zu werden: «Ich wünschte voll und ganz Franzose zu sein.»[170] «Der edelste Titel in der Welt ist der, gebürtiger Franzose zu sein.»[171] Anno 1809 jedoch enthüllte er Roederer, was er mit seiner Liebe zu Frankreich meinte: «Ich habe nur eine Leidenschaft, nur eine

Geliebte, und das ist Frankreich. Ich schlafe mit ihr. Sie hat mich nie enttäuscht. Sie verschwendet ihr Blut und ihre Schätze für mich. Wenn ich 500 000 Soldaten brauche, sie gibt sie mir.»[172] Er liebte Frankreich, wie ein Geiger seine Geige lieben kann, als Instrument, das unmittelbar seinem Strich und Willen gehorcht. Er zog die Saiten dieses Instruments straff an, bis sie rissen, fast alle auf einmal.

War er der «Sohn der Revolution?» Die Alliierten nannten ihn manchmal so, doch damit meinten sie, daß er die Schuld an den Verbrechen der Revolution geerbt und ihre Ablehnung der Bourbonen fortgesetzt habe. Er selbst sagte, er habe der Revolution ein Ende gemacht, nicht nur ihrem Chaos und ihrer Gewalttätigkeit, sondern auch ihrer Scheindemokratie. Der Sohn der Revolution war er insofern, als er die Bauernbefreiung, das freie Unternehmertum, die Gleichheit vor dem Gesetz, Aufstiegschancen für Talentierte und den Willen zur Verteidigung der natürlichen Grenzen aufrechterhielt. Doch als er sich selbst zum Konsul auf Lebenszeit, dann zum Kaiser machte, als er die Freiheit von Rede und Presse beendete, die katholische Kirche zum Partner der Regierung machte, neue Bastillen errichtete und die alte wie die neue Aristokratie favorisierte, da hörte er sicherlich auf, der Sohn der Revolution zu sein. Vielfach blieb er es in den eroberten Ländern; dort setzte er dem Feudalismus, der Inquisition und der Kontrolle des Lebens durch die Priesterschaft ein Ende, dorthin brachte er seinen Code und ein paar Strahlen der Aufklärung. Doch nachdem er diese Staaten so ausgestattet hatte, gab er ihnen Könige.

Wurde er, entgegen seinem Wunsch, zu Recht «der Korse» genannt? Nur insoweit es seinen Familiensinn, seine Vorliebe für den Kampf, seine leidenschaftliche Verteidigung Frankreichs gegen seine Feinde betraf. Es fehlte ihm aber der korsische Fehdegeist, und seine Lektüre der *philosophes* hatte ihn dem mittelalterlichen Katholizismus seiner Heimatinsel weit entfremdet. Sein Blut war korsisch, seine Erziehung französisch, in fast allem übrigen war er Italiener.

Ja, nach allen Versuchen, eine Antwort zu finden, müssen wir auf Stendhal und Taine zurückgreifen und sagen, daß Napoleon ein *condottiere* der Italienischen Renaissance war, in Wesen und Typus durch die Isolierung, die Fehden und Kriege Korsikas konserviert. Er war ein Cesare Borgia mit doppelt soviel Gehirn und ein Machiavelli mit halb soviel Vorsicht und hundertmal soviel Willenskraft. Er war ein Italiener, der durch Voltaire skeptisch, durch die Tricks zum Überleben der Revolution gerissen und durch die täglichen Duelle französischer Intelligenzen scharfsinnig geworden war. Alle Eigenschaften Renaissance-Italiens zeigten sich bei ihm: Künstler und Krieger, Philosoph und Despot; einheitlich in Trieben und Zielen, rasch und durchdringend im Denken, überwältigend im Handeln, aber unfähig aufzuhören. Abgesehen von diesem vitalen Fehler war er der größte Meister der Geschichte, was kontrollierte Kompliziertheit und koordinierte Energie betrifft. Tocqueville hat das gut ausgedrückt: Er war so groß, wie ein Mann ohne Moralität und so weise, wie ein Mann ohne Mäßigung sein kann. Trotzdem blieb er innerhalb der Grenzen der Wahrscheinlichkeit, als er voraussagte, die Welt würde viele Jahrhunderte lang nicht seinesgleichen sehen.

FÜNFTES KAPITEL

Das Napoleonische Frankreich

[1800–1815]

I. WIRTSCHAFT

OBGLEICH zum Soldaten erzogen, besaß Napoleon ein ausgeprägtes Gefühl für wirtschaftliche Realitäten, die über das Los von Familien, die Fundamente der Kultur und die Stärke oder Schwäche eines Staates bestimmen. Im allgemeinen stellte er sich, trotz seiner Sucht, alles zu reglementieren, auf die Seite des freien Unternehmertums, des offenen Wettbewerbs und des Privateigentums. Er hielt wenig von den sozialistischen Plänen Charles Fouriers und anderer für die gemeinschaftliche Güterproduktion und deren gleichmäßige Verteilung. Er war überzeugt, daß in jeder Gesellschaft eine befähigte Minderheit nach kurzer Zeit die Mehrheit regieren und den größeren Teil des Reichtums an sich reißen werde; außerdem kann die Begeisterung für kommunistische Ideale differenzierte Einkünfte nicht lange ersetzen, wenn es darum geht, die Menschen zu mühseliger Arbeit anzuhalten; mit einem Wort, «der Hunger ist es, der die Welt in Bewegung hält».[1] Darüberhinaus ist Gemeinschaftsbesitz eine stete Verlockung zur Nachlässigkeit. «Während ein Alleineigentümer mit persönlichem Interesse an seinem Eigentum stets um das Gelingen seiner Pläne bemüht ist, ist das Gemeininteresse von Hause aus schläfrig und unproduktiv, da das private Unternehmertum eine Sache angeborener Fähigkeiten ist im Gegensatz zu Gemeinunternehmen, die eine Sache des Bürgersinns sind, den man selten antrifft.»[2] Daher öffnete er alle Türen, alle Laufbahnen für alle Männer, aus welcher Schicht oder Familie sie auch kommen mochten. So erfreute sich Frankreich bis zu den späteren Jahren seiner Herrschaft einer Prosperität, die allen Klassen den Frieden schenkte; es gab keine Arbeitslosigkeit[3], keine politische Revolte. «Niemand ist daran interessiert, eine Regierung zu stürzen, unter welcher alle, die es verdienen, Arbeit haben.»[4]

Es war ein Fundamentalprinzip Napoleons, daß Staats-«Finanzen, die auf einer gut funktionierenden Landwirtschaft beruhen, niemals bankrott gehen können».[5] Als ein Mann, der alles überblickte und nichts übersah, trug er Sorge, daß Schutzzölle, zuverlässige Finanzierung und gute Transportmöglichkeiten auf Straßen und Kanälen es den Bauern ermöglichten, gleichmäßig zu arbeiten, Land zu kaufen, mehr und mehr davon unter Kultur zu nehmen und seine Armeen mit kräftigen Rekruten zu versorgen. Zu viele französische Bauern waren Pächter oder landwirtschaftliche Arbeiter, doch um 1814 war eine halbe Million von ihnen Eigentümer der von ihnen bestellten Felder. Eine Engländerin, die in jenem Jahr Frankreich bereiste, schrieb über die Bauern, sie erfreuten sich eines Wohlstandes, der ihrem Stand sonst überall in Europa unbekannt sei.[6] Diese Ackerbauern sahen in Napoleon eine lebendige Garantie für ihre Besitztitel und standen loyal hinter ihm, bis ihr Grundbesitz unter der Abwesenheit ihrer eingezogenen Söhne zu leiden begann.

Auch der Industrie galt Napoleons besonderes Interesse. Er legte Wert darauf, Fabriken zu besichtigen und interessierte sich für die Produktionsverfahren und Erzeugnisse, für Handwerker und Betriebsleiter. Er bemühte sich, die Wissenschaft der Industrie dienstbar zu machen. Er veranstaltete Industrieausstellungen, 1801 im Louvre und 1806 unter riesigen Zelten auf der Place des Invalides. Er errichtete die École des Arts et Métiers und belohnte Erfinder und Wissenschaftler. 1802 wurden auf einem Kanal bei Paris mit einer in einen Schleppkahn eingebauten plumpen Maschine Versuche zur Ausnutzung des Dampfes als Antriebskraft angestellt. Der Erfolg war nicht überzeugend, doch er spornte zu weiteren Anstrengungen an. 1803 legte Robert Fulton einen Plan für die Verwendung der Dampfkraft in der Schifffahrt vor. Napoleon leitete ihn dem Institut National zu, das ihn nach zwei Monaten des Experimentierens als undurchführbar ablehnte. Die französische Industrie entwickelte sich langsamer als die britische, da sie weniger Märkte, Kapital und Maschinen besaß. 1801 stellte Joseph Marie Jacquard seinen neuen Webstuhl aus, 1806 kaufte die französische Regierung die Erfindung und führte sie ein. Damit wurde die französische Textilindustrie gegenüber der britischen konkurrenzfähig. Die Lyoner Seidenindustrie, die 1800 mit 3500 Webstühlen arbeitete, setzte 1808 deren 10 720 ein[7]; 1810 beschäftigte ein einziger Textilindustrieller 11 000 Arbeiter in seinen Fabriken.[8] Französische Chemiker begegneten weiterhin der Absperrung von Zucker-, Baumwolle- und Indigoeinfuhren durch die Briten, indem sie Zucker aus Zuckerrüben, blaue Farbe aus Färberwaid und der Baumwolle überlegenes Leinengarn herstellten[9]; sie destillierten auch Alkohol aus Kartoffeln.

Napoleon unterstützte die französischen Industrien durch Schutzzölle und die Kontinentalsperre, half ihnen mit zinsgünstigen Anleihen über finanzielle Schwierigkeiten hinweg, eröffnete in seinem sich ausdehnenden Imperium neue Märkte für französische Produkte und fing jede Flaute auf dem Arbeitsmarkt durch ausgedehnte öffentliche Arbeiten auf. Einige davon waren Denkmäler zum Ruhme Napoleons und seiner Armeen, wie die Vendômesäule, die Madeleine und die Triumphbogen an Carrousel und Étoile; einige waren militärische Befestigungen oder Einrichtungen, wie Festung, Damm und Hafen von Cherbourg; andere waren künstlerisch entworfene Gebäude für zivile Nutzung, wie die Börse, die Bank von Frankreich, das Hauptpostamt, das Théâtre de l'Odéon, selbst die Halles des Blés oder des Vins, die stattlichen Handelszentren für Getreide und Wein (1811). Einige waren Hilfen für die Landwirtschaft, wie die Trockenlegung von Sümpfen, andere galten Erleichterungen der Transportmöglichkeiten und des Handelsverkehrs. Auch die Anlage neuer Straßen in Paris gehört hierher, wie die der Rues de Rivoli, de Castiglione, de la Paix und von zwei Meilen Quais, wie des Quai d'Orsay entlang der Seine; wichtiger noch waren 33 500 Meilen neuer Straßen in Frankreich sowie zahllose Brükken, einschließlich der Pont d'Austerlitz und der Pont de Jena in Paris. Dazu kommt die Ausbaggerung von Flußläufen und die Erweiterung des hervorragenden französischen Kanalsystems. Große Kanäle wurden gegraben, um Paris mit Lyon und Lyon mit Straßburg und Bordeaux zu verbinden. Napoleons Sturz verhinderte die Fertigstellung zweier anderer Systeme: Kanäle zur Verbindung des Rheins mit Donau und Rhone sowie Venedigs mit Genua.[10]

Die Arbeiter beim Kanalbau, den öffentlichen Gebäuden und in den Fabriken besaßen kein Streikrecht und durften sich nicht in Gewerkschaften zusammenschließen, um über bessere Arbeitsbedingungen oder höhere Löhne zu verhandeln. Jedoch sah Napoleons Regierung darauf, daß die Löhne mit den Preisen Schritt hielten, daß Metzger, Bäcker und Fabrikanten unter staatlicher Aufsicht standen und daß – insbesondere in Paris – allen Lebensnotwendigkeiten reichlich Genüge getan wurde. Bis zu den letzten Jahren von Napoleons Herrschaft stiegen die Löhne schneller als die Preise, und das Proletariat, das seinen bescheidenen Anteil am allgemeinen Aufstieg hatte und auf Napoleons Siege stolz war, wurde patriotischer als die Bourgeoisie. Es hörte nur wenig auf bürgerliche Liberale, wie Madame de Staël oder Benjamin Constant, die die Freiheit predigten.

Dennoch gab es Quellen der Unzufriedenheit und Stimmen, welche sie zum Ausdruck brachten. Als das freie Unternehmertum fortlaufend die Talentierten bereicherte, wurde einigen Leuten klar, daß die Gleichheit unter der Herrschaft der Freiheit dahinschwindet und daß eine *laissez-faire*-Regierung dazu führt, daß durch die Konzentration des Reichtums die Hälfte der Bevölkerung von den Früchten des Erfindergeistes und den Segnungen der Kultur ausgeschlossen wird. 1808 ließ François Marie Fourier seines *Théorie des quatre mouvements et des destinées générales* erscheinen, den ersten Klassiker des utopischen Sozialismus. Er schlug vor, daß diejenigen, die mit der bestehenden Industrieorganisation unzufrieden seien, sich zu Kooperativen *(phalanges)* zusammenschließen sollten, jede aus vierhundert Familien bestehend, die zusammen in einem Phalansterium, einer Gemeinschaftssiedlung leben sollten. Alle Mitglieder sollten einen Teil des Arbeitstages auf Landarbeit (kollektiv organisiert), einen Teil auf Heim- oder Gruppenarbeit, einen weiteren Teil für Muße oder kulturelle Anliegen verwenden, und jeder sollte seine Beschäftigung von Zeit zu Zeit wechseln; jedes Individuum solle gleichmäßig an den Erzeugnissen oder Gewinnen der Phalanx teilhaben. Jede Phalanx solle ein Gemeinschaftszentrum, eine Schule, Bücherei, Hotel und eine Bank besitzen. Dieser Plan begeisterte Idealisten in beiden Hemisphären. Brook Farm bei Boston war eine von verschiedenen utopischen Gemeinschaften, die nach kurzer Zeit durch den natürlichen Individualismus der Menschen zugrunde gerichtet wurden.

Napoleon selbst war kein Freund des Kapitalismus. Er nannte die Amerikaner «bloße Kaufleute», die «ihren ganzen Ruhm im Geldmachen suchen».[11] Er unterstützte den französischen Handelsverkehr durch die Erweiterung und Instandhaltung aller Transportwege sowie durch Bereitstellung von Krediten und die Stabilität des

Geldes; er behinderte ihn aber durch tausendundeine Bestimmungen der Kontinentalsperre. Schließlich gab er den Beschwerden nach und ließ (1810–1811) Lizenzen für den Export bestimmter Güter nach England und für den Import von Zucker, Kaffee und anderen ausländischen Produkten ausstellen. Für diese Lizenzen waren Gebühren zu entrichten, und ihre Ausgabe war von einer erheblichen Günstlingswirtschaft und Korruption begleitet.[12] Mit dem Anwachsen der Industrie ging es in Frankreich kleinen Händlern besser als dem Großhandel. Die Lagerhäuser waren für französische Verhältnisse beispiellos gefüllt, als sich Landwirtschaft, Industrie und Transport ausdehnten. Die Geschäftsstraßen belebten sich mit farbigen Boutiquen. Die großen Hafenstädte aber – Marseille, Bordeaux, Nantes, Le Havre, Antwerpen und Amsterdam – erlebten einen Niedergang, und die Kaufleute wandten sich gegen Napoleon und seine Kontinentalsperre.

Seinen größten Erfolg als Administrator hatte Napoleon auf dem Gebiet des Finanzwesens. Es mag seltsam klingen, aber bis 1812 brachten seine Kriege in der Regel mehr ein, als sie kosteten. Er belastete seine Feinde mit dem Odium, die Feindseligkeiten begonnen zu haben und verlangte, wenn er sie besiegt hatte, hohe Entschädigungen – und alte Meister – für die Lektion. Einen Teil dieser Einnahmen behielt er unter seiner persönlichen Kontrolle als *domaine extraordinaire*. 1811 rühmte er sich, er habe 300 000 000 Goldfrancs in den *caves des Tuileries*.[13] Er verwendete diesen Fonds, um finanzielle Engpässe des Schatzamtes zu überbrücken, gefährliche Krisen am Wertpapiermarkt zu beeinflussen, öffentliche Arbeiten oder Verbesserungen in den Städten zu finanzieren, den Nachrichtendienst zu bezahlen, Künstler und Schriftsteller zu belohnen, Freunde oder Feinde zu bestechen und seine Geheimpolizei zu unterhalten. Es blieb genug übrig, um sich auf den nächsten Krieg vorzubereiten und die Steuern weit niedriger zu halten, als sie unter Ludwig XVI. oder der Revolution gewesen waren.[14]

«Vor 1789», sagt Taine, «zahlte der Landpächter von 100 Francs Nettoeinkommen 14 an den Grundherrn, 14 an den Klerus, 53 an den Staat und behielt lediglich 18 oder 19 für sich; nach 1800 zahlt er von seinen 100 Francs Einkommen garnichts an einen Grundherrn oder die Kirche; er zahlt wenig an den Staat, nur 25 Francs an Kommune und *département* und behält 70 für sich».[15] Vor 1789 mußte der Handarbeiter zwischen 20 und 39 Arbeitstage im Jahr arbeiten, um seine Steuern zu bezahlen; nach 1800 noch zwischen 6 und 19 Tage. «Durch die nahezu vollständige Befreiung (von Steuern) derer, die keinen Besitz haben, fällt die Last der direkten Steuern so gut wie ausschließlich auf die Besitzenden.»[16] Es gab allerdings viele «extrem niedrige» indirekte- oder Kaufsteuern, die alle Personen gleichmäßig belasteten und daher die Armen härter trafen, als die Reichen. Gegen Ende des kaiserlichen Regimes überstiegen die Kosten der Kriegführung bei weitem die Einnahmen; Steuern und Preise stiegen, und Unzufriedenheit breitete sich im Volk aus.

1805 veranlaßte eine Finanzkrise Napoleon, die Bank von Frankreich zu reorganisieren, die 1800 unter privater Leitung gegründet worden war. Während er bei Marengo um sein politisches Überleben kämpfte, hatte eine Gruppe von Spekulanten unter Führung von Gabriel Julien Ouvrard Armeelieferungen unter ihre Kontrolle gebracht. Sie gerieten in Schwierigkeiten und beantragten bei der Bank ein Darlehen in beträchtlicher Höhe. Um diesen Betrag flüssig zu machen, gab die Bank mit Erlaubnis des Schatzamtes ihre eigenen Noten als legale Zahlungsmittel aus; diese wurden jedoch für finanzielle Transaktionen nicht akzeptiert, fielen auf neunzig Prozent ihres Nennwertes, und die Gesellschaft wie die Bank sahen sich dem Bankrott gegenüber. Nach seiner Rückkehr nach Paris sanierte Napoleon die Bank mit einem Teil der Kriegsentschädigung, die Österreich bezahlt hatte, doch bestand er darauf, daß sie künftig «unter Staatskontrolle, jedoch nicht zu streng» stehen müsse. Am 22. April 1806 unterstellte er sie einem Gouverneur und zwei Vizegouverneuren sowie fünfzehn von den Anteilseignern gewählten Aufsichtsräten. Diese neue Banque de France eröffnete Zweigstellen in Lyon, Rouen und Lille und begann eine lange Laufbahn der Dienstleistungen für den französischen Staat und seine Wirtschaft. Die Regierung besitzt noch heute nur eine Minorität der Anteile.

Napoleon hatte nichts übrig für die Leute, welche die Lieferungen für seine Armeen und die Ministerien ausführten. Er nahm als sicher an, daß jeder Lieferant seine Rechnungen aufblähte und manche davon minderwertige Ware zu Höchstpreisen lieferten. Er erteilte seinen Beamten Anweisung, alle ihnen vorgelegten Rechnungen streng zu überprüfen und tat dies manchmal sogar selbst. «Alle diese Lieferanten», sagte er zu Bourrienne, «alle diese Proviranthändler sind Gauner ... Sie besitzen Millionen und wälzen sich in ungebührlichem Luxus, während meine Soldaten weder Brot noch Schuhe bekommen. Das muß ein Ende haben!»[17] 1809 erreichten ihn in Wien Klagen über an seine Armee gelieferte schadhafte Kleidung und Ausrüstung. Er ordnete eine Untersuchung an, die ergab, daß die Armeelieferanten bei diesen Verkäufen große ungerechtfertigte Profite gemacht hatten. Er setzte ein Kriegsgericht ein, das die Betrüger zum Tode verurteilte. Von allen Seiten wurde versucht, sie zu retten, doch Napoleon lehnte eine Begnadigung ab, und das Urteil wurde vollstreckt.[18]

Im großen und ganzen schenkten – wie auch feindselige Kritiker zugaben[19] – die ersten dreizehn Jahre von Napoleons Herrschaft Frankreich die größte Prosperität, die es je gekannt hatte. Als Las Cases, ein adliger und pardonierter Emigrant, 1805 von einer Rundreise durch sechzig *départements* zurückkehrte, berichtete er, daß «Frankreich zu keiner Zeit seiner Geschichte mächtiger, blühender, besser regiert und glücklicher» gewesen sei.[20]

1813 erklärte der Innenminister Comte de Montalivet, der anhaltende Aufschwung sei «der Aufhebung von Feudalismus, Besitztiteln, Veräußerungsverboten und Mönchsorden ... der gerechteren Verteilung des Wohlstandes, der Klarheit und Vereinfachung der Gesetze» zuzuschreiben.[21] 1800 zählte die Bevölkerung Frankreichs ungefähr 28 Millionen; 1813 waren es 30 Millionen. Dies scheint kein alarmierender Zuwachs zu sein, doch wenn dieselbe Geburtenrate (selbst linear) sich bis 1870 erhalten hätte, würde Napoleons Neffe über 50 Millionen Menschen geboten haben, um dem deutschen Reich Bismarcks gegenüberzutreten.

II. ERZIEHUNGSWESEN

Wir haben gesehen, wie Napoleon sich während seines Konsulats bemühte, dem nachrevolutionären Frankreich durch ein Zivilgesetzbuch und ein Konkordat des Friedens und der Zusammenarbeit zwischen seiner Regierung und der hergebrachten Religion der Bevölkerung Ordnung und Stabilität zu bringen. Zu diesen beiden formativen Kräften sollte nun durch die Reorganisation des französischen Erziehungssystems eine dritte treten. «Von allen Sozialmaßnahmen ist wahrscheinlich die schulische Erziehung die wirksamste, denn sie übt einen dreifachen Einfluß auf die jungen Leben aus, die sie behütet und leitet: einen durch den Lehrer, einen durch die Mitschülerschaft und den dritten durch Vorschriften und Regeln.»[22] Er war überzeugt, daß ein Grund für den Zusammenbruch von Gesetz und Ordnung während der Revolution deren Unfähigkeit gewesen war, inmitten der mörderischen Konflikte der Zeit ein Erziehungssystem einzurichten, welches das vorher von der Kirche getragene angemessen ersetzt hätte. Großartige Pläne waren entwickelt worden, doch konnten weder das Geld noch die Zeit zu ihrer Realisierung aufgebracht werden. Die Grundschulerziehung hatte man Priestern und Nonnen oder Laienschulmeistern überlassen, die durch Zuwendungen seitens der Eltern oder Kommunen knapp vor dem Verhungern bewahrt wurden. Die Mittelschulerziehung hatte sich mühsam in Lyzeen gehalten, die Unterricht in wissenschaftlichen Fächern und Geschichte erteilten, aber sich kaum der Charakterbildung annahmen. Napoleon sah die öffentliche Erziehung vom Standpunkt des Politikers: Ihr Zweck war es, intelligente, aber gehorsame Bürger heranzubilden. «Bei der Bildung eines Lehrerstandes», sagte er mit einer bei Regierungen ungewöhnlichen Aufrichtigkeit, «ist es mein Hauptziel, die Möglichkeit zur Lenkung der politischen und moralischen Ansichten sicherzustellen ... Solange einer aufwächst, ohne zu wissen, ob er Republikaner oder Monarchist, katholisch oder irreligiös sein soll, wird der Staat niemals zur Nation werden; er wird auf vagen und unsicheren Grundlagen beruhen und ständig der Unordnung und dem Wechsel ausgesetzt sein.»[23]

Nachdem er die Kirche wieder zur Zusammenarbeit mit dem Staat gebracht hatte, erlaubte er halbklösterlichen Institutionen, wie den Frères des Écoles Chrétiennes, sich der Grundschulen anzunehmen und den Nonnen, Mädchen aus gutem Hause zu unterrichten, aber er lehnte es ab, die Jesuiten wieder in Frankreich zuzulassen. Trotzdem bewunderte er sie wegen ihrer straffen Organisation als dem Lehren geweihte Bruderschaft. So schrieb er (16. Februar 1805): «Das Wesentlichste ist ein Lehrkörper nach Art der früheren Jesuiten».[24] «Während ich bei ihm war», erinnerte sich Bourrienne, «sagte er oft zu mir, es sei notwendig, sämtliche Schulen, Kollegien und anderen Einrichtungen der öffentlichen Erziehung militärischer Disziplin zu unterwerfen».[25] In einer Aufzeichnung aus dem Jahre 1805 führte Napoleon aus, daß «ein Lehrerstand gebildet werden könne, wenn alle Schulleiter, -direktoren und Professoren des Kaiserreichs unter einen oder mehrere Oberleiter, entsprechend dem General, den Provinzialen etc. der Jesuiten gestellt würden», und es zur Regel gemacht würde, daß niemand in dieser Organisation einen höheren Posten ausfüllen könne, wenn er nicht die verschiedenen unteren Stufen durchlaufen hätte. Außerdem wäre es wünschenswert, daß ein Lehrer nicht heirate oder die Heirat aufschiebe, «bis er eine angemessene Position und ein Einkommen erreicht hat ... um eine Familie zu ernähren».[26]

Ein Jahr später erlangte Antoine François de Fourcroy, Generaldirektor des Erziehungswesens, ein provisorisches Dekret des Corps Législatif des Inhalts, daß «unter der Bezeichnung Kaiserliche Universität eine Körperschaft gegründet wird, die sich ausschließlich mit der Erziehungsarbeit im Kaiserreich befaßt». (Die um 1150 gegründete Universität von Paris war 1790 durch die Revolution aufgehoben worden.) Diese neue Universität sollte nicht allein eine Verbindung verschiedener Fakultäten – Theologie, Jura, Medizin, Naturwissenschaften und Literatur – sein; ihre Aufgabe war es, die alleinige Ausbildungsstätte für Lehrkräfte der weiterführenden Schulen Frankreichs zu sein und deren sämtliche lebenden und lehrenden Graduierten zu umfassen. In einer oder mehreren Städten jedes *départements* sollten «lycées» errichtet werden, mit einem Lehrplan, der klassische Sprachen und Literatur mit den Naturwissenschaften verband. Sie sollten von den Städten unterhalten werden, doch ihre sämtlichen Lehrer mußten Graduierte der Universität sein. Niemand konnte einen gehobenen Posten erreichen, wenn er nicht die untergeordneten ausgefüllt[27] und seinen Vorgesetzten gehorcht hatte, wie ein Soldat einem Offizier. Um junge Franzosen zu bewegen, sich in diese Tretmühle zu begeben, stiftete Napoleon 6400 Stipendienplätze, deren Inhaber sich für das Lehramt verpflichteten und versprachen, eine Verheiratung mindestens bis zu ihrem fünfundzwanzigsten Lebensjahr aufzuschieben. Als endgültige Belohnung sollten sie «die sichere Aussicht vor sich sehen, zu den höchsten Staatsämtern aufsteigen zu können».[28] «All dies», sagte Napoleon zu Fourcroy, «ist nur ein Anfang; nach und nach werden wir mehr und besseres zuwege bringen».[29]

Dies tat er auch, von seinem Standpunkt aus, als er 1810 die École Normale als Zweig der Universität wieder einrichtete, wo ausgewählte Studenten unter militärischer Disziplin in Gemeinschaftswohnungen lebten und durch einen angesehenen Lehrkörper, zu welchem solche Meister wie Laplace, Lagrange, Berthollet und Monge gehörten, eine Sonderausbildung erhielten. Um 1813 hatten sämtliche Lehrkräfte an Mittelschulen Absolventen der École Normale zu sein; die Naturwissenschaften begannen im Curriculum das Übergewicht über die Geisteswissenschaften zu gewinnen und die intellektuelle Atmosphäre des gebildeten Frankreich zu bestimmen. Die École Polytechnique, während der Revolution gegründet, wurde in eine Militärakademie umgewandelt, wo die naturwissenschaftlichen Fächer in den Dienst des Krieges gestellt wurden. Einige Provinzuniversitäten überstanden den martialischen Vorstoß des Kaisers, und auch privaten Mittelschulen wurde gestattet, mit Sondergenehmigungen und unter regelmäßiger Überprüfung durch die Universität weiterzuarbeiten. Als die autoritäre Welle abebbte, erhielten auch Privatdozenten die Genehmigung, in den Hörsälen der Universität Spezialvorlesungen zu halten, welche die Studenten auf Wunsch belegen konnten.

Die Spitze der Geistespyramide bildete das Institut National de France. Die französische Akademie, 1793 aufgelöst, war 1795 als Abteilung II des neuen Instituts wiedererrichtet worden. Napoleon war stolz auf seine Mitgliedschaft im Institut, doch als es dessen Abteilung für Sittenlehre und Politik 1801 unternahm, die Frage, wie eine Regierung geführt werden solle, zu diskutieren, erteilte er Comte Louis Philippe de Ségur den Auftrag: «Bestellen Sie der zweiten Abteilung des Instituts, daß ich die Behandlung politischer Gegenstände bei ihren Zusammenkünften nicht wünsche».[30] Dem Institut gehörten damals noch viele alte, der Aufklärung und der Revolution ergebene Rebellen an, die heimlich über die offizielle Wiederzulassung der katholischen Kirche lachten oder weinten. Cabanis und Destutt de Tracy hatten mit dem Wort *idéologie* das Studium der Bildung von Ideen bezeichnet. Napoleon nannte diese Psychologen und Philosophen «idéologues», Männer, zu versponnen in Ideen und Gedankenspielen schwelgend, um die Realitäten des Lebens und der Geschichte wahrzunehmen und zu verstehen. Diese Intellektuellen, die ihre Ansichten in zahllosen Publikationen verbreiteten, waren nach seiner Meinung Hindernisse für eine gute Regierung. «Schreib- und redegewandte Männer», sagte er, «haben kein solides Urteil».[31] Seinen Bruder Joseph, der damals (18. Juli 1807) in Neapel regierte, warnte er: «Sie geben sich zuviel mit Literaten ab». Was die Intellektuellen betraf, die in den Salons umherschwärmten, «für mich gleichen die gebildeten und geistreichen Leute den koketten Damen; man kann sie besuchen und sich mit ihnen unterhalten, doch sollte man sich niemals eine Ehefrau unter solchen Damen oder einen Minister unter solchen Männern erwählen».[32]

Am 23. Januar 1803 organisierte er das Institut neu in vier Abteilungen, wobei die Abteilung für Sittenlehre und Politik in Wegfall kam. Abteilung I, die er am höchsten schätzte, befaßte sich mit den Naturwissenschaften. Zu ihren sechzig Mitgliedern zählten Adrien Legendre, Monge, Biot, Berthollet, Gay-Lussac, Laplace, Lamarck, Geoffroy Saint-Hilaire und Cuvier. Abteilung II hatte vierzig Mitglieder, die sich mit französischer Sprache und Literatur befaßten. Sie ersetzte die frühere französische Akademie und nahm die Arbeit am *Dictionnaire* wieder auf; zu ihr gehörten der alte Dichter Delille, der berühmte Dramatiker Marie Joseph de Chénier, der junge Historiker Guizot, der Stilist der Romantik Chateaubriand sowie die Philosophen Volney, Destutt de Tracy und Maine de Biran. Abteilung III mit vierzig Mitgliedern war zuständig für antike und orientalische Geschichte, Literatur und Kunst; hier setzte Louis Langlès die Studien über Persien und Indien fort, die schon zur Errichtung der École des Langues Orientales (1795) geführt hatten. Hier entdeckte Jean Baptiste d'Ansse de Villoison die alexandrinischen Kommentatoren Homers und ebnete so den Weg für F. A. Wolfs interessante Theorie, «Homer» seien viele Männer gewesen. Abteilung IV – die Académie des Beaux Arts – bestand aus zehn Malern, sechs Bildhauern, sechs Architekten, drei Graphikern und drei Komponisten; hier glänzten David, Ingres und Houdon.

Ungeachtet seiner Mißachtung für Ideologen unterstützte Napoleon das Institut so sehr er konnte, bestrebt, es zu einem Schmuckstück seines Reiches zu machen.

Jedes Mitglied des Instituts erhielt von der Regierung ein Jahresgehalt von fünfzehn-hundert Francs; jeder ständige Sekretär einer Abteilung ein solches von sechs-tausend. Im Februar und März legte jede Abteilung dem Kaiser einen Bericht über die auf ihren Sektoren geleistete Arbeit vor. Napoleon war befriedigt über das Ge-samtbild, denn (wie Méneval sagt): «Diese Gesamtübersicht über Literatur, Wissen-schaft und Kunst ... zeigte, daß die menschliche Intelligenz, weit davon entfernt, zurückzugehen, sich auf ihrem ständigen Weg zum Fortschritt nicht aufhalten ließ».[35] Wir können das «ständig» in Frage stellen, doch gibt es keinen Zweifel, daß die Reorganisation von Wissenschaft und Forschung unter Napoleon die daran Be-teiligten für ein halbes Jahrhundert an die Spitze des europäischen Geisteslebens stellte.

III. HEERWESEN

Nach der Erziehung kam die Aushebung. Durch die Revolution waren Kriege häufiger, mörderischer und kostspieliger geworden. Die *Levée en masse* von 1793 setzte den Maßstab, daß Krieg nicht länger ein Sport für Fürsten sei, die Söld-nertruppen ins Feld schickten, sondern ein Kampf von Nationen, der alle Klassen erfaßte. Allerdings dauerte es einige Zeit, bis andere Regierungen dem französischen Beispiel folgten und es auch Bürgerlichen ermöglichten, die Offizierslaufbahn einzu-schlagen und sogar Marschälle zu werden. Bereits Rousseau hatte den Grundsatz niedergelegt, daß allgemeine Dienstpflicht die logische Folge allgemeinen Stimm-rechtes sei: Wer wählen wollte, mußte auch dienen. Frankreich, das sich im Kampf um die Erhaltung seiner Republik den europäischen Monarchien gegenüber sah, und – vor Ludwig XIV. – ein Konglomerat stolzer Regionen ohne einen nationalen Geist, der das Ganze zusammengehalten hätte, gewesen war, wurde 1793 durch die allen gemeinsame Furcht zusammengeschweißt. Seine Antwort war national und entschlossen. Eine große Armee, die alle Männer unter ihren Fahnen vereinigte, wurde notwendig; die Konskription begann. Als dann Massen von Franzosen mit einer Begeisterung wie kaum eine frühere Armee begannen, die Berufssoldaten der feudalen Monarchien zu besiegen, führten diese Länder ebenfalls die Konskription ein, und der Krieg wurde zum Konflikt von Massen, die miteinander im Morden wetteiferten. Der Glorienschein des Nationalismus ersetzte den Stolz der Dynastien als Stimulans des Krieges.

Napoleon erließ 1803 angesichts des Bruches des Friedens von Amiens und in der Voraussicht eines Krieges mit einer neuen Koalition ein neues Wehrpflichtgesetz: Alle männlichen Einwohner zwischen zwanzig und fünfundzwanzig Jahren waren der Aushebung zum Wehrdienst unterworfen. Es gab viele Befreiungen: jung verhei-ratete Männer, Seminaristen, Witwer oder Geschiedene mit Kindern, jeder, der bereits einen Bruder bei der Armee hatte und der Älteste von drei Waisen. Außer-dem konnte ein Eingezogener sich einen Stellvertreter kaufen. Anfänglich schien dies Napoleon ungerecht zu sein, doch dann gestattete er es, hauptsächlich, damit fortgeschrittene Studenten die Möglichkeit zur Fortsetzung ihrer Studien haben sollten, um sich für Verwaltungsposten zu qualifizieren.[34]

Die Jahr um Jahr wiederholte Beteuerung, daß es *dulce et decorum est pro patria mori*, ertrug das französische Volk in der Begeisterung über Napoleons Siege geduldig: Als jedoch die Niederlagen begannen (1808) und Tausende von Familien in Trauer versetzten, wuchs der Widerstand, Drückeberger und Deserteure vervielfachten sich. Bis 1814 hatte Napoleon 2 613 000 Franzosen für seine Armeen rekrutiert[35]; von diesen starb ungefähr eine Million an Verwundungen oder Krankheiten[36]; dazu kam eine halbe Million Angeworbene oder Ausgehobene aus anderen von Frankreich unterworfenen oder ihm verbündeten Ländern. 1809 ersuchte Napoleon Zar Alexander, zwischen Frankreich und England zu vermitteln, mit der Begründung, ein allgemeiner Friede würde ein Ende der Konskription bedeuten; diese Hoffnung erwies sich als trügerisch. Als es dann so aussah, als ob besiegte Feinde sich zu neuen Koalitionen und Feldzügen aus ihren Gräbern erhoben hätten, hielt Napoleon viele Eingezogene über ihre festgesetzte Dienstzeit von fünf Jahren unter den Fahnen und rief Jahrgänge vorzeitig auf, bis er schließlich 1813 den Jahrgang für 1815 einzog.[37] Zuletzt war die Geduld französischer Eltern erschöpft, und überall in Frankreich ertönte der Ruf: «Nieder mit der Konskription!»

Durch solche Methoden wuchs die Grande Armée, die Napoleons Freude und Stolz war. Er belebte ihren Kampfgeist, indem er jedem Regiment seine eigene farbenprächtige Fahne verlieh, die irgendein tapferer Junge in der Schlacht tragen sollte, um seine Männer zu führen und zu begeistern. Fiel er, würde ein anderer Junge vorstürmen, die Fahne aufheben und weitertragen. In der Regel wurde dieses Banner zur sichtbaren Seele des Regiments. Fast immer blieb es erhalten, und seine Reste glänzten bei Siegesparaden, um schließlich als verschlissene aber geheiligte Trophäe im Invalidendom aufgehängt zu werden. Fast jedes Regiment besaß seine eigene Uniform und einen Namen, der einmal von Brest bis Nizza, von Antwerpen bis Bordeaux berühmt war: Grenadiere, Husaren, Chasseurs, Lanciers, Dragoner ... Über allen standen die 92 000 Mann der kaiserlichen Garde, zum Schutz des Kaisers in Reserve gehalten, bis irgendeine Krise ihren Einsatz forderte. Jeder Wehrpflichtige konnte in die Garde aufsteigen und sogar den Kommandostab führen als einer der achtzehn Marschälle des Napoleonischen Frankreich.

Die Ergebnisse des Krieges waren unabsehbar, in biologischer, ökonomischer, politischer und moralischer Hinsicht. Die alte Ziffer von 1,7 Millionen in diesen Feldzügen gefallener Franzosen[38] ist durch spätere Berechnungen auf 1 Million reduziert worden[39]; doch auch diese wahrscheinlich verfrühten Todesfälle dürften Frankreich für eine Generation geschwächt haben, bis seine Frauen den Verlust wieder ausglichen. Ökonomisch gesehen beschleunigten die Kriege, wie das Stimulans blockierter Häfen und militärischer Bedürfnisse das Wachstum der Industrie. Politisch förderten sie den Zusammenschluß regionaler Regierungen und Loyalitäten unter einer Zentralgewalt. Moralisch betrachtet gewöhnten die ständigen Konflikte Europa

Napoleon und seine Familie. Seinen Verwandten gab er Throne, Ämter und Würden in den eroberten Ländern, weil er ihnen mehr vertraute als adeligen Anhängern und sie auch besser kontrollieren konnte. ▶

an die Ausweitung von Kriegen und ein rücksichtsloses Abschlachten, wie es seit den Einbrüchen barbarischer Horden unbekannt gewesen war. An der Front und später auch in den Hauptstädten legten die Machthaber die Zehn Gebote beiseite. «Der Krieg rechtfertigt alles», schrieb Napoleon 1809 an General Berthier[40]: «Alles, was je bewirkt worden ist, geschah durch das Schwert»[41] und «letzten Endes muß eine militärische Macht das Regiment führen»[42], ohne eine Armee gibt es keinen Staat.

Um die Franzosen an diese martialische Ethik zu gewöhnen, appellierte Napoleon an ihre Liebe zum Ruhm. *La gloire* wurde zum nationalen Fieber, das enthusiastische Zustimmung und Gehorsam erzeugte. So konnte Napoleon sagen: «Die Kriege der Revolution haben das ganze französische Volk geadelt.»[43] Zehn Jahre lang hielt er, mit Hilfe der Alliierten, sein Volk in dieser hypnotischen Trance. Lassen wir Alfred de Musset, der sie miterlebt hat, die Stimmung in Frankreich im Jahre 1810 beschreiben:

> In dieser Atmosphäre eines wolkenlosen Himmels, wo soviel Ruhm glänzte, wo soviele Degen blitzten, atmete die Jugend der Zeit. Sie wußten genau, daß sie zum Opfer bestimmt waren, doch sie hielten Murat für unbesiegbar, und den Kaiser hatte man gesehen, wie er eine Brücke überschritt, wo soviele Kugeln pfiffen, daß man sich fragte, ob er gegen den Tod gefeit sei. Selbst wenn einer sterben mußte, was machte es? Der Tod selbst war so schön, so edel, so ruhmreich in seinem schlachtzerfetzten Purpur! Er hatte sich die Farbe der Hoffnung ausgeliehen, er mähte so viele heranreifende Ernten, daß er selbst jung wurde und es kein Alter mehr gab. Alle Wiegen Frankreichs waren wie seine Gräber mit dem Schild bewehrt, es gab keine alten Männer mehr, es gab nur noch Leichname oder Halbgötter.[44]

Inzwischen stahlen und spielten Napoleons Soldaten an der Front und ersäuften ihre Angst. Seine Generale stahlen entsprechend ihrer Stellung; Masséna raffte Millionen zusammen, und Soult stand ihm nicht viel nach. Die liebenswürdige Josephine, der gütige Joseph, der tapfere Lucien und Onkel Kardinal Fesch profitierten, indem sie Geld in Firmen investierten, die miserable Ausrüstung an Napoleons Truppen verkauften. Napoleon färbte seine Kriegsbulletins durch Übertreiben oder Verschweigen, ließ den Staatsschatz besiegter Nationen zur Ader, eignete sich ihre Kunstwerke an und sann über Wege nach, die moralische Wiederbelebung Frankreichs zu fördern.

IV. MORAL UND SITTEN

Durch die Zerstörung der politischen und elterlichen Autorität und die Auflösung religiöser Bindungen hatte die Revolution die individualistischen Triebe des französischen Volkes freigesetzt – in den Provinzen in geringerem Grade, in der Hauptstadt auf katastrophale Weise. Das Zentrum des Rechts sah sich in verzweifeltem Ringen mit dem Zentrum von Chaos und Verbrechen. Napoleon, der für sich selbst kein Gesetz gelten ließ, entschloß sich, Moral und Sitte als lebenswichtig für die Erneuerung Frankreichs, die geistige Gesundheit und Zufriedenheit seiner Bevölkerung und den Bestand seiner Herrschaft wiederherzustellen. Er machte klar, daß

◄ *Französische Truppen im November 1806 im eroberten Lübeck, eine zeitgenössische Aquatinta-Radierung.*

er ein scharfes Auge auf alle geschäftlichen Verbindungen innerhalb und mit der Regierung haben und Unredlichkeiten schwer bestrafen würde. Er erklärte sich gegen unanständige Kleidung in Gesellschaft oder auf der Bühne. Er tadelte seinen Bruder Lucien und seine Schwester Elisa, weil sie bei privaten Theateraufführungen zuviel Fleisch zur Schau stellten. Als er sich bei einer Soiree Madame de Staël in üppigem Dekolleté gegenübersah, bemerkte er bissig: «Ich vermute, daß Sie Ihre Kinder selbst stillen?»[45] Er bestand darauf, daß Talleyrand seine Mätresse heirate. Madame Tallien, die mit dem Schwung ihrer Hüften die Moral der Directoirezeit bestimmt hatte, verschwand in der Provinz. Josephine schwor dem Ehebruch ab, und ihre eingeschüchterten Schneiderinnen halbierten ihre Rechnungen. Das neue Gesetzbuch gab dem Ehemann fast dieselbe Gewalt über Weib und Kinder, wie im alten Rom; die Familie erfüllte wieder ihre Aufgabe, Tiere zu Bürgern zu erziehen, wieviel auch immer dabei an persönlicher Freiheit geopfert wurde.

Als Folge der neu eingeführten Disziplin erfuhr der Zeitgeist eine gewisse Verdüsterung. Die unbekümmerte Fröhlichkeit der Geschlechter und Klassen während der Revolution wich bürgerlicher Wohlanständigkeit und proletarischer Stumpfheit. Die Klassenschranken, welche in den Tagen der Bourbonen die Bevölkerung abgestuft und jedem seinen Platz zugewiesen hatten, gaben einem ruhelosen Wettbewerbsfieber Raum, als die «jedem Talent offene Karriere» Stufen zwischen allen Schichten baute[46] und entwurzelten Jugendlichen den schlüpfrigen Weg auf die Höhen der Macht freimachte. Unter Berücksichtigung dieser Umstände konnte Napoleon überzeugt sein, daß unter seiner Herrschaft die Moral in Frankreich wieder Fuß faßte und die Sitten etwas von der Verbindlichkeit zurückgewannen, die das vorrevolutionäre Leben des gebildeten Frankreich erleichtert und verschönt hatte.

Er wußte, daß sich ungeachtet aller Anstrengungen, Chancengleichheit herzustellen, aus den natürlichen Unterschieden von Fähigkeiten und Umgebung unweigerlich gewisse Klassenunterschiede herausbilden würden. Um zu erreichen, daß dabei nicht nur eine bloße Aristokratie des Reichtums entstünde, stiftete er 1802 die Ehrenlegion. Diese sollte aus von der Regierung berufenen Männern bestehen, die sich durch besonders hervorragende Leistungen auf ihren jeweiligen Gebieten – Krieg, Recht, Religion, Wissenschaft, Forschung, Kunst – ausgezeichnet hatten. Sie war halb so demokratisch, wie das Leben selbst: Jeder Mann war wählbar, jedoch keine Frauen. Die Mitglieder mußten bei der Aufnahme schwören, die Prinzipien der Freiheit und Gleichheit hochzuhalten, doch wurden sie schon nach kurzer Zeit in Klassen eingeteilt, entsprechend ihren Verdiensten, ihrem Einfluß oder Besitz. Jeder erhielt von der französischen Regierung einen jährlichen Ehrensold: ein «Großoffizier» 5000 Francs, ein «Kommandeur» 2000, ein «Offizier» 1000, ein «Ritter» 250. Um sie auszuzeichnen, wurde den Mitgliedern ein Ordensband oder ein Kreuz verliehen. Als einige Räte sich über solche «Kindereien» lustig machten, erwiderte Napoleon, Männer seien leichter durch Auszeichnungen zu lenken, als durch Autorität oder Gewalt: «Man erreicht von den Menschen alles, wenn man an ihr Ehrgefühl appelliert.»[48]

Einen weiteren Schritt zur Bildung einer neuen Aristokratie tat der Kaiser, indem er (1807) den «Imperialen Adel» schuf und Titel an seine Verwandten, Marschälle, einzelne hohe Verwaltungsbeamte und hervorragende Gelehrte verlieh. So ernannte er in den nächsten sieben Jahren 31 Herzöge, 452 Grafen, 1500 Barone und 1474 Ritter. Talleyrand wurde Fürst von Benevent, Fouché Herzog von Otranto. Joseph Bonaparte war plötzlich Großelector, Louis Bonaparte Großkonnetabel, der Reiterführer Murat wurde zu seiner Überraschung zum Großadmiral ernannt. Marschall Davout wurde Duc d'Auerstedt, Lannes Duc de Montebello, Savary Duc de Rovigo, Lefebvre Duc de Danzig. Laplace und Volney wurden in den Grafenstand erhoben, und Napoleons Schwestern verwandelten sich in Fürstinnen. Zu jedem Titel gehörte eine farbenprächtige, unterschiedliche Uniform, ein jährliches Einkommen und manchmal beträchtlicher Grundbesitz. Außerdem – und hier kehrte Napoleon offen der Republik den Rücken – wurden die meisten dieser Adelstitel für erblich erklärt. Nur im Besitz vererbbaren Eigentums konnten, von Napoleons Blickpunkt aus, seine neuen Aristokraten Stellung und Ansehen bewahren und so als Stützen des Herrschers dienen. Der Kaiser selbst umgab sich, um seinen Abstand von der neuen Aristokratie – die rasch begann, mit ihren Titeln, Uniformen und Machtbefugnissen zu prunken – zu betonen, mit Kammerherrn, Stallmeistern, Palastpräfekten und zahllosen anderen Hofschranzen, während Josephine Hofdamen erhielt, deren Adelstitel aus bourbonischer oder noch früherer Zeit stammten.

Damit nicht zufrieden, wandte er sich den Überlebenden des alten Adels zu und griff zu jedem nur möglichen Lockmittel, um sie an seinen Hof zu ziehen. Viele von ihnen hatte er als Gegengewicht gegen die immer noch revolutionären Jakobiner zurückgerufen wie auch in der Hoffnung, die Kontinuität zwischen dem alten und dem neuen Frankreich zu sichern. Dies schien zunächst unmöglich, denn die zurückkehrenden *émigrés* verachteten Napoleon als Parvenü und Usurpator, verurteilten seine Politik, spotteten über seine Manieren, sein Aussehen und seine Redeweise und machten sich über seine neue Aristokratie lustig. Allmählich jedoch, als mit seinen Siegen sich sein Prestige steigerte und Frankreich in einem Maße zu Macht und Reichtum gelangte, wie es sie nicht einmal unter Ludwig XIV. besessen hatte, änderte sich diese hochmütige Einstellung: Die jüngeren Söhne der Emigranten akzeptierten gerne Posten im Dienst des Emporkömmlings[49], *grandes dames* kamen, um Josephine aufzuwarten. Schließlich liehen auch verschiedene Mitglieder der alten Hocharistokratie – Montmorencys, Montesquieus, Ségurs, Gramonts, Noailles', Turennes – dem kaiserlichen Hof ihre Aura und wurden dafür mit teilweiser Rückgabe ihrer konfiszierten Güter belohnt. Nach der Hochzeit mit Marie Louise schien die Aussöhnung vollständig. Viel davon aber war nur oberflächlich. Die neuen Söhne und Töchter der Revolution fanden keinen Geschmack an den überlegenen Manieren und dem Prestige der Altadligen. Die Armee, die noch an ihren revolutionären Idealen festhielt, murrte, als sie ihr Idol Verbeugungen mit alten Feinden austauschen sah. Diese wiederum sahen auf die hochgewachsenen Generale, die scheuen Gelehrten und die ehrgeizigen Bonapartes herab, die versucht hatten, sie zu ersetzen.

Um dieses Löwengehege vom offenen Kampf mit Worten oder Degen abzuhalten, bestand Napoleon auf einer schriftlichen Fixierung der Hofetikette. Er beauftragte einige Spezialisten, nach den besten Vorbildern der Bourbonenzeit ein Handbuch des höfischen Benehmens zusammenzustellen, das jeder Situation gerecht wurde. Dabei entstand ein Band von achthundert Seiten.[50] Philosophen und Gardegrenadiere studierten es, und der kaiserliche Hof wurde zu einem Modell von Kleiderprunk und leerem Gerede. Die Höflinge spielten Karten, doch da Napoleon das Spielen um Geld verbot, verloren die Karten ihren Reiz. Es wurden Theaterstücke aufgeführt und Konzerte gegeben, es fanden feierliche Empfänge und rauschende Bälle statt. Als das Vergnügen am Wetteifer in Kleidung und geistreichen Bemerkungen nachließ, zog der engere Kreis des Hofes mit Kaiser und Kaiserin nach St. Cloud, Rambouillet, Trianon, oder, am liebsten, nach Fontainebleau um, wo das Zeremoniell seine Fesseln lockerte und die Jagd das Blut erwärmte.

Niemandem war dieses höfische Ritual so lästig, wie Napoleon selbst, und er ging ihm aus dem Weg, wo er nur konnte. «Etikette», sagte er, «ist das Gefängnis der Könige».[51] Zu Las Cases sagte er: «Ich sah mich der Notwendigkeit gegenüber, meinen Rang zu betonen, ein gewisses Zeremoniell einzuführen, mit einem Wort, Etikette vorzuschreiben. Sonst hätte es mir jeden Tag passieren können, daß mir einer auf die Schulter geklopft hätte.»[52] Was Staatsakte betrifft, so fanden auch sie ihre logische Begründung. «Eine neu an die Macht gekommene Regierung muß blenden und in Erstaunen setzen. Sobald sie aufhört, zu glänzen, stürzt sie.»[53] «Zurschaustellung bedeutet für die Macht dasselbe, wie das Ritual für die Religion.»[54] «Ist es nicht eine Tatsache, daß die katholische Religion die Phantasie stärker durch die Pracht ihrer Zeremonien anspricht als durch die Erhabenheit ihrer Lehren? Wenn man die Massen begeistern will, muß man sich an ihre Augen wenden.»[55]

Wie stets in der Geschichte, färbten die Sitten des Hofes allmählich auf die gebildeten Schichten ab. «Es waren nicht mehr als zehn oder zwölf Jahre nötig», sagte der gelehrte «Bibliophile Jacob» (Paul Lacroix), um aus der ‹Großen Welt› der Directoirezeit eine dezente, elegante und wohlerzogene Gesellschaft zu machen.»[56] Dies traf insbesondere auf Lyon und Bordeaux zu, nicht zu reden von Paris, wo, wie Madame de Staël es ausdrückte, «soviele Leute von Geist zusammenkamen, ... und soviele es sich zur Gewohnheit gemacht hatten, diesen Geist zur Bereicherung der Konversation glänzen zu lassen».[57] Napoleon, berichtete Las Cases, «ließ dem delikaten Takt, der die Bewohner der französischen Hauptstadt auszeichnete, Gerechtigkeit widerfahren. Nirgendwo, sagte er, konnte man soviel Esprit oder einen besseren Geschmack finden.»[58] In zahllosen Cafés versammelte sich ein geselliges Publikum um zu trinken, Neuigkeiten und witzige Geschichten auszutauschen, während vor ihren Augen eine lebhafte Menge promenierte, jede Mikrobe Zentrum ihrer eigenen Welt. Die vornehmen Restaurants waren während der Schreckensherrschaft verschwunden, hatten unter dem Direktorium wiedereröffnet und begannen nun ihre Herrschaft über Geschmack und Geldbeutel des französischen Volkes. Zur Zeit des Konsulats und des Imperiums trug Anthelme Brillat-Savarin die

Fakten und Anekdoten zusammen, die seinen gastronomischen Klassiker *La Physiologie du goût* füllen, der erst ein Jahr vor seinem Tode (1826) in Druck gelangte.

Redeweisen und Kleidung änderten sich. *Citoyen* und *Citoyenne* wurden durch das vorrevolutionäre *Monsieur* und *Madame* ersetzt. Männer von Lebensart kehrten zu Kniehosen und Seidenstrümpfen zurück, doch mit dem Verfall des Imperiums errangen die langen Hosen wieder die Oberhand. Die Damen verließen den *style grecque* der Directoirezeit und trugen wieder Unterröcke und betonte Taille. Das Dekolleté blieb großzügig mit entblößten Schultern und Armen. Napoleon war gegen diese Mode, Josephine nahm sie in Schutz, ihre hübschen Arme und Schultern und ihr fester Busen trugen den Sieg davon.

Gegen die Veranstaltung von Maskenbällen hatte der Kaiser nichts einzuwenden, da er froh war, das gesellschaftliche Leben wieder aufblühen zu sehen. Die in Paris florierenden Salons kümmerten ihn nicht. Sie wurden zur Zuflucht von Politikern, Schriftstellern und «Ideologen», die seinem zunehmend diktatorischen Regime kritisch gegenüberstanden. Seine Brüder Joseph und Lucien gaben häufig Empfänge, bei welchen die Unterhaltung notwendigerweise dem Kaiser günstig und in der Regel Josephine gegenüber feindlich war. Fouché und Talleyrand hielten jeder für sich Hof, wo die Kritik sich höflich äußerte. Die zurückgekehrten *émigrés* machten auf düsteren Soireen im Faubourg St.-Germain sämtliche Bonapartes herunter, und Madame de Staël führte ihren berühmten Salon als Teil ihres fünfzehnjährigen Krieges gegen Napoleon. Madame de Genlis, nach sieben Jahren der Emigration nach Frankreich zurückgekehrt, weihte ihren Salon und ihre schriftstellerische Tätigkeit der Verteidigung des Kaisers gegen Bourbonen und Jakobiner, gegen Madame de Staël und Madame Récamier.

V. MADAME RÉCAMIER

Der Salon der Récamier dankte seinen Erfolg ihrer verführerischen Schönheit und den Annehmlichkeiten, die der Reichtum ihres Gatten bot. In Lyon als Jeanne Francoise Julie Adélaide Bernard geboren, wurde sie von ihren Freunden Julie oder Juliette genannt. Die Natur hatte sie mit einer Lieblichkeit des Gesichts und der Gestalt ausgestattet, die ihr sogar erhalten blieb, als sie siebzig und erblindet war. sie entfaltete nahezu alle Reize des weiblichen Charakters: Güte, Mitgefühl, Sanftheit, Geschmack, Takt, Anmut ... Dazu kam eine die Sinne erregende Schmiegsamkeit, die hundert Männer aufwühlte, ohne daß – soweit bekannt – ihre Jungfräulichkeit Schaden genommen hätte. 1793 heiratete sie mit sechzehn Jacques Rose Récamier, der zwar schon zweiundvierzig, aber ein Bankier war. Er war so glücklich, ihre Schönheit zu betrachten, sie singen oder mit ihren grazilen Händen ihrem Piano oder ihrer Harfe gefühlvolle Melodien entlocken zu hören, daß er sie mit allem denkbaren Luxus umgab, ihre Karriere als *salonnière* finanzierte, mit väterlicher Nachsicht die Eroberungen beobachtete, die sie machte, während sie selbst unerobert blieb, und offenbar nicht auf seinen ehelichen Rechten bestand.[60]

Im Jahre 1798 kaufte er Jacques Neckers Pariser Haus in der Rue Mont Blanc. Während dieser Transaktion lernte Juliette Madame de Staël kennen, die damals zweiunddreißig war. Es war nur eine zufällige Begegnung, doch damit begann eine lebenslange Freundschaft, die selbst Rivalitäten in der Liebe überstand. Angeregt vom Erfolg, mit welchem die ältere Frau die prominentesten Staatsmänner und Schriftsteller der Zeit in ihrem Salon versammelt hatte, öffnete Juliette 1799 ihr neues Heim für regelmäßige Zusammenkünfte von Männern und Frauen, die im politischen, kulturellen und gesellschaftlichen Leben von Paris eine Rolle spielten. Innenminister Lucien Bonaparte verlor keine Zeit, ihr seine unsterbliche Liebe zu erklären. Sie zeigte seine glühenden Briefe ihrem Gatten, der ihr riet, Lucien mit Langmut zu behandeln, um der Récamier-Bank nicht die Feindschaft der aufsteigenden Dynastie zuzuziehen. Napoleon löschte Luciens Glut, indem er ihn als Botschafter nach Spanien schickte. Vielleicht hatte er selbst ein Auge auf Juliette geworfen, als einen «Bissen für einen König».[61] Sie aber hatte ganz andere Ambitionen. Trotz der Warnungen ihres Gatten und der prekären Stellung ihres Vaters als Generalpostmeister in der Regierung des Konsulats empfing sie in ihrem Salon Royalisten wie Mathieu de Montmorency, antinapoleonische Generale wie Bernadotte und Moreau und andere, welche das zunehmend imperiale Gebaren Napoleons ablehnten.

Sie stand nun in der Blüte ihrer Schönheit, und die führenden Maler schätzten sich glücklich, wenn sie ihnen saß. David porträtierte sie in der bevorzugten Pose anerkannter Göttinen – hingegossen auf ein Sofa in einem fließenden griechischen Gewand, das ihre Arme und Füße freiließ. Monsieur Récamier fand, daß David die preziöse Schönheit seiner Frau nicht getroffen habe und forderte François Gérard, einen Schüler Davids, auf, mit seinem Meister zu rivalisieren. Gérard tat dies so erfolgreich, daß David ihm nie verzieh.[62]

1802 besuchte Juliette mit ihrer Mutter England, wo höchste Würdenträger, wie der Prince of Wales und Schönheiten wie die Duchess of Devonshire sie mit all den Ehren empfingen, die ihrer Schönheit und ihren antibonapartistischen Gefühlen zukamen. Kurz nach ihrer Rückkehr nach Frankreich wurde ihr Vater beschuldigt, geheime Verhandlungen zwischen Pariser Royalisten und den aufständischen Chouans der Vendée stillschweigend geduldet zu haben. Er wurde verhaftet und sah einem Todesurteil entgegen, als seine verzweifelte Tochter Bernadotte dazu brachte, sich bei Napoleon für Monsieur Bernards Freilassung zu verwenden. Napoleon stimmte zu, entfernte ihn aber von seinem Posten. «Die Regierung», gab Juliette zu, «hatte völlig recht, ihn zu entlassen».[63]

Im Jahre 1806 ersuchte ihr Mann die Bank von Frankreich um ein Darlehen von 1 Million Franc, um seinen Bankrott abzuwenden. Die Direktoren legten den Antrag Napoleon vor, der, von Marengo zurückgekehrt, die Bank ihrerseits in Schwierigkeiten vorfand und das Darlehen verweigerte. Récamier verkaufte das Haus in der Rue Mont Blanc, Juliette verkaufte ihr Silber und ihre Juwelen und fügte sich ohne Klage in ein einfacheres Leben. Doch war sie einem Zusammenbruch nahe, als am 20. Januar 1807 ihre Mutter starb. Auf diese Nachricht hin lud Madame de Staël sie ein, einige Zeit im Neckerschen Schloß in Coppet in der Schweiz zu verbringen. Monsieur Récamier, vollauf beschäftigt, seine Zahlungsfähigkeit wiederherzustellen, gab sein Einverständnis zu der Reise. Am 10. Juli traf sie in Coppet ein und begann den amourösesten Abschnitt ihres Lebens.

Eine Reihe von Anbetern bemühte sich um sie, einschließlich Madame de Staëls Liebhaber Benjamin Constant. Sie genoß und ermunterte ihre Aufmerksamkeiten, während sie stets – wie behauptet wird – ihre Zitadelle verteidigte. Einzelne Kritiker haben sie des leichtfertigen Umgangs mit Männerherzen bezichtigt, und Constant schrieb bitter: «Sie hat mit meinem Glück, mit meinem Leben gespielt. Fluch über sie!»[64] Doch Constant spielte selbst mit Herzen und Leben. Die Duchesse d'Abrantès hatte Juliette als völlig makellos in Erinnerung:

> Man kann kaum erwarten, in künftigen Zeiten noch einmal eine Frau wie sie zu finden – eine Frau, um deren Freundschaft sich die hervorragendsten Persönlichkeiten ihrer Zeit bemüht haben; eine Frau, deren Schönheit alle Männer zu ihren Füßen zwang, die sie einmal gesehen hatten, deren Liebe Gegenstand allgemeinen Verlangens war, deren Tugend aber dennoch unbefleckt geblieben ist ... In den Tagen ihres Frohsinns und Glanzes war sie immerzu bereit, auf ihr eigenes Vergnügen zu verzichten, um irgendeinen Freund in seinem Kummer ... zu trösten. Für die Welt ist Madame Récamier eine berühmte Frau; für alle, die das Glück hatten, sie kennen und schätzen zu dürfen, war sie ein besonderes und reichbegabtes Wesen, von der Natur als vollkommenes Vorbild in einer ihrer gnädigsten Launen geschaffen.[65]

Im Oktober 1807 kam es zu einer so engen Bindung zwischen Juliette und Prinz August von Preußen, einem Neffen Friedrich des Großen, daß sie an ihren Gatten schrieb und ihn um seine Einwilligung zur Auflösung ihrer Ehe bat. Récamier erinnerte sie daran, daß er vierzehn Jahre lang seinen Reichtum mit ihr geteilt und ihr jeden Wunsch erfüllt habe. Scheine es nun nicht unrecht, wenn sie ihn bei seinen Anstrengungen um finanzielle Wiedergesundung im Stich lassen wolle? Sie kehrte nach Paris und zu ihrem Gatten zurück, und der Prinz mußte sich mit ihren Briefen trösten.

Als Récamier wieder zu Reichtum gelangte und Juliette von ihrer Mutter ein Vermögen erbte, eröffnete sie ihren Salon wieder und pflegte aufs neue ihre Opposition gegen Napoleon. 1811, als Madame de Staël beim Kaiser in höchste Ungnade gefallen und Mathieu de Montmorency gerade in die Verbannung geschickt worden war, weil er sie besucht hatte, forderte Juliette das Schicksal heraus und bestand darauf, trotz Germaines Warnungen, wenigstens einen Tag mit ihr in Coppet zu verbringen. Napoleon, aufgebracht über schlechte Nachrichten aus Spanien und Rußland, verbot ihr, sich Paris auf weniger als 120 Meilen zu nähern. Nach seiner ersten Abdankung (11. April 1814) kehrte sie zurück, eröffnete ihren Salon wieder und empfing Wellington und andere Häupter der siegreichen Alliierten. Als Napoleon von Elba zurückkehrte und Frankreich ohne einen Schwertstreich wieder in Besitz nahm, bereitete sie sich vor, die Hauptstadt zu verlassen, doch Hortense versprach, sie zu beschützen und sie blieb, vorübergehend gebändigt. Nach der zweiten

Abdankung (22. Juni 1815) öffnete sie ihr gastfreundliches Haus wieder. Chateaubriand, den sie 1801 kennen gelernt hatte, trat nun wieder in ihr Leben und schenkte ihr in einer seltsamen, aber historischen Romanze eine zweite Jugend.

VI. DIE JUDEN IN FRANKREICH

Die Emanzipation der europäischen Juden begann in Frankreich, weil Frankreich in der Emanzipation des Geistes führte und weil die Aufklärung eine wachsende Zahl Erwachsener daran gewöhnt hatte, die Geschichte nach freigeistigen Kriterien zu interpretieren. Die Bibelexegese hatte Jesus als liebenswerten Prediger gezeigt, der den Pharisäern kritisch, dem Judaismus aber loyal gegenüberstand. Auch die Evangelien hatten hervorgehoben, daß Tausende von Juden sich zu seinen Predigten drängten und er beim Einzug in Jerusalem von Tausenden willkommen geheißen wurde. Wie konnte dann ein ganzes Volk durch Tausende von Jahren für das Verbrechen eines Hohenpriesters und eines zusammengelaufenen Pöbelhaufens, der seinen Tod forderte, bestraft werden? Es blieb die Feindseligkeit aus wirtschaftlichen Gründen und nährte das natürliche Unbehagen gegenüber einer fremdartigen Sprache und Kleidung. Doch selbst diese Animosität nahm ab, und Ludwig XVI. war bei der Bevölkerung nicht auf Widerstand gestoßen, als er die Steuern abschaffte, die insbesondere die Juden belastet hatten. Mirabeau hatte sich in einem scharfsinnig-bissigen Essay für die vollständige Gleichstellung der Juden eingesetzt (1787), und der Abbé Grégoire hatte für seine Abhandlung «Die physische, moralische und politische Regeneration der Juden» 1789 einen Preis der Königlichen Gesellschaft für Wissenschaft und Kunst in Metz gewonnen. So war es nur eine logische Konsequenz der Erklärung der Menschenrechte, als die Konstituierende Versammlung am 27. September 1791 allen Juden in Frankreich die vollen Bürgerrechte zugestand. Die Revolutionsarmeen brachten den Juden in Holland 1796, in Venedig 1797, in Mainz 1798 politische Freiheit. Bald darauf führte sie der Code Napoléon automatisch ein, soweit Bonapartes Eroberungen reichten.

Napoleon selbst packte das Problem mit der üblichen Geringschätzung des Soldaten für den Händler an. Bei einem Aufenthalt in Straßburg im Jahre 1806 nach dem Austerlitz-Feldzug erreichten ihn Bitten, den Elsässer-Bauern aus ihrer finanziellen Misere zu helfen. Plötzlich aus der feudalen Dienstbarkeit befreit, sahen sie sich ohne Arbeit und ohne Land für ihren Unterhalt. Sie hatten sich an örtliche Bankiers – zumeist deutsche Juden – gewandt, um die beträchtlichen Summen zu leihen, die sie brauchten, um Boden, Werkzeug und Saatgut zu kaufen und sich als bäuerliche Grundbesitzer niederzulassen. Die Bankiers beschafften das Geld, jedoch zu Zinsen bis zu sechzehn Prozent, was den Darlehensnehmern angesichts des Risikos gerechtfertigt erschien. (Kreditnehmer in Amerika rechnen heute mit ähnlichen Zinsbelastungen.) Nun konnten einige der Bauern ihren Zins- und Amortisationsverpflichtungen nicht nachkommen. Napoleon wurde unterrichtet, daß ohne seine Intervention viele Bauern den Verlust ihres Landes zu fürchten hätten. Er wurde gewarnt, das ganze christliche Elsaß sei angesichts der Situation in Aufruhr, und es drohe ein Angriff auf die Juden.

In Paris angekommen, griff er die Angelegenheit im Staatsrat auf. Einige Räte empfahlen harte Maßnahmen, andere legten dar, daß die Juden in Marseille, Bordeaux, Mailand und Amsterdam friedlich und geachtet in ihren Gemeinschaften lebten und keine Veranlassung bestehe, sie durch einen allgemeinen Widerruf der den Juden in von Frankreich beherrschten Gebieten gewährten Rechte zu bestrafen. Napoleon entschloß sich zu einem Kompromiß: Er bestimmte, daß in verschiedenen Provinzen die Forderungen jüdischer Kreditgeber für ein Jahr zu ruhen hätten.[66] Gleichzeitig aber (30. Mai 1806) lud er jüdische Notabeln aus ganz Frankreich zu einer Zusammenkunft in Paris ein, um das Problem der Beziehungen zwischen Christen und Juden zu erörtern und Vorschläge zu machen, wie die Juden besser über Frankreich verteilt werden und in einer größeren Vielfalt von Berufen untergebracht werden könnten. Die Departementspräfekten hatten die Notabeln auszuwählen, doch «im großen und ganzen war die getroffene Auswahl eine glückliche».[67]

Die in ihren Gemeinden angesehensten Rabbiner und Laien, 111 an der Zahl, versammelten sich im Juli 1806 in Paris, wo ihnen im Rathaus ein Saal für ihre Beratungen zur Verfügung gestellt wurde. Napoleon, oder seine Räte, legten der Versammlung einige Fragen vor, über welche der Kaiser Auskunft wünschte: Sind die Juden polygam? Gestatten sie die Ehe zwischen Juden und Christen? Nehmen die Rabbiner das Recht in Anspruch, Scheidungen unabhängig von den zivilen Behörden auszusprechen? Betrachten die Juden Zinswucher als rechtmäßig? Die Notabeln formulierten Antworten, die darauf berechnet waren, Napoleon zufrieden zu stellen: Polygamie war in den jüdischen Gemeinschaften verboten und Scheidung nur erlaubt, wenn sie von den zivilen Gerichtshöfen bestätigt wurde; Mischehen mit Christen waren erlaubt; Zinswucher widersprach dem Mosaischen Gesetz.[68] Napoleon beauftragte Graf Louis Molé, seine Befriedigung zum Ausdruck zu bringen. Der Graf, ursprünglich kritisch eingestellt, sprach mit spontaner Eloquenz zu der Versammlung: «Wer wäre nicht überrascht beim Anblick dieser Versammlung aufgeklärter Männer, ausgewählt aus den Nachkommen der ältesten aller Nationen? Wenn ein Mensch aus früheren Jahrhunderten wieder ins Leben treten und diese Szene erblicken könnte, würde er sich nicht in die Mauern der Heiligen Stadt versetzt wähnen?»[69] Dennoch aber, fügte er hinzu, wünsche der Kaiser für die von dieser hauptsächlich aus Laien bestehenden Versammlung bestätigten Grundsätze eine religiöse Sanktionierung und Bekräftigung. Er schlage daher vor, die Notabeln sollten zu diesem und anderen Zwecken den «Großen Sanhedrin» – Israels Oberstes Rabbinatsgericht – nach Paris einberufen, der infolge der Zerstreuung der Juden nach der Zerstörung des Tempels von Jerusalem seit A.D. 66 nicht mehr getagt hatte. Die Notabeln waren mit Freuden zur Mitarbeit bereit. Am 6. Oktober verschickten sie an alle führenden Synagogen Europas die Einladung des Kaisers, Delegierte für die große «Gemeinsame Sitzung» (Sanhedrin kommt vom griechischen synedrion) zu wählen. Diese sollte Wege zur Milderung der Schwierigkeiten zwischen Christen und Juden beraten und französischen Juden den Zugang zu allen Rechten und Vorteilen der französischen Kultur erleichtern. Die Notabeln fügten ihrer Einladung eine stolze und glückliche Proklamation an:

> Ein großes Ereignis bereitet sich vor, ein Ereignis, welches durch lange Jahrhunderte unsere Väter und auch wir in unserer eigenen Zeit nicht zu erleben erwarteten. Der 20. Oktober ist als Eröffnungstag eines Großen Sanhedrin in der Hauptstadt einer der mächtigsten christlichen Nationen und unter der Schirmherrschaft des unsterblichen Fürsten, der sie regiert, festgesetzt worden. Paris wird der Welt ein bemerkenswertes Schauspiel zeigen und dieses unvergeßliche Ereignis wird den zerstreuten Überresten der Nachkommen Abrahams eine Periode der Erlösung und des Wohlstandes bringen.[70]

Der Große Sanhedrin konnte diese hochgespannten Erwartungen nicht erfüllen. Acht Tage nachdem die Einladungen hinausgegangen waren, schlugen Napoleon und sein Heer die Preußen bei Jena. Den ganzen Herbst hindurch hielt er sich in Deutschland oder Polen auf, zerstückelte Preußen, gründete das Großherzogtum Warschau und engagierte sich in Politik oder Krieg. Den Winter über blieb er in Polen, reorganisierte seine Armee, zwang die Russen bei Eylau zum Rückzug, besiegte sie bei Friedland und schloß mit Zar Alexander in Tilsit Frieden (1807). Er hatte wenig Zeit übrig für den großen Sanhedrin.

Dieser trat am 9. Februar 1807 zusammen. Fünfundvierzig Rabbiner und sechsundzwanzig Laien konferierten, hörten Reden und ratifizierten die Antworten, welche die Notabeln Napoleon gegeben hatten. Anschließend gaben sie Empfehlungen an die Juden heraus: jegliche Animosität gegenüber den Christen fallen zu lassen, ihr Land als nunmehr ihr eigenes zu lieben, zu seiner Verteidigung sich dem Militärdienst zu unterwerfen, Zinswucher zu vermeiden und sich mehr und mehr in Landwirtschaft, Handwerk und den Künsten zu betätigen. Im März sandte der Sanhedrin seinen Bericht an den abwesenden Napoleon und vertagte sich.

Fast ein Jahr später, am 18. März 1808 fällte Napoleon seine endgültigen Entscheidungen. Sie bestätigten die religiöse Freiheit der Juden sowie ihre vollen politischen Rechte in ganz Frankreich mit Ausnahme von Elsaß und Lothringen. Dort wurden Bankiers für die nächsten zehn Jahre gewissen Restriktionen unterworfen mit dem Ziel, Bankrotte und rassische Animositäten zu verringern; die Schulden von Frauen, Minderjährigen und Soldaten wurden gestrichen; die Gerichtshöfe wurden autorisiert, rückständige Zinszahlungen zu streichen oder zu reduzieren und Zahlungsmoratorien zu gewähren; kein Jude durfte sich ohne Lizenz des Präfekten im Handel betätigen; weitere Einwanderung von Juden ins Elsaß wurde verboten.[71] 1810 fügte der Kaiser ein weiteres Anliegen hinzu: Jeder Jude solle sich einen Familiennamen zulegen, womit er die ethnische Assimilation zu fördern hoffte.

Es war keine vollkommene Regelung, doch sollte man vielleicht eine gewisse Nachsicht gegenüber einem Herrscher üben, der alles regieren wollte und sich daher wiederholt mit Problemen und Detailfragen überschwemmt sah. Die Juden im Elsaß fühlten sich durch die Reglementierungen des Kaisers ungerecht behandelt. Die meisten jüdischen Gemeinden in Frankreich und anderswo jedoch akzeptierten sie als vernünftigen Versuch, eine explosive Situation zu entspannen.[72] Inzwischen erklärte Napoleon in der Verfassung, die er für Westfalen entwarf, daß alle Juden dieses neuen Königreiches sämtliche Bürgerrechte in gleicher Weise wie die anderen Bürger genießen sollten.[73] In Frankreich ging die Krise vorüber, und die Juden spielten eine fruchtbare und schöpferische Rolle in der französischen Literatur, Wissenschaft, Philosophie, Musik und Kunst.

SECHSTES KAPITEL

Napoleon und die Künste

I. DIE MUSIK

NAPOLEON, der einen Kontinent zu lenken hatte, konnte nicht viel Zeit für Musik erübrigen. Es ist schwer, ihn sich vorzustellen, wie er still und andächtig einem Konzert im Théâtre Feydeau lauscht. Jedoch wurden in den Tuilerien Konzerte gegeben und es wird versichert, daß er die intimen musikalischen Aufführungen schätzte, die Josephine in ihren Gemächern veranstaltete.[1] Immerhin bauten Sébastien Erard und Ignaz Pleyel ausgezeichnete Pianos, und jedes Heim in *le beau monde* besaß eines. Manche Gastgeberin arrangierte Privatkonzerte, bei welchen, wie die Goncourts sagten, die Gäste heroisch lauschten[2], während sie geistreiche Konversation vorgezogen hätten. Die Deutschen ergötzten sich an Musik ohne Worte, die Franzosen bevorzugten Worte ohne Musik.

Napoleon schätzte die Oper höher als Konzerte. Er hatte wenig Gehör oder Stimme für den Gesang, doch es gehörte zum königlichen Glanz, daß der Herrscher sich gelegentlich in der Oper zeigte, um zu sehen und gesehen zu werden. Er bedauerte, daß «Paris ... kein Opernhaus besaß, das seinem hohen Anspruch gerecht geworden wäre», die Hauptstadt der Kultur zu sein.[3] Es mußte warten, bis sein Neffe und Charles Garnier das funkelnde Juwel errichteten (1861–1875), das die Avenue de l'Opéra krönt. Auch so wurden während seiner Herrschaft Hunderte von Opern komponiert und aufgeführt. *La Dame blanche* von François Adrien Boieldieu, dem Meister der komischen Oper, erlebte in vierzig Jahren tausend Aufführungen.[4] Napoleons italienisches Naturell begünstigte italienische Opern mit ihren melodischen Arien und dramatischen Verwicklungen. Begeistert von den Kompositionen Giovanni Paisiellos, lud er ihn nach Paris ein und übertrug ihm die Leitung der Oper und der Hochschule für Musik. Paisiello kam 1802, fünfundsechzig Jahre alt. Doch die einzige Oper, die er in Paris komponierte, *Proserpina* (1803), fand nur eine lauwarme Aufnahme. Er wandte sich Messen und Motetten zu und kehrte 1804 nach Italien zurück, wo er im Neapel Joseph Bonapartes und Joachim Murats eine kongenialere Zuhörerschaft vorfand.

Mehr Glück hatte Napoleon mit Gasparo Spontini, der 1803 kam und sich die Unterstützung des Kaisers sicherte, indem er historische Stoffe so behandelte, daß sie zur Verherrlichung des neuen Imperiums beitrugen. Seine berühmteste Oper, *La Vestale*, konnte kein Ensemble finden, das sie aufführen wollte. Josephine schaltete sich ein, und die Aufführung fand statt. Ihre «bizarre» und «lärmende» theatralische

Emphase machte sie im Verein mit ihrer Liebeshandlung zu einem der dauerhafte-
sten Erfolge der Operngeschichte. Nach Napoleons Sturz komponierte Spontini Musik zur Feier der Bourbonischen Restauration.

Cherubini, der während der Revolution die Pariser Oper beherrscht hatte, tat
dies auch unter Napoleon. Allerdings zog der Kaiser heitere ariose Musik
Cherubinis feierlichen Darbietungen vor und ließ ihn betont links liegen. Der
Komponist folgte einer Einladung nach Wien (Juli 1805), aber Napoleon nahm
die Stadt im November ein. Cherubini war nicht besonders begeistert, als er aufgefordert wurde, bei den Soireen, die Napoleon im Schloß von Schönbrunn gab, zu
dirigieren. Er kehrte nach Frankreich zurück, wo er gastfreundliche Aufnahme im
Schloß des Fürsten de Chimay fand, der Madame Tallien durch eine Heirat ehrbar
gemacht hatte. Nach der Rückkehr aus Elba nahm sich Napoleon, ungeachtet seiner
sonstigen Belastungen die Zeit, Cherubini zum Ritter der Ehrenlegion zu ernennen;
jedoch erst unter Ludwig XVIII. erhielt der düstere Italiener die verdiente Anerkennung und ein ausreichendes Einkommen. Als Direktor der Pariser Hochschule
für Musik beeinflußte er zwischen 1821 und 1841 eine ganze Generation französischer Komponisten. Er starb 1842 im Alter von zweiundachtzig Jahren, fast vergessen im gleichgültigen Kaleidoskop der Zeit.

II. VARIA

Napoleon kam Ludwig XIV. als Gönner der Künste sehr nahe, denn wie dieser wünschte er Ruhm und Größe Frankreichs zu verkünden, und er hoffte,
die Künstler würden sein Andenken bei den Menschen lebendig erhalten. Sein
eigener Geschmack war nicht der beste, wie dies bei einem zu sein pflegt, der zum
Soldatentum erzogen und ihm verbunden ist, doch er tat, was er konnte, um die
Künstler Frankreichs mit historischen Originalen und persönlicher Ermunterung zu
fördern. Er stahl Meisterwerke nicht nur als wieder verwertbaren Reichtum (wie
sie heutzutage gekauft werden), oder als Trophäen und Zeugnisse seiner Siege, sondern als Vorbilder für Kunststudierende in den französischen Museen. So kam die
Venus von Medici aus dem Vatikan, Correggios schmiegsame Heilige aus Parma,
Vermeers Hochzeit von Kanaa aus Venedig, Rubens' Kreuzabnahme aus Antwerpen,
Murillos Himmelfahrt Mariens aus Madrid – sogar die Bronzepferde von San Marco
machten ihren gefahrvollen Weg nach Paris. Insgesamt schickte Napoleon zwischen
1796 und 1814 fünfhundertsechs Kunstwerke aus Italien nach Frankreich; von
diesen wurden zweihundertneunundvierzig nach seinem Sturz zurückgegeben, zwei-
hundertachtundvierzig blieben, neun gingen verloren.[5] Durch solche Räuberei trat
Paris als Hauptstadt der Kunst in der westlichen Welt an die Stelle Roms. Als die
Eroberungen sich ausdehnten, erhielten die Provinzen ihren Teil am Raubgut, zu
dessen Unterbringung Napoleon Museen in Nancy, Lille, Toulouse, Nantes, Rouen,
Lyon, Straßburg, Bordeaux, Marseille, Genf, Brüssel, Montpellier, Grenoble und

Amiens gründete. Die Oberaufsicht über alle diese Sammlungen und insbesondere über den Louvre übertrug Napoleon Dominique Denon, der ihm in vielen Ländern gedient hatte und der niemals vergaß, daß der Kaiser persönlich ihn während der Schlacht von Eylau von einem Plateau, das unter feindlichem Feuer lag, in Sicherheit gezogen hatte.

Napoleon stiftete Wettbewerbe und ansehnliche Preise auf verschiedenen Gebieten der Kunst. Er erneuerte den Prix de Rome und stellte die Französische Akademie in Rom wieder her. Er lud Künstler an seine Tafel und betätigte sich als Kunstkritiker, sogar während seiner Feldzüge.. Am meisten schätzte er die Maler, die seine Taten am eindrucksvollsten verewigen und die Architekten, die ihm helfen konnten, Paris zur schönsten aller Städte zu machen und seine Herrschaft zum Höhepunkt ihrer Geschichte. Bildhauer erhielten den Auftrag, die Plätze der Stadt mit fünfzehn neuen Brunnen zu schmücken.

Wie bei der Malerei sein Geschmack sich dem Klassischen zuneigte, so bewunderte er in der Architektur den Monumentalstil des alten Rom und schätzte Kraft und Erhabenheit höher als ornamentale Verzierung oder den Zauber des Details. Barthélemy Vignon beauftragte er, zu Ehren der Grande Armée einen Ruhmestempel zu entwerfen. Er befahl den Baumeistern, bei seiner Errichtung ausschließlich Marmor, Eisen und Gold zu verwenden. Der Bau erwies sich als so kostspielig und schwierig, daß er, 1809 begonnen, bei Napoleons Sturz noch nicht vollendet war. Seine Nachfolger führten das Werk zu Ende (1842), als der heiligen Maria Magdalena – La Madeleine – geweihte Kirche. Frankreich hat nie Gefallen an ihr gefunden. Weder die Frömmigkeit noch die Fröhlichkeit von Paris stimmt zu dieser drohenden Fassade, deren Säulen eher zum Marschtritt einer Armee passen, als zu einer zärtlichen Sünderin, reuig über ihre Gunstbezeigungen und verschwenderisch in ihrer Liebe. Ebenfalls monumental ist das Palais de la Bourse, die Börse, das Alexandre Théodore Brongniart 1808 begann und Étienne de la Barre 1813 fertigstellte; nirgendwo sonst wurde Gott Mammon ein so majestätischer Wohnsitz errichtet.

Die vom Regime bevorzugten Architekten waren Charles Percier und sein ständiger Mitarbeiter Pierre François Léonard Fontaine. Sie arbeiteten zusammen an der Verbindung des Louvre mit den Tuilerien, trotz der Ungleichheit ihrer baulichen Strukturen. So bauten sie den Nordflügel (Cour Carrée) des Louvre (1806). Sie reparierten und renovierten die Außenfront und verbanden die Stockwerke durch massive Treppen. Sie entwarfen den Arc de Triomphe du Carrousel (1806–1808) im Stil und den Maßen des Septimius-Severus-Bogens in Rom. Der imposantere Arc de Triomphe de l'Étoile, am oberen Ende der Champs Elysées, wurde von Jean François Chalgrin begonnen (1806) und war bei Napoleons Sturz kaum über die Fundamente hinaus gediehen. Er wurde erst 1837 vollendet, drei Jahre ehe die Gebeine des Kaisers auf ihrer triumphalen Prozession zu seinem Grabmal im Invalidendom unter ihm durchzogen. Er imitiert offen den Konstantinsbogen in Rom, übertrifft ihn jedoch – und jeden anderen römischen Triumphbogen – an Schönheit, zum Teil wegen seiner marmornen Basreliefs. Auf dem linken meißelte Jean Pierre Cortot «Die Krönung Napoleons», auf dem rechten stellte François Rudé in «Der Marseiller» (1833–1836) die kriegerische Ekstase der Revolution dar. Es ist einer der Höhepunkte der Bildhauerkunst des neunzehnten Jahrhunderts.

Diese schwierige Kunst ruhte unter Napoleon auf den Lorbeeren aus, die sie vor seinem Aufstieg errungen hatte. Houdon lebte bis 1828 und schuf eine Büste des Kaisers (heute im Museum von Dijon), die dem Künstler einen Platz in der Ehrenlegion einbrachte. Immer noch römische Kaiser vor Augen – in diesem Falle den in Bronze gegossenen Bericht über die Siege Trajans – erteilte Napoleon Jean Baptiste Le Père und Jacques Gondouin den Auftrag, den Austerlitz-Feldzug in Bronzereliefs zu schildern, die Tafel um Tafel in einer aufsteigenden Spirale an einer Säule befestigt werden sollten, die für die Place Vendôme bestimmt war. Die Arbeit wurde 1806 bis 1810 ausgeführt, und 1808 krönte Antoine Chaudet den Säulenschaft mit einer Statue Napoleons, gegossen aus dem Metall erbeuteter Kanonen. Selten nur hatte sich siegreicher Stolz so hoch erhoben.

Die Kleinkunst – Möbeltischlerei, Innendekoration, Tapisserie, Petitpoint-Stikkerei, Keramik, Porzellan, Glas, Goldschmiedekunst, Gravierkunst, Figurinen – war während der Revolution nahezu ausgestorben. Unter dem Direktorium hatte sie begonnen, sich wieder zu erholen, und unter Napoleon blühte sie neu auf. Sèvres produzierte wieder schönes Porzellan, die Möbel zeigten den soliden, kräftigen «Empirestil». Die Miniaturen, auf denen Isabey mit mikroskopischer Brillanz die führenden Gestalten der Zeit porträtierte, gehören zu den besten ihrer Art in der Kunstgeschichte. Joseph Chinard modellierte köstliche Terrakottabüsten von Josephine und Madame Récamier. Die letztere ist besonders hübsch, eine Brust entblößt als Beispiel und geziemend für eine Frau, die entschlossen war, bis an ihr Ende als Halbjungfrau zu leben.

III. DIE MALER

Die Malerei florierte jetzt, denn das Land gedieh, und die Auftraggeber konnten zahlen. Napoleon zahlte gut, denn er gierte nach dem Beifall von Jahrhunderten und hoffte, ihre Aufmerksamkeit durch Förderung von Literatur und Kunst zu verlängern. Seine Bewunderung für das Rom des Augustus, wie das Paris Ludwig XIV. bewog ihn, klassische Kunstnormen – Linie, Ordnung, Logik, Proportion, Formgebung, Maß, Beschränkung – zu bevorzugen. Die Schärfe seiner Sinne allerdings, die Spannweite seiner Phantasie und die Gewalt seiner Leidenschaften schenkten ihm ein gewisses Verständnis für die romantische Bewegung, die sich erhoben hatte, um Individualismus, Gefühl, Originalität, Vorstellungsvermögen, Mysterium und Farbe aus den Banden der Tradition, Gleichförmigkeit und Regel zu befreien. So machte er zwar den Klassiker David zum Hofmaler, bewahrte aber eine Ecke seiner Gunst für die Gefühlsseligkeit Gérards, die Idyllen Prud'hons und die explosive Farbgebung von Gros.

Jacques Louis David war natürlich erfreut über einen Gönner, der sich selbst Konsul nannte, der einige Zeit ein Tribunat von Volksrednern duldete und seine Dekrete als *senatus consulta* maskierte. Er besuchte den triumphierenden Korsen bald nach dem 18. Brumaire. Napoleon gewann ihn sofort für sich, als er ihn als den Apelles Frankreichs begrüßte*, dann machte er ihm freundliche Vorwürfe, daß er soviel Talent auf die antike Geschichte verwende. Gäbe es nicht auch denkwürdige Ereignisse in der modernen, selbst in der gegenwärtigen Geschichte? «Aber», fügte er hinzu, «malen Sie, was Sie wollen. Ihr Stift wird jeden Gegenstand, den Sie auswählen, berühmt machen. Für jedes historische Gemälde, das Sie ausführen werden, sollen Sie 100 000 Francs erhalten.»⁶ Das war überzeugend. David besiegelte den Pakt mit «Bonaparte überquert die Alpen» (1801). Das Bild zeigt einen kühnen Kriegsmann auf einem prachtvollen Pferd, das einen felsigen Hang hinaufzugaloppieren scheint. Es ist eines der hervorragendsten Gemälde der Zeit.

David hatte für die Hinrichtung Ludwig XVI. gestimmt. Er dürfte erschrocken sein, als Napoleon sich selbst zum Kaiser machte und die ganze pompöse Machtentfaltung der Monarchie wieder einführte. Er nahm jedoch an der Krönung seines neuen Herrn teil. Die Faszination dieser Szene siegte bei dem Maler über seine politische Einstellung. Nach drei Jahren, in welchen er zwischen Verehrung und Ablehnung schwankte, verewigte er das Ereignis in dem malerischen Hauptwerk der Zeit. Fast hundert Personen waren auf der «Krönung Napoleons» (1807) porträtiert, sogar Madame Mère Letizia, die garnicht dabei war. Die meisten Dargestellten waren naturgetreu gemalt, mit Ausnahme von Kardinal Caprara, der sich beklagte, David habe ihn kahlköpfig, ohne seine üblicherweise getragene Perücke abgebildet. Sonst war jedermann zufrieden. Napoleon lüftete, nachdem er das Bild eine halbe Stunde lang betrachtet hatte, seinen Hut vor dem Künstler und sagte: «C'est bien, très bien, David, je vous salue.»⁷

David war nicht allein der offizielle Hofmaler, er war der unbestrittene Führer der französischen Kunst seiner Zeit. Jedermann von Bedeutung kam zu ihm, um für ein Porträt zu sitzen: Napoleon, Pius VII., Murat, sogar Kardinal Caprara, diesmal mit Perücke.⁸ Seine Schüler – besonders Gérard, Gros, Isabey, Ingres – schufen seinem Einfluß weite Verbreitung, auch wenn sie von seinem Stil abwichen. Noch 1814 waren englische Besucher des Louvre erstaunt, junge Künstler beim Kopieren nicht etwa der Renaissancemaler, sondern der Bilder Davids zu sehen.⁹ Ein Jahr später wurde er von den wiedereingesetzten Bourbonen verbannt. Er wandte sich nach Brüssel und ließ sich dort als erfolgreicher Porträtist nieder. Er starb 1825, nachdem er seine siebenundsiebzig Jahre voll ausgekostet hatte.

Von seinen Schülern werden wir Ingres (1770–1867) bei der Behandlung späterer Jahre besprechen, Gérard und Guérin erweisen wir unsere Reverenz für ihre aufschlußreichen Porträts. Länger wollen wir bei Antoine Jean Gros wegen der interessanten Wandlungen seines Stils verweilen. Wir sind ihm in Mailand begegnet, als

---

* Apelles: griechischer Maler im 4. Jh. v. Chr., ein Freund Alexander des Großen.

er «Napoleon auf der Brücke von Arcole» malte, aus der Erinnerung oder nach seiner Vorstellung; hier bereits flirtet Davids Erbe mit der Romantik. Napoleon belohnte Gros' Vergötterung durch Betrauung mit einem militärischen Auftrag, der es dem jungen Künstler ermöglichte, den Krieg aus der Nähe zu sehen. Wie Goya ein paar Jahre später, fesselte ihn nicht so sehr das Kämpfen, als das Leiden. In «Die Pest in Jaffa» (1804) zeigte er Napoleon, der die Schwären eines Opfers berührt, doch ebenso den Schrecken und die Hoffnungslosigkeit von Männern, Frauen und Kindern, die von einem schrecklichen und blinden Geschick geschlagen sind. In «Die Schlacht von Eylau» (1808) malte er nicht die Schlacht, sondern das mit Sterbenden und Toten bedeckte Feld. Er empfand die lebendige Wärme Rubensscher Farben und goß eine Lebendigkeit aus Fleisch und Blut in seine Gemälde, die den Geist der Romantik im nachnapoleonischen Frankreich weckte. Dann aber, im Gefühl, daß er seinem verbannten Meister untreu geworden sei, versuchte er in seinem Werk wieder die Ruhe des klassischen Stils einzufangen. Dies mißlang ihm und – verloren und vergessen in einer Zeit, die für Hugo, Berlioz, Géricault und Delacroix schwärmte – verfiel er in eine Melancholie, die Kraft und Liebe zum Leben in ihm verzehrte. Am 25. Juni 1835 verließ er, vierundsechzig Jahre alt, seine Wohnung, ging auf dem Wege nach Meudon aus der Stadt und ertränkte sich in einem Nebenfluß der Seine.

Pierre Paul Prud'hon (1758–1823) förderte die romantische Welle, weil er idealisierte Schönheit der Realität, Göttinen den Göttern und Correggio Raffael vorzog. Wie David erkannte er den Primat der Linie an, meinte jedoch, ohne Farbe sei die Linie tot. Abgesehen von seiner Liebe zum anderen Geschlecht war er feminin; seine nachdenkliche Sanftheit und liebebedürftige Sensitivität konnten alle Schwächen verzeihen, die sich in anmutiger Form präsentierten. Als jüngstes von dreizehn Kindern hatte er in Cluny ständig mit der Armut zu kämpfen und entwickelte sich nur zögernd. Die dortigen Mönche sahen ihn zeichnen und malen und bewogen einen Bischof, Pierres Kunststudium in Dijon zu finanzieren. Er kam dort gut vorwärts, doch mit zwanzig heiratete er eine Göttin, die sich bald in eine keifende Xanthippe verwandelte. Er gewann ein Stipendium, ging ohne seine Frau nach Rom, huldigte Raffael, dann Leonardo und wandte sich schließlich Correggio zu.

Im Jahr 1789 kehrte er zu seiner Frau zurück, zog nach Paris und fand sich alsbald in einem revolutionären Chaos verloren, das weder Zeit noch Freude an seinen Kupidos und Psychen hatte. Aber er fuhr hartnäckig fort, sie zu malen, mit einer liebevollen Zartheit, die das Fleisch mit dem Pinsel zu liebkosen schien. Er lebte vom Zeichnen von Firmenbriefköpfen, von Miniaturen und Reklamezeichnungen. Nach zehn Jahren solcher Knechtschaft erlangte er vom Direktorium den Auftrag für ein Gemälde «Die Weisheit steigt zur Erde nieder», welches die Aufmerksamkeit General Bonapartes erregte. Später konzentrierte sich der Erste Konsul auf David und hatte für Prud'hon nur noch flüchtige Gunstbeweise übrig. Josephine allerdings saß ihm für ein Porträt, das jetzt im Louvre hängt. Unterdessen kamen er und seine Frau, des monogamen Lebens überdrüssig, überein, sich zu trennen.

Erst 1808, als er schon fünfzig war, hatte er Erfolg. In diesem Jahr verkörperte er seine sinnlichen Träume in «Der Raub der Psyche», was er dann wieder ausglich mit «Recht und Vergeltung verfolgen das Verbrechen». Davon beeindruckt, nahm ihn Napoleon in die Ehrenlegion auf und gab ihm ein Appartement in der Sorbonne. Im anschließenden Atelier fand der liebeshungrige Maler eine Künstlerkollegin, Constance Mayer, die seine Geliebte, Haushälterin und der Trost seines Alters wurde. 1821 beging Constance, offensichtlich von religiösen Skrupeln bedrückt, Selbstmord. Der Schock zerstörte Prud'hons Leben. 1823 starb er, fast unbemerkt in der Erregung der romantischen Bewegung, die er gefördert hatte, als er von David auf Watteau zurückging und die französische Anbetung von Schönheit und Anmut wiederbelebte.

IV. DAS THEATER

Napoleon war wohlvertraut mit dem klassischen Drama Frankreichs und fast ebenso gut mit der dramatischen Literatur des klassischen Griechenland. Corneille war sein Favorit, weit mehr als Racine, denn bei ihm fand er den nach seiner Meinung richtigen Begriff von Heroismus und Erhabenheit. «Eine gute Tragödie», sagte er auf St. Helena, «gewinnt von Tag zu Tag mehr Einfluß auf uns. Die hervorragenden Tragödien sind eine Schule für große Männer. Es ist die Pflicht eines Souveräns, die Vorliebe für sie zu fördern und zu verbreiten ... Hätte Corneille in meiner Zeit gelebt, so würde ich ihn zum Fürsten gemacht haben.»[10] Für Lustspiele interessierte sich der Kaiser nicht, er hatte keinen Bedarf an Amüsement. Talleyrand bemitleidete Monsieur de Rémusat, der als Verantwortlicher für die Vergnügungen am kaiserlichen Hof verpflichtet war, die eine oder andere Unterhaltung für *cet homme inamusable*[11] zu arrangieren. Doch dieser nicht amüsierbare Mann überschüttete die Comédie Française und ihre «Sterne» mit Geldern; er lud Talma an seine Tafel und Mademoiselle Georges in sein Bett ein.

Napoleon reduzierte 1807 die Zahl der Pariser Theater auf neun und bestätigte dem Théâtre Français – damals wie heute Heimstätte der Comédie Française – das fast ausschließliche Recht zur Aufführung klassischer Dramen. Am 5. Oktober 1812 fand er mitten in den Ruinen des verbrannten Moskau die Zeit, für das Théâtre Français einen wohldurchdachten Vorschriftenkatalog zu erarbeiten, der heute noch in Kraft ist.[12] So gefördert produzierte die Comédie Française während des Kaiserreichs die besten Vorstellungen klassischer Dramen in der französischen Geschichte. Um diese Aktivitäten zu ergänzen, wurde das Théâtre de l'Odéon – 1779 erbaut und 1799 durch einen Brand zerstört – im Jahre 1808 von Chalgrin im klassischen Stil wiederaufgebaut. In den Tuilerien wurde ein Hoftheater eingerichtet, und in vielen reichen Häusern fanden Privatvorstellungen von beachtlichem Niveau statt.

Nachdem Talma in der Revolution seine Rolle gespielt hatte, erreichte er unter Napoleon seinen Zenith. Sein eigener Charakter war so stolz, ausgeprägt und ge-

fühlsbetont, daß es ihm schwergefallen sein muß, in die Rolle eines anderen zu
schlüpfen. Er meisterte diese schwierige Kunst, indem er lernte, alle Bewegungen
seiner Glieder, alle Muskeln und Züge seines Gesichts, jede Modulation seiner
Stimme zu kontrollieren und zu koordinieren, um alle Empfindungen, Gefühle, Gedanken, Verwunderung, Zweifel oder Absichten der von ihm verkörperten Gestalt
zum Ausdruck zu bringen. Manche Theaterbesucher sahen ihn sich mehrmals in der
gleichen Rolle an, um die Feinheit seiner Kunst zu genießen und zu studieren. Er
hatte den unter dem alten Regime üblichen deklamatorischen Stil des Theaters abgelegt; er sprach die Alexandriner, als wären sie unmetrische Prosa; er wies jeden
unnatürlichen Gefühlsausdruck von sich; dennoch konnte er so zart wie irgendein
Liebender, so leidenschaftlich wie irgendein Verbrecher sein. Madame de Staël, bei
Talmas Darstellung des Othello[13] fast von Entsetzen gepackt, schrieb 1807 an ihn:
«Sie sind in ihrem Werdegang in der Welt einzigartig und keiner hat vor Ihnen
diesen Grad von Vollendung erreicht, wo sich Kunst mit Inspiration, gedankliche
Vertiefung mit Spontaneität und Verstand mit Genie verbinden.»[14]

Napoleon war ebenfalls von dem Tragöden fasziniert. Er schenkte ihm beträchtliche Summen, bezahlte seine Schulden und lud ihn häufig zum Speisen ein. Er
konnte sich dann so in eine Unterhaltung über das Drama vertiefen, daß er Diplomaten
und Generale warten ließ, während er historische Einzelheiten erläuterte, die ihm
für die Darstellung eines Charakters wichtig schienen. Am Morgen, nachdem er *La
Mort de Pompée* gesehen hatte, sagte er zu Talma: «Ich bin nicht völlig zufrieden. Sie
gebrauchen Ihre Arme zuviel. Herrscher sind nicht so verschwenderisch mit
Gesten. Sie wissen, daß eine Bewegung ein Befehl ist und daß ein Blick Tod bedeuten kann. Sparen Sie daher mit Gesten und Blicken.» Wie man uns versichert, profitierte Talma von diesem Rat.[15] Auf jeden Fall blieb er bis zum Ende seines Lebens
der Beherrscher der französischen Bühne.

Sie hatte auch ihre Königinnen, wie Napoleon bemerkte. Mademoiselle Duches-
nois war nicht schön, besaß jedoch eine vollendete Figur. Daher, wie Dumas d. Ä.
berichtete, «liebte sie besonders die Rolle der Alzire, wo sie ihren Körper fast
nackt zeigen konnte». Außerdem aber «besaß ihre Stimme Töne von solch tiefer
Zärtlichkeit, solch melodischem Schmerz, daß bis heute die meisten Leute, die sie
in Maria Stuart gesehen haben, sie über Mademoiselle Rachel stellen.»[16] Ihre Stärke
lag im tragischen Fach, worin sie Talma fast erreichte. So erhielt sie in der Regel
die Rolle seiner Gegenspielerin. Mademoiselle Georges war eine zartere Schönheit,
und die Comédie dürfte gezögert haben, ihr so anspruchsvolle Rollen wie die Kly-
tämnestra in Racines *Iphigénie* zu übertragen. Ihre Stimme und Gestalt bezauberten
den Ersten Konsul. Wie ein Feudalherr mit dem *droit de seigneur* ließ er sie ab und
zu zu einer Privatvorstellung kommen.[17] Obwohl diese Liaison nach einem Jahr
endete, blieb sie wie Talma Napoleon während all seiner Siege und Niederlagen
ergeben. Darum verlor sie nach Napoleons Sturz ihr Engagement am Théâtre
Français. Später allerdings kehrte sie zurück, um an der Erregung der romantischen
Bühne teilzuhaben.

Napoleon glaubte nicht zu Unrecht, daß die Comédie Française unter seiner Herrschaft die französische Theaterkunst zu einer höheren Vollkommenheit als jemals zuvor gebracht habe. Verschiedene Male ließ er die Gesellschaft, um ihre Qualität und ihren Glanz zu zeigen, auf Staatskosten nach Mainz, Compiègne oder Fontainebleau kommen, um vor dem Hof aufzutreten, oder – wie in Erfurt und Dresden – *devant un parterre de rois*, «vor einer Hörerschaft von Königen», zu spielen.[18] Nicht einmal der *Grand Monarque* hatte sich in solchem Theaterruhm gesonnt.

SIEBTES KAPITEL

Schrifttum gegen Napoleon

I. DER ZENSOR

NAPOLEON war mehr an der Bühne als an der Literatur interessiert. Er sah die Spielpläne des Théâtre Français sorgfältig durch und gab sein Urteil darüber ab. Er war weitgehend dafür verantwortlich, daß Voltaire nicht mehr aufgeführt wurde, während Corneille und Racine eine Renaissance erlebten. Sein literarischer Geschmack war weniger ausgeprägt. Er las eifrig Unterhaltungsliteratur und nahm viele Bücher – zumeist Romane – mit ins Feld. Seine Tischgespräche auf St. Helena enthielten gelegentlich fundierte Literaturkritik und zeigten Kenntnisse von Homer, Vergil, Corneille, Racine, La Fontaine, Madame de Sévigné, Voltaire, Richardson und Rousseau. Für Shakespeare hatte er keinerlei Verständnis. «Es ist unmöglich, eines seiner Stücke zu Ende zu lesen, sie sind erbärmlich. Sie enthalten nichts, was irgendwie an Corneille oder Racine herankäme.»[1] (Französische Shakespeareübersetzungen waren jämmerlich unzulänglich.)

Wie die meisten vielbeschäftigten Männer hatte er nichts für Leute übrig, die über wirtschaftliche oder Regierungsangelegenheiten schrieben. Er betrachtete sie als Phrasendrescher mit geringem Urteilsvermögen über Tatsachen, oder Natur und Grenzen des Menschen. Er war überzeugt, daß er besser als sie wisse, was das französische Volk wünschte und haben sollte, nämlich einen leistungsfähigen und integren Regierungsapparat, mäßige Steuern, freies Unternehmertum, gesicherte Lebensmittelversorgung, Gewißheit lohnender Beschäftigung in der Industrie, bäuerlichen Grundbesitz und einen stolzen Platz für Frankreich unter den Staaten. Erhielt das Volk dies, so würde es nicht verlangen, Gesetze zu beschließen oder Regierungsstellen nach einem Redewettstreit durch Abstimmung zu besetzen. Auf seinem schwierigen Weg zu diesen Zielen – und seiner eigenen Macht oder seinem Ruhm – wollte er nicht lange die Einmischung von Koryphäen der Rednerbühne oder der Feder dulden. Wenn solche Leute durch Preise, Pensionen oder politische Ehrenposten zufriedenzustellen waren, würde für solche Beruhigungsmittel gesorgt werden; wenn nicht, würde man Störern des konsularischen- oder imperialen Friedens die Möglichkeit zur Publizierung ihrer Gedanken nehmen, sie aus Paris oder Frankreich ausweisen. «Uneingeschränkte Pressefreiheit», schrieb Napoleon 1802, «würde in einem Land, wo alle Vorbedingungen dafür bereits vorhanden sind, sehr rasch wieder zur Anarchie führen».[2]

Zur Überwachung der öffentlichen Meinung ordnete Napoleon – dem Beispiel des Direktoriums folgend – an, daß die Postmeister die Privatpost zu öffnen, regierungsfeindliche Passagen zu exzerpieren, die Umschläge wieder zu versiegeln und die Abschriften an ihn selbst oder an das «Schwarze Kabinett» der Generalpostmeisterei in Paris zu senden hätten.[3] Sein Privatbibliothekar war beauftragt, Zusammenstellungen politischen Materials aus den wichtigsten Tageszeitungen zu machen und sie ihm «täglich zwischen fünf und sechs Uhr» zu bringen, «mir jeden zehnten Tag eine Analyse der in den vorausgegangenen zehn Tagen erschienenen Broschüren oder Bücher vorzulegen», innerhalb von achtundvierzig Stunden nach der Premiere über Inhalt und politische Tendenzen jedes aufgeführten Theaterstücks zu berichten und weiter «an jedem ersten und sechsten Tag (der Zehntagewoche) zwischen fünf und sechs Uhr mir eine Liste der Theaterprogramme, Plakate oder Anzeigen, die der Beachtung wert sind, zu unterbreiten. Darüberhinaus hat er über alles zu berichten, was zu seiner Kenntnis gelangt, getan oder gesagt worden ist in den verschiedenen Lyzeen, literarischen Zirkeln, bei Predigten – was auch immer unter politischen oder moralischen Gesichtspunkten von Interesse sein könnte.»[4]

Am 17. Januar 1800 – wiederum in Anlehnung an eine Maßnahme des Direktoriums – befahl Napoleon die Einstellung von sechzig der damals in Frankreich erscheinenden dreiundsiebzig Tageszeitungen. Am Ende dieses Jahres waren nur noch neun übrig, keine davon radikal kritisch. «Drei feindselige Zeitungen», sagte er, «sind mehr zu fürchten als tausend Bajonette».[5] Le Moniteur Universel verteidigte stets Napoleons Politik. Gelegentlich verfaßte er Artikel – selbst Buchbesprechungen – für ihn, die zwar nicht signiert waren, doch durch den autoritären Stil ihren Urheber verrieten. Ein Witzwort nannte das Regierungsblatt Le Menteur (Lügner) Universel.[7]

Schreiben Sie an die Herausgeber von Le Journal des débats, Le Publiciste und La Gazette de France – die, glaube ich, am weitesten verbreiteten Zeitungen – und erklären Sie ihnen, daß ... die Zeit der Revolution vorüber ist und daß es in Frankreich nur noch eine einzige Partei gibt; daß ich keine Zeitung dulden werde, die irgendetwas schreibt, das meinen Interessen zuwiderläuft; daß sie ein paar kleine Artikel mit ein bißchen Gift darin publizieren dürfen, ihnen eines schönen Tages aber jemand den Mund schließen wird.[7]

Am 5. April 1800 wurde die Zensur auf das Drama ausgedehnt. Die Regierung stellte sich auf den Standpunkt, daß persönlich und privat geäußerte Meinungen wenig Schaden anrichten, dieselben Meinungen jedoch, einer berühmten historischen Persönlichkeit in den Mund gelegt und mit der Sprachgewalt eines populären Schauspielers von der Bühne herab verkündet, wegen des wechselseitigen Widerhalls der Gefühle – und der Unverantwortlichkeit von Personen – in der Zuhörerschaft eines Bühnenstückes, einen explosiv verstärkten Einfluß ausüben könnten.[8] Die Zensur schloß jegliche Kritik an der Monarchie und jedes Lob der Demokratie von der Darstellung in der Öffentlichkeit aus. La Mort de César wurde von den Spielplänen verbannt, weil die Zuhörer Brutus' Reden gegen die Diktatur applaudierten.[9]

Schließlich stellte der Staat sämtliche Druckereien unter Kontrolle. «Es ist von großer Bedeutung, daß nur diejenigen die Erlaubnis zum Drucken erhalten, die das Vertrauen der Regierung genießen. Ein Mann, der sich im Druck an das Publikum wendet, ist wie einer, der öffentlich in einer Versammlung spricht»[10]; er kann aufrührerisches Material verbreiten und muß als potentieller Brandstifter überwacht werden. In Zukunft ist jeder Drucker verpflichtet, jedes angenommene Manuskript einem Zensor vorzulegen, entweder vor oder während des Drucks, und, um das Imprimatur des Staates zu erlangen, muß er einverstanden sein, beanstandete Stellen zu streichen oder von der Regierung gewünschte Änderungen vorzunehmen. Selbst nach Zustimmung des Zensors und nach beendetem Druck ist der Polizeiminister ermächtigt, die veröffentlichte Ausgabe zu konfiszieren und sie gegebenenfalls auch zu vernichten, ohne Ansehen des dem Autor oder Verleger entstehenden Schadens.[11]

So sah das Gefängnis des Geistes aus, in dem unter Napoleon die Literatur um ihr Überleben kämpfte. Die heroischste Bemühung hierbei wurde von einer Frau unternommen.

II. MADAME DE STAËL: 1799–1817

1. Napoleons Nemesis

Der Wohlfahrtsausschuß hatte sie aus Frankreich verbannt. Das Direktorium hatte die Verbannung auf ein Aufenthaltsverbot in Paris beschränkt, am Tage nach seinem Sturz eilte sie in die Hauptstadt zurück (12. November 1799) und bezog eine Wohnung in der Rue de Grenelle im vornehmen Faubourg St.-Germain. Die neue Konsulatsregierung, also Napoleon, erhob keine Einwendungen gegen ihre Rückkehr.

Nach kurzer Zeit hatte sie einen neuen Salon eröffnet, zum Teil, weil «in Paris Konversation zu machen ... für mich stets das faszinierendste aller Vergnügen war»[12], zum Teil, weil sie entschlossen war, bei der Lenkung der Ereignisse eine Rolle zu spielen. Sie gab nicht zu, daß eine solche Rolle für eine Frau unpassend sei. Sie schien ihr durchaus passend, wenn die Frau (wie sie) sowohl Geld als auch Verstand besaß, und ganz besonders passend für die Erbin Jacques Neckers, den sie als den nicht gebührend gewürdigten Heros der Revolution betrachtete. Außerdem schuldete die Regierung ihm immer noch die 20 Millionen Francs, die er ihr 1789 geliehen hatte. Sie war ebenfalls entschlossen, diese Summe für ihren Vater und ihr Erbteil wiederzuerlangen. Ihr Ideal (wie das seinige) war eine konstitutionelle Monarchie, welche die Freiheit der Presse, des Gottesdienstes und der Rede garantierte und den Besitz der Reichen gegen den Neid der Armen beschützte. In diesem Sinne glaubte sie der Revolution treu zu sein, wie sie die Nationalversammlung von 1789 bis 1791 definiert hatte. Sie verachtete die Königsmörder und empfing in ihrem Salon ihre adligen Nachbarn aus dem Faubourg, die täglich für eine bourbonische Restauration beteten. Trotzdem war der Mittelpunkt ihrer Empfänge Benjamin Constant, der auf die Republik eingeschworen war und der sich als Mitglied des Tribunats jedem Schritt Napoleons von der konsularischen zur kaiserlichen Macht entschieden widersetzte. Ebenso empfing sie die Brüder des Ersten Konsuls, die sich ebenfalls unter seiner wachsenden Autorität unbehaglich fühlten.

Tatsächlich traf sich die Mehrzahl der Männer von politischem oder geistigem Rang bei ihren Soireen, begierig, den neuesten politischen Klatsch zu erfahren, oder Madame sich in einer Konversation tummeln zu hören, wie Paris sie seit Madame du Deffand nicht mehr von einer Frau gehört hatte. Madame de Tessé erklärte: «Wenn ich Königin wäre, würde ich Madame de Staël befehlen, die ganze Zeit zu mir zu sprechen.»[13] Germaine selbst schrieb, daß «die Notwendigkeit gesellschaftlichen Umgangs von allen Klassen in Frankreich empfunden wird; Unterhaltung ist dort nicht, wie anderswo, lediglich ein Kommunikationsmittel; ... sie ist ein Instrument, auf dem sie mit Leidenschaft spielen.»[14]

Sie opponierte nicht sofort gegen Napoleon. Sie richtete sogar, wenn wir Bourrienne Glauben schenken dürfen, in der frühen Zeit des Konsulats schmeichelhafte Briefe an ihn und ging darin soweit, ihm ihre Dienste anzubieten.[15] Doch sein entschiedenes Ignorieren ihrer Anerbieten, seine Ausdehnung der Zensur, seine Verachtung für Intellektuelle, wenn es sich um Politik handelte, seine Auffassung von Frauen als Gebärerinnen und hübsche Spielzeuge, denen man nicht einen einzigen Gedanken anvertrauen sollte, stachelte sie auf, ihm mit gleicher Münze heimzuzahlen. Als er ihre Gäste Ideologen nannte, hieß sie ihn einen Ideophoben. Als ihr Zorn wuchs, beschrieb sie ihn als «Robespierre zu Pferde»[16] oder als den *bourgeois gentilhomme* auf dem Thron.[17]

Am 7. Mai 1800 verlegte sie ihren Haushalt mit einem kleinen Gefolge von Verehrern für einen Sommeraufenthalt nach Coppet. Napoleon hatte Paris am Tage zuvor verlassen, um die Alpen zu überqueren und bei Marengo auf die Österreicher zu treffen. Germaine bekannte später: «Ich konnte nicht umhin, zu wünschen, Bonaparte möge eine Niederlage erleiden, da dies die einzige Möglichkeit schien, den Fortschritt seiner Tyrannei aufzuhalten.»[18] Im Herbst des Jahres kehrte sie, gelangweilt von Coppet und dem Mont Blanc, in die Hauptstadt zurück, denn sie lebte von Konversation und «französische Konversation gibt es nirgends als in Paris».[19] Rasch sammelte sie ein Schar geistreicher Leute um sich, deren Hauptgesprächsthema Napoleons Diktatur war. «Sie hat einen ganzen Köcher voll Pfeile», beklagte er sich. «Man behauptet, sie spräche weder über Politik, noch über mich; wie kommt es dann aber, daß alle, die bei ihr gewesen sind, mich weniger schätzen?»[20] «Ihr Haus», sagte er auf St. Helena, «wurde zu einem richtigen Arsenal gegen mich. Die Leute gingen hin, um sich für ihren Kreuzzug zum Ritter schlagen zu lassen.»[21] Er gab jedoch zu: «Diese Frau lehrt Menschen denken, die sich nie zuvor damit abgegeben oder vergessen haben, wie man denkt.»[22]

Er war der Ansicht, daß er als der Mann, der sich bemühte, Frankreich aus dem Chaos zu ziehen, indem er eine leistungsfähige Verwaltung schuf und gleichzeitig seine Armeen zum Sieg gegen feindliche Koalitionen führte, das Recht hatte, eine gewisse einheitliche Ausrichtung der Bevölkerung, eine Koordinierung des Nationalbewußtseins mit dem nationalen Willen, Frankreichs neue Republik und seine «natürlichen» Grenzen zu verteidigen, zu erwarten und nötigenfalls zu erzwingen. Diese Frau aber sammelte und einigte Royalisten wie Jakobiner gegen ihn und unterstützte seine Feinde. Germaines Vater war hierin mit Napoleon einig. Er tadelte sie wegen ihrer fortgesetzten Angriffe auf den jungen Diktator. Eine gewisse Diktatur, sagte er ihr, sei in Krisen- oder Kriegszeiten notwendig.[23] Sie erwiderte, Freiheit sei wichtiger als Sieg. Sie bestärkte Bernadotte in seiner Opposition gegen Napoleon, und sie schrieb einige der Reden, die Constant im Tribunat gegen die Unterdrückung der gesetzgebenden Körperschaften durch Napoleon hielt. Sie und Napoleon entwickelten sich zu reizbaren Egoisten, und Frankreich war nicht groß genug, ihnen beiden Raum für ihre Entfaltung zu bieten.

Im Frühling 1801 schrieb Napoleon an seinen Bruder Joseph: «Monsieur de Staël lebt im tiefsten Elend, und seine Frau gibt Diners und Bälle.»[24] Joseph gab den Vorwurf weiter, Germaine begab sich zur Wohnung ihres Gatten an der Place de la Concorde und fand ihn im letzten Stadium der Paralyse. Sie kümmerte sich um seine Pflege und nahm ihn im Mai 1802 mit sich, als sie von Paris in die Schweiz reiste. Er starb unterwegs und wurde im Friedhof von Coppet begraben. In diesem Jahr begann Madame de Staël, zunehmend erregbar, Opium zu nehmen.

2. Die Schriftstellerin

Sie war die größte europäische Schriftstellerin ihrer Zeit und – ausgenommen Chateaubriand – der bedeutendste französische Autor. Sie hatte schon vor 1800 fünfzehn Bücher geschrieben, die heute vergessen sind. Im Jahre 1800 legte sie ein großes Werk, *De la Littérature*, vor. Danach schrieb sie zwei Romane – *Delphine* (1803) und *Corinne* (1807) –, die sie in ganz Europa berühmt machten. Zwischen 1810 und 1813 focht sie den Kampf ihres Lebens aus, um ihr Meisterwerk *De l'Allemagne* zu veröffentlichen. Bei ihrem Tode hinterließ sie ein weiteres großes Werk, *Considérations sur les principaux événements de la Révolution française* sowie *Les dix années d'exil*. Alle hier aufgeführten Bücher waren gediegene und gewissenhafte Arbeiten, einzelne bis zu achthundert Seiten stark. Madame de Staël arbeitete hart, liebte ausdauernd und schrieb aus Leidenschaft. Sie bekämpfte den mächtigsten Mann ihrer Zeit bis ans Ende und erlebte bei seinem Sturz einen melancholischen Triumph.

In *De la Littérature considérée dans ses rapports avec les institutions sociales* stellte sie sich ein weitgespanntes und heroisches Thema: «Ich habe mir vorgenommen, den Einfluß von Religion, Sitten und Gesetzen auf die Literatur, sowie umgekehrt den Ein-

fluß der Literatur auf Religion, Sitten und Gesetze zu untersuchen.»* Das Buch
atmet noch den Geist des achtzehnten Jahrhunderts – Gedankenfreiheit, das Individuum gegen den Staat, Fortschritt von Wissen und Moral; hier findet sich kein
übernatürlicher Mythos, sondern Vertrauen in die Verbreitung von Erziehung,
Wissenschaft und Intelligenz. Die erste Voraussetzung für den Fortschritt ist die
Befreiung des Geistes von politischer Kontrolle. Sind die Geister dergestalt frei,
wird die Literatur das wachsende Erbe des Menschengeschlechts verkörpern, verbreiten und überliefern. Wir dürfen nicht erwarten, daß Kunst und Poesie in
gleicher Weise wie Wissenschaft und Philosophie fortschreiten, denn sie hängen in
erster Linie von der Vorstellungskraft ab, die in frühen Zeiten ebenso durchdringend und fruchtbar ist wie in späteren. In der Entwicklung einer Kultur gehen
Kunst und Dichtung den Wissenschaften und der Philosophie voraus. So ging die
Zeit des Perikles der des Aristoteles, das Mittelalter Galilei, die Kunst der Zeit
Ludwig XIV. der geistigen Aufklärung voraus. Die geistige Entwicklung verläuft
nicht kontinuierlich, es kommt zu Rückschritten, die auf natürliche Störungen oder
auf die Wechselfälle der Politik zurückzuführen sind. Doch selbst im Mittelalter
machten Wissenschaft und wissenschaftliche Methodik Fortschritte und ermöglichten das Erscheinen von Kopernikus, Galilei, Bacon und Descartes. In jedem Zeitalter verkörpert die Philosophie die Ansammlung und den Bestand des geistigen
Erbes. Vielleicht (so träumte sie), wird die Philosophie in einer späteren Epoche so
erkenntnisfähig und reif sein, daß sie «für uns das ist, was die christliche Religion
für die Vergangenheit war».[35] Sie definierte *les lumières philosophiques* (die philosophische Aufklärung) als «die Würdigung der Dinge im Lichte der Vernunft»[26], und
erst im Angesicht des Todes wurde sie schwankend in ihrem Glauben an die
lebendige Vernunft. «Der Triumph des Lichtes (*les lumières*) hat stets das Wachstum
und die Veredelung des Menschengeschlechts begünstigt.»[27]

Jedoch, fährt sie fort (da sie Rousseau ebenso wie Voltaire gelesen hat), das
Wachstum des Intellekts genügt nicht; Wissen ist nur ein Element der Einsicht.
Das andere ist Gefühl. Es muß ebenso eine Sensitivität der Seele wie der Sinne
geben. Ohne diese wäre die Seele eine *tabula mortua*, ein toter Empfänger
physischer Empfindungen. Mit ihr dringt die Seele in das Leben anderer Lebewesen
ein, teilt ihr Staunen und Leiden, fühlt die Seele im Fleisch, den Gott hinter der
materiellen Welt. Von diesem Standpunkt aus ist die romantische Literatur des
nebligen Nordens – Deutschland, Skandinavien, Großbritannien – ebenso bedeutsam,
wie die klassische Literatur des sonnigen Südens, Griechenland und Italien,
«Ossians» Gedichte sind ebenso wichtig wie Homers Epen, und Werther war das
größte Buch seiner Zeit.

---

* Wir haben dieses Buch seit 1925 nicht wiedergelesen. Die folgende Analyse stützt sich zum
größten Teil auf Herolds glänzende Biographie *Mistress to an Age* (s. 205–213).

Napoleon wäre (in seiner Jugend) mit diesen Wertungen einverstanden gewesen, doch die Ansichten der Autorin über die Beziehungen zwischen Literatur und Regierungsform müssen ihn beunruhigt haben. Demokratien neigen (nach ihrer Meinung) dazu, Schriftsteller und Künstler dem populären Geschmack zu unterwerfen, aristokratische Regimes zwingen sie, für eine Elite zu schreiben, indem sie sorgfältige Überlegung und Mäßigung in der Form verlangen.[28] Der Absolutismus fördert Kunst und Wissenschaft, womit er seinen eigenen Glanz und seine Macht zur Schau stellt, doch er behindert Philosophie und Geschichtschreibung, da diese um eine Weite und Tiefe der Auffassung bemüht sind, die der Diktatur gefährlich werden. Die Demokratie regt die Literatur an und hemmt die Künste. Aristokratien verlangen Geschmack, blicken aber mit Mißfallen auf Enthusiasmus und Originalität. Der Absolutismus erstickt Freiheit, Neuerungen und Denken. Hätte Frankreich eine konstitutionelle Regierung, die Ordnung und Freiheit in Einklang brächte, könnte es die Anreize der Demokratie mit den rechtlichen Einschränkungen der gesetzmäßigen Herrschaft verbinden.

Alles in allem war dies ein bemerkenswertes Buch für eine Frau von vierunddreißig Jahren und einem Besitz von mehreren Millionen Francs. Die sechshundert Seiten enthalten natürlich Irrtümer, denn wenn der Geist über seine Grenzen hinausgreift, gerät er leicht ins Stolpern, wobei manch schlechte Frucht abfallen mag. Madame war in Geschichte und Literatur ein wenig unpräzise. Sie hielt die Iren für Germanen und Dante für einen kleinen Dichter, sie setzte sich jedoch tapfer für eine liberale Regierung und ein vernünftiges Christentum ein, und sie verstreute zahllose *aperçus* auf ihrem Weg. Sie sah voraus, daß die Entwicklung de statistischen Wissenschaft eine Regierung einsichtiger machen und politische Erziehung nützlich für die Vorbereitung von Anwärtern auf öffentliche Ämter sein könne. Sie bemerkte prophetisch, daß «der wissenschaftliche Fortschritt den moralischen Fortschritt zu einer Notwendigkeit macht, denn wenn die Macht der Menschen wächst, müssen die Hemmnisse, die sie an deren Mißbrauch hindern, verstärkt werden.»[29] «Es gibt kaum einen Gedankengang des achtzehnten Jahrhunderts, den (das Buch) nicht wiedergibt, kaum einen des zwanzigsten, den es nicht im Keim enthält.»[30]

Sie hatte in diesem Buch ihre lebenslange Klage zu Papier gebracht, «die gesamte Sozialordnung ... ist gegen eine Frau eingestellt, die den Wunsch hat, es den Männern gleichzutun», soweit es die Bereiche der Kunst und des Denkens betrifft.[31] Jetzt mußte sie diese Meinung revidieren, denn, wie sie einundzwanzig Jahre später schrieb, «im Frühling 1800 veröffentlichte ich mein Buch über die Literatur, dessen Erfolg mich wieder vollständig mit der Gesellschaft aussöhnte. Mein Salon füllte sich wieder.»[32] Die furchtsamen Gemüter, die nach Constants Trompetenstoß gegen die Diktatur ihren Salon gemieden hatten, fanden sich als reuige Schmeichler wieder ein. Der kleine Korporal in den Tuilerien mußte zugeben, eine Gegnerin gefunden zu haben, die ihm an Charakterstärke gewachsen war. Im August 1802 sandte Jacques Necker an Konsul Lebrun *Les Dernières Vues de politique et de finance*, seine letzten Betrachtungen über Politik und Geld. Sie rechtfertigten Napoleons Diktatur, jedoch nur als notwendiges, wahrscheinlich vorübergehendes Übel; sie warnten vor der fortgesetzten Konzentration der Macht in den Händen der Militärs; sie bedauerten, daß die Finanzen der neuen Regierung in so hohem Maße von Kriegsentschädigungen abhingen, und sie empfahlen eine liberale Verfassung, deren «Hüter» Napoleon sein sollte. Lebrun zeigte Napoleon das Buch, der, schon auf halbem Wege zum Kaiserthron, die Ansicht übelnahm, er solle seine Macht beschränken. Überzeugt, daß Madame de Staël die Feder ihres Vaters geführt habe, erließ er einen Befehl, der sie aus Paris verbannte, was die Schließung ihres unruhestiftenden Salons bedeutete. Er vergaß, daß sie ebensogut schreiben wie sprechen konnte. Sie verbrachte den Winter 1802/03 in Genf, doch im Dezember wurde sie erneut zum Stadtgespräch von Paris, als sie einen Roman *Delphine* veröffentlichte. Kein Mensch liest ihn heute noch. Doch damals las ihn jeder literarisch oder politisch Interessierte, denn er war ein Teil eines mannhaften Kampfes zwischen einer Frau und ihrer Zeit.

Delphine ist ein tugendhaftes Mädchen, das sich nach Hingabe sehnt und sie gleichzeitig fürchtet; ansonsten ist sie Madame de Staël. Léonce (= Narbonne) ist ein gutaussehender Aristokrat, der Delphine liebt, jedoch auf sie verzichtet, weil ein Gerücht sie bezichtigt, «Affären» zu haben; er kann nicht durch eine Heirat mit ihr seine gesellschaftliche Stellung aufs Spiel setzen. Er heiratet Matilde de Vernon, deren Mutter eine intrigante Hexe ist, die ihre Lügen geistreich verpackt. Paris sah in dieser Dame ungeachtet ihrer Röcke Talleyrand. Dieser rächte sich, indem er von der maskulinen Verfasserin sagte, sie habe sowohl ihn als auch sich selbst als Frauen verkleidet. Die verstoßene Delphine zieht sich in ein Kloster zurück, wo die Äbtissin sie zu einem Gelübde lebenslanger Keuschheit drängt. Als Léonce ihre Unschuld erkennt, möchte er sich von seiner kalten Gattin scheiden lassen und um Delphine werben, zögert jedoch aus Furcht, seine Karriere zu ruinieren, wenn er die katholische Vorschriften über die Unauflöslichkeit der Ehe verletzt. Matilde stirbt, ein Opfer der dramaturgischen Notwendigkeit; Léonce überredet Delphine, sich von ihm entführen zu lassen und sich seiner Leidenschaft hinzugeben. Er verläßt sie, um sich den *émigrés* anzuschließen, wird gefangengenommen und zum Tode verurteilt. Delphine, die ihn trotz seiner Grausamkeit liebt, eilt ihn zu retten, wird aber nur noch Zeugin seiner Exekution; daraufhin bricht auch sie tot zusammen.

Diese absurde und typisch romantische Fabel diente der Verfasserin als Podium, um die Rechtmäßigkeit der Scheidung, den Fanatismus des Katholizismus (sie war als Protestantin geboren), die moralischen Rechte der Frau als dem doppelten Moralkodex und die Gültigkeit des individuellen Gewissens als dem Ehrenkodex einer Klasse widerstreitend zu diskutieren. Ihre Argumente wurden von den Pariser Intellektuellen gut aufgenommen, gefielen aber Napoleon nicht, der den Katholizismus als Therapie gegen die geistige und moralische Zerrüttung Frankreichs fördern wollte. Am 13. Oktober 1803 erließ er ein Dekret, das Madame de Staël verbot, sich Paris auf weniger als vierzig Meilen zu nähern.

Sie dachte, nun sei gerade die richtige Zeit, Deutschland zu besuchen. Sie hatte genug deutsch gelernt, um die Sprache zu lesen, wenn auch nicht zu sprechen. Warum sollte sie nicht die Musik Wiens, den Geist Weimars und die königliche Gesellschaft von Berlin kennen lernen? Am 8. November fuhr sie mit ihrem Sohn Auguste, ihrer Tochter Albertine, zwei Dienern und ihrem inzwischen platonischen *cavaliere servente* Constant über den Rhein nach Deutschland.

3. Die Reisende

Ihre erste Reaktion in Frankfurt war Ablehnung. Alle Männer schienen ihr fett, sie lebten ihrer Meinung nach, um zu essen und aßen, um zu rauchen. Sie konnte in ihrer Nähe kaum atmen. Diese wiederum wunderten sich über diese selbstbewußte Frau, die kein Gefallen an der «Gemütlichkeit» ihrer Tabakspfeifen fand. Goethes Mutter schrieb an ihren Sohn: «Sie lastete auf mir wie ein Mühlstein. Ich wich ihr aus, wo ich nur konnte, lehnte alle Einladungen ab, bei denen ich mit ihr hätte zusammentreffen müssen und atmete auf, als sie abreiste.»[33]

Germaine reiste mit ihrem Gefolge nach Weimar, wo sie eine durch Poesie gereinigte Atmosphäre fand. Die Stadt wurde beherrscht von Schriftstellern, Künstlern, Musikern und Philosophen; der Hof wurde weise und tolerant von Herzog Karl August, seiner Gemahlin Herzogin Luise und seiner Mutter, der Herzogin-Witwe Anna Amalie, gelenkt. Die Menschen dort waren wohlerzogen, sie rauchten diskret und fast alle sprachen französisch. Außerdem hatten viele von ihnen *Delphine* gelesen, noch viel mehr hatten von ihrem Krieg gegen Napoleon gehört, und alle bemerkten, daß sie Geld besaß und es auch ausgab. Man gab zu ihren Ehren Diners, Theateraufführungen, Tanzveranstaltungen und Bälle; man bewog Schiller, Szenen aus «Wilhelm Tell» zu lesen; man lauschte ihr, wenn sie lange Passagen aus Racines Werken rezitierte. Goethe, zu dieser Zeit in Jena, versuchte sich zu drücken, indem er eine Erkältung vorschützte. Der Herzog drängte ihn, trotzdem nach Weimar zu kommen; er kam und führte eine unbehagliche Unterhaltung mit Madame. Ihre offene Ankündigung, sie wolle einen Bericht über das Gespräch veröffentlichen, beunruhigte ihn.[34] Sie stellte zu ihrer Enttäuschung fest, daß er nicht länger «Werther» war und sich aus einem Liebhaber in einen Hohepriester verwandelt hatte. Er versuchte, sie durch Widerspruch zu verwirren: «Meine obstinate Halsstarrigkeit brachte sie oft zur Verzweiflung, doch gerade dann war sie besonders liebenswürdig und zeigte am brillantesten ihre geistige und verbale Beweglichkeit.»[35] «Zu meinem Glück», erinnerte sie sich, «sprachen Goethe und Wieland hervorragend französisch; Schiller hatte Schwierigkeiten».[36] Über Schiller schrieb sie herzlich, über Goethe respektvoll; er und Napoleon waren die einzigen unter allen Männer, denen sie begegnete, die sie ihre Grenzen erkennen ließen. Schiller fand die Raschheit ihres Denkens und Sprechens ermüdend, war zum Schluß aber doch beeindruckt. «Satan», schrieb er an einen Freund, «hat mich mit der französischen Philosophin zusammengeführt, die von allen lebenden Kreaturen die lebhafteste, am schnellsten zum Disput bereite und in Worten die fruchtbarste ist. Gleichzeitig ist sie aber auch die kultivierteste, die *spirituellste* (geistig wachste) aller Frauen. Wäre sie nicht wirklich interessant, würde ich mir keine Gedanken über sie machen.»[37] Weimar seufzte erleichtert auf, als sie nach einem Aufenthalt von drei Monaten nach Berlin weiterreiste.

Nach der Helligkeit von Weimar fand sie die Nebel Berlins deprimierend. Die Führer der romantischen Bewegung in Deutschland waren abwesend oder schon tot. Die Philosophen waren in entlegenen Universitäten vergraben – Hegel in Jena, Schelling in Würzburg. Germaine mußte sich mit dem König, der Königin und August Wilhelm Schlegel begnügen, dessen ausgedehnte Kenntnis fremder Sprachen und Kulturen sie entzückte. Sie schlug ihm vor, als Erzieher ihres Sohnes Auguste mit ihr nach Coppet zu kommen; er war einverstanden und verliebte sich zur aller-ungünstigsten Zeit in sie. In Berlin erreichte sie die Nachricht, daß ihr Vater schwer erkrankt sei. Sie eilte zurück nach Coppet, erfuhr jedoch unterwegs, daß er gestorben sei (9. April 1804). Es war ein Schlag für sie, schlimmer als irgendeiner während ihres Duells mit Napoleon. Ihr Vater war sowohl moralisch als auch finanziell ihre Hauptstütze gewesen. In ihren Augen war er stets im Recht und immer gut gewesen, keiner ihrer Liebhaber konnte seinen Platz ausfüllen. Sie fand Trost in der Abfassung einer verehrungsvollen Idylle («Herrn Neckers Charakter und Privat-leben») und in der Arbeit an ihrem Meisterwerk *De l'Allemagne*. Sie erbte den größten Teil des Vermögens ihres Vaters und hatte nun ein jährliches Einkommen von 120 000 Francs.

Im Dezember reiste sie nach Italien, um die Sonne zu suchen. Mit sich nahm sie ihre drei Kinder Auguste, Albertine und Albert sowie Schlegel, der nun auch ihr Lehrer wurde, da er ihre Kenntnisse auf dem Gebiet der italienischen Kunst recht dürftig fand. In Mailand schloß sich ihnen ein noch besserer Cicerone an, Jean Charles Léonard de Sismondi, der im Begriff war, mit der Niederschrift seiner ge-lehrten «Geschichte der italienischen Republiken» zu beginnen. Auch er verliebte sich in Germaine – oder in ihren Geist oder ihr Einkommen –, bis er wie Schlegel dahinterkam, daß sie keinen Bürgerlichen ernst nahm. Zusammen reisten sie über Parma, Modena, Bologna und Ancona nach Rom. Joseph Bonaparte, immer noch in sie vernarrt, hatte ihr Einführungsschreiben an die beste Gesellschaft der Stadt mit-gegeben. Sie wurde von der Aristokratie herumgereicht, fand aber die Fürsten und Fürstinnen nicht so interessant wie die eleganten Kardinäle, die als Männer von Welt ihre Bücher, ihren Reichtum und ihre Fehde mit Napoleon kannten und sich nicht an ihrem protestantischen Glauben stießen. Sie wurde mit Ovationen empfan-gen und mit Stegreifpoesie und Musik in die Accademia dell'Arcadia aufgenommen. Sie nütze diese Erfahrung bei der Einleitung zu *Corinne*.

Im Juni 1805 war sie wieder in Coppet, bald aufs neue umgeben von Anbetern, Freunden, Gelehrten, Diplomaten (Fürst Esterhazy aus Wien, Claude Hochet von Napoleons Staatsrat), selbst einem Herrscher, dem bayerischen Kurfürsten. Ihr Salon in Coppet war jetzt berühmter als irgendeiner in Paris. «Ich komme gerade aus

Coppet zurück», schrieb Charles Victor de Bonstetten, «und bin völlig betäubt ...
und erschöpft von den intellektuellen Orgien. In Coppet wird an einem einzigen
Tag mehr Geist versprüht als in manchem Land während eines ganzen Jahres.»[38]
Die Gesellschaft war genügend zahlreich und talentiert, um vollständige Dramen
aufzuführen. Germaine selbst spielte die Titelrollen in *Andromaque* und *Phèdre*, und
manche Gäste waren der Meinung, ihre darstellerische Leistung würde nur von den
Königinnen der Pariser Bühnen übertroffen. Bei anderen Gelegenheiten fanden musikalische Aufführungen oder Dichterlesungen statt. Dreimal täglich wurde die Tafel
gedeckt, zuweilen für dreißig Gäste; fünfzehn Diener sorgten für das leibliche
Wohl. Liebende konnten sich in den Gärten ergehen, und neue Freundschaften wurden geknüpft.

Germaines verflossene Anbeter – Montmorency, Constant, Schlegel, Sismondi –
waren merklich abgekühlt, ermattet von ihren ständigen Ansprüchen an ergebenen
Gehorsam. Sie selbst erwärmte sich leidenschaftlich für Prosper de Barante. Er war
dreiundzwanzig, sie neununddreißig, doch ihr Tempo ermüdete ihn bald. Er flüchtete in die Distanz und Unentschlossenheit, die sie in der Gestalt des Oswald in
Corinne satirisch gezeichnet hat. Dieser seinerzeit berühmte Roman näherte sich
seiner Vollendung und verlangte nach einem französischen Drucker, der das Imprimatur der Napoleonischen Polizei brauchen würde. Prospers Vater, Präfekt des Departements Leman versicherte Fouché, Madame sei im letzten Jahr «reserviert und
vorsichtig» gewesen. Sie erhielt die Erlaubnis, den Sommer 1806 in Auxerre, 120
Meilen vor Paris zu verbringen. Sie mietete dort eine Villa, und im Herbst erhielt
sie die Genehmigung, für den Winter nach Rouen umzuziehen. Verschiedene ihrer
Freunde besuchten sie in diesen Städten, und einige davon gaben der Hoffnung Ausdruck, Napoleon würde in dem harten Feldzug, der ihn und seine Armee den
Winter über im frostigen Norden festhielt, endlich eine Niederlage erleiden.[39] Napoleons Geheimpolizei öffnete Germaines Korrespondenz und informierte ihn über
diese Gefühle. Am 31. Dezember schrieb er zornig an Fouché: «Lassen Sie nicht zu,
daß dieses Weibsstück von einer Madame de Staël sich Paris nähert. Ich weiß, daß
sie nicht weit entfernt ist.»[40] (Insgeheim stahl sie sich im Frühling 1807 einmal kurz
nach Paris.) Während des Aufmarsches für die Schlacht von Friedland schrieb
Napoleon am 19. April an Fouché:

Unter den tausend Dingen, Madame de Staël betreffend, die in meine Hände gelangen, ist
ein Brief, aus dem Sie ersehen können, was für eine gute Französin wir an ihr haben ... Es
ist in der Tat schwierig, sein Mißfallen angesichts aller der Metamorphosen zu zügeln, die
diese häßliche Hure durchläuft. Ich brauche Ihnen nicht mitzuteilen, was für Projekte dieser
lächerliche Klüngel bereits ausgeheckt hat für den Fall, daß ich durch einen glücklichen Zufall ums Leben kommen sollte, da man von einem Polizeiminister erwarten darf, daß er darüber informiert ist.

Und am 11. Mai, wieder an Fouché:

Diese verrückte Madame de Staël schreibt mir einen sechs Seiten langen Brief voll unver-
ständlichem Zeug ... Sie teilt mir mit, daß sie ein Landgut im Tal von Montmorency gekauft

hat und zieht den Schluß, daß sie dadurch berechtigt sei, in Paris zu wohnen. Ich wiederhole Ihnen, dieser Frau eine solche Hoffnung zu lassen, bedeutet, sie grundlos zu foltern. Wenn ich Ihnen das detaillierte Material über all ihre Aktivitäten auf ihrem Landsitz während der zwei Monate, die sie dort wohnte, zeigte, würden Sie in Erstaunen geraten. In der Tat, obwohl fünfhundert Meilen von Frankreich entfernt, weiß ich besser, was dort vorgeht, als mein Polizeiminister.[41]

So kehrte Germaine am 25. April 1807 widerwillig nach Coppet zurück. Constant, beständig trotz gelegentlicher Unbeständigkeit, begleitete sie während eines Teils der Reise, blieb aber in Dôle zurück, um seinem kranken Vater Gesellschaft zu leisten. In Coppet angelangt, schickte sie Schlegel aus, um Constant zu sagen, daß sie sich umbringen würde, wenn er nicht rasch wieder zu ihr käme. Benjamin, der wußte, daß diese klassische Drohung kein Schwanen- sondern ein Sirenengesang war, kam trotzdem und ertrug schweigend ihre Vorwürfe. Er liebte sie seit langem nicht mehr, aber «wie kann man einer die Wahrheit sagen, deren einzige Antwort darin besteht, daß sie Opium schluckt?» Am 10. Juli kam Juliette Récamier zu einem langen Besuch. Germaine verliebte sich in sie und beschloß, am Leben zu bleiben.

Die Polizei erteilte die Druckerlaubnis für *Corinne*, und das Erscheinen im Frühling wurde zu einem Triumph für die Verfasserin, der sie über Napoleons Sieg bei Friedland am 14. Juni tröstete. Die von der Regierung bezahlten Kritiken waren ablehnend, doch Tausende von Lesern waren bezaubert und machten keinen Hehl daraus. Heutigentags spricht uns die Form des Buches nicht mehr an: Eine ekstatische Romanze, durchsetzt mit langweiligen und überholten Abhandlungen über Italiens Landschaft, Charakter, Religion, Sitten, Kultur und Kunst. Niemand ist heute mehr entzückt vom «männlichen Gesicht» des Helden (er erweist sich als Weichling) oder «der göttlichen Inspiration» in den Augen der Heldin.[42] Doch 1807 war Italien noch kein vielbeschriebenes Land, dessen Geschichte und Kunst uns vertrauter sind als die unseres eigenen. Die Romantik entfaltete ihre Schwingen, romantische Liebe kämpfte um Befreiung aus väterlicher Gewalt, wirtschaftlichen Zwängen und moralischen Tabus; die Rechte der Frau begannen, ihren Ausdruck zu finden. Alles dieses war in Corinne verkörpert, einer schönen *improvatrice*, die ungekünstelte Lieder zur bezaubernden Begleitung ihrer Lyra singt. Corinne in ihrer Blüte ist sichtbar Germaine mit «einem indischen Schal um ihre glänzend schwarzen Locken geschlungen; ... ihre Arme unbeschreiblich schön, ... ihre Gestalt etwas kräftig;» außerdem, ihre Konversation «vereinte alles, was natürlich, phantasievoll, gerecht, erhaben, stark und süß ist.[43] So seltsam es erscheinen mag, der bestimmt nicht sentimentale Kaiser nahm auf St. Helena das Buch zur Hand und konnte es nicht wieder weglegen, bis er es ausgelesen hatte.[44]

4. *Verständnis für Deutschland*

Zu der Aufgabe, Napoleon zu stürzen und eine Menagerie von Genies und Epikureern zu managen, fügte Madame nun noch das heikle Unternehmen, Deutschland für Frankreich auszudeuten. Schon während ihre neugeborene *Corinne* gegen eine unterdrückte Presse um ihr Leben kämpfte, barg sie in ihrem geheimsten Innern ein kühnes und umfangreiches Werk über das Land jenseits des Rheins. Um sich gewissenhaft zu informieren, begab sie sich auf eine zweite Reise durch Mitteleuropa.

Am 30. November 1807 verließ sie Coppet mit Albert, Albertine, Schlegel und ihrem Diener Eugène (Joseph Uginet). In Wien hörte sie Musik von Haydn, Gluck und Mozart, tat aber Beethovens keine Erwähnung. Während drei der fünf Wochen ihres Aufenthalts in Österreich führte sie eine Liebeskorrespondenz mit dem österreichischen Offizier Moritz O'Donnell. Sie bot ihm Geld und Ehe an, verlor ihn und schrieb an Constant Briefe voll schrankenloser Ergebenheit: «Mein Herz, mein Leben, alles was ich habe, gehört Dir, wenn Du willst und wann Du willst.»[45] Constant begnügte sich damit, etwas von ihrem Geld zu borgen. In Teplitz und Pirna konferierte sie mit Friedrich von Gentz, einem glühend antibonapartistischen Publizisten. Napoleon, der von diesen Zusammenkünften erfuhr, zog den Schluß, sie versuche, den Frieden zu stören, den er kürzlich im Juli in Tilsit unterzeichnet hatte. In Weimar fand sie weder Schiller (der 1805 gestorben war) noch Goethe. Sie reiste weiter nach Gotha und Frankfurt; dann, plötzlich erkrankt und deprimiert, eilte sie zurück nach Coppet.

Vielleicht hatte diese Andeutung der Vergänglichkeit Anteil an ihrer Hinwendung zum Mystizismus. Schlegel trug auch dazu bei, doch ein viel stärkerer Einfluß kam von der asketischen Julie von Krüdener und dem wollüstigen Dramatiker Zacharias Werner, die sich beide 1808 vorübergehend in Coppet aufhielten. Bis zum Oktober dieses Jahres waren Gäste wie Sprache vorwiegend deutsch, und die *lumières* der Aufklärung hatten einer mystischen Religion Platz gemacht. «Es gibt auf dieser Erde keine Realität», schrieb Germaine an O'Donnell, «als Religion und die Macht der Liebe. Alles übrige ist nocht vergänglicher als das Leben selbst.»[46]

In dieser Stimmung schrieb sie *De l'Allemagne.* 1810 war das Buch beinahe abgeschlossen, und sie sehnte sich danach, in Paris zu sein, um es dort drucken zu lassen. In einem unterwürfigen Brief an Napoleon schrieb sie, daß «acht Jahre (Exil und) Trübsal jeden Charakter verändern und das Schicksal Resignation lehrt». Sie beabsichtigte, in die Vereinigten Staaten zu reisen; sie beantragte einen Paß und die Erlaubnis zu einem Interimsaufenthalt in Paris. Der Paß wurde genehmigt, die Aufenthaltserlaubnis versagt.[47] Trotzdem zog sie im April 1810 mit ihrer Familie und Schlegel nach Chaumont (in der Nähe von Blois), von wo aus sie den Druck ihres dreibändigen Manuskripts in Tours überwachte. Im August zog sie in das benachbarte Fossé um.

Die Abzüge der ersten beiden Bände legte der Drucker Nicolle den Zensoren in Paris vor. Sie genehmigten die Veröffentlichung nach Streichung einiger unwichtiger Sätze. Nicolle druckte fünftausend Exemplare und schickte einige davon an einflußreiche Leute. Am 3. Juni wurde der wohlwollende Fouché als Polizeiminister entlassen. Sein Nachfolger wurde der rigorose René Savary, Herzog von Rovigo. Am 25. September überbrachte Juliette Récamier dem Zensor die Abzüge des dritten Bandes und Königin Hortense ein vollständiges Probeexemplar zur Weiterleitung – mit einem Brief der Verfasserin – an den Kaiser. Savary entschied, offensichtlich mit Napoleons Einverständnis, das Buch sei so unvorteilhaft für Frankreich und seinen Herrscher, daß seine Verbreitung nicht gestattet werden könne. Er befahl dem Drucker, die Veröffentlichung einzustellen und übermittelte am 3. Oktober Madame de Staël eine strikte Aufforderung, sie habe sofort ihre erklärte Absicht einer Reise nach Amerika auszuführen. Am 11. Oktober drang eine Abteilung Gendarmen in die Druckerei ein, zerstörte die Druckplatten und transportierte alle vorhandenen Exemplare ab; sie wurden später eingestampft. Andere Polizisten verlangten die Herausgabe des Manuskripts; Germaine gab ihnen das Original, doch ihr Sohn Auguste verbarg und rettete ein Exemplar. Die Autorin entschädigte den Drucker für seine Verluste und floh nach Coppet.

«Über Deutschland», das 1813 veröffentlicht wurde, ist ein ernsthafter Versuch, in Kürze und mit Sympathie einen Überblick über sämtliche Aspekte der deutschen Kultur zur Zeit Napoleons zu geben. Daß eine Frau mit so vielen Interessen und Verehrern Muße, Energie und Kompetenz für ein derartiges Unternehmen aufgebracht hat, ist eines der Wunder dieser aufregenden Zeit. Die internationalen Freundschaften ihrer schweizer Vergangenheit, ihre Heirat mit einem Baron Holstein, ihr ererbter Protestantismus und ihr Haß gegen Napoleon machten sie bereit, Deutschland in nahezu jeder Hinsicht in Schutz zu nehmen, seine Vorzüge als indirekte Kritik an Napoleon und der Tyrannei hervorzuheben und seine Kultur als reich an Gefühl, Empfindsamkeit und Religion und daher wohlgeeignet als Korrektiv für den Intellektualismus, Zynismus und Skeptizismus, der im literarischen Frankreich gang und gäbe war, zu präsentieren.

Seltsamerweise machte sie sich nichts aus Wien, obwohl es doch wie sie selbst gleichzeitig froh und traurig war – froh mit Wein und Unterhaltung, traurig über die Sterblichkeit der Liebe und die fortgesetzten Siege Napoleons. Es war katholisch und in Musik, Kunst und seinem fast kindlichen Glauben dem Süden zugehörig. Sie war Protestantin und gehörte zum Norden, schwer von Essen und Sentimentalität, und plagte sich mit philosophischen Problemen ab. Hier gab es keinen Kant, hier herrschte Mozart. Keine hitzigen Kontroversen, kein Feuerwerk des Geistes, sondern die einfachen Vergnügungen von Freunden und Verliebten, Eltern und Kindern, man promenierte im Prater und sah dem ruhigen Strömen der Donau zu.

Selbst die Deutschen verwirrten sie: «Ofenwärme, Bierdunst und Tabaksqualm hüllen die einfachen Leute in eine dicke und heiße Atmosphäre, der sie nie zu entkommen trachten.»[48] Sie beklagte die monotone Einfachheit der deutschen Kleidung, die vollständige Gewöhnung der Männer an ein häusliches Leben, die Bereitwilligkeit, sich einer Autorität zu unterwerfen. «Die Trennung in Klassen ... ist in Deutschland ausgeprägter als irgendwo anders ... Jedermann bewahrt seinen Rang, seinen Platz, ... als wäre er in diese Stellung hineingeboren.»[49] Sie vermißte in Deutschland die wechselseitige Befruchtung von Aristokraten, Schriftstellern, Künstlern, Generalen, Politikern, die sie bei der französischen Gesellschaft gefunden hatte. Hier «haben die Adligen wenig für Ideen übrig, die Schriftsteller zu wenig Praxis in geschäftlichen Dingen»[50], die herrschende Klasse bleibt feudalistisch, die intellektuelle verliert sich in luftigen Träumen. Hier zitierte Madame Jean Paul Richters berühmten Ausspruch: «Die Herrschaft der Meere gehört den Engländern, die des Festlandes den Franzosen und die der Luft den Deutschen.»[51] Sachlich fügte sie hinzu: «Die Erweiterung des Wissens in der modernen Zeit führt zu einer Schwächung des Charakters, wenn er nicht durch die Gewöhnung an Geschäfte und das Training des Willens gestärkt wird.»[52]

Sie bewunderte die deutschen Universitäten als die zu dieser Zeit besten der Welt. Doch sie beklagte die Anhäufung von Konsonanten in der deutschen Sprache und stieß sich an Länge und Bau der deutschen Sätze, die das bestimmende Verbum ans Ende stellen und so eine Unterbrechung schwierig machen[53]; Unterbrechungen aber, meinte sie, seien das Leben der Unterhaltung. Sie fand in Deutschland zu wenig der lebhaften, aber höflichen Debatten, die für den Pariser Salon charakteristisch sind. Dies, meinte sie, läge am Fehlen einer nationalen Hauptstadt, wo sich die Geister des Landes finden könnten[54] sowie zum Teil auch an der deutschen Gewohnheit, die Damen sich nach der Tafel zurückziehen zu lassen, wenn die Männer begannen, zu rauchen und sich zu unterhalten. «In Berlin machen die Männer kaum Konversation, außer untereinander; der Soldatenstand bringt eine Art von Ungeschliffenheit mit sich, die sie an der Gesellschaft von Damen wenig Gefallen finden läßt.»[55] In Weimar allerdings waren die Damen kultiviert und liebenswürdig, die Soldaten achteten auf ihre Manieren, und der Herzog wußte, daß seine Dichter ihm einen Platz in der Geschichte verschaffen würden. «Die Repräsentanten der deutschen Literatur ... bilden in vieler Hinsicht die hervorragendste Versammlung, welche uns die aufgeklärte Welt zu bieten hat.»[56]

Es fiel unserer Führerin nicht ganz leicht, die Feinheiten deutscher Dichtung und sogar deutscher Prosa zu würdigen; sie war an französische Klarheit gewöhnt und empfand teutonische Tiefe als gelehrte Unverständlichkeit. Trotzdem ergriff sie die Partei der Deutschen in der romantischen Revolte gegen klassische Vorbilder und Beschränkungen. Den klassischen Stil definierte sie als auf den Klassikern des alten Griechenland und Rom basierend; im Gegensatz dazu erwuchs die romantische Literatur aus christlicher Theologie und Gesinnung und senkte ihre Wurzeln in die Poesie der Troubadours, die Ritterromane, die Mythen und Balladen des frühen mittelalterlichen Nordens. Im Grunde lag vielleicht die Grenzlinie bei der klassischen Unterordnung des Ich unter die Wirklichkeit und der romantischen Unterordnung der Wirklichkeit unter das Ich.

Aus diesem Grunde schätzte Madame de Staël die deutsche Philosophie trotz ihrer Schwierigkeit, denn diese legte, wie sie selbst, den Nachdruck auf das Ich und sah im Ichbewußtsein ein größeres Wunder als in allen Umwälzungen der Wissenschaft. Sie lehnte die Psychologie Lockes und Condillacs ab, die alles Wissen auf Sinneswahrnehmungen reduzierten und so alle Ideen zu Wirkungen äußerer Objekte machten; dies führte nach ihrer Ansicht unausweichlich zum Materialismus und Atheismus. In einem der längsten Kapitel ihres Buches unternahm sie es, mit maßvollen Einschränkungen das Wesentliche von Kants «Kritiken» herauszuarbeiten: Diese postulierten den Geist als aktiven Teilnehmer beim Erkennen der realen Außenwelt, den freien Willen als aktives Element in der Bestimmung des Handelns und das sittliche Bewußtsein als fundamentalen Bestandteil der Moral. Durch diese Theoreme hatte nach ihrer Ansicht «Kant mit fester Hand die Herrschaftsbereiche der Seele und der Sinne getrennt»[57] und so einen wirksamen Moralkodex als philosophische Basis des Christentums gelegt.

Obwohl sie das sechste Gebot wieder und wieder verletzt hatte, war Madame überzeugt, daß keine Kultur ohne Moral überleben könne und kein Moralkodex ohne religiösen Glauben auskommen. Über Religion zu diskutieren, meinte sie, sei eine heimtückische Sache: «Die Vernunft gibt kein Glück zurück für das, was sie nimmt.»[58] Religion ist «der Trost des Elends, der Reichtum der Armen und die Hoffnung der Sterbenden».[59] In diesem Punkt stimmten der Kaiser und die Baronin überein. Daher zog sie den aktiven Protestantismus Deutschlands dem geheuchelten Katholizismus der französischen Oberklasse vor; sie erschauerte unter den mächtigen Hymnen, die aus deutschen Kehlen in Chören, zu Hause und auf den Straßen erklangen und sah verächtlich herab auf die französische Art, sich nur für die Börsenkurse zu interessieren und die Armen der Barmherzigkeit Gottes zu überlassen.[60] Sie fand gute Worte für die Herrnhuter. Ihr Schlußkapitel war ein Plädoyer für einen mystischen «Enthusiasmus», ein innerliches Bewußtsein eines allgegenwärtigen Gottes.

Alles in allem, mit gewissen, durch Temperament und Zeit bedingten Einschränkungen, war «Über Deutschland» eines der herausragenden Bücher der Epoche, ein kühner Sprung von *Corinne* zu Kant. Napoleon wäre gut beraten gewesen, es mit allgemein gehaltenem Lob zu entschärfen, als ausgezeichnet für eine Frau, die den Schwierigkeiten des Regierens kein Verständnis entgegenbrachte. Sie hatte die Zensur scharf kritisiert, aber Frankreich das Buch vorzuenthalten, hieß sie berühmt zu machen und zu stärken. Sie hatte auf vielen Seiten Deutschland auf Kosten Frankreichs gepriesen, doch hatte sie umgekehrt auch oft Frankreich auf Kosten Deutschlands gelobt, und viele Passagen enthüllten ihre Liebe zu ihrem verbotenen Geburtsland. Sie hatte schwer verständliche Gegenstände leichthin behandelt, aber sie wünschte eine breite Leserschaft in Frankreich zu interessieren und so die internationale Verständigung zu fördern. Sie forderte eine wechselseitige Befruchtung der Kulturen, die Napoleons Vereinigung des Rheinbundes mit Frankreich unterstützt hätte. Sie schrieb intelligent, manchmal witzig[61] und bereicherte ihre Darlegungen mit erhellenden Feststellungen und Gedanken. Letzten Endes entschleierte sie Deutschland für Frankreich, wie es Coleridge und Carlyle bald für England tun sollten. «Dieses Buch», sagte Goethe, «muß als mächtige Maschine betrachtet werden, die eine weite Bresche in die Chinesische Mauer antiquierter Vorurteile riß, welche die beiden Länder getrennt hat, so daß jenseits des Rheins und später des Kanals wir (Deutschen) besser bekannt wurden, ein Umstand, der dazu führen sollte, uns großen Einfluß in ganz Westeuropa zu verschaffen.»[62] Sie war «eine gute Europäerin».

5. Der unvollkommene Sieg

Nur ein anderer Autor kann verstehen, was es für Germaine de Staël bedeutete, daß das krönende Werk ihres Lebens und Denkens in Coppet versteckt bleiben mußte, so tot wie ein bei der Geburt ersticktes Kind. Sie entdeckte, daß ihr Heim von Agenten des Kaisers umgeben war, daß einige ihrer Dienstboten bestochen waren, über sie zu berichten und daß jeder Freund, der sie zu besuchen wagte, für die kaiserliche Vergeltung notiert wurde. Notabeln, deren Leben und Vermögen sie während der Revolution gerettet hatte, sahen sich jetzt vor, in ihre Nähe zu kommen.[63]

Zweierlei tröstete sie. 1811 lernte sie Albert Jean Rocca kennen, damals knapp dreiundzwanzig, einen kriegsversehrten Leutnant. Er war lahm und litt an Tuberkulose. Er verliebte sich in die heroische Germaine, die zu dieser Zeit fünfundvierzig war, körperlich reizlos, moralisch mangelhaft, geistig brillant und nicht ohne finanziellen Reiz. «John» umwarb sie und machte sie nochmals zur Mutter. Germaine begrüßte die neue Liebe, weil sie dem Alter trotzte und es hinauszögern wollte. Der andere Trost war ihre Hoffnung, daß sie, wenn sie nach Schweden oder England gelangen könnte, dort einen Verleger für ihr Meisterwerk finden werde. Doch sie konnte nicht durch irgendein unter Napoleons Botmäßigkeit stehendes Land nach Schweden reisen. Sie entschloß sich, ihr Manuskript heimlich durch Österreich, dann durch Rußland nach St. Petersburg und schließlich nach Stockholm zu bringen, wo Prinz Bernadotte ihr helfen würde. Es fiel ihr nicht leicht, das Heim, das sie berühmt gemacht hatte, das Grab ihrer Mutter, der sie jetzt vergeben konnte und das ihres Vaters, der für sie noch immer in der Politik ein Weiser und in Finanzdingen ein Heiliger war, zu verlassen. Am 7. Mai 1812 brachte sie Roccas Sohn zur Welt, der einer Kinderpflegerin zur Betreuung übergeben wurde. Am 23. Mai 1812 reiste sie, sich allen Spionen entziehend, begleitet oder gefolgt von ihrer Tochter Albertine, ihren beiden Söhnen, ihrem alten Liebhaber Schlegel und ihrem neuen, Rocca, nach Wien. Dort hoffte sie einen Paß für Rußland zu bekommen und dann ihren Weg nach St. Petersburg zu machen, um dort einem gutaussehenden, ritterlichen und liberalen Zaren zu begegnen. Am 22. Juni überschritt Napoleon mit 500 000 Mann die Memel in Richtung Rußland, wo er hoffte, mit einem geschlagenen und zerknirschten Zaren zusammenzutreffen.

Germaine erzählte die Geschichte dieser Reise in ihrem Buch «Zehn Jahre Exil». Wenn man heute dieses seltsame Zusammentreffen von Wünschen und Ereignissen betrachtet, staunt man über den Mut, der diese gequälte Frau durch tausend Hindernisse und ein angeblich barbarisches Volk nach Schitomir in Russisch-Polen führte, mit nur acht Tagen Vorsprung vor Napoleons Truppen.[64] Sie eilte weiter nach Kiew und dann nach Moskau, wo sie sich, das Schicksal herausfordernd, aufhielt, um den Kreml zu besichtigen, Kirchenmusik zu hören und die Lokalgrößen auf dem Gebiet der Wissenschaft und Literatur zu besuchen. Schließlich, einen Monat vor Napoleons Eintreffen, reiste sie über Nowgorod nach St. Petersburg weiter.

Überall in den Städten an ihrem Wege wurde sie als distinguierte Bundesgenossin im Krieg gegen den Eindringling empfangen. Sie schmeichelte dem Zaren als der Hoffnung des europäischen Liberalismus. Zusammen planten sie, Bernadotte zum König von Frankreich zu machen.

Im September erreichte sie Stockholm, wo sie sich bemühte, Bernadotte zum Anschluß an die Koalition gegen Napoleon zu bewegen.[65] Nach einem Aufenthalt von acht Monaten in Schweden schiffte sie sich nach England ein. London begrüßte sie als die erste Frau Europas; Byron und andere Berühmtheiten kamen, um ihren Respekt zu bezeugen, und sie hatte keine Schwierigkeiten, sich mit Byrons Verleger John Murray über die lange verzögerte Herausgabe ihres Buches zu verständigen (Oktober 1813). Sie blieb in England, während die Alliierten Napoleon bei Leipzig besiegten, in Paris einmarschierten und Ludwig XVIII. auf den Thron setzten. Dann (12. Mai 1814) überquerte sie den Kanal, eröffnete nach zehnjährigem Exil ihren Pariser Salon wieder und spielte die Gastgeberin für Würdenträger aus einem Dutzend Ländern, Alexander, Wellington, Bernadotte, Canning, Talleyrand, Lafayette. Constant stieß wieder zu ihr, und Madame Récamier glänzte aufs neue. Germaine drängte Alexander, sich seiner liberalen Erklärungen zu erinnern. Alexander und Talleyrand überredeten Ludwig XVIII., seinen wiedergewonnenen Untertanen eine Zweikammerverfassung nach britischem Muster zu «gewähren»; so wurde Montesquieus Wunsch doch erfüllt. Doch Madame schätzte das Wort «gewähren» nicht; sie wollte, daß der König die Souveränität des Volkes anerkenne. Im Juli 1814 kehrte sie nach Coppet zurück, triumphierend und stolz, doch in der Vorahnung ihres baldigen Todes.

Ihre Abenteuer, ihre Kämpfe, selbst ihre Siege hatten ihre erstaunliche Vitalität an den Rand der Erschöpfung gebracht. Trotzdem pflegte sie den sterbenden Rocca, traf die Vorbereitungen für die Hochzeit ihrer Tochter mit dem Duc de Broglie und begann mit der Arbeit an ihrem glänzenden Schwanengesang, den sechshundert Seiten der *Considérations sur les principaux événements de la Révolution française*. Der erste Teil enthielt eine Verteidigung der Politik Neckers, der zweite brandmarkte den Despotismus Napoleons. Jede seiner Handlungen nach seiner Machtergreifung erschien ihr als ein weiterer Schritt zur Tyrannei, wie auch seine Kriege nur zur Festigung und Entschuldigung für seinen Absolutismus dienten. Vor Stendhal, lange vor Taine, verglich sie Napoleon «mit den italienischen Despoten des vierzehnten und fünfzehnten Jahrhunderts».[66] Er hatte Machiavellis Regierungsprinzipien gelesen und sich zu eigen gemacht, ohne eine vergleichbare Liebe für sein Land zu fühlen. Frankreich war in Wirklichkeit nicht sein Vaterland, es war sein Sprungbrett. Religion war für ihn nicht die demütige Anerkennung eines Höchsten Wesens, sondern ein Instrument zur Erringung der Macht. Männer und Frauen waren für ihn nicht beseelte Wesen, sondern Werkzeuge.[67] Er war nicht blutdürstig, doch stets gleichgültig gegenüber dem Morden, das seinen Siegen voranging. Er besaß die Brutalität eines *condottiere*, doch nie die Manieren eines Gentleman. Und dieser gekrönte Plebejer warf sich zum Richter auf über jegliches Reden und Denken, über die Presse, die letzte Zuflucht der Freiheit und über die Salons, die in Frankreich Zitadellen der freien Meinungsäußerung waren. Er war nicht der Sohn der Revolution – und wenn, dann war er ein Muttermörder.[68]

Als sie erfuhr, daß ein Komplott zur Ermordung des entthronten Kaisers geschmiedet wurde, beeilte sie sich, seinen Bruder Joseph davon in Kenntnis zu setzen und bot sich an, nach Elba zu reisen und ihren gestürzten Feind zu beschützen. Napoleon sandte ihr einige Zeilen der Anerkennung. Als er von Elba zurückkehrte und Frankreich ohne Schwertstreich wieder einnahm, konnte sie nicht umhin, seinen Mut zu bewundern: «Ich will mich nicht in Tiraden gegen Napoleon verlieren. Er tat, was für die Wiederaufrichtung seines Thrones notwendig war, und sein Marsch von Cannes nach Paris war eine der verwegensten Taten, welche die Geschichte kennt.»[69]

Nach Waterloo zog sie sich endgültig aus der politischen Arena zurück. Ihr mißfiel die Besetzung Frankreichs durch fremde Truppen ebenso wie die Eile des alten Adels, Land, Reichtum und Macht wieder in seinen Besitz zu bringen. Allerdings nahm sie von Ludwig XVIII. gerne die 20 Millionen Francs entgegen, die das französische Schatzamt Necker oder seinen Erben für sein Darlehen schuldete. Am 10. Oktober 1816 wurde sie in aller Stille mit Rocca getraut. Am 16. Oktober reisten sie, obwohl beide leidend, nach Paris, und Germaine öffnete ihren Salon wieder. Es war ihr letzter Triumph. Die berühmtesten Leute kamen, die sich in Paris aufhielten: Wellington aus England, Blücher und Wilhelm von Humboldt aus Preußen, Canova aus Italien. Und hier begann Chateaubriands Idyll mit Madame Récamier. Doch Germaines Gesundheit verschlechterte sich rasch, und ihre Enttäuschung über die Restauration wuchs, als die Royalisten begannen, jede Spur der Revolution aus dem politischen Leben Frankreichs auszutilgen. Dies war nicht der Traum, den sie geträumt hatte. Ihre *Considérations* definierten den Despotismus als die Vereinigung sowohl der exekutiven wie der legislativen Gewalt in einer Person und forderten eine ausschließlich vom souveränen Volk gewählte Nationalversammlung.

Sie erlebte die Veröffentlichung dieses Buches nicht. Ihr Körper, von Leidenschaften geschwächt, von Drogen vergiftet, nur noch nach steigenden Dosen Opium fähig zu schlafen, brach beim Bemühen, mit ihrem Geist Schritt zu halten, zusammen. Am 21. Februar 1817, als sie gelegentlich eines von einem Minister Ludwigs XVIII. gegebenen Empfangs die Treppen hinaufstieg, schwankte sie und stürzte, von einem Gehirnschlag getroffen. Drei Monate lang lag sie auf dem Rücken, unfähig sich zu bewegen. Sprechen konnte sie noch und mußte ihre Schmerzen bei wachem Bewußtsein erleiden. Auf ihr Drängen übernahm ihre Tochter die Rolle der Gastgeberin im Salon. «Ich bin immer die gleiche gewesen, stark gefühlsbetont und kummervoll», sagte sie zu Chateaubriand. «Ich habe Gott, meinen Vater und die Freiheit geliebt.»[70] Sie starb am 14. Juli 1817, dem Jahrestag des Sturmes auf die Bastille. Sie war noch keine einundfünfzig. Vier Jahre später starb ihr großer Feind, noch keine zweiundfünfzig Jahre alt.

Wir können Macaulay beipflichten, daß sie «die größte Frau ihrer Zeit»[71] und der größte Name der französischen Literatur zwischen Rousseau und Chateaubriand war. Ihr Werk ist seinen Zielen und seinem Umfang nach höher einzustufen als in der literarischen Qualität, und ihr Denken war eher universell als tief. Sie teilte manche Eigenschaften mit ihrem erwählten Gegner: kraftvolle Persönlichkeit, Mut gegen übermächtige Gegner, allesbeherrschende Energie, Machtbewußtsein und Intoleranz gegenüber abweichenden Meinungen. Ihr fehlte jedoch sein realistischer Sinn, und ihre Vorstellungskraft war, wie ihre Romane zeigen, kindlich romantisch, verglichen mit der Reichweite seiner politischen Träume. Lassen wir ihn aus der Perspektive seiner insularen Isolierung das Resümee ziehen: «Das Haus Madame de Staëls wurde zu einem richtigen Arsenal gegen mich. Männer kamen zu ihr, um sich Waffen als Ritter in ihrem Streit zu holen ... Und doch muß man letzten Endes sagen, daß sie eine Frau mit sehr viel Talent, ausgeprägter Individualität und großer Charakterstärke war. Sie wird fortdauern.»[72]

III. BENJAMIN CONSTANT: 1767–1816

Es gab zwei Constants in Napoleons stürmischem Leben: Seinen Kammerdiener Véry Constant, der über das Privatleben des großen Diktators umfangreiche Memoiren schrieb und damit ein altes Sprichwort widerlegte, und Benjamin Constant de Rebecque, der, in der Schweiz geboren, in einem Dutzend Städten aufgewachsen und schließlich in Frankreich zu Ansehen gelangt, seinen Lebensweg dermaßen mit unbezahlten Schulden, verlassenen Mätressen und politischen Purzelbäumen besäte, daß es kaum sinnvoll wäre, sich hier mit ihm zu befassen, wäre er nicht in mancherlei Kämpfen eng mit der Geschichte in Berührung gekommen, von bemerkenswerten Frauen bis zum Wahnsinn geliebt worden und fähig gewesen, seine Irrungen mit Eloquenz, Scharfblick und Unparteilichkeit zu schildern, die uns bei der Erkenntnis unserer eigenen von Nutzen sein können.

Über die ersten zwanzig Jahre seines Lebens berichtete er in einem *Cahier rouge*, einem roten Notizbuch; über die nächsten zwanzig in einem kurzen Roman, *Adolphe*; über die Jahre 1804–1816 in einem *Journal intime*, das von Paris über Coppet nach Weimar und London führt und fesselnde Schlaglichter auf Geschichte, Literatur, Psychologie und Philosophie seiner Zeit wirft. Zu seinen Lebzeiten wurde lediglich *Adolphe* veröffentlicht (London 1816). Das *Journal* blieb Manuskript bis 1887, das *Cahier* bis 1907. Diese zerstreuten Glieder machen, zusammen mit zahllosen zeitgenössischen Verweisen, Constant aus, wie wir ihn heute sehen.

Er entstammte einer adeligen schweizerisch-deutschen Familie, die ihren Stammbaum über 800 Jahre zurückführte. Wir brauchen nicht weiter zurückzugehen als bis zu seinem Vater, der mit seinen eigenen Sünden so beschäftigt war, daß ihm wenig Zeit blieb, die seines Sohnes zu überwachen. Baron Arnold Juste Constant de Rebecque war Offizier in einem Schweizer Regiment im Dienst der Generalstaaten

Die Zusammenkunft Napoleons I. mit Friedrich Wilhelm III. von Preußen und dessen ▶
Gemahlin, Königin Luise, in Tilsit im Juli 1807 (zeitgenössische Lithographie).

PRISE DU TROCADERO, EN 1823
PAR S. A. R. M.ᴳ.ᴿ LE DUC
D'ANGOULÊME.

PRISE DE MADRID, EN 1823, PAR
S. A. R. M.ᴳ.ᴿ LE DUC
D'ANGOULÊME.

REDDITION DE CADIX EN 1823
PAR S. A. R. M.ᴳ.ᴿ LE DUC
D'ANGOULÊME.

COMBAT DE NAVARIN

DÉROUTE DES ESP.ᴸˢ DEVANT BARCELONNE, PAR S. A. R. M.ᴳ.ᴿ LE DUC
D'ANGOULÊME.

PRISE DE LA VILLE DE MATARO
PAR S. A. R. M.ᴳ.ᴿ LE DUC
D'ANGOULÊME.

der Niederlande. Er war hübsch, belesen, ein Freund Voltaires. Anfang 1767 heiratete er Henriette de Chandieu, eine Dame französisch-hugenottischer Abstammung. Sie war damals fünfundzwanzig, er vierzig. Am 25. Oktober brachte sie in Lausanne Benjamin zur Welt; eine Woche später starb sie, die erste von vielen Frauen, die unter seinen Eskapaden zu leiden hatten. Der Vater vertraute den Knaben verschiedenen, ohne Sorgfalt ausgesuchten Erziehern an. Einer versuchte, ihn durch Verzärtelung und Schläge zu einem Wunderkind im Griechischen zu machen. Als die Prügel Benjamins Gesundheit gefährdeten, wurde er einem zweiten Erzieher übergeben, der ihn in ein Brüsseler Freudenhaus führte. Sein dritter Hauslehrer vermittelte ihm gute Kenntnisse in Musik und verließ sich im übrigen darauf, daß er sich durch Lesen selbst bilden würde. Benjamin las acht bis zehn Stunden am Tag, wobei er seine Augen ebenso wie seinen Glauben ruinierte.[73] Er verbrachte ein Jahr an der Universität Erlangen, dann kam er nach Edinburgh, wo er das letzte Aufflakkern der schottischen Aufklärung miterlebte. Hier aber ergab er sich dem Spiel, das bei der Zerrüttung seines Lebens, nach dem Sex, die zweite Rolle spielte. Nach Abenteuern in Paris und Brüssel ließ er sich in der Schweiz nieder und begann eine Geschichte der Religion unter dem Gesichtspunkt der Überlegenheit des Heidentums über das Christentum zu schreiben.

Er wanderte von Frau zu Frau, von einem Spielkasino ins andere, bis schließlich sein Vater (1785) einen Aufenthalt in Paris im Kreise der Familie von Jean Baptiste Suard, einem gelehrten und freundlichen Literaturkritiker, für ihn arrangierte.

Ich wurde von seinem Kreis voll akzeptiert. Mein Geist, dem es damals völlig an Solidität und Akkuratesse gebrach, produzierte amüsant treffende Wendungen. Mein Wissen – recht unzusammenhängend, doch dem der meisten Schriftsteller der jungen Generation überlegen – und die Originalität meines Charakters erschienen überraschend und interessant ... Wenn ich mich an die Dinge erinnere, die ich damals zu sagen pflegte und die betonte Geringschätzung, die ich gegen jedermann zur Schau trug, kann ich mir kaum vorstellen, wieso man mich geduldet hat.[74]

Im Jahre 1787 begegnete er «der ersten Frau von überlegener Intelligenz, die ich bisher kennengelernt hatte». «Zélide» – das war Isabella van Tuyll – war die schwierige *pièce de résistance* während Boswells Aufenthalt in Holland gewesen. Sie hatte ihn und andere abgewiesen, um den Erzieher ihres Bruders zu heiraten und lebte jetzt mit ihm in unzufriedener Resignation in dem Städtchen Colombier am Lac de Neuchâtel. Als Constant sie kennenlernte, war sie in Paris, wo sie die Korrekturen ihres Romans *Caliste* durchsah. Sie war schon siebenundvierzig, doch für den neunzehnjährigen Schwerenöter besaß sie den Charme einer Frau, die körperlich noch reizvoll und intellektuell brillant war, dazu in einem Grade blasiert, daß dagegen sein eigener stolzer Intellektualismus kindisch aufgeblasen erschien. «Ich erinnere mich noch mit Rührung an die Tage und Nächte, die wir zusammen verbracht haben, während wir Tee tranken und mit nie erlahmendem Eifer über jeden nur denkbaren Gegenstand diskutierten.» Als sie nach Colombier zurückkehrte, schlug er seinen Wohnsitz im nahe gelegenen Lausanne auf. Ihr Gatte

◀ *Radierungen zur Verzierung von Tabakdosendeckeln für die französische Aristokratie,*
die Darstellungen von der siegreichen französischen Armee in Spanien 1808/1809 zeigen.

nahm irrtümlich an, der Altersunterschied würde Zélide und Constant auf eine Freundschaft beschränken. Sie machte sich mit Begeisterung daran, Benjamin in den Listen der Weiber und den Lügen der Männer zu unterweisen. «Wir berauschten uns gegenseitig an unserem Spott und unserer Verachtung der Menschheit.»[75]

Sein Vater unterbrach diesen halbintellektuellen Zeitvertreib, indem er ihn nach Braunschweig schickte, um dort dem Herzog als Hofbeamter zu dienen, der bald eine Armee gegen die Französische Revolution anführen sollte. Bei den Hoffestlichkeiten ging er in das zarte Garn der Baronesse Wilhelmina von Cramm, heiratete sie (8. Mai 1789), fand die Häuslichkeit langweiliger als den Flirt und kam zu dem Schluß, Minna habe mehr übrig für «Katzen, Hunde, Vögel, Freunde und einen Liebhaber» als für ihren angetrauten Gatten. Er reichte die Scheidung ein. Nach Beendigung dieser Bindung faßte er eine Leidenschaft für Charlotte von Hardenberg, Gattin des Baron Marenholz. Sie weigerte sich, mit Benjamin die Ehe zu brechen, erklärte sich aber bereit, ihn zu heiraten, sobald sie von dem Baron geschieden sein würde. Durch den Gedanken an eine zweite Ehe erschreckt, floh Constant nach Lausanne (1793) und Colombier, wo Zélide seine Erziehung fortsetzte. Er war jetzt sechsundzwanzig, und sie meinte, er solle die Freude an der Abwechslung für die Ruhe einer Gemeinsamkeit eintauschen. Sie sagte zu ihm: «Wüßte ich eine junge robuste Person, die Sie so sehr liebte wie ich und nicht dümmer wäre als ich, wäre ich so großzügig zu sagen, gehen Sie zu ihr.»[76] Zu ihrem Erstaunen und Ärger fand er bald diese junge robuste Person.

Am 28. September 1794 begegnete Benjamin auf der Straße zwischen Coppet und Nyon der achtundzwanzigjährigen Germaine de Staël, stieg zu ihr in den Wagen und begann damit eine Komödie von Schwüren, Tränen und Worten, die fünfzehn Jahre dauerte. Er hatte noch nie eine Frau mit einem so fruchtbaren Intellekt, einem so starken Willen und noch stärkeren Leidenschaften und Gefühlen gekannt. Gegen diese Kräfte war er völlig hilflos, denn er hatte durch seine vernachlässigte und zersplitterte Jugend an Charakter eingebüßt und seine natürliche Vitalität durch unwürdige und sinnlose Ausschweifungen geschädigt. Auch in diesem Fall wurde sein rascher Triumph zu einer Niederlage, denn obwohl sie ihn als Liebhaber akzeptierte und ihn im Glauben ließ, er habe Albertine gezeugt, überredete sie ihn, mit ihr zusammen an einem unbekannten Datum ein Treuegelöbnis zu unterschreiben, das ihn, unterstützt von seinen Schulden bei ihr, auch noch in seelischer Abhängigkeit hielt, nachdem beide andere Partner für ihre Betten gefunden hatten.

Wir geloben, einander unser Leben zu weihen. Wir erklären, daß wir uns unauflöslich aneinander gebunden fühlen, daß wir für immer und in jeder Hinsicht ein gemeinsames Schicksal teilen wollen, daß wir niemals eine andere Bindung eingehen und die Bande, die uns jetzt verbinden, verstärken werden, sobald es in unserer Macht liegt.

Ich erkläre, daß ich diese Verpflichtung ehrlichen Herzens eingehe, daß ich auf der Welt nichts so Liebenswertes kenne, wie Madame de Staël, daß ich während der vier Monate, die ich mit ihr verbracht habe, der glücklichste aller Männer war und daß ich es als das größte Glück meines Lebens betrachte, sie in ihrer Jugend glücklich zu machen, friedlich an ihrer

Seite alt zu werden und mein Ende zusammen mit der Seele zu erreichen, die mich versteht und ohne die das Leben auf dieser Erde für mich kein Interesse mehr hätte.

Benjamin Constant[77]

Er begleitete sie 1795 nach Paris, richtete seine politische Tätigkeit nach der ihren aus, unterstützte das Direktorium, begrüßte Napoleons *coup d'état* als vom Zustand Frankreichs erzwungen und machte sich zum Sprachrohr sowohl ihrer als auch seiner Ansichten, als er von Napoleon zum Mitglied des Tribunats ernannt wurde. Sobald jedoch Napoleon die ersten Anzeichen seines Strebens nach der absoluten Macht erkennen ließ, traten die Liebenden vereint in Opposition gegen ihn. Sie in ihrem Salon, er in seiner Jungfernrede (5. Januar 1800), in welcher er das Recht des Tribunats auf ungehinderte Diskussion verfocht. Er gewann den Ruf eines kraftvollen Redners, wurde aber zur Auswechselung zum nächstmöglichen Zeitpunkt (1802) bei der periodischen Umbesetzung des Tribunats vornotiert. Als das Liebespaar seinen Feldzug trotzdem fortsetzte, verbannte Napoleon beide aus Paris.

Constant ging mit ihr nach Coppet, obgleich ihre Beziehungen offensichtlich platonisch geworden waren. «Ich brauche Frauen», sagte er zu sich selbst, «und Germaine ist nicht sinnlich».[78] Er trug ihr die Ehe an, doch sie lehnte ab mit der Begründung, eine solche Heirat würde ihrer gesellschaftlichen Stellung und den Heiratsaussichten ihrer Tochter schaden. Im September 1802 verliebte sie sich in Camille Jordan. Sie lud ihn ein, sie auf ihre Kosten nach Italien zu begleiten und schwur, «alles mit Ihnen zu vergessen, den ich von ganzer Seele liebe».[79] Jordan lehnte ab. Im April 1803 begab sich Constant von Coppet aus auf ein Landgut, das er in der Nähe von Mafliers, ungefähr dreißig Meilen von Paris entfernt, gekauft hatte. Im Herbst zog Germaine auf die Gefahr hin, sich erneut Napoleons Unwillen zuzuziehen, mit ihrer Familie in ein Landhaus in Mafliers. Als Napoleon davon erfuhr, befahl er ihr, seiner Order zu gehorchen, die sie auf 120 Meilen von Paris verbannte. Sie zog es vor, Deutschland zu besuchen. Constant, erbost über die Strenge des Konsuls und von Germaines Kummer gerührt, entschloß sich, sie zu begleiten.

Er betreute sie und ihre Kinder auf der beschwerlichen Reise, war froh, als er Weimar erreichte und ließ sich dort nieder, um an seiner Geschichte der Religion zu arbeiten. Am 22. Januar 1804 begann er, ein *Journal intime* zu führen, mit der fröhlichen Einleitung: «Gerade bin ich in Weimar eingetroffen und hoffe, einige Zeit zu bleiben, denn hier werde ich Bibliotheken, ernsthafte Konversation nach meinem Geschmack und vor allem Ruhe für meine Arbeit finden.»[80] Einige weitere Eintragungen zeigen seine geistige Entwicklung:

23. Januar: Ich arbeite wenig und schlecht, doch zum Ausgleich habe ich Goethe getroffen! Feinheit, Stolz, physische Sensitivität bis an die Grenze des Leidens. Ein bemerkenswerter Geist, schöne Haltung, im Aussehen beginnende Spuren des Alters ... Nach dem Essen plaudere ich mit Wieland – ein französischer Geist, kühl wie ein Philosoph, mild wie ein Dichter ... Herder ist wie ein warmes weiches Bett, in dem man angenehme Träume träumt ...

27. Januar: Johannes von Müller (der Schweizer Historiker) hat mir seinen Plan einer Universalgeschichte erläutert ... Dabei ergab sich eine interessante Frage: die Erschaffung oder Nichterschaffung der Welt. Je nachdem wir diese Frage entscheiden, wird sich das Schicksal der menschlichen Rasse in diametral entgegengesetzter Richtung entwickeln, nämlich wenn Schöpfung, dann Verfall, wenn keine Schöpfung, dann Läuterung ...

12. Februar: Habe Goethes Faust (Teil I) wiedergelesen. Er macht das Menschengeschlecht und alle Wissenschaftler zum Gespött. Die Deutschen finden es beispiellos tief, doch ich für mein Teil ziehe *Candide* vor ...

26. Februar: Ein Besuch bei Goethe ...

27. Februar: Ein Abend mit Schiller ...

28. Februar: Souper mit Schiller und Goethe. Ich kenne niemand auf der Welt, der soviel Humor (*gaieté*), Verfeinerung, Kraft und Weite des Horizonts besitzt wie Goethe.

29. Februar: ... Ich reise morgen nach Leipzig und verlasse Weimar nicht ohne Bedauern. Ich habe hier drei sehr angenehme Monate verbracht. Ich habe studiert, sorgenfrei gelebt und wenig gelitten, mehr verlange ich nicht ...

3. März: Ich besuche das Museum in Leipzig ... Die Bibliothek besitzt 80 000 Bände. Warum sollte ich nicht hier bleiben und arbeiten?...

10. März: Ich habe für sechs Louisdor deutsche Bücher gekauft.[81]

In Leipzig verließ er Madame de Staël und begab sich nach Lausanne, um Verwandte zu besuchen. Er kam gerade rechtzeitig an, um zu erfahren, daß Germaines Vater gestorben war – «der gute Monsieur Necker, so edel, so gütig, so anständig. Er liebte mich. Wer wird nun seine Tochter führen?»[82] Er eilte nach Deutschland zurück in der Hoffnung, ihr die Nachricht schonend beibringen zu können. Er wußte, daß dieser Verlust sie niederschmettern würde. Er kam mit ihr nach Coppet zurück und blieb bei ihr, bis sie ihren Kopf wieder hochzutragen begann.

Sie brauchte ihn am meisten an den Tagen, wenn er sich nach Trennung von ihr sehnte, um frei zu sein, um seine eigene politische und persönliche Karriere zu verfolgen, ohne diese mit ihren Interessen zu verbinden. Er hatte das Gefühl, seine politischen Aussichten ruiniert zu haben, als er sich zum Gefolgsmann in ihrem Krieg gegen Napoleon machen ließ. Im April 1806 analysierte er in seinem Tagebuch die Zerrüttung seiner Willenskraft: «Ich neige ständig dazu, mit Madame de Staël zu brechen, doch jedes Mal, wenn ich mich dazu aufraffen will, findet mich der nächste Morgen in der gegenteiligen Stimmung. Unterdessen halten mich ihr Ungestüm und ihre Unklugheiten in Aufregung und bringen mich ständig in Gefahr. Wir müssen uns trennen ... Es ist meine einzige Chance, ein ruhiges Leben zu führen.»[83] Einen Monat später notiert er in seinem Journal: «Abends eine schreckliche Szene, furchtbare, sinnlose, grausame Worte. Sie ist wahnsinnig, oder ich bin verrückt. Wie wird das enden?»[84]

Wie so viele Schriftsteller, die unfähig sind, das Leben zu meistern, nahm er seine Zuflucht zur Beschreibung. In einer fingierten Erzählung, die zugleich sorgfältig verschleiertes und doch durchsichtiges Bekenntnis war, berichtete er seine Geschichte aus seiner Sicht. Ressentimenterfüllt über Germaines Herrschsucht und Vorwürfe, zornig über sein eigenes, willensschwaches Zögern, schrieb er in fünfzehn

Tagen (Januar 1807) auf hundert Seiten den ersten psychologischen Roman des neunzehnten Jahrhunderts, subtiler und tiefschürfender als die meisten und schonungslos sowohl gegen das Weib als auch gegen den Mann.

Adolphe beschrieb die ziellose Jugend des erdachten Autors, seine fragmentarische Erziehung, seine hastigen und oberflächlichen Liebschaften, seinen Leseeifer, der an Stelle seines Glaubens einen Zynismus setzte, der sich mit der Sinnlosigkeit seines Lebens abquälte. Seine Odyssee verantwortungsloser Amouren steigerte sich zur Katastrophe in der Erzählung von Ellénore, einer Adligen, die Heim, Ehre und Zukunft geopfert hatte, um die Mätresse des Grafen P. zu werden. Adolphe zeichnet den Weg, auf welchem die Gesellschaft – die ihre Ordnung und Stabilität auf Gesetze und Konventionen zur Eindämmung unsozialer Gelüste gründet – mit Klatsch und Verachtung die Frau (viel weniger den Mann) bestraft, die diese schützenden Normen verletzt. Sein Mitleid mit der geächteten Ellénore, seine Bewunderung für ihren Mut, verwandeln sich rasch in Liebe, oder vielleicht zu dem geheimen Wunsch, seinen Stolz durch eine weitere Eroberung zu nähren. Gerade als seine Glut wieder der kühlen Vernunft weicht, gibt sie ihm nach, verläßt den Grafen und sein Geld, zieht in eine bescheidene Wohnung und versucht, sich mit Adolphes Besuchen und seinem Einkommen zufrieden zu geben. Sein Interesse an der Eroberung nimmt im gleichen Maße ab, in dem ihre Anhänglichkeit wächst. Er versucht, sich von ihr zu trennen, sie macht ihm Vorwürfe. Schließlich gehen sie im Streit auseinander. Sie verläßt ihn und verzehrt sich in Armut und mangelndem Lebenswillen. Er kommt zu ihr zurück, nur um sie in seinen Armen sterben zu sehen.

Constant hat sich bemüht, keinerlei Schlüssel zu liefern, der seine fingierten Personen als Bewohner von Coppet enthüllt hätte. Er hatte seine Heldin zur Polin und zu einem unterwürfigen Charakter gemacht und hatte sie in Verzweiflung sterben lassen. Trotzdem identifizierten alle, die mit dem Buch und seinem Verfasser Bekanntschaft machten, ihn mit Adolphe und Madame de Staël mit Ellénore. Constant verzichtete neun Jahre lang auf die Veröffentlichung seines Buches, doch – da Eitelkeit die Vorsicht herabminderte – las er Abschnitte, manchmal das Ganze, seines Manuskripts Freunden vor und endlich Germaine selbst, die am Schluß der Vorlesung in Ohnmacht fiel.

Constant hatte durch die Rückkehr Charlotte von Hardenbergs in sein Leben vorübergehend wieder etwas Kraft gewonnen. Sie war von ihrem ersten Ehemann geschieden und auch des zweiten, des Vicomte du Tertre, müde geworden. Nun nahm sie ihre unterbrochene Beziehung zu Constant wieder auf. Sie heirateten am 5. Juni 1808, doch als Benjamin, um Madame de Staël zu beruhigen, nach Coppet in die Knechtschaft zurückkehrte, reiste Charlotte wieder nach Deutschland. Constant fühlte sich erst wieder frei, als Madame in John Rocca einen neuen Liebhaber entdeckte (1811). Er ließ sich mit Charlotte in der Nähe von Göttingen nieder und nahm mit Hilfe der Universitätsbibliothek die Arbeit an seiner Geschichte der Religion wieder auf. Die nächsten beiden Jahre waren vielleicht die glücklichsten seines Lebens.

Doch Glücklichsein paßte nicht zu ihm. Als er (Januar 1813) durch den Comte de Narbonne aus erster Hand die Nachricht von Napoleons Desaster in Rußland hörte und den Sturz des Kaisers in Reichweite spürte, überkam ihn wieder seine alte Ruhelosigkeit. «Soll ich immer nur ein Zuschauer bleiben?», fragte er sich selbst in seinem Journal. Als die siegreichen Alliierten Napoleon an den Rhein zurücktrieben, ging Constant nach Hannover und traf dort mit Bernadotte zusammen, der ihn überredete, ein Pamphlet, *Esprit de conquête*, zu schreiben, worin die Schuld am Zusammenbruch Frankreichs dem Despotismus Napoleons zugeschrieben wurde. Im Januar 1814 in Hannover publiziert, auf dem Höhepunkt des alliierten Vormarsches in Frankreich, machte es ihn zur *persona grata* bei den Anführern der Verbündeten, und er folgte ihren Armeen nach Paris (April 1814) in der Hoffnung, seine persönliche Stellung wieder zu festigen.

Er besuchte Madame de Staëls wieder zum Leben erwachten Salon und fand, daß sie alles Interesse an ihm verloren hatte. Da Charlotte sich noch in Deutschland aufhielt, vermerkte er in seinem Journal (31. August 1814), daß er sich in Madame Récamier verliebt habe, deren Strategie ungewisser, aber unbezwinglicher Jungfräulichkeit er lange Zeit verspottet hatte. Dem Herzog de Broglie vertraute er an, er habe versucht, dem Teufel im Austausch für Juliette Récamiers Körper seine Seele zu verkaufen.[85] Da sie eine glühende Parteigängerin der Bourbonen gewesen war, fürchtete sie für ihre Sicherheit, als sie hörte, daß Napoleon aus Elba entkommen und in Cannes gelandet sei. Sie inspirierte Constant, im *Journal de Paris* (6. März 1815) einen Aufruf an das französische Volk zur Erhebung gegen den «Usurpator» zu veröffentlichen. «Napoleon verspricht den Frieden, doch sein Name allein ist ein Kriegssignal. Er verspricht den Sieg, doch dreimal – in Ägypten, Spanien und Rußland – verließ er wie ein Feigling seine Armeen.»[86] Die Récamier hatte in dem entflammbaren Constant ein Feuer entfacht, das alle Brücken hinter ihm zu verbrennen schien. Am 19. März verkündete er im *Journal des débats*, daß er bereit sei, für den wiedereingesetzten König zu sterben. In dieser Nacht floh Ludwig XVIII. nach Gent; am nächsten Tag zog Napoleon in Paris ein. Constant verbarg sich in der Botschaft der Vereinigten Staaten. Napoleon erließ eine Generalamnestie, und Constant wagte sich aus seinem Asyl. Am 30. März versicherte ihm Joseph Bonaparte, daß der Kaiser in versöhnlicher Stimmung sei. Am 14. April empfing Napoleon ihn und beauftragte ihn, eine liberale Verfassung zu entwerfen. Napoleon überarbeitete den Entwuf beträchtlich und proklamierte ihn dann als die neue Charta der französischen Regierung. Constant war überglücklich.

Am 20. Juni, während Constant gerade der Königin Hortense *Adolphe* vorlas, trat der Herzog von Rovigo ein, um ihr zu berichten, daß Napoleon zwei Tage vorher bei Waterloo besiegt worden war. Am 8. April kehrte Ludwig in die Tuilerien zurück, und Constant richtete ein demütiges Entschuldigungsschreiben an ihn. Der König, der ihn als unsteten, unverantwortlichen jungen Mann ansah, der ein ausgezeichnetes Französisch schrieb, gewährte ihm Pardon, was jedermann in Erstaunen setzte. Ganz Paris schnitt Constant und erging sich in Wortspielen mit seinem

Namen. Er schrieb an Madame Récamier und vergab ihr, daß sie «meine Karriere, meine Zukunft, meinen Ruf und mein Glück» ruiniert habe.[87] Im Oktober reiste er nach Brüssel, wo er wieder mit der geduldigen Charlotte zusammentraf. Im Frühjahr 1816 schifften sie sich nach England ein, wo er *Adolphe* hatte erscheinen lassen. Im September kehrte er mit seiner Frau nach Paris zurück, stürzte sich in die Politik und begann eine neue Karriere.

IV. CHATEAUBRIAND: 1768–1815

1. Jugend

Für seine französischen Zeitgenossen war François René de Chateaubriand der bedeutendste Schriftsteller der Zeit, «*le plus illustre* (sagte Sainte Beuve 1849) *de nos écrivains modernes*».[88] Eine andere Perle literarischer Gelehrsamkeit, Émile Faguet, schrieb um 1787 (wobei er Voltaire vergaß): «Chateaubriand ist das größte Ereignis in der Geschichte der französischen Literatur seit der Pléjade» (um 1550).[89] Doch häufig verzaubert zeitliche Nähe den Blick. Sicherlich war seiner Herrschaft über die französische Literatur nur die Voltaires gleichgekommen. Seine Vorherrschaft bezeichnete den Triumph der Religion über die Philosophie, so wie die Voltaires den Triumph der Philosophie über die Religion bedeutet hatte. Dabei lebte er lange genug, um Zeuge der Wiedergeburt des Unglaubens zu sein. So nützt eine mit Leidenschaft vertretene geistige Haltung die ihr zuteil gewordene Zustimmung ab, erzeugt ihr Gegenteil und wird, über Generationen hinweg, durch die eingeborene Maßlosigkeit der Menschheit wiedererweckt.

«Mein Leben und Werk», schrieb er, «verteilen sich auf drei Akte. Von meiner frühen Jugend an bis 1800 war ich Soldat und Reisender. Von 1800 bis 1814, unter Konsulat und Kaiserreich, war mein Leben der Literatur geweiht. Von der Restauration bis heute (1833) war mein Leben das eines Politikers.»[90] Es sollte als Ausklang noch einen vierten Akt geben, in welchem der dreifache Held eine zwar lebende, aber zerbrechliche Erinnerung werden sollte, betreut von gütigen Damen, aber im Nebel der Zeit verbleichend.

«Mein Name wurde ursprünglich Brien geschrieben, ... dann Briand ... Zu Beginn des elften Jahrhunderts gaben die Briens einem bedeutenden Schloß in der Bretagne ihren Namen, und dieses Schloß wurde zum Sitz der Baronie Chateaubriand.»[91] Als die stolze Familie bis auf ihr Schloß und ihren Stolz fast alles verlor, fuhr der Vater nach Amerika, wo er ein bescheidenes Vermögen erwarb. Nach seiner Rückkehr heiratete er Apolline de Bedée, die ihm soviele Kinder schenkte, daß er sich in eine düstere Introvertiertheit zurückzog, die sich auf seinen letzten und allein unvergessenen Sohn vererbte. Die Mutter suchte Trost für ihre Mühsale und Krankheiten in einer stark ausgeprägten Frömmigkeit. Vier ihrer Kinder starben, ehe René am 4. September 1768 in Saint-Malo an der Kanalküste geboren wurde. Er sagte später: «Außer der eigenen Geburt kenne ich kein größeres Unglück, als ein menschliches Wesen zur Welt zu bringen».[92] Seine Schwester Lucile, stets leidend, verband ihr *mal de vie* in einer so intensiven Intimität mit dem seinen, daß beide nichts für die Ehe übrig hatten. Die Kanalnebel und die Wogen, die sich an ihrer Inselheimat brachen, trugen zu ihrer düsteren Gemütsverfassung bei, wurden ihnen aber zur teuren Erinnerung.

Als er neun war, zog die Familie auf ein Landgut in Combourg um, mit welchem der Grafentitel verbunden war, und René wurde so zum *Vicomte*. Jetzt wurde er auf eine Schule in das nahe Dol geschickt, wo ihn Priester unterrichteten, die auf Wunsch seiner Mutter versuchten, in ihm eine Berufung für den geistlichen Stand zu wecken. Sie vermittelten ihm eine gute Grundlage in den Klassikern. Bald konnte er selbst Homer und Xenophon übersetzen. «In meinem dritten Jahr in Dol ... spielte mir der Zufall ... einen unzensierten Horaz in die Hand. Ich gewann Einsicht in ... Reize unbekannter Natur bei einem Geschlecht, in welchem ich nur Mutter und Schwestern gesehen hatte. Mein Entsetzen vor den Schatten der Unterwelt ... griff mich moralisch wie physisch an. Ich fuhr in meiner Unschuld fort, gegen die Stürme einer frühreifen Leidenschaft und die Schrecken des Aberglaubens anzukämpfen.»[93] Seine sexuelle Energie rief in seinem Geist, ohne irgendeinen bekanntgewordenen Kontakt mit dem anderen Geschlecht, das Abbild einer idealisierten Frau hervor, zu der er eine mystische Verehrung von solcher Stärke entwickelte, daß sie ihn wohl von einer normalen Entwicklung abhielt.

Als die Zeit seiner Erstkommunion herannahte, scheute er davor zurück, seinem Beichtvater seine geheimen Erschütterungen anzuvertrauen. Als er dann den Mut dazu fand und der gütige Priester ihm Trost und Absolution spendete, fühlte er «die Freude der Engel». «Am nächsten Tag ... wurde ich zu der erhabenen und bewegenden Zeremonie zugelassen, die ich mich vergeblich bemüht habe in *Le Génie du christianisme* zu beschreiben ... Die reale Präsenz des Opfers im Allerheiligsten auf dem Altar war für mich ebenso manifest, wie die Gegenwart meiner Mutter an meiner Seite ... Ich hatte ein Gefühl, als sei ein Licht in mir angezündet worden. Ich zitterte vor Ehrfurcht.»[94] Drei Monate später verließ er das Collège de Dol. «Die Erinnerung an diese bescheidenen Lehrer wird mir immer teuer sein.»[95]

Dieser Überschwang legte sich, als seine Lektüre Zweifel an seinem Glauben weckte. Er gestand seinen Eltern, daß er sich nicht zum Priester berufen fühle. Mit siebzehn Jahren wurde er für zwei Jahre auf das Collège de Rennes geschickt, um für eine Offiziersstelle bei der Küstenwache in Brest ausgebildet zu werden. 1788 meldete er sich dort, zwanzig Jahre alt, zur Prüfung. Doch das Leben und die Disziplin, die ihn in der französischen Marine erwarteten, erschreckten ihn so, daß er zu seinen Eltern nach Combourg zurückkehrte und sich, vielleicht um ihren Unwillen zu besänftigen, bereit erklärte, in das Collège de Dinan einzutreten und sich auf den geistlichen Stand vorzubereiten. «In Wirklichkeit versuchte ich nur, Zeit zu gewinnen, denn ich wußte nicht, was ich wollte.»[96] Schließlich erhielt er ein Offizierspatent in der Armee. Er wurde Ludwig XVI. vorgestellt, begleitete ihn auf die

Jagd und wurde Zeuge des Sturmes auf die Bastille. Er sympathisierte mit der Revolution, bis sie 1790 Adel, Titel und Feudalrechte abschaffte. Als sein Regiment beschloß, sich der Revolutionsarmee anzuschließen, gab er sein Patent zurück und schiffte sich – im Besitz eines bescheidenen Einkommens, das ihm durch den Tod seines Vaters zugefallen war – am 4. April 1791 nach den Vereinigten Staaten ein. Er kündigte an, er wolle versuchen, eine Nordwest-Passage durch das arktische Amerika zu finden. «Damals war ich ein überzeugter Freidenker.»[97]

Er erreichte Baltimore am 11. Juli 1791, reiste nach Philadelphia, speiste mit Präsident Washington, den er mit seinen grandiosen Plänen amüsierte, setzte seine Reise nach Albany fort, mietete einen Führer, kaufte zwei Pferde und ritt stolz nach Westen. Er staunte über die großartige Landschaft mit ihren Bergen, Seen und Strömen unter der Sommersonne. Er ergötzte sich an der Weiträumigkeit der urwüchsigen Natur als Zuflucht aus der Zivilisation und ihren Sorgen. Seine Erfahrungen zeichnete er in einem Tagebuch auf, das er später überarbeitete und unter dem Titel *Voyage en Amérique* veröffentlichte. Es zeigt bereits die duftige Schönheit seines Stils:

> Liberté primitive, je te retrouve enfin! Je passe comme cet oiseau qui vol devant moi, qui se dirige au hazard, et n'est embarassé qu'au choix des ombrages. Me voilà tel que le Tout-Puissant m'a créé, souverain de la nature, porté triomphant sur les eaux, tandis que les habitants des fleuves accompagnent ma course, que les peuples de l'air me chantent leurs hymnes, que les bêtes de la terre me saluent, que les forêts courbent leurs cimes sur mon passage. Est-ce sur le front de l'homme de la société ou sur le mien qu'est gravé le sceau immortel de notre origine? Courez vous enfermer dans vos cités, allez vous soumettre à vos petites lois, gagnez votre pain à la sueur de votre front, ou dévorez le pain du pauvre; égorgez-vous pour un mot, pour un maître; doutez de l'existence de Dieu, ou adorez-le sous des formes superstitieuses; moi j'irai errant dans mes solitudes; pas un seul battement de mon cœur ne sera comprimé; pas un seul de mes pensées ne sera enchaînée; je serai libre comme la nature; je ne reconnaîtrai de souverain que celui qui alluma la flamme des soleils, et qui, d'un seul coup de sa main, fit rouler tous les mondes.*[98]

Hier findet sich alles Zubehör der romantischen Bewegung: Freiheit, Natur, Freundschaft zu allen Lebewesen; Geringschätzung der Städte und des Kampfes Mann gegen Mann um Brot oder Macht, Ablehnung von Atheismus und Aberglau-

---

* «Freiheit des Ursprungs, endlich finde ich Dich wieder! Ich bewege mich wie dieser Vogel, der vor mir fliegt, der sich dem Zufall überläßt und keine Sorge kennt, als die Wahl eines schattigen Plätzchens. Hier bin ich, wie der Allmächtige mich erschaffen hat, Beherrscher der Natur, im Triumph hergetragen über das Wasser, während die Bewohner der Flüsse meinen Lauf begleiteten, das Volk der Lüfte mir seine Lieder singt, die Tiere der Erde mich grüßen und die Wälder ihre Wipfel bei meinem Vorbeigehen neigen. Ist auf der Stirne des Mannes von Stand oder auf der meinigen das unvergängliche Siegel unseres Ursprungs eingegraben? Lauft und schließt Euch in Eure Städte ein, unterwerft Euch Euren kleinlichen Gesetzen, verdient Euer Brot im Schweiße Eures Angesichts oder verschlingt das Brot der Armen; bringt Euch um für ein Wort, für einen Herrn; zweifelt an der Existenz Gottes oder verehrt ihn in abergläubischen Formen; ich werde durch meine Einsamkeit schweifen; nicht ein Schlag meines Herzens wird behindert, nicht einer meiner Gedanken in Fesseln gelegt sein; ich werde frei sein wie die Natur; ich werde keinen als Herrn anerkennen, als den, der die Feuer der Sonnen entzündet und mit einem Wink seiner Hand alle Welten in Bewegung gesetzt hat.»

ben; Verehrung Gottes in der Natur; die Flucht vor jedem außer dem von Gott gegebenen Gesetz ... Es war für die Literatur ohne Bedeutung, daß Chateaubriand seinen religiösen Glauben verloren hatte, oder daß viele seiner Schilderungen eher der Einbildung als den tatsächlichen Gegebenheiten entsprangen, oder daß vielerlei Ungenauigkeiten, Übertreibungen oder Unmöglichkeiten in seiner *Voyage* bald von französischen oder amerikanischen Kritikern entdeckt wurden.[99] Hier war eine Prosa, die jedes Frauenherz, auch manches männliche, in Unruhe versetzte. Seit Rousseau oder Bernardin de Saint-Pierre war französische Prosa nicht mehr so farbig, die Natur so herrlich, die Zivilisation so absurd gewesen. Was die romantische Bewegung jetzt erwartete, war eine überzeugende Darstellung des amerikanischen Indianers als Besitzer des Paradieses und der Weisheit und ein Überblick über die Religion als Quelle des Heils, der Moral und Kunst. Bald sollte Chateaubriand das eine in *Atala* und *René*, das andere in *Le Génie du christianisme* vorlegen.

Der Dichter-Entdecker ritt weiter durch den Staat New York, genoß die Gastfreundschaft einiger Onondaga-Indianer, schlief primitiv auf der nackten Erde in der Nähe des Niagara und hörte das gedämpfte Donnern der Fälle. Am nächsten Tag, als er fasziniert am Fluß stand, der seinem Ende entgegeneilte, «hatte ich unwillkürlich den Wunsch, mich hineinzustürzen».[100] Begierig, die Fälle von unten zu sehen, kletterte er einen felsigen Hang hinunter, glitt aus, brach einen Arm und wurde von Indianern in Sicherheit gezogen. Ernüchtert ließ er seinen Traum einer Nordwestpassage fallen, wandte sich nach Süden und erreichte den Ohio. An dieser Stelle wird sein Bericht zweifelhaft. Er erzählt uns, daß er dem Ohio zum Mississippi folgte, diesem bis an den Golf von Mexiko und dann, nach über tausend Meilen Weges und hundert Bergen, nach Florida weiterzog. Kritiker haben nach Vergleich der Entfernungen, Transportmittel und des Zeitaufwandes diese Geschichte als unglaubhaft beurteilt und seine Schilderungen der Fauna und Flora als den Landschaften und der Vegetation dieser Gegenden hundert Jahre später völlig unähnlich bezeichnet.[101] Immerhin könnte ein Jahrhundert die Tierwelt und durch Acker- und Bergbau sogar das Antlitz der Erde drastisch verändert haben.

Nach einem Aufenthalt bei den Seminolen drang Chateaubriand nach Chillicote im heutigen Illinois vor. Dort las er in einer englischen Zeitung die Nachricht von der Flucht Ludwig XVI. nach Varennes (22. Juni 1791). Er fürchtete, der gefangene König werde nun in täglicher Lebensgefahr schweben. «Ich sagte zu mir, ‹kehre zurück nach Frankreich›, und brach meine Reise ab.»[102] Am 2. Januar 1792 traf er nach einer Abwesenheit von neun Monaten wieder in Frankreich ein. Er war erst dreiundzwanzig.

2. Entwicklung

Er hatte seine Mittel nahezu erschöpft und sah sich nun im Ungewissen und ohne Sicherheit in einem Land, das den Vicomtes feindlich gesonnen war und dem Krieg und den Septembermassakern entgegentrieb. Seine Schwestern rieten ihm zu einer Geldheirat und fanden eine Braut von einigem Wohlstand für ihn, Céleste Buisson de La Vigne, siebzehn Jahre alt. Sie heirateten am 21. Februar 1792. Die bescheidene Céleste hielt loyal zu ihm während aller Wechselfälle und aller seiner Liebschaften, auch während seines zehnjährigen Konflikts mit Napoleon, den sie bewunderte. Nach vielen Jahren lernte auch er, sie zu lieben. Sie zogen nach Paris, um dort in der Nähe seiner Schwestern Lucile und Julie zu wohnen. Ein Teil des Vermögens seiner Frau, der in kirchlichen Schuldverschreibungen angelegt war, ging bei der Konfiszierung des kirchlichen Eigentums durch die revolutionäre Regierung verloren; einen anderen Teil verlor René in Spielkasinos.

Am 20. April erklärte die Gesetzgebende Versammlung Österreich den Krieg. Französische *émigrés* bildeten ein Regiment, um Österreich bei der Unterdrückung der Revolution zu Hilfe zu kommen. Obwohl Chateaubriand sich nicht ganz sicher war, daß dies seinen Wünschen entsprach, fühlte er sich verpflichtet, sich seinen Standesgenossen anzuschließen. Er ließ Frau und Schwestern in Paris zurück, wo bald darauf Hunderte von Aristokraten eingekerkert und dann massakriert werden sollten, eilte nach Koblenz, trat in die Emigrantenarmee ein und nahm an der mißglückten Belagerung von Thionville (1. September 1792) teil. Er wurde am Oberschenkel verwundet und erhielt einen ehrenvollen Abschied. Außerstande, durch das mobilgemachte Frankreich zu seiner Gattin zu gelangen, reiste er, meist zu Fuß, nach Ostende, fand eine Fahrgelegenheit nach der Insel Jersey, wurde dort von einem Onkel gesund gepflegt und setzte im Mai 1793 nach England über.

Dort lernte er die Armut kennen und ertrug sie gut, «trotz meiner wehleidigen Gemütsart und der romantischen Ansichten über Freiheit, die ich hegte».[103] Er lehnte die Pension ab, welche die britische Regierung den emigrierten Adligen gewährte und lebte von französischem Sprachunterricht, den er privat und an einer öffentlichen Elementarschule erteilte. Er verliebte sich in eine Schülerin, Charlotte Ives, die seine Neigung erwiderte. Ihre Eltern wünschten, daß er Charlotte heirate; daraufhin mußte er bekennen, daß er bereits eine Frau hatte. Inzwischen waren seine Frau, seine Mutter und seine Schwestern in Frankreich eingekerkert worden; sein älterer Bruder wurde mit seiner Frau und ihrem heroischen Großvater Malesherbes guillotiniert (22. April 1794). Seine eigene Frau und seine Schwestern wurden erst freigelassen, als der Sturz Robespierres dem Terror ein Ende machte.

Lucile hatte oft seine sprachliche Gewandtheit bemerkt und ihm nahegelegt, sich als Schriftsteller zu betätigen. Während der Jahre seines Englandaufenthalts begann er ein umfangreiches Prosaepos, *Les Natchez*, in dessen 2383 Seiten er seine romantischen Träume und seine Idealisierung des amerikanischen Indianers goß. Bemüht, sich als Philosoph einen Namen zu machen, veröffentlichte er in London (1797) einen *Essai historique, politique et moral sur les révolutions anciennes et modernes*. Dies war für einen jungen Mann von neunundzwanzig eine bemerkenswerte Leistung.

Der Essay war zwar im Aufbau schwach, doch mit einer Fülle von Ideen befrachtet. Revolutionen, so argumentierte Chateaubriand darin, sind periodische Ausbrüche, die stets den gleichen Verlauf von einer Rebellion durch das Chaos zur Diktatur nehmen. So setzten die Griechen ihre Könige ab, sie errichteten Republiken und unterwarfen sich schließlich Alexander; die Römer verjagten ihren König, führten die republikanische Staatsform ein und unterwarfen sich am Ende den Cäsaren.[104] Hier sagte Chateaubriand, zwei Jahre vor dem 18. Brumaire, Napoleon voraus. Weiter schrieb er: Die Geschichte verläuft im Zirkel oder wiederholt in erweitertem Maßstab dieselbe Kreisbahn, mit mancherlei Zutaten, die das Alte neu erscheinen lassen; Gutes und Böses leben wie bisher trotz solch heftiger Umstürze in den Menschen weiter. Einen wirklichen Fortschritt gibt es nicht; das Wissen erweitert sich, aber nur, um denselben unveränderlichen Instinkten zu dienen. Der Glaube der Aufklärung an die «unbeschränkte Fähigkeit der Menschheit, zur Vollkommenheit zu gelangen» ist eine kindische Selbsttäuschung. Trotzdem (eine Schlußfolgerung, welche die meisten Leser überraschte) hat die Aufklärung das Christentum erfolgreich untergraben; es ist nicht wahrscheinlich, daß die Religion unserer Jugend sich jemals von jenem Jahrhundert politischen Friedens und intellektuellen Krieges erholen wird. Welche Religion wird also dann die christliche ersetzen? Wahrscheinlich keine – so schließt der jugendliche Skeptiker. Der intellektuelle und politische Umbruch wird die europäische Kultur aushöhlen und sie in die Barbarei zurücksinken lassen, aus der sie aufgestiegen ist. Derzeit noch unkultivierte Völker werden sich zivilisieren, durch aufeinanderfolgende Machterweiterungen und Revolutionen hindurchgehen und ihrerseits in die Barbarei zurückfallen.[105]

Das Buch machte Chateaubriand in Emigrantenkreisen berühmt, schockierte aber jene, die meinten, Aristokratie und Religion müßten zusammenstehen oder aber getrennt untergehen. Solche Kritiken hinterließen ihre Spuren bei Chateaubriand, dessen spätere Werke weitgehend Apologien für dieses eine darstellten. Tiefbewegt aber las er einen Brief aus Frankreich, den seine Schwester Julie am 1. Juli 1798 an ihn geschrieben hatte.

Mein Freund, gerade haben wir die beste aller Mütter verloren ... Wenn Sie wüßten, wieviele Tränen unsere verehrungswürdige Mutter über Ihre Irrtümer vergossen hat, und wie bedauerlich diese Irrtümer allen jenen erscheinen müssen, die sich nicht allein zur Frömmigkeit, sondern auch zur Vernunft bekennen – wenn Sie dies wüßten, würden Ihnen die Augen geöffnet werden und Sie würden das Schreiben aufgeben. Wenn der Himmel unsere Gebete erhörte und uns wieder vereinigte, würden Sie in unserer Mitte alles Glück finden, das wir auf Erden genießen können.[106]

Als Chateaubriand diesen Brief erhielt, lag ihm noch ein zweiter bei, der ihm mitteilte, daß seine Schwester Julie ebenfalls gestorben sei. Im Vorwort zu *Le Génie du christianisme* schrieb er diesen beiden Botschaften den vollständigen Wandel zu, den das spätere Buch zeigt: «Diese beiden Stimmen aus dem Grabe, dieses Sterben, das mich den Tod begreifen ließ, waren ein Schlag für mich. Ich wurde Christ ... Ich weinte, und ich glaubte.»

Ein so plötzlicher und dramatischer Wandel forderte die Skepsis heraus, doch im übertragenen Sinne konnte er aufrichtig sein. Wahrscheinlich schrieb Chateaubriand, bei dem der Philosoph vom Dichter nicht zu trennen ist, einem einzigen Augenblick den Prozeß zu, in dessen Verlauf er vom Unglauben zu einer Betrachtung des Christentums als zunächst schön, dann der Moral förderlich und endlich, trotz seiner Fehler, der persönlichen Sympathie und öffentlichen Förderung würdig, gelangte. In den letzten Jahre des ausgehenden Jahrhunderts bewegten ihn Briefe seines Freundes Louis de Fontanes, der ihm die moralische Auflösung, die damals Frankreich zersetzte und das wachsende Verlangen der Bevölkerung schilderte, zu ihren Kirchen und Priestern zurückzukehren. Diese Sehnsucht würde, nach Fontanes' Urteil, bald die Wiedereinführung des katholischen Gottesdienstes erzwingen.

Chateaubriand beschloß, sich zum Sprecher dieser Bewegung zu machen. Er wollte eine Verteidigung des christlichen Glaubens nicht in der Sprache der Wissenschaft und Philosophie, sondern in der Sprache der Moral und Kunst schreiben. Es spielte keine Rolle, daß jene faszinierenden Erzählungen, die wir in unserer Kindheit gehört haben, eher dem Reich der Legende, als dem der Geschichte angehören; sie entzückten und inspirierten uns und versöhnten uns in gewissem Grade mit jenen hebräischen Geboten, auf welchen unsere soziale Ordnung und damit die christliche Kultur errichtet worden war. Wäre es nicht das schwerste aller Verbrechen, dem Volk die Glaubensinhalte zu nehmen, die ihm geholfen hatten, seine asozialen Impulse zu kontrollieren und Ungerechtigkeit, Unglück, Leiden und das Verhängnis des Todes zu ertragen? Chateaubriand schilderte in den späten *Mémoires* seine Zweifel und seinen Glauben folgendermaßen: «Mein Geist neigt dazu, an nichts zu glauben, nicht einmal an mich selbst und mit Geringschätzung auf alles – Größe, Unglück, Völker, Könige – herabzusehen. Dennoch wird er von einem Vernunftinstinkt beherrscht, der ihn zwingt, alles offensichtlich Schöne anzuerkennen: Religion, Gerechtigkeit, Menschlichkeit, Gleichheit, Freiheit, Ruhm.»[107]

Im Frühling 1800 lud Fontanes Chateaubriand ein, nach Frankreich zurückzukehren. Fontanes war beim Ersten Konsul *persona grata* und würde dafür Sorge tragen, daß dem jungen *émigré* kein Leid geschähe. Napoleon plante bereits, den Katholizismus wiederherzustellen; ein gutes Buch über die hohen Werte des Christentums konnte ihm helfen, dem unvermeidlichen Hohn der Jakobiner zu begegnen.

Am 16. Mai 1800 kehrte Chateaubriand zu seiner Frau und Lucile nach Paris zurück. Fontanes führte ihn in einen literarischen Zirkel ein, der sich im Hause der zarten aber schönen Comtesse Pauline de Beaumont, Tochter des Grafen Armand Marc de Montmorin, ehemals Außenminister unter Ludwig XVI. und später guillotiniert, versammelte. Nach kurzer Zeit wurde sie Chateaubriands Geliebte. Auf ihrem Landsitz und unter ihrem Antrieb beendete er *Le Génie*. Er war der Meinung, die Zeit für die vollständige Veröffentlichung eines dem in intellektuellen Kreisen vorherrschenden Skeptizismus so widersprechenden Buches sei noch nicht gekommen. Schon 1801 aber präsentierte er Paris einen Auszug daraus auf 100 Seiten als

eine bescheidene Idylle christlicher Tugend und romantischer Liebe. Die Publikation machte ihn mit einem Schlag zum Tagesgespräch des literarischen Frankreich,
zum vergötterten Idol der Frauen und vor allem zum Lieblingssohn der wiederauf-
lebenden Kirche.

Er betitelte das Büchlein «Atala oder Die Liebe zweier Wilder in der Einöde». Es
beginnt in dem von den Natchez-Indianern bewohnten Louisiana. Erzähler ist der
blinde alte Häuptling Chactas. Er berichtet, wie er in seiner Jugend von einem
feindlichen Stamm gefangengenommen wurde und lebendig verbrannt werden
sollte, jedoch durch das Indianermädchen Atala gerettet wurde. Sie fliehen zusammen durch Sümpfe und Wälder, über Berge und Ströme. Das lange Beisammensein
und die gemeinsam überstandenen Gefahren bringen es mit sich, daß sie sich inein-
ander verlieben; er sucht die Erfüllung, sie verweigert sich, da sie ihrer sterbenden
Mutter lebenslange Jungfräulichkeit gelobt hat. Sie treffen einen alten Missionar,
der ihre Pietät unterstützt, indem er die Liebe als eine Form von Trunkenheit und
die Ehe als ein Geschick schlimmer als der Tod ironisiert.[108] Zwischen Religion
und Sexualität (wie die Historie) hin- und hergerissen, löst Atala ihr Dilemma, indem sie Gift nimmt. Chactas ist verzweifelt, doch der Missionar erklärt ihm, Tod
sei eine glückliche Erlösung vom Leben:

> «Trotz sovieler Tage, die ich auf mein Haupt gesammelt habe, ... Ich bin niemals einem
> Mann begegnet, der nicht durch Träume vom Glück getäuscht worden wäre, noch einem
> Herzen, das nicht eine verborgene Wunde trug. Der offensichtlich heitere Geist gleicht den
> natürlichen Quellen in Floridas Savannen: ihre Oberfläche erscheint glatt und rein, doch
> wenn du auf den Grund siehst ... erkennst Du ein großes Krokodil, das in der Quelle
> lebt.»[109]

Chateaubriands Beschreibung von Atalas Begräbnis – Priester und Heide vereinigen ihre Hände, um den Leichnam mit Erde zu bedecken – wurde zu einer berühmten Stelle der romantischen Literatur. Sie inspirierte auch eines der großen Gemälde der Napoleonischen Zeit, «Atalas Begräbnis», mit dem Girodet-Trioson
1808 halb Paris zu Tränen rührte. Die klassische Tradition war jedoch im Frankreich von 1801 zu stark, um der Erzählung den vollen Beifall der Kritik zu bringen.
Viele lächelten über die rosaroten Passagen und den veralteten Gebrauch von Liebe,
Religion und Tod, um gebrochene oder junge Herzen zu rühren ebenso wie über
die Bemühung der Natur in ihren verschiedenen Stimmungen als Begleitung zu
menschlichen Freuden und Schmerzen. Andere jedoch priesen die einfachen Worte
– an denen sich eine Vielzahl von Lesern erfreute – und die sanfte Musik des Stils,
die Geräusche, Formen und Farben von Fauna und Flora sowie die Berge, Wälder
und Ströme, die den lebendigen Hintergrund der Erzählung lieferten. Die Stimmung
in Frankreich war einem guten Wort zu Gunsten von Religion und Reinheit äußerst
günstig. Napoleon plante ernsthaft die Aussöhnung mit der Kirche. Die Zeit für eine
Veröffentlichung von *Le Génie du christianisme* schien zweifellos gekommen.

3. Der Geist des Christentums

Das Werk erschien am 14. April 1802 in fünf Bänden, in der Woche, in welcher das Konkordat veröffentlicht wurde. «Soweit ich urteilen kann», schrieb Jules Lemaître 1865, «war *Le Génie du christianisme* der größte Erfolg in der Geschichte der französischen Literatur».[110] Fontanes begrüßte das Buch im *Moniteur* mit einem Aufsatz voll freundlicher Superlative. 1803 erschien eine zweite Auflage mit einer Widmung an Napoleon. Von da an war der Autor der Meinung, Bonaparte sei der einzige Mann der Zeit, den er noch zu übertreffen hätte.

Das *génie* des Titels zielte nicht eigentlich auf den Geist, obwohl es auch diesen einschloß. Es bedeutete den besonderen Charakter, die eingewurzelte schöpferische Kraft der Religion, welche die Kultur des nachklassischen Europa hervorgebracht und genährt hatte. Chateaubriand war bestrebt, die Aufklärung des achtzehnten Jahrhunderts zunichte zu machen, indem er im christlichen Glauben ein so verständnisvolles Mitgefühl für menschliche Nöte und Sorgen, so mannigfaltige Anregungen für die Kunst und eine so starke Stütze für Ethik und soziale Ordnung aufzeigte, daß dem gegenüber alle Fragen nach der Glaubwürdigkeit kirchlicher Dogmen und Traditionen unwesentlich wurden. Die Kernfrage war: Ist der christliche Glaube eine unermeßliche, untrennbare und unentbehrliche Stütze der westlichen Kultur?

Ein logischerer Geist als Chateaubriand hätte mit einer Darstellung des sittlichen, gesellschaftlichen und politischen Verfalls jenes revolutionären Frankreich begonnen, das sich selbst von der katholischen Christenheit geschieden hatte. Doch Chateaubriand war ein Mann von Gefühl und Sentiment und hatte wahrscheinlich recht mit der Annahme, daß die meisten Franzosen beiderlei Geschlechts mehr ihm glichen als Voltaire und den anderen *philosophes*, die so leidenschaftlich bemüht gewesen waren, «die Infamie» einer autoritären Religion «zu zerschmettern». Er nannte sich selbst einen *anti-philosophe,* er führte die Reaktion auf den Rationalismus weit über Rousseau hinaus, und er tadelte Madame de Staël für ihre Verteidigung der Aufklärung. So begann er mit einem Appell an das Gefühl und überließ es der Vernunft, sich der Führung des Gefühls anzuvertrauen.

Zu Beginn verkündete er seinen Glauben an das grundlegende Mysterium der katholischen Lehre, die Dreieinigkeit: Gott Vater der Schöpfer, Gott Sohn der Erlöser, Gott Heiliger Geist der Erleuchter und Heiliger. Die Frage der Glaubwürdigkeit stellt sich hier nicht, wichtig ist allein, daß ohne den Glauben an einen lebendigen Gott das Leben zu einem Kampf ohne Gnade, Sünde und Versäumnis unverzeihlich, Heirat eine zerbrechliche und unsichere Verbindung, Alter ein trostloser Zerfall, der Tod eine widerliche, doch unvermeidliche Agonie wird. Die Sakramente der Kirche – Taufe, Sündenbekenntnis, Kommunion, Konfirmation, Ehe, letzte Ölung und Priesterweihe – verwandelten die Stationen unseres schmerzlichen Heranwachsens und schmählichen Verfalls in fortschreitende Abschnitte spiritueller Entwicklung. Jeder davon erfährt Vertiefung durch priesterliche Leitung und feier-

liches Ritual und stärkt das winzige Individuum durch die Zugehörigkeit zu einer
mächtigen und vertrauensvollen Gemeinschaft der an einen erlösenden und liebenswerten Christus, eine sündlose und fürsprechende Mutter, einen weisen, allmächtigen, wachsamen, strafenden, vergebenden und belohnenden Gott Glauben-
den. Durch diesen Glauben wird der Mensch vom schwersten aller Flüche erlöst,
sinnlos in einer sinnlosen Welt zu leben.

Dann stellte Chateaubriand die von den heidnischen Philosophen geforderten
Tugenden den vom christlichen Glauben gelehrten gegenüber: Auf der einen Seite
Seelenstärke, Mäßigung und Besonnenheit, alle auf das Ziel der persönlichen Ent-
wicklung gerichtet; auf der anderen Glaube, Hoffnung und Nächstenliebe, ein
Kredo, welches das Leben adelte, die gesellschaftlichen Bande verstärkte und den
Tod zur Auferstehung machte. Er verglich das Geschichtsbild des Philosophen,
Kampf und Niederlage von Individuen und Gruppen, mit dem christlichen Geschichtsbild als dem Bemühen des Menschen, die ihm von Natur eigene Sündhaftig-
keit zu besiegen und zu einer ausgedehnten *caritas* zu gelangen. Es ist besser, zu
glauben, daß die Himmel den Ruhm Gottes verkünden, als daß sie zufällige An-
häufungen von Stein und Staub sind, dauernd aber gefühllos, schön aber stumm.
Wie können wir zudem die Lieblichkeit der meisten Vögel und vieler Vierfüßler
betrachten, ohne zu fühlen, daß göttliche Kraft in ihrem schmiegsamen Wuchs und
ihren bezaubernden Gestalten verborgen liegt?

Die Frage der Moral erschien Chateaubriand übertrieben klar: Unser Moralkodex muß von Gott sanktioniert sein, oder er wird angesichts der menschlichen
Natur zusammenbrechen. Kein Kodex offenbar menschlichen Ursprungs kann ausreichende Autorität besitzen, um die unsozialen Instinkte der Menschen unter Kontrolle zu halten; Gottesfurcht ist der Beginn der Kultur, und Liebe zu Gott ist das
Endziel der Moral. Außerdem müssen diese Furcht und diese Liebe weitergegeben
werden, Generation nach Generation, durch Eltern, Erzieher und Priester. Eltern,
die Gott nicht vermitteln können, Lehrer ohne Stütze religiöser Glaubensinhalte
und -formen, werden erkennen müssen, daß die unerschöpfliche Erfindungsgabe von
Selbstsucht, Leidenschaft und Habgier stärker ist als ihre nicht inspirierten Worte.
Schließlich, «es kann keine Moral geben ohne ein Jenseits»[111]; es muß ein
anderes Leben als Ausgleich für die Widerwärtigkeiten geben, denen die Tugend auf
Erden ausgesetzt ist.

Die europäische Kultur – argumentierte Chateaubriand – ist fast vollständig der
katholischen Kirche zu danken, ihrer Unterstützung von Familie und Schule, ihrer
Verkündung der christlichen Tugenden, ihrer Zurückdrängung und Eindämmung
populärer abergläubischer Praktiken, den Läuterungsprozessen des Beichtstuhles,
ihrer Anregung und Förderung von Literatur und Kunst. Das Mittelalter nahm
wohlweislich Abstand von dem führungslosen Streben nach Wahrheit und suchte
stattdessen die Schönheit. In den gotischen Kathedralen entstand eine Architektur,
die den Parthenon übertrifft. Die heidnische Literatur bietet manches Vorzügliche
für den Geist, aber auch manche Fallgruben für die Moral. Die Bibel ist größer als

Homer, die Propheten sind inspirierender als die Philosophen. Welche Dichtung kann sich an Zartheit und Wirkung mit dem Leben und der Lehre Christi vergleichen?

Es lag auf der Hand, daß ein Buch wie *Le Génie* nur Menschen ansprechen konnte, die als Folge der Exzesse der Revolution oder der Prüfungen des Lebens gefühlsmäßig zum Glauben bereit waren. So sagte der Philosoph Joubert, ein Freund Chateaubriands, er suche im Katholizismus Zuflucht vor einer revolutionären Welt, zu furchtbar, um sie zu ertragen.[112] Solche Leser dürften über die kindische Teleologie gelächelt haben, die postulierte, daß «der Gesang der Vögel ausdrücklich für unsere Ohren bestimmt ist ... Trotz unserer Grausamkeit gegen sie müssen sie uns bezaubern, da sie gezwungen sind, den Willen der Vorsehung zu erfüllen.»[113] Doch eben diese Leser waren so von der Eleganz und Musik des Stils hingerissen, daß sie über die Heranziehung der drei Grazien zur Erklärung der Dreieinigkeit, oder die malthusische Furcht vor Übervölkerung zur Verteidigung des Priesterzölibats hinwegsahen. Wenn die Argumente auch manchmal schwach waren, der Zauber war stark. Die Natur selbst würde froh gewesen sein, hätte sie nach einem Erdbeben, einer Flutkatastrophe oder einem Hurrikan Chateaubriands Lobpreisung ihrer Schönheit gehört.

Glaubte er tatsächlich? Wie wir hören[114], versäumte er von 1801 bis in seine späten Jahre seine «Osterpflicht» von Beichte und Kommunion, die Mindestforderung der Kirche an ihre Kinder. Sismondi berichtete über eine Unterhaltung mit ihm im Jahre 1813:

> Chateaubriand äußerte sich über den allgemeinen Verfall der Religionen sowohl in Europa, wie auch in Asien und verglich diese Auflösungssymptome mit denen des Polytheismus in der Zeit Julians ... Er kam zu dem Schluß, daß die europäischen Nationen zusammen mit ihren Religionen untergehen würden. Ich war höchst überrascht, einen solchen Freigeist in ihm zu finden ... Chateaubriand sprach über Religion ... Er hält sie für notwendig zur Erhaltung des Staates und ist der Meinung, er und andere seien verpflichtet zu glauben.[115]

Kein Wunder, daß er, der sechzig Jahre lang eine solche Last geheimer Zweifel mit sich herumtrug, sich niemals von dem jugendlichen Pessimismus erholte, den er in René beschrieb. Im hohen Alter sagte er: «Ich hätte nie geboren werden sollen».[116]

4 . René

Der Geist des Christentums war eine bedeutende Äußerung der romantischen Bewegung auf religiösen Gebiet: Er drückte die Rückkehr von Glaube und Hoffnung, wenn nicht der Nächstenliebe aus; er übersteigerte die mittelalterliche Poesie und Kunst und förderte die Neugotik in Frankreich. In seinen fünf Bänden war ursprünglich nicht nur *Atala*, sondern – bis 1805 – auch *René* enthalten. Dieser vier-

zigseitige Päan* auf den Pessimismus spiegelte die Verzagtheit der *émigrés* ebenso
wieder wie Chateaubriands jugendliche Vernarrtheit in seine Schwestern. Er wurde
Quelle und Vorbild für tausend Seufzer melodischer Verzweiflung.

René ist ein junger französischer Aristokrat, der aus Frankreich geflohen ist und
sich dem Stamm der Natchez-Indianer angeschlossen hat, in der Hoffnung, eine
blutschänderische Liebe zu vergessen. Sein Adoptivvater Chactas, der ihm Atalas
Geschichte erzählt hat, überredet ihn, seine eigene zu berichten. «Scheu und ver-
krampft meinem Vater gegenüber, fand ich Frieden und Zufriedenheit nur in Gesellschaft meiner Schwester Amélie.» Als ihm klar wurde, daß seine Liebe zu ihr
nicht mehr weit entfernt von Blutschande war, suchte er Befreiung, indem er sich
in das Gewühl von Paris stürzte, in die «schreckliche Menschenwildnis», oder er
saß stundenlang in einer leeren Kirche und betete zu Gott, ihn vom Verbrechen
seiner Liebe oder vom Albdruck des Lebens zu erlösen. Er suchte die Einsamkeit in Bergen und Feldern, doch nirgends konnte er die Sanftheit und Lieblichkeit Amélies aus seinen Gedanken verbannen. Vom Verlangen gepeinigt, zu ihr zu
gehen und ihr seine Liebe zu gestehen, entschloß er sich voller Scham zum Selbstmord. Amélie ahnte diese Absicht, als sie erfuhr, er mache sein Testament. Sie eilte
nach Paris, fand ihn, umarmte ihn leidenschaftlich und «bedeckte meine Stirn mit
Küssen». Es folgten drei Monate der Kameradschaft und des eingeschränkten Glücks.
Dann floh sie, von Schuldgefühlen überwältigt, in ein Kloster und hinterließ ihm
tröstende Worte und ihr ganzes Vermögen. Er suchte sie und erbat die Erlaubnis,
sie zu sprechen, doch sie wollte ihn nicht sehen. Als die Zeit für sie kam, ihr
Gelübde abzulegen, schlich er sich in die Kapelle, kniete in ihrer Nähe, hörte sie,
vor dem Altar hingestreckt beten: «Gnädiger Gott, laß mich nie mehr von diesem
düsteren Bett aufstehen und gieße Deine Gnade über meinen Bruder aus, der niemals an meiner verbrecherischen Leidenschaft teilhatte». Sie sahen sich nie wieder.
Er begann wieder an Selbstmord zu denken, entschloß sich jedoch, die schwerere
Last des Lebens zu tragen. «Ich fand» – und dieser Abschnitt wurde zu einem *locus
classicus* romantischen Schmerzes – «eine Art von Befriedigung in meinem Leiden.
Ich entdeckte mit heimlicher Freude, daß Kummer ein Gefühl ist, das sich nicht
abstumpft wie das Vergnügen ... Meine Melancholie wurde zu einer Beschäftigung,
die alle meine Stunden ausfüllte; mein Herz war vollständig und auf natürliche
Weise von Überdruß und Elend erfüllt.»[117] Von der Zivilisation angeekelt, beschloß er, sich nach Amerika zu begeben und das einfache Leben eines Indianer-
stammes zu teilen. Ein Missionar tadelte ihn wegen dieser egozentrischen
Einstellung und gebot ihm, nach Frankreich zurückzukehren und sich im
Dienste der Menschheit zu läutern. Jedoch, «René kam später mit Chactas ...
in dem Massaker um, das die Franzosen unter den Natchez-Indianern in Louisiana
anrichteten».

---

* altgriech. Dank- oder Preislied in vierteiligem Versfuß mit beliebiger Länge (Anm. d. Hrsg.).

Die Geschichte ist gut erzählt, abgesehen davon, daß die Ereignisse unglaubwürdig sind und das Gefühl überstrapaziert wird. Doch das Sentiment hatte ein Dekade lang gehungert; Kummer war gefährlich gewesen und zu tief, um in Tränen Erleichterung zu finden. Nun aber war die Revolution beendet, das Gefühl war frei, und die Tränen konnten fließen. Renés Melancholie, Werthers Schmerz über eine Generation hinweg widerspiegelnd, wurde zur natürlichen Haltung für René de Chateaubriand, fand ein Echo in Senancourts *Obermann* (1814) und wurde fortgeführt in *Childe Harold's Pilgrimage* (1813). Chateaubriand tadelte Byron, daß er seine Schuld nicht anerkenne.[118] Das kleine Buch steckte eine ganze Generation mit *mal de siècle*, dem charakteristischen «Weltschmerz» an. Es wurde zum Vorbild von tausend, vielleicht hunderttausend melancholischen Erzählungen (*romans*). Sein Held wurde ein «Geschichtenerzähler», *un romancier*, genannt; vielleicht hat die romantische Bewegung daher ihren Namen. Für ein halbes Jahrhundert sollte es die Literatur und Kunst Frankreichs beherrschen.

5. *Chateaubriand und Napoleon*

Der «Geist des Christentums», sagte Napoleon, «ist ein Werk aus Blei und Gold, doch das Gold überwiegt ... Alles Große und Nationale muß Chateaubriands Genie anerkennen».[119] Er für sein Teil begrüßte das Buch als hervorragend konkordant mit dem Konkordat. Er empfing den Verfasser in Audienz, erkannte einen wertvollen Besitz in ihm und ernannte ihn (1813) zum ersten Sekretär an der französischen Botschaft in Rom. Der Autor berichtete mit bescheidenem Stolz über das Zusammentreffen: «Es machte ihm wenig aus, daß ich keine Erfahrung in öffentlichen Angelegenheiten hatte, daß ich nicht im geringsten mit praktischer Diplomatie vertraut war. Er glaubte, daß manche Geister über eine rasche Auffassungsgabe verfügen und keine Lehrzeit benötigen.»[120] Seine Geliebte folgte ihm bald nach Rom nach, doch starb sie dort (5. November) mit Chateaubriand an ihrer Seite, nachdem sie ihn gebeten hatte, zu seiner Frau zurückzukehren. Nach kurzer Zeit war er beim Papst *persona grata* und beim Botschafter, dem Onkel Napoleons Kardinal Fesch, *ingrata*. Dieser beklagte sich, daß der brillante Autor sich die Autorität eines Botschafters anmaße. Der Kardinal war nicht der Mann, sich damit abzufinden. Er wünschte, daß sein Sekretär abgelöst werde. Napoleon berief den Vicomte ab, indem er ihn zum Geschäftsträger in der kleinen Schweizer Republik Valais ernannte. Chateaubriand reiste nach Paris, um seine Situation zu überdenken. Als er jedoch von der Erschießung des Herzogs von Enghien erfuhr, übersandte er Napoleon sein Abschiedsgesuch aus dem diplomatischen Dienst.

Indem ich es wagte, Bonaparte eine Absage zu erteilen, hatte ich mich auf eine Stufe mit ihm gestellt, und er wandte sich mit seiner ganzen Perfidie gegen mich, so wie ich durch meine Loyalität zu seinem Feind wurde ... Zuweilen wurde ich durch die Bewunderung, die er mir einflößte, von ihm angezogen, wie auch von dem Gedanken, daß ich Zeuge der Umgestaltung einer Gesellschaft und nicht nur eines bloßen Wechsel der Dynastie war. Doch unser beiderseitiges Naturell, in so vieler Hinsicht konträr, gewann stets die Oberhand. So wie er mich gerne hätte erschießen lassen, hätte auch ich mir kein Gewissen daraus gemacht, ihn zu ermorden.[121]

Zunächst hatte er keine Schwierigkeiten. Die Krankheit seiner Gattin (die er zwischen seinen Liaisons liebte) und der Tod seiner Schwester Lucile (1804) lenkten ihn von der Politik ab. Inzwischen war Delphine de Custine seine Mätresse geworden. 1806 versuchte er sie durch Natalie de Noailles zu ersetzen, doch Natalie wollte ihm ihre Gunst nur unter der Bedingung gewähren, daß er eine Reise zu den Heiligen Stätten in Palästina unternehme.[122] Er ließ seine Frau in Venedig zurück und reiste weiter nach Korfu, Athen, Smyrna, Konstantinopel und Jerusalem. Die Rückreise führte über Alexandria, Karthago und Spanien; im Juni 1807 war er wieder in Paris. Er hatte auf dieser mühsamen Reise Mut und Ausdauer bewiesen und unterwegs unverdrossen das Material für zwei Bücher zusammengetragen, die seinen literarischen Ruhm erneut festigten: *Les Martyrs de Dioclétien* (1809) und *Itinéraire de Paris à Jérusalem* (1811).

Während er an diesen Büchern arbeitete, führte er seine Fehde mit Napoleon (der zu diesem Zeitpunkt in Tilsit Friedensverhandlungen führte) durch einen Artikel im *Mercure de France* vom 4. Juli 1807 fort. Dieser befaßte sich scheinbar mit Nero und Tacitus, konnte aber ohne weiteres auf Napoleon und Chateaubriand gemünzt sein.

Wenn im Schweigen der Niedergeschlagenheit kein Laut zu hören ist außer dem Rasseln der Sklavenketten und der Stimme des Denunzianten, wenn alle vor dem Tyrannen zittern und es ebenso gefährlich ist, sich seiner Gunst zu erfreuen, wie sich sein Mißfallen zuzuziehen, tritt der Historiker auf, dem die Rache der Nation anvertraut ist. Nero brüstet sich umsonst mit seinem Glück, denn im Reich ist bereits Tacitus geboren. Unerkannt wächst er neben den Gebeinen des Germanicus auf, und eine gerechte Vorsehung hat schon den Ruhm des Herrn der Welt in die Hände eines unbekannten Kindes gelegt. Die Rolle des Historikers ist schön, hat aber oftmals auch ihre Gefahren. Es gibt jedoch Altäre, wie den der Ehre, die, obgleich verwaist, nach weiteren Opfern verlangen ... Es ist kein Heroismus, sein Glück zu erproben, wenn die Chancen gut stehen. Hochherzige Handlungen sind die, welche voraussichtlich zu Fehlschlägen und Tod führen. Was bedeuten schließlich Rückschläge, wenn unser Name, von der Nachwelt zweitausend Jahre nach unserem Ableben ausgesprochen, auch nur ein großmütiges Herz höher schlagen läßt?[123]

Nach seiner Rückkehr aus Tilsit befahl Napoleon dem neuen Tacitus, Paris zu verlassen. Der *Mercure* wurde verwarnt, keine weiteren Artikel aus seiner Feder anzunehmen; Chateaubriand wurde zum leidenschaftlichen Verteidiger einer freien Presse. Er zog sich auf ein Besitztum zurück, das er im Vallée aux Loups bei Chatenay gekauft hatte und befaßte sich mit der Vorbereitung von *Les Martyrs* für die Veröffentlichung. Er strich alle Stellen im Manuskript, die als Napoleon abträglich ausgelegt werden konnten. In diesem Jahr (1809) wurde sein Bruder Armand wegen Übermittlung von Botschaften der emigrierten Bourbonenprinzen an ihre Agenten in Frankreich verhaftet. René schrieb an Napoleon und bat um Gnade für Armand, aber Napoleon fand den Brief zu selbstbewußt und warf ihn ins Feuer.

Armand wurde unter Anklage gestellt und schuldig befunden; am 31. März wurde er exekutiert. René traf ein paar Augenblicke nach der Hinrichtung ein. Er vergaß die Szene niemals: Armand tot auf dem Boden hingestreckt, sein Gesicht und der Schädel von Kugeln zerschmettert, «ein Fleischerhund leckte sein Blut und Gehirn auf».[124] Es war am Karfreitag 1809.

Chateaubriand begrub seinen Schmerz in seiner Taleinsamkeit und arbeitete an seinen *Mémoires d'outre tombe*. Er begann mit diesen Erinnerungen 1811 und schrieb dann mit Unterbrechungen daran als Erholung von Reisen, Liebschaften und Politik; er vollendete sie 1841 und untersagte ihre Veröffentlichung bis nach seinem Tode – daher der Titel «Memoiren aus dem Grabe». Sie sind kühn im Denken, kindlich im Gefühl, brillant im Stil. Hier als Beispiel die Parade von Napoleons Beamten, die sich beeilen, nach Napoleons Zusammenbruch Ludwig XVIII. ihrer ewigen Loyalität zu versichern:: «Das Laster trat ein, auf den Arm des Verbrechens gestützt (*le vice appuyé sur les bras du crime*) – Monsieur de Talleyrand trat ein, von Monsieur Fouché gestützt.»[125] In diesen ohne Hast geschriebenen Seiten finden sich Naturbeschreibungen, die denen in *Atala* und *René* gleichkommen, neben farbigen Episoden wie dem Brand von Moskau.[126] Von Sentimentalität triefende Seiten finden sich in Menge:

> Die Erde ist eine bezaubernde Mutter. Wir entspringen ihrem Leib. In der Kindheit hält sie uns an ihren von Milch und Honig geschwellten Brüsten, in der Jugend und im Erwachsenenalter verschwendet sie ihre kühlen Wasser, ihre Ernten und Früchte an uns … Wenn wir sterben, öffnet sie uns aufs neue ihren Busen und zieht eine Decke aus Gras und Blumen über unsere Überreste, während sie uns heimlich in sich selbst zurückverwandelt, damit wir in neuer und anmutiger Form wiedergeboren werden.[127]

Hie und da auch ein Wetterleuchten von Philosophie, meist düster: «Die Geschichte ist nichts als eine Wiederholung derselben Sachverhalte mit verschiedenen Menschen und Zeiten.»[128] Diese *Mémoires d'outre tombe* sind Chateaubriands am längsten fortwirkendes Buch.

Er verweilte in ländlicher Ruhe bis 1814, als die alliierten Armeen an Frankreichs Grenzen standen. Würde ihr Vormarsch das französische Volk wie 1792 zu heroischem Widerstand aufrütteln? Am fünften Jahrestag von Armands Exekution ließ Chateaubriand eine mitreißende Broschüre erscheinen, *De Buonaparte et des Bourbons*, die, als Napoleon, um sein Leben kämpfend den Rückzug antrat, in Frankreich verbreitet wurde. Der Autor versicherte der Nation, daß «Gott selbst sichtbar an der Spitze der (alliierten) Armeen marschiert und im Rat der Könige sitzt».[129] Er rief die Untaten Napoleons in Erinnerung, die Hinrichtungen Enghiens und Cadoudals, die «Folterung und Ermordung Pichegrus», die Einkerkerung des Papstes … Diese «lassen bei Buonaparte» (in italienischer Schreibweise) «ein Frankreich fremdes Naturell sichtbar werden»[130], seine Verbrechen dürfen dem französischen Volk nicht angelastet werden. Viele Herrscher hatten Rede- und Pressefreiheit unterdrückt, doch Napoleon war weiter gegangen und hatte der Presse befohlen, ihn unter völliger Aufopferung der Wahrheit zu preisen. Die ihm als

Administrator gezollte Anerkennung ist unverdient. Er hat lediglich aus dem Despotismus eine Wissenschaft gemacht, Besteuerung in Konfiskation und Konskription in Massenmord verwandelt. Allein im russischen Feldzug starben 342 610 Soldaten nach Erduldung jeglicher Art von Leiden, während ihr Anführer, wohlbehütet und ernährt, von seiner Armee desertierte, um nach Paris zu fliehen.[131] Wie edel und human war dagegen Ludwig XVI. gewesen! Wie Napoleon 1799 das Direktorium gefragt hatte: «Was haben Sie aus dem glänzenden Frankreich gemacht, das ich Ihnen hinterlassen habe?», so ist es jetzt das ganze Menschengeschlecht, das

Sie anklagt und im Namen der Religion, der Moral und der Freiheit nach Vergeltung ruft. Wo haben Sie keine Verheerung hingetragen? In welchem Winkel der Welt gibt es noch eine Familie, die Ihren Raubzügen entgangen ist? Spanien, Italien, Österreich, Deutschland, Rußland fordern von Ihnen ihre Söhne, die Sie abgeschlachtet haben, die Wohnstätten, Hütten, Schlösser und Kirchen, die Sie in Brand gesteckt haben ... Die Stimme der Welt nennt Sie den größten Verbrecher, den die Erde je gesehen hat, ... Sie, der im Herzen der Kultur, in einem Zeitalter der Aufklärung mit Attilas Schwert und den Maximen Neros herrschen wollten. Liefern Sie jetzt Ihr eisernes Zepter aus, steigen Sie herunter von dem Berg aus Ruinen, den Sie zu Ihrem Thron gemacht haben! Wir stoßen Sie aus, wie Sie das Direktorium ausgestoßen haben. Ihre einzige Strafe sei es, Zeuge der Freude zu sein, die Ihr Sturz Frankreich beschert; betrachten Sie, während Sie Tränen der Wut vergießen, das Glück des Volkes.

Wer sollte ihn nun ersetzen? Der König, geheiligt durch seine Geburt, ein echter Edelmann, Ludwig XVIII., «ein Fürst, der bekannt ist für seine Aufgeklärtheit, sein Freisein von Vorurteilen, seine Verachtung für die Rache». In seiner Hand hält er das Versprechen der Verzeihung für alle seine Feinde. «Wie süß wird es sein, nach so vielen Erschütterungen und Mißgeschicken unter der väterlichen Autorität unseres legitimen Souveräns auszuruhen! ... Franzosen, Freunde, Kameraden im Unglück, vergessen wir unsere Streitigkeiten, unseren gegenseitigen Haß, unsere Irrtümer und retten wir das Vaterland. Umarmen wir uns auf den Ruinen unseres geliebten Landes und rufen wir den Erben Heinrich IV. und Ludwig XIV. zu unserer Hilfe ... *Vive le roi!*»[132] Ist es ein Wunder, daß Ludwig XVIII. später sagte, diese fünfzig Druckseiten hätten ihm 100 000 Soldaten ersetzt?[133]

Hier wollen wir Chateaubriand für eine Weile verlassen. Er war noch lange nicht am Ende. Er hatte noch vierunddreißig Jahre zu leben. Er sollte eine aktive Rolle in der Politik der Restauration spielen, Mätressen sammeln und schließlich in den Armen einer Récamier enden, die mit der Zeit Schönheit durch Nächstenliebe ersetzte. Er verwendete mehr und mehr Zeit auf seine *Mémoires*. Da nun sein Feind auf einem fernen Eiland eingekerkert war mit der See als Kerkermeister, konnte er über ihn schreiben – was auf 456 Seiten tat – in einer Stimmung, die Zeit und Sieg gemildert hatten. Er lebte bis 1848 und erlebte drei französische Revolutionen.

ACHTES KAPITEL

Wissenschaft und Philosophie unter Napoleon

I. MATHEMATIK UND PHYSIK

Auf dem Gebiet der Naturwissenschaften war das Zeitalter Napoleons eines der fruchtbarsten der Geschichte. Er selbst war der erste moderne Herrscher, der eine wissenschaftliche Ausbildung erhalten hatte. Wahrscheinlich hatte Aristoteles seinem Schüler Alexander keine so solide Grundlage mitgegeben. Die Franziskanerbrüder, die Napoleon an der Militärakademie von Brienne unterrichteten, wußten, daß für das Gewinnen von Kriegen die Naturwissenschaften nützlicher sind als die Theologie, daher vermittelten sie dem jungen Korsen alles Wissen über Mathematik, Physik, Chemie, Geologie und Geographie, das sie selbst besaßen. An die Macht gelangt, nahm er Ludwigs XIV. Praxis wieder auf, hochdotierte Preise für kulturelle Errungenschaften auszusetzen und ließ seinen Werdegang sichtbar werden, indem er die meisten Belohnungen an Wissenschaftler vergab. Wiederum Präzedenzien folgend, dehnte er seine Zuwendungen auch auf Ausländer aus. So luden er und das Institut 1801 Alessandro Volta nach Paris ein, um seine Theorien über den elektrischen Strom zu demonstrieren. Volta kam, Napoleon wohnte drei seiner Vorlesungen bei und veranlaßte die Verleihung einer Goldmedaille an den italienischen Physiker.[1] 1808 wurde der Preis für Entdeckungen auf dem Gebiet der Elektrochemie Humphrey Davy zuerkannt, der nach Paris kam, um ihn in Empfang zu nehmen, obwohl Frankreich und England sich im Kriegszustand befanden.[2] Napoleon lud die Wissenschaftler des Instituts periodisch zu Zusammenkünften ein, um sich über abgeschlossene oder laufende Arbeiten auf ihren verschiedenen Forschungsgebieten berichten zu lassen. Am 26. Februar 1808 sprach bei einer derartigen Konferenz Cuvier als Sekretär des Instituts fast mit der klassischen Eloquenz eines Buffon, und Napoleon meinte, das goldene Zeitalter der französischen Prosa sei wiedererstanden.

Die französischen Wissenschaftler leisteten Hervorragendes in der Grundlagenforschung und machten die Franzosen zur intellektuellsten und skeptischsten aller Nationen. Die englischen Wissenschaftler förderten die angewandte Wissenschaft und entwickelten Industrie, Handel und Reichtum, die sie während des neunzehnten Jahrhunderts zu den Protagonisten der Weltgeschichte machten. In der ersten Dekade dieses Jahrhunderts bestimmten Lagrange, Legendre, Laplace und Monge das Tempo des Fortschritts in der Mathematik. Zwischen Monge und Napoleon entwickelte sich eine warme Freundschaft, die bis zum Tode dauerte. Er beklagte die Entartung des Konsuls zum Kaisers, trug sie jedoch mit Nachsicht und ließ sich sogar zum Comte de Péluse ernennen; vielleicht war es ein Geheimnis zwischen beiden, daß Pelusium eine alte Ruine in Ägypten war. Er trauerte, als Napoleon nach Elba verbannt wurde und gab offen seiner Freude über die dramatische Rückkehr des Exilierten Ausdruck. Der wiedereingesetzte Bourbone befahl dem Institut, Monge auszuschließßen; es gehorchte. Als Monge starb (1818), wollten seine Studenten an der École Polytechnique (an deren Errichtung er beteiligt gewesen war) an seinem Begräbnis teilnehmen, was ihnen aber verboten wurde; am Tage nach der Beerdigung marschierten sie geschlossen zum Friedhof und legten einen Kranz auf seinem Grab nieder.

Lazare Carnot kam unter Monges Einfluß, als er an der Militärakademie Mézières studierte. Nachdem er dem Wohlfahrtsausschuß als «Organisator des Sieges» gedient und bei dem radikalen *coup d'état* vom 4. September 1797 sein Leben gerettet hatte, fand er in der Mathematik Sicherheit und geistige Gesundheit. 1803 publizierte er *Réflexions sur la métaphysique du calcul infinitésimal*. In zwei späteren Essays begründete er die synthetische Geometrie. 1806 machte François Mollien seine eigene Revolution durch die Einführung der doppelten Buchführung in der Bank von Frankreich. 1812 nahm Jean Victor Poncelet, ein Schüler Monges, an der Invasion der Großen Armee in Rußland teil, wurde gefangengenommen und verlieh seiner Gefangenschaft Glanz, indem er im Alter von vierundzwanzig Jahren die grundlegenden Theoreme der projektiven Geometrie formulierte.

Die Mathematik ist zugleich die Mutter und das Vorbild der Naturwissenschaften: Sie beginnen mit Zählen und erheben sich zu Gleichungen. Durch solche quantitativen Aussagen leiten Physik und Chemie den Ingenieur bei der Verwandlung der Welt. Zuweilen, in einem Tempel oder einer Brücke, können sie zur Kunst erblühen. Joseph Fourier begnügte sich nicht mit der Verwaltung des Departements Isère (1801), er wollte auch die Wärmeleitfähigkeit in präzise mathematische Formeln fassen. In epochemachenden Experimenten entwickelte er in Grenoble die nach ihm benannten «Fourier-Reihen» von Differentialgleichungen – nach wie vor von großer Bedeutung für die Mathematik und den Historikern ein Rätsel. Er berichtete 1807 über seine Entdeckungen und gab 1822 eine peinlich genaue Darstellung seiner Methoden und Resultate in *Théorie analytique de la chaleur*, die man «eines der wichtigsten im neunzehnten Jahrhundert veröffentlichten Bücher» genannt hat.[3] Fourier schrieb:

Die Wirkungen der Wärme sind unwandelbaren Gesetzen unterworfen, die nur mit Hilfe der mathematischen Analyse aufgedeckt werden können. Gegenstand der Theorie, die wir erklären wollen, ist die Darlegung dieser Gesetze. Sie führt alle physikalischen Untersuchungen über die Ausbreitung der Wärme auf Probleme des Integralkalküls zurück, dessen Elemente durch das Experiment gegeben sind ... Diese Überlegungen liefern ein einzigartiges Beispiel der Beziehungen zwischen der abstrakten Wissenschaft von den Zahlen und natürlichen Ursachen.[4]

Spektakulärer waren die Experimente, die Joseph Louis Gay-Lussac anstellte, um die Wirkungen der Höhe auf den Erdmagnetismus und die Ausdehnung von Gasen zu messen. Am 16. September 1804 stieg er in einem Ballon bis zur Höhe von etwa

7000 Meter auf. Seine Entdeckungen, über die er dem Institut 1805 bis 1809 berichtete, reihen ihn unter die Begründer der Meteorologie ein. Seine späteren Untersuchungen über Kalium, Chlor und Cyan waren eine Fortführung der Arbeiten Lavoisiers und Berthollets, um die theoretische Chemie in den Dienst der Industrie und des täglichen Lebens zu stellen.

Die eindrucksvollste Gestalt im Reiche der Physik war während der Herrschaft Napoleons Pierre Simon Laplace. Er war sich wohl bewußt, daß er der schönste Mann im Senat war, in den er nach seinem Mißerfolg als Innenminister berufen worden war. 1796 hatte er in populärer Form, aber glänzendem Stil (*Exposition du systeme du monde*) seine mechanistische Theorie des Universums vorgelegt sowie in einer beiläufigen Notiz seine Nebularhypothese der kosmischen Ursprünge. Ausführlicher stellte er in den fünf Bänden seines *Traité de mécanique céleste* die Forschungsergebnisse von Mathematik und Physik in den Dienst der Aufgabe, das Sonnensystem – und damit auch sämtliche anderen Himmelskörper – den Gesetzen der Bewegung und dem Prinzip der Schwerkraft zu unterwerfen.

Newton hatte eingeräumt, daß einzelne scheinbare Unregelmäßigkeiten der Planetenbahnen allen seinen Erklärungsversuchen getrotzt hatten. So dehnte sich zum Beispiel die Umlaufbahn des Saturns ständig wiewohl langsam aus, so daß er sich, wenn unbeeinflußt, im Laufe von einigen Milliarden Jahren in der Unendlichkeit des Raumes verlieren mußte. Die Umlaufbahnen des Jupiter und des Mondes schrumpften langsam, so daß im Laufe der Zeit der große Planet von der Sonne eingefangen werden und der bescheidene Mond in einer Katastrophe auf die Erde stürzen mußte. Newton war zu dem Schluß gelangt, Gott selbst müsse von Zeit zu Zeit eingreifen, um solche Absurditäten zu korrigieren. Jedoch hatten viele Astronomen diese Verzweiflungshypothese als mit den Naturgesetzen und den Grundregeln der Wissenschaften nicht vereinbar abgelehnt. Laplace bemühte sich, zu zeigen, daß diese Unregelmäßigkeiten auf Einflüsse zurückzuführen waren, die sich periodisch selbst korrigierten und daß man mit ein wenig Geduld – im Falle des Jupiter 929 Jahre – sehen würde, daß alles automatisch zur Ordnung zurückkehre. Er kam zu dem Schluß, es gäbe keinen Grund, daß die solaren und stellaren Systeme nicht bis ans Ende der Zeiten nach den Gesetzen Newtons und Laplaces funktioniere sollten.

Es war eine ebenso majestätische wie bedrückende Konzeption – die Welt als eine Maschine, dazu verdammt, in alle Ewigkeit dieselben Diagramme in den Himmel zu schreiben. Sie erlangte immensen Einfluß in der Förderung der mechanistischen Betrachtung von Geist und Materie und hatte im Verein mit dem gütigen Darwin Anteil an der Unterminierung der christlichen Theologie. Gott war, wie Laplace zu Napoleon sagte, überhaupt nicht notwendig. Napoleon erschien die Hypothese etwas nebelhaft, und Laplace selbst zweifelte zeitweise an Laplace. Mitten in seinem stellaren Unternehmen unterbrach er seine Arbeit, um eine *Théorie analytique des probabilités* (1812–1820) und einen *Essai philosophique sur les probabilités* (1814) zu schreiben. Kurz vor seinem Tode erinnerte er seine Mitwissenschaftler: «Was wir wissen, ist nur eine Kleinigkeit, was wir nicht wissen, ist immens.»[5]

II. MEDIZIN

Die Ärzte hätten dasselbe sagen können und wären Napoleons vollster Zustimmung sicher gewesen. Er gab die Hoffnung nie auf, seine Ärzte überzeugen zu können, daß ihre Drogen mehr Unheil als Gutes bewirkt hätten und daß sie sich beim Jüngsten Gericht für mehr Tote verantworten müßten als die Generale. Dr. Corvisart, der ihn liebte, nahm seine Hänseleien geduldig hin. Dr. Antommarchi rächte und verdiente zugleich Napoleons Hohn, indem er ihm – als er dem Tode nahe war – ein Klistier nach dem anderen verabreichte. Daß Napoleon die Leistungen aufopferungsvoller und kompetenter Ärzte hochschätzte, beweist sein Legat von 100 000 Francs an Dominique Larrey (1766–1842), den «rechtschaffenen» Chirurgen, der die französische Armee in Ägypten, Rußland und bei Waterloo begleitete, «fliegende Ambulanzen» zur raschen Versorgung Verwundeter einrichtete, bei Borodino an einem Tag zweihundert Amputationen durchführte und vier Bände *Mémoires de chirurgie militaire et campagnes* (1812–1817) hinterließ.[6]

Der Kaiser hatte sich nicht getäuscht, als er Jean Nicolas Corvisart zu seinem Leibarzt erwählte. Der Professor für praktische Medizin am Collège de France war so sorgfältig in seinen Diagnosen, wie er in der Beurteilung seiner Behandlungsmethoden skeptisch war. Er war der erste französische Arzt, der die Perkussion – das Beklopfen der Brustoberfläche – als diagnostische Hilfe bei Erkrankungen des Herzens oder der Lunge einsetzte. Er war auf diese Methode in der Schrift *Inventum novum ex percussione* (1761) von Leopold Auenbrugger aus Wien gestoßen. Er übersetzte die 95seitige Monographie, fügte seine eigenen Erfahrungen hinzu und erweiterte sie zu einem Lehrbuch von 440 Seiten.[7] Sein *Essai sur les maladies et les lésions organiques du cœur et des gros vaisseaux* (1806) machte ihn zu einem der Begründer der pathologischen Anatomie. Ein Jahr später wurde er als Hausarzt in den kaiserlichen Haushalt berufen. Sein schwieriger Brotgeber pflegte zu sagen, er habe zwar kein Vertrauen in die Medizin, jedoch volles Vertrauen zu Corvisart.[8] Als Napoleon nach St. Helena gebracht wurde, zog sich Corvisart in ländliche Einsamkeit zurück und starb seinem Herrn getreu in dessen Todesjahr ebenfalls (1821).

Sein Schüler René Théophile Laënnec führte die Entwicklung der Auskultation (wörtlich: Behorchung) weiter. Seine ersten Versuche unternahm er mit zwei Zylindern, die jeder mit einem Ende auf den Körper des Patienten, mit dem anderen an das Ohr des Arztes gebracht wurden, der auf diese Weise mit seinen Ohren «die Brust sah» (*stethos*). So konnten die von den inneren Organen hervorgerufenen Geräusche – wie beim Atmen, Husten, Verdauen – ungestört durch irrelevante Laute abgehört werden. Mit Hilfe dieses Instruments führte Laënnec Untersuchungen durch, deren Resultate er in einem *Traité de l'auscultation médiate* (1819) zusammenfaßte. Die zweite Auflage dieser Schrift (1826) wurde als «die wichtigste jemals verfaßte Abhandlung über die Brustorgane» bezeichnet.[9] Ihre Beschreibung der Pneumonie blieb bis ins zwanzigste Jahrhundert hinein ein klassisch-maßgebliches Werk.[10]

Die herausragendste Errungenschaft der französischen Medizin jener Zeit war die Humanisierung der Behandlung von Geistesgestörten. Als Philippe Pinel 1792 zum medizinischen Direktor der berühmten Irrenanstalt ernannt wurde, die Richelieu in der Vorstadt Bicêtre begründet hatte, war er schockiert, feststellen zu müssen, daß die von der Revolution so zuversichtlich verkündeten Menschenrechte nicht auf die geistig Gestörten ausgedehnt worden waren, die dort oder in einer ähnlichen Einrichtung, der Salpêtrière, festgehalten wurden. Viele der Insassen hatte man in Ketten gelegt, damit sie sich selbst oder anderen kein Leid antun konnten. Viel mehr noch wurden durch häufige Aderlässe oder betäubende Drogen beruhigt. Jeder Neuankömmling – der garnicht krank zu sein brauchte, sondern vielleicht nur ein Ärgernis für Verwandte oder die Regierung war – wurde ins Tollhaus gesteckt, um dort durch Ansteckung an Leib und Seele zu verfallen. Das Resultat war ein Haufen Verrückter, dessen Fratzenschneiden, blödes Stieren oder verzweifeltes Flehen dem Publikum gelegentlich für ein geringes Eintrittsgeld gezeigt wurden. Pinel begab sich persönlich in den Konvent, um sich die Ermächtigung zur Einführung einer menschlicheren Behandlung erteilen zu lassen. Er ließ die Ketten entfernen, reduzierte Aderlässe und Drogen auf ein Minimum, ließ die Patienten sich in der gesunden Luft ergehen und wies die Wachen an, die Geisteskranken nicht als von Gott Verfluchte und heimliche Verbrecher, sondern als Invaliden zu behandeln, die oft durch geduldige Fürsorge wieder gebessert werden könnten. Seine Erkenntnisse und Behandlungsmethoden formulierte er in einem *Traité médico-philosophique sur l'aliénation mentale* (1801) von bleibendem Wert. Der Titel war ein weiteres Zeichen dafür, daß Pinel das Hippokratische Ideal des Arztes als Vereinigung der Kenntnisse des Wissenschaftlers mit dem einfühlenden Verständnis des Philosophen erreicht oder angestrebt hatte. «Ein Arzt, der die Weisheit liebt», hatte Hippokrates gesagt, «ist einem Gotte gleich».[11]

III. BIOLOGIE

1. Cuvier (1769–1832)

Der große Cuvier erlangte eine Spitzenstellung in seinem Fach, obgleich er als Protestant in einem katholischen Land tätig war. Wie soviele andere Wissenschaftler im Frankreich Napoleons wurde er in hohe politische Ämter, selbst in den Staatsrat berufen (1814). Er behielt diese Stellung unter den wiedereingesetzten Bourbonen und wurde 1830 zum Präsidenten des Staatsrats und zum Peer von Frankreich ernannt. Als er 1832 starb, wurde er in ganz Europa als der Mann geehrt, der die Paläontologie und die vergleichende Anatomie begründet und die Biologie darauf vorbereitet hatte, den Geist Europas umzugestalten.

Sein Vater war Offizier in einem Schweizer Regiment. Er war mit einem Verdienstorden ausgezeichnet worden und hatte mit fünfzig eine junge Frau geheiratet.

Sie wachte mit liebevoller Strenge über die körperliche und geistige Entwicklung ihres Sohnes Georges Léopold Chrétien. Sie kontrollierte seine Schularbeiten und ließ sich von ihm die Klassiker der Literatur und Geschichte vorlesen. Cuvier lernte beredt über Mollusken und Würmer zu sprechen. Er hatte das große Glück, in die Akademie aufgenommen zu werden, die Herzog Karl Eugen von Württemberg in Stuttgart gegründet hatte, wo achtzig Lehrer vierhundert ausgesuchte Studenten unterrichteten. Hier fesselten ihn einige Zeit die Arbeiten Linnés, auf die Dauer aber Buffons *Histoire naturelle*.

Nachdem er die Akademie mit vielen Auszeichnungen absolviert hatte und ihm keine Mittel zur Finanzierung weiterer Ausbildung zur Verfügung standen, nahm er eine Stelle als Hauslehrer bei einer Familie an, die in der Nähe von Fécamp an der Kanalküste lebte. Einige in der dortigen Gegend ausgegrabene Fossilien erregten sein Interesse an geologischen Formationen als buchstäblichen Lithographien prähistorischen Pflanzen- und Tierlebens. Eine Anzahl aus dem Meer gefischter Schalentiere faszinierten ihn durch die Verschiedenheit ihrer inneren Organe und äußeren Gestalten derart, daß er eine neue Klassifizierung der Organismen unter dem Gesichtspunkt ihrer Struktur und deren Variationen in Angriff nahm. Aus diesen Anfängen entwickelte er durch nie erlahmende Wißbegierde und unermüdlichen Fleiß ein Wissen über fossile und lebende Formen, wie es zuvor und vielleicht auch seither von niemand erreicht wurde.

Die Kunde von seinen Kenntnissen und seinem Eifer erreichte Paris, brachte ihm wertvolle Empfehlungen seiner späteren Rivalen Geoffroy Saint-Hilaire und Lamarck und – im Alter von siebenundzwanzig Jahren (1796) – eine Professur für vergleichende Anatomie am Musée National d'Histoire Naturelle ein. Mit einunddreißig veröffentlichte er ein klassisches Werk der französischen Naturwissenschaft, *Leçons d'anatomie comparée*. Mit einunddreißig war er wissenschaftlicher Leiter des Jardin des Plantes, mit vierunddreißig wurde er zum «ständigen Sekretär» (geschäftsführender Direktor) der Abteilung Naturwissenschaften des Institut National ernannt. Vorher hatte er als Beauftragter des Instituts ausgedehnte Reisen im Dienst der Reorganisierung des weiterführenden Schulwesens unternommen.

Ungeachtet seiner Pflichten als Lehrer und Administrator führte er seine Untersuchungen zusammen mit einigen Mitarbeitern fort, als ob er entschlossen wäre, jede Spezies des Pflanzen- oder Tierreichs, die sich in den geologischen Strata erhalten hatte oder auf dem Lande oder in der See lebte, zu studieren und zu klassifizieren. Seine *Histoire naturelle des poissons* (1828–1831) beschrieb fünftausend Arten von Fischen. Seine *Recherches sur les ossements fossiles des quadrupèdes* (1812–1825) waren fast der Grundstein einer Paläontologie der Säugetiere. Sie enthielten Cuviers Beschreibung des Wollelefanten – den er Mammut benannte – dessen Überreste (1802) im ständig gefrorenen Boden Sibiriens so gut konserviert gefunden worden waren, daß Schlittenhunde das aufgetaute Fleisch fraßen.[12] In einem dieser Bände erläuterte Cuvier sein Prinzip der «Korrelation der Teile», durch welches er eine ausgestorbene Art durch das Studium eines einzigen erhaltenen Knochens zu rekonstruieren gedachte:

Jedes organisierte Individuum bildet ein eigenes vollständiges System, dessen sämtliche Teile auf natürliche Weise zueinander passen und zusammenwirken, um durch wechselseitige Reaktion oder Kombination ein ganz bestimmtes definiertes Ziel zu erreichen. Daher kann keiner dieser einzelnen Teile seine Form ändern ohne eine dementsprechende Änderung der anderen Teile desselben Lebewesens. Demzufolge verrät jeder dieser Teile, für sich genommen, alle übrigen Teile, zu denen er gehört hat. Demgemäß ... wenn die Eingeweide eines Tieres ausschließlich für die Verdauung frischen Fleisches eingerichtet sind, müssen die Kinnbacken so konstruiert sein, daß sie geeignet sind, eine Beute zu verschlingen: Die Zähne zum Zerreißen und Zermahlen ihres Fleisches, das gesamte System der Glieder oder Bewegungsorgane, um sie zu verfolgen und einzuholen, die Sinnesorgane, um sie aus der Entfernung zu entdecken ... In gleicher Weise ermöglichen es uns eine Kralle, ein Schulterblatt, ein Gelenkknochen, ein Bein- oder Armknochen oder irgendein anderer Knochen, für sich betrachtet, das Aussehen der Zähne zu rekonstruieren, zu denen sie gehört haben. Und so können wir umgekehrt auch die Formen der übrigen Knochen nach den Zähnen bestimmen. Darum kann jemand, der die Gesetze der organischen Struktur hinreichend beherrscht, wenn er seine Untersuchungen durch die sorgfältige Betrachtung eines einzelnen Knochens beginnt, sozusagen das ganze Tier rekonstruieren, zu dem er gehört hat.[13]

1817 faßte Cuvier in einem weiteren Mammutwerk *Le Règne animal distribué d'après son organisation* seine Einteilung der Tiere in Wirbeltiere, Weichtiere, Gliedertiere und Strahlentiere zusammen und schlug vor, die aufeinanderfolgenden Schichten von Fossilien als Ergebnis der plötzlichen Vernichtung Hunderter von Spezies durch Erdkatastrophen anzusehen. Was die Entstehung der Arten betrifft, so akzeptierte er die damals orthodoxe Ansicht, daß jede einzelne Art für sich von Gott geschaffen worden sei, daß ihre Variationen durch göttliche Leitung jedes Organismus bei der Anpassung an seine Umgebung entstanden seien und daß aus diesen Variationen niemals eine neue Art hervorgehen könne. Über diese und andere Fragen vertiefte sich Cuvier zwei Jahre vor seinem Tod in eine berühmte Debatte, welche Goethe als das wichtigste Ereignis der europäischen Geschichte im Jahre 1830 erschien. Sein zeitgenössischer Gegner bei dieser Auseinandersetzung war Etienne Geoffroy Saint-Hilaire, der seine Argumente für die Mutationsfähigkeit wie auch den natürlichen Ursprung und die Entwicklung der Arten auf den Arbeiten eines noch größeren Biologen aufbaute, der ein Jahr zuvor gestorben war.

2. Lamarck (1744–1829)

Es ist nicht schwer, Lamarck gerne zu haben, denn er hatte in seiner Jugend mit der Armut zu kämpfen, als reifer Mann gegen den allgemein anerkannten Cuvier und im Alter gegen Blindheit und Armut. Außerdem aber hinterließ er eine Theorie der Ursachen und Abläufe der Evolution, die einer freundlichen Gemütsverfassung mehr zusagt als die gnadenlose natürliche Auslese, die der gütige Darwin postulierte.

Wie viele Franzosen trug er an einer schweren Last von Namen: Jean Baptiste Pierre Antoine de Monet, Chevalier de Lamarck. Er war das elfte Kind eines martialischen Vaters, der für alle seine Söhne militärische Posten fand, mit Ausnahme des letzten. Diesen schickte er auf ein Jesuitenkolleg nach Amiens, um ihn auf den geistlichen Stand vorzubereiten. Doch Jean Baptiste beneidete seine Brüder um ihre Waffen und Pferde. Er verließ das Kolleg, kaufte für sein Taschengeld einen alten Gaul und ritt davon, um am Krieg gegen Deutschland teilzunehmen. Er kämpfte tapfer, doch seine Heldenlaufbahn wurde durch eine Nackenverletzung beendet, die er sich bei Wettspielen in der Kaserne zugezogen hatte. Er fand eine Anstellung in einer Bank, studierte Medizin, lernte Rousseau kennen, wandte sich der Botanik zu, studierte neun Jahre lang Pflanzen und veröffentlichte 1778 *Flore française*. Dann nahm er, da seine finanziellen Hilfsquellen erschöpft waren, eine Stelle als Hauslehrer für Buffons Söhne an, wenn auch nur, um in der Nähe des alternden Weisen zu sein. Als Buffon starb (1788), übernahm Lamarck den bescheidenen Posten eines Kustos des Herbariums im Jardin du Roi, den königlichen botanischen Gärten von Paris. Nach kurzer Zeit wurde die Bezeichnung «königlich» vergessen, und der Garten wurde auf Lamarcks Vorschlag in «Jardin des Plantes» umbenannt. Da er auch eine zoologische Sammlung umfaßte, gab Lamarck dem Studium der belebten Natur den Namen *Biologie*.

Als sein Interesse sich über die Pflanzen hinaus auch den Tieren zuwandte, überließ Lamarck die Wirbeltiere (Vertebraten) Cuvier und erkor als seine Domäne die niederen wirbellosen Tiere, für welche er die Bezeichnung *invertébrés* (Invertebraten) prägte. Bis 1809 war er zu eigenen Feststellungen gelangt, die er dann in *Système des animaux sans vertèbres* und in *Philosophie zoologique* darlegte. Trotz nachlassender Sehkraft fuhr er mit seinen Untersuchungen und ihrer Niederschrift fort, unterstützt von seiner ältesten Tochter und von Pierre André Latreille. 1815 bis 1822 ließ er seine endgültigen Klassifizierungen und Ergebnisse in einer umfangreichen *Histoire naturelle des animaux sans vertèbres* erscheinen. Danach erblindete er vollständig und stand fast mittellos da. Sein Leben war ein Tribut an seinen Mut, und sein Alter eine Schande für die damalige Regierung.

Seine «Philosophie» oder logisch begründete Zusammenfassung der Zoologie begann mit der Betrachtung der endlosen und geheimnisvoll originären Variabilität der Formen des Lebens. Jedes Individuum unterscheidet sich von allen übrigen, und innerhalb jeder Spezies können wir so feine Abstufungen von Unterscheidungsmerkmalen finden, daß es schwierig und vielleicht unrichtig wird, eine Art von ihren ähnlichsten und in Gestalt und Lebensweise am nächsten verwandten Nachbarn abzutrennen. Spezies, schloß Lamarck (dabei unwissentlich an den «Konzeptualismus» Abälards anknüpfend) ist ein Konzept, eine abstrakte Idee. In Wirklichkeit gibt es nur Einzelwesen oder -dinge, die Klassen, Arten oder Spezies, in welche wir sie einteilen, sind nichts als (allerdings unentbehrliche) geistige Werkzeuge, um ähnliche Objekte gedanklich zusammenzufassen, die jedoch unabänderlich einmalig sind.

Wie sind diese verschiedenen Gruppen oder Spezies pflanzlichen oder tierischen Lebens entstanden? Diese Frage beantwortete Lamarck mit zwei «Gesetzen»:

Erstes Gesetz: Bei jedem Tier, welches noch nicht am Ende seiner Entwicklung angelangt ist, stärkt der häufige und anhaltende Gebrauch eines Organs dieses Organ fortlaufend, entwickelt und vergrößert es und verleiht ihm eine Funktionstüchtigkeit, die der Länge der Zeit solchen Gebrauchs proportional ist; andererseits schwächt der andauernde Nichtgebrauch eines solchen Organs es merklich, führt zu seiner Reduzierung, vermindert sein Funktionsvermögen und läßt es schließlich verschwinden.

Zweites Gesetz: Alles, was Individuen durch den Einfluß natürlicher Umstände, denen ihre Art für lange Zeit ausgesetzt war, und demzufolge durch den bevorzugten Gebrauch oder den ständigen Nichtgebrauch eines solchen Organs oder Gliedes erworben oder verloren haben, konservieren sie durch Vererbung und geben es an neue Individuen, die von ihnen abstammen, weiter, vorausgesetzt, daß die so erworbenen Veränderungen beiden Geschlechtern oder denen, welche diese neuen Individuen hervorgebracht haben, gemeinsam sind.[14]

Das erste Gesetz war einleuchtend: Der Arm des Grobschmiedes wird durch die Arbeit länger und stärker, der Hals der Giraffe wird durch die Anstrengung, höher wachsende nahrhafte Blätter zu erreichen, in die Länge gezogen, und der Maulwurf ist blind, weil sein unterirdisches Leben Augen nutzlos macht. In späteren Arbeiten unterteilte Lamarck sein erstes Gesetz in zwei sich gegenseitig ergänzende Grundtatsachen: Die Umwelteinflüsse oder die Reize und das Verlangen wie Bedürfnis stimulierende Streben des Oganismus nach einer Anpassungsreaktion, wie beim Einströmen von Blut oder Saft in das gebrauchte Organ. Hier versuchte Lamarck, sich mit der schwierigen Frage auseinanderzusetzen: Wie entstehen Varianten? Cuvier antwortete, durch das direkte Eingreifen Gottes. Darwin sollte antworten, durch «zufällige Variationen», deren Ursache wir nicht kennen. Lamarck antwortete: Varianten entstehen durch Bedürfnis, Verlangen und ständiges Bestreben des Organismus, sich den Umweltbedingungen anzupassen. Diese Erklärung paßte gut zur Betrachtungsweise zeitgenössischer Psychologen, die die schöperische Bedeutung des Willens betonten.

Lamarcks zweites Gesetz jedoch begegnete tausend Einwänden. Einige wollten es durch den Hinweis auf das Fehlen eines Vererbungseffekts bei der Beschneidung der Vorhaut bei den Semiten und der Einschnürung der weiblichen Füße bei den Chinesen widerlegen. Solche Nörgler vergaßen allerdings in Betracht zu ziehen, daß derartige Operationen äußerliche Verstümmelungen darstellten, die keinerlei innerem Bedürfnis und Bestreben entsprangen. Andere Einwände ließen die langen Zeiträume außer Betracht, die zugegebenermaßen nötig waren, damit Umwelteinflüsse eine Veränderung in der «Rasse» bewirken konnten. Unter diesen Vorbehalten akzeptierten Charles Darwin und Herbert Spencer die mögliche Vererbung «erworbener Eigenschaften», d. h. nach der Geburt entwickelter Verhaltensweisen oder organischer Veränderungen, als Entwicklungsfaktor. Marx und Engels bejahten eine solche Vererbbarkeit und vertrauten auf eine Verbesserung der Umweltverhältnisse, um von Geburt an bessere Menschen hervorzubringen. Die Sowjetunion machte für lange Zeit den Lamarckismus zu einem Bestandteil ihres offiziellen Kredos. Um 1885 versetzte August Weismann der Theorie einen Stoß durch die Behauptung, das «Keimplasma» (Zellen, die Träger der Erbanlagen sind) sei immun gegen Veränderungen an dem es umschließenden Körper oder den Somazellen und könne daher durch nachgeburtliche Einwirkungen nicht berührt werden. Diese Behauptung verlor aber an Wert, als in den Somazellen ebenso wie in den Keimzellen Chromosomen (Kernschleifen) entdeckt wurden. Experimentelle Untersuchungen haben ein im großen und ganzen ungünstiges Licht auf die Lamarckschen Theorien geworfen[15], doch sind neuerdings einige Beweise für die Vererbung im Sinne Lamarcks bei *Paramecium* und anderen Protozoen gefunden worden.[16] Unsere Laboratorien leiden unter Zeitmangel, die Natur nicht.

IV. WAS IST GEIST?

Lamarcks Betonung des Empfindens von Bedürfnissen und daraus folgenden Anstrengungen als Faktoren der organischen Reaktion harmonierte mit der Abkehr der Psychologen des Instituts von der Betrachtung des Geistes als eines völlig passiven Mechanismus zur Beantwortung äußerer und innerer Empfindungen. Diese Erforscher des Innern gebrauchten das Wort «Philosophie» als Zusammenfassung ihrer Befunde; die Philosophie war noch nicht gänzlich von der Wissenschaft geschieden. Tatsächlich könnte man ja die Philosophie als Zusammenfassung sämtlicher Wissenschaften betrachten, wenn die Wissenschaft ihre Methoden der präzisen Hypothese, sorgfältigen Beobachtung, des kontrollierten Experiments und der mathematischen Formulierung nachprüfbarer Resultate erfolgreich auf Geist und Gesamtbewußtsein anzuwenden in der Lage wäre. Diese Zeit war noch nicht gekommen, und die Psychologen des frühen neunzehnten Jahrhunderts nannten sich selbst Philosophen als Männer, die sich tastend mit Sachverhalten befaßten, welche noch außerhalb der Reichweite und der Hilfsmittel der Wissenschaft lagen.

Trotz Napoleons Opposition fuhren die «ideologues» ein Jahrzehnt lang fort, die im Institut gelehrte Psychologie und Philosophie zu beherrschen. Seine *bête noire* dort war Antoine Destutt de Tracy, der Unruhestifter, der die Fackel von Condillacs Sensualismus durch die Jahre des Kaiserreichs trug. Als Abgeordneter in die Generalstände von 1789 entsandt, setzte er sich für die liberale Verfassung von 1791 ein, zog sich jedoch 1793, abgestoßen von der Brutalität der Straße und dem Terrorismus des Wohlfahrtsausschusses, aus der Politik in die Philosophie zurück. Im Vorort Auteuil schloß er sich dem Kreis von Anbetern an, der sich um die immer noch schöne Madame Helvétius versammelte und geriet dort unter den radikalen Einfluß von Condorcet und Cabanis. Er wurde Mitglied des Instituts, wo er einen prominenten Platz in der zweiten Abteilung einnahm, die sich speziell mit Philosophie und Psychologie befaßte.

Im Jahre 1801 begann und 1815 vollendete er die Publikation seiner *Eléments d'idéologie*. Er definierte sie als die wissenschaftliche Untersuchung von Ideen auf der Basis des Condillacschen Sensualismus – der Lehre, daß alle Ideen von Sinneswahrnehmungen abgeleitet sind. Dies mochte nach seiner Auffassung unrichtig erscheinen bezüglich allgemeiner oder abstrakter Begriffe wie Tugend, Religion, Schön-

Spottbild auf die Verabschiedung der Franzosen durch die Töchter Nürnbergs nach dem ▸
Ende ihrer Besatzungszeit in Bayern.

Schau so führn die Herrn Frantzosen mit ihrn schönen langen Hosen
ie Nürnberger Frauenzimer in den Arm Spaziren mier
nd gehn, gleich wie Man und Frau bald auf Wörth bald auf Schweinau.

Le filles de Nurenberg.

L'entretien amoureux 1 3 *Le triste congé*

2 4

1 Der Frantzoß
Kom Mademoisell spaziren mit mir
h führe dich zum Wein und Bier
ib mir ein Schmazerl auf mein Gosch
ch Zahl für dich gleich 20. Groschl
om mit mir nach Paris hinein
u sollst mein lieber Schatz dort sein.

3. Der Frantzoß.
Adieu hab danck Ihr Jungfern zweÿ
Das Ihr gehalten uns Zech freÿ
Dort aus in Wörth der kleinen Stadt
Wo es gibt Tänz und Masquerat
Bleibt beyde nur in Deutschland draus
Wir habe schon ein Schatz zu Hauß

heit oder Menschheit, doch bei der Betrachtung solcher Begriffe müssen wir «die Elementarbegriffe, von denen sie abstrahiert sind, untersuchen und sie auf die einfachen Empfindungen, die Sinneswahrnehmungen, von denen sie ausgehen, zurückzuführen».[17] Eine solch objektive Betrachtungsweise, dachte Destutt, könnte die Metaphysik ersetzen und Kants Herrschaft beenden. Wenn wir durch diese Methode zu keiner definitiven Schlußfolgerung gelangen können, «müssen wir warten, unser Urteil aufschieben und von dem Versuch Abstand nehmen, etwas erklären zu wollen, das wir nicht wirklich kennen».[18] Dieser harte Agnostizismus mißfiel dem Agnostiker Napoleon, der damals mit der Kirche über ein Konkordat verhandelte. Dadurch nicht abgeschreckt, klassifizierte Destutt die Vorstellungswelt (Psychologie) als ein Teilgebiet der Zoologie. Er definierte Bewußtsein als das Erfassen von Wahrnehmungen, Urteilsvermögen als das Erfassen von Zusammenhängen, Willen als das Empfinden von Wünschen. Was die Idealisten betraf, die vorbrachten, Wahrnehmungen seien kein unzweifelhafter Beweis für die Existenz einer Außenwelt, so gab Destutt dies zu, soweit es sich um optische, akustische, Geruchs- und Geschmackseindrücke handelte. Aber er bestand darauf, daß wir mit Sicherheit aus unseren Wahrnehmungen von Berührung, Widerstand und Bewegung auf die Existenz einer Außenwelt schließen können. Wie Dr. Johnson gesagt hatte, wir können diese Frage durch das Fortstoßen eines Steines beantworten.

1803 löste Napoleon die zweite Abteilung des Instituts auf, und Destutt de Tracy sah sich ohne Katheder und ohne Drucker. Da es ihm nicht gelang, die Druckerlaubnis für seinen *Commentaire sur L'Esprit des Lois de Montesquieu* zu erhalten, schickte er das Manuskript an den Präsidenten der Vereinigten Staaten, Thomas Jefferson. Dieser ließ es übersetzen und drucken (1811), ohne den Namen des Verfassers preiszugeben.[19] Destutt wurde zweiundachtzig Jahre alt und feierte sein Alter mit der Veröffentlichung eines Traktats *De l'Amour* (1826).

Maine de Biran (Marie François Pierre Gonthier de Biran) begann seine Laufbahn als Philosoph mit einer Darstellung des Sensualismus von solcher Unklarheit, daß sein Ruf gesichert war.* Er fing als Soldat an und endete als Mystiker. 1784 trat er der königlichen Garde du Corps Ludwig XVI. bei und half mit, ihn gegen das «monströse Weiberregiment»[21] zu verteidigen, das König und Königin vom 5. bis 6. Oktober 1789 in Versailles belagerte. Entsetzt über die Revolution, kehrte er auf sein Landgut in der Nähe von Bergerac zurück. 1809 wurde er in das Corps Législatif gewählt, opponierte 1813 gegen Napoleon und wurde unter Ludwig XVIII. Schatzmeister der Deputiertenkammer. Seine schriftstellerische Tätigkeit stand nicht in Zusammenhang mit seiner politischen Karriere, doch sie machte ihn zum anerkannten Haupt der französischen Philosophen seiner Zeit.

Zu Ruhm gelangte er 1802, als er den ersten Preis in einem vom Institut ausgeschriebenen Wettbewerb gewann. Sein Essay *L'Influence de l'habitude sur les facultés de penser* schien der sensualistischen Anschauung Condillacs und selbst der physiologischen Psychologie Destutt de Tracys zu folgen. «Das Wesen der Erkenntnisfähigkeit», schrieb er, «ist nichts anderes, als die Summe der hauptsächlichsten Verhaltensweisen des Zentralorgans, das als das universelle

---

* «Sein schlechter Stil,» sagte Taine, «hat einen großen Mann aus ihm gemacht ... Wäre er nicht dunkel gewesen, hätten wir ihn nicht für tief gehalten».[20]

◄ *«Die Badende»*, 1808 in Rom für Caroline Murat, der Schwester Napoleons, von Ingres gemalt, der den Zusammenbruch des Napoleonischen Empire in Rom überlebte.

Empfindungsvermögen zu betrachten ist.»²² Er meinte, «man könne jeden Eindruck, der eine Reaktion der entsprechenden Gehirnfaser hervorriefe, als real annehmen».²³ In seinen weiteren Ausführungen rückte er jedoch von der Ansicht ab, der Geist sei lediglich die Gesamtheit der körperlichen Wahrnehmungen; es schien ihm, daß in Akten der Aufmerksamkeit oder Willensanstrengung der Geist ein aktiver schöpferischer Faktor sei, der nicht auf irgendeine Kombination von Wahrnehmungen zurückgeführt werden könne.

Diese Divergenz mit den Ideologen wurde 1805 mit *Mémoire sur la décomposition de la pensée,* das mit Napoleons Restauration der Religion übereinstimmte, vertieft. Die Anstrengung des Willens, argumentierte Maine de Biran, zeigt, daß die menschliche Seele kein passiver Kreislauf von Empfindungen ist, sondern vielmehr eine positive und willensbestimmte Kraft, welche die eigentliche Essenz des Ich darstellt; der Wille und das Ego sind eins. (Schopenhauer sollte diesen Voluntarismus 1819 vertreten, er sollte in der französischen Philosophie weiterleben und bei Bergson seine brillante Ausprägung erfahren.) Diese Willensanstrengung gesellt sich zu den übrigen Faktoren, die das Handeln bestimmen und gibt ihnen die «Freiheit des Willens», ohne welche der Mensch nur ein lächerlicher Automat wäre. Diese innere Kraft ist eine geistige Realität, kein Konglomerat aus Wahrnehmung und Erinnerung. Sie ist weder stofflich noch räumlich faßbar. In Wirklichkeit – fährt Maine de Biran fort – ist wahrscheinlich jede Kraft ebenso immateriell und kann nur in Analogie zum bewußten Ich verstanden werden. Von diesem Standpunkt aus hatte Leibniz recht, wenn er die Welt als Sammel- und Kampfplatz von Monaden begriff, von denen jede ein Zentrum von Kraft, Willen und Individualität ist.

Vielleicht strengte Maine de Biran sein Doppelleben als Politiker und Philosoph, wozu noch eine lebhafte Teilnahme an wöchentlichen Zusammenkünften im Institut mit Cuvier, Royer-Collard, Ampère, Guizot und Victor Cousin kam, zu sehr an. Seine Gesundheit brach zusammen. Sein kurzes Leben von achtundfünfzig Jahren neigte sich seinem Ende zu, er zog sich von angestrengter Geistesarbeit auf einen beruhigenden religiösen Glauben und schließlich auf einen Mystizismus zurück, der ihn über diese schmerzvolle Welt hinaushob. Die Menschheit sollte, sagte er, von der animalischen Stufe der Wahrnehmung durch die menschliche Stufe des freien und bewußten Willens zum Aufgehen im Bewußtwerden und der Liebe Gottes gelangen.

V. DIE BEGRÜNDUNG FÜR DEN KONSERVATIVISMUS

Die *philosophes* des achtzehnten Jahrhunderts hatten die Regierung in Frankreich geschwächt, indem sie die Glaubwürdigkeit und das moralische Ansehen der Kirche herabgesetzt und nach einem «aufgeklärten Despotismus» gerufen hatten, um die Übel der Unwissenheit, Unfähigkeit, Korruption, Unterdrückung, Armut und des Krieges zu mildern. Die französischen Philosophen des frühen neunzehnten Jahrhunderts antworten diesen «Träumern», indem sie die Notwendigkeit der Religion, die Weisheit der Tradition, die Autorität der Familie, die Vorzüge der legitimen Monarchie und das ständige Bedürfnis zur Aufrichtung politischer, ökonomischer und moralischer Dämme gegen die ansteigende Flut der Unwissenheit, Habgier, Gewalttätigkeit, Barbarei und Fruchtbarkeit im Volk verteidigten.

Zwei Männer erhoben damals Anklage gegen den Appell des achtzehnten Jahrhunderts an die Vernunft statt an den Glauben, an die Aufklärung statt an die Tradition. Vicomte Louis Gabriel Ambroise de Bonald wurde 1754 geboren und in der

Sicherheit seiner Gesellschaftsschicht zu gehorsamer Frömmigkeit erzogen. Von der Revolution überrascht und bedroht, emigrierte er nach Deutschland, schloß sich für einige Zeit der antirevolutionären Armee des Prinzen von Condé an, war empört über deren selbstmörderische Unordnung und zog sich nach Heidelberg zurück, um mit seiner disziplinierten Feder den Krieg auf eigene Faust fortzuführen. In seiner *Théorie du pouvoir politique et religieux* (1796) verteidigte er absolute Monarchie, erbliche Aristokratie, väterliche Autorität in der Familie und die moralische wie religiöse Souveränität der Päpste über alle Könige der Christenheit. Das Direktorium verurteilte das Buch, erlaubte ihm aber, nach Frankreich zurückzukehren (1797). Nach einer Pause der Vorsicht nahm er seine philosophische Offensive wieder auf mit einem *Essai analytique sur les lois naturelles de l'ordre social* (1800). Napoleon begrüßte die darin enthaltene Verteidigung der Religion als unverzichtbar für eine Regierung. Er bot Bonald einen Platz im Staatsrat an. Bonald lehnte ab, nahm dann aber 1806 doch an mit der Begründung, Napoleon sei von Gott gesandt worden, um den wahren Glauben wiederherzustellen.[24]

Nach der Restauration war er in einer Reihe öffentlicher Ämter tätig und veröffentlichte eine Anzahl konservativer Proklamationen, feurig aber beschränkt. Er sprach sich gegen die Scheidung und die «Rechte der Frauen» aus, weil sie Familie und soziale Ordnung zerstörten, verurteilte die Pressefreiheit als Bedrohung einer stabilen Regierung, verteidigte Zensur und Todesstrafe, wobei er vorschlug, die Profanation der sakralen Gefäße, die im katholischen Gottesdienst gebraucht werden, mit dem Tode zu bestrafen.[25] Manche Konservative machten sich über seine schwärmerische Orthodoxie lustig; doch er fand Trost in seiner Korrespondenz mit Joseph de Maistre, der ihn von St. Petersburg aus seiner unbedingten Unterstützung versicherte und später Bücher veröffentlichte, die Bonald durch die Unbedingtheit ihres Konservatismus und die Brillanz ihres Stils gleichzeitig erfreut und rasend gemacht haben müssen.

Maistre wurde 1753 in Chambéry geboren, wo zwanzig Jahre vorher Madame de Warens Rousseau in die Kunst der Liebe eingeführt hatte. Als Hauptstadt des Herzogtums Savoyen war die Stadt den Königen von Sardinien untertan. Die Savoyarden gebrauchten jedoch das Französische als ihre Muttersprache, und Joseph lernte es mit fast dem gleichen Schwung und Feuer zu schreiben wie Voltaire. Sein Vater war Präsident des savoyischen Senats, dessen Mitglied er 1787 selbst wurde. Beide hatten nicht nur philosophische Gründe, den status quo zu verteidigen. In der Politik der Sohn seines Vaters, stand Joseph gefühlsmäßig seiner Mutter sehr nahe, die ihm eine leidenschaftliche Loyalität gegenüber der katholischen Kirche einflößte. «Nichts», schrieb er später, «kann die von einer Mutter erhaltene Erziehung ersetzen».[26] Er wurde von Nonnen und Priestern und später in einem Jesuitenkolleg in Turin erzogen; auch ihnen gegenüber schwankte seine Zuneigung niemals. Nach einem kurzen Flirt mit der Freimaurerei machte er sich vollständig den jesuitischen Standpunkt zu eigen, daß der Staat der Kirche und die Kirche dem Papst untertan sein müsse.

Im September 1792 drang eine französische Revolutionsarmee in Savoyen ein, und im November wurde das Herzogtum von Frankreich annektiert. Der Schock dieser plötzlichen Umkehrung aller Werte, Klassen, Machtverhältnisse und Glaubensbekenntnisse erfüllte Maistre mit einem Haß, der sein Gemüt verdüsterte, sich in seinen Büchern ausprägte und seinen Stil schärfte. Er floh mit seiner Frau nach Lausanne, wo er seinen Unterhalt als offizieller Berichterstatter für Karl Emanuel II., den König von Sardinien, fand. Zu seiner Unterhaltung besuchte er den Salon von Madame de Staël im nahen Coppet. Doch die Intellektuellen, die er dort traf, wie Benjamin Constant, schienen ihm von dem skandalösen Skeptizismus des Frankreich des achtzehnten Jahrhunderts angesteckt zu sein. Selbst die *émigrés*, die sich in Lausanne drängten, waren Anhänger Voltaires. Maistre verstand nicht, daß sie sich nicht darüber im klaren waren, daß der Antikatholizismus der *philosophes* die gesamte Struktur des französischen Lebens unterminiert hatte, indem er die religiösen Stützpfeiler des Moralkodex' der Familie und des Staates schwächte. Zu alt, um die Waffen gegen die Revolution zu ergreifen, beschloß er, die Ungläubigen und die Revolutionäre mit seiner Feder zu bekriegen. Er mischte seine Tinte mit Vitriol und drückte dem Jahrhundert seinen Stempel auf. In jener Ära übertraf ihn nur Edmund Burke in der Entwicklung einer konservativen Lebensanschauung.

Im Jahre 1796 ließ er in einer Neuchâteler Druckerei *Considérations sur la France* erscheinen. Er räumte darin ein, daß die Regierung Ludwig XVI. schwankend und unfähig gewesen sei und daß die französische Kirche eine moralische Erneuerung brauche.[27] Jedoch bedeutete ein so abrupter und drastischer Wechsel von Staatsform, Politik und Regierungsmethoden Betrug an der Unkenntnis der Heranwachsenden über die schwer verständlichen Grundlagen der Regierung. Kein Staatswesen, glaubte er, das nicht in Tradition und Zeit verwurzelt war, oder dem die Unterstützung von Religion und Moral fehlte, könne lange überleben. Die Französische Revolution hatte diese Stützen zerbrochen, als sie den König enthauptete und die Kirche enteignete. «Niemals hat ein so furchtbares Verbrechen soviele Komplizen gehabt ... Jeder Blutstropfen Ludwigs XVI. wird Frankreich Sturzbäche von Blut kosten. Möglicherweise werden vier oder fünf Millionen Franzosen mit ihrem Leben für das große nationale Verbrechen einer antireligiösen und antisozialen Erhebung, die vom Königsmord gekrönt wurde, bezahlen.»[28] Bald, so sagte er (1796) voraus, «werden vier oder fünf Völker Frankreich einen König geben».[29]

1797 berief König Karl Emanuel Maistre nach Turin in seine Dienste, kurz darauf aber nahm Napoleon Turin ein, und der Philosoph floh nach Venedig. 1802 wurde er zum sardischen Bevollmächtigten am Hof Zar Alexander I. ernannt. In der Erwartung, seine Mission werde nur kurz dauern, ließ er seine Familie zurück, doch der Dienst für seinen König hielt ihn bis 1817 in St. Petersburg fest. Er ertrug die Verbannung mit Ungeduld und begrub seine Sorgen in Manuskripten.

Sein grundlegendes Werk, *Essai sur le principe générateur des constitutions politiques* (1810) leitete solche Verfassungen von dem Konflikt zwischen guten und bösen (sozialen und asozialen) Impulsen im Menschen und der Notwendigkeit einer organisierten und dauerhaften Autorität zur Gewährleistung der öffentlichen Ordnung und des Überlebens der Gruppe durch die Unterstützung kooperativer gegen individualistische Tendenzen ab. Jedermann strebt von Natur nach Macht und Besitz und ist, bis er gezähmt wird, ein potentieller Despot, Verbrecher oder Räuber. Einzelne Heilige vermögen irdische Gelüste unter Kontrolle zu halten und ein paar Philosophen mögen dieses Ziel durch die Vernunft erreicht haben. Bei den meisten von uns aber kann die Tugend von sich aus unsere Grundinstinkte nicht meistern; es jedem als erwachsen geltenden zu überlassen, alle Angelegenheiten nach seiner eigenen Vernunft zu beurteilen (die durch Mangel an Erfahrung nicht ausreicht und Sklavin seiner Wünsche ist), heißt Ordnung der Freiheit opfern. Solche Freiheit ohne Disziplin wird zur Zügellosigkeit, und soziale Unordnung bedroht die Fähigkeit der Gruppe, sich gegen Angriffe von außen oder Auflösung von innen zusammenzuschließen.

Folgerichtig war von de Maistres Standpunkt aus der Überschwang der Aufklärung ein kolossaler Irrtum. Er verglich sie mit einem jungen Mann, der sich mit achtzehn Jahren Pläne für die radikale Reform von Erziehung, Familie, Religion, Gesellschaft und Staat ausgedacht oder sie übernommen hat. Voltaire war ein Paradebeispiel solch unfruchtbarer Allwissenheit; er «redete für ein ganzes Zeitalter über alles, ohne auch nur einmal unter die Oberfläche zu dringen»; er war «so vollständig davon ausgefüllt, die Welt zu belehren», daß er «nur sehr selten Zeit zum Nachdenken fand».[30] Hätte er die Geschichte demütig als vergängliches Individuum studiert, das sich von den Erfahrungen der Vorfahren Belehrung erhofft, so hätte er lernen können, daß die unpersönliche Zeit ein besserer Lehrer ist als das eigene Denken, daß der verläßlichste Prüfstein für eine Idee ihre pragmatischen Effekte in Leben und Geschichte der Menschheit sind, daß Institutionen, die in der Tradition von Jahrhunderten wurzeln, nicht ohne sorgfältiges Abwägen von Gewinn und Verlust verworfen werden dürfen und daß das Feldgeschrei *«écrasons l'infâme»* – um die moralische Autorität der Kirche zu zerstören, welche die Jugend diszipliniert und die soziale Ordnung in Westeuropa errichtet hatte – den Zusammenbruch von Moral, Familie, Gesellschaft und Staat nach sich ziehen würde. Die mörderische Revolution war das logische Resultat der blinden «Aufklärung». «Philosophie ist ihrem Wesen nach eine zerstörerische Kraft.» Sie setzt ihr ganzes Vertrauen auf die Vernunft, die individuell und den Intellekt, der individualistisch ist; die Befreiung des Individuums von politischer und religiöser Tradition und Autorität gefährdet den Staat und sogar die Kultur. «Daher ist die gegenwärtige Generation Zeuge eines der dramatischsten Konflikte, welche die Menschheit jemals erlebt hat: des Kampfes auf Leben und Tod zwischen dem Christentum und dem Kult der Philosophie.»[31]

Da das Individuum nicht lange genug lebt, um die Weisheit der Tradition nachprüfen zu können, sollte man es lehren, sie als seine Führerin anzuerkennen, bis es alt genug ist, um sie zu verstehen zu beginnen. Es wird natürlich niemals imstande sein, sie gänzlich zu begreifen. Es sollte mißtrauisch gegen jede geplante Veränderung in der Verfassung oder dem Moralkodex sein. Es sollte die etablierte Autorität ehren als Entscheidung durch Tradition und Erfahrung des Volkes und somit durch die Stimme Gottes.[32]

Die Monarchie – erblich und absolut – ist die beste Regierungsform, denn sie verkörpert die längste und umfangreichste Tradition und ist der Garant für Ordnung, Kontinuität, Stabilität und Stärke. Die Demokratie dagegen, mit ihrem häufigen Wechsel von Führern und Idealen, die periodisch den Launen und der Unwissenheit des Pöbels ausgesetzt ist, ist die Gewähr für Unzufriedenheit, Unordnung, rücksichtsloses Experimentieren und ein frühes Ende. Die Kunst des Regierens liegt in der Besänftigung der Massen; der Selbstmord einer Regierung besteht darin, ihnen zu gehorchen.

Ohne Übereilung (1802–1816) legte Maistre in seinem berühmtesten Werk, *Les Soirées de Saint-Pétersbourg* (1821) einige nebensächliche Aspekte seiner Philosophie dar. Er sah die Wissenschaft als einen Beweis für die Existenz Gottes an, da sie in der Natur eine majestätische Ordnung enthüllte, die eine kosmische Intelligenz voraussetzte.[33] Wir dürfen uns in unserem Glauben nicht durch die gelegentlichen Erfolge der Bösen oder ein Mißgeschick der Guten beirren lassen. Gott läßt Gutes und Böses unterschiedslos, wie Sonne und Regen, auf den Verbrecher wie den Heiligen fallen, denn es widerstrebt ihm, die Naturgesetze außer Kraft zu setzen.[34] In einzelnen Fällen allerdings kann er durch Gebete bewogen werden, die Geltung eines Gesetzes zu ändern.[35] Im übrigen sind die meisten Übel Strafen für Fehler oder Sünden. Wahrscheinlich ist jede Krankheit, jeder Schmerz eine Strafe für irgendeinen Makel an uns, unseren Vorfahren oder der lebenden Gruppe, zu der wir gehören.

Trifft dies zu, so sollten wir die körperliche Züchtigung, die Todesstrafe für bestimmte Verbrechen und sogar die Folterungen der Inquisition verteidigen. Wir sollten den Scharfrichter ehren, anstatt ihn zu einem Ausgestoßenen zu machen; auch seine Arbeit ist das Werk Gottes und wesentlich für die öffentliche Ordnung.[36] Die Beharrlichkeit des Bösen verlangt die Beharrlichkeit der Strafe; wird diese gemildert, wird das Verbrechen blühen. Außerdem: «Es gibt keine Strafe, die nicht läutert, keine Unordnung, welche die Ewige Liebe nicht gegen das Prinzip des Bösen wendet.»[37]

«Krieg ist göttlich, denn er ist ein Weltgesetz» – durch Gott während des ganzen Verlaufs der Geschichte zugelassen.[38] Die wilden Tiere gehorchen diesem Gesetz. «Periodisch erscheint ein Austilgungsengel und vernichtet Tausende von ihnen.»[39] «Man kann die Menschheit als einen Baum betrachten, der ständig von unsichtbarer Hand beschnitten wird, oft zu seinem Nutzen ... Starke Anhäufung von Mordtaten steht oft in Zusammenhang mit Überbevölkerung.»[40] Vom Wurm bis hinauf zum Menschen vollzieht sich das große Gesetz der gewaltsamen Vernichtung lebender Wesen. Die ganze blutgetränkte Erde ist nichts als ein ungeheurer Altar, auf welchem immerwährend, grenzenlos und ohne Rast alle Lebewesen geopfert werden, bis zur Zerstörung alles Seienden, bis zum Tod des Todes.»[41]

Wenden wir ein, daß eine solche Welt uns kaum dazu bewegen kann, ihren Schöpfer zu verehren, so antwortet Maistre, daß wir ihn dessenungeachtet verehren müssen, weil alle Nationen und Generationen ihn verehrt haben. Eine so dauerhafte und universelle Tradition muß eine Wahrheit enthalten, welche die Kraft der menschlichen Vernunft, sie zu verstehen oder zu widerlegen, übersteigt. Am Ende wird die Philosophie, wenn sie die Weisheit liebt, der Religion und die Vernunft dem Glauben weichen.

1817 rief der König von Sardinien, der seinen Turiner Thron zurückerhalten hatte, Maistre aus Rußland zurück. 1818 ernannte er ihn zum Präsidenten und Staatsrat. In diesen beiden Jahren schrieb der unbarmherzige Philosoph sein letztes Buch, *Du Pape*, das kurz nach seinem Tode erschien (1821). Dieses Buch war seine kompromißlose Antwort auf die Frage, die seine Verherrlichung des Monarchen als Schutz der Gesellschaft gegen den Individualismus des Bürgers aufgeworfen hatte: Was geschieht, wenn auch der Monarch, wie Cäsar oder Napoleon, ebenso individualistisch und egozentrisch ist wie irgendein Bürger und außerdem viel stärker nach der Macht strebt?

Maistre erwiderte, ohne zu zögern, daß sich alle Herrscher einer älteren, größeren und weiseren Autorität unterordnen müßten: Sie müßten sich in allen Fragen der Religion oder Moral dem Verdikt eines Pontifex unterwerfen, der Erbe der Gewalt sei, welche vom Sohne Gottes dem Apostel Petrus übertragen worden ist. Zu dieser Zeit, als alle Staaten Europas bemüht waren, sich von der Brutalität der Revolution und dem Despotismus Napoleons zu erholen, sollten sich ihre Führer daran erinnern, wie die katholische Kirche die Reste der römischen Kultur durch Zurückweisung und Zähmung der anschwellenden Barbarenflut gerettet hatte; wie sie mit Hilfe ihrer Bischöfe ein System sozialer Ordnung und disziplinierter Erziehung aufgerichtet hatte, das langsam, während des finsteren Mittelalters, eine Kultur zeugte, die auf der Übereinkunft der Könige beruhte, die moralische Souveränität des Papstes anzuerkennen. «Nationen sind immer nur durch die Religion zivilisiert worden», denn nur die Furcht vor einem allwissenden und allmächtigen Gott kann den Individualismus der menschlichen Wünsche im Zaum halten. Religion begleitet die Geburt sämtlicher Zivilisationen, und das Verschwinden der Religiosität kündigt ihren Tod an.[42] Daher müssen die Könige Europas den Papst wieder als ihren Oberherrn in allen moralischen und geistlichen Fragen anerkennen. Sie sollten den Wissenschaftlern die Erziehung aus der Hand nehmen und sie wieder in die der Priester legen, denn die Ausbreitung der Wissenschaften wird die Völker verrohen und brutalisieren[43], während die Wiedereinsetzung der Religion der Nation und der Einzelseele Frieden bringen wird.

Was aber war zu tun, wenn der Papst zu selbstsüchtig sein und versuchen sollte, jede Frage im Sinne des zeitlichen Vorteils des Papsttums zu lösen? Maistre hatte eine Antwort bereit: Da der Papst von Gott geleitet wird, ist er unfehlbar, wenn er in Fragen des Glaubens oder der Moral als offizielles Haupt der von Christus gegründeten Kirche spricht. So verkündigte Maistre die Unfehlbarkeit des Papstes ein halbes Jahrhundert, ehe die Kirche selbst sie als untrennbaren Bestandteil des katholischen Glaubens proklamierte. Der Papst war selbst etwas erstaunt, und der

Vatikan fand es ratsam, die «Ultramontanen» zurückzupfeifen, die so überraschende Forderungen nach politischer Autorität des Papstes erhoben.

Mit Ausnahme dieses letzten Punktes und einiger anderer Übertreibungen, die man mit einem Lächeln übergehen konnte, begrüßten Europas Konservative Maistres kompromißlose Verteidigung ihres Standpunktes, und Chateaubriand, Bonald, Lamennais und Lamartine beglückwünschten ihn. Sogar Napoleon stimmte in einer Reihe von Punkten mit ihm überein – mit der Güte Ludwig XVI., der Gemeinheit der Königsmörder, der Exzesse der Revolution, der Gebrechlichkeit der Vernunft, des Dünkels der Philosophen, der Notwendigkeit der Religion, des Wertes von Tradition und Autorität, der Schwäche der Demokratie, der Erwünschtheit erblicher und absoluter Monarchie, der biologischen Effekte des Krieges ...

Napoleons regierende Feinde konnten in Maistres freimütiger Philosophie einige der Gründe finden, weshalb sie diesen korsischen Parvenü niederwerfen mußten, diesen Erben einer Revolution, die jede Monarchie der Welt bedrohte. Hier war die heimliche Doktrin, die sie nie imstande gewesen waren – noch jemals sein würden – ihren Untertanen auseinanderzusetzen: Die Gründe, warum sie, die erblichen Könige, Kaiser und aristokratischen Kasten Europas die Mühen, Gefahren und das Zeremoniell der Herrschaft auf sich genommen hatten, während die Marats, Robespierres und Babeufs sie der gnadenlosen Ausbeutung unschuldiger Völker beschuldigten, die zufolge göttlichen Rechts – in Wirklichkeit durch Mord und Gemetzel – alle Wohltaten einer sozialen Organisation und alle Güter der Erde verlangten. Hier war eine Doktrin, auf die sich die legitimen Herrscher Europas einigen konnten, um die alte Ordnung in ihren Ländern und Völkern und sogar im barbarischen, königsmörderischen, gottverlassenen Frankreich wiederaufzurichten.

BIBLIOGRAPHIE

Acton, John Emerich, Lord, The French Revolution. London, 1910.
Aulard, Alphonse, The French Revolution. New York, 1910.
– Christianity and the French Revolution. Boston, 1927.

Barnes, Harry Elmer, An Economic History of the Western World. New York, 1942.
Becker, Carl, The Heavenly City of the Eighteenth Century. New Haven, Conn., 1951.
Belloc, Hilaire, Danton. New York, 1899.
Bernal, J. D., Science in History. London, 1957.
Berry, Arthur, A Short History of Astronomy. New York, 1909.
Bertaut, Jules, Napoleon in His Own Words. Chicago, 1916.
Bertrand, Comte Henri G., Napoleon at St. Helena. New York, 1952.
Boas, George, French Philosophers of the Romantic Period. New York, 1964.
Bourguignon, Jean, Napoléon Bonaparte. Paris: Éditions Nationales, 1936.
Bourrienne, Louis-Antoine Fauvelet de, Memoirs of Napoleon Bonaparte. New York, 1890.
Brandes, Georg, Main Currents in Nineteenth Century Literature. New York, 1915.
– Wolfgang Goethe. New York, 1924.
Breed, Lewis, The Opinions and Reflections of Napoleon. Boston, 1926.
Brinton, Crane, The Jacobins. New York, 1930.
Brockway, W., and H. Weinstock, Men of Music. New York, 1939.
– and B. Winer, A Second Treasury of the World's Great Letters. New York, 1941.

Cambridge Modern History (CMH), Bände VIII und IX. Cambridge, 1918.
Campan, Jeanne-Louise, Memoirs of the Private Life of Marie Antoinette. Boston, 1917.
Canton, Gustave, Napoléon antimilitariste. Paris, 1902.
Carlyle, Thomas, The French Revolution. New York, 1901.
Castiglione, Arturo, A History of Medicine. New York, 1941.
Caulaincourt, Marquis Armand de, With Napoleon in Russia. New York, 1935.
Chateaubriand, François-René de, Atala and René. Oxford, 1926.
– The Genius of Christianity. Baltimore: John Murphy, o. J.
– Mémoires d'outre-tombe. Paris, o. J.
– Memoirs. Selected and edited by Robert Baldick. New York, 1961.
Clark, Barrett H., Great Short Biographies of the World. New York, 1928.
Constant, Benjamin, The Red Notebook, in Adolphe.
Constant, Véry, Memoirs of the Private Life of Napoleon. New York, 1907.
Cronin, Vincent, Napoleon Bonaparte. New York, 1972.

Emerson, Ralph Waldo, Representative Men. Philadelphia: McKay, o. J.
Encyclopaedia Britannica (EB). 24 Bde., Chicago, 1970.
Encyclopaedia Britannica. 24 Bde., New York, 1929.
Encyclopaedia of Philosophy. New York, 1967.

FAGUET, ÉMILE, Dix-neuvième Siècle: Études littéraires. Paris: Boivin, o. J.
FAŸ, BERNARD, Louis XVI. Chicago, 1967.
FOUCHÉ, JOSEPH, Memoirs. London, 1825.
FOURNIER, AUGUST, Napoleon the First. New York, 1926.

GARRISON, F., History of Medicine. Philadelphia, 1929.
GEYL, PETER, Napoleon: For and Against. Baltimore: Penguin, 1965.
GOODRICH, FRANK, B., The Court of Napoleon. New York, 1857.
GOTTSCHALK, LOUIS R., Jean-Paul Marat. New York, 1937.
GRAETZ, HEINRICH, History of the Jews. New York, 1919.
GRAMONT, SANCHE DE, Epitaph for Kings. New York, 1968.
GREENLAW, R. W., Economic Origins of the French Revolution. Boston, 1958.
GROUT, DONALD, JAY, A Short History of Opera. New York, 1954.
Grove's Dictionary of Music and Musicians. New York, 1927 ff.
GUÉRARD, A. L., French Civilization in the Nineteenth Century. London, 1914.
GUILLEMIN, HENRI, Napoléon tel quel. Paris, 1969.

HAUSER, ARNOLD, The Social History of Art. New York, 1952.
HEROLD, J. CHRISTOPHER, Bonaparte in Egypt. New York, 1962.
– Hrsg., The Mind of Napoleon. New York, 1965.
– Mistress to an Age: A Life of Madame de Staël. Indianapolis, 1958.
HOWARTH, DAVID, Waterloo: Day of Battle. New York, 1968.
HUGO, VICTOR, Ninety-three, in Works, Bd. VII, o. J.

JUNOT, MME. ANDOCHE, DUCHESSE D'ABRANTÈS, Memoirs of the Emperor Napoleon. London, 1901.

KAFKER, F. A., and J. M. LAUX, The French Revolution: Conflicting Interpretations. New York, 1968.
KIRCHEISEN, F. M., Memoirs of Napoleon I, Compiled from His Writings. New York, 1929.
KROPOTKIN, PETER A., The Great French Revolution. New York, 1909.

LA BRUYÈRE, JEAN DE, Characters. New York, 1929.
LACROIX, PAUL, Directoire, Consulat et Empire. Paris, 1884.
LAMARTINE, ALPHONSE DE, History of the Girondists. London, 1913.
LANFREY, PIERRE, History of Napoleon. London, 1886.
LÁNG, PAUL HENRY, Music in Western Civilization. New York, 1941.
LANSON, GUSTAVE, Histoire de la littérature française. Paris, 1912.
LAS CASES, COMTE EMMANUEL DE, Memoirs of the Emperor Napoleon. New York, 1883.
LEA, H. C., History of the Inquisition in Spain. New York, 1906.
LE BON, GUSTAVE, The Psychology of Revolution. New York, 1913.
LEFEBVRE, GEORGES, Études sur la Révolution française. Paris, 1963.
– The French Revolution. London, 1962.
– Napoleon. New York, 1969.
LEMAÎTRE, JULES, Chateaubriand. Paris: Calmann-Lévy, o. J.
LENÔTRE, Tribunal of the Terror. Philadelphia, 1939.
LEVY, MAX, Private Life of Napoleon. New York: Scribner, o. J.
LEWES, GEORGE, Life of Goethe, in Goethe, Works, in 7. New York, 1902.
LOCY, WILLIAM A., Biology and Its Makers. New York, 1915.
LOOMIS, STANLEY, Paris in the Terror. Philadelphia, 1964.

MACAULAY, THOMAS BABINGTON, Critical, Historical, and Miscellaneous Essays. New York, 1886.

MACLAURIN, C., Post Mortem. New York: Doran, o. J.

MADELIN, LOUIS, The Consulate and the Empire. New York, 1967.

– The French Revolution. London, 1938.

MAINE DE BIRAN, MARIE-FRANÇOIS, The Influence of Habit on the Faculty of Thinking. Westport, Conn., 1970.

MAISTRE, COMTE JOSEPH-MARIE DE, Les Soirées de Saint-Pétersbourg. Paris: Garnier, o. J.

– Works. New York, 1865.

MANTZIUS, KARL, History of Theatrical Art. New York, 1937.

MASSON, FRÉDÉRIC, Napoleon and His Coronation. Philadelphia: Lippincott, o. J.

– Napoleon at Home. London, 1894.

MATHIEZ, ALBERT, The French Revolution. New York, 1964.

MÉNEVAL, CLAUDE-FRANÇOIS DE, Memoirs of Napoleon. London, 1894–95.

MICHELET, JULES, The French Revolution. London, 1890.

MISTLER, JEAN, (Hrsg.), Napoléon et l'Empire. Paris, 1968.

MORLEY, JOHN, Biographical Studies. London, 1923.

MORRIS, GOUVERNEUR, Diary and Letters. London, 1889.

MOSSIKER, FRANCES, Napoleon and Josephine. New York, 1964.

MUSSET, ALFRED DE, Confessions of a Child of the Century. New York, 1908.

MUTHER, RICHARD, History of Modern Painting. London, 1907.

NAPOLEON, Letters, ed. J. M. Thompson. Everyman's Library.

– Letters to Josephine. New York, 1931.

New Cambridge Modern History (NCMH), Bände VIII und IX. Cambridge, Eng., 1969.

NICHOLSON, HAROLD, Benjamin Constant. Garden City, N. Y., 1949.

NIETZSCHE, FRIEDRICH, Beyond Good and Evil. London, 1913.

– The Will to Power. London, 1913.

PALMER, R. R., Twelve Who Died. Princeton, 1970.

PHILLIPS, C. S., The Church in France, 1789–1848. London, 1929.

PINOTEAU, HERVÉ, ed., Le Sacre de S. M. l'empereur Napoléon. Paris, 1968.

RÉMUSAT, MME. DE, Memoirs. New York, 1880.

ROBINSON, JAMES HARVEY, Readings in European History. Boston, 1906.

ROBIQUEL, JEAN, Daily Life in the French Revolution. New York, 1965.

ROLAND, MME., Private Memoirs. Chicago, 1900.

ROSE, J. HOLLAND, The Personality of Napoleon. New York, 1912.

ROSS, EDWARD A., Social Control. New York, 1906.

RUDÉ, GEORGE, The Crowd in the French Revolution. Oxford, 1959.

– Robespierre. Englewood Cliffs, N. J., 1967.

SAINTE-BEUVE, CHARLES-AUGUSTIN, Chateaubriand et son groupe littéraire sous l'Empire. Paris: Calmann-Lévy, n. d.

– Monday Chats. Chicago, 1891.

– Portraits of Celebrated Women. Boston, 1868.

SÉGUR, MARQUIS DE, Marie Antoinette. New York, 1928.

SIEYÈS, EMMANUEL-JOSEPH, What Is the Third Estate? New York, 1964.

SIGERIST, H. E., The Great Doctors. New York, 1933.

SOBOUL, ALBERT, The Parisian Sansculottes and the French Revolution. Oxford, 1964.

SOREL, ALBERT, Europe and the French Revolution, Bd. I. Garden City, N. Y., 1971.

SOREL, GEORGES, Reflections on Violence. New York: Huebsch, o. J.

STACTON, DAVID, The Bonapartes. New York, 1966.

STAËL, MME. DE, Considérations sur les principaux événements de la Révolution française. Paris, 1845.

– Corinne, or Italy. New York: Crowell, o. J.

– De la Littérature considérée dans ses rapports avec les institutions sociales, übersetzt als The Influence of Literature upon Society. Boston, 1813.

– Germany. New York, 1861.

– Ten Years' Exile. Fontwell, Eng., 1968.

STENDHAL (HENRI BEYLE), La Chartreuse de Parme. Baltimore: Penguin.

STEPHENS, H. MORSE, Principal Speeches of the Statesmen and Orators of the French Revolution. Oxford, 1892.

STEVENS, ABEL, Madame de Staël. New York, 1893.

STRANAHAN, C. H., A History of French Painting. New York, 1907.

TAINE, HIPPOLYTE, The Ancient Regime.

– The French Revolution. New York, 1931.

– The Modern Regime. New York, 1890.

– Les Philosophes classiques du XIXe siècle en France. Paris, 1882.

TALLEYRAND-PÉRIGORD, CHARLES-MAURICE DE, Memoirs. Boston, 1895.

THIERS, LOUIS-ADOLPHE, History of the Consulate and the Empire of France under Napoleon. Philadelphia, 1893.

TOCQUEVILLE, ALEXIS DE, L'Ancien Régime. Oxford, 1937.

TURNER, P. M. und C. H. C. BAKER, Stories of the French Artists. New York, 1910.

VALLENTIN, ANTONINA, Mirabeau. New York, 1948.

VANDAL, ALBERT, L'Avènement de Napoléon. Paris, 1903, 1907.

– Napoléon et Alexandre Ier. Paris, 1896.

VAN LAUN, HENRI, History of French Literature. London, 1876.

WILLIAMS, HENRY SMITH, History of Science. New York, 1909.

WILSON, P. W., William Pitt, the Younger. New York, 1934.

YOUNG, ARTHUR, Travels in France During the Years 1787, 1788, and 1789. London, 1906.

ZWEIG, STEFAN, Joseph Fouché. New York, 1930.

ANMERKUNGEN

I. BUCH, KAPITEL 1

[1] *New Cambridge Modern History* (NCMH), Bd. VIII, S. 714. – [2] Lefebvre, Georges, *The French Revolution*, Bd. I, S. 41. – [3] Aulard, Alphonse, *Christianity and the French Revolution*, S. 36–37. – [4] ebd., S. 29. – [5] Taine, Hyppolyte, *The French Revolution*, Bd. I, S. 147, 158. – [6] Morley, John, *Biographical Studies*, S. 411. – [7] Lefebvre, *French Revolution*, Bd. I, S. 42. – [8] Sieyès, E.-J., *What Is the Third Estate?*, S. 51. – [9] Taine, *French Revolution*, Bd. III, S. 318. – [10] Pierre Gaxotte in Greenlaw, R. W., *Economic Origins of the French Revolution*, S. 43. – [11] siehe Durant, Bd. XV, *Europa und der Osten im Zeitalter der Aufklärung*, S. 67–73. – [12] Roland, Mme., *Private Memoirs*. – [13] Taine, *The Ancient Regime*, S. 317. – [14] C. E. Labrousse in Greenlaw, S. 62; Lefebvre, *Études sur la Révolution française*, S. 229, 239. – [15] La Bruyère, Jean de, *Characters*, Bd. XII, S. 128, 318. – [16] A. Aulard, in Greenlaw, S. 25. – [17] Lefebvre, *Études*, S. 351, 435. – [18] Lefebvre, *Études*, S. 351, 435; Michelet, Jules, *French Revolution*, Bd. I, S. 185; Taine, *French Revolution*, Bd. I, S. 3. – [19] NCMH, Bd. VIII, S. 660. – [20] Young, Arthur, *Travels in France*, S. 197. – [21] Campan, Jeanne-Louise, *Memoirs of the Private Life of Marie Antoinette*, Bd. II, S. 216. – [22] Tocqueville, Alexis de, *L'Ancien Régime*, S. 190–191.

I. BUCH, KAPITEL 2

[1] Michelet, *French Revolution*, Bd. I, S. 84. – [2] Rudé, George, *Robespierre*, S. 123. – [3] Morley, *Biographical Studies*, S. 287. – [4] Michelet, Bd. I, S. 498. – [5] *Encyclopaedia Britannica*, Bd. XIX, S. 392b. – [6] Lefebvre, *Études*, S. 145. – [7] Aulard, *French Revolution*, Bd. I, S. 230. – [8] ebd., S. 309, 359; Lefebvre, *Études*, S. 145. – [9] Durant, Bd. XVI, *Am Vorabend der Französischen Revolution*, S. 393–396. – [10] Brinton, Crane, *The Jacobins*, S. 15. – [11] Mathiez, Albert, *French Revolution*, S. 44. – [12] ebd. – [13] Mirabeau, Speech of July 9, 1789. – [14] Mathiez, S. 46. – [15] EB, Bd. III, S. 264d; Gramont, Sanche de, *Epitaph for Kings*, S. 378. – [16] Taine, *French Revolution*, Bd. I, S. 42. – [17] Campan, *Memoirs*, Bd. II, S. 59. – [18] ebd., S. 66. – [19] Gramont, Sanche de, *Epitaph for Kings*, S. 384. – [20] Gottschalk, L. R., *Jean-Paul Marat*, S. 6–8. – [21] ebd., S. 4. – [22] MacLaurin, C., *Post Mortem*, S. 200. – [23] Taine, *French Revolution*, Bd. III, S. 122. – [24] Gottschalk, S. 117–118. – [25] ebd., S. 15. – [26] ebd., S. 23. – [27] Taine, *French Revolution*, Bd. III, S. 129. – [28] Morris, Gouverneur, *Diary and Letters*, Bd. I, S. 143. – [29] Taine, Bd. I, S. 73. – [30] ebd., S. 70f.; Mathiez, *French Revolution*, S. 50f. – [31] Robinson, James Harvey, *Readings in European History*, S. 435. – [32] Mathiez, S. 53. – [33] Robinson, S. 438. – [34] ebd., S. 440. – [35] in Taine, Bd. II, S. 5. – [36] Michelet, *French Revolution*, S. 253; Mathiez, S. 63. – [37] Campan, Bd. II, S. 78. – [38] Michelet, S. 258. – [39] Taine, Bd. I, S. 105. – [40] Herold, J. C., *Mistress to an Age*, S. 92; EB, Bd. XXI, S. 634. – [41] Mathiez, S. 98. – [42] Phillips, C. S., *The Church in France*, Bd. I, S. 9. – [43] ebd., S. 14; Taine, Bd. I, S. 180. – [44] ebd., S. 182. – [45] Carlyle, *French Revolution*, Buch VIII, Kapitel 11–12. – [46] Michelet, S. 411. – [47] Mathiez, S. 68. – [48] Campan, Bd. II, S. 128; Ségur, *Marie Antoinette*, S. 225. – [49] Taine, Bd. I, S. 96. – [50] ebd., S. 106. – [51] Campan, Bd. II, S. 126f. – [52] Carlyle, *French Revolution*, Bd. I, S. 397. – [53] Ségur, S. 230. – [54] Vallentin, Antonina, *Mirabeau*, S. 490–491. – [55] Michelet, S. 567f. – [56] Vallentin, S. 512–517. – [57] Michelet, S. 568. – [58] ebd., S. 569. – [59] Ségur, S. 237. – [60] Rudé, George, *The Crowd in the French Revolution*, S. 89. – [61] Acton, J. E., Lord, *The French Revolution*, S. 199.

I. BUCH, KAPITEL 3

[1] Bertaut, Jules, *Napoleon in His Own Words*, S. 58, 63. – [2] Alexandre de Lameth in Robinson, *Readings*, S. 452. – [3] Mathiez, S. 134. – [4] Brinton, *The Jacobins*, S. 39, 183, 251. – [5] Rudé, *Robespierre*, S. 88. – [6] Taine, *French Revolution*, Bd. II, S. 54–67. – [7] Lefebvre, *French Revolution*, Bd. I, S. 217. – [8] Roland, Mme., *Private Memoirs*, S. 273. – [9] ebd., S. 55. – [10] ebd., S. 345. – [11] ebd., S. 357. – [12] Lanfrey, Pierre, *History of Napoleon*, Bd. I, S. 292. – [13] Mathiez, S. 140f. – [14] Lefebvre, *French Revolution*, Bd. I, S. 217. – [15] Aulard, *The French Revolution*, S. 366. – [16] Robinson, *Readings*, S. 456. – [17] Acton, *French Revolution*, S. 232. – [18] Gottschalk, *Jean-Paul Marat*, S. 96. – [19] Taine, Bd. II, S. 182. – [20] Lefebvre, *French Revolution*, Bd. I, S. 238. – [21] Taine, Bd. II, S. 179–186; Ségur, S. 273–276. – [22] Sorel, George, *Reflections on Violence*, S. 194. – [23] Lefebvre, *Études*, S. 77–82; dto., *French Revolution*, Bd. I, S. 239n. – [24] Belloc, Hilaire, *Danton*, S. 380. – [25] Musset, Alfred de, *Confessions of a Child of the Century*, S. 21–23. – [26] Belloc, S. 198. – [27] Mathiez, S. 174. – [28] ebd., S. 184–189; Aulard, *Christianity and the French Revolution*, S. 86–90; Lefebvre, *French Revolution*, Bd. I, S. 244. – [29] Aulard, *French Revolution*, Bd. II, S. 141. – [30] Le Bon, Gustave, *The Psychology of the Revolution*, S. 170. – [31] Mathiez, S. 170. – [32] Taine, Bd. II, S. 211; Lefebvre, S. 242. – [33] Gottschalk, *Marat*, S. 120. – [34] Carlyle, *French Revolution*, Bd. II, S. 174. – [35] Madelin, Louis, *French Revolution*, S. 285. – [36] ebd.; Mathiez, S. 180. – [37] Taine, Bd. II, S. 221. – [38] ebd., S. 226. – [39] ebd., S. 227. – [40] Morris, G., *Diary*, S. 583; Mathiez, S. 81. – [41] Taine, Bd. II, S. 228. – [42] Lefebvre, *French Revolution*, Bd. I, S. 243. – [43] Taine, Bd. II, S. 229. – [44] Le Bon, *The Psychology of the Revolution*, S. 188. – [45] Taine, Bd. II, S. 214f. – [46] ebd., S. 218. – [47] Le Bon, S. 98. – [48] Mathiez, S. 183; Carlyle, Bd. II, S. 199. – [50] Taine, Bd. II, S. 214. – [51] ebd., S. 212f. – [52] Mathiez, S. 222. – [53] Brandes, Georg, *Main Currents in Nineteenth Century Literature*, Bd. II, S. 50.

I. BUCH, KAPITEL 4

[1] Mathiez, *French Revolution*, S. 195; Taine, *French Revolution*, Bd. II, S. 232n; Fay, B., *Louis XVI*, S. 388; Aulard, *French Revolution*, Bd. III, S. 109–111. – [2] Lefebvre, *French Revolution*, Bd. I, S. 244. – [3] Taine, Bd. II, S. 279. – [4] ebd., S. 276–282. – [5] Mathiez, S. 211. – [6] Taine, Bd. III, S. 155. – [7] Morley, S. 296. – [8] Mathiez, S. 239ff. – [9] ebd., S. 275. – [10] Robinson, *Readings*, S. 460. – [11] Mathiez, S. 256. – [12] Robiquel, Jean, *Daily Life in the French Revolution*, S. 91. – [13] Gramont, *Epitaph for Kings*, S. 423. – [14] Mathiez, S. 262. – [15] Taine, Bd. II, S. 283. – [16] Madelin, *French Revolution*, S. 320. – [17] Gramont, S. 426; Rudé, *Robespierre*, S. 170. – [18] Hugo, Victor, *Ninety-three*, S. 160. – [19] Robiquel, *Daily Life in the French Revolution*, S. 9. – [20] Taine, Bd. III, S. 361. – [21] E. G. Lenôtre, G., *The Tribunal of the Terror*, S. 119. – [22] Aulard, *French Revolution*, Bd. III, S. 90. – [23] Taine, Bd. III, S. 135. – [24] Gottschalk, *Marat*, S. 159ff.; Loomis, Stanley, *Paris in the Terror*, S. 104f. – [25] Lefebvre, *French Revolution*, Bd. II, S. 50. – [26] Mathiez, S. 387ff. – [27] Taine, Bd. III, S. 388ff. – [28] Mathiez, S. 319. – [29] ebd., S. 322. – [30] ebd., S. 324. – [31] Carlyle, Bd. II, S. 332. – [32] Loomis, S. 14, 128. – [33] in Gottschalk, S. 92. – [34] ebd., S. 168. – [35] ebd., S. 136. – [36] ebd., S. 170. – [37] Mathiez, S. 344; MacLaurin, *Post Mortem*, S. 206. – [38] Mathiez, S. 344. – [39] Loomis, S. 138, 143. – [40] Mathiez, S. 343. – [41] Loomis, S. 149. – [42] Belloc, *Danton*, S. 234. – [43] Palmer, R. R., *Twelve Who Died*, S. 55. – [44] Morley, S. 324. – [45] Palmer, S. 58, 160. – [46] Taine, Bd. III, S. 313. – [47] Palmer, S. 110. – [48] Lefebvre, *Études*, S. 139. – [49] Taine, Bd. II, S. 51. – [50] Lefebvre, *French Revolution*, Bd. III, S. 111, 282. – [51] ebd., S. 283ff. – [52] Rudé, *Robespierre*, S. 55. – [53] Palmer, S. 58. – [54] in Kropotkin, Peter, *The Great French Revolution*, S. 502ff. – [55] Palmer, S. 52; Mathiez, S. 366. – [56] Palmer, S. 47. – [57] Mathiez, S. 403. – [58] Ségur, S. 293. – [59] ebd., S. 304. – [60] ebd., S. 309. – [61] Lenôtre, S. 151. – [62] Lamartine, Alphonse de, *Histoire des Girondins*, Bd. III, S. 36f. – [63] Roland, Mme., *Private Memoirs*, S. 105. – [64] ebd., S. 114. – [65] ebd., S. 288. – [66] Carlyle, Bd. II,

S. 356. – [67] Madelin, *French Revolution*, S. 377; Taine, Bd. III, S. 207, 297. – [68] Madelin, S. 374. – [69] Taine, Bd. III, S. 209f. – [70] ebd., S. 309; Madelin, S. 375; Mathiez, S. 402. – [71] Taine, Bd. III, S. 211. – [72] Madelin, S. 376. – [73] Palmer, S. 150. – [74] Zweig, Stefan, *Joseph Fouché*. – [75] ebd., S. 37. – [76] Palmer, S. 156. – [77] Zweig, S. 57. – [78] ebd., S. 167; Palmer, S. 167. – [79] ebd., S. 169. – [80] ebd., S. 180. – [81] Taine, Bd. III, S. 39. – [82] Palmer, S. 175. – [83] Rudé, *Robespierre*, S. 8; NCMH, Bd. IX, S. 280. – [84] Lefebvre, *French Revolution*, Bd. II, S. 120. – [85] Lea, H. C., *History of the Inquisition in Spain*, Bd. I, S. 593. – [86] Zweig, *Fouché*, S. 39ff. – [87] Palmer, S. 142ff. – [88] Taine, Bd. III, S. 175; Madelin, S. 389; Mathiez, S. 412; Carlyle, Bd. II, S. 371; Becker, Carl, *Heavenly City of the 18th Century Philosophers*, S. 156. – [89] Lefebvre, *French Revolution*, Bd. II, S. 119. – [90] ebd., S. 78. – [91] Palmer, S. 143. – [92] Morley, S. 319. – [93] ebd., S. 321. – [94] ebd., S. 311. – [95] Carlyle, Bd. II, S. 229. – [96] Taine, Bd. III, S. 380f. – [97] Soboul, Albert, *The Parisian Sansculottes and the French Revolution*, S. 28. – [98] Robinson, *Readings*, S. 467. – [99] Lefebvre, *French Revolution*, Bd. III, S. 88; Madelin, S. 395. – [100] Morley, S. 332. – [101] Madelin, S. 395. – [102] ebd., S. 397; Taine, Bd. III, S. 142. – [103] Madelin, S. 397. – [104] Lenôtre, *The Tribunal of the Terror*, S. 137. – [105] ebd., S. 138. – [106] Madelin, S. 398. – [107] Brockway and Winer, *Second Treasury of the World's Great Letters*, S. 273. – [108] Morley, S. 333. – [109] Madelin, S. 399. – [110] Morley, S. 338. – [111] Aulard, *French Revolution*, Bd. II, S. 286; Lefebvre, *French Revolution*, Bd. II, S. 124; Palmer, S. 365. – [112] Taine, Bd. III, S. 299. – [113] Lefebvre, Bd. II, S. 125. – [114] Mathiez, S. 499. – [115] Rudé, *Robespierre*, S. 9; Soboul in Kafker and Laux, *The French Revolution: Conflicting Interpretations*, S. 293. – [116] Madelin, S. 408. – [117] Stephens, H., Morse, *Principal Speeches ... of the French Revolution*, Bd. II, S. 143–163. – [118] Madelin, S. 420. – [119] Belloc, *Danton*, S. 330. – [120] Madelin, S. 422. – [121] Mathiez, S. 508; Lefebvre, *French Revolution*, Bd. II, S. 135; Palmer, S. 379. – [122] Mathiez, S. 509. – [123] Mathiez, S. 510. – [124] Robiquel, *Daily Life in the French Revolution*, S. 202. – [125] Palmer, S. 389. – [126] Aulard, Bd. III, S. 247f. – [127] Lefebvre, Bd. II, S. 161. – [128] Aulard, Bd. III, S. 291. – [129] ebd., S. 319.

I. BUCH, KAPITEL 5

[1] Madelin, S. 489; Lefebvre, *French Revolution*, Bd. II, S. 173. – [2] Lacroix, Paul, *Directoire, Consulat et Empire*, S. 120. – [3] Aulard, Bd. IV, S. 40. – [4] ebd., S. 41. – [5] ebd., S. 42. – [6] Acton, S. 5. – [7] Nietzsche, *Will to Power*, S. 877. – [8] (Quelle verloren.) – [9] Napoleon, Letter of June 12, 1789, in *Letters*, S. 33. – [10] in Lanfrey, Bd. I, S. 4. – [11] Chuquet in Bourguignon, Jean, *Napoleon Bonaparte*, Bd. I, S. 4. – [12] Kircheisen, F. M., *Memoirs of Napoleon*, Bd. I, S. 11. – [13] ebd., S. 10. – [14] Las Cases, *Memoirs of Napoleon*, unter dem 20. Mai 1816. – [15] Bourguignon, Bd. I, S. 22. – [16] Kircheisen, S. 11. – [17] ebd., S. 24; Bourguignon, Bd. I, S. 23. – [18] Kircheisen, S. 18. – [19] Rémusat, Mme. de, *Memoirs*, S. 10. – [20] ebd., S. 102f. – [21] Rose, J. Holland, *The Personality of Napoleon*, S. 17. – [22] Rémusat, S. 102. – [23] Bourguignon, Bd. I, S. 28. – [24] Rose, S. 57. – [25] Plato, *The Republic*, Absatz 338–344. – [26] Nietzsche, *Beyond Good and Evil*, S. 201 und 253. – [27] Mistler, Jean, ed., *Napoléon et l'Empire*, Bd. I, S. 36. – [28] Kircheisen, S. 34f. – [29] ebd., S. 41. – [30] Taine, *French Revolution*, Bd. V, S. 21f. – [31] Lefebvre, *French Revolution*, Bd. II, S. 185. – [32] Mossiker, Frances, *Napoleon and Josephine*, S. 65f. – [33] ebd., S. 72; Mistler, Bd. I, S. 49. – [34] Lenôtre in Bourguignon, Bd. I, S. 91. – [35] Mossiker, S. 89. – [36] ebd., S. 49. – [37] ebd., S. 86–90. – [38] Kircheisen, S. 47. – [39] Lanfrey, Bd. I, S. 58; Mossiker, S. 92–95. – [40] Mossiker, S. 34. – [41] Lenôtre in Bourguignon, Bd. I, S. 91. – [42] ebd., S. 93. – [43] Godechot in Bourguignon, Bd. I, S. 96. – [44] Napoleon, *Letters*, S. 45. – [45] Bourrienne, *Memoirs of Napoleon Bonaparte*, Bd. I, S. 24. – [46] Lanfrey, Bd. I, S. 71. – [47] Mossiker, S. 23. – [48] ebd., S. 119. – [49] ebd., S. 28. – [50] Napoleon, *Letters*, S. 51. – [51] Lanfrey, Bd. I, S. 87. – [52] ebd.; Bourguignon, Bd. I, S. 108; Mistler, Bd. I, S. 270. – [53] Lanfrey, Bd. I, S. 84. – [54] Mossiker, S. 29. – [55] Bourguignon, Bd. I, S. 112. – [56] EB, Bd. IX, S. 920d. – [57] Mossiker, S. 128. – [58] Kircheisen, S. 71. –

⁵⁹ Napoleon, *Letters*, S. 62. – ⁶⁰ Vandal, Albert, *L'Avènement de Bonaparte*, Bd. I, S. 13–15. –
⁶¹ Staël, Mme. de, *Memoirs*, in Bourguignon, Bd. I, S. 137. – ⁶² ebd., S. 138. – ⁶³ Napoleon,
Letters, S. 72. – ⁶⁴ Rémusat, *Memoirs*, S. 99. – ⁶⁵ Lefebvre, *French Revolution*, Bd. II, S. 219. –
⁶⁶ Talleyrand, *Memoirs*, Bd. I, S. 332. – ⁶⁷ CMH, Bd. VIII, S. 598. – ⁶⁸ Bourguignon, S. 148.
– ⁶⁹ Kircheisen, S. 75. – ⁷⁰ Herold, J. C. (Hrsg.), *The Mind of Napoleon*, S. 51. – ⁷¹ Rémusat,
Memoirs, S. 99. – ⁷² Napoleon, *Letters*, S. 75. – ⁷³ ebd., Oct. 23, S. 1798. – ⁷⁴ Herold, *Bonaparte in Egypt*, S. 276; CMH, Bd. VIII, S. 609. – ⁷⁵ Kircheisen, S. 42. – ⁷⁶ Rémusat, S. 99. –
⁷⁷ Kircheisen, S. 91. – ⁷⁸ Bourrienne, Bd. I, S. 212. – ⁷⁹ Las Cases, Bd. III, S. 200. –
⁸⁰ Mistler, Bd. I, S. 73; Méneval, *Memoirs*, Bd. I, S. 25–34; Madelin, *French Revolution*,
S. 605. – ⁸¹ Bourguignon, Bd. I, S. 171. – ⁸² Méneval, Bd. I, S. 24; Mistler, Bd. I, S. 74. –
⁸³ CMH, Bd. VIII, S. 494. – ⁸⁴ Vandal, *Avènement*, S. 10. – ⁸⁵ Madelin, *Talleyrand*, S. 61. –
⁸⁶ CMH, Bd. VIII, S. 493. – ⁸⁷ Madelin, *French Revolution*, S. 559. – ⁸⁸ Taine, Bd. III, S. 455.
– ⁸⁹ ebd., S. 469. – ⁹⁰ Vandal, Bd. I, S. 70. – ⁹¹ Taine, Bd. III, S. 467n. – ⁹² Talleyrand,
Memoirs, Bd. I, S. 207. – ⁹³ Madelin, S. 584. – ⁹⁴ Taine, Bd. III, S. 426f. – ⁹⁵ Vandal, Bd. I,
S. 233. – ⁹⁶ Aulard, Bd. IV, S. 139. – ⁹⁷ Fournier, *Napoleon the First*, Bd. I, S. 182. –
⁹⁸ Mossiker, S. 190f. – ⁹⁹ ebd., S. 202. – ¹⁰⁰ Bourrienne, Bd. II, S. 12; Vandal, Bd. I,
S. 245; Mossiker, S. 205. – ¹⁰¹ Aulard, Bd. IV, S. 139. – ¹⁰² Madelin, *French Revolution*,
S. 611. – ¹⁰³ Vandal, Bd. I, S. 274. – ¹⁰⁴ ebd., S. 297f. – ¹⁰⁵ Mistler, Bd. I, S. 76. – ¹⁰⁶ Le-
febvre, *French Revolution*, Bd. II, S. 255. – ¹⁰⁷ Vandal, Bd. I, S. 314. – ¹⁰⁸ ebd., S. 316f. –
¹⁰⁹ ebd., S. 368. – ¹¹⁰ ebd., S. 370. – ¹¹¹ Bourrienne, Bd. I, S. 272. – ¹¹² Vandal, Bd. I,
S. 386. – ¹¹³ Bourrienne, Bd. I, S. 284.

I. BUCH, KAPITEL 6

¹ EB, Bd. IX, S. 755; Bd. X, S. 343; NCMH, Bd. VIII, S. 714. – ² Barnes, H. E., *Economic
History of the Western World*, S. 351. – ³ Lefebvre, *French Revolution*, Bd. I, S. 114. – ⁴ Palmer,
R. R., *Twelve Who Died*, S. 240. – ⁵ Mathiez, S. 267. – ⁶ Macaulay, T. B., *Critical, Historical
and Miscellaneous Essays*, Bd. II, S. 70. – ⁷ Taine, *French Revolution*, Bd. II, S. 291. – ⁸ Aulard,
French Revolution, Bd. IV, S. 108. – ⁹ Lefebvre, *French Revolution*, Bd. II, S. 287. – ¹⁰ Taine,
Bd. III, S. 84. – ¹¹ Aulard, Bd. II, S. 182. – ¹² ebd., Bd. III, S. 373, 387, 391. – ¹³ ebd.,
S. 392; Lacroix, *Directoire, Consulat et Empire*, S. 298. – ¹⁴ Roland, Mme., *Memoirs*, S. 105. –
¹⁵ Lacroix, S. 123; Carlyle, *French Revolution*, S. 382; Palmer, S. 65. – ¹⁶ in Soboul, *The
Parisian Sansculottes in the French Revolution*, S. 244. – ¹⁷ CMH, Bd. VIII, S. 744. – ¹⁸ ebd.,
S. 750. – ¹⁹ ebd., S. 752. – ²⁰ Robiquel, *Daily Life in the French Revolution*, S. 149ff. – ²¹ EB,
Bd. X, S. 1019d. – ²² Le Bon, G., *Psychology of Revolution*, S. 217. – ²³ Robiquel, S. 126. –
²⁴ EB, Bd. XIX, S. 868c. – ²⁵ Palmer, S. 65. – ²⁶ Robiquel, S. 74. – ²⁷ Soboul, S. 246;
Madelin, *French Revolution*, S. 553. – ²⁸ Marcel Lachiver in London *Times Literary Supplement*,
3. März 1972, S. 243. – ²⁹ Taine, Bd. III, S. 82f. – ³⁰ Madelin, *French Revolution*, S. 554. –
³¹ Taine, Bd. V, S. 175. – ³² Aulard, Bd. I, S. 232. – ³³ Lefebvre, *French Revolution*, Bd. II,
S. 267. – ³⁴ Herold (Hrsg.), *The Mind of Napoleon*, S. 13. – ³⁵ Taine, Bd. III, S. 346. –
³⁶ Aulard, Bd. III, S. 241; Soboul, S. 229. – ³⁷ Taine, Bd. III, S. 88. – ³⁸ Lacroix, *Directoire,
Consulat et Empire*, S. 34, 81. – ³⁹ Robiquel, S. 54. – ⁴⁰ ebd., S. 89. – ⁴¹ Lacroix, S. 70. –
⁴² ebd., S. 80. – ⁴³ Robiquel, S. 88. – ⁴⁴ Madelin, *French Revolution*, S. 546. – ⁴⁵ Junot, Ma-
dame, *Memoirs*, Bd. I, S. 144. – ⁴⁶ Madelin, S. 428. – ⁴⁷ Láng, P. H., *Music in Western
Civilization*, S. 787. – ⁴⁸ Grove's Dictionary of Music and Musicians, Bd. I, S. 614. – ⁴⁹ Mantzius,
K., *History of Theatrical Art*, Bd. VI, S. 153f. – ⁵⁰ Hauser, A., *The Social History of Art*, Bd. II,
S. 635. – ⁵¹ Muther, R., *History of Modern Painting*, Bd. I, S. 103. – ⁵² Livy, *History of Rome*,
Bd. I, S. 24. – ⁵³ Turner and Baker, *Stories of the French Artists*, S. 291. – ⁵⁴ Durant, Bd. XIV,
Das Zeitalter Voltaires, S. 282. – ⁵⁵ Brett, G. S., *History of Psychology*, S. 460. – ⁵⁶ Überweg,
F., *History of Philosophy*. – ⁵⁷ CMH, Bd. VIII, S. 724. – ⁵⁸ Lamartine, *History of the Girondists*,
Bd. III, S. 418. – ⁵⁹ Van Laun, H., *History of French Literature*, Bd. III, S. 166. – ⁶⁰ Stevens,

Abel, *Mme. de Staël*, Bd. I, S. 54. – ⁶¹ Herold, J. C., *Mistress to an Age*, S. 30. – ⁶² ebd., S. 62. – ⁶³ ebd., S. 95. – ⁶⁴ ebd., S. 103. – ⁶⁵ ebd., S. 108. – ⁶⁶ ebd., S. 113f. – ⁶⁷ ebd., S. 117. – ⁶⁸ Pierre Lacretelle in Stevens, Bd. I, S. 145. – ⁶⁹ Herold, *Mistress to an Age*, S. 125. – ⁷⁰ in Bourguignon, Bd. I, S. 137. – ⁷¹ Herold, S. 181.

II. BUCH, KAPITEL 1

¹ Bourrienne, *Memoirs*, Bd. I, S. 200. – ² Madelin, *The Consulate and The Empire*, Bd. I, S. 46. – ³ ebd., S. 37. – ⁴ Fournier, *Napoleon*, S. 180. – ⁵ Madelin, *Consulate and Empire*, Bd. I, S. 3. – ⁶ Thiers, L. A., *History of the Consulate and the Empire*, Bd. I, S. 55. – ⁷ ebd., S. 57. – ⁸ Las Cases, Bd. II, S. 330. – ⁹ Taine, *French Revolution*, Bd. V, S. 17. – ¹⁰ EB, Bd. XIII, S. 717b. – ¹¹ Napoleon, *Letters*, S. 80. – ¹² Lefebvre, *Napoleon*, Bd. I, S. 84. – ¹³ ebd.; Taine, Bd. V, S. 152; Madelin, *Consulate and Empire*, Bd. I, S. 56. – ¹⁴ Lefebvre, *Napoleon*, Bd. I, S. 86. – ¹⁵ Bourrienne, Bd. I, S. 289n. – ¹⁶ Talleyrand, *Memoirs*, Einführung von Duc de Broglie, XXI. Buch. – ¹⁷ ebd., XXII. Buch. – ¹⁸ dto., VIII.–IX. Buch. – ¹⁹ Talleyrand, *Memoirs*, Bd. I, S. 170f. – ²⁰ Madelin, *Talleyrand*, S. 48, 83. – ²¹ Rémusat, *Memoirs*, S. 85. – ²² ebd., S. 106. – ²³ Madelin, *Talleyrand*, S. 23. – ²⁴ Thiers, Bd. I, S. 61; Herold (Hrsg.), *The Mind of Napoleon*, S. 72. – ²⁵ Canton, Gustave, *Napoléon antimilitariste*, S. 34. – ²⁶ Lefebvre, *Napoleon*, Bd. I, S. 89. – ²⁷ ebd., S. 88; Taine, Bd. V, S. 141n. – ²⁸ Lefebvre, Bd. I, S. 74. – ²⁹ Bourrienne, Bd. I, S. 370. – ³⁰ ebd., S. 372. – ³¹ Jacques Bainville in Geyl, Peter, *Napoleon: For and Against*, S. 345. – ³² ebd., S. 344. – ³³ Bourrienne, Bd. I, S. 413. – ³⁴ Madelin, *Consulate and Empire*, Bd. I, S. 93. – ³⁵ Napoleon, *Letters*, S. 84. – ³⁶ Thiers, Bd. I, S. 295. – ³⁷ Bourrienne, Bd. I, S. 419. – ³⁸ ebd., Bd. II, S. 2. – ³⁹ ebd., S. 3. – ⁴⁰ Thiers, Bd. I, S. 236. – ⁴¹ ebd., S. 247. – ⁴² ebd., S. 248. – ⁴³ Napoleon, *Letters*, S. 87. – ⁴⁴ Lefebvre, *Napoleon*, Bd. I, S. 100. – ⁴⁵ Bourrienne, Bd. II, S. 22. – ⁴⁶ ebd., Bd. I, S. 414. – ⁴⁷ Napoleon, *Letters*, S. 90. – ⁴⁸ Thiers, Bd. I, S. 322. – ⁴⁹ Bourrienne, Bd. I, S. 345; Méneval, *Memoirs*, Bd. I, S. 69; Thiers, Bd. I, S. 332. – ⁵⁰ Bourrienne, Bd. I, S. 351n. – ⁵¹ Madelin, *Consulate and Empire*, Bd. I, S. 108. – ⁵² Morris, Gouverneur, *Diary*, S. 92. – ⁵³ Madelin, Bd. I, S. 113. – ⁵⁴ Las Cases, Bd. IV, S. 103. – ⁵⁵ dto. – ⁵⁶ Madelin, Bd. I, S. 150. – ⁵⁷ EB, Bd. VII, S. 12c. – ⁵⁸ Rose, J. H., *Personality of Napoleon*, S. 169. – ⁵⁹ in Geyl, S. 330. – ⁶⁰ Guérard, A. L., *French Civilization in the 19th Century*, S. 67. – ⁶¹ Cardinal Consalvi in Lefebvre, *Napoleon*, Bd. I, S. 19. – ⁶² Taine, *French Revolution*, Bd. III, S. 474. – ⁶³ Las Cases, Bd. II, S. 253. – ⁶⁴ Bourrienne, Bd. II, S. 236. – ⁶⁵ CMH, Bd. IX, S. 186. – ⁶⁶ Staël, Mme. de, *Considérations sur les principaux évènements de la Révolution française*, S. 376; Canton, S. 44; Herold, *The Mind of Napoleon*, S. 107. – ⁶⁷ Canton, S. 30–34. – ⁶⁸ Méneval, Bd. I, S. 188. – ⁶⁹ Canton, S. 37. – ⁷⁰ ebd., S. 1–3. – ⁷¹ Bourrienne, Bd. II, S. 299. – ⁷² Thiers, Bd. II, S. 302. – ⁷³ Bourrienne, Bd. II, S. 151. – ⁷⁴ Dieser Satz wurde bereits auf Friedrich II. von Sizilien angewandt, s. Durant, Bd. VI, Das frühe Mittelalter, S. 400ff. – ⁷⁵ Morris, *Diary*, S. 115f. – ⁷⁶ ebd., S. 117; Lefebvre, *Napoleon*, Bd. I, S. 176. – ⁷⁷ Bourrienne, Bd. II, S. 226; Lefebvre, Bd. I, S. 169. – ⁷⁸ Fouché, Joseph, *Memoirs*, Bd. I, S. 256f. – ⁷⁹ Lefebvre, Bd. I, S. 180; Madelin, *Consulate and Empire*, Bd. I, S. 192; Kircheisen, *Memoirs of Napoleon*, Bd. I, S. 107. – ⁸⁰ CMH, Bd. IX, S. 29. – ⁸¹ Lefebvre, Bd. I, S. 180f. – ⁸² Las Cases, Bd. IV, S. 186; Madelin, Bd. I, S. 193. – ⁸³ Rémusat, S. 39; Madelin, Bd. I, S. 193. – ⁸⁴ Kircheisen, S. 108. – ⁸⁵ Mistler, Bd. I, S. 120. – ⁶ Lefebvre, Bd. I, S. 180f.; Méneval, Bd. I, S. 234. – ⁸⁷ Caulaincourt, Armand de, *With Napoleon in Russia*, S. 314. – ⁸⁸ ebd., S. 317. – ⁸⁹ Lefebvre, Bd. I, S. 182; Madelin, Bd. I, S. 208. – ⁹⁰ Méneval, Bd. I, S. 249. – ⁹¹ Madelin, *Talleyrand*, S. 111. – ⁹² Madelin, *Consulate and Empire*, Bd. I, S. 218. – ⁹³ Bourrienne, Bd. II, S. 280. – ⁹⁴ Madelin, Bd. I, S. 210. – ⁹⁵ Las Cases, Bd. II, S. 67. – ⁹⁶ Rémusat, S. 137, 167. – ⁹⁷ Bourrienne, Bd. II, S. 264. – ⁹⁸ Las Cases, Bd. IV, S. 192. – ⁹⁹ Madelin, *Consulate and Empire*, Bd. I, S. 227. – ¹⁰⁰ Rémusat, S. 108. – ¹⁰¹ Mossiker, S. 271. – ¹⁰² Madelin, Bd. I, S. 97. – ¹⁰³ Méneval, Bd. I, S. 278. – ¹⁰⁴ Madelin, Bd. I, S. 212.

II. BUCH, KAPITEL 2

1 Rose, *Personality of Napoleon*, S. 191. – 2 Madelin, *Consulate and Empire*, Bd. I, S. 240. – 3 Las Cases, Bd. II, S. 133. – 4 EB, Bd. XIII, S. 89c. – 5 Masson, Frédéric, *Napoleon and His Coronation*, S. 229. – 6 Pinoteau, Hervé, *Le Sacre de S. M. l'empereur Napoléon*, S. XII. – 7 Las Cases, Bd. III, S. 130; Madelin, *Consulate and Empire*, S. 244. – 8 Masson, *Coronation*, S. 236. – 9 Staël, Mme. de, *Ten Year's Exile*, S. 151. – 10 Rémusat, *Memoirs*, S. 249; Napoleon, *Letters*, S. 112. – 11 Rémusat, S. 251. – 12 Lefebvre, *Napoleon*, Bd. I, S. 203; Madelin, Bd. I, S. 252f. – 13 ebd., S. 235. – 14 Rémusat, S. 293. – 15 Bourrienne, Bd. III, S. 3. – 16 dto. – 17 Thiers, Bd. IV, S. 64. – 18 Madelin, *Consulate and Empire*, Bd. I, S. 269. – 19 Wilson, P. W., *William Pitt*, S. 335. – 20 Bourrienne, Bd. III, S. 52n. – 21 Rémusat, S. 324. – 22 Bourrienne, Bd. III, S. 47; Madelin, Bd. I, S. 300. – 23 ebd., S. 297. – 24 Méneval, Bd. I, S. 405. – 25 Rémusat, S. 442. – 26 Lefebvre, *Napoleon*, Bd. I, S. 255. – 27 Madelin, Bd. I, S. 318. – 28 ebd., S. 16. – 29 Rémusat, S. 453. – 30 Mossiker, *Napoleon and Josephine*, S. 296. – 31 CMH, Bd. IX, S. 279. – 32 Robinson, *Readings*, S. 489. – 33 Georg Brandes in Clark, B. H., *Great Short Biographies of the World*, S. 1080. – 34 Rémusat, S. 459. – 35 Méneval, Bd. II, S. 449. – 36 ebd., S. 463. – 37 Vandal, *Napoléon et Alexandre Ier*, Bd. I, S. 65. – 38 Bertaut, *Napoleon in His Own Words*, S. 8f. – 39 Rémusat, S. 534.

II. BUCH, KAPITEL 3

1 Morris, Gouverneur, *Diary*, S. 98f. – 2 Las Cases, Bd. II, S. 192. – 3 Mistler, (Hrsg.), *Napoléon et l'Empire*, Bd. I, S. 145. – 4 ebd., Stacton, David, *The Bonapartes*, S. 13. – 5 Las Cases, Bd. II, S. 190; Mistler, Bd. I, S. 145. – 6 Stacton, S. 16. – 7 Las Cases, Bd. III, S. 321. – 8 Rémusat, S. 323. – 9 Goodrich, F. B., *The Court of Napoleon*, S. 290–293. – 10 Bourrienne, Bd. II, S. 110. – 11 Napoleon, *Letters*, S. 190. – 12 ebd., S. 123. – 13 Stendhal, *La Chartreuse de Parme*, S. 450. – 14 Napoleon, *Letters*, S. 107. – 15 Goodrich, S. 207. – 16 Rose, *Personality of Napoleon*, S. 32. – 17 in Goodrich, S. 271; Caulaincourt, *With Napoleon in Russia*, S. 14. – 18 Talleyrand, *Memoirs*, Bd. I, S. 261. – 19 Caulaincourt, S. 23. – 20 Lefebvre, *Napoleon*, Bd. II, S. 19. – 21 Madelin, *Consulate and Empire*, Bd. I, S. 410. – 22 ebd., S. 411. – 23 Talleyrand, *Memoirs*, Bd. I, S. 310–313. – 24 ebd., S. 316. – 25 ebd., S. 328; Madelin, *Consulate and Empire*, Bd. I, S. 416. – 26 Talleyrand, Bd. I, S. 337. – 27 Madelin, *Talleyrand*, S. 78, 134. – 28 Brandes, G., *Goethe*, Bd. II, S. 264. – 29 Talleyrand, Bd. I, S. 318. – 30 Lewes, George, *Life of Goethe*, Bd. II, S. 312. – 31 Talleyrand, Bd. I, S. 326. – 32 ebd., S. 331. – 33 ebd., S. 333. – 34 Lewes, Bd. II, S. 313. – 35 Las Cases, Bd. II, S. 134. – 36 Méneval, Bd. II, S. 553. – 37 Rose, *Personality*, S. 495. – 38 Madelin, Bd. I, S. 425. – 39 Lefebvre, *Napoleon*, Bd. II, S. 57. – 40 dto. – 41 Méneval, Bd. II, S. 563; Madelin, Bd. I, S. 436; Mistler, Bd. I, S. 150. – 42 Herold (Hrsg.), *The Mind of Napoleon*, S. 175. – 43 Lefebvre, Bd. II, S. 52. – 44 Mossiker, *Napoleon and Josephine*, S. 328. – 45 Rémusat, S. 376. – 46 ebd., S. 375. – 47 Herold, *The Mind of Napoleon*, S. 22. – 48 Bourrienne, Bd. II, S. 117; Méneval, Bd. II, S. 423. – 49 Herold, S. 16. – 50 Mossiker, *Napoleon and Josephine*, S. 151. – 51 Las Cases, Bd. II, 19. Mai 1816. – 52 Madelin, Bd. II, S. 15. – 53 ebd., S. 17. – 54 Taine, *The Modern Regime*, Bd. I, S. 79. – 55 Kircheisen, *Memoirs of Napoleon*, Bd. I, S. 149. – 56 Méneval, Bd. II, S. 615. – 57 Napoleon, *Letters to Josephine*, Bd. 222. – 58 Las Cases, Bd. II, S. 185. – 59 ebd., S. 21. – 60 ebd., Bd. III, S. 275.

II. BUCH, KAPITEL 4

1 EB, Bd. X, S. 941d. – 2 Rémusat, S. 47. – 3 Las Cases, Bd. III, S. 258. – 4 Mistler, Bd. I, S. 137. – 5 Ross, E. A., *Social Control*, S. 276. – 6 *Auction* Magazine, November 1971, S. 35. – 7 Bourrienne, Bd. I, S. 311. – 8 Méneval, Bd. I, S. 108. – 9 Cronin, Vincent, *Napoleon Bonaparte*, S. 182. – 10 Méneval, Bd. I, S. 416. – 11 Notiz zu Bourrienne, Bd. I, S. 312. – 12 Masson, F., *Napoleon at Home*, Bd. I, S. 90. – 13 Méneval, Bd. I, S. 411. – 14 MacLaurin,

C., *Post Mortem*, S. 220; Howarth David, *Waterloo*, S. 52ff. – [15] Las Cases, Bd. II, S. 252;
MacLaurin, S. 222; Friedrich Kircheisen in *New York Times*, 26. Februar 1931. – [16] Méneval,
Bd. I, S. 412. – [17] Taine, *Modern Regime*, Bd. I, S. 44. – [18] Rosebury, Theodor, *Microbes and
Morals*, S. 158. – [19] Las Cases, Bd. III, S. 146; Bd. I, S. 236. – [20] ebd., Bd. III, S. 391. –
[21] ebd., Bd. I, S. 392. – [22] Taine, *Modern Regime*, Bd. I, S. 68. – [23] ebd., S. 69. – [24] dto. –
[25] Bourrienne, Bd. I, S. 294. – [26] Méneval, Bd. I, S. 346, 415. – [27] Bourrienne, Bd. I,
S. 309. – [28] Las Cases, Bd. III, S. 346. – [29] Herold (Hrsg.), *The Mind of Napoleon*. – [30] Méneval, Bd. I, S. 353. – [31] Taine, *Modern Regime*, Bd. I, S. 18ff. – [32] Madelin, *Consulate and Empire*, Bd. I, S. 30. – [33] Quelle verloren. – [34] Taine, Bd. I, S. 19; Madelin, Bd. I, S. 30. –
[35] Bourrienne, Bd. I, S. 315; Méneval, Bd. I, S. 356; Taine, Bd. I, S. 54. – [36] Bourrienne,
Bd. I, S. 310. – [37] Las Cases, Bd. I, S. 251. – [38] Napoleon, *Letters*, S. 68 (7. Oktober 1797).
– [39] Sorel, Albert, *Europe and the French Revolution*, Bd. VI, S. 205, in Geyl, S. 251. –
[40] Fouché, *Memoirs*, Bd. II, S. 52. – [41] Brandes, *Main Currents*, Bd. I, S. 29. – [42] Lewes, *Life of
Goethe*, Bd. II, S. 312. – [43] Las Cases, Bd. I, S. 311. – [44] Bourrienne, Bd. II, S. 102. –
[45] Taine, *Modern Regime*, Bd. I, S. 60. – [46] Herold (Hrsg.), *The Mind of Napoleon*, S. 256. –
[47] ebd., S. XXXVI. – [48] Taine, Bd. I, S. 35. – [49] Napoleon, *Letters*, III. Buch, (12. Dezember 1804). – [50] Lefebvre, *Napoleon*, Bd. I, S. 66. – [51] Rémusat, S. 95. – [52] Herold, S. 43. –
[53] Breed, Lewis, *The Opinions and Reflections of Napoleon*, S. 114. – [54] Fouché, *Memoirs*, Bd. II,
S. 18; Rémusat, S. 370. – [55] Las Cases, Bd. I, S. 379; Lefebvre, Bd. I, S. 64. – [56] Caulaincourt, S. 71. – [57] Las Cases, Bd. III, S. 318. – [58] Rose, *Personality of Napoleon*, S. 29. –
[59] Rémusat, S. 60. – [60] Masson, *Napoleon at Home*, Bd. I, S. 163. – [61] Bourrienne, Bd. I,
S. 317. – [62] ebd., S. 328. – [63] Méneval, Bd. I, S. 128. – [64] Taine, *Modern Regime*, Bd. II,
S. 45. – [65] Las Cases, Bd. IV, S. 154–161. – [66] Lefebvre, *Napoleon*, Bd. I, S. 64. – [67] Con-
stant, Véry, *Memoirs*, Bd. I, S. 6. – [68] Rémusat, S. 102. – [69] Caulaincourt, S. 27. – [70] Goodrich, *Court of Napoleon*, S. 375. – [71] ebd., S. 371. – [72] Staël, Mme. de, *Considérations*, S. 334.
– [73] Méneval, Bd. I, S. 221. – [74] Masson, *Napoleon at Home*, S. 168. – [75] Méneval, Bd. I,
S. 350; Las Cases, Bd. III, S. 345. – [76] Méneval, Bd. I, S. 353. – [77] Las Cases, Bd. III,
S. 330. – [78] in Rose, *Personality*, S. 119. – [79] Bertaut, *Napoleon in His Own Words*,
S. 125f. – [80] Herold (Hrsg.), *Mind of Napoleon*, S. 211. – [81] Las Cases, Bd. II, S. 244. –
[82] Rose, S. 86. – [83] ebd., S. 200. – [84] Bourrienne, Bd. III, S. 95. – [85] Bertaut, S. 126. –
[86] Herold, S. 211. – [87] Méneval, Bd. II, S. 534. – [88] Rose, *Personality*, S. 119. – [89] Herold,
S. 217. – [90] Rose, S. 110. – [91] Herold, S. 217; Las Cases, Bd. II, S. 26. – [92] Emerson,
Representative Men, S. 254. – [93] Canton, *Napoléon Antimilitariste*, S. 146. – [94] Bertaut, S. 122;
Rose, *Personality*, S. 347; Guérard, *French Civilization in the 19th Century*, S. 62. – [95] Bourrienne, Bd. I, S. 314. – [96] Las Cases, Bd. II, S. 12. – [97] CMH, Bd. IX, S. 114. – [98] Le-
febvre, *Napoleon*, Bd. I, S. 227. – [99] Canton, S. 214. – [100] Herold, S. 206. – [101] zitiert in
Gooch, G. P., *History and Historians in the 19th Century*, 2. Ausg., S. 259. – [102] Herold,
S. 276f. – [103] Las Cases, Bd. IV, S. 37. – [104] ebd., Bd. II, S. 384. – [105] Rémusat, S. 451. –
[106] Las Cases, Bd. I, S. 181. – [107] Bourguignon, Bd. I, Einführung. – [108] Rémusat, S. 71,
319; Taine, *Modern Regime*, Bd. I, S. 70; Las Cases, Bd. IV, S. 163. – [109] Herold (Hrsg.),
Mind of Napoleon, S. 162. – [110] ebd., S. 9. – [111] ebd., S. 162. – [112] Bourrienne, Bd. I, S. 237.
– [113] Herold, S. 172. – [114] ebd., S. 171. – [115] Bourguignon, Bd. I, S. 38. – [116] Herold,
S. 92. – [117] Bourrienne, Bd. I, S. 380. – [118] Taine, *Modern Regime*, Bd. I, S. 134a, 480. –
[119] Herold, S. 162. – [120] Las Cases, Bd. III, S. 256. – [121] Bourrienne, Bd. I, S. 293, 325,
327a, 367a; Taine, Bd. I, S. 193. – [122] Bertaut, S. 79. – [123] Herold, S. 255. – [124] ebd.,
S. 30f. – [125] Bourrienne, Bd. I, S. 327. – [126] Herold, S. 30; Bertaut, S. 107f. – [127] Las
Cases, Bd. II, S. 253. – [128] Taine, Bd. II, S. 3f. – [129] Herold, S. 32. – [130] Bertaut, S. 11. –
[131] Kircheisen, *Memoirs of Napoleon*, Bd. I, S. 166. – [132] Herold, S. 33. – [133] Kircheisen,
S. 160. – [134] Aulard in Geyl, S. 323; Herold, S. 105. – [135] Bertaut, S. 112f.; Taine, Bd. II,
S. 5. – [136] Bertaut, S. 114. – [137] Taine, Bd. II, S. 6. – [138] Bertaut, S. 32. – [139] Herold,

S. 20. – [140] Bertaut, S. 28. – [141] Herold, S. 21. – [142] Kircheisen, S. 154. – [143] Bertaut, S. 32f. – [144] Herold, S. 23. – [145] Kircheisen, S. 153. – [146] ebd., S. 152. – [147] Mossiker, *Napoleon and Josephine*, S. 301. – [148] Napoleon, *Letters*, S. 180. – [149] Bertaut, S. 5. – [150] ebd., S. 146. – [151] Herold, S. 73. – [152] Bertaut, S. 1. – [153] ebd., S. 46. – [154] ebd., S. 54. – [155] Las Cases, Bd. III, S. 241. – [156] ebd., Bd. I, S. 400. – [157] Bertaut, S. 65. – [158] Las Cases, Bd. III, S. 242. – [159] ebd., Bd. IV, S. 104; Bourrienne, Bd. II, S. 218. – [160] Herold, S. 40f. – [161] Mossiker, S. 34. – [162] ebd., S. 20. – [163] Levy, M., *Private Life of Napoleon*, Bd. I, S. 274. – [164] Bertaut, S. 9. – [165] Herold, S. 40. – [166] ebd., S. 36. – [167] ebd., S. 40. – [168] Rémusat, S. 535. – [169] Bertaut, S. 142. – [170] Herold, S. 179. – [171] Las Cases, Bd. II, S. 325. – [172] Taine, *Modern Regime*, Bd. I, S. 59.

II. BUCH, KAPITEL 5

[1] Las Cases, Bd. II, S. 389. – [2] Briefe an Lucien Bonaparte, 25. Dezember 1799, in *Letters*, S. 82. – [3] Las Cases, Bd. III, S. 23. – [4] Briefe an Roederer, in Taine, *Modern Regime*, Bd. I, S. 265. – [5] Breed, *The Opinions and Reflections of Napoleon*, S. 121. – [6] Lacroix, *Directoire, Consulate and Empire*, S. 10. – [7] Madelin, *Consulate and Empire*, Bd. I, S. 291. – [8] Mistler (Hrsg.), *Napoléon et l'Empire*, Bd. I, S. 196. – [9] Lacroix, S. 540. – [10] Las Cases, Bd. III, S. 94, 340; Rémusat, S. 345f.; Madelin, Bd. I, S. 294–297. – [11] Herold (Hrsg.), *Mind of Napoleon*, S. 190. – [12] CMH, Bd. IX, S. 375f. – [13] Guillemin, Henri, *Napoléon tel quel*, S. 120f. – [14] Guérard, *French Civilization*, S. 77. – [15] Taine, *Modern Regime*, Bd. I, S. 213. – [16] ebd., S. 216f. – [17] Bourrienne, Bd. III, S. 32. – [18] Méneval, Bd. III, S. 595. – [19] Taine, *Modern Regime*, Bd. I, S. 226. – [20] Las Cases, Bd. II, S. 36. – [21] ebd., Bd. IV, S. 61. – [22] Taine, Bd. II, S. 138. – [23] ebd., S. 140f. – [24] CMH, Bd. XI, S. 127. – [25] Bourrienne, Bd. II, S. 359. – [26] Napoleon, *Letters*, S. 115. – [27] CMH, Bd. IX, S. 127. – [28] Rose, *Personality of Napoleon*, S. 177; Taine, Bd. II, S. 153. – [29] Thiers, *History of the Consulate and the Empire*, Bd. II, S. 275. – [30] Taine, Bd. I, S. 67. – [31] ebd., S. 262. – [32] Sainte-Beuve, *Monday Chats*, S. 207. – [33] Méneval, Bd. I, S. 499. – [34] Taine, Bd. I, S. 233. – [35] CMH, Bd. IX, S. 114. – [36] Lefebvre, *Napoleon*, Bd. I, S. 227. – [37] CMH, Bd. IX, S. 115. – [38] Taine, Bd. I, S. 90; Guérard, *French Civilization*, S. 64. – [39] Lefebvre, Bd. I, S. 227. – [40] Herold (Hrsg.), *Mind of Napoleon*, S. 208. – [41] Bertaut, *Napoleon in His Own Words*, S. 5. – [42] ebd., S. 57. – [43] dto. – [44] Musset, *Confessions of a Child of the Century*, S. 3. – [45] Bourrienne, Bd. II, S. 132. – [46] Taine's phrases; vgl. *The Modern Regime*, Bd. I, S. 250. – [47] Thiers, Bd. II, S. 266–278. – [48] Taine, Bd. I, S. 271; Herold, S. 212. – [49] Fouché, *Memoirs*, Bd. I, S. 296. – [50] Goodrich, *Court of Napoleon*, S. 157; Las Cases, Bd. III, S. 397. – [51] Bertaut, S. 62. – [52] Las Cases, Bd. II, S. 315. – [53] Herold (Hrsg.), *Mind of Napoleon*, S. 242. – [54] Bertaut, S. 48. – [55] ebd., S. 111. – [56] Lacroix, S. 45. – [57] Staël, Mme. de, *Ten Years' Exile*, S. 7. – [58] Las Cases, Bd. II, S. 198. – [59] Mossiker, *Napoleon and Josephine*, S. 272; Rémusat, S. 227. – [60] ebd., S. 7; Herold, *Mistress to an Age*, S. 287. – [61] Rémusat, S. 53; Herold, *Mistress*, S. 290. – [62] David's Mme. Récamier im Louvre; Guérard's hängt in dem Musée de la Ville. – [63] Rémusat, S. 33–37. – [64] Herold, *Mistress*, S. 288. – [65] Junot, Mme., *Memoirs*, Bd. II, S. 60. – [66] Graetz, H., *History of the Jews*, Bd. V, S. 482. – [67] dto. – [68] ebd., S. 491; CMH, Bd. IX, S. 205. – [69] Graetz, S. 492. – [70] ebd., S. 494. – [71] Lefebvre, *Napoleon*, Bd. II, S. 186; CMH, Bd. IX, S. 205. – [72] Lefebvre, S. 187. – [73] Quelle unklar.

II. BUCH, KAPITEL 6

[1] Masson, F., *Napoleon at Home*, Bd. II, S. 74. – [2] Lacroix, *Directoire, Consulat et Empire*, S. 494. – [3] Las Cases, Bd. III, S. 97. – [4] Grout, D. J., *Short History of Opera*, S. 326. – [5] Museum Dijon. – [6] Goodrich, *Court of Napoleon*, S. 299. – [7] Muther, R., *History of Modern Painting*, Bd. I, S. 111. – [8] Bertaut, *Napoleon in His Own Words*, S. 55. – [9] Stranahan, C. H., *History of French Painting*, S. 129. – [10] Las Cases, Bd. I, S. 368. – [11] Mantzius, K., *History of*

Theatrical Art, Bd. VI, S. 164. – [12] ebd., S. 163. – [13] Goodrich, S. 118. – [14] in Lacroix, S. 188. – [15] Goodrich, S. 390. – [16] Dumas *père*, Alexandre, *Mes Mémoires*, Bd. IV, S. 27, in Mantzius, Bd. VI, S. 178. – [17] Rémusat, S. 58–62. – [18] Lacroix, S. 189.

II. BUCH, KAPITEL 7

[1] Herold (Hrsg.), *Mind of Napoleon*, S. 156. – [2] Mistler (Hrsg.), *Napoléon et l'Empire*, Bd. I, S. 231. – [3] Méneval, Bd. I, S. 185. – [4] Herold, S. 121. – [5] *Time Magazine*, 19. Oktober 1970, S. 43. – [6] Mistler, Bd. I, S. 232. – [7] Herold, *Mind of Napoleon*, S. 132. – [8] Goodrich, *Court of Napoleon*, S. 249. – [9] ebd., S. 250. – [10] Taine, *Modern Regime*, Bd. II, S. 200. – [11] dto. – [12] Staël, Mme. de, *Ten Years' Exile*, S. 19. – [13] Sainte-Beuve, *Portraits of Celebrated Women*, S. 224. – [14] Staël, Mme. de, *Germany*, Bd. I, S. 77. – [15] Bourrienne, Bd. II, S. 364 bis 366. – [16] Staël, Mme. de, *Corinne*, Einführung. – [17] Brandes, G., *Main Currents in 19th Century Literature*, Bd. I, S. 94. – [18] Staël, Mme. de, *Ten Years' Exile*, S. 25. – [19] ebd., S. 74. – [20] Stevens, Abel, *Mme. de Staël*, Bd. II, S. 263. – [21] Las Cases, Bd. IV, S. 7. – [22] Taine, *Modern Regime*, Bd. I, S. 29f. – [23] Madelin, *Consulate and Empire*, Bd. I, S. 150. – [24] Herold, *Mistress to an Age*, S. 86. – [25] in Brandes, *Main Currents*, Bd. I, S. 94. – [26] Staël, Mme. de, *Considérations*, S. 97. – [27] ebd., S. 1. – [28] Staël, Mme. de, *De la Littérature*, S. 11. – [29] in Herold, *Mistress*, S. 210. – [30] ebd., S. 211. – [31] ebd., S. 233. – [32] Staël, Mme. de, *Ten Years' Exile*, S. 8. – [33] in Herold, S. 259. – [34] Quelle unleserlich. – [35] Herold, S. 263. – [36] Staël, Mme. de, *Ten Years' Exile*, S. 105. – [37] Stevens, Abel, *Mme. de Staël*, Bd. I, S. 32. – [38] Herold, S. 293. – [39] Madelin, Bd. I, S. 368. – [40] Herold, S. 342. – [41] ebd., S. 343. – [42] Corinne, S. 37f. – [43] ebd., S. 18–20. – [44] Herold, S. 344. – [45] ebd., S. 363. – [46] ebd., S. 369. – [47] Brockway and Winer, *Second Treasury of the World's Great Letters*, S. 315. – [48] Staël, Mme. de, *Germany*, Bd. I, S. 38. – [49] ebd., S. 34, 84. – [50] ebd., S. 34. – [51] ebd., S. 31. – [52] ebd., S. 42. – [53] ebd., S. 90–93. – [54] *De la Littérature*, S. 21. – [55] *Germany*, Bd. I, S. 114. – [56] ebd., Bd. II, S. 84. – [57] ebd., Bd. II, S. 187. – [58] ebd., S. 297. – [59] *Corinne*, S. 125. – [60] *Germany*, Bd. I, S. 36. – [61] *Germany*, Bd. II, S. 188; Stevens, Bd. II, S. 26. – [62] Stevens, S. 218. – [63] Staël, Mme. de, *Ten Years' Exile*, S. 246f. – [64] ebd., S. 304. – [65] Quelle verloren. – [66] Staël, Mme. de, *Considérations*, S. 432. – [67] dto. – [68] ebd., S. 430. – [69] Stevens, Bd. II, S. 313. – [70] Sainte-Beuve, *Portraits of Celebrated Women*, S. 204. – [71] Stevens, Bd. I, S. 4. – [72] Bertaut, *Napoleon in His Own Words*, S. 77f.; Las Cases, Bd. IV, S. 7. – [73] Constant, B., *The Red Notebook*, S. 112. – [74] ebd., S. 123. – [75] ebd., S. 133. – [76] Herold, *Mistress*, S. 151. – [77] Nicholson, H., *Benjamin Constant*, S. 140. – [78] Herold, S. 240, 246. – [79] ebd., S. 248. – [80] Constant, B., *Journal intime*, S. 155. – [81] ebd., S. 155–165. – [82] ebd., S. 172. – [83] ebd., S. 242. – [84] dto. – [85] Herold, S. 463. – [86] in Nicholson, S. 255. – [87] ebd., S. 273. – [88] Sainte-Beuve, *Chateaubriand et son groupe littéraire*, Bd. I, S. 13. – [89] Faguet, Émile, *Dix-septième Siècle: Études et portraits littéraires*, S. 70. – [90] Chateaubriand, *Memoirs*, Hrsg. Baldick, Vorwort. – [91] ebd., S. 5. – [92] ebd., S. 39. – [93] dto. – [94] ebd., S. 46f. – [95] ebd., S. 47. – [96] ebd., S. 56. – [97] ebd., S. 122. – [98] in Sainte-Beuve, *Chateaubriand*, Bd. I, S. 128. – [99] ebd., S. 203ff. – [100] *Memoirs*, Hrsg. Baldick, S. 150. – [101] Lanson, *Histoire de la littérature française*, S. 887f. – [102] *Memoirs*, S. 157. – [103] ebd., S. 191. – [104] Sainte-Beuve, *Chateaubriand*, Bd. I, S. 149. – [105] in Faguet, *Dix-neuvième Siècle: Études littéraires*, S. 14. – [106] Sainte-Beuve, Bd. I, S. 175. – [107] in Faguet, S. 14. – [108] Chateaubriand, *Atala and René*, S. 72ff. – [109] ebd., S. 87. – [110] Lemaître, Jules, *Chateaubriand*, S. 146. – [111] Chateaubriand, *The Genius of Christianity*, S. 190. – [112] Lemaître, S. 138. – [113] *The Genius of Christianity*, S. 148. – [114] Lemaître, S. 150. – [115] ebd., S. 326f. – [116] ebd., S. 321. – [117] *Atala and René*, S. 135. – [118] Brandes, *Main Currents*, Bd. I, S. 29. – [119] Bertaut, S. 76. – [120] *Memoirs*, S. 208. – [121] ebd., S. 216. – [122] ebd., Vorwort. – [123] ebd., S. 218. – [124] ebd., S. 231. – [125] *Memoirs d'outre-tombe*, Band über Napoleon, S. 391. – [126] *Memoirs*, Hrsg. Baldick, S. 244. – [127] ebd., S. 153. – [128] in Sainte-Beuve, *Chateaubriand*, Bd. I, S. 149f. – [129] Mé-

moires, Anhang, S. 457. – [130] ebd., S. 463. – [131] ebd., S. 481. – [132] ebd., S. 497–509. – [133] *Memoirs*, Hrsg. Baldick, S. 261.

II. BUCH, KAPITEL 8

[1] NCMH, Bd. IX, S. 124. – [2] Bernal, *Science in History*, S. 381. – [3] EB, Bd. IX, S. 667a. – [4] NCMH, Bd. IX, S. 133. – [5] Berry, *Short History of Astronomy*, S. 307. – [6] Bertrand, *Napoleon at St. Helena*, S. 168; Castiglione, A., *History of Medicine*, S. 714; Brief von Dr. Elmer Belt. – [7] Sigerist, H. E., *The Great Doctors*, S. 240, 274. – [8] ebd., S. 276. – [9] Garrison, F., *History of Medicine*, S. 412. – [10] Castiglione, A., *History of Medicine*, S. 701. – [11] Hippokrates, *Works*, Bd. VI, «Decorum». – [12] Williams, H. S., *History of Science*, Bd. III, S. 78ff. – [13] ebd., Bd. IV, S. 104–106. – [14] Locy, W. A., *Biology and Its Makers*, S. 382. – [15] EB, Bd. XIII, S. 614–617. – [16] dto. – [17] Destutt de Tracy in Boas, George, *French Philosophers of the Romantic Period*, S. 25. – [18] dto. – [19] Taine, *Modern Regime*, Bd. II. – [20] Taine, *Les Philosophes classiques du XIXe siècle en France*, S. 55. – [21] John Knox. – [22] Maine de Biran, *The Influence of Habit on the Faculty of Thinking*, S. 115. – [23] ebd., S. 122. – [24] Madelin, *Consulate and Empire*, Bd. I, S. 365. – [25] Phillips, C. S., *The Church in France*, Bd. I, S. 192f. – [26] Maistre, *Soirées de Saint-Pétersbourg*, Bd. I, S. 149. – [27] Maistre, *Works*, S. 57. – [28] ebd., S. 52. – [29] ebd., S. 86. – [30] ebd., S. 196. – [31] ebd., S. 74. – [32] *Soirées*, Bd. I, S. 10. – [33] ebd., Bd. II, S. 222. – [34] ebd., Bd. I, S. 24. – [35] ebd., Bd. I, S. 182. – [36] ebd., Bd. I, S. 31. – [37] ebd., Bd. II, S. 64. – [38] ebd., Bd. II, S. 254. – [39] dto. – [40] *Works*, S. 62. – [41] *Soirées*, Bd. II, S. 24. – [42] *Works*, S. 163, 177. – [43] ebd., S. 166.

PERSONENVERZEICHNIS

BILDNACHWEIS

ARCHIV DOLLINGER, WÖRTHSEE: neben Seiten 64, 129, 160, 208, Doppelseite nach Seite 208, neben Seiten 209, 256, 257, 288, 361, 392, 393

BAVARIA-VERLAG, GAUTING: neben Seiten 32, 65, 289

BILDARCHIV PREUSSISCHER KULTURBESITZ, BERLIN: neben Seiten 33, 128, 161, 224, 225, 321, 360

BRUCKMANN KG, BILDARCHIV, MÜNCHEN: neben Seite 320